Weitere Textausgaben

Bürgerliches Gesetzbuch BGB
ISBN 3-8029-3552-7

Grundgesetz mit Kommentierung
ISBN 3-8029-7177-9

Arbeits- und Sozialrecht
ISBN 3-8029-3737-6

SGB IX
ISBN 3-8029-7466-2

Bankrecht
ISBN 3-8029-3551-9

Wir freuen uns über Ihr Interesse an diesem Buch. Gerne stellen wir Ihnen kostenlos zusätzliche Informationen zu diesem Programmsegment zur Verfügung.

Bitte sprechen Sie uns an:

E-Mail: walhalla@walhalla.de
http://www.walhalla.de

Walhalla Fachverlag · Haus an der Eisernen Brücke · 93042 Regensburg
Telefon (09 41) 5 68 40 · Telefax (09 41) 56 84 111

STRASSEN-
VERKEHRSRECHT

Mit neuem Bußgeldkatalog und
Kraftfahrzeugsteuergesetz
Textausgabe mit CD-ROM

Die Deutsche Bibliothek – CIP-Einheitsaufnahme

Straßenverkehrsrecht : mit neuem Bußgeldkatalog und Kraftfahrzeugsteuergesetz ; Textausgabe mit
CD-ROM. – 5., neu bearbeitete Aufl. – Regensburg ; Berlin : Walhalla-Fachverl., 2002
    ISBN 3-8029-3553-5

Zitiervorschlag:
Straßenverkehrsrecht, Walhalla Fachverlag
Regensburg, Berlin 2002

Hinweis:
Die vorliegende Ausgabe beruht auf dem Stand von Januar 2002. Verbindliche Rechtsauskünfte holen Sie
gegebenenfalls bei Ihrem Rechtsanwalt ein.

5., neu bearbeitete Auflage

© Walhalla u. Praetoria Verlag GmbH & Co. KG, Regensburg/Berlin
Produktion: Walhalla Fachverlag, 93042 Regensburg
Umschlaggestaltung: Gruber & König, Augsburg
Druck und Bindung: Westermann Druck Zwickau GmbH
Printed in Germany
ISBN 3-8029-3553-5

Schnellübersicht

Das sollten Sie wissen

Alle Kraftfahrer und Fahrzeughalter sowie Beamte, Rechtsanwälte und Richter, die mit dem Verkehrsrecht befasst sind, finden hier das Straßenverkehrsgesetz sowie alle weiteren in der Praxis wichtigen Gesetze, Verordnungen und Verwaltungsvorschriften:

- Der einzelne Verkehrsteilnehmer erhält Kenntnis über seine Rechte und Pflichten, so dass er die Rechtsfolgen verkehrswidrigen Handelns selbstständig abschätzen sowie die Rechtmäßigkeit behördlicher Verfügungen und Entscheidungen eigenständig überprüfen kann.

- Wer beruflich mit dem Straßenverkehrsrecht zu tun hat, ist mit dieser handlichen Taschenbuchausgabe bestens ausgestattet.

Nachfolgend einige Anmerkungen zur Bedeutung der Gesetze:

Das **Straßenverkehrsgesetz** ist Rechtsgrundlage für den gesamten Straßenverkehr: Die Zulassungspflicht der Kraftfahrzeuge, die Erteilung und Entziehung der Fahrerlaubnis, die Haftpflicht des Halters und des Fahrers bei Straßenverkehrsunfällen, Straf- und Bußgeldandrohungen sowie das Fahrzeugregister und das Verkehrszentralregister in Flensburg finden hier ihre gesetzliche Regelung.

Die **Straßenverkehrsordnung** regelt den Ablauf des Verkehrs auf öffentlichen Straßen und Plätzen und enthält alle Verkehrszeichen. Darüber hinaus sind auch die Aufgaben und Befugnisse der Straßenverkehrsbehörden sowie eine Auflistung von Ordnungswidrigkeiten Bestandteil dieser Verordnung.

Die umfangreiche **Straßenverkehrs-Zulassungs-Ordnung** enthält zahlreiche Detail-Bestimmungen über

- die Zulassungspflicht, Allgemeine Betriebserlaubnis für Typen, Betriebserlaubnis für Einzelfahrzeuge, Zulassung von Fahrzeugteilen und die für jeden Kfz-Halter wichtigen Vorschriften über die regelmäßige Haupt- und Abgasuntersuchung

- die Pflichtversicherung, Versicherungsnachweis und Anzeigepflicht, Versicherungskennzeichen

- die Bau- und Betriebsvorschriften für Kraftfahrzeuge und andere Straßenfahrzeuge; diese sind besonders wichtig für Kfz-Werkstätten sowie alle Autofahrer, die selbst Reparaturen und Umbauten durchführen

- Durchführungs- und Bußgeldvorschriften sowie Übergangsvorschriften

Die **Fahrerlaubnis-Verordnung** enthält Regelungen über

- die Teilnahme von Personen am Verkehr im Allgemeinen
- das Führen von Kraftfahrzeugen (Mindestalter, körperliche und geistige Eignung, Führerscheinklassen, Sehtest, Unterweisung in Sofortmaßnahmen am Unfallort, Nachschulung, Entziehung, Einschränkung und Neuerteilung von Fahrerlaubnissen etc.)
- Sonderbestimmungen für das Führen von Dienstfahrzeugen und Inhaber ausländischer Fahrerlaubnisse
- das Zentrale Fahrerlaubnisregister, Verkehrszentralregister

Aus der **Bußgeldkatalog-Verordnung** kann jeder Verkehrsteilnehmer sofort ablesen, mit welchem Buß- oder Verwarnungsgeld eine Zuwiderhandlung geahndet wird oder ob gar mit einem Fahrverbot zu rechnen ist.

Die **Fahrzeugregisterverordnung** regelt die Erhebung, Speicherung und Übermittlung von Fahrzeug- und Halterdaten bei den Zulassungsstellen sowie im Zentralen Fahrzeugregister.

Das **Pflichtversicherungsgesetz** regelt die mit der Kraftfahrzeug-Haftpflicht zusammenhängenden Grundfragen. Es bestimmt u. a., dass jedes am öffentlichen Verkehr teilnehmende Kraftfahrzeug versichert sein muss und dass die Versicherungen verpflichtet sind, mit den Antragstellern einen Versicherungsvertrag abzuschließen.

Dem **Kraftfahrzeugsteuergesetz** ist zu entnehmen, welche am Straßenverkehr beteiligten Fahrzeuge der Kraftfahrzeugsteuer unterliegen und welche Fahrzeuge davon ausgenommen sind bzw. befreit werden können.

Ferner sind Entstehung, Dauer und Bemessungsgrundlage der Steuer geregelt. Das Gesetz enthält darüber hinaus Vorschriften über den Steuersatz.

Damit kann jeder Steuerpflichtige detailliert die Höhe des Steuerbetrages ermitteln.

Das umfassende Stichwortverzeichnis hilft schnell weiter, die jeweiligen Vorschriften zu finden.

Straßenverkehrsgesetz

Vom 19. Dezember 1952 (BGBl. III 9231-1)

Zuletzt geändert durch
Verordnung vom 15. Dezember 2001 (BGBl. I S. 3762)

Die eingeklammerten Überschriften sind nicht amtlich.

I. Verkehrsvorschriften

§ 1 (Kraftfahrzeuge; Zulassung)

(1) Kraftfahrzeuge und ihre Anhänger, die auf öffentlichen Straßen in Betrieb gesetzt werden sollen, müssen von der zuständigen Behörde (Zulassungsbehörde) zum Verkehr zugelassen sein.

(2) Als Kraftfahrzeuge im Sinne dieses Gesetzes gelten Landfahrzeuge, die durch Maschinenkraft bewegt werden, ohne an Bahngleise gebunden zu sein.

Abs. 1 neu gefasst durch G. v. 24. 4. 1998 (BGBl. I S. 747).

§ 2 Fahrerlaubnis und Führerschein

(1) Wer auf öffentlichen Straßen ein Kraftfahrzeug führt, bedarf der Erlaubnis (Fahrerlaubnis) der zuständigen Behörde (Fahrerlaubnisbehörde). Die Fahrerlaubnis wird in bestimmten Klassen erteilt. Sie ist durch eine amtliche Bescheinigung (Führerschein) nachzuweisen.

(2) Die Fahrerlaubnis ist für die jeweilige Klasse zu erteilen, wenn der Bewerber

1. seinen ordentlichen Wohnsitz im Sinne des Artikels 9 der Richtlinie 91/439/EWG des Rates vom 29. Juli 1991 über den Führerschein (ABl. EG Nr. L 237 S. 1) im Inland hat,

2. das erforderliche Mindestalter erreicht hat,

3. zum Führen von Kraftfahrzeugen geeignet ist,

4. zum Führen von Kraftfahrzeugen nach dem Fahrlehrergesetz und den auf ihm beruhenden Rechtsvorschriften ausgebildet worden ist,

5. die Befähigung zum Führen von Kraftfahrzeugen in einer theoretischen und praktischen Prüfung nachgewiesen hat,

6. die Grundzüge der Versorgung Unfallverletzter im Straßenverkehr beherrscht und Erste Hilfe leisten kann und

7. keine in einem Mitgliedstaat der Europäischen Union oder einem anderen Vertragsstaat des Abkommens über den Europäischen Wirtschaftsraum erteilte Fahrerlaubnis dieser Klasse besitzt.

Nach näherer Bestimmung durch Rechtsverordnung gemäß § 6 Abs. 1 Nr. 1 Buchstabe g können als weitere Voraussetzungen der Vorbesitz anderer Klassen oder Fahrpraxis in einer anderen Klasse festgelegt werden. Die Fahrerlaubnis kann für die Klassen C und D sowie ihre Unterklassen und Anhängerklassen befristet erteilt werden. Sie ist auf Antrag zu verlängern, wenn der Bewerber zum Führen von Kraftfahrzeugen geeignet ist und kein Anlaß zur Annahme besteht, daß eine der aus den Sätzen 1 und 2 ersichtlichen sonstigen Voraussetzungen fehlt.

(3) Nach näherer Bestimmung durch Rechtsverordnung gemäß § 6 Abs. 1 Nr. 1 Buchstabe b und g kann für die Personenbeförderung in anderen Fahrzeugen als Kraftomnibussen zusätzlich zur Fahrerlaubnis nach Absatz 1 eine besondere Erlaubnis verlangt werden. Die Erlaubnis wird befristet erteilt. Für die Erteilung und Verlängerung können dieselben Voraussetzungen bestimmt werden, die für die Fahrerlaubnis zum Führen von Kraftomnibussen gelten. Außerdem können Ortskenntnisse verlangt werden. Im übrigen gelten die Bestimmungen für Fahrerlaubnisse entsprechend, soweit gesetzlich nichts anderes bestimmt ist.

(4) Geeignet zum Führen von Kraftfahrzeugen ist, wer die notwendigen körperlichen und geistigen Anforderungen erfüllt und nicht erheblich oder nicht wiederholt gegen verkehrsrechtliche Vorschriften oder gegen Strafgesetze verstoßen hat. Ist der Bewerber auf Grund körperlicher oder geistiger Mängel nur bedingt zum Führen von Kraftfahrzeugen geeignet, so erteilt die Fahrerlaubnisbehörde die Fahrerlaubnis mit Beschränkungen oder unter Auflagen, wenn dadurch das sichere Führen von Kraftfahrzeugen gewährleistet ist.

(5) Befähigt zum Führen von Kraftfahrzeugen ist, wer

1. ausreichende Kenntnisse der für das Führen von Kraftfahrzeugen maßgebenden gesetzlichen Vorschriften hat,

2. mit den Gefahren des Straßenverkehrs und den zu ihrer Abwehr erforderlichen Verhaltensweisen vertraut ist,

3. die zum sicheren Führen eines Kraftfahrzeugs, gegebenenfalls mit Anhänger, erforderlichen technischen Kenntnisse besitzt und zu ihrer praktischen Anwendung in der Lage ist und

4. über ausreichende Kenntnisse einer umweltbewußten und energiesparenden Fahrweise verfügt und zu ihrer praktischen Anwendung in der Lage ist.

(6) Wer die Erteilung, Erweiterung, Verlängerung oder Änderung einer Fahrerlaubnis oder einer besonderen Erlaubnis nach Absatz 3, die Aufhebung einer Beschränkung oder Auflage oder die Ausfertigung oder Änderung eines Führerscheins beantragt, hat der Fahrerlaubnisbehörde nach näherer Bestimmung durch Rechtsverordnung gemäß § 6 Abs. 1 Nr. 1 Buchstabe h mitzuteilen und nachzuweisen

1. Familiennamen, Geburtsnamen, sonstige frühere Namen, Vornamen, Ordens- oder Künstlernamen, Doktorgrad, Geschlecht, Tag und Ort der Geburt, Anschrift und

2. das Vorliegen der Voraussetzungen nach Absatz 2 Satz 1 Nr. 1 bis 6 und Satz 2 und Absatz 3

sowie ein Lichtbild abzugeben. Außerdem hat der Antragsteller eine Erklärung darüber abzugeben, ob er bereits eine in- oder ausländische Fahrerlaubnis der beantragten Klasse oder einen entsprechenden Führerschein besitzt.

(7) Die Fahrerlaubnisbehörde hat zu ermitteln, ob der Antragsteller zum Führen von Kraftfahrzeugen, gegebenenfalls mit Anhänger, geeignet und befähigt ist, und ob er bereits eine in- oder ausländische Fahrerlaubnis oder einen entsprechenden Führerschein besitzt. Sie hat dazu Auskünfte aus dem Verkehrszentralregister und dem Zentralen Fahrerlaubnisregister nach den Vorschriften dieses Gesetzes einzuholen. Sie kann außerdem insbesondere entsprechende Auskünfte aus ausländischen Registern oder von ausländischen Stellen einholen sowie die Beibringung eines Führungszeugnisses zur Vorlage bei der Verwaltungsbehörde nach den Vorschriften des Bundeszentralregistergesetzes verlangen.

(8) Werden Tatsachen bekannt, die Bedenken gegen die Eignung oder Befähigung des Bewerbers begründen, so kann die Fahrerlaubnisbehörde anordnen, daß der Antragsteller ein Gutachten oder Zeugnis eines Facharztes oder Amtsarztes, ein Gutachten einer amtlich anerkannten Begutachtungsstelle für Fahreignung oder eines amtlichen anerkannten Sachverständigen oder Prüfers für den Kraftfahrzeugverkehr innerhalb einer angemessenen Frist beibringt.

(9) Die Registerauskünfte, Führungszeugnisse, Gutachten und Gesundheitszeugnisse dürfen nur zur Feststellung oder Überprüfung der Eignung oder Befähigung verwendet werden. Sie sind nach spätestens zehn Jahren zu vernichten, es sei denn, mit ihnen im Zusammenhang stehende Eintragungen im Verkehrszentralregister oder im Zentralen Fahrerlaubnisregister sind nach den Bestimmungen für diese Register zu einem späteren Zeitpunkt zu tilgen oder zu löschen. In diesem Fall ist für die Vernichtung oder Löschung der spätere Zeitpunkt maßgeblich. Die Zehnjahresfrist nach Satz 2 beginnt mit der rechts- oder bestandskräftigen Entscheidung oder mit der Rücknahme des Antrages durch den Antragsteller. Die Sätze 1 bis 4 gelten auch für entsprechende Unterlagen, die der Antragsteller nach Absatz 6 Satz 1 Nr. 2 beibringt. Anstelle einer Vernichtung der Unterlagen sind die darin enthaltenen Daten zu sperren, wenn die Vernichtung wegen der besonderen Art der Führung der Akten nicht oder nur mit unverhältnismäßigem Aufwand möglich ist.

(10) Bundeswehr, Bundesgrenzschutz und Polizei können durch ihre Dienststellen Fahrerlaubnisse für das Führen von Dienstfahrzeugen erteilen (Dienstfahrerlaubnisse). Diese Dienststellen nehmen die Aufgaben der Fahrerlaubnisbehörde wahr. Für Dienstfahrerlaubnisse gelten die Bestimmungen dieses Gesetzes und der auf ihm beruhenden Rechtsvorschriften, soweit gesetzlich nichts anderes bestimmt ist. Mit Dienstfahrerlaubnissen dürfen nur Dienstfahrzeuge geführt werden.

(11) Nach näherer Bestimmung durch Rechtsverordnung gemäß § 6 Abs. 1 Nr. 1 Buchstabe j berechtigen auch ausländische Fahrerlaubnisse zum Führen von Kraftfahrzeugen im Inland. Inhaber einer in einem Mitgliedstaat der Europäischen Union oder einem anderen Vertragsstaat des Abkommens über den Europäischen Wirtschaftsraum erteilten Fahrerlaubnis, die ihren ordentlichen Wohnsitz in das Inland verlegt haben, sind verpflichtet, ihre Fahrerlaubnis nach näherer Bestimmung durch Rechtsverordnung gemäß § 6 Abs. 1 Nr. 1 Buchstabe j bei der örtlich zuständigen Fahrerlaubnisbehörde registrieren zu lassen und ihr die Daten nach § 50 Abs. 1 und 2 Nr. 1 mitzuteilen.

(12) Die Polizei hat Informationen über Tatsachen, die auf nicht nur vorübergehende Mängel hinsichtlich der Eignung oder auf Mängel hinsichtlich der Befähigung einer Person zum Führen von Kraftfahrzeugen schließen lassen, den Fahrerlaubnisbehörden zu übermitteln, soweit dies für die Überprüfung der Eignung oder Befähigung aus der Sicht der übermittelnden Stelle erforderlich ist. Soweit die mitgeteilten Informationen für die Beurteilung der Eignung oder Befähigung nicht erforderlich sind, sind die Unterlagen unverzüglich zu vernichten.

(13) Stellen oder Personen, die die Eignung oder Befähigung zur Teilnahme am Straßenverkehr oder Ortskenntnisse zwecks Vorbereitung einer verwaltungsbehördlichen Entscheidung beurteilen oder prüfen oder die in der Versorgung Unfallverletzter im Straßenverkehr oder Erster Hilfe (§ 2 Abs. 2 Satz 1 Nr. 6) ausbilden, müssen für diese Aufgaben gesetzlich oder amtlich anerkannt oder beauftragt sein. Personen, die die Befähigung zum Führen von Kraftfahrzeugen nach § 2 Abs. 5 prüfen, müssen darüber hinaus einer Technischen Prüfstelle für den Kraftfahrzeugverkehr nach § 10 des Kraftfahrsachverständigengesetzes angehören. Voraussetzungen, Inhalt, Umfang und Verfahren für die Anerkennung oder Beauftragung und die Aufsicht werden – soweit nicht bereits im Kraftfahrsachverständigengesetz oder in auf ihm beruhenden Rechtsvorschriften geregelt – durch Rechtsverordnung gemäß § 6 Abs. 1 Nr. 1 Buchstabe k näher bestimmt.

(14) Die Fahrerlaubnisbehörden dürfen den in Absatz 13 Satz 1 genannten Stellen und Personen die Daten übermitteln, die diese zur Erfüllung ihrer Aufgaben benötigen. Die betreffenden Stellen und Personen dürfen diese Daten und nach näherer Bestimmung durch Rechtsverordnung gemäß § 6 Abs. 1 Nr. 1 Buchstabe k die bei der Erfüllung ihrer Aufgaben anfallenden Daten verarbeiten und nutzen.

(15) Wer zur Ausbildung, zur Ablegung der Prüfung oder zur Begutachtung der Eignung oder Befähigung ein Kraftfahrzeug auf öffentlichen Straßen führt, muß dabei von einem Fahrlehrer im Sinne des Fahrlehrergesetzes begleitet werden. Bei den Fahrten nach Satz 1 gilt im Sinne dieses Gesetzes der Fahrlehrer als Führer des Kraftfahrzeugs, wenn der Kraftfahrzeugführer keine entsprechende Fahrerlaubnis besitzt.

I. d. F. d. G. v. 24. 4. 1998 (BGBl. I S. 747); Abs. 12 Satz 2 neu gefasst durch G. v. 19. 3. 2001 (BGBl. I S. 386).

§ 2a Fahrerlaubnis auf Probe

(1) Bei erstmaligem Erwerb einer Fahrerlaubnis wird diese auf Probe erteilt; die Probezeit dauert zwei Jahre vom Zeitpunkt der Erteilung an. Bei Erteilung einer Fahrerlaubnis an den Inhaber einer im Ausland erteilten Fahrerlaubnis ist die Zeit seit deren Erwerb auf die Probezeit anzurechnen. Die Regelungen über die Fahrerlaubnis auf Probe finden auch Anwendung auf Inhaber einer gültigen Fahrerlaubnis aus einem Mitgliedstaat der Europäischen Union oder einem anderen Vertragsstaat des Abkommens über den Europäischen Wirtschaftsraum, die ihren ordentlichen Wohnsitz in das Inland verlegt haben. Die Zeit seit dem Erwerb der Fahrerlaubnis ist auf die Probezeit anzurechnen. Die Beschlagnahme, Sicherstellung oder Verwahrung von Führerscheinen nach § 94 der Strafprozeßordnung, die vorläufige Entziehung nach § 111a der Strafprozeßordnung und die sofort voll-

ziehbare Entziehung durch die Fahrerlaubnisbehörde hemmen den Ablauf der Probezeit. Die Probezeit endet vorzeitig, wenn die Fahrerlaubnis entzogen wird oder der Inhaber auf sie verzichtet. In diesem Falle beginnt mit der Erteilung einer neuen Fahrerlaubnis eine neue Probezeit, jedoch nur im Umfang der Restdauer der vorherigen Probezeit.

(2) Ist gegen den Inhaber einer Fahrerlaubnis wegen einer innerhalb der Probezeit begangenen Straftat oder Ordnungswidrigkeit eine rechtskräftige Entscheidung ergangen, die nach § 28 Abs. 3 Nr. 1 bis 3 in das Verkehrszentralregister einzutragen ist, so hat, auch wenn die Probezeit zwischenzeitlich abgelaufen ist, die Fahrerlaubnisbehörde

1. seine Teilnahme an einem Aufbauseminar anzuordnen und hierfür eine Frist zu setzen, wenn er eine schwerwiegende oder zwei weniger schwerwiegende Zuwiderhandlungen begangen hat,

2. ihn schriftlich zu verwarnen und ihm nahezulegen, innerhalb von zwei Monaten an einer verkehrspsychologischen Beratung teilzunehmen, wenn er nach Teilnahme an einem Aufbauseminar innerhalb der Probezeit eine weitere schwerwiegende oder zwei weitere weniger schwerwiegende Zuwiderhandlungen begangen hat,

3. ihm die Fahrerlaubnis zu entziehen, wenn er nach Ablauf der in Nummer 2 genannten Frist innerhalb der Probezeit eine weitere schwerwiegende oder zwei weitere weniger schwerwiegende Zuwiderhandlungen begangen hat.

Die Fahrerlaubnisbehörde ist bei den Maßnahmen nach den Nummern 1 bis 3 an die rechtskräftige Entscheidung über die Straftat oder Ordnungswidrigkeit gebunden. Für die verkehrspsychologische Beratung gilt § 4 Abs. 9 entsprechend.

(2a) Die Probezeit verlängert sich um zwei Jahre, wenn die Teilnahme an einem Aufbauseminar nach Absatz 2 Satz 1 Nr. 1 angeordnet worden ist. Die Probezeit verlängert sich außerdem um zwei Jahre, wenn die Anordnung nur deshalb nicht erfolgt ist, weil die Fahrerlaubnis entzogen worden ist oder der Inhaber der Fahrerlaubnis auf sie verzichtet hat.

(3) Ist der Inhaber einer Fahrerlaubnis einer vollziehbaren Anordnung der zuständigen Behörde nach Absatz 2 Satz 1 Nr. 1 in der festgesetzten Frist nicht nachgekommen, so ist die Fahrerlaubnis zu entziehen.

(4) Die Entziehung der Fahrerlaubnis nach § 3 bleibt unberührt; die zuständige Behörde kann insbesondere auch die Beibringung eines Gutachtens einer amtlich anerkannten Begutachtungsstelle für Fahreignung anordnen, wenn der Inhaber einer Fahrerlaubnis innerhalb der Probezeit Zuwiderhandlungen begangen hat, die nach den Umständen des Einzelfalles bereits Anlaß zu der Annahme geben, daß er zum Führen von Kraftfahrzeugen ungeeignet ist. Hält die Behörde auf Grund des Gutachtens seine Nichteignung nicht für erwiesen, so hat sie die Teilnahme an einem Aufbauseminar anzuordnen, wenn der Inhaber der Fahrerlaubnis an einem solchen Kurs nicht bereits teilgenommen hatte. Absatz 3 gilt entsprechend.

(5) Ist eine Fahrerlaubnis entzogen worden

1. nach § 3 oder nach § 4 Abs. 3 Satz 1 Nr. 3 dieses Gesetzes, weil innerhalb der Probezeit Zuwiderhandlungen begangen wurden, oder nach § 69 oder § 69b des Strafgesetzbuches,

2. nach Absatz 3 oder § 4 Abs. 7, weil einer Anordnung zur Teilnahme an einem Aufbauseminar nicht nachgekommen wurde,

so darf eine neue Fahrerlaubnis unbeschadet der übrigen Voraussetzungen nur erteilt werden, wenn der Antragsteller nachweist, daß er an einem Aufbauseminar teilgenommen hat. Das gleiche gilt, wenn der Antragsteller nur deshalb nicht an einem angeordneten Aufbauseminar teilgenommen hat oder die Anordnung nur deshalb nicht erfolgt ist, weil die Fahrerlaubnis aus anderen Gründen entzogen worden ist oder er zwischenzeitlich auf die Fahrerlaubnis verzichtet hat. Ist die Fahrerlaubnis nach Absatz 2 Satz 1 Nr. 3 entzogen worden, darf eine neue Fahrerlaubnis frühestens drei Monate nach Wirksamkeit der Entziehung erteilt werden; die Frist beginnt mit der Ablieferung des Führerscheins. Auf eine mit der Erteilung einer Fahrerlaubnis nach vorangegangener Entziehung gemäß Absatz 1 Satz 7 beginnende neue Probezeit ist Absatz 2 nicht anzuwenden. Die zuständige Behörde hat in diesem Fall in der Regel die Beibringung eines Gutachtens einer amtlich anerkannten Begutachtungsstelle für Fahreignung anzuordnen, sobald der Inhaber einer Fahrerlaubnis innerhalb der neuen Probezeit erneut eine schwerwiegende oder zwei weniger schwerwiegende Zuwiderhandlungen begangen hat.

(6) Widerspruch und Anfechtungsklage gegen die Anordnung des Aufbauseminars nach Absatz 2 Satz 1 Nr. 1 und Absatz 4 Satz 2 sowie die Entziehung der Fahrerlaubnis nach Absatz 2 Satz 1 Nr. 3 und Absatz 3 haben keine aufschiebende Wirkung.

> Abs. 1 bis 3 incl. 2a neu gefasst sowie Abs. 4 Satz 1 u. 2 geändert sowie Abs. 5 u. 6 neu gefasst durch G. v. 24. 4. 1998 (BGBl. I S. 747); Abs. 2a Satz 2 angefügt durch G. v. 19. 3. 2001 (BGBl. I S. 386).

§ 2b   Aufbauseminar bei Zuwiderhandlungen innerhalb der Probezeit

(1) Die Teilnehmer an Aufbauseminaren sollen durch Mitwirkung an Gruppengesprächen und an einer Fahrprobe veranlaßt werden, eine risikobewußtere Einstellung im Straßenverkehr zu entwickeln und sich dort sicher und rücksichtsvoll zu verhalten. Auf Antrag kann die anordnende Behörde dem Betroffenen die Teilnahme an einem Einzelseminar gestatten.

(2) Die Aufbauseminare dürfen nur von Fahrlehrern durchgeführt werden, die Inhaber einer entsprechenden Erlaubnis nach dem Fahrlehrergesetz sind. Besondere Aufbauseminare für Inhaber einer Fahrerlaubnis auf Probe, die unter dem Einfluß von Alkohol oder anderer berauschender Mittel am Verkehr teilgenommen haben, werden nach näherer Bestimmung durch Rechtsverordnung gemäß § 6 Abs. 1 Nr. 1 Buchstabe n von hierfür amtlich anerkannten anderen Seminarleitern durchgeführt.

(3) Ist der Teilnehmer an einem Aufbauseminar nicht Inhaber einer Fahrerlaubnis, so gilt hinsichtlich der Fahrprobe § 2 Abs. 15 entsprechend.

> Eingefügt durch G. v. 13. 5. 1986 (BGBl. I S. 700); Überschrift geändert sowie Abs. 1 Satz 1 geändert und Satz 2 angefügt sowie Abs. 2 und Abs. 3 neu gefasst durch G. v. 24. 4. 1998 (BGBl. I S. 747).

§ 2c   Unterrichtung der Fahrerlaubnisbehörden durch das Kraftfahrt-Bundesamt

Das Kraftfahrt-Bundesamt hat die zuständige Behörde zu unterrichten, wenn über den Inhaber einer Fahrerlaubnis Entscheidungen in das Verkehrszentralregister eingetragen werden, die zu Anordnungen nach § 2a Abs. 2, 4 und 5 führen können. Hierzu übermittelt es die notwendigen Daten aus dem Zentralen Fahrerlaubnisregister sowie den Inhalt der Eintragungen im Verkehrszentralregister über die innerhalb der Probezeit begangenen Straftaten und Ordnungswidrigkeiten. Hat bereits eine Unterrichtung nach Satz 1 stattgefunden, so hat das Kraftfahrt-Bundesamt bei weiteren Unterrichtungen auch hierauf hinzuweisen.

Eingefügt durch G. v. 13. 5. 1986 (BGBl. I S. 700); bisheriger § 2e als § 2c eingeordnet sowie die Überschrift und Satz 2 geändert durch G. v. 24. 4. 1998 (BGBl. I S. 747).

§ 2d   (aufgehoben durch G. v. 24. 4. 1998 – BGBl. I S. 747)

§ 3   Entziehung der Fahrerlaubnis

(1) Erweist sich jemand als ungeeignet oder nicht befähigt zum Führen von Kraftfahrzeugen, so hat ihm die Fahrerlaubnisbehörde die Fahrerlaubnis zu entziehen. Bei einer ausländischen Fahrerlaubnis hat die Entziehung – auch wenn sie nach anderen Vorschriften erfolgt – die Wirkung einer Aberkennung des Rechts, von der Fahrerlaubnis im Inland Gebrauch zu machen. § 2 Abs. 7 und 8 gilt entsprechend.

(2) Mit der Entziehung erlischt die Fahrerlaubnis. Bei einer ausländischen Fahrerlaubnis erlischt das Recht zum Führen von Kraftfahrzeugen im Inland. Nach der Entziehung ist der Führerschein der Fahrerlaubnisbehörde abzuliefern oder zur Eintragung der Entscheidung vorzulegen. Die Sätze 1 bis 3 gelten auch, wenn die Fahrerlaubnisbehörde die Fahrerlaubnis auf Grund anderer Vorschriften entzieht.

(3) Solange gegen den Inhaber der Fahrerlaubnis ein Strafverfahren anhängig ist, in dem die Entziehung der Fahrerlaubnis nach § 69 des Strafgesetzbuches in Betracht kommt, darf die Fahrerlaubnisbehörde den Sachverhalt, der Gegenstand des Strafverfahrens ist, in einem Entziehungsverfahren nicht berücksichtigen. Dies gilt nicht, wenn die Fahrerlaubnis von einer Dienststelle der Bundeswehr, des Bundesgrenzschutzes oder der Polizei für Dienstfahrzeuge erteilt worden ist.

(4) Will die Fahrerlaubnisbehörde in einem Entziehungsverfahren einen Sachverhalt berücksichtigen, der Gegenstand der Urteilsfindung in einem Strafverfahren gegen den Inhaber der Fahrerlaubnis gewesen ist, so kann sie zu dessen Nachteil vom Inhalt des Urteils insoweit nicht abweichen, als es sich auf die Feststellung des Sachverhalts oder die Beurteilung der Schuldfrage oder der Eignung zum Führen von Kraftfahrzeugen bezieht. Der Strafbefehl und die gerichtliche Entscheidung, durch welche die Eröffnung des Hauptverfahrens oder der Antrag auf Erlaß eines Strafbefehls abgelehnt wird, stehen einem Urteil gleich; dies gilt auch für Bußgeldentscheidungen, soweit sie sich auf die Feststellung des Sachverhalts und die Beurteilung der Schuldfrage beziehen.

(5) Die Fahrerlaubnisbehörde darf der Polizei die verwaltungsbehördliche oder gerichtliche Entziehung der Fahrerlaubnis oder das Bestehen eines Fahrverbotes übermitteln, soweit dies im Einzelfall für die polizeiliche Überwachung im Straßenverkehr erforderlich ist.

(6) Durch Rechtsverordnung gemäß § 6 Abs. 1 Nr. 1 Buchstabe r können Fristen und Bedingungen

1. für die Erteilung einer neuen Fahrerlaubnis nach vorangegangener Entziehung oder nach vorangegangenem Verzicht,
2. für die Erteilung des Rechts an Personen mit ordentlichem Wohnsitz im Ausland, nach vorangegangener Entziehung von einer ausländischen Fahrerlaubnis im Inland wieder Gebrauch zu machen,

bestimmt werden.

_____

I. d. F. d. G. v. 24. 4. 1998 (BGBl. I S. 747).

§ 4 Punktsystem

(1) Zum Schutz vor Gefahren, die von wiederholt gegen Verkehrsvorschriften verstoßenden Fahrzeugführern und -haltern ausgehen, hat die Fahrerlaubnisbehörde die in Absatz 3 genannten Maßnahmen (Punktsystem) zu ergreifen. Das Punktsystem findet keine Anwendung, wenn sich die Notwendigkeit früherer oder anderer Maßnahmen auf Grund anderer Vorschriften, insbesondere der Entziehung der Fahrerlaubnis nach § 3 Abs. 1, ergibt. Punktsystem und Regelungen über die Fahrerlaubnis auf Probe finden nebeneinander Anwendung, jedoch mit der Maßgabe, daß die Teilnahme an einem Aufbauseminar nur einmal erfolgt; dies gilt nicht, wenn das letzte Aufbauseminar länger als fünf Jahre zurückliegt oder wenn der Betroffene noch nicht an einem Aufbauseminar nach § 2a Abs. 2 Satz 1 Nr. 1 oder an einem besonderen Aufbauseminar nach Absatz 8 Satz 4 oder § 2b Abs. 2 Satz 2 teilgenommen hat und nunmehr die Teilnahme an einem Aufbauseminar für Fahranfänger oder an einem besonderen Aufbauseminar in Betracht kommt.

(2) Für die Anwendung des Punktsystems sind die im Verkehrszentralregister nach § 28 Abs. 3 Nr. 1 bis 3 zu erfassenden Straftaten und Ordnungswidrigkeiten nach der Schwere der Zuwiderhandlungen und nach ihren Folgen mit einem bis zu sieben Punkten nach näherer Bestimmung durch Rechtsverordnung gemäß § 6 Abs. 1 Nr. 1 Buchstabe s zu bewerten. Sind durch eine Handlung mehrere Zuwiderhandlungen begangen worden, so wird nur die Zuwiderhandlung mit der höchsten Punktzahl berücksichtigt. Ist die Fahrerlaubnis entzogen oder eine Sperre (§ 69a Abs. 1 Satz 3 des Strafgesetzbuches) angeordnet worden, so werden die Punkte für die vor dieser Entscheidung begangenen Zuwiderhandlungen gelöscht. Dies gilt nicht, wenn die Entziehung darauf beruht, daß der Betroffene nicht an einem angeordneten Aufbauseminar (Absatz 7 Satz 1, § 2a Abs. 3) teilgenommen hat.

(3) Die Fahrerlaubnisbehörde hat gegenüber den Inhabern einer Fahrerlaubnis folgende Maßnahmen (Punktsystem) zu ergreifen:

1. Ergeben sich acht, aber nicht mehr als 13 Punkte, so hat die Fahrerlaubnisbehörde den Betroffenen schriftlich darüber zu unterrichten, ihn zu verwarnen und ihn auf die Möglichkeit der Teilnahme an einem Aufbauseminar nach Absatz 8 hinzuweisen.

2. Ergeben sich 14, aber nicht mehr als 17 Punkte, so hat die Fahrerlaubnisbehörde die Teilnahme an einem Aufbauseminar nach Absatz 8 anzuordnen und hierfür eine Frist zu setzen. Hat der Betroffene innerhalb der letzten fünf Jahre bereits an einem solchen Seminar teilgenommen, so ist er schriftlich zu verwarnen. Unabhängig davon hat die Fahrerlaubnisbehörde den Betroffenen schriftlich auf die Möglichkeit einer verkehrspsychologischen Beratung nach Absatz 9 hinzuweisen und ihn darüber zu unterrichten, daß ihm bei Erreichen von 18 Punkten die Fahrerlaubnis entzogen wird.

3. Ergeben sich 18 oder mehr Punkte, so gilt der Betroffene als ungeeignet zum Führen von Kraftfahrzeugen; die Fahrerlaubnisbehörde hat die Fahrerlaubnis zu entziehen.

Die Fahrerlaubnisbehörde ist bei den Maßnahmen nach den Nummern 1 bis 3 an die rechtskräftige Entscheidung über die Straftat oder die Ordnungswidrigkeit gebunden.

(4) Nehmen Fahrerlaubnisinhaber vor Erreichen von 14 Punkten an einem Aufbauseminar teil und legen sie hierüber der Fahrerlaubnisbehörde innerhalb von drei Monaten nach Beendigung des Seminars eine Bescheinigung vor, so werden ihnen bei einem Stand von nicht mehr als acht Punkten vier Punkte, bei einem Stand von neun bis 13 Punkten zwei Punkte abgezogen. Hat der Betroffene nach der Teilnahme an einem Aufbauseminar und nach Erreichen von 14 Punkten, aber vor Erreichen von 18 Punkten an einer verkehrspsychologischen Beratung teilgenommen und legt er hierüber der Fahrerlaubnisbehörde innerhalb von drei Monaten nach Beendigung eine Bescheinigung vor, so werden zwei Punkte abgezogen; dies gilt auch, wenn er nach § 2a Abs. 2 Satz 1 Nr. 2 an einer solchen Beratung teilnimmt. Der Besuch eines Seminars und die Teilnahme an einer Beratung führen jeweils nur einmal innerhalb von fünf Jahren zu einem Punkteabzug. Für den Punktestand und die Berechnung der Fünfjahresfrist ist jeweils das Ausstellungsdatum der Teilnahmebescheinigung maßgeblich. Ein Punkteabzug ist nur bis zum Erreichen von null Punkten zulässig.

(5) Erreicht oder überschreitet der Betroffene 14 oder 18 Punkte, ohne dass die Fahrerlaubnisbehörde die Maßnahmen nach Absatz 3 Satz 1 Nr. 1 ergriffen hat, wird sein Punktestand auf 13 reduziert. Erreicht oder überschreitet der Betroffene 18 Punkte, ohne dass die Fahrerlaubnisbehörde die Maßnahmen nach Absatz 3 Satz 1 Nr. 2 ergriffen hat, wird sein Punktestand auf 17 reduziert.

(6) Zur Vorbereitung der Maßnahmen nach Absatz 3 hat das Kraftfahrt-Bundesamt bei Erreichen der betreffenden Punktestände (Absätze 3 und 4) den Fahrerlaubnisbehörden die vorhandenen Eintragungen aus dem Verkehrszentralregister zu übermitteln.

(7) Ist der Inhaber einer Fahrerlaubnis einer vollziehbaren Anordnung der Fahrerlaubnisbehörde nach Absatz 3 Satz 1 Nr. 2 in der festgesetzten Frist nicht nachgekommen, so hat die Fahrerlaubnisbehörde die Fahrerlaubnis zu entziehen. Widerspruch und Anfechtungsklage gegen die Anordnung nach Absatz 3 Satz 1 Nr. 2 sowie gegen die Entziehung nach Satz 1 und nach Absatz 3 Satz 1 Nr. 3 haben keine aufschiebende Wirkung.

(8) Die Teilnehmer an Aufbauseminaren sollen durch Mitwirkung an Gruppengesprächen und an einer Fahrprobe veranlaßt werden, Mängel in ihrer

Einstellung zum Straßenverkehr und im verkehrssicheren Verhalten zu erkennen und abzubauen. Auf Antrag kann die anordnende Behörde dem Betroffenen die Teilnahme an einem Einzelseminar gestatten. Die Aufbauseminare dürfen nur von Fahrlehrern durchgeführt werden, die Inhaber einer entsprechenden Erlaubnis nach dem Fahrlehrergesetz sind. Besondere Seminare für Inhaber einer Fahrerlaubnis, die unter dem Einfluß von Alkohol oder anderer berauschender Mittel am Verkehr teilgenommen haben, werden nach näherer Bestimmung durch Rechtsverordnung gemäß § 6 Abs. 1 Nr. 1 Buchstabe n von hierfür amtlich anerkannten anderen Seminarleitern durchgeführt.

(9) In der verkehrspsychologischen Beratung soll der Fahrerlaubnisinhaber veranlaßt werden, Mängel in seiner Einstellung zum Straßenverkehr und im verkehrssicheren Verhalten zu erkennen und die Bereitschaft zu entwickeln, diese Mängel abzubauen. Die Beratung findet in Form eines Einzelgesprächs statt; sie kann durch eine Fahrprobe ergänzt werden, wenn der Berater dies für erforderlich hält. Der Berater soll die Ursachen der Mängel aufklären und Wege zu ihrer Beseitigung aufzeigen. Das Ergebnis der Beratung ist nur für den Betroffenen bestimmt und nur diesem mitzuteilen. Der Betroffene erhält jedoch eine Bescheinigung über die Teilnahme zur Vorlage bei der Fahrerlaubnisbehörde. Die Beratung darf nur von einer Person durchgeführt werden, die hierfür amtlich anerkannt ist und folgende Voraussetzungen erfüllt:

1. persönliche Zuverlässigkeit,
2. Abschluß eines Hochschulstudiums als Diplom-Psychologe,
3. Nachweis einer Ausbildung und von Erfahrungen in der Verkehrspsychologie nach näherer Bestimmung durch Rechtsverordnung gemäß § 6 Abs. 1 Nr. 1 Buchstabe u.

(10) Eine neue Fahrerlaubnis darf frühestens sechs Monate nach Wirksamkeit der Entziehung nach Absatz 3 Satz 1 Nr. 3 erteilt werden. Die Frist beginnt mit der Ablieferung des Führerscheins. Unbeschadet der Erfüllung der sonstigen Voraussetzungen für die Erteilung der Fahrerlaubnis hat die Fahrerlaubnisbehörde zum Nachweis, daß die Eignung zum Führen von Kraftfahrzeugen wiederhergestellt ist, in der Regel die Beibringung eines Gutachtens einer amtlich anerkannten Begutachtungsstelle für Fahreignung anzuordnen.

(11) Ist die Fahrerlaubnis nach Absatz 7 Satz 1 entzogen worden, weil einer Anordnung zur Teilnahme an einem Aufbauseminar nicht nachgekommen wurde, so darf eine neue Fahrerlaubnis unbeschadet der übrigen Voraussetzungen nur erteilt werden, wenn der Antragsteller nachweist, daß er an einem Aufbauseminar teilgenommen hat. Das gleiche gilt, wenn der Antragsteller nur deshalb nicht an einem angeordneten Aufbauseminar teilgenommen hat oder die Anordnung nur deshalb nicht erfolgt ist, weil er zwischenzeitlich auf die Fahrerlaubnis verzichtet hat. Abweichend von Absatz 10 wird die Fahrerlaubnis ohne die Einhaltung einer Frist und ohne die Beibringung eines Gutachtens einer amtlich anerkannten Begutachtungsstelle für Fahreignung erteilt.

I. d. F. d. G. v. 24. 4. 1998 (BGBl. I S. 747); Abs. 4 Satz 2 geändert, Abs. 5 neu gefasst und Abs. 8 Satz 4 geändert durch G. v. 19. 3. 2001 (BGBl. I S. 386).

§ 5 Verlust von Dokumenten und Kennzeichen

Besteht eine Verpflichtung zur Ablieferung oder Vorlage eines Führerscheins, Fahrzeugscheins, Anhängerverzeichnisses, Fahrzeugbriefs, Nachweises über die Zuteilung des amtlichen Kennzeichens oder über die Betriebserlaubnis oder EG-Typgenehmigung, eines ausländischen Führerscheins oder Zulassungsscheins oder eines internationalen Führerscheins oder Zulassungsscheins oder amtlicher Kennzeichen oder Versicherungskennzeichen und behauptet der Verpflichtete, der Ablieferungs- oder Vorlagepflicht deshalb nicht nachkommen zu können, weil ihm der Schein, das Verzeichnis, der Brief, der Nachweis oder die Kennzeichen verloren gegangen oder sonst abhanden gekommen sind, so hat er auf Verlangen der Verwaltungsbehörde eine Versicherung an Eides Statt über den Verbleib des Scheins, Verzeichnisses, Briefs, Nachweises oder der Kennzeichen abzugeben. Dies gilt auch, wenn jemand für einen verlorengegangenen oder sonst abhandengekommenen Schein, Brief oder Nachweis oder ein verloren gegangenes oder sonst abhanden gekommenes Anhängerverzeichnis oder Kennzeichen eine neue Ausfertigung oder ein neues Kennzeichen beantragt.

I. d. F. d. G. v. 24. 4. 1998 (BGBl. I S. 747).

§ 5a   (gestrichen durch G. v. 6. 4. 1980 – BGBl. I S. 413)

§ 5b   (Kosten der Verkehrszeichen und -einrichtungen)

(1) Die Kosten der Beschaffung, Anbringung, Entfernung, Unterhaltung und des Betriebes der amtlichen Verkehrszeichen und -einrichtungen sowie der sonstigen vom Bundesministerium für Verkehr, Bau- und Wohnungswesen zugelassenen Verkehrszeichen und -einrichtungen trägt der Träger der Straßenbaulast für diejenige Straße, in deren Verlauf sie angebracht werden oder angebracht worden sind, bei geteilter Straßenbaulast der für die durchgehende Fahrbahn zuständige Träger der Straßenbaulast. Ist ein Träger der Straßenbaulast nicht vorhanden, so trägt der Eigentümer der Straße die Kosten.

(2) Diese Kosten tragen abweichend vom Absatz 1

a) die Unternehmer der Schienenbahnen für Andreaskreuze, Schranken, Blinklichter mit oder ohne Halbschranken;

b) die Unternehmer im Sinne des Personenbeförderungsgesetzes für Haltestellenzeichen;

c) die Gemeinden in der Ortsdurchfahrt für Parkuhren und andere Vorrichtungen oder Einrichtungen zur Überwachung der Parkzeit, Straßenschilder, Geländer, Wegweiser zu innerörtlichen Zielen und Verkehrszeichen für Laternen, die nicht die ganze Nacht brennen;

d) die Bauunternehmer und die sonstigen Unternehmer von Arbeiten auf und neben der Straße für Verkehrszeichen und -einrichtungen, die durch diese Arbeiten erforderlich werden;

e) die Unternehmer von Werkstätten, Tankstellen sowie sonstigen Anlagen und Veranstaltungen für die entsprechenden amtlichen oder zugelassenen Hinweiszeichen;

f) die Träger der Straßenbaulast der Straßen, von denen der Verkehr umgeleitet werden soll, für Wegweiser für Bedarfsumleitungen.

(3) Das Bundesministerium für Verkehr, Bau- und Wohnungswesen wird ermächtigt, durch Rechtsverordnung mit Zustimmung des Bundesrates bei der Einführung neuer amtlicher Verkehrszeichen und -einrichtungen zu bestimmen, daß abweichend von Absatz 1 die Kosten entsprechend den Regelungen des Absatzes 2 ein anderer zu tragen hat.

(4) Kostenregelungen auf Grund kreuzungsrechtlicher Vorschriften nach Bundes- und Landesrecht bleiben unberührt.

(5) Diese Kostenregelung umfaßt auch die Kosten für Verkehrszählungen, Lärmmessungen, Lärmberechnungen und Abgasmessungen.

(6) Können Verkehrszeichen oder Verkehrseinrichtungen aus technischen Gründen oder wegen der Sicherheit und Leichtigkeit des Straßenverkehrs nicht auf der Straße angebracht werden, haben die Eigentümer der Anliegergrundstücke das Anbringen zu dulden. Schäden, die durch das Anbringen oder Entfernen der Verkehrszeichen oder Verkehrseinrichtungen entstehen, sind zu beseitigen. Wird die Benutzung eines Grundstücks oder sein Wert durch die Verkehrszeichen oder Verkehrseinrichtungen nicht unerheblich beeinträchtigt oder können Schäden, die durch das Anbringen oder Entfernen der Verkehrszeichen oder Verkehrseinrichtungen entstanden sind, nicht beseitigt werden, so ist eine angemessene Entschädigung in Geld zu leisten. Zur Schadensbeseitigung und zur Entschädigungsleistung ist derjenige verpflichtet, der die Kosten für die Verkehrszeichen und Verkehrseinrichtungen zu tragen hat. Kommt eine Einigung nicht zustande, so entscheidet die höhere Verwaltungsbehörde. Vor der Entscheidung sind die Beteiligten zu hören. Die Landesregierung werden ermächtigt, durch Rechtsverordnung die zuständige Behörde abweichend von Satz 5 zu bestimmen. Sie können diese Ermächtigung auf oberste Landesbehörden übertragen.

Eingefügt durch G. v. 14. 5. 1965 (BGBl. I S. 388); Abs. 1 Satz 1, Abs. 2 Buchst. c und d sowie Abs. 5 geändert durch G. v. 6. 4. 1980 (BGBl. I S. 413); Abs. 6 angefügt durch G. v. 19. 3. 1969 (BGBl. I S. 217); Abs. 6 Sätze 7 und 8 angefügt durch G. v. 10. 3. 1975 (BGBl. I S. 685); Abs. 1 Satz 1 und Abs. 3 geändert durch G. v. 24. 4. 1998 (BGBl. I S. 747); Abs. 1 Satz 1 und Abs. 3 geändert durch VO v. 29. 10. 2001 (BGBl. I S. 2785).

§ 6 (Rechtsverordnungen, allgemeine Verwaltungsvorschriften)

(1) Das Bundesministerium für Verkehr, Bau- und Wohnungswesen wird ermächtigt, Rechtsverordnungen und allgemeine Verwaltungsvorschriften mit Zustimmung des Bundesrates zu erlassen über

1. die Zulassung von Personen zum Straßenverkehr, insbesondere über

   a) Ausnahmen von der Fahrerlaubnispflicht nach § 2 Abs. 1 Satz 1, Anforderungen für das Führen fahrerlaubnisfreier Kraftfahrzeuge, Ausnahmen von einzelnen Erteilungsvoraussetzungen nach § 2 Abs. 2 Satz 1 und vom Erfordernis der Begleitung und Beaufsichtigung durch einen Fahrlehrer nach § 2 Abs. 15 Satz 1,

   b) den Inhalt der Fahrerlaubnisklassen nach § 2 Abs. 1 Satz 2 und der besonderen Erlaubnis nach § 2 Abs. 3, die Gültigkeitsdauer der Fahrerlaubnis der Klassen C und D, ihrer Unterklassen und Anhängerklassen und der besonderen Erlaubnis nach § 2 Abs. 3 sowie Auflagen und Beschränkungen zur Fahrerlaubnis und der besonderen Erlaubnis nach § 2 Abs. 3,

c) die Anforderungen an die Eignung zum Führen von Kraftfahrzeugen, die Beurteilung der Eignung durch Gutachten sowie die Feststellung und Überprüfung der Eignung durch die Fahrerlaubnisbehörde nach § 2 Abs. 2 Satz 1 Nr. 3 in Verbindung mit Abs. 4, 7 und 8,

d) die Maßnahmen zur Beseitigung von Eignungsmängeln, insbesondere Inhalt und Dauer entsprechender Kurse, die Teilnahme an solchen Kursen, die Anforderungen an die Kursleiter sowie die Zertifizierung der Qualitätssicherung, deren Inhalt einschließlich der hierfür erforderlichen Verarbeitung und Nutzung personenbezogener Daten und die Akkreditierung der für die Qualitätssicherung verantwortlichen Stellen oder Personen durch die Bundesanstalt für Straßenwesen, um die ordnungsgemäße Durchführung der Kurse zu gewährleisten, wobei ein Erfahrungsaustausch unter Leitung der Bundesanstalt für Straßenwesen vorgeschrieben werden kann,

e) die Prüfung der Befähigung zum Führen von Kraftfahrzeugen, insbesondere über die Zulassung zur Prüfung sowie über Inhalt, Gliederung, Verfahren, Bewertung, Entscheidung und Wiederholung der Prüfung nach § 2 Abs. 2 Satz 1 Nr. 5 in Verbindung mit Abs. 5, 7 und 8 sowie die Erprobung neuer Prüfungsverfahren,

f) die Prüfung der umweltbewußten und energiesparenden Fahrweise nach § 2 Abs. 2 Satz 1 Nr. 5 in Verbindung mit Abs. 5 Nr. 4,

g) die nähere Bestimmung der sonstigen Voraussetzungen nach § 2 Abs. 2 Satz 1 und 2 für die Erteilung der Fahrerlaubnis und die Voraussetzungen der Erteilung der besonderen Erlaubnis nach § 2 Abs. 3,

h) den Nachweis der Personendaten, das Lichtbild sowie die Mitteilung und die Nachweise über das Vorliegen der Voraussetzungen im Antragsverfahren nach § 2 Abs. 6,

i) die Sonderbestimmungen bei Dienstfahrerlaubnissen nach § 2 Abs. 10 und die Erteilung von allgemeinen Fahrerlaubnissen auf Grund von Dienstfahrerlaubnissen,

j) die Zulassung und Registrierung von Inhabern ausländischer Fahrerlaubnisse und die Behandlung abgelieferter ausländischer Führerscheine nach § 2 Abs. 11 und § 3 Abs. 2,

k) die Anerkennung oder Beauftragung von Stellen oder Personen nach § 2 Abs. 13, die Aufsicht über sie, die Übertragung dieser Aufsicht auf andere Einrichtungen, die Zertifizierung der Qualitätssicherung, deren Inhalt einschließlich der hierfür erforderlichen Verarbeitung und Nutzung personenbezogener Daten und die Akkreditierung der für die Qualitätssicherung verantwortlichen Stellen oder Personen durch die Bundesanstalt für Straßenwesen, um die ordnungsgemäße und gleichmäßige Durchführung der Beurteilung, Prüfung oder Ausbildung nach § 2 Abs. 13 zu gewährleisten, wobei ein Erfahrungsaustausch unter Leitung der Bundesanstalt für Straßenwesen vorgeschrieben werden kann, sowie die Verarbeitung und Nutzung personenbezogener Daten für die mit der Anerkennung oder Beauftragung bezweckte Aufgabenerfüllung nach § 2 Abs. 14,

l) Ausnahmen von der Probezeit, die Anrechnung von Probezeiten bei der Erteilung einer allgemeinen Fahrerlaubnis an Inhaber von Dienstfahrerlaubnissen nach § 2a Abs. 1, den Vermerk über die Probezeit im Führerschein,

m) die Einstufung der im Verkehrszentralregister gespeicherten Entscheidungen über Straftaten und Ordnungswidrigkeiten als schwerwiegend oder weniger schwerwiegend für die Maßnahmen nach den Regelungen der Fahrerlaubnis auf Probe gemäß § 2a Abs. 2,

n) die Anforderungen an die allgemeinen und besonderen Aufbauseminare, insbesondere über Inhalt und Dauer, die Teilnahme an den Seminaren nach § 2b Abs. 1 und 2 sowie § 4 Abs. 3 Satz 1 Nr. 1 und 2, die Anforderungen an die Seminarleiter und deren Anerkennung nach § 2b Abs. 2 Satz 2 und § 4 Abs. 8 Satz 4 sowie die Zertifizierung der Qualitätssicherung, deren Inhalt einschließlich der hierfür erforderlichen Verarbeitung und Nutzung personenbezogener Daten und die Akkreditierung der für die Qualitätssicherung verantwortlichen Stellen oder Personen durch die Bundesanstalt für Straßenwesen, um die vorgeschriebene Einrichtung und Durchführung der Seminare zu gewährleisten, wobei ein Erfahrungsaustausch unter Leitung der Bundesanstalt für Straßenwesen vorgeschrieben werden kann,

o) die Übermittlung der Daten nach § 2c, insbesondere über den Umfang der zu übermittelnden Daten und die Art der Übermittlung,

p) Maßnahmen zur Erzielung einer verantwortungsbewußteren Einstellung im Straßenverkehr und damit zur Senkung der besonderen Unfallrisiken von Fahranfängern

– durch eine Ausbildung, die schulische Verkehrserziehung mit der Ausbildung nach den Vorschriften des Fahrlehrergesetzes verknüpft, als Voraussetzung für die Erteilung der Fahrerlaubnis im Sinne des § 2 Abs. 2 Satz 1 Nr. 4 und

– durch die freiwillige Fortbildung in geeigneten Seminaren nach Erwerb der Fahrerlaubnis mit der Möglichkeit der Abkürzung der Probezeit,

q) die Maßnahmen bei bedingt geeigneten oder ungeeigneten oder bei nicht befähigten Fahrerlaubnisinhabern oder bei Zweifeln an der Eignung oder Befähigung nach § 3 Abs. 1 sowie die Ablieferung, die Vorlage und die weitere Behandlung der Führerscheine nach § 3 Abs. 2,

r) die Neuerteilung der Fahrerlaubnis nach vorangegangener Entziehung oder vorangegangenem Verzicht und die Erteilung des Rechts, nach vorangegangener Entziehung oder vorangegangenem Verzicht von einer ausländischen Fahrerlaubnis wieder Gebrauch zu machen nach § 3 Abs. 6,

s) die Bewertung der im Verkehrszentralregister gespeicherten Entscheidungen über Straftaten und Ordnungswidrigkeiten nach § 4 Abs. 2,

t) (gestrichen)

u) die Anforderungen an die verkehrspsychologische Beratung, insbesondere über Inhalt und Dauer der Beratung, die Teilnahme an der Beratung sowie die Anforderungen an die Berater und ihre Anerkennung nach § 4 Abs. 9,

v) die Herstellung, Lieferung und Gestaltung des Musters des Führerscheins und dessen Ausfertigung sowie die Bestimmung, wer die Herstellung und Lieferung durchführt, nach § 2 Abs. 1 Satz 3,

w) die Zuständigkeit und das Verfahren bei Verwaltungsmaßnahmen nach diesem Gesetz und den auf diesem Gesetz beruhenden Rechtsvorschriften sowie die Befugnis der nach Landesrecht zuständigen Stellen, Ausnahmen von § 2 Abs. 1 Satz 3, Abs. 2 Satz 1 und 2, Abs. 15, § 2a Abs. 2 Satz 1 Nr. 1 bis 3, § 2b Abs. 1, § 4 Abs. 3 Satz 1 Nr. 2 und 3, Abs. 8 Satz 1, Abs. 9 Satz 6 Nr. 3, Abs. 10 sowie Ausnahmen von den auf diesem Gesetz beruhenden Rechtsvorschriften zuzulassen,

x) den Inhalt und die Gültigkeit bisher erteilter Fahrerlaubnisse sowie den Umtausch von Führerscheinen, deren Muster nicht mehr ausgefertigt werden, und die Regelungen des Besitzstandes im Fall des Umtausches,

y) Maßnahmen, um die sichere Teilnahme sonstiger Personen am Straßenverkehr zu gewährleisten, sowie die Maßnahmen, wenn sie bedingt geeignet oder ungeeignet oder nicht befähigt zur Teilnahme am Straßenverkehr sind;

2. die Zulassung inländischer und ausländischer Kraftfahrzeuge und Anhänger nach § 1 Abs. 1 einschließlich Ausnahmen von der Zulassungspflicht;

3. die sonstigen zur Erhaltung der Sicherheit und Ordnung auf den öffentlichen Straßen, für Zwecke der Verteidigung, zur Verhütung einer über das verkehrsübliche Maß hinausgehenden Abnutzung der Straßen oder zur Verhütung von Belästigungen erforderlichen Maßnahmen über den Straßenverkehr, und zwar hierzu unter anderem

a) über die Beschaffenheit, die Ausrüstung, die Prüfung und die Kennzeichnung der Fahrzeuge,

b) über das Feilbieten, den Erwerb und die Verwendung von Fahrzeugteilen, die in einer amtlich genehmigten Bauart ausgeführt sein müssen,

c) über das Mindestalter der Führer von Fahrzeugen und ihr Verhalten,

d) über den Schutz der Wohnbevölkerung und Erholungssuchenden gegen Lärm und Abgas durch den Kraftfahrzeugverkehr und über Beschränkungen des Verkehrs an Sonn- und Feiertagen,

e) über das innerhalb geschlossener Ortschaften, mit Ausnahme von entsprechend ausgewiesenen Parkplätzen sowie von Industrie- und Gewerbegebieten anzuordnende Verbot, Kraftfahrzeuganhänger und Kraftfahrzeuge mit einem zulässigen Gesamtgewicht über 7,5 t in der Zeit von 22 Uhr bis 6 Uhr und an Sonn- und Feiertagen, regelmäßig zu parken,

f) über Ortstafeln und Wegweiser,

g) über das Verbot von Werbung und Propaganda durch Bildwerk, Schrift, Beleuchtung oder Ton, soweit sie geeignet sind, außerhalb geschlossener Ortschaften die Aufmerksamkeit der Verkehrsteilnehmer in einer die Sicherheit des Verkehrs gefährdenden Weise abzulenken oder die Leichtigkeit des Verkehrs zu beeinträchtigen,

h) über die Beschränkung des Straßenverkehrs zum Schutz von kulturellen Veranstaltungen, die außerhalb des Straßenraums stattfinden, wenn dies im öffentlichen Interesse liegt,

i) über das Verbot zur Verwendung technischer Einrichtungen am oder im Kraftfahrzeug, die dafür bestimmt sind, die Verkehrsüberwachung zu beeinträchtigen;

4. die Beschaffenheit, Ausrüstung und Prüfung der Fahrzeuge, um die Insassen bei einem Verkehrsunfall vor Verletzungen zu schützen oder deren Ausmaß oder Folgen zu mildern;

4a. das Verhalten der Beteiligten nach einem Verkehrsunfall, das geboten ist, um

a) den Verkehr zu sichern und Verletzten zu helfen,

b) zur Klärung und Sicherung zivilrechtlicher Ansprüche die Art der Beteiligung festzustellen und

c) Haftpflichtansprüche geltend machen zu können;

5. . . .

5a. die Beschaffenheit, Ausrüstung und Prüfung der Fahrzeuge und über das Verhalten im Straßenverkehr zum Schutz vor den von Fahrzeugen ausgehenden schädlichen Umwelteinwirkungen im Sinne des Bundes-Immissionsschutzgesetzes; dabei können Emissionsgrenzwerte unter Berücksichtigung der technischen Entwicklung auch für einen Zeitpunkt nach Inkrafttreten der Rechtsverordnung festgesetzt werden;

5b. das Verbot des Kraftfahrzeugverkehrs in den nach § 40 des Bundes-Immissionsschutzgesetzes festgelegten Gebieten nach Bekanntgabe austauscharmer Wetterlagen;

5c. den Nachweis über die Entsorgung oder den sonstigen Verbleib der Fahrzeuge nach ihrer Stillegung oder Außerbetriebsetzung, um die umweltverträgliche Entsorgung von Fahrzeugen und Fahrzeugteilen sicherzustellen;

6. Maßnahmen der mit der Durchführung der Untersuchungen, Abnahmen, Prüfungen und Begutachtungen von Fahrzeugen und Fahrzeugteilen befaßten Stellen oder Personen zur Qualitätssicherung, deren Inhalt einschließlich der hierfür erforderlichen Verarbeitung und Nutzung personenbezogener Daten, um ordnungsgemäße, nach gleichen Maßstäben durchgeführte Untersuchungen, Abnahmen, Prüfungen und Begutachtungen an Fahrzeugen und Fahrzeugteilen zu gewährleisten;

7. die in den Nummern 1 bis 6 vorgesehenen Maßnahmen, soweit sie zur Erfüllung von Verpflichtungen aus zwischenstaatlichen Vereinbarungen oder von bindenden Beschlüssen der Europäischen Gemeinschaften notwendig sind;

8. die Beschaffenheit, Anbringung und Prüfung, sowie die Herstellung, den Vertrieb, die Ausgabe, die Verwahrung und die Einziehung von Kennzeichen (einschließlich solcher Vorprodukte, bei denen nur noch die Beschriftung fehlt) für Fahrzeuge, um die unzulässige Verwendung

von Kennzeichen oder die Begehung von Straftaten mit Hilfe von Fahrzeugen oder Kennzeichen zu bekämpfen;

9. die Beschaffenheit, Herstellung, Vertrieb, Verwendung und Verwahrung von Führerscheinen und Fahrzeugpapieren einschließlich ihrer Vordrucke, sowie von auf Grund dieses Gesetzes oder der auf ihm beruhenden Rechtsvorschriften zu verwendenden Plaketten, Prüffolien und Stempel, um deren Diebstahl oder deren Mißbrauch bei der Begehung von Straftaten zu bekämpfen;

10. die Beschaffenheit und Prüfung von Fahrzeugen, um deren Diebstahl oder deren Mißbrauch bei der Begehung von Straftaten zu bekämpfen;

11. die Ermittlung, Auffindung und Sicherstellung von gestohlenen, verlorengegangenen oder sonst abhanden gekommenen Fahrzeugen, Fahrzeugkennzeichen sowie Führerscheinen und Fahrzeugpapieren einschließlich ihrer Vordrucke, soweit nicht die Strafverfolgungsbehörden hierfür zuständig sind;

12. die Überwachung der gewerbsmäßigen Vermietung von Kraftfahrzeugen und Anhängern an Selbstfahrer

    a) zur Bekämpfung der Begehung von Straftaten mit gemieteten Fahrzeugen oder

    b) zur Erhaltung der Ordnung und Sicherheit im Straßenverkehr;

13. die Einrichtung gebührenpflichtiger Parkplätze bei Großveranstaltungen im Interesse der Ordnung und Sicherheit des Verkehrs;

14. die Beschränkung des Haltens und Parkens zugunsten der Bewohner städtischer Quartiere mit erheblichem Parkraummangel sowie die Schaffung von Parkmöglichkeiten für Schwerbehinderte mit außergewöhnlicher Gehbehinderung und Blinde, insbesondere in unmittelbarer Nähe ihrer Wohnung oder ihrer Arbeitsstätte;

15. die Kennzeichnung von Fußgängerbereichen und verkehrsberuhigten Bereichen und die Beschränkungen oder Verbote des Fahrzeugverkehrs zur Erhaltung der Ordnung und Sicherheit in diesen Bereichen, zum Schutze der Bevölkerung vor Lärm und Abgasen und zur Unterstützung einer geordneten städtebaulichen Entwicklung;

16. die Beschränkung des Straßenverkehrs zur Erforschung des Unfallgeschehens, des Verkehrsverhaltens, der Verkehrsabläufe sowie zur Erprobung geplanter verkehrssichernder oder verkehrsregelnder Regelungen und Maßnahmen;

17. die zur Erhaltung der öffentlichen Sicherheit erforderlichen Maßnahmen über den Straßenverkehr;

18. die Einrichtung von Sonderfahrspuren für Linienomnibusse und Taxen;

19. Maßnahmen, die zur Umsetzung der Richtlinie 92/59/EWG des Rates vom 29. Juni 1992 über die allgemeine Produktsicherheit (ABl. EG Nr. L 228 S. 24) erforderlich sind.

(2) Rechtsverordnungen nach Absatz 1 Nr. 8, 9, 10, 11 und 12 Buchstabe a und Allgemeine Verwaltungsvorschriften hierzu werden vom Bundesministerium für Verkehr, Bau- und Wohnungswesen und vom Bundesministerium des Innern erlassen.

(2a) Rechtsverordnungen nach Absatz 1 Nr. 1 Buchstabe f, Nr. 3 Buchstabe d, e, Nr. 5a, 5b, 5c und 15 sowie solche nach Nr. 7, soweit sie sich auf

Maßnahmen nach Nr. 1 Buchstabe f, Nr. 5a, 5b und 5c beziehen, und allgemeine Verwaltungsvorschriften hierzu werden vom Bundesministerium für Verkehr, Bau- und Wohnungswesen und vom Bundesministerium für Umwelt, Naturschutz und Reaktorsicherheit erlassen.

(3) Abweichend von den Absätzen 1 bis 2a bedürfen Rechtsverordnungen zur Durchführung der Vorschriften über die Beschaffenheit, die Ausrüstung und die Prüfung von Fahrzeugen und Fahrzeugteilen sowie Rechtsverordnungen über allgemeine Ausnahmen von den auf diesem Gesetz beruhenden Rechtsvorschriften nicht der Zustimmung des Bundesrates; vor ihrem Erlaß sind die zuständigen obersten Landesbehörden zu hören.

(4) Die bis zum 31. Dezember 1994 der Deutschen Bundespost als Zentrale Zulassungsstelle für den Kraftfahrzeugverkehr zustehenden Befugnisse können bis zu einem durch Rechtsverordnung des Bundesministeriums für Verkehr, die der Zustimmung des Bundesrates bedarf, im Einvernehmen mit dem Bundesministerium für Post und Telekommunikation festzulegenden Zeitpunkt, längstens bis zum 31. Dezember 1997, nach näherer Maßgabe dieser Rechtsverordnung von dem Nachfolgeunternehmen der Deutschen Bundespost POSTDIENST für die Fahrzeuge der drei Nachfolgeunternehmen der Deutschen Bundespost wahrgenommen werden.

Abs. 1 Nr. 4 eingefügt durch G. v. 19. 3. 1969 (BGBl. I S. 217); Abs. 1 Nr. 4a eingefügt durch G. v. 13. 6. 1975 (BGBl. I S. 1349); Abs. 1 Nr. 5 gestrichen durch G. v. 6. 8. 1975 (BGBl. I S. 2121); Abs. 1 Nr. 5a und b eingefügt durch G. v. 15. 3. 1974 (BGBl. I S. 721); Abs. 1 Nr. 7 aufgehoben durch G. v. 23. 6. 1970 (BGBl. I S. 805) und neu eingefügt durch G. v. 15. 3. 1974 (BGBl. I S. 721); Abs. 1 Satz 2 und Abs. 2 als Abs. 2 und 3 neu gefasst durch G. v. 15. 3. 1974 (BGBl. I S. 721); Abs. 1 Nr. 8 bis 12 eingefügt durch G. v. 3. 8. 1978 (BGBl. I S. 1177); Abs. 1 Nr. 1 geändert sowie Nr. 3d neu gefasst, Nr. 3e eingefügt und bisherige Nr. 3e u. f als Nr. 3f u. g eingeordnet sowie Nr. 13 bis 18 eingefügt sowie Abs. 2 neu gefasst durch G. v. 6. 4. 1980 (BGBl. I S. 413); Abs. 1 Nr. 1 geändert und Nr. 1a eingefügt durch G. v. 13. 5. 1986 (BGBl. I S. 700); Abs. 2 und Abs. 3 geändert durch VO v. 26. 11. 1986 (BGBl. I S. 2089); Abs. 1 Nr. 1a Buchstaben b und c) geändert durch G. v. 27. 12. 1993 (BGBl. I S. 2378) und durch G. v. 14. 9. 1994 (BGBl. I S. 2325), durch dieses G. außerdem Abs. 4 angefügt; Abs. 1 Nr. 19 angefügt durch G. v. 22. 4. 1997 (BGBl. I S. 934); Abs. 1 Eingangsworte und Nr. 1 neu gefasst, Nr. 1a aufgehoben sowie Nr. 2 neu gefasst sowie Abs. 1 Nr. 3 Eingangsworte neu gefasst und Buchst. h angefügt sowie Abs. 1 Nr. 5c und 6 eingefügt sowie Nr. 9 geändert sowie Abs. 2 geändert sowie Abs. 2a neu gefasst durch G. v. 24. 4. 1998 (BGBl. I S. 747); Abs. 1 Nr. 1 Buchst. n geändert und Buchst. t gestrichen, Nr. 3 Buchst. i angefügt und Nr. 14 geändert durch G. v. 19. 3. 2001 (BGBl. I S. 386); Abs. 1, 2 und 2a geändert durch VO v. 29. 10. 2001 (BGBl. I S. 2785).

§ 6a (Kosten)

(1) Kosten (Gebühren und Auslagen) werden erhoben

1. für Amtshandlungen, einschließlich Prüfungen, Abnahmen, Begutachtungen, Untersuchungen, Verwarnungen – ausgenommen Verwarnungen im Sinne des Gesetzes über Ordnungswidrigkeiten – und Registerauskünften

   a) nach diesem Gesetz und nach den auf diesem Gesetz beruhenden Rechtsvorschriften,

   b) nach dem Gesetz zu dem Übereinkommen vom 20. März 1958 über die Annahme einheitlicher Bedingungen für die Genehmigung der

Ausrüstungsgegenstände und Teile von Kraftfahrzeugen und über die gegenseitige Anerkennung der Genehmigung vom 12. Juni 1965 (BGBl. II S. 857) in der Fassung des Gesetzes vom 20. Dezember 1968 (BGBl. II S. 1224) und nach den auf diesem Gesetz beruhenden Rechtsvorschriften,

c) nach dem Gesetz zu dem Europäischen Übereinkommen vom 30. September 1957 über die internationale Beförderung gefährlicher Güter auf der Straße (ADR) vom 18. August 1969 (BGBl. II S. 1489) und nach den auf diesem Gesetz beruhenden Rechtsvorschriften,

2. für Untersuchungen von Fahrzeugen nach dem Personenbeförderungsgesetz in der im Bundesgesetzblatt Teil III, Gliederungsnummer 9240-1, veröffentlichten bereinigten Fassung, zuletzt geändert durch Artikel 7 des Gesetzes über die unentgeltliche Beförderung Schwerbehinderter im öffentlichen Personenverkehr vom 9. Juli 1979 (BGBl. I S. 989), und nach den auf diesem Gesetz beruhenden Rechtsvorschriften,

3. für Maßnahmen im Zusammenhang mit der Stillegung von Kraftfahrzeugen und Kraftfahrzeuganhängern.

(2) Das Bundesministerium für Verkehr, Bau- und Wohnungswesen wird ermächtigt, die Gebühren für die einzelnen Amtshandlungen, einschließlich Prüfungen, Abnahmen, Begutachtungen, Untersuchungen, Verwarnungen – ausgenommen Verwarnungen im Sinne des Gesetzes über Ordnungswidrigkeiten – und Registerauskünften im Sinne des Absatzes 1 durch Rechtsverordnung zu bestimmen und dabei feste Sätze oder Rahmensätze vorzusehen. Die Gebührensätze sind so zu bemessen, daß der mit den Amtshandlungen, einschließlich Prüfungen, Abnahmen, Begutachtungen, Untersuchungen, Verwarnungen – ausgenommen Verwarnungen im Sinne des Gesetzes über Ordnungswidrigkeiten – und Registerauskünften verbundene Personal- und Sachaufwand gedeckt wird; bei begünstigenden Amtshandlungen kann daneben die Bedeutung, der wirtschaftliche Wert oder der sonstige Nutzen für den Gebührenschuldner angemessen berücksichtigt werden.

(3) Im übrigen findet das Verwaltungskostengesetz vom 23. Juni 1970 (BGBl. I S. 821), geändert durch Artikel 41 des Einführungsgesetzes zur Abgabenordnung vom 14. Dezember 1976 (BGBl. I S. 3341), Anwendung. In den Rechtsverordnungen nach Absatz 2 können jedoch die Kostenbefreiung, die Kostengläubigerschaft, die Kostenschuldnerschaft, der Umfang der zu erstattenden Auslagen und die Kostenerhebung abweichend von den Vorschriften des Verwaltungskostengesetzes geregelt werden.

(4) In den Rechtsverordnungen nach Absatz 2 kann bestimmt werden, daß die für die einzelnen Amtshandlungen, einschließlich Prüfungen, Abnahmen, Begutachtungen und Untersuchungen, zulässigen Gebühren auch erhoben werden dürfen, wenn die Amtshandlungen aus Gründen, die nicht von der Stelle, die die Amtshandlungen hätte durchführen sollen, zu vertreten sind, und ohne ausreichende Entschuldigung des Bewerbers oder Antragstellers am festgesetzten Termin nicht stattfinden konnten oder abgebrochen werden mußten.

(5) Rechtsverordnungen über Kosten, deren Gläubiger der Bund ist, bedürfen nicht der Zustimmung des Bundesrates.

(6) Soweit das Parken auf öffentlichen Wegen und Plätzen nur während des Laufs einer Parkuhr oder anderer Vorrichtungen oder Einrichtungen zur Überwachung der Parkzeit zulässig ist, werden Gebühren erhoben; dies gilt nicht für die Überwachung der Parkzeit durch Parkscheiben. Die Gebühren stehen in Ortsdurchfahrten den Gemeinden, im übrigen dem Träger der Straßenbaulast zu. Die Gebühren betragen je angefangene halbe Stunde 0,05 Euro. Es kann eine höhere Gebühr als 0,05 Euro festgesetzt werden, wenn und soweit dies nach den jeweiligen örtlichen Verhältnissen erforderlich ist, um die Gebühr dem Wert des Parkraums für den Benutzer angemessen anzupassen. Neben der Gebühr je angefangene halbe Stunde kann eine pauschalierte Gebühr für einen längeren Zeitraum festgesetzt werden. Die Nutzung des Parkraums durch eine möglichst große Anzahl von Verkehrsteilnehmern ist zu gewährleisten. Bei der Gebührenfestsetzung kann eine innerörtliche Staffelung vorgesehen werden. Für den Fall, daß solche höheren Gebühren festgesetzt werden sollen, werden die Landesregierungen ermächtigt, Gebührenordnungen zu erlassen. In diesen kann auch ein Höchstsatz festgelegt werden. Die Ermächtigung kann durch Rechtsverordnung weiter übertragen werden.

(7) Die Regelung des Absatzes 6 Satz 4 bis 10 ist auf die Erhebung von Gebühren für die Benutzung gebührenpflichtiger Parkplätze im Sinne des § 6 Abs. 1 Nr. 13 entsprechend anzuwenden.

Eingefügt durch G. v. 23. 6. 1970 (BGBl. I S. 805) und neu gefasst durch G. v. 6. 4. 1980 (BGBl. I S. 413); Abs. 6 Satz 3 gestrichen durch G. v. 2. 8. 1994 (BGBl. I S. 2047); Abs. 1 Nr. 1 Eingangsworte geändert sowie Abs. 2 Satz 1 neu gefasst und Satz 2 geändert sowie Abs. 4 neu gefasst sowie Abs. 6 Satz 5 eingefügt durch G. v. 24. 4. 1998 (BGBl. I S. 747); Abs. 2 Satz 1 geändert durch VO v. 29. 10. 2001 (BGBl. I S. 2785); Abs. 6 Satz 3 und 4 geändert durch G. v. 15. 12. 2001 (BGBl. I S. 3762).

§ 6b   Herstellung, Vertrieb und Ausgabe von Kennzeichen

(1) Wer Kennzeichen für Fahrzeuge herstellen, vertreiben oder ausgeben will, hat dies der Zulassungsbehörde vorher anzuzeigen.

(2) Kennzeichen dürfen nach näherer Bestimmung einer Rechtsverordnung gemäß § 6 Abs. 1 Nr. 8, Abs. 2 nur gegen Aushändigung eines amtlichen Berechtigungsscheins vertrieben oder ausgegeben werden. Dies gilt nicht, wenn die Zulassungsbehörde selbst die Kennzeichen ausgibt.

(3) Über die Herstellung, den Vertrieb und die Ausgabe von Kennzeichen sind nach näherer Bestimmung (§ 6 Abs. 1 Nr. 8, Abs. 2) Einzelnachweise zu führen, aufzubewahren und zuständigen Personen auf Verlangen zur Prüfung auszuhändigen.

(4) Die Herstellung, der Vertrieb oder die Ausgabe von Kennzeichen ist zu untersagen, wenn

1. diese ohne die vorgeschriebene Anzeige hergestellt, vertrieben oder ausgegeben werden oder

2. Kennzeichen vorsätzlich oder leichtfertig ohne Entgegennahme des nach Absatz 2 vorgeschriebenen Berechtigungsscheins vertrieben oder ausgegeben werden.

(5) Die Herstellung, der Vertrieb oder die Ausgabe von Kennzeichen kann untersagt werden, wenn

1. Tatsachen vorliegen, aus denen sich die Unzuverlässigkeit des Verantwortlichen oder der von ihm mit Herstellung, Vertrieb oder Ausgabe von Kennzeichen beauftragten Personen ergibt, oder

2. gegen die Vorschriften über die Führung, Aufbewahrung oder Aushändigung von Nachweisen über die Herstellung, den Vertrieb oder die Ausgabe von Kennzeichen verstoßen wird.

Eingefügt durch G. v. 3. 8. 1978 (BGBl. I S. 1177); Abs. 1 und Abs. 2 Satz 2 geändert durch G. v. 24. 4. 1998 (BGBl. I S. 747).

§ 6c   Herstellung, Vertrieb und Ausgabe von Kennzeichenvorprodukten

§ 6b Abs. 1, 3, 4 Nr. 1 sowie Abs. 5 gilt entsprechend für die Herstellung, den Vertrieb oder die Ausgabe von bestimmten – nach näherer Bestimmung durch das Bundesministerium für Verkehr, Bau- und Wohnungswesen festzulegenden (§ 6 Abs. 1 Nr. 8, Abs. 2) – Kennzeichenvorprodukten, bei denen nur noch die Beschriftung fehlt.

Eingefügt durch G. v. 3. 8. 1978 (BGBl. I S. 1177); geändert durch G. v. 24. 4. 1998 (BGBl. I S. 747) und VO v. 29. 10. 2001 (BGBl. I S. 2785).

§ 6d   Auskunft und Prüfung

(1) Die mit der Herstellung, dem Vertrieb oder der Ausgabe von Kennzeichen befaßten Personen haben den zuständigen Behörden oder den von ihnen beauftragten Personen über die Beachtung der in § 6b Abs. 1 bis 3 bezeichneten Pflichten die erforderlichen Auskünfte unverzüglich zu erteilen.

(2) Die mit der Herstellung, dem Vertrieb oder der Ausgabe von Kennzeichenvorprodukten im Sinne des § 6c befaßten Personen haben den zuständigen Behörden oder den von ihnen beauftragten Personen über die Beachtung der in § 6b Abs. 1 und 3 bezeichneten Pflichten die erforderlichen Auskünfte unverzüglich zu erteilen.

(3) Die von der zuständigen Behörde beauftragten Personen dürfen im Rahmen der Absätze 1 und 2 Grundstücke, Geschäftsräume, Betriebsräume und Transportmittel der Auskunftspflichtigen während der Betriebs- oder Geschäftszeit zum Zwecke der Prüfung und Besichtigung betreten.

Eingefügt durch G. v. 3. 8. 1978 (BGBl. I S. 1177).

II. Haftpflicht

§ 7   (Fahrzeughalter; wiederrechtliche Benutzung)

(1) Wird bei dem Betrieb eines Kraftfahrzeugs ein Mensch getötet, der Körper oder die Gesundheit eines Menschen verletzt oder eine Sache beschädigt, so ist der Halter des Fahrzeugs verpflichtet, dem Verletzten den daraus entstehenden Schaden zu ersetzen.

(2) Die Ersatzpflicht ist ausgeschlossen, wenn der Unfall durch ein unabwendbares Ereignis verursacht wird, das weder auf einem Fehler in der

Beschaffenheit des Fahrzeugs noch auf einem Versagen seiner Verrichtungen beruht. Als unabwendbar gilt ein Ereignis insbesondere dann, wenn es auf das Verhalten des Verletzten oder eines nicht bei dem Betrieb beschäftigten Dritten oder eines Tieres zurückzuführen ist und sowohl der Halter als der Führer des Fahrzeugs jede nach den Umständen des Falles gebotene Sorgfalt beobachtet hat.

(3) Benutzt jemand das Fahrzeug ohne Wissen und Willen des Fahrzeughalters, so ist er an Stelle des Halters zum Ersatz des Schadens verpflichtet; daneben bleibt der Halter zum Ersatz des Schadens verpflichtet, wenn die Benutzung des Fahrzeugs durch sein Verschulden ermöglicht worden ist. Satz 1 findet keine Anwendung, wenn der Benutzer vom Fahrzeughalter für den Betrieb des Kraftfahrzeugs angestellt ist oder wenn ihm das Fahrzeug vom Halter überlassen worden ist.

§ 8 (Ausschluß der Haftung)

Die Vorschriften des § 7 gelten nicht, wenn der Unfall durch ein Fahrzeug verursacht wurde, das auf ebener Bahn mit keiner höheren Geschwindigkeit als zwanzig Kilometer in der Stunde fahren kann, oder wenn der Verletzte bei dem Betrieb des Kraftfahrzeugs tätig war.

§ 8a (Geschäftsmäßige Personenbeförderung)

(1) Ist eine durch ein Kraftfahrzeug beförderte Person getötet oder verletzt worden, so haftet der Halter dieses Fahrzeugs nach § 7 nur dann, wenn es sich um entgeltliche, geschäftsmäßige Personenbeförderung handelt. Ist eine durch ein Kraftfahrzeug beförderte Sache beschädigt worden, so haftet der Halter dieses Fahrzeugs nach § 7 nur, wenn eine durch das Kraftfahrzeug unter den Voraussetzungen des Satzes 1 beförderte Person die Sache an sich trägt oder mit sich führt. Die Geschäftsmäßigkeit einer Personenbeförderung im Sinne der Sätze 1 und 2 wird nicht dadurch ausgeschlossen, daß die Beförderung von einer Körperschaft oder Anstalt des öffentlichen Rechts betrieben wird.

(2) Die Verpflichtung des Halters, wegen Tötung oder Verletzung beförderter Personen Schadensersatz nach Absatz 1 Satz 1 in Verbindung mit § 7 zu leisten, darf weder ausgeschlossen noch beschränkt werden. Entgegenstehende Bestimmungen und Vereinbarungen sind nichtig.

§ 9 (Mitverschulden)

Hat bei der Entstehung des Schadens ein Verschulden des Verletzten mitgewirkt, so finden die Vorschriften des § 254 des Bürgerlichen Gesetzbuchs mit der Maßgabe Anwendung, daß im Falle der Beschädigung einer Sache das Verschulden desjenigen, welcher die tatsächliche Gewalt über die Sache ausübt, dem Verschulden des Verletzten gleichsteht.

§ 10 (Ersatzpflicht bei Tötung)

(1) Im Falle der Tötung ist der Schadensersatz durch Ersatz der Kosten einer versuchten Heilung sowie des Vermögensnachteils zu leisten, den der Getötete dadurch erlitten hat, daß während der Krankheit seine Erwerbsfä-

higkeit aufgehoben oder gemindert oder eine Vermehrung seiner Bedürfnisse eingetreten war. Der Ersatzpflichtige hat außerdem die Kosten der Beerdigung demjenigen zu ersetzen, dem die Verpflichtung obliegt, diese Kosten zu tragen.

(2) Stand der Getötete zur Zeit der Verletzung zu einem Dritten in einem Verhältnis, vermöge dessen er diesem gegenüber kraft Gesetzes unterhaltspflichtig war oder unterhaltspflichtig werden konnte, und ist dem Dritten infolge der Tötung das Recht auf Unterhalt entzogen, so hat der Ersatzpflichtige dem Dritten insoweit Schadensersatz zu leisten, als der Getötete während der mutmaßlichen Dauer seines Lebens zur Gewährung des Unterhalts verpflichtet gewesen sein würde. Die Ersatzpflicht tritt auch dann ein, wenn der Dritte zur Zeit der Verletzung erzeugt, aber noch nicht geboren war.

§ 11   (Ersatzpflicht bei Körperverletzung)

Im Falle der Verletzung des Körpers oder der Gesundheit ist der Schadensersatz durch Ersatz der Kosten der Heilung sowie des Vermögensnachteils zu leisten, den der Verletzte dadurch erleidet, daß infolge der Verletzung zeitweise oder dauernd seine Erwerbsfähigkeit aufgehoben oder gemindert oder eine Vermehrung seiner Bedürfnisse eingetreten ist.

§ 12   (Höchstbeträge)

(1) Der Ersatzpflichtige haftet

1. im Falle der Tötung oder Verletzung eines Menschen nur bis zu einem Kapitalbetrag von fünfhunderttausend Deutsche Mark oder bis zu einem Rentenbetrag von jährlich dreißigtausend Deutsche Mark;
2. im Falle der Tötung oder Verletzung mehrerer Menschen durch dasselbe Ereignis, unbeschadet der in Nummer 1 bestimmten Grenzen, nur bis zu einem Kapitalbetrag von insgesamt siebenhundertfünfzigtausend Deutsche Mark oder bis zu einem Rentenbetrag von fünfundvierzigtausend Deutsche Mark; diese Beschränkung gilt jedoch in den Fällen des § 8a Abs. 1 Satz 1 nicht für den ersatzpflichtigen Halter des Kraftfahrzeugs;
3. im Falle der Sachbeschädigung, auch wenn durch dasselbe Ereignis mehrere Sachen beschädigt werden, nur bis zu einem Betrag von einhunderttausend Deutsche Mark.

(2) Übersteigen die Entschädigungen, die mehreren auf Grund desselben Ereignisses nach Absatz 1 zu leisten sind, insgesamt die in Nummer 2 Halbsatz 1 und Nummer 3 bezeichneten Höchstbeträge, so verringern sich die einzelnen Entschädigungen in dem Verhältnis, in welchem ihr Gesamtbetrag zu dem Höchstbetrag steht.

I. d. F. d. G. v. 16. 8. 1977 (BGBl. I S. 1577).

§ 13   (Entrichtung einer Geldrente)

(1) Der Schadensersatz wegen Aufhebung oder Minderung der Erwerbsfähigkeit und wegen Vermehrung der Bedürfnisse des Verletzten sowie der

nach § 10 Abs. 2 einem Dritten zu gewährende Schadensersatz ist für die Zukunft durch Entrichtung einer Geldrente zu leisten.

(2) Die Vorschriften des § 843 Abs. 2 bis 4 des Bürgerlichen Gesetzbuchs finden entsprechende Anwendung.

(3) Ist bei der Verurteilung des Verpflichteten zur Entrichtung einer Geldrente nicht auf Sicherheitsleistung erkannt worden, so kann der Berechtigte gleichwohl Sicherheitsleistung verlangen, wenn die Vermögensverhältnisse des Verpflichteten sich erheblich verschlechtert haben; unter der gleichen Voraussetzung kann er eine Erhöhung der in dem Urteil bestimmten Sicherheit verlangen.

Abs. 2 geändert durch G. v. 3. 12. 1976 (BGBl. I S. 3281).

§ 14 (Verjährung)

Auf die Verjährung finden die für unerlaubte Handlungen geltenden Verjährungsvorschriften des Bürgerlichen Gesetzbuchs entsprechende Anwendung.

I. d. F. d. G. v. 16. 8. 1977 (BGBl. I S. 1577).

§ 15 (Anzeigepflicht)

Der Ersatzberechtigte verliert die ihm auf Grund der Vorschriften dieses Gesetzes zustehenden Rechte, wenn er nicht spätestens innerhalb zweier Monate, nachdem er von dem Schaden und der Person des Ersatzpflichtigen Kenntnis erhalten hat, dem Ersatzpflichtigen den Unfall anzeigt. Der Rechtsverlust tritt nicht ein, wenn die Anzeige infolge eines von dem Ersatzberechtigten nicht zu vertretenden Umstandes unterblieben ist oder der Ersatzpflichtige innerhalb der bezeichneten Frist auf andere Weise von dem Unfall Kenntnis erhalten hat.

§ 16 (Weitergehende Haftung)

Unberührt bleiben die bundesrechtlichen Vorschriften, nach welchen der Fahrzeughalter für den durch das Fahrzeug verursachten Schaden in weiterem Umfang als nach den Vorschriften dieses Gesetzes haftet oder nach welchen ein anderer für den Schaden verantwortlich ist.

§ 17 (Mehrere Haftpflichtige)

(1) Wird ein Schaden durch mehrere Kraftfahrzeuge verursacht und sind die beteiligten Fahrzeughalter einem Dritten kraft Gesetzes zum Ersatz des Schadens verpflichtet, so hängt im Verhältnis der Fahrzeughalter zueinander die Verpflichtung zum Ersatz sowie der Umfang des zu leistenden Ersatzes von den Umständen, insbesondere davon ab, inwieweit der Schaden vorwiegend von dem einen oder dem anderen Teil verursacht worden ist. Das gleiche gilt, wenn der Schaden einem der beteiligten Fahrzeughalter entstanden ist, von der Haftpflicht, die für einen anderen von ihnen eintritt.

(2) Die Vorschriften des Absatzes 1 finden entsprechende Anwendung, wenn der Schaden durch ein Kraftfahrzeug und ein Tier oder durch ein Kraftfahrzeug und eine Eisenbahn verursacht wird.

§ 18 (Ersatzpflicht des Fahrzeugführers)

(1) In den Fällen des § 7 Abs. 1 ist auch der Führer des Kraftfahrzeugs zum Ersatz des Schadens nach den Vorschriften der §§ 8 bis 15 verpflichtet. Die Ersatzpflicht ist ausgeschlossen, wenn der Schaden nicht durch ein Verschulden des Führers verursacht ist.

(2) Die Vorschrift des § 16 findet entsprechende Anwendung.

(3) Ist in den Fällen des § 17 auch der Führer eines Fahrzeugs zum Ersatz des Schadens verpflichtet, so finden auf diese Verpflichtung in seinem Verhältnis zu den Haltern und Führern der anderen beteiligten Fahrzeuge, zu dem Tierhalter oder Eisenbahnunternehmer die Vorschriften des § 17 entsprechende Anwendung.

§ 19 (weggefallen)

§ 20 (Zuständiges Gericht)

Für Klagen, die auf Grund dieses Gesetzes erhoben werden, ist auch das Gericht zuständig, in dessen Bezirk das schädigende Ereignis stattgefunden hat.

III. Straf- und Bußgeldvorschriften

§ 21 (Fahren ohne Fahrerlaubnis)

(1) Mit Freiheitsstrafe bis zu einem Jahr oder mit Geldstrafe wird bestraft, wer

1. ein Kraftfahrzeug führt, obwohl er die dazu erforderliche Fahrerlaubnis nicht hat oder ihm das Führen des Fahrzeugs nach § 44 des Strafgesetzbuches oder nach § 25 dieses Gesetzes verboten ist, oder

2. als Halter eines Kraftfahrzeugs anordnet oder zuläßt, daß jemand das Fahrzeug führt, der die dazu erforderliche Fahrerlaubnis nicht hat oder dem das Führen des Fahrzeugs nach § 44 des Strafgesetzbuches oder nach § 25 dieses Gesetzes verboten ist.

(2) Mit Freiheitsstrafe bis zu sechs Monaten oder mit Geldstrafe bis zu einhundertachtzig Tagessätzen wird bestraft, wer

1. eine Tat nach Absatz 1 fahrlässig begeht,

2. vorsätzlich oder fahrlässig ein Kraftfahrzeug führt, obwohl der vorgeschriebene Führerschein nach § 94 der Strafprozeßordnung in Verwahrung genommen, sichergestellt oder beschlagnahmt ist, oder

3. vorsätzlich oder fahrlässig als Halter eines Kraftfahrzeugs anordnet oder zuläßt, daß jemand das Fahrzeug führt, obwohl der vorgeschriebene Führerschein nach § 94 der Strafprozeßordnung in Verwahrung genommen, sichergestellt oder beschlagnahmt ist.

(3) In den Fällen des Absatzes 1 kann das Kraftfahrzeug, auf das sich die Tat bezieht, eingezogen werden, wenn der Täter

1. das Fahrzeug geführt hat, obwohl ihm die Fahrerlaubnis entzogen oder das Führen des Fahrzeugs nach § 44 des Strafgesetzbuches oder nach § 25 dieses Gesetzes verboten war oder obwohl eine Sperre nach § 69a Abs. 1 Satz 3 des Strafgesetzbuches gegen ihn angeordnet war,

2. als Halter des Fahrzeugs angeordnet oder zugelassen hat, daß jemand das Fahrzeug führte, dem die Fahrerlaubnis entzogen oder das Führen des Fahrzeugs nach § 44 des Strafgesetzbuches oder nach § 25 dieses Gesetzes verboten war oder gegen den eine Sperre nach § 69a Abs. 1 Satz 3 des Strafgesetzbuches angeordnet war, oder

3. in den letzten drei Jahren vor der Tat schon einmal wegen einer Tat nach Absatz 1 verurteilt worden ist.

Früherer § 24 als § 21 eingeordnet und geändert in Abs. 1 Nr. 1 und 2 und Abs. 3 Nr. 1 und 2 sowie Abs. 3 Sätze 2 und 3 gestrichen durch G. v. 24. 5. 1968 (BGBl. I S. 503); Eingangsworte von Abs. 1 und Abs. 2 geändert durch G. v. 25. 6. 1969 (BGBl. I S. 645); Abs. 1 Nr. 1 und 2, Eingangsworte zu Abs. 2 und Abs. 3 Nr. 1 und 2 geändert durch G. v. 2. 3. 1974 (BGBl. I S. 469).
Zu Abs. 1 Nr. 1 erste Alternative u. Abs. 2 Nr. 1: Mit dem GG vereinbar; vgl. Entsch. d. BVerfG v. 27. 3. 1979 – 2 BvL 7/78 – (Bekm. v. 11. 4. 1979 – BGBl. I S. 489 –).

§ 22 (Falsche, geänderte, verschmutzte Kennzeichen)

(1) Wer in rechtswidriger Absicht

1. ein Kraftfahrzeug oder einen Kraftfahrzeuganhänger, für die ein amtliches Kennzeichen nicht ausgegeben oder zugelassen worden ist, mit einem Zeichen versieht, das geeignet ist, den Anschein amtlicher Kennzeichnung hervorzurufen,

2. ein Kraftfahrzeug oder einen Kraftfahrzeuganhänger mit einer anderen als der amtlich für das Fahrzeug ausgegebenen oder zugelassenen Kennzeichnung versieht,

3. das an einem Kraftfahrzeug oder einem Kraftfahrzeuganhänger angebrachte amtliche Kennzeichen verändert, beseitigt, verdeckt oder sonst in seiner Erkennbarkeit beeinträchtigt,

wird, wenn die Tat nicht in anderen Vorschriften mit schwererer Strafe bedroht ist, mit Freiheitsstrafe bis zu einem Jahr oder mit Geldstrafe bestraft.

(2) Die gleiche Strafe trifft Personen, welche auf öffentlichen Wegen oder Plätzen von einem Kraftfahrzeug oder einem Kraftfahrzeuganhänger Gebrauch machen, von denen sie wissen, daß die Kennzeichnung in der in Absatz 1 Nr. 1 bis 3 bezeichneten Art gefälscht, verfälscht oder unterdrückt worden ist.

Früherer § 25 als § 22 eingeordnet durch G. v. 24. 5. 1968 (BGBl. I S. 503); Abs. 1 geändert durch G. v. 25. 6. 1969 (BGBl. I S. 645), G. v. 2. 3. 1974 (BGBl. I S. 469) und G. v. 3. 8. 1978 (BGBl. I S. 1177).

§ 22a Mißbräuchliches Herstellen, Vertreiben oder Ausgeben von Kennzeichen

(1) Mit Freiheitsstrafe bis zu einem Jahr oder mit Geldstrafe wird bestraft, wer

1. Kennzeichen ohne vorherige Anzeige bei der zuständigen Behörde herstellt, vertreibt oder ausgibt, oder

2. Kennzeichen ohne Entgegennahme des nach § 6b Abs. 2 vorgeschriebenen Berechtigungsscheins vertreibt oder ausgibt, oder

3. Kennzeichen in der Absicht nachmacht, daß sie als amtlich zugelassene Kennzeichen verwendet oder in Verkehr gebracht werden oder daß ein solches Verwenden oder Inverkehrbringen ermöglicht werde, oder Kennzeichen in dieser Absicht so verfälscht, daß der Anschein der Echtheit hervorgerufen wird, oder

4. nachgemachte oder verfälschte Kennzeichen feilhält oder in den Verkehr bringt.

(2) Nachgemachte oder verfälschte Kennzeichen, auf die sich eine Straftat nach Absatz 1 bezieht, können eingezogen werden. § 74a des Strafgesetzbuches ist anzuwenden.

Eingefügt durch G. v. 3. 8. 1978 (BGBl. I S. 1177).

§ 23   (Gewerbsmäßiges Feilbieten von Fahrzeugteilen)

(1) Ordnungswidrig handelt, wer vorsätzlich oder fahrlässig Fahrzeugteile, die in einer vom Kraftfahrt-Bundesamt genehmigten Bauart ausgeführt sein müssen, gewerbsmäßig feilbietet, obwohl sie nicht mit einem amtlich vorgeschriebenen und zugeteilten Prüfzeichen gekennzeichnet sind.

(2) Die Ordnungswidrigkeit kann mit einer Geldbuße bis zu zehntausend Deutsche Mark geahndet werden.

(3) Fahrzeugteile, auf die sich die Ordnungswidrigkeit bezieht, können eingezogen werden.

I. d. F. d. G. v. 24. 5. 1968 (BGBl. I S. 503).

§ 24   (Ordnungswidrigkeiten)

(1) Ordnungswidrig handelt, wer vorsätzlich oder fahrlässig einer Vorschrift einer auf Grund des § 6 Abs. 1 erlassenen Rechtsverordnung oder einer auf Grund einer solchen Rechtsverordnung ergangenen Anordnung zuwiderhandelt, soweit die Rechtsverordnung für einen bestimmten Tatbestand auf diese Bußgeldvorschrift verweist. Die Verweisung ist nicht erforderlich, soweit die Vorschrift der Rechtsverordnung vor dem 1. Januar 1969 erlassen worden ist.

(2) Die Ordnungswidrigkeit kann mit einer Geldbuße geahndet werden.

Neu gefasst durch G. v. 24. 5. 1968 (BGBl. I S. 503); Abs. 1 geändert durch G. v. 19. 3. 1969 (BGBl. I S. 217) und G. v. 14. 7. 1976 (BGBl. I S. 1801).

§ 24a   (Blutalkoholkonzentration)

(1) Ordnungswidrig handelt, wer im Straßenverkehr ein Kraftfahrzeug führt, obwohl er 0,25 mg/l oder mehr Alkohol in der Atemluft oder 0,5 Promille oder mehr Alkohol im Blut oder eine Alkoholmenge im Körper hat, die zu einer solchen Atem- oder Blutalkoholkonzentration führt.

(2) Ordnungswidrig handelt, wer unter der Wirkung eines in der Anlage zu dieser Vorschrift genannten berauschenden Mittels im Straßenverkehr ein Kraftfahrzeug führt. Eine solche Wirkung liegt vor, wenn eine in dieser Anlagen genannte Substanz im Blut nachgewiesen wird. Satz 1 gilt nicht, wenn die Substanz aus der bestimmungsgemäßen Einnahme eines für einen konkreten Krankheitsfall verschriebenen Arzneimittels herrührt.

(3) Ordnungswidrig handelt auch, wer die Tat fahrlässig begeht.

(4) Die Ordnungswidrigkeit kann mit einer Geldbuße bis zu eintausendfünfhundert Euro geahndet werden.

(5) Das Bundesministerium für Verkehr, Bau- und Wohnungswesen wird ermächtigt, durch Rechtsverordnung im Einvernehmen mit dem Bundesministerium für Gesundheit und dem Bundesministerium der Justiz mit Zustimmung des Bundesrates die Liste der berauschenden Mittel und Substanzen in der Anlage zu dieser Vorschrift zu ändern oder zu ergänzen, wenn dies nach wissenschaftlicher Erkenntnis im Hinblick auf die Sicherheit des Straßenverkehrs erforderlich ist.

Abs. 1 neu gefasst durch G. v. 27. 4. 1998 (BGBl. I S. 795); Abs. 2 bis 4 durch Abs. 2 bis 5 ersetzt durch G. v. 28. 4. 1998 (BGBl. I S. 810); Abs. 1 und 4 neu gefasst durch G. v. 19. 3. 2001 (BGBl. I S. 386); Abs. 5 geändert durch VO v. 29. 10. 2001 (BGBl. I S. 2785); Abs. 4 geändert durch G. v. 15. 12. 2001 (BGBl. I S. 3762).

§ 24b   Mangelnde Nachweise für Herstellung, Vertrieb und Ausgabe von Kennzeichen

(1) Ordnungswidrig handelt, wer vorsätzlich oder fahrlässig einer Vorschrift einer auf Grund des § 6 Abs. 1 Nr. 8 erlassenen Rechtsverordnung oder einer auf Grund einer solchen Rechtsverordnung ergangenen vollziehbaren Anordnung zuwiderhandelt, soweit die Rechtsverordnung für einen bestimmten Tatbestand auf diese Bußgeldvorschrift verweist.

(2) Die Ordnungswidrigkeit kann mit einer Geldbuße bis zu zweitausendfünfhundert Euro geahndet werden.

Eingefügt durch G. v. 3. 8. 1978 (BGBl. I S. 1177); Abs. 2 geändert durch G. v. 15. 12. 2001 (BGBl. I S. 3762).

§ 25   (Entziehung der Fahrerlaubnis)

(1) Wird gegen den Betroffenen wegen einer Ordnungswidrigkeit nach § 24, die er unter grober oder beharrlicher Verletzung der Pflichten eines Kraftfahrzeugführers begangen hat, eine Geldbuße festgesetzt, so kann ihm die Verwaltungsbehörde oder das Gericht in der Bußgeldentscheidung für die Dauer von einem Monat bis zu drei Monaten verbieten, im Straßenverkehr Kraftfahrzeuge jeder oder einer bestimmten Art zu führen. Wird gegen den Betroffenen wegen einer Ordnungswidrigkeit nach § 24a eine Geldbuße festgesetzt, so ist in der Regel auch ein Fahrverbot anzuordnen.

(2) Das Fahrverbot wird mit der Rechtskraft der Bußgeldentscheidung wirksam. Für seine Dauer werden von einer deutschen Behörde ausgestellte nationale und internationale Führerscheine amtlich verwahrt. Dies gilt auch, wenn der Führerschein von einer Behörde eines Mitgliedstaates der Europäischen Union oder eines anderen Vertragsstaates des Abkommens über den Europäischen Wirtschaftsraum ausgestellt worden ist, sofern der Inhaber seinen ordentlichen Wohnsitz im Inland hat. Wird er nicht freiwillig herausgegeben, so ist er zu beschlagnahmen.

(2a) Ist in den zwei Jahren vor der Ordnungswidrigkeit ein Fahrverbot gegen den Betroffenen nicht verhängt worden und wird auch bis zur Bußgeldentscheidung ein Fahrverbot nicht verhängt, so bestimmt die Verwaltungsbehörde oder das Gericht abweichend von Absatz 2 Satz 1, daß das Fahrverbot erst wirksam wird, wenn der Führerschein nach Rechtskraft der Bußgeldentscheidung in amtliche Verwahrung gelangt, spätestens jedoch mit Ablauf von vier Monaten seit Eintritt der Rechtskraft. Werden gegen den Betroffenen weitere Fahrverbote rechtskräftig verhängt, so sind die Fahrverbotsfristen nacheinander in der Reihenfolge der Rechtskraft der Bußgeldentscheidungen zu berechnen.

(3) In anderen als in Absatz 2 Satz 3 genannten ausländischen Führerscheinen wird das Fahrverbot vermerkt. Zu diesem Zweck kann der Führerschein beschlagnahmt werden.

(4) Wird der Führerschein in den Fällen des Absatzes 2 Satz 4 oder des Absatzes 3 Satz 2 bei dem Betroffenen nicht vorgefunden, so hat er auf Antrag der Vollstreckungsbehörde (§ 92 des Gesetzes über Ordnungswidrigkeiten) bei dem Amtsgericht eine eidesstattliche Versicherung über den Verbleib des Führerscheins abzugeben. § 883 Abs. 2 bis 4, die §§ 899, 900 Abs. 1, 4, die §§ 901, 902, 904 bis 910 und 913 der Zivilprozeßordnung gelten entsprechend.

(5) Ist ein Führerschein amtlich zu verwahren oder das Fahrverbot in einem ausländischen Führerschein zu vermerken, so wird die Verbotsfrist erst von dem Tage an gerechnet, an dem dies geschieht. In die Verbotsfrist wird die Zeit nicht eingerechnet, in welcher der Täter auf behördliche Anordnung in einer Anstalt verwahrt wird.

(6) Die Dauer einer vorläufigen Entziehung der Fahrerlaubnis (§ 111a der Strafprozeßordnung) wird auf das Fahrverbot angerechnet. Es kann jedoch angeordnet werden, daß die Anrechnung ganz oder zum Teil unterbleibt, wenn sie im Hinblick auf das Verhalten des Betroffenen nach Begehung der Ordnungswidrigkeit nicht gerechtfertigt ist. Der vorläufigen Entziehung der Fahrerlaubnis steht die Verwahrung, Sicherstellung oder Beschlagnahme des Führerscheins (§ 94 der Strafprozeßordnung) gleich.

(7) Wird das Fahrverbot nach Absatz 1 im Strafverfahren angeordnet (§ 82 des Gesetzes über Ordnungswidrigkeiten), so kann die Rückgabe eines in Verwahrung genommenen, sichergestellten oder beschlagnahmten Führerscheins aufgeschoben werden, wenn der Betroffene nicht widerspricht. In diesem Falle ist die Zeit nach dem Urteil unverkürzt auf das Fahrverbot anzurechnen.

(8) Über den Zeitpunkt der Wirksamkeit des Fahrverbots nach Absatz 2 oder 2a Satz 1 und über den Beginn der Verbotsfrist nach Absatz 5 Satz 1 ist der Betroffene bei der Zustellung der Bußgeldentscheidung oder im Anschluß an deren Verkündung zu belehren.

Neu gefaßt durch G. v. 24. 5. 1968 (BGBl. I S. 503); Abs. 1 Satz 2 eingefügt durch G. v. 20. 7. 1973 (BGBl. I S. 870); Abs. 6 Sätze 1 und 2 i. d. F. d. G. v. 25. 6. 1969 (BGBl. I S. 645); Abs. 4 eingefügt und nunmehriger Abs. 8 geändert durch G. v. 2. 3. 1974 (BGBl. I S. 469); Abs. 4 Satz 2 geändert durch G. v. 17. 12. 1997 (BGBl. I S. 3039); Abs. 2a eingefügt und Abs. 8 geändert durch G. v. 26. 1. 1998 (BGBl. I S. 156); Abs. 2 Satz 2 neu gefaßt und Satz 3 eingefügt sowie Abs. 3 Satz 1 u. 2, Abs. 4 Satz 1 und Abs. 5 Satz 1 geändert durch G. v. 24. 4. 1998 (BGBl. I S. 747); Abs. 1 Satz 2 geändert durch G. v. 27. 4. 1998 (BGBl. I S. 795) und durch G. v. 28. 4. 1998 (BGBl. I S. 810); Abs. 1 Satz 2 neu gefaßt durch G. v. 19. 3. 2001 (BGBl. I S. 386).

§ 25a Kostentragungspflicht des Halters eines Kraftfahrzeugs

(1) Kann in einem Bußgeldverfahren wegen eines Halt- oder Parkverstoßes der Führer des Kraftfahrzeugs, der den Verstoß begangen hat, nicht vor Eintritt der Verfolgungsverjährung ermittelt werden oder würde seine Ermittlung einen unangemessenen Aufwand erfordern, so werden dem Halter des Kraftfahrzeugs oder seinem Beauftragten die Kosten des Verfahrens auferlegt; er hat dann auch seine Auslagen zu tragen. Von einer Entscheidung nach Satz 1 wird abgesehen, wenn es unbillig wäre, den Halter des Kraftfahrzeugs oder seinen Beauftragten mit den Kosten zu belasten.

(2) Die Kostenentscheidung ergeht mit der Entscheidung, die das Verfahren abschließt; vor der Entscheidung ist derjenige zu hören, dem die Kosten auferlegt werden sollen.

(3) Gegen die Kostenentscheidung der Verwaltungsbehörde und der Staatsanwaltschaft kann innerhalb von zwei Wochen nach Zustellung gerichtliche Entscheidung beantragt werden. § 62 Abs. 2 des Gesetzes über Ordnungswidrigkeiten gilt entsprechend; für die Kostenentscheidung der Staatsanwaltschaft gelten auch § 50 Abs. 2 und § 52 des Gesetzes über Ordnungswidrigkeiten entsprechend. Die Kostenentscheidung des Gerichts ist nicht anfechtbar.

> Eingefügt durch G. v. 7. 7. 1986 (BGBl. I S. 977).
> Mit dem Grundgesetz vereinbar gem. Beschl. d. BVerfG v. 1. 6. 1989 – 2 BvR 239/88 u. a.; vgl. Bekm. v. 24. 8. 1989 (BGBl. I S. 1646).

§ 26 (Zuständige Verwaltungsbehörde)

(1) Bei Ordnungswidrigkeiten nach § 24, die im Straßenverkehr begangen werden und bei Ordnungswidrigkeiten nach § 24a ist Verwaltungsbehörde im Sinne des § 36 Abs. 1 Nr. 1 des Gesetzes über Ordnungswidrigkeiten die Behörde oder Dienststelle der Polizei, die von der Landesregierung durch Rechtsverordnung näher bestimmt wird. Die Landesregierung kann die Ermächtigung auf die zuständige oberste Landesbehörde übertragen.

(2) Bei Ordnungswidrigkeiten nach § 23 ist Verwaltungsbehörde im Sinne des § 36 Abs. 1 Nr. 1 des Gesetzes über Ordnungswidrigkeiten das Kraftfahrt-Bundesamt.

(3) Die Frist der Verfolgungsverjährung beträgt bei Ordnungswidrigkeiten nach § 24 drei Monate, solange wegen der Handlung weder ein Bußgeldbescheid ergangen noch öffentliche Klage erhoben ist, danach sechs Monate.

> Neu gefasst durch G. v. 24. 5. 1968 (BGBl. I S. 503); Abs. 1 Satz 1 geändert durch G. v. 20. 7. 1973 (BGBl. I S. 870); der durch G. v. 25. 6. 1969 (BGBl. I S. 645) eingefügte Abs. 3 gestrichen durch G. v. 2. 3. 1974 (BGBl. I S. 469); (nunmehriger) Abs. 3 i. d. F. d. G. v. 7. 7. 1986 (BGBl. I S. 977).

§ 26a (Ermächtigung)

(1) Das Bundesministerium für Verkehr, Bau- und Wohnungswesen wird ermächtigt, durch Rechtsverordnung mit Zustimmung des Bundesrates Vorschriften zu erlassen über

1. die Erteilung einer Verwarnung (§ 56 des Gesetzes über Ordnungswidrigkeiten) wegen einer Ordnungswidrigkeit nach § 24,
2. Regelsätze für Geldbußen wegen einer Ordnungswidrigkeit nach den §§ 24 und 24a,
3. die Anordnung des Fahrverbots nach § 25.

(2) Die Vorschriften nach Absatz 1 bestimmen unter Berücksichtigung der Bedeutung der Ordnungswidrigkeit, in welchen Fällen, unter welchen Voraussetzungen und in welcher Höhe das Verwarnungsgeld erhoben, die Geldbuße festgesetzt und für welche Dauer das Fahrverbot angeordnet werden soll.

Eingefügt durch G. v. 28. 12. 1982 (BGBl. I S. 2090); geändert durch G. v. 24. 4. 1998 (BGBl. I S. 747); neu gefasst durch G. v. 19. 3. 2001 (BGBl. I S. 386).

§ 27   (aufgehoben durch G. v. 19. 3. 2001, BGBl. I S. 386)

IV. Verkehrszentralregister

§ 28   Führung und Inhalt des Verkehrszentralregisters

(1) Das Kraftfahrt-Bundesamt führt das Verkehrszentralregister nach den Vorschriften dieses Abschnitts.

(2) Das Verkehrszentralregister wird geführt zur Speicherung von Daten, die erforderlich sind

1. für die Beurteilung der Eignung und der Befähigung von Personen zum Führen von Kraftfahrzeugen,
2. für die Prüfung der Berechtigung zum Führen von Fahrzeugen,
3. für die Ahndung der Verstöße von Personen, die wiederholt Straftaten oder Ordnungswidrigkeiten, die im Zusammenhang mit dem Straßenverkehr stehen, begehen oder
4. für die Beurteilung von Personen im Hinblick auf ihre Zuverlässigkeit bei der Wahrnehmung der ihnen durch Gesetz, Satzung oder Vertrag übertragenen Verantwortung für die Einhaltung der zur Sicherheit im Straßenverkehr bestehenden Vorschriften.

(3) Im Verkehrszentralregister werden Daten gespeichert über

1. rechtskräftige Entscheidungen der Strafgerichte, soweit sie wegen einer im Zusammenhang mit dem Straßenverkehr begangenen rechtswidrigen Tat auf Strafe, Verwarnung mit Strafvorbehalt erkennen oder einen Schuldspruch enthalten,
2. rechtskräftige Entscheidungen der Strafgerichte, die die Entziehung der Fahrerlaubnis, eine isolierte Sperre oder ein Fahrverbot anordnen sowie Entscheidungen der Strafgerichte, die die vorläufige Entziehung der Fahrerlaubnis anordnen,
3. rechtskräftige Entscheidungen wegen einer Ordnungswidrigkeit nach § 24 oder § 24a, wenn gegen den Betroffenen ein Fahrverbot nach § 25 angeordnet oder eine Geldbuße von mindestens vierzig Euro festgesetzt ist, soweit § 28a nichts anderes bestimmt,

4. unanfechtbare oder sofort vollziehbare Verbote oder Beschränkungen, ein fahrerlaubnisfreies Fahrzeug zu führen,

5. unanfechtbare Versagungen einer Fahrerlaubnis

6. unanfechtbare oder sofort vollziehbare Entziehungen, Widerrufe oder Rücknahmen einer Fahrerlaubnis durch Verwaltungsbehörden

7. Verzichte auf die Fahrerlaubnis,

8. unanfechtbare Ablehnungen eines Antrags auf Verlängerung der Geltungsdauer einer Fahrerlaubnis,

9. die Beschlagnahme, Sicherstellung oder Verwahrung von Führerscheinen nach § 94 der Strafprozeßordnung,

10. unanfechtbare Entscheidungen ausländischer Gerichte und Verwaltungsbehörden, in denen Inhabern einer deutschen Fahrerlaubnis das Recht aberkannt wird, von der Fahrerlaubnis in dem betreffenden Land Gebrauch zu machen,

11. Maßnahmen der Fahrerlaubnisbehörde nach § 2a Abs. 2 Satz 1 Nr. 1 und 2 und § 4 Abs. 3 Satz 1 Nr. 1 und 2,

12. die Teilnahme an einem Aufbauseminar und die Art des Aufbauseminars und die Teilnahme an einer verkehrspsychologischen Beratung, soweit dies für die Anwendung der Regelungen der Fahrerlaubnis auf Probe (§ 2a) und des Punktsystems (§ 4) erforderlich ist,

13. Entscheidungen oder Änderungen, die sich auf eine der in den Nummern 1 bis 12 genannten Eintragungen beziehen.

(4) Die Gerichte, Staatsanwaltschaften und anderen Behörden teilen dem Kraftfahrt-Bundesamt unverzüglich die nach Absatz 3 zu speichernden oder zu einer Änderung oder Löschung einer Eintragung führenden Daten mit.

(5) Bei Zweifeln an der Identität einer eingetragenen Person mit der Person, auf die sich eine Mitteilung nach Absatz 4 bezieht, dürfen die Datenbestände des Zentralen Fahrerlaubnisregisters und des Zentralen Fahrzeugregisters zur Identifizierung dieser Personen genutzt werden. Ist die Feststellung der Identität der betreffenden Personen auf diese Weise nicht möglich, dürfen die auf Anfrage aus den Melderegistern übermittelten Daten zur Behebung der Zweifel genutzt werden. Die Zulässigkeit der Übermittlung durch die Meldebehörden richtet sich nach den Meldegesetzen der Länder. Können die Zweifel an der Identität der betreffenden Personen nicht ausgeräumt werden, werden die Eintragungen über beide Personen mit einem Hinweis auf die Zweifel an deren Identität versehen.

(6) Die regelmäßige Nutzung der auf Grund des § 50 Abs. 1 im Zentralen Fahrerlaubnisregister gespeicherten Daten ist zulässig, um Fehler und Abweichungen bei den Personendaten sowie den Daten über Fahrerlaubnisse und Führerscheine der betreffenden Person im Verkehrszentralregister festzustellen und zu beseitigen und um das Verkehrszentralregister zu vervollständigen.

I. d. F. d. G. v. 24. 4. 1998 (BGBl. I S. 747); Abs. 4 geändert durch G. v. 19. 3. 2001 (BGBl. I S. 386); Abs. 3 Nr. 3 geändert durch G. v. 13. 12. 2001 (BGBl. I S. 3574).

§ 28a   Eintragung beim Abweichen vom Bußgeldkatalog

Wird die Geldbuße wegen einer Ordnungswidrigkeit nach den §§ 24 und 24a lediglich mit Rücksicht auf die wirtschaftlichen Verhältnisse des Betroffenen abweichend von dem Regelsatz der Geldbuße festgesetzt, der für die zugrundeliegende Ordnungswidrigkeit im Bußgeldkatalog (§ 26a) vorgesehen ist, so ist in der Entscheidung dieser Paragraph bei den angewendeten Bußgeldvorschriften aufzuführen, wenn der Regelsatz der Geldbuße

1. vierzig Euro oder mehr beträgt und eine geringere Geldbuße festgesetzt wird oder

2. weniger als vierzig Euro beträgt und eine Geldbuße von vierzig Euro oder mehr festgesetzt wird.

In diesen Fällen ist für die Eintragung in das Verkehrszentralregister der im Bußgeldkatalog vorgesehene Regelsatz maßgebend.

<hr>

Eingefügt durch G. v. 28. 12. 1982 (BGBl. I S. 2090); Satz 1 geändert durch G. v. 13. 12. 2001 (BGBl. I S. 3574).

§ 29   Tilgung der Eintragungen

(1) Die im Register gespeicherten Eintragungen werden nach Ablauf der in Satz 2 bestimmten Fristen getilgt. Die Tilgungsfristen betragen

1. zwei Jahre

   bei Entscheidungen wegen einer Ordnungswidrigkeit,

2. fünf Jahre

   a) bei Entscheidungen wegen Straftaten mit Ausnahme von Entscheidungen wegen Straftaten nach § 315c Abs. 1 Nr. 1 Buchstabe a, den §§ 316 und 323a des Strafgesetzbuches und Entscheidungen, in denen die Entziehung der Fahrerlaubnis nach den §§ 69 und 69b des Strafgesetzbuches oder eine Sperre nach § 69a Abs. 1 Satz 3 des Strafgesetzbuches angeordnet worden ist,

   b) bei von der Fahrerlaubnisbehörde verhängten Verboten oder Beschränkungen, ein fahrerlaubnisfreies Fahrzeug zu führen,

   c) bei der Teilnahme an einem Aufbauseminar oder einer verkehrspsychologischen Beratung,

3. zehn Jahre

   in allen übrigen Fällen.

Eintragungen über Maßnahmen der Fahrerlaubnisbehörde nach § 2a Abs. 2 Satz 1 Nr. 1 und 2 und § 4 Abs. 3 Satz 1 Nr. 1 und 2 werden getilgt, wenn dem Betroffenen die Fahrerlaubnis entzogen wird. Sonst erfolgt eine Tilgung bei den Maßnahmen nach § 2a ein Jahr nach Ablauf der Probezeit und bei Maßnahmen nach § 4 dann, wenn die letzte mit Punkten bewertete Eintragung wegen einer Straftat oder Ordnungswidrigkeit getilgt ist. Verkürzungen der Tilgungsfristen nach Absatz 1 können durch Rechtsverordnung gemäß § 30c Abs. 1 Nr. 2 zugelassen werden, wenn die eingetragene Entscheidung auf körperlichen oder geistigen Mängeln oder fehlender Befähigung beruht.

(2) Die Tilgungsfristen gelten nicht, wenn die Erteilung einer Fahrerlaubnis oder die Erteilung des Rechts, von einer ausländischen Fahrerlaubnis wieder Gebrauch zu machen, für immer untersagt ist.

(3) Ohne Rücksicht auf den Lauf der Fristen nach Absatz 1 und das Tilgungsverbot nach Absatz 2 werden getilgt

1. Eintragungen über Entscheidungen, wenn ihre Tilgung im Bundeszentralregister angeordnet oder wenn die Entscheidung im Wiederaufnahmeverfahren oder nach den §§ 86, 102 Abs. 2 des Gesetzes über Ordnungswidrigkeiten rechtskräftig aufgehoben wird,

2. Eintragungen, die in das Bundeszentralregister nicht aufzunehmen sind, wenn ihre Tilgung durch die nach Landesrecht zuständige Behörde angeordnet wird, wobei die Anordnung nur ergehen darf, wenn dies zur Vermeidung ungerechtfertigter Härten erforderlich ist und öffentliche Interessen nicht gefährdet werden,

3. Eintragungen, bei denen die zugrundeliegende Entscheidung aufgehoben wird oder bei denen nach näherer Bestimmung durch Rechtsverordnung gemäß § 30c Abs. 1 Nr. 2 eine Änderung der zugrundeliegenden Entscheidung Anlaß gibt,

4. sämtliche Eintragungen, wenn eine amtliche Mitteilung über den Tod des Betroffenen eingeht.

(4) Die Tilgungsfrist (Absatz 1) und die Ablaufhemmung (Absatz 6) beginnen

1. bei strafgerichtlichen Verurteilungen mit dem Tag des ersten Urteils und bei Strafbefehlen mit dem Tag der Unterzeichnung durch den Richter, wobei dieser Tag auch dann maßgebend bleibt, wenn eine Gesamtstrafe oder eine einheitliche Jugendstrafe gebildet oder nach § 30 Abs. 1 des Jugendgerichtsgesetzes auf Jugendstrafe erkannt wird oder eine Entscheidung im Wiederaufnahmeverfahren ergeht, die eine registerpflichtige Verurteilung enthält,

2. bei Entscheidungen der Gerichte nach den §§ 59, 60 des Strafgesetzbuches und § 27 des Jugendgerichtsgesetzes mit dem Tag der Entscheidung,

3. bei gerichtlichen und verwaltungsbehördlichen Bußgeldentscheidungen sowie bei anderen Verwaltungsentscheidungen mit dem Tag der Rechtskraft oder Unanfechtbarkeit der beschwerenden Entscheidung,

4. bei Aufbauseminaren und verkehrspsychologischen Beratungen mit dem Tag der Ausstellung der Teilnahmebescheinigung.

(5) Bei der Versagung oder Entziehung der Fahrerlaubnis wegen mangelnder Eignung, der Anordnung einer Sperre nach § 69a Abs. 1 Satz 3 des Strafgesetzbuches oder bei einem Verzicht auf die Fahrerlaubnis beginnt die Tilgungsfrist erst mit der Erteilung oder Neuerteilung der Fahrerlaubnis, spätestens jedoch fünf Jahre nach der beschwerenden Entscheidung oder dem Tag des Zugangs der Verzichtserklärung bei der zuständigen Behörde. Bei von der Fahrerlaubnisbehörde verhängten Verboten oder Beschränkungen, ein fahrerlaubnisfreies Fahrzeug zu führen, beginnt die Tilgungsfrist fünf Jahre nach Ablauf oder Aufhebung des Verbots oder der Beschränkung.

(6) Sind im Register mehrere Entscheidungen nach § 28 Abs. 3 Nr. 1 bis 9 über eine Person eingetragen, so ist die Tilgung einer Eintragung vorbehaltlich der Regelungen in den Sätzen 2 bis 5 erst zulässig, wenn für alle betreffenden Eintragungen die Voraussetzungen der Tilgung vorliegen. Eintragungen von Entscheidungen wegen Ordnungswidrigkeiten hindern nur die

Tilgung von Entscheidungen wegen anderer Ordnungswidrigketien. Die Eintragung einer Entscheidung wegen einer Ordnungswidrigkeit – mit Ausnahme von Entscheidungen wegen einer Ordnungswidrigkeit nach § 24a – wird spätestens nach Ablauf von fünf Jahren getilgt. Die Tilgung einer Eintragung einer Entscheidung wegen einer Ordnungswidrigkeit unterbleibt in jedem Fall so lange, wie der Betroffene im Zentralen Fahrerlaubnisregister als Inhaber einer Fahrerlaubnis auf Probe gespeichert ist. Wird eine Eintragung getilgt, so sind auch die Eintragungen zu tilgen, deren Tilgung nur durch die betreffende Eintragung gehemmt war.

(7) Eine Eintragung wird nach Eintritt der Tilgungsreife zuzüglich einer Überliegefrist von drei Monaten gelöscht. Während dieser Zeit darf der Inhalt der Eintragung nicht übermittelt und über ihn keine Auskunft erteilt werden, es sei denn, der Betroffene begehrt eine Auskunft über den ihn betreffenden Inhalt.

(8) Ist eine Eintragung über eine gerichtliche Entscheidung im Verkehrszentralregister getilgt, so dürfen die Tat und die Entscheidung dem Betroffenen für die Zwecke des § 28 Abs. 2 nicht mehr vorgehalten und nicht zu seinem Nachteil verwertet werden. Unterliegen diese Eintragungen einer zehnjährigen Tilgungsfrist, dürfen sie nach Ablauf eines Zeitraums, der einer fünfjährigen Tilgungsfrist nach den Vorschriften dieses Paragraphen entspricht, nur noch für ein Verfahren übermittelt und verwertet werden, das die Erteilung oder Entziehung einer Fahrerlaubnis zum Gegenstand hat. Außerdem dürfen für die Prüfung der Berechtigung zum Führen von Kraftfahrzeugen Entscheidungen der Gerichte nach den §§ 69 bis 69b des Strafgesetzbuches übermittelt und verwertet werden.

I. d. F. d. G. v. 24. 4. 1998 (BGBl. I S. 747); Abs. 4 Nr. 5 gestrichen und Abs. 5 Satz 1 geändert durch G. v. 19. 3. 2001 (BGBl. I S. 386).

§ 30 Übermittlung

(1) Die Eintragungen im Verkehrszentralregister dürfen an die Stellen, die

1. für die Verfolgung von Straftaten, zur Vollstreckung oder zum Vollzug von Strafen,
2. für die Verfolgung von Ordnungswidrigkeiten und die Vollstreckung von Bußgeldbescheiden und ihren Nebenfolgen nach diesem Gesetz und dem Gesetz über das Fahrpersonal im Straßenverkehr oder
3. für Verwaltungsmaßnahmen auf Grund dieses Gesetzes oder der auf ihm beruhenden Rechtsvorschriften

zuständig sind, übermittelt werden, soweit dies für die Erfüllung der diesen Stellen obliegenden Aufgaben zu den in § 28 Abs. 2 genannten Zwecken jeweils erforderlich ist.

(2) Die Eintragungen im Verkehrszentralregister dürfen an die Stellen, die für Verwaltungsmaßnahmen auf Grund des Gesetzes über die Beförderung gefährlicher Güter, des Kraftfahrsachverständigengesetzes, des Fahrlehrergesetzes, des Personenbeförderungsgesetzes, der gesetzlichen Bestimmungen über die Notfallrettung und den Krankentransport, des Güterkraftverkehrsgesetzes einschließlich der Verordnung (EWG) Nr. 881/92 des Rates vom 26. März 1992 über den Zugang zum Güterkraftverkehrsmarkt in der Gemeinschaft für Beförderungen aus oder nach einem Mitgliedstaat oder

durch einen oder mehrere Mitgliedstaaten (ABl. EG Nr. L 95 S. 1), des Gesetzes über das Fahrpersonal im Straßenverkehr oder der auf Grund dieser Gesetze erlassenen Rechtsvorschriften zuständig sind, übermittelt werden, soweit dies für die Erfüllung der diesen Stellen obliegenden Aufgaben zu den in § 28 Abs. 2 Nr. 2 und 4 genannten Zwecken jeweils erforderlich ist.

(3) Die Eintragungen im Verkehrszentralregister dürfen an die für Verkehrs- und Grenzkontrollen zuständigen Stellen übermittelt werden, soweit dies zu dem in § 28 Abs. 2 Nr. 2 genannten Zweck erforderlich ist.

(4) Die Eintragungen im Verkehrszentralregister dürfen außerdem für die Erteilung, Verlängerung, Erneuerung, Rücknahme oder den Widerruf einer Erlaubnis für Luftfahrer oder sonstiges Luftfahrpersonal nach den Vorschriften des Luftverkehrsgesetzes oder der auf Grund dieses Gesetzes erlassenen Rechtsvorschriften an die hierfür zuständigen Stellen übermittelt werden, soweit dies für die genannten Maßnahmen erforderlich ist.

(5) Die Eintragungen im Verkehrszentralregister dürfen für die wissenschaftliche Forschung entsprechend § 38 und für statistische Zwecke entsprechend § 38a übermittelt und genutzt werden. Zur Vorbereitung von Rechts- und allgemeinen Verwaltungsvorschriften auf dem Gebiet des Straßenverkehrs dürfen die Eintragungen entsprechend § 38b übermittelt und genutzt werden.

(6) Der Empfänger darf die übermittelten Daten nur zu dem Zweck verarbeiten und nutzen, zu dessen Erfüllung sie ihm übermittelt worden sind. Der Empfänger darf die übermittelten Daten auch für andere Zwecke verarbeiten und nutzen, soweit sie ihm auch für diese Zwecke hätten übermittelt werden dürfen. Ist der Empfänger eine nichtöffentliche Stelle, hat die übermittelnde Stelle ihn darauf hinzuweisen. Eine Verarbeitung und Nutzung für andere Zwecke durch nichtöffentliche Stellen bedarf der Zustimmung der übermittelnden Stelle.

(7) Die Eintragungen im Verkehrszentralregister dürfen an die zuständigen Stellen anderer Staaten übermittelt werden, soweit dies

1. für Verwaltungsmaßnahmen auf dem Gebiet des Straßenverkehrs,
2. zur Verfolgung von Zuwiderhandlungen gegen Rechtsvorschriften auf dem Gebiet des Straßenverkehrs oder
3. zur Verfolgung von Straftaten, die im Zusammenhang mit dem Straßenverkehr oder sonst mit Kraftfahrzeugen, Anhängern oder Fahrzeugpapieren, Fahrerlaubnissen oder Führerscheinen stehen,

erforderlich ist. Der Empfänger ist darauf hinzuweisen, daß die übermittelten Daten nur zu dem Zweck verarbeitet oder genutzt werden dürfen, zu dessen Erfüllung sie ihm übermittelt werden. Die Übermittlung unterbleibt, wenn durch sie schutzwürdige Interessen des Betroffenen beeinträchtigt würden, insbesondere wenn im Empfängerland ein angemessener Datenschutzstandard nicht gewährleistet ist.

(8) Dem Betroffenen wird auf Antrag schriftlich über den ihn betreffenden Inhalt des Verkehrszentralregisters und über die Punkte unentgeltlich Auskunft erteilt. Der Antragsteller hat dem Antrag einen Identitätsnachweis beizufügen.

(9) Übermittlungen von Daten aus dem Verkehrszentralregister sind nur auf Ersuchen zulässig, es sei denn, auf Grund besonderer Rechtsvorschrift

wird bestimmt, daß die Registerbehörde bestimmte Daten von Amts wegen zu übermitteln hat. Die Verantwortung für die Zulässigkeit der Übermittlung trägt die übermittelnde Stelle. Erfolgt die Übermittlung auf Ersuchen des Empfängers, trägt dieser die Verantwortung. In diesem Fall prüft die übermittelnde Stelle nur, ob das Übermittlungsersuchen im Rahmen der Aufgaben des Empfängers liegt, es sei denn, daß besonderer Anlaß zur Prüfung der Zulässigkeit der Übermittlung besteht.

I. d. F. d. G. v. 24. 4. 1998 (BGBl. I S. 747).

§ 30a　Abruf im automatisierten Verfahren

(1) Den Stellen, denen die Aufgaben nach § 30 Abs. 1 und 3 obliegen, dürfen die für die Erfüllung dieser Aufgaben jeweils erforderlichen Daten aus dem Verkehrszentralregister durch Abruf im automatisierten Verfahren übermittelt werden.

(2) Die Einrichtung von Anlagen zum Abruf im automatisierten Verfahren ist nur zulässig, wenn nach näherer Bestimmung durch Rechtsverordnung (§ 30c Abs. 1 Nr. 5) gewährleistet ist, daß

1. die zur Sicherung gegen Mißbrauch erforderlichen technischen und organisatorischen Maßnahmen ergriffen werden, insbesondere durch Vergabe von Kennungen an die zum Abruf berechtigten Dienststellen und die Datenendgeräte und

2. die Zulässigkeit der Abrufe nach Maßgabe des Absatzes 3 kontrolliert werden kann.

(2a) Abweichend von Absatz 2 Nr. 1 ist zulässig, daß für ein Datenendgerät mehrere Kennungen zugeteilt sind und die Kennungen auch von anderen Endgeräten derselben oder einer anderen Dienststelle verwendet werden, wenn eine vollständige Aufzeichnung der Abrufe nach Absatz 4 durch die abrufende Stelle gefertigt wird. Aus den Aufzeichnungen müssen mindestens die für den Abruf verantwortliche Person und deren Dienststelle jeweils festgestellt werden können.

(3) Das Kraftfahrt-Bundesamt hat über die Abrufe Aufzeichnungen zu fertigen, die die bei der Durchführung der Abrufe verwendeten Daten, den Tag und die Uhrzeit der Abrufe, die Kennung der abrufenden Dienststelle und die abgerufenen Daten enthalten müssen. Die protokollierten Daten dürfen nur für Zwecke der Datenschutzkontrolle, der Datensicherung oder zur Sicherstellung eines ordnungsgemäßen Betriebs der Datenverarbeitungsanlage verwendet werden. Liegen Anhaltspunkte dafür vor, daß ohne ihre Verwendung die Verhinderung oder Verfolgung einer schwerwiegenden Straftat gegen Leib, Leben oder Freiheit einer Person aussichtslos oder wesentlich erschwert wäre, dürfen die Daten auch für diesen Zweck verwendet werden, sofern das Ersuchen der Strafverfolgungsbehörde unter Verwendung von Personendaten einer bestimmten Person gestellt wird. Die Protokolldaten sind durch geeignete Vorkehrungen gegen zweckfremde Verwendung und gegen sonstigen Mißbrauch zu schützen und nach sechs Monaten zu löschen.

(4) Über einen vom Kraftfahrt-Bundesamt ausgewählten Teil der Abrufe sind weitere Aufzeichnungen durch die abrufende Stelle oder das Kraftfahrt-Bundesamt zu fertigen, die sich auf den Anlaß des Abrufs erstrecken

und die Feststellung der für den Abruf verantwortlichen Person ermöglichen. Das Nähere wird durch Rechtsverordnung (§ 30c Abs. 1 Nr. 5) bestimmt, insbesondere in welchem Umfang die Abrufe aufzuzeichnen sind, nach welchem Stichprobenverfahren sie ausgewählt werden und welche Stelle die Aufzeichnungen fertigt.

(5) Durch Abruf im automatisierten Verfahren dürfen aus dem Verkehrszentralregister für die in § 30 Abs. 7 genannten Maßnahmen an die hierfür zuständigen öffentlichen Stellen in einem Mitgliedstaat der Europäischen Union oder einem anderen Vertragsstaat des Abkommens über den Europäischen Wirtschaftsraum übermittelt werden:

1. die Tatsache folgender Entscheidungen der Verwaltungsbehörden:

   a) die unanfechtbare Versagung einer Fahrerlaubnis, einschließlich der Ablehnung der Verlängerung einer befristeten Fahrerlaubnis,

   b) die unanfechtbaren oder sofort vollziehbaren Entziehungen, Widerrufe oder Rücknahmen einer Fahrerlaubnis,

   c) die rechtskräftige Anordnung eines Fahrverbots,

2. die Tatsache folgender Entscheidungen der Gerichte:

   a) die rechtskräftige oder vorläufige Entziehung einer Fahrerlaubnis,

   b) die rechtkräftige Anordnung einer Fahrerlaubnissperre,

   c) die rechtskräftige Anordnung eines Fahrverbots,

3. die Tatsache der Beschlagnahme, Sicherstellung oder Verwahrung des Führerscheins nach § 94 der Strafprozeßordnung,

4. die Tatsache des Verzichts auf eine Fahrerlaubnis und

5. zusätzlich

   a) Klasse, Art und etwaige Beschränkungen der Fahrerlaubnis, die Gegenstand der Entscheidung nach Nummer 1 oder Nummer 2 oder des Verzichts nach Nummer 4 ist, und

   b) Familiennamen, Geburtsnamen, sonstige frühere Namen, Vornamen, Ordens- oder Künstlernamen, Tag und Ort der Geburt der Person, zu der eine Eintragung nach den Nummern 1 bis 3 vorliegt.

Der Abruf ist nur zulässig, soweit

1. diese Form der Datenübermittlung unter Berücksichtigung der schutzwürdigen Interessen der Betroffenen wegen der Vielzahl der Übermittlungen oder wegen ihrer besonderen Eilbedürftigkeit angemessen ist und

2. der Empfängerstaat die Richtlinie 95/46/EG des Europäischen Parlaments und des Rates vom 24. Oktober 1995 (ABl. EG Nr. L 281 S. 31) anwendet.

Die Absätze 2, 2a und 3 sowie Absatz 4 wegen des Anlasses der Abrufe sind entsprechend anzuwenden. In den Fällen des Absatzes 4 hat das Kraftfahrt-Bundesamt weitere Aufzeichnungen über den Anlaß bei jedem zehnten Abruf zu fertigen.

Eingefügt durch G. v. 28. 1. 1987 (BGBl. I S. 486); Abs. 1 neu gefasst sowie Abs. 2 Eingangsworte geändert sowie Abs. 2a eingefügt sowie Abs. 3 Satz 2 u. 3 durch Satz 2 bis 4 ersetzt sowie Abs. 4 geändert sowie Abs. 5 angefügt durch G. v. 24. 4. 1998 (BGBl. I S. 747).

§ 30b   Automatisiertes Anfrage- und Auskunftsverfahren beim Kraftfahrt-Bundesamt

(1) Die Übermittlung von Daten aus dem Verkehrszentralregister nach § 30 Abs. 1 bis 4 und 7 darf nach näherer Bestimmung durch Rechtsverordnung gemäß § 30c Abs. 1 Nr. 6 in einem automatisierten Anfrage- und Auskunftsverfahren erfolgen. Die anfragende Stelle hat die Zwecke anzugeben, für die die zu übermittelnden Daten benötigt werden.

(2) Solche Verfahren dürfen nur eingerichtet werden, wenn gewährleistet ist, daß

1. die zur Sicherung gegen Mißbrauch erforderlichen technischen und organisatorischen Maßnahmen ergriffen werden und

2. die Zulässigkeit der Übermittlung nach Maßgabe des Absatzes 3 kontrolliert werden kann.

(3) Das Kraftfahrt-Bundesamt als übermittelnde Behörde hat Aufzeichnungen zu führen, die die übermittelten Daten, den Zeitpunkt der Übermittlung, den Empfänger der Daten und den vom Empfänger angegebenen Zweck enthalten. § 30a Abs. 3 Satz 2 und 3 gilt entsprechend.

Eingefügt durch G. v. 24. 4. 1998 (BGBl. I S. 747); Abs. 1 Satz 1 geändert durch G. v. 19. 3. 2001 (BGBl. I S. 386).

§ 30c   Ermächtigungsgrundlagen, Ausführungsvorschriften

(1) Das Bundesministerium für Verkehr, Bau- und Wohnungswesen wird ermächtigt, Rechtsverordnungen mit Zustimmung des Bundesrates zu erlassen über

1. den Inhalt der Eintragungen einschließlich der Personendaten nach § 28 Abs. 3,

2. Verkürzungen der Tilgungsfristen nach § 29 Abs. 1 Satz 5 und über Tilgungen ohne Rücksicht auf den Lauf der Fristen nach § 29 Abs. 3 Nr. 3,

3. die Art und den Umfang der zu übermittelnden Daten nach § 30 Abs. 1 bis 4 und 7 sowie die Bestimmung der Empfänger und den Geschäftsweg bei Übermittlungen nach § 30 Abs. 7,

4. den Identitätsnachweis bei Auskünften nach § 30 Abs. 8,

5. die Art und den Umfang der zu übermittelnden Daten nach § 30a Abs. 1, die Maßnahmen zur Sicherung gegen Mißbrauch nach § 30a Abs. 2, die weiteren Aufzeichnungn nach § 30a Abs. 4 beim Abruf im automatisierten Verfahren und die Bestimmung der Empfänger bei Übermittlungen nach § 30a Abs. 5,

6. die Art und den Umfang der zu übermittelnden Daten nach § 30b Abs. 1 und die Maßnahmen zur Sicherung gegen Mißbrauch nach § 30b Abs. 2 Nr. 1.

(2) Das Bundesministerium für Verkehr, Bau- und Wohnungswesen wird ermächtigt, allgemeine Verwaltungsvorschriften mit Zustimmung des Bundesrates

1. über die Art und Weise der Durchführung von Datenübermittlungen,

2. über die Zusammenarbeit zwischen Bundeszentralregister und Verkehrszentralregister

zu erlassen. Die allgemeinen Verwaltungsvorschriften nach Nummer 1, soweit Justizbehörden betroffen sind, und nach Nummer 2 werden gemeinsam mit dem Bundesministerium der Justiz erlassen.

Eingefügt durch G. v. 24. 4. 1998 (BGBl. I S. 747); Abs. 1 und Abs. 2 Satz 1 geändert durch VO v. 29. 10. 2001 (BGBl. I S. 2785).

V. Fahrzeugregister

Eingefügt durch G. v. 28. 1. 1987 (BGBl. I S. 486).

§ 31   Registerführung und Registerbehörden

(1) Die Zulassungsbehörden führen ein Register über die Fahrzeuge, für die ein Kennzeichen ihres Bezirks zugeteilt oder ausgegeben wurde (örtliches Fahrzeugregister der Zulassungsbehörden).

(2) Das Kraftfahrt-Bundesamt führt ein Register über die Fahrzeuge, für die im Geltungsbereich dieses Gesetzes ein Kennzeichen zugeteilt oder ausgegeben wurde (Zentrales Fahrzeugregister des Kraftfahrt-Bundesamtes).

(3) Soweit die Dienststellen der Bundeswehr, der Polizeien des Bundes und der Länder oder der Wasser- und Schiffahrtsverwaltung des Bundes eigene Register für die jeweils von ihnen zugelassenen Fahrzeuge führen, finden die Vorschriften dieses Abschnittes keine Anwendung. Satz 1 gilt entsprechend für Fahrzeuge, die von den Nachfolgeunternehmen der Deutschen Bundespost zugelassen sind.

Eingefügt durch G. v. 28. 1. 1987 (BGBl. I S. 486); Abs. 3 geändert durch G. v. 27. 12. 1993 (BGBl. I S. 2378) und durch G. v. 14. 9. 1994 (BGBl. I S. 2325); Abs. 1 geändert durch G. v. 24. 4. 1998 (BGBl. I S. 747).

§ 32   Zweckbestimmung der Fahrzeugregister

(1) Die Fahrzeugregister werden geführt zur Speicherung von Daten
1. für die Zulassung und Überwachung von Fahrzeugen nach diesem Gesetz ober den darauf beruhenden Rechtsvorschriften,
2. für Maßnahmen zur Gewährleistung des Versicherungsschutzes im Rahmen der Kraftfahrzeughaftpflichtversicherung,
3. für Maßnahmen zur Durchführung des Kraftfahrzeugsteuerrechts,
4. für Maßnahmen nach dem Bundesleistungsgesetz, dem Verkehrssicherstellungsgesetz oder den darauf beruhenden Rechtsvorschriften und
5. für Maßnahmen des Katastrophenschutzes nach den hierzu erlassenen Gesetzen der Länder oder den darauf beruhenden Rechtsvorschriften.

(2) Die Fahrzeugregister werden außerdem geführt zur Speicherung von Daten für die Erteilung von Auskünften, um
1. Personen in ihrer Eigenschaft als Halter von Fahrzeugen,
2. Fahrzeuge eines Halters oder
3. Fahrzeugdaten
festzustellen oder zu bestimmen.

Eingefügt durch G. v. 28. 1. 1987 (BGBl. I S. 486); Abs. 1 Nr. 3, 4 geändert und Nr. 5 angefügt durch G. v. 24. 4. 1998 (BGBl. I S. 747).

§ 33   Inhalt der Fahrzeugregister

(1) Im örtlichen und im Zentralen Fahrzeugregister werden, soweit dies zur Erfüllung der in § 32 genannten Aufgaben jeweils erforderlich ist, gespeichert

1. nach näherer Bestimmung durch Rechtsverordnung (§ 47 Abs. 1 Nr. 1) Daten über Beschaffenheit, Ausrüstung, Identifizierungsmerkmale, Prüfung, Kennzeichnung und Papiere des Fahrzeugs sowie über tatsächliche und rechtliche Verhältnisse in bezug auf das Fahrzeug, insbesondere auch über die Haftpflichtversicherung und die Kraftfahrzeugbesteuerung des Fahrzeugs (Fahrzeugdaten), sowie

2. Daten über denjenigen, dem ein Kennzeichen für das Fahrzeug zugeteilt oder ausgegeben wird (Halterdaten), und zwar

    a) bei natürlichen Personen:
    Familienname, Geburtsname, Vornamen, vom Halter für die Zuteilung oder die Ausgabe des Kennzeichens angegebener Ordens- oder Künstlername, Tag und Ort der Geburt, Geschlecht, Anschrift; bei Fahrzeugen mit Versicherungskennzeichen entfällt die Speicherung von Geburtsnamen, Ort der Geburt und Geschlecht des Halters,

    b) bei juristischen Personen und Behörden:
    Name oder Bezeichnung und Anschrift und

    c) bei Vereinigungen:
    benannter Vertreter mit den Angaben nach Buchstabe a und gegebenenfalls Name der Vereinigung.

Im örtlichen Fahrzeugregister werden zur Erfüllung der in § 32 genannten Aufgaben außerdem Daten über denjenigen gespeichert, an den ein Fahrzeug mit einem amtlichen Kennzeichen veräußert wurde (Halterdaten), und zwar

a) bei natürlichen Personen:
Familienname, Vornamen und Anschrift,

b) bei juristischen Personen und Behörden:
Name oder Bezeichnung und Anschrift und

c) bei Vereinigungen:
benannter Vertreter mit den Angaben nach Buchstabe a und gegebenenfalls Name der Vereinigung.

(2) Im örtlichen und im Zentralen Fahrzeugregister werden über beruflich Selbständige, denen ein amtliches Kennzeichen für ein Fahrzeug zugeteilt wird, für die Aufgaben nach § 32 Abs. 1 Nr. 4 und 5 Berufsdaten gespeichert, und zwar

1. bei natürlichen Personen der Beruf oder das Gewerbe (Wirtschaftszweig) und

2. bei juristischen Personen und Vereinigungen gegebenenfalls das Gewerbe (Wirtschaftszweig).

(3) Im örtlichen und im Zentralen Fahrzeugregister darf die Anordnung einer Fahrtenbuchauflage wegen Zuwiderhandlungen gegen Verkehrsvorschriften gespeichert werden.

(4) Ferner werden für Daten, die nicht übermittelt werden dürfen (§ 41), in den Fahrzeugregistern Übermittlungssperren gespeichert.

Eingefügt durch G. v. 28. 1. 1987 (BGBl. I S. 486); Abs. 2 geändert durch G. v. 19. 3. 2001 (BGBl. I S. 386).

§ 34 Erhebung der Daten

(1) Wer die Zuteilung oder die Ausgabe eines Kennzeichens für ein Fahrzeug beantragt, hat der hierfür zuständigen Stelle

1. von den nach § 33 Abs. 1 Satz 1 Nr. 1 zu speichernden Fahrzeugdaten bestimmte Daten nach näherer Regelung durch Rechtsverordnung (§ 47 Abs. 1 Nr. 1) und

2. die nach § 33 Abs. 1 Satz 1 Nr. 2 zu speichernden Halterdaten

mitzuteilen und auf Verlangen nachzuweisen. Die Zulassungsbehörde kann durch Einholung von Auskünften aus dem Melderegister die Richtigkeit und Vollständigkeit der vom Antragsteller mitgeteilten Daten überprüfen.

(2) Wer die Zuteilung eines amtlichen Kennzeichens für ein Fahrzeug beantragt, hat der Zulassungsbehörde außerdem die Daten über Beruf oder Gewerbe (Wirtschaftszweig) mitzuteilen, soweit sie nach § 33 Abs. 2 zu speichern sind.

(3) Wird ein Fahrzeug veräußert, für das ein amtliches Kennzeichen zugeteilt ist, so hat der Veräußerer der Zulassungsbehörde, die dieses Kennzeichen zugeteilt hat, die in § 33 Abs. 1 Satz 2 aufgeführten Daten des Erwerbers (Halterdaten) mitzuteilen.

(4) Der Halter und der Eigentümer, wenn dieser nicht zugleich Halter ist, haben der Zulassungsbehörde jede Änderung der Daten mitzuteilen, die nach Absatz 1 erhoben wurden; dies gilt nicht für die Fahrzeuge, die ein Versicherungskennzeichen führen müssen, und für die Fahrzeuge, die vorübergehend stillgelegt sind und deren Stillegung im Fahrzeugbrief vermerkt ist.

(5) Die Versicherer dürfen der zuständigen Zulassungsbehörde das Nichtbestehen oder die Beendigung des Versicherungsverhältnisses über die vorgeschriebene Haftpflichtversicherung für das betreffende Fahrzeug mitteilen. Die Versicherer haben dem Kraftfahrt-Bundesamt im Rahmen der Zulassung von Fahrzeugen mit Versicherungskennzeichen die erforderlichen Fahrzeugdaten nach näherer Bestimmung durch Rechtsverordnung (§ 47 Abs. 1 Nr. 2) und die Halterdaten nach § 33 Abs. 1 Satz 1 Nr. 2 mitzuteilen.

Eingefügt durch G. v. 28. 1. 1987 (BGBl. I S. 486); Abs. 1 Satz 2, Abs. 2 bis 4 und Abs. 5 Satz 1 geändert durch G. v. 24. 4. 1998 (BGBl. I S. 747).

§ 35 Übermittlung von Fahrzeugdaten und Halterdaten

(1) Die nach § 33 Abs. 1 gespeicherten Fahrzeugdaten und Halterdaten dürfen an Behörden und sonstige öffentliche Stellen im Geltungsbereich dieses Gesetzes zur Erfüllung der Aufgaben der Zulassungsbehörde oder des Kraftfahrt-Bundesamtes oder der Aufgaben des Empfängers nur übermittelt werden, wenn dies für die Zwecke nach § 32 Abs. 2 jeweils erforderlich ist

1. zur Durchführung der in § 32 Abs. 1 angeführten Aufgaben,
2. zur Verfolgung von Straftaten, zur Vollstreckung oder zum Vollzug von Strafen, von Maßnahmen im Sinne des § 11 Abs. 1 Nr. 8 des Strafgesetzbuches oder von Erziehungsmaßregeln oder Zuchtmitteln im Sinne des Jugendgerichtsgesetzes,
3. zur Verfolgung von Ordnungswidrigkeiten,
4. zur Abwehr von Gefahren für die öffentliche Sicherheit oder Ordnung,
5. zur Erfüllung der den Verfassungsschutzbehörden, dem Militärischen Abschirmdienst und dem Bundesnachrichtendienst durch Gesetz übertragenen Aufgaben,
6. für Maßnahmen nach dem Abfallbeseitigungsgesetz oder den darauf beruhenden Rechtsvorschriften,
7. für Maßnahmen nach dem Wirtschaftssicherstellungsgesetz oder den darauf beruhenden Rechtsvorschriften,
8. für Maßnahmen nach dem Energiesicherungsgesetz 1975 oder den darauf beruhenden Rechtsvorschriften,
9. für die Erfüllung der gesetzlichen Mitteilungspflichten zur Sicherung des Steueraufkommens nach § 93 der Abgabenordnung oder
10. zur Verfolgung von Ansprüchen nach dem Autobahnbenutzungsgebührengesetz vom 30. August 1994 (BGBl. II S. 1765).

(2) Die nach § 33 Abs. 1 gespeicherten Fahrzeugdaten und Halterdaten dürfen, wenn dies für die Zwecke nach § 32 Abs. 2 jeweils erforderlich ist,
1. an Inhaber von Betriebserlaubnissen für Fahrzeuge oder an Fahrzeughersteller für Rückrufmaßnahmen zur Beseitigung von erheblichen Mängeln für die Verkehrssicherheit oder für die Umwelt an bereits ausgelieferten Fahrzeugen (§ 32 Abs. 1 Nr. 1) sowie bis zum 31. Dezember 1995 für staatlich geförderte Maßnahmen zur Verbesserung des Schutzes vor schädlichen Umwelteinwirkungen durch bereits ausgelieferte Fahrzeuge und
2. an Versicherer zur Gewährleistung des vorgeschriebenen Versicherungsschutzes (§ 32 Abs. 1 Nr. 2)

übermittelt werden.

(3) Die Übermittlung von Fahrzeugdaten und Halterdaten zu anderen Zwecken als der Feststellung oder Bestimmung von Haltern oder Fahrzeugen (§ 32 Abs. 2) ist, unbeschadet des Absatzes 4, unzulässig, es sei denn, die Daten sind
1. unerläßlich zur
   a) Verfolgung von Straftaten oder zur Vollstreckung oder zum Vollzug von Strafen,
   b) Abwehr einer im Einzelfall bestehenden Gefahr für die öffentliche Sicherheit,
   c) Erfüllung der den Verfassungsschutzbehörden, dem Militärischen Abschirmdienst und dem Bundesnachrichtendienst durch Gesetz übertragenen Aufgaben oder
   d) Erfüllung der gesetzlichen Mitteilungspflichten zur Sicherung des Steueraufkommens nach § 93 der Abgabenordnung, soweit diese Vorschrift unmittelbar anwendbar ist,

   und

2. auf andere Weise nicht oder nicht rechtzeitig oder nur mit unverhältnismäßigem Aufwand zu erlangen.

Die ersuchende Behörde hat Aufzeichnungen über das Ersuchen mit einem Hinweis auf dessen Anlaß zu führen. Die Aufzeichnungen sind gesondert aufzubewahren, durch technische und organisatorische Maßnahmen zu sichern und am Ende des Kalenderjahres, das dem Jahr der Erstellung der Aufzeichnung folgt, zu vernichten. Die Aufzeichnungen dürfen nur zur Kontrolle der Zulässigkeit der Übermittlungen verwertet werden, es sei denn, es liegen Anhaltspunkte dafür vor, daß ihre Verwertung zur Aufklärung oder Verhütung einer schwerwiegenden Straftat gegen Leib, Leben oder Freiheit einer Person führen kann und die Aufklärung oder Verhütung ohne diese Maßnahme aussichtslos oder wesentlich erschwert wäre.

(4) Auf Ersuchen des Bundeskriminalamtes kann das Kraftfahrt-Bundesamt die im Zentralen Fahrzeugregister gespeicherten Halterdaten mit dem polizeilichen Fahndungsbestand der mit Haftbefehl gesuchten Personen abgleichen. Die dabei ermittelten Daten gesuchter Personen dürfen dem Bundeskriminalamt übermittelt werden. Das Ersuchen des Bundeskriminalamtes erfolgt durch Übersendung eines Datenträgers.

(5) Die nach § 33 Abs. 1 gespeicherten Fahrzeugdaten und Halterdaten dürfen nach näherer Bestimmung durch Rechtsverordnung (§ 47 Abs. 1 Nr. 3) regelmäßig übermittelt werden

1. von den Zulassungsbehörden an das Kraftfahrt-Bundesamt für das Zentrale Fahrzeugregister und vom Kraftfahrt-Bundesamt an die Zulassungsbehörden für die örtlichen Fahrzeugregister,

2. von den Zulassungsbehörden an andere Zulassungsbehörden, wenn diese mit dem betreffenden Fahrzeug befaßt sind oder befaßt waren,

3. von den Zulassungsbehörden an die Versicherer zur Gewährleistung des vorgeschriebenen Versicherungsschutzes (§ 32 Abs. 1 Nr. 2),

4. von den Zulassungsbehörden an die Finanzämter zur Durchführung des Kraftfahrzeugsteuerrechts (§ 32 Abs. 1 Nr. 3),

5. von den Zulassungsbehörden und vom Kraftfahrt-Bundesamt für Maßnahmen nach dem Bundesleistungsgesetz, dem Verkehrssicherstellungsgesetz oder dem Katastrophenschutzes nach den hierzu erlassenen Gesetzen der Länder oder den darauf beruhenden Rechtsvorschriften an die hierfür zuständigen Behörden (§ 32 Abs. 1 Nr. 4 und 5).

(6) Das Kraftfahrt-Bundesamt als übermittelnde Behörde hat Aufzeichnungen zu führen, die die übermittelten Daten, den Zeitpunkt der Übermittlung, den Empfänger der Daten und den vom Empfänger angegebenen Zweck enthalten. Die Aufzeichnungen dürfen nur zur Kontrolle der Zulässigkeit der Übermittlungen verwertet werden, sind durch technische und organisatorische Maßnahmen gegen Mißbrauch zu sichern und am Ende des Kalenderhalbjahres, das dem Halbjahr der Übermittlung folgt, zu löschen oder zu vernichten. Bei Übermittlung nach § 35 Abs. 5 sind besondere Aufzeichnungen entbehrlich, wenn die Angaben nach Satz 1 aus dem

Register oder anderen Unterlagen entnommen werden können. Die Sätze 1 und 2 gelten auch für die Übermittlungen durch das Kraftfahrt-Bundesamt nach den §§ 37 bis 40.

Eingefügt durch G. v. 28. 1. 1987 (BGBl. I S. 486); Abs. 2 Nr. 1 neu gefasst durch G. v. 15. 12. 1990 (BGBl. I S. 2804); Abs. 1 Nr. 10 angefügt durch G. v. 30. 8. 1994 (BGBl. II S. 1765); Abs. 1 Eingangsworte und Abs. 5 Nr. 1 bis 5 geändert durch G. v. 24. 4. 1998 (BGBl. I S. 747); Abs. 5 Nr. 5 geändert durch G. v. 19. 3. 2001 (BGBl. I S. 386).

§ 36   Abruf im automatisierten Verfahren

(1) Die Übermittlung nach § 35 Abs. 1 Nr. 1, soweit es sich um Aufgaben nach § 32 Abs. 1 Nr. 1 handelt, aus dem Zentralen Fahrzeugregister an die Zulassungsbehörden darf durch Abruf im automatisierten Verfahren erfolgen.

(2) Die Übermittlung nach § 35 Abs. 1 Nr. 1 bis 4 aus dem Zentralen Fahrzeugregister darf durch Abruf im automatisierten Verfahren erfolgen

1. an die Polizeien des Bundes und der Länder sowie an den Zoll, soweit er grenzpolizeiliche Aufgaben wahrnimmt,

    a) zur Kontrolle, ob die Fahrzeuge einschließlich ihrer Ladung und die Fahrzeugpapiere vorschriftsmäßig sind,

    b) zur Verfolgung von Ordnungswidrigkeiten nach § 24 oder § 24a,

    c) zur Verfolgung von Straftaten oder zur Vollstreckung oder zum Vollzug von Strafen oder

    d) zur Abwehr von Gefahren für die öffentliche Sicherheit,

1a. an die Verwaltungsbehörden im Sinne des § 26 Abs. 1 für die Verfolgung von Ordnungswidrigkeiten nach § 24 oder § 24a und

2. an die Zollfahndungsdienststellen zur Verfolgung von Steuer- und Wirtschaftsstraftaten.

Satz 1 gilt entsprechend für den Abruf der örtlich zuständigen Polizeidienststellen der Länder und Verwaltungsbehörden im Sinne des § 26 Abs. 1 aus den jeweiligen örtlichen Fahrzeugregistern.

(3) Die Übermittlung nach § 35 Abs. 3 Satz 1 aus dem Zentralen Fahrzeugregister darf ferner durch Abruf im automatisierten Verfahren an die Polizeien des Bundes und der Länder zur Verfolgung von Straftaten oder zur Vollstreckung oder zum Vollzug von Strafen oder zur Abwehr einer im Einzelfall bestehenden Gefahr für die öffentliche Sicherheit sowie an die Zollfahndungsdienststellen zur Verfolgung von Steuer- und Wirtschaftsstraftaten vorgenommen werden.

(4) Der Abruf darf sich nur auf ein bestimmtes Fahrzeug oder einen bestimmten Halter richten und in den Fällen der Absätze 1 und 2 Satz 1 Nr. 1 Buchstaben a und b nur unter Verwendung von Fahrzeugdaten durchgeführt werden.

(5) Die Einrichtung von Anlagen zum Abruf im automatisierten Verfahren ist nur zulässig, wenn nach näherer Bestimmung durch Rechtsverordnung (§ 47 Abs. 1 Nr. 4) gewährleistet ist, daß

1. die zum Abruf bereitgehaltenen Daten ihrer Art nach für den Empfänger erforderlich sind und ihre Übermittlung durch automatisierten

Abruf unter Berücksichtigung der schutzwürdigen Interessen des Betroffenen und der Aufgabe des Empfängers angemessen ist,

2. die zur Sicherung gegen Mißbrauch erforderlichen technischen und organisatorischen Maßnahmen ergriffen werden, insbesondere durch Vergabe von Kennungen an die zum Abruf berechtigten Dienststellen und die Datenendgeräte und

3. die Zulässigkeit der Abrufe nach Maßgabe des Absatzes 6 kontrolliert werden kann.

(5a) Abweichend von Absatz 5 Nr. 2 ist zulässig, daß für ein Datenendgerät mehrere Kennungen zugeteilt sind und die Kennungen auch von anderen Endgeräten derselben oder einer anderen Dienststelle verwendet werden, wenn eine vollständige Aufzeichnung der Abrufe nach § 36 Abs. 7 durch die abrufende Stelle gefertigt wird. Aus den Aufzeichnungen müssen mindestens die für den Abruf verantwortliche Person und deren Dienststelle jeweils festgestellt werden können.

(6) Das Kraftfahrt-Bundesamt oder die Zulassungsbehörde als übermittelnde Stelle hat über die Abrufe Aufzeichnungen zu fertigen, die die bei der Durchführung der Abrufe verwendeten Daten, den Tag und die Uhrzeit der Abrufe, die Kennung der abrufenden Dienststelle und die abgerufenen Daten enthalten müssen. Die protokollierten Daten dürfen nur für Zwecke der Datenschutzkontrolle, der Datensicherung oder zur Sicherstellung eines ordnungsgemäßen Betriebs der Datenverarbeitungsanlage verwendet werden. Liegen Anhaltspunkte dafür vor, daß ohne ihre Verwendung die Verhinderung oder Verfolgung einer schwerwiegenden Straftat gegen Leib, Leben oder Freiheit einer Person aussichtslos oder wesentlich erschwert wäre, dürfen die Daten auch für diesen Zweck verwendet werden, sofern das Ersuchen der Strafverfolgungsbehörde unter Verwendung von Halterdaten einer bestimmten Person oder von Fahrzeugdaten eines bestimmten Fahrzeugs gestellt wird. Die Protokolldaten sind durch geeignete Vorkehrungen gegen zweckfremde Verwendung und gegen sonstigen Mißbrauch zu schützen und nach sechs Monaten zu löschen.

(7) Bei Abrufen aus dem Zentralen Fahrzeugregister unter Verwendung von Fahrzeugdaten sind über einen vom Kraftfahrt-Bundesamt ausgewählten Teil der Abrufe weitere Aufzeichnungen durch die abrufende Stelle oder das Kraftfahrt-Bundesamt zu fertigen, die sich auf den Anlaß des Abrufs erstrecken und die Feststellung der für den Abruf verantwortlichen Person ermöglichen. Das Nähere wird durch Rechtsverordnung (§ 47 Abs. 1 Nr. 5) bestimmt, insbesondere in welchem Umfang die Abrufe aufzuzeichnen sind, nach welchem Stichprobenverfahren sie ausgewählt werden und welche Stelle die Aufzeichnungen fertigt. Bei Abrufen unter Verwendung von Halterdaten sind in jedem Fall Aufzeichnungen nach Satz 1 von der durch Rechtsverordnung nach Satz 2 bestimmten Stelle zu fertigen. Die Sätze 1 bis 3 gelten entsprechend für Abrufe aus den örtlichen Fahrzeugregistern.

(8) Soweit örtliche Fahrzeugregister nicht im automatisierten Verfahren geführt werden, ist die Übermittlung der nach § 33 Abs. 1 gespeicherten Fahrzeugdaten und Halterdaten durch Einsichtnahme in das örtliche Fahrzeugregister außerhalb der üblichen Dienstzeiten an die für den betreffenden Zulassungsbezirk zuständige Polizeidienststelle zulässig, wenn

1. dies für die Erfüllung der in Absatz 2 Satz 1 Nr. 1 bezeichneten Aufgaben erforderlich ist und
2. ohne die sofortige Einsichtnahme die Erfüllung dieser Aufgaben gefährdet wäre.

Die Polizeidienststelle hat die Tatsache der Einsichtnahme, deren Datum und Anlaß sowie den Namen des Einsichtnehmenden aufzuzeichnen; die Aufzeichnungen sind für die Dauer eines Jahres aufzubewahren und nach Ablauf des betreffenden Kalenderjahres zu vernichten. Die Sätze 1 und 2 finden entsprechende Anwendung auf die Einsichtnahme durch die Zollfahndungsämter zur Erfüllung der in Absatz 2 Satz 1 Nr. 2 bezeichneten Aufgaben.

Eingefügt durch G. v. 28. 1. 1987 (BGBl. I S. 486); Abs. 1 geändert sowie Abs. 2 Satz 1 Nr. 1a eingefügt und Satz 2 geändert sowie Abs. 5a eingefügt sowie Abs. 6 Satz 1 geändert und Satz 2 durch Satz 2 bis 4 ersetzt sowie Abs. 7 Satz 4 angefügt durch G. v. 24. 4. 1998 (BGBl. I S. 747); Abs. 5 Nr. 1 geändert durch G. v. 19. 3. 2001 (BGBl. I S. 386).

§ 36a Automatisiertes Anfrage- und Auskunftsverfahren beim Kraftfahrt-Bundesamt

Die Übermittlung der Daten aus dem Zentralen Fahrzeugregister nach den §§ 35 und 37 darf nach näherer Bestimmung durch Rechtsverordnung gemäß § 47 Abs. 1 Nr. 4a auch in einem automatisierten Anfrage- und Auskunftsverfahren erfolgen. Für die Einrichtung und Durchführung des Verfahrens gilt § 30b Abs. 1 Satz 2, Abs. 2 und 3 entsprechend.

Eingefügt durch G. v. 24. 4. 1998 (BGBl. I S. 747).

§ 36b Abgleich mit den Sachfahndungsdaten des Bundeskriminalamtes

(1) Das Bundeskriminalamt übermittelt regelmäßig dem Kraftfahrt-Bundesamt die im Polizeilichen Informationssystem gespeicherten Daten von Fahrzeugen, Kennzeichen, Fahrzeugpapieren und Führerscheinen, die zur Beweissicherung, Einziehung, Beschlagnahme, Sicherstellung, Eigentumssicherung und Eigentümer- oder Besitzerermittlung ausgeschrieben sind. Die Daten dienen zum Abgleich mit den im Zentralen Fahrzeugregister erfaßten Fahrzeugen und Fahrzeugpapieren sowie mit den im Zentralen Fahrerlaubnisregister erfaßten Führerscheinen.

(2) Die Übermittlung der Daten nach Absatz 1 darf auch im automatisierten Verfahren erfolgen.

Eingefügt durch G. v. 24. 4. 1998 (BGBl. I S. 747).

§ 37 Übermittlung von Fahrzeugdaten und Halterdaten an Stellen außerhalb des Geltungsbereiches dieses Gesetzes

(1) Die nach § 33 Abs. 1 gespeicherten Fahrzeugdaten und Halterdaten dürfen von den Registerbehörden an die zuständigen Stellen anderer Staaten übermittelt werden, soweit dies
a) für Verwaltungsmaßnahmen auf dem Gebiet des Straßenverkehrs,
b) zur Überwachung des Versicherungsschutzes im Rahmen der Kraftfahrzeughaftpflichtversicherung,

c) zur Verfolgung von Zuwiderhandlungen gegen Rechtsvorschriften auf dem Gebiet des Straßenverkehrs oder

d) zur Verfolgung von Straftaten, die im Zusammenhang mit dem Straßenverkehr oder sonst mit Kraftfahrzeugen, Anhängern, Kennzeichen oder Fahrzeugpapieren, Fahrerlaubnissen oder Führerscheinen stehen

erforderlich ist.

(2) Der Empfänger ist darauf hinzuweisen, daß die übermittelten Daten nur zu dem Zweck genutzt werden dürfen, zu dessen Erfüllung sie ihm übermittelt werden.

(3) Die Übermittlung unterbleibt, wenn durch sie schutzwürdige Interessen des Betroffenen beeinträchtigt würden, insbesondere, wenn im Empfängerland ein angemessener Datenschutzstandard nicht gewährleistet ist.

I. d. F. d. G. v. 24. 4. 1998 (BGBl. I S. 747).

§ 37a Abruf im automatisierten Verfahren durch Stellen außerhalb des Geltungsbereiches dieses Gesetzes

(1) Durch Abruf im automatisierten Verfahren dürfen aus dem zentralen Fahrzeugregister für die in § 37 Abs. 1 genannten Maßnahmen an die hierfür zuständigen öffentlichen Stellen in einem Mitgliedstaat der Europäischen Union oder einem anderen Vertragsstaat des Abkommens über den Europäischen Wirtschaftsraum die zu deren Aufgabenerfüllung erforderlichen Daten nach näherer Bestimmung durch Rechtsverordnung gemäß § 47 Abs. 1 Nr. 5a übermittelt werden.

(2) Der Abruf darf nur unter Verwendung von Fahrzeugdaten erfolgen und sich nur auf ein bestimmtes Fahrzeug oder einen bestimmten Halter richten.

(3) Der Abruf ist nur zulässig, soweit

1. diese Form der Datenübermittlung unter Berücksichtigung der schutzwürdigen Interessen der Betroffenen wegen der Vielzahl der Übermittlungen oder wegen ihrer besonderen Eilbedürftigkeit angemessen ist und

2. der Empfängerstaat die Richtlinie 95/46/EG des Europäischen Parlaments und des Rates vom 24. Oktober 1995 (ABl. EG Nr. L 281 S. 31) anwendet.

§ 36 Abs. 5, 5a und 6 sowie Abs. 7 wegen des Anlasses der Abrufe ist entsprechend anzuwenden. In den Fällen des Absatzes 7 hat das Kraftfahrt-Bundesamt weitere Aufzeichnungen über den Anlaß bei jedem zehnten Abruf zu fertigen.

Eingefügt durch G. v. 24. 4. 1998 (BGBl. I S. 747).

§ 38 Übermittlung für die wissenschaftliche Forschung

(1) Die nach § 33 Abs. 1 gespeicherten Fahrzeugdaten und Halterdaten dürfen an Hochschulen, andere Einrichtungen, die wissenschaftliche Forschung betreiben, und öffentliche Stellen übermittelt werden, soweit

1. dies für die Durchführung bestimmter wissenschaftlicher Forschungsarbeiten erforderlich ist,

2. eine Nutzung anonymisierter Daten zu diesem Zweck nicht möglich ist und

3. das öffentliche Interesse an der Forschungsarbeit das schutzwürdige Interesse des Betroffenen an dem Ausschluß der Übermittlung erheblich überwiegt.

(2) Die Übermittlung der Daten erfolgt durch Erteilung von Auskünften, wenn hierdurch der Zweck der Forschungsarbeit erreicht werden kann und die Erteilung keinen unverhältnismäßigen Aufwand erfordert.

(3) Personenbezogene Daten werden nur an solche Personen übermittelt, die Amtsträger oder für den öffentlichen Dienst besonders Verpflichtete sind oder die zur Geheimhaltung verpflichtet worden sind. § 1 Abs. 2, 3 und 4 Nr. 2 des Verpflichtungsgesetzes findet auf die Verpflichtung zur Geheimhaltung entsprechende Anwendung.

(4) Die personenbezogenen Daten dürfen nur für die Forschungsarbeit genutzt werden, für die sie übermittelt worden sind. Die Verwendung für andere Forschungsarbeiten oder die Weitergabe richtet sich nach den Absätzen 1 und 2 und bedarf der Zustimmung der Stelle, die die Daten übermittelt hat.

(5) Die Daten sind gegen unbefugte Kenntnisnahme durch Dritte zu schützen. Die wissenschaftliche Forschung betreibende Stelle hat dafür zu sorgen, daß die Nutzung der personenbezogenen Daten räumlich und organisatorisch getrennt von der Erfüllung solcher Verwaltungsaufgaben oder Geschäftszwecke erfolgt, für die diese Daten gleichfalls von Bedeutung sein können.

(6) Sobald der Forschungszweck es erlaubt, sind die personenbezogenen Daten zu anonymisieren. Solange dies noch nicht möglich ist, sind die Merkmale gesondert aufzubewahren, mit denen Einzelangaben über persönliche oder sachliche Verhältnisse einer bestimmten oder bestimmbaren Person zugeordnet werden können. Sie dürfen mit den Einzelangaben nur zusammengeführt werden, soweit der Forschungszweck dies erfordert.

(7) Wer nach den Absätzen 1 und 2 personenbezogene Daten erhalten hat, darf diese nur veröffentlichen, wenn dies für die Darstellung von Forschungsergebnissen über Ereignisse der Zeitgeschichte unerläßlich ist.

(8) Ist der Empfänger eine nichtöffentliche Stelle, gilt § 38 des Bundesdatenschutzgesetzes mit der Maßgabe, daß die Aufsichtsbehörde die Ausführung der Vorschriften über den Datenschutz auch dann überwacht, wenn keine hinreichenden Anhaltspunkte für eine Verletzung dieser Vorschriften vorliegen oder wenn der Empfänger die personenbezogenen Daten nicht in Dateien verarbeitet.

I. d. F. d. G. v. 24. 4. 1998 (BGBl. I S. 747).

§ 38a   Übermittlung und Nutzung für statistische Zwecke

(1) Die nach § 33 Abs. 1 gespeicherten Fahrzeug- und Halterdaten dürfen zur Vorbereitung und Durchführung von Statistiken, soweit sie durch Rechtsvorschriften angeordnet sind, übermittelt werden, wenn die Vorbereitung und Durchführung des Vorhabens allein mit anonymisierten Daten (§ 45) nicht möglich ist.

(2) Es finden die Vorschriften des Bundesstatistikgesetzes und der Statistikgesetze der Länder Anwendung.

Eingefügt durch G. v. 24. 4. 1998 (BGBl. I S. 747).

§ 38b Übermittlung und Nutzung für planerische Zwecke

(1) Die nach § 33 Abs. 1 in den örtlichen Fahrzeugregistern gespeicherten Fahrzeug- und Halterdaten dürfen für im öffentlichen Interesse liegende Verkehrsplanungen an öffentliche Stellen übermittelt werden, wenn die Durchführung des Vorhabens allein mit anonymisierten Daten (§ 45) nicht oder nur mit unverhältnismäßigem Aufwand möglich ist und der Betroffene eingewilligt hat oder schutzwürdige Interessen des Betroffenen nicht beeinträchtigt werden.

(2) Der Empfänger der Daten hat sicherzustellen, daß

1. die Kontrolle zur Sicherstellung schutzwürdiger Interessen des Betroffenen jederzeit gewährleistet wird,
2. die Daten nur für das betreffende Vorhaben genutzt werden,
3. zu den Daten nur die Personen Zugang haben, die mit dem betreffenden Vorhaben befaßt sind,
4. diese Personen verpflichtet werden, die Daten gegenüber Unbefugten nicht zu offenbaren, und
5. die Daten anonymisiert oder gelöscht werden, sobald der Zweck des Vorhabens dies gestattet.

Eingefügt durch G. v. 24. 4. 1998 (BGBl. I S. 747).

§ 39 Übermittlung von Fahrzeugdaten und Halterdaten zur Verfolgung von Rechtsansprüchen

(1) Von den nach § 33 Abs. 1 gespeicherten Fahrzeugdaten und Halterdaten sind

1. Familienname (bei juristischen Personen, Behörden oder Vereinigungen: Name oder Bezeichnung),
2. Vornamen,
3. Ordens- und Künstlername,
4. Anschrift,
5. Art, Hersteller und Typ des Fahrzeugs,
6. Name und Anschrift des Versicherers,
7. Nummer des Versicherungsscheins, oder, falls diese noch nicht gespeichert ist, Nummer der Versicherungsbestätigung,
8. gegebenenfalls Zeitpunkt der Beendigung des Versicherungsverhältnisses,
9. gegebenenfalls Befreiung von der gesetzlichen Versicherungspflicht,
10. Zeitpunkt der Zuteilung oder Ausgabe des Kennzeichens für den Halter sowie
11. Kraftfahrzeugkennzeichen

durch die Zulassungsbehörde oder durch das Kraftfahrt-Bundesamt zu übermitteln, wenn der Empfänger unter Angabe des betreffenden Kennzeichens oder der betreffenden Fahrzeug-Identifizierungsnummer darlegt, daß er die Daten zur Geltendmachung, Sicherung oder Vollstreckung oder zur Befriedigung oder Abwehr von Rechtsansprüchen im Zusammenhang mit der Teilnahme am Straßenverkehr oder zur Erhebung einer Privatklage wegen im Straßenverkehr begangener Verstöße benötigt (einfache Registerauskunft).

(2) Weitere Fahrzeugdaten und Halterdaten als die nach Absatz 1 zulässigen sind zu übermitteln, wenn der Empfänger unter Angabe von Fahrzeugdaten oder Personalien des Halters glaubhaft macht, daß er

1. die Daten zur Geltendmachung, Sicherung oder Vollstreckung, zur Befriedigung oder Abwehr von Rechtsansprüchen im Zusammenhang mit der Teilnahme am Straßenverkehr, dem Diebstahl, dem sonstigen Abhandenkommen des Fahrzeugs oder zur Erhebung einer Privatklage wegen im Straßenverkehr begangener Verstöße benötigt,

2. ohne Kenntnis der Daten zur Geltendmachung, Sicherung oder Vollstreckung, zur Befriedigung oder Abwehr des Rechtsanspruchs oder zur Erhebung der Privatklage nicht in der Lage wäre und

3. die Daten auf andere Weise entweder nicht oder nur mit unverhältnismäßigem Aufwand erlangen könnte.

(3) Die in Absatz 1 Nr. 1 bis 5 und 11 angeführten Halterdaten und Fahrzeugdaten dürfen übermittelt werden, wenn der Empfänger unter Angabe von Fahrzeugdaten oder Personalien des Halters glaubhaft macht, daß er

1. die Daten zur Geltendmachung, Sicherung oder Vollstreckung

   a) von nicht mit der Teilnahme am Straßenverkehr im Zusammenhang stehenden öffentlich-rechtlichen Ansprüchen oder

   b) von gemäß § 7 des Unterhaltsvorschußgesetzes oder § 91 des Bundessozialhilfegesetzes übergegangenen Ansprüchen

   in Höhe von jeweils mindestens fünfhundert Euro benötigt,

2. ohne Kenntnis der Daten zur Geltendmachung, Sicherung oder Vollstreckung des Rechtsanspruchs nicht in der Lage wäre und

3. die Daten auf andere Weise entweder nicht oder nur mit unverhältnismäßigem Aufwand erlangen könnte.

§ 35 Abs. 3 Satz 2 und 3 gilt entsprechend. Die Aufzeichnungen dürfen nur zur Kontrolle der Zulässigkeit der Übermittlungen verwendet werden.

Eingefügt durch G. v. 28. 1. 1987 (BGBl. I S. 486); Abs. 1 und Abs. 2 Nr. 1 geändert sowie Abs. 3 Satz 1 Nr. 1 neu gefasst und Satz 3 geändert durch G. v. 24. 4. 1998 (BGBl. I S. 747); Abs. 1 Nr. 11 angefügt und Abs. 3 Satz 1 geändert durch G. v. 19. 3. 2001 (BGBl. I S. 386); Abs. 3 Nr. 1 geändert durch G. v. 15. 12. 2001 (BGBl. I S. 3762).

§ 40 Übermittlung sonstiger Daten

(1) Die nach § 33 Abs. 2 gespeicherten Daten über Beruf und Gewerbe (Wirtschaftszweig) dürfen nur für die Zwecke nach § 32 Abs. 1 Nr. 4 und 5 an die hierfür zuständigen Behörden übermittelt werden. Außerdem dürfen diese Daten für Zwecke der Statistik (§ 38a Abs. 1) übermittelt werden; die Zulässigkeit und die Durchführung von statistischen Vorhaben richten sich nach § 38a.

(2) Die nach § 33 Abs. 3 gespeicherten Daten über Fahrtenbuchauflagen dürfen nur

1. für Maßnahmen im Rahmen des Zulassungsverfahrens oder zur Überwachung der Fahrtenbuchauflage den Zulassungsbehörden oder dem Kraftfahrt-Bundesamt oder

2. zur Verfolgung von Straftaten oder von Ordnungswidrigkeiten nach § 24 oder § 24a den hierfür zuständigen Behörden oder Gerichten übermittelt werden.

Eingefügt durch G. v. 28. 1. 1987 (BGBl. I S. 486); Abs. 1 Satz 2 und Abs. 2 Nr. 1 geändert durch G. v. 24. 4. 1998 (BGBl. I S. 747); Abs. 1 geändert durch G. v. 19. 3. 2001 (BGBl. I S. 386).

§ 41 Übermittlungssperren

(1) Die Anordnung von Übermittlungssperren in den Fahrzeugregistern ist zulässig, wenn erhebliche öffentliche Interessen gegen die Offenbarung der Halterdaten bestehen.

(2) Außerdem sind Übermittlungssperren auf Antrag des Betroffenen anzuordnen, wenn er glaubhaft macht, daß durch die Übermittlung seine schutzwürdigen Interessen beeinträchtigt würden.

(3) Die Übermittlung trotz bestehender Sperre ist im Einzelfall zulässig, wenn an der Kenntnis der gesperrten Daten ein überwiegendes öffentliches Interesse, insbesondere an der Verfolgung von Straftaten besteht. Über die Aufhebung entscheidet die für die Anordnung der Sperre zuständige Stelle. Will diese an der Sperre festhalten, weil sie das die Sperre begründende öffentliche Interesse (Absatz 1) für überwiegend hält oder weil sie die Beeinträchtigung schutzwürdiger Interessen des Betroffenen (Absatz 2) als vorrangig ansieht, so führt sie die Entscheidung der obersten Landesbehörde herbei. Vor der Übermittlung ist dem Betroffenen Gelegenheit zur Stellungnahme zu geben, es sei denn, die Anhörung würde dem Zweck der Übermittlung zuwiderlaufen.

(4) Die Übermittlung trotz bestehender Sperre ist im Einzelfall außerdem zulässig, wenn die Geltendmachung, Sicherung oder Vollstreckung oder die Befriedigung oder Abwehr von Rechtsansprüchen im Sinne des § 39 Abs. 1 und 2 sonst nicht möglich wäre. Vor der Übermittlung ist dem Betroffenen Gelegenheit zur Stellungnahme zu geben. Absatz 3 Satz 2 und 3 ist entsprechend anzuwenden.

Eingefügt durch G. v. 28. 1. 1987 (BGBl. I S. 486); Abs. 2 und Abs. 3 Satz 3 geändert durch G. v. 24. 4. 1998 (BGBl. I S. 747).

§ 42 Datenvergleich zur Beseitigung von Fehlern

(1) Bei Zweifeln an der Identität eines eingetragenen Halters mit dem Halter, auf den sich eine neue Mitteilung bezieht, drüfen die Datenbestände des Verkehrszentralregisters und des Zentralen Fahrerlaubnisregisters zur Identifizierung dieser Halter genutzt werden. Ist die Feststellung der Identität der betreffenden Halter auf diese Weise nicht möglich, dürfen die auf Anfrage aus den Melderegistern übermittelten Daten zur Behebung der Zweifel genutzt werden. Die Zulässigkeit der Übermittlung durch die Mel-

debehörden richtet sich nach den Meldegesetzen der Länder. Können die Zweifel an der Identität der betreffenden Halter nicht ausgeräumt werden, werden die Eintragungen über beide Halter mit einem Hinweis auf die Zweifel an deren Identität versehen.

(2) Die nach § 33 im Zentralen Fahrzeugregister gespeicherten Daten dürfen den Zulassungsbehörden übermittelt werden, soweit dies erforderlich ist, um Fehler und Abweichungen in deren Register festzustellen und zu beseitigen und um diese örtlichen Register zu vervollständigen. Die nach § 33 im örtlichen Fahrzeugregister gespeicherten Daten dürfen dem Kraftfahrt-Bundesamt übermittelt werden, soweit dies erforderlich ist, um Fehler und Abweichungen im Zentralen Fahrzeugregister festzustellen und zu beseitigen sowie das Zentrale Fahrzeugregister zu vervollständigen. Die Übermittlung nach Satz 1 oder 2 ist nur zulässig, wenn Anlaß zu der Annahme besteht, daß die Register unrichtig oder unvollständig sind.

(3) Die nach § 33 im Zentralen Fahrzeugregister oder im zuständigen örtlichen Fahrzeugregister gespeicherten Halter- und Fahrzeugdaten dürfen dem zuständigen Finanzamt übermittelt werden, soweit dies für Maßnahmen zur Durchführung des Kraftfahrzeugsteuerrechts erforderlich ist, um Fehler und Abweichungen in den Datenbeständen der Finanzämter festzustellen und zu beseitigen und um diese Datenbestände zu vervollständigen. Die Übermittlung nach Satz 1 ist nur zulässig, wenn Anlaß zu der Annahme besteht, daß die Datenbestände unrichtig oder unvollständig sind.

Eingefügt durch G. v. 28. 1. 1987 (BGBl. I S. 486); neuer Abs. 1 eingefügt, bisheriger Abs. 1 als Abs. 2 eingeordnet und neu gefaßt sowie bisheriger Abs. 2 als Abs. 3 eingeordnet und neu gefaßt durch G. v. 24. 4. 1998 (BGBl. I S. 747).

§ 43   Allgemeine Vorschriften für die Datenübermittlung, Verarbeitung und Nutzung der Daten durch den Empfänger

(1) Übermittlungen von Daten aus den Fahrzeugregistern sind nur auf Ersuchen zulässig, es sei denn, auf Grund besonderer Rechtsvorschrift wird bestimmt, daß die Registerbehörde bestimmte Daten von Amts wegen zu übermitteln hat. Die Verantwortung für die Zulässigkeit der Übermittlung trägt die übermittelnde Stelle. Erfolgt die Übermittlung auf Ersuchen des Empfängers, trägt dieser die Verantwortung. In diesem Fall prüft die übermittelnde Stelle nur, ob das Übermittlungsersuchen im Rahmen der Aufgaben des Empfängers liegt, es sei denn, daß besonderer Anlaß zur Prüfung der Zulässigkeit der Übermittlung besteht.

(2) Der Empfänger darf die übermittelten Daten nur zu dem Zweck verarbeiten und nutzen, zu dessen Erfüllung sie ihm übermittelt worden sind. Der Empfänger darf die übermittelten Daten auch für andere Zwecke verarbeiten und nutzen, soweit sie ihm auch für diese Zwecke hätten übermittelt werden dürfen. Ist der Empfänger eine nichtöffentliche Stelle, hat die übermittelnde Stelle ihn darauf hinzuweisen. Eine Verarbeitung und Nutzung für andere Zwecke durch nichtöffentliche Stellen bedarf der Zustimmung der übermittelnden Stelle.

Neu gefasst durch G. v. 24. 4. 1998 (BGBl. I S. 747).

§ 44 Löschung der Daten in den Fahrzeugregistern

(1) Die nach § 33 Abs. 1 und 2 gespeicherten Daten sind in den Fahrzeugregistern spätestens zu löschen, wenn sie für die Aufgaben nach § 32 nicht mehr benötigt werden. Bis zu diesem Zeitpunkt sind auch alle übrigen zu dem betreffenden Fahrzeug gespeicherten Daten zu löschen.

(2) Die Daten über Fahrtenbuchauflagen (§ 33 Abs. 3) sind nach Wegfall der Auflage zu löschen.

Eingefügt durch G. v. 28. 1. 1987 (BGBl. I S. 486).

§ 45 Anonymisierte Daten

Auf die Erhebung, Verarbeitung und sonstige Nutzung von Daten, die keinen Bezug zu einer bestimmten oder bestimmbaren Person ermöglichen (anonymisierte Daten), finden die Vorschriften dieses Abschnitts keine Anwendung. Zu den Daten, die einen Bezug zu einer bestimmten oder bestimmbaren Person ermöglichen, gehören auch das Kennzeichen eines Fahrzeugs, die Fahrzeug-Identifizierungsnummer und die Fahrzeugbriefnummer.

Eingefügt durch G. v. 28. 1. 1987 (BGBl. I S. 486).

§ 46 (aufgehoben durch G. v. 24. 4. 1998 – BGBl. I S. 747).

§ 47 Ermächtigungsgrundlagen, Ausführungsvorschriften

(1) Das Bundesministerium für Verkehr, Bau- und Wohnungswesen wird ermächtigt, Rechtsverordnungen mit Zustimmung des Bundesrates zu erlassen

1. darüber,
   a) welche im einzelnen zu bestimmenden Fahrzeugdaten (§ 33 Abs. 1 Satz 1 Nr. 1) und
   b) welche Halterdaten nach § 33 Abs. 1 Satz 1 Nr. 2 in welchen Fällen der Zuteilung oder Ausgabe des Kennzeichens unter Berücksichtigung der in § 32 genannten Aufgaben

   im örtlichen und im Zentralen Fahrzeugregister jeweils gespeichert (§ 33 Abs. 1) und zur Speicherung erhoben (§ 34 Abs. 1) werden,

2. darüber, welche im einzelnen zu bestimmenden Fahrzeugdaten die Versicherer zur Speicherung im Zentralen Fahrzeugregister nach § 34 Abs. 5 Satz 2 mitzuteilen haben,

3. über die regelmäßige Übermittlung der Daten nach § 35 Abs. 5, insbesondere über die Art der Übermittlung sowie die Art und den Umfang der zu übermittelnden Daten,

4. über die Art und den Umfang der zu übermittelnden Daten und die Maßnahmen zur Sicherung gegen Mißbrauch beim Abruf im automatisierten Verfahren nach § 36 Abs. 5,

4a. über die Art und den Umfang der zu übermittelnden Daten und die Maßnahmen zur Sicherung gegen Mißbrauch nach § 36a,

5. über Einzelheiten des Verfahrens nach § 36 Abs. 7 Satz 2,

5a. über die Art und den Umfang der zu übermittelnden Daten, die Bestimmung der Empfänger und den Geschäftsweg bei Übermittlungen nach § 37 Abs. 1,

5b. darüber, welche Daten nach § 37a Abs. 1 durch Abruf im automatisierten Verfahren übermittelt werden dürfen,

5c. über die Bestimmung, welche ausländischen öffentlichen Stellen zum Abruf im automatisierten Verfahren nach § 37a Abs. 1 befugt sind,

6. über das Verfahren bei Übermittlungssperren sowie über die Speicherung, Änderung und die Aufhebung der Sperren nach § 33 Abs. 4 und § 41 und

7. über die Löschung der Daten nach § 44, insbesondere über die Voraussetzungen und Fristen für die Löschung.

(2) Das Bundesministerium für Verkehr, Bau- und Wohnungswesen wird ermächtigt, allgemeine Verwaltungsvorschriften mit Zustimmung des Bundesrates über die Art und Weise der Durchführung von Datenübermittlungen und über die Beschaffenheit von Datenträgern zu erlassen.

Eingefügt durch G. v. 28. 1. 1987 (BGBl. I S. 486); Abs. 1 Eingangsworte und Nr. 4 neu gefasst, Nr. 4a eingefügt sowie Nr. 5 geändert sowie Nr. 5a–5c eingefügt sowie Abs. 2 neu gefasst durch G. v. 24. 4. 1998 (BGBl. I S. 747); geändert durch VO v. 29. 10. 2001 (BGBl. I S. 2785).

VI. Fahrerlaubnisregister

Eingefügt durch G. v. 24. 4. 1998 (BGBl. I S. 747).

§ 48   Registerführung und Registerbehörden

(1) Die Fahrerlaubnisbehörden (§ 2 Abs. 1) führen im Rahmen ihrer örtlichen Zuständigkeit ein Register (örtliche Fahrerlaubnisregister) über

1. von ihnen erteilte oder registrierte Fahrerlaubnisse sowie die entsprechenden Führerscheine,

2. Entscheidungen, die Bestand, Art und Umfang von Fahrerlaubnissen oder sonstige Berechtigungen, ein Fahrzeug zu führen, betreffen.

Abweichend von Satz 1 Nr. 2 darf die zur Erteilung einer Prüfbescheinigung zuständige Stelle Aufzeichnungen über von ihr ausgegebene Bescheinigungen für die Berechtigung zum Führen fahrerlaubnisfreier Fahrzeuge führen.

(2) Das Kraftfahrt-Bundesamt führt ein Register (Zentrales Fahrerlaubnisregister) über

1. von einer inländischen Fahrerlaubnisbehörde erteilte Fahrerlaubnisse sowie die entsprechenden Führerscheine von Personen mit ordentlichem Wohnsitz im Inland,

2. von einer ausländischen Behörde oder Stelle erteilte Fahrerlaubnisse sowie die entsprechenden Führerscheine von Personen mit ordentlichem Wohnsitz im Inland, soweit sie verpflichtet sind, ihre Fahrerlaubnis registrieren zu lassen,

3. von einer inländischen Fahrerlaubnisbehörde erteilte oder registrierte Fahrerlaubnisse sowie die entsprechenden Führerscheine von Personen ohne ordentlichen Wohnsitz im Inland.

(3) Bei einer zentralen Herstellung der Führerscheine übermittelt die Fahrerlaubnisbehörde dem Hersteller die hierfür notwendigen Daten. Der Hersteller darf ausschließlich zum Nachweis des Verbleibs der Führerscheine alle Führerscheinnummern der hergestellten Führerscheine speichern. Die Speicherung der übrigen im Führerschein enthaltenen Angaben beim Hersteller ist unzulässig, soweit sie nicht ausschließlich und vorübergehend der Herstellung des Führerscheins dient; die Angaben sind anschließend zu löschen. Die Daten nach den Sätzen 1 und 2 dürfen nach näherer Bestimmung durch Rechtsverordnung gemäß § 63 Abs. 1 Nr. 1 an das Kraftfahrt-Bundesamt zur Speicherung im Zentralen Fahrerlaubnisregister übermittelt werden; sie sind dort spätestens nach Ablauf von zwölf Monaten zu löschen, sofern dem Amt die Erteilung oder Änderung der Fahrerlaubnis innerhalb dieser Frist nicht mitgeteilt wird; beim Hersteller sind die Daten nach der Übermittlung zu löschen. Vor Eingang der Mitteilung beim Kraftfahrt-Bundesamt über die Erteilung oder Änderung der Fahrerlaubnis darf das Amt über die Daten keine Auskunft erteilen.

Eingefügt durch G. v. 24. 4. 1998 (BGBl. I S. 747).

§ 49 Zweckbestimmung der Register

(1) Die örtlichen Fahrerlaubnisregister und das Zentrale Fahrerlaubnisregister werden geführt zur Speicherung von Daten, die erforderlich sind, um feststellen zu können, welche Fahrerlaubnisse und welche Führerscheine eine Person besitzt.

(2) Die örtlichen Fahrerlaubnisregister werden außerdem geführt zur Speicherung von Daten, die erforderlich sind

1. für die Beurteilung der Eignung und Befähigung von Personen zum Führen von Kraftfahrzeugen und

2. für die Prüfung der Berechtigung zum Führen von Fahrzeugen.

Eingefügt durch G. v. 24. 4. 1998 (BGBl. I S. 747).

§ 50 Inhalt der Fahrerlaubnisregister

(1) In den örtlichen Fahrerlaubnisregistern und im Zentralen Fahrerlaubnisregister werden gespeichert

1. Familiennamen, Geburtsnamen, sonstige frühere Namen, Vornamen, Ordens- oder Künstlername, Doktorgrad, Geschlecht, Tag und Ort der Geburt,

2. nach näherer Bestimmung durch Rechtsverordnung gemäß § 63 Abs. 1 Nr. 2 Daten über Erteilung und Registrierung (einschließlich des Umtauschs oder der Registrierung einer deutschen Fahrerlaubnis im Ausland), Bestand, Art, Umfang, Gültigkeitsdauer, Verlängerung und Änderung der Fahrerlaubnis, Datum des Beginns und des Ablaufs der Probezeit, Nebenbestimmungen zur Fahrerlaubnis, über Führerscheine und deren Geltung einschließlich der Ausschreibung zur Sachfahndung, sonstige Berechtigungen, ein Kraftfahrzeug zu führen, sowie Hinweise auf Eintragungen im Verkehrszentralregister, die die Berechtigung zum Führen von Kraftfahrzeugen berühren.

(2) In den örtlichen Fahrerlaubnisregistern dürfen außerdem gespeichert werden

1. die Anschrift des Betroffenen sowie
2. nach näherer Bestimmung durch Rechtsverordnung gemäß § 63 Abs. 1 Nr. 2 Daten über

   a) Versagung, Entziehung, Widerruf und Rücknahme der Fahrerlaubnis, Verzicht auf die Fahrerlaubnis, isolierte Sperren, Fahrverbote sowie die Beschlagnahme, Sicherstellung und Verwahrung von Führerscheinen sowie Maßnahmen nach § 2a Abs. 2 und § 4 Abs. 3,

   b) Verbote oder Beschränkungen, ein Fahrzeug zu führen.

Eingefügt durch G. v. 24. 4. 1998 (BGBl. I S. 747).

§ 51 Mitteilung an das Zentrale Fahrerlaubnisregister

Die Fahrerlaubnisbehörden teilen dem Kraftfahrt-Bundesamt unverzüglich die auf Grund des § 50 Abs. 1 zu speichernden oder zu einer Änderung oder Löschung einer Eintragung führenden Daten für das Zentrale Fahrerlaubnisregister mit.

Eingefügt durch G. v. 24. 4. 1998 (BGBl. I S. 747).

§ 52 Übermittlung

(1) Die in den Fahrerlaubnisregistern gespeicherten Daten dürfen an die Stellen, die

1. für die Verfolgung von Straftaten, zur Vollstreckung oder zum Vollzug von Strafen,
2. für die Verfolgung von Ordnungswidrigkeiten und die Vollstreckung von Bußgeldbescheiden und ihren Nebenfolgen nach diesem Gesetz oder
3. für Verwaltungsmaßnahmen auf Grund dieses Gesetzes oder der auf ihm beruhenden Rechtsvorschriften, soweit es um Fahrerlaubnisse, Führerscheine oder sonstige Berechtigungen, ein Fahrzeug zu führen, geht,

zuständig sind, übermittelt werden, soweit dies zur Erfüllung der diesen Stellen obliegenden Aufgaben zu den in § 49 genannten Zwecken jeweils erforderlich ist.

(2) Die in den Fahrerlaubnisregistern gespeicherten Daten dürfen zu den in § 49 Abs. 1 und 2 Nr. 2 genannten Zwecken an die für Verkehrs- und Grenzkontrollen zuständigen Stellen übermittelt werden, soweit dies zur Erfüllung ihrer Aufgaben erforderlich ist.

(3) Das Kraftfahrt-Bundesamt hat entsprechend § 35 Abs. 6 Satz 1 und 2 Aufzeichnungen über die Übermittlungen nach den Absätzen 1 und 2 zu führen.

Eingefügt durch G. v. 24. 4. 1998 (BGBl. I S. 747).

§ 53 Abruf im automatisierten Verfahren

(1) Den Stellen, denen die Aufgaben nach § 52 obliegen, dürfen die hierfür jeweils erforderlichen Daten aus dem Zentralen Fahrerlaubnisregister und

den örtlichen Fahrerlaubnisregistern zu den in § 49 genannten Zwecken durch Abruf im automatisierten Verfahren übermittelt werden.

(2) Die Einrichtung von Anlagen zum Abruf im automatisierten Verfahren ist nur zulässig, wenn nach näherer Bestimmung durch Rechtsverordnung gemäß § 63 Abs. 1 Nr. 4 gewährleistet ist, daß

1. die zur Sicherung gegen Mißbrauch erforderlichen technischen und organisatorischen Maßnahmen ergriffen werden, insbesondere durch Vergabe von Kennungen an die zum Abruf berechtigten Dienststellen und die Datenendgeräte und

2. die Zulässigkeit der Abrufe nach Maßgabe des Absatzes 3 kontrolliert werden kann.

Abweichend von Satz 1 Nr. 1 ist eine Regelung entsprechend § 30a Abs. 2a zulässig.

(3) Das Kraftfahrt-Bundesamt oder die Fahrerlaubnisbehörde als übermittelnde Stellen haben über die Abrufe Aufzeichnungen zu fertigen, die die bei der Durchführung der Abrufe verwendeten Daten, den Tag und die Uhrzeit der Abrufe, die Kennung der abrufenden Dienststelle und die abgerufenen Daten enthalten müssen. Die protokollierten Daten dürfen nur für Zwecke der Datenschutzkontrolle, der Datensicherung oder zur Sicherstellung eines ordnungsgemäßen Betriebs der Datenverarbeitungsanlage verwendet werden, es sei denn, es liegen Anhaltspunkte dafür vor, daß ohne ihre Verwendung die Verhinderung oder Verfolgung einer schwerwiegenden Straftat gegen Leib, Leben oder Freiheit einer Person aussichtslos oder wesentlich erschwert wäre. Die Protokolldaten sind durch geeignete Vorkehrungen gegen zweckfremde Verwendung und gegen sonstigen Mißbrauch zu schützen und nach sechs Monaten zu löschen.

(4) Bei Abrufen aus dem Zentralen Fahrerlaubnisregister sind über einen vom Kraftfahrt-Bundesamt ausgewählten Teil der Abrufe weitere Aufzeichnungen durch die abrufende Stelle oder das Kraftfahrt-Bundesamt zu fertigen, die sich auf den Anlaß des Abrufs erstrecken und die Feststellung der für den Abruf verantwortlichen Person ermöglichen. Das Nähere wird durch Rechtsverordnung gemäß § 63 Abs. 1 Nr. 4 bestimmt, insbesondere in welchem Umfang die Abrufe aufzuzeichnen sind, nach welchem Stichprobenverfahren sie ausgewählt werden und welche Stelle die Aufzeichnungen fertigt. Die Sätze 1 und 2 gelten entsprechend bei Abrufen aus den örtlichen Fahrerlaubnisregistern.

(5) Aus den örtlichen Fahrerlaubnisregistern ist die Übermittlung der Daten durch Einsichtnahme in das Register außerhalb der üblichen Dienstzeiten an die für den betreffenden Bezirk zuständige Polizeidienststelle zulässig, wenn

1. dies im Rahmen der in § 49 Abs. 1 und 2 Nr. 2 genannten Zwecke für die Erfüllung der Polizei obliegenden Aufgaben erforderlich ist und

2. ohne die sofortige Einsichtnahme die Erfüllung dieser Aufgaben gefährdet wäre.

Die Polizeidienststelle hat die Tatsache der Einsichtnahme, deren Datum und Anlaß sowie den Namen des Einsichtnehmenden aufzuzeichnen; die Aufzeichnungen sind für die Dauer eines Jahres aufzubewahren und nach Ablauf des betreffenden Kalenderjahres zu vernichten.

Eingefügt durch G. v. 24. 4. 1998 (BGBl. I S. 747).

§ 54 Automatisiertes Anfrage- und Auskunftsverfahren beim Kraftfahrt-Bundesamt

Die Übermittlung der Daten aus dem Zentralen Fahrerlaubnisregister nach den §§ 52 und 55 darf nach näherer Bestimmung durch Rechtsverordnung gemäß § 63 Abs. 1 Nr. 5 auch in einem automatisierten Anfrage- und Auskunftsverfahren erfolgen. Für die Einrichtung und Durchführung des Verfahrens gilt § 30b Abs. 1 Satz 2, Abs. 2 und 3 entsprechend.

Eingefügt durch G. v. 24. 4. 1998 (BGBl. I S. 747).

§ 55 Übermittlung von Daten an Stellen außerhalb des Geltungsbereiches dieses Gesetzes

(1) Die auf Grund des § 50 gespeicherten Daten dürfen von den Registerbehörden an die hierfür zuständigen Stellen anderer Staaten übermittelt werden, soweit dies

1. für Verwaltungsmaßnahmen auf dem Gebiet des Straßenverkehrs,
2. zur Verfolgung von Zuwiderhandlungen gegen Rechtsvorschriften auf dem Gebiet des Straßenverkehrs oder
3. zur Verfolgung von Straftaten, die im Zusammenhang mit dem Straßenverkehr oder sonst mit Kraftfahrzeugen oder Anhängern oder Fahrzeugpapieren, Fahrerlaubnissen oder Führerscheinen stehen,

erforderlich ist.

(2) Der Empfänger ist darauf hinzuweisen, daß die übermittelten Daten nur zu dem Zweck verarbeitet oder genutzt werden dürfen, zu dessen Erfüllung sie ihm übermittelt werden.

(3) Die Übermittlung unterbleibt, wenn durch sie schutzwürdige Interessen des Betroffenen beeinträchtigt würden, insbesondere, wenn im Empfängerland ein angemessener Datenschutzstandard nicht gewährleistet ist.

Eingefügt durch G. v. 24. 4. 1998 (BGBl. I S. 747).

§ 56 Abruf im automatisierten Verfahren durch Stellen außerhalb des Geltungsbereiches dieses Gesetzes

(1) Durch Abruf im automatisierten Verfahren dürfen aus dem Zentralen Fahrerlaubnisregister für die in § 55 Abs. 1 genannten Maßnahmen an die hierfür zuständigen öffentlichen Stellen in einem Mitgliedstaat der Europäischen Union oder einem anderen Vertragsstaat des Abkommens über den Europäischen Wirtschaftsraum die zu deren Aufgabenerfüllung erforderlichen Daten nach näherer Bestimmung durch Rechtsverordnung gemäß § 63 Abs. 1 Nr. 6 übermittelt werden.

(2) Der Abruf ist nur zulässig, soweit

1. diese Form der Datenübermittlung unter Berücksichtigung der schutzwürdigen Interessen der Betroffenen wegen der Vielzahl der Übermittlungen oder wegen ihrer besonderen Eilbedürftigkeit angemessen ist
   und

2. der Empfängerstaat die Richtlinie 95/46/EG des Europäischen Parlaments und des Rates vom 24. Oktober 1995 (ABl. EG Nr. L 281 S. 31)
   anwendet.

§ 53 Abs. 2 und 3 sowie Abs. 4 wegen des Anlasses der Abrufe ist entsprechend anzuwenden. In den Fällen des § 53 Abs. 4 hat das Kraftfahrt-Bundesamt weitere Aufzeichnungen über den Anlaß bei jedem zehnten Abruf
zu fertigen.

Eingefügt durch G. v. 24. 4. 1998 (BGBl. I S. 747).

§ 57   Übermittlung und Nutzung von Daten für wissenschaftliche, statistische und gesetzgeberische Zwecke

Für die Übermittlung und Nutzung der nach § 50 gespeicherten Daten für
wissenschaftliche Zwecke gilt § 38, für statistische Zwecke § 38a und für
gesetzgeberische Zwecke § 38b jeweils entsprechend.

Eingefügt durch G. v. 24. 4. 1998 (BGBl. I S. 747).

§ 58   Auskunft über eigene Daten aus den Registern

Einer Privatperson wird auf Antrag schriftlich über den sie betreffenden
Inhalt des örtlichen oder des Zentralen Fahrerlaubnisregisters unentgeltlich
Auskunft erteilt. Der Antragsteller hat dem Antrag einen Identitätsnach-
weis beizufügen.

Eingefügt durch G. v. 24. 4. 1998 (BGBl. I S. 747).

§ 59   Datenvergleich zur Beseitigung von Fehlern

(1) Bei Zweifeln an der Identität einer eingetragenen Person mit der Person, auf die sich eine Mitteilung nach § 51 bezieht, dürfen die Datenbestände des Verkehrszentralregisters und des Zentralen Fahrzeugregisters
zur Identifizierung dieser Personen genutzt werden. Ist die Feststellung der
Identität der betreffenden Personen auf diese Weise nicht möglich, dürfen
die auf Anfrage aus den Melderegistern übermittelten Daten zur Behebung
der Zweifel genutzt werden. Die Zulässigkeit der Übermittlung durch die
Meldebehörden richtet sich nach den Meldegesetzen der Länder. Können
die Zweifel an der Identität der betreffenden Personen nicht ausgeräumt
werden, werden die Eintragungen über beide Personen mit einem Hinweis
auf die Zweifel an deren Identität versehen.

(2) Die regelmäßige Nutzung der auf Grund des § 8 Abs. 3 im Verkehrszentralregister gespeicherten Daten ist zulässig, um Fehler und Abweichungen bei den Personendaten sowie den Daten über Fahrerlaubnisse und Führerscheine der betreffenden Person im Zentralen Fahrerlaubnisregister festzustellen und zu beseitigen und um dieses Register zu vervollständigen.

(3) Die nach § 50 Abs. 1 im Zentralen Fahrerlaubnisregister gespeicherten Daten dürfen den Fahrerlaubnisbehörden übermittelt werden, soweit dies erforderlich ist, um Fehler und Abweichungen in deren Registern festzustellen und zu beseitigen und um diese örtlichen Register zu vervollständigen. Die nach § 50 Abs. 1 im örtlichen Fahrerlaubnisregister gespeicherten Daten dürfen dem Kraftfahrt-Bundesamt übermittelt werden, soweit dies erforderlich ist, um Fehler und Abweichungen im Zentralen Fahrerlaubnisregister festzustellen und zu beseitigen und um dieses Register zu vervollständigen. Die Übermittlungen nach den Sätzen 1 und 2 sind nur zulässig, wenn Anlaß zu der Annahme besteht, daß die Register unrichtig oder unvollständig sind.

Eingefügt durch G. v. 24. 4. 1998 (BGBl. I S. 747).

§ 60 Allgemeine Vorschriften für die Datenübermittlung, Verarbeitung und Nutzung der Daten durch den Empfänger

(1) Übermittlungen von Daten aus den Fahrerlaubnisregistern sind nur auf Ersuchen zulässig, es sei denn, auf Grund besonderer Rechtsvorschrift wird bestimmt, daß die Registerbehörde bestimmte Daten von Amts wegen zu übermitteln hat. Die Verantwortung für die Zulässigkeit der Übermittlung trägt die übermittelnde Stelle. Erfolgt die Übermittlung auf Ersuchen des Empfängers, trägt dieser die Verantwortung. In diesem Fall prüft die übermittelnde Stelle nur, ob das Übermittlungsersuchen im Rahmen der Aufgaben des Empfängers liegt, es sei denn, daß besonderer Anlaß zur Prüfung der Zulässigkeit der Übermittlung besteht.

(2) Für die Verarbeitung und Nutzung der Daten durch den Empfänger gilt § 43 Abs. 2.

Eingefügt durch G. v. 24. 4. 1998 (BGBl. I S. 747).

§ 61 Löschung der Daten

(1) Die auf Grund des § 50 im Zentralen Fahrerlaubnisregister gespeicherten Daten sind zu löschen, wenn
1. die zugrundeliegende Fahrerlaubnis erloschen ist, mit Ausnahme der nach § 50 Abs. 1 Nr. 1 gespeicherten Daten, der Klasse der erloschenen Fahrerlaubnis, des Datums ihrer Erteilung, des Datums ihres Erlöschens und der Fahrerlaubnisnummer oder
2. eine amtliche Mitteilung über den Tod des Betroffenen eingeht.
Die Angaben zur Probezeit werden ein Jahr nach deren Ablauf gelöscht.

(2) Über die in Absatz 1 Satz 1 Nr. 1 genannten Daten darf nach dem Erlöschen der Fahrerlaubnis nur den Betroffenen Auskunft erteilt werden.

(3) Soweit die örtlichen Fahrerlaubnisregister Entscheidungen enthalten, die auch im Verkehrszentralregister einzutragen sind, gilt für die Löschung § 29 entsprechend. Für die Löschung der übrigen Daten gilt Absatz 1.

Eingefügt durch G. v. 24. 4. 1998 (BGBl. I S. 747).

§ 62 Register über die Dienstfahrerlaubnisse der Bundeswehr

(1) Die Zentrale Militärkraftfahrtstelle führt ein zentrales Register über die von den Dienststellen der Bundeswehr erteilten Dienstfahrerlaubnisse und

ausgestellten Dienstführerscheine. In dem Register dürfen auch die Daten gespeichert werden, die in den örtlichen Fahrerlaubnisregistern gespeichert werden dürfen.

(2) Im Zentralen Fahrerlaubnisregister beim Kraftfahrt-Bundesamt werden nur die in § 50 Abs. 1 Nr. 1 genannten Daten, die Tatsache des Bestehens einer Dienstfahrerlaubnis mit der jeweiligen Klasse und das Datum von Beginn und Ablauf einer Probezeit sowie die Fahrerlaubnisnummer gespeichert.

(3) Die im zentralen Register der Zentralen Militärkraftfahrtstelle und die im Zentralen Fahrerlaubnisregister beim Kraftfahrt-Bundesamt gespeicherten Daten sind nach Ablauf eines Jahres seit Ende der Wehrpflicht des Betroffenen (§ 3 Abs. 3 und 4 des Wehrpflichtgesetzes) zu löschen.

(4) Im übrigen finden die Vorschriften dieses Abschnitts mit Ausnahme der §§ 53 und 56 sinngemäß Anwendung. Durch Rechtsverordnung gemäß § 63 Abs. 1 Nr. 9 können Abweichungen von den Vorschriften dieses Abschnitts zugelassen werden, soweit dies zur Erfüllung der hoheitlichen Aufgaben erforderlich ist.

Eingefügt durch G. v. 24. 4. 1998 (BGBl. I S. 747).

§ 63   Ermächtigungsgrundlagen, Ausführungsvorschriften

(1) Das Bundesministerium für Verkehr, Bau- und Wohnungswesen wird ermächtigt, Rechtsverordnungen mit Zustimmung des Bundesrates zu erlassen

1. über die Übermittlung der Daten durch den Hersteller von Führerscheinen an das Kraftfahrt-Bundesamt und die dortige Speicherung nach § 48 Abs. 3 Satz 4,

2. darüber, welche Daten nach § 50 Abs. 1 Nr. 2 und Abs. 2 Nr. 2 im örtlichen und im Zentralen Fahrerlaubnisregister jeweils gespeichert werden dürfen,

3. über die Art und den Umfang der zu übermittelnden Daten nach den § 52 und 55 sowie die Bestimmung der Empfänger und den Geschäftsweg bei Übermittlungen nach § 55,

4. über die Art und den Umfang der zu übermittelnden Daten, die Maßnahmen zur Sicherung gegen Mißbrauch und die weiteren Aufzeichnungen beim Abruf im automatisierten Verfahren nach § 53,

5. über die Art und den Umfang der zu übermittelnden Daten und die Maßnahmen zur Sicherung gegen Mißbrauch nach § 54,

6. darüber, welche Daten durch Abruf im automatisierten Verfahren nach § 56 übermittelt werden dürfen,

7. über die Bestimmung, welche ausländischen öffentlichen Stellen zum Abruf im automatisierten Verfahren nach § 56 befugt sind,

8. über den Identitätsnachweis bei Auskünften nach § 58 und

9. über Sonderbestimmungen für die Fahrerlaubnisregister der Bundeswehr nach § 62 Abs. 4 Satz 2.

(2) Das Bundesministerium für Verkehr wird ermächtigt, allgemeine Verwaltungsvorschriften mit Zustimmung des Bundesrates über die Art und Weise der Durchführung von Datenübermittlungen und über die Beschaffenheit von Datenträgern zu erlassen.

Eingefügt durch G. v. 24. 4. 1998 (BGBl. I S. 747); Abs. 1 geändert durch VO v. 29. 10. 2001 (BGBl. I S. 2785).

VII. Gemeinsame Vorschriften, Übergangsbestimmungen

Eingefügt durch G. v. 24. 4. 1998 (BGBl. I S. 747).

§ 64   Gemeinsame Vorschriften

Die Meldebehörden haben dem Kraftfahrt-Bundesamt bei der Änderung des Geburtsnamens, Familiennamens oder des Vornamens einer Person, die das 14. Lebensjahr vollendet hat, für den in Satz 2 genannten Zweck neben dem bisherigen Namen folgende weitere Daten zu übermitteln:

1. Geburtsname,
2. Familienname,
3. Vornamen,
4. Tag der Geburt,
5. Geburtsort,
6. Geschlecht,
7. Bezeichnung der Behörde, die die Namensänderung im Melderegister veranlaßt hat, sowie
8. Datum und Aktenzeichen des zugrundeliegenden Rechtsakts.

Enthält das Verkehrszentralregister oder das Zentrale Fahrerlaubnisregister eine Eintragung über diese Person, so ist der neue Name bei der Eintragung zu vermerken. Eine Mitteilung nach Satz 1 darf nur für den in Satz 2 genannten Zweck verwendet werden. Enthalten die Register keine Eintragung über diese Person, ist die Mitteilung vom Kraftfahrt-Bundesamt unverzüglich zu vernichten.

Eingefügt durch G. v. 24. 4. 1998 (BGBl. I S. 747).

§ 65   Übergangsbestimmungen

(1) Registerauskünfte, Führungszeugnisse, Gutachten und Gesundheitszeugnisse, die sich am 1. Januar 1999 bereits in den Akten befinden, brauchen abweichend von § 2 Abs. 9 Satz 2 bis 4 erst dann vernichtet zu werden, wenn sich die Fahrerlaubnisbehörde aus anderem Anlaß mit dem Vorgang befaßt. Eine Überprüfung der Akten muß jedoch spätestens bis zum 1. Januar 2014 durchgeführt werden. Anstelle einer Vernichtung der Unterlagen sind die darin enthaltenen Daten zu sperren, wenn die Vernichtung wegen der besonderen Art der Führung der Akten nicht oder nur mit unverhältnismäßigem Aufwand möglich ist.

(2) Sind Straftaten oder Ordnungswidrigkeiten vor dem 1. Januar 1999 begangen worden, richten sich die Maßnahmen nach den Regelungen über

die Fahrerlaubnis auf Probe nach § 2a in der vor dem 1. Januar 1999 geltenden Fassung. Treten Straftaten und Ordnungswidrigkeiten hinzu, die ab 1. Januar 1999 begangen worden sind, richten sich die Maßnahmen insgesamt nach § 2a in der ab 1. Januar 1999 geltenden Fassung.

(3) Die vor dem 1. Januar 1999 auf Grund von § 2c vom Kraftfahrt-Bundesamt gespeicherten Daten sind in das Zentrale Fahrerlaubnisregister zu übernehmen.

(4) Sind Straftaten oder Ordnungswidrigkeiten vor dem 1. Januar 1999 begangen worden, richten sich die Maßnahmen nach dem Punktsystem in der Fassung der Allgemeinen Verwaltungsvorschrift zu § 15b der Straßenverkehrs-Zulassungs-Ordnung. Treten Straftaten und Ordnungswidrigkeiten hinzu, die ab 1. Januar 1999 begangen worden sind, richten sich die Maßnahmen nach dem Punktsystem des § 4; dabei werden gleichgestellt:

1. den Maßnahmen nach § 4 Abs. 3 Satz 1 Nr. 1 die Maßnahmen nach § 3 Nr. 1 der Allgemeinen Verwaltungsvorschrift zu § 15b der Straßenverkehrs-Zulassungs-Ordnung,

2. den Maßnahmen nach § 4 Abs. 3 Satz 1 Nr. 2 (Anordnung eines Aufbauseminars oder Erteilung einer Verwarnung)

   a) die Begutachtung durch einen amtlich anerkannten Sachverständigen oder Prüfer für den Kraftfahrzeugverkehr nach § 3 Nr. 2 der Allgemeinen Verwaltungsvorschrift zu § 15b der Straßenverkehrs-Zulassungs-Ordnung,

   b) Nachschulungskurse, die von der Fahrerlaubnisbehörde als Alternative zur Begutachtung durch einen amtlich anerkannten Sachverständigen oder Prüfer für den Kraftfahrzeugverkehr nach § 3 Nr. 2 der Allgemeinen Verwaltungsvorschrift zu § 15b der Straßenverkehrs-Zulassungs-Ordnung zugelassen wurden.

Der Hinweis auf die verkehrspsychologische Beratung sowie die Unterrichtung über den drohenden Entzug der Fahrerlaubnis nach § 4 Abs. 3 Satz 1 Nr. 2 Satz 3 bleibt unberührt.

(5) Anerkennungen nach § 4 Abs. 9 Satz 6 können unter den dort genannten Voraussetzungen ab dem 1. Mai 1998 vorgenommen werden.

(6) Soweit Entscheidungen in das Verkehrszentralregister nach § 28 in der vor dem 1. Januar 1999 geltenden Fassung nicht einzutragen waren, werden solche Entscheidungen ab 1. Januar 1999 nur eingetragen, wenn die zugrundeliegenden Taten ab 1. Januar 1999 begangen wurden.

(7) Soweit Widerrufe oder Rücknahmen nach § 8 Abs. 3 Nr. 6 in das Verkehrszentralregister einzutragen sind, werden nur solche berücksichtigt, die nach dem 1. Januar 1999 unanfechtbar oder sofort vollziehbar geworden sind.

(8) Eintragungen nach § 28 Abs. 3 Nr. 12 sind nicht vorzunehmen, wenn das Aufbauseminar vor dem 1. Januar 1999 abgeschlossen worden ist.

(9) Entscheidungen, die vor dem 1. Januar 1999 im Verkehrszentralregister eingetragen worden sind, werden bis 1. Januar 2004 nach den Bestimmungen des § 29 in der bis zum 1. Januar 1999 geltenden Fassung in Verbindung mit § 13a der Straßenverkehrs-Zulassungs-Ordnung getilgt; die Entscheidungen dürfen nach § 52 Abs. 2 des Bundeszentralregistergesetzes in der bis zum 31. Dezember 1998 geltenden Fassung verwertet werden, jedoch

längstens bis zu dem Tag, der einer zehnjährigen Tilgungsfrist entspricht. Abweichend hiervon gilt § 29 Abs. 7 in der Fassung dieses Gesetzes auch für Entscheidungen, die bei Inkrafttreten dieses Gesetzes bereits im Verkehrszentralregister eingetragen waren.

(10) Ein örtliches Fahrerlaubnisregister (§ 48 Abs. 1) darf nicht mehr geführt werden, sobald

1.   sein Datenbestand mit den in § 50 Abs. 1 genannten Daten in das Zentrale Fahrerlaubnisregister übernommen worden ist,

2.   die getroffenen Maßnahmen der Fahrerlaubnisbehörde nach § 2a Abs. 2 und § 4 Abs. 3 in das Verkehrszentralregister übernommen worden sind und

3.   der Fahrerlaubnisbehörde die Daten, die ihr nach § 30 Abs. 1 Nr. 3 und § 52 Abs. 1 Nr. 3 aus den zentralen Registern mitgeteilt werden dürfen, durch Abruf im automatisierten Verfahren mitgeteilt werden können.

Örtliche Fahrerlaubnisregister dürfen noch bis spätestens 31. Dezember 2005 geführt werden. Maßnahmen der Fahrerlaubnisbehörde nach § 2a Abs. 2 Satz 1 Nr. 1 und 2 und § 4 Abs. 3 Satz 1 Nr. 1 und 2 werden erst dann im Verkehrszentralregister gespeichert, wenn eine Speicherung im örtlichen Fahrerlaubnisregister nicht mehr vorgenommen wird.

(11) Bis zum Erlass einer Rechtsverordnung nach § 26a Abs. 1 Nr. 1 ist die Allgemeine Verwaltungsvorschrift für die Erteilung einer Verwarnung bei Straßenverkehrsordnungswidrigkeiten vom 28. Februar 2000 (BAnz. S. 3048), auch soweit sie nach Artikel 84 Abs. 2 des Grundgesetzes geändert wird, weiter anzuwenden.

Eingefügt durch G. v. 24. 4. 1998 (BGBl. I S. 747); Abs. 4 Satz 2 neu gefasst, Satz 3 angefügt, Abs. 9 Satz 1 geändert und Abs. 11 angefügt durch G. v. 19. 3. 2001 (BGBl. I S. 386).

Anlage
(zu § 24a)

Angefügt durch G. v. 28. 4. 1998 (BGBl. I S. 810).

Liste der berauschenden Mittel und Substanzen

Berauschende Mittel	Substanzen
Cannabis	Tetrahydrocannabinol (THC)
Heroin	Morphin
Morphin	Morphin
Kokain	Benzoylecgonin
Amphetamin	Amphetamin
Designer-Amphetamin	Methylendioxyethylamphetamin (MDE)
Designer-Amphetamin	Methylendioxymethamphetamin (MDMA)

Straßenverkehrs-Ordnung
– StVO –

Vom 16. November 1970 (BGBl. I S. 1565, 1971 I S. 38)

Zuletzt geändert durch
Verordnung vom 14. Dezember 2001 (BGBl. I S. 3783)

Gemäß Artikel 8 in Verbindung mit Anlage I Kapitel XI Sachgebiet B Abschnitt III Nr. 2 des Einigungsvertrages (BGBl. II S. 885, 889) gilt die Straßenverkehrs-Ordnung in den Ländern Brandenburg, Mecklenburg-Vorpommern, Sachsen, Sachsen-Anhalt und Thüringen sowie in dem Teil des Landes Berlin, in dem sie bisher nicht galt, mit folgenden Maßgaben:

a) bis c) . . .

d) Das Zeichen 401 – Bundesstraßennummernschild – im Sinne des § 12 Abs. 3 Nr. 8 Buchstabe a steht dem Zeichen 306 – Vorfahrtstraße – gleich.

e) Die besonderen Regeln für die Truppen nichtdeutscher Vertragsstaaten des Nordatlantikpaktes gelten auch für andere in dem in Artikel 3 genannten Gebiet stationierte Streitkräfte.

f) Für bestehende Lichtsignalanlagen ist die Farbfolge GRÜN – GRÜN/GELB – GELB – ROT – ROT/GELB weiterhin zulässig; das Lichtzeichen GRÜN/GELB hat dann die Bedeutung des Lichtzeichens GRÜN im Sinne des § 37 Abs. 2 Nr. 1. Für die Lichtsignalanlagen, die nach Wirksamwerden des Beitritts neu errichtet oder umgerüstet werden, ist ausschließlich die Farbfolge gemäß § 37 Abs. 2 zulässig.

g) . . .

h) Neben den in den §§ 39 bis 43 geregelten Verkehrszeichen bleiben diejenigen Verkehrszeichen der Anlage 2 der Straßenverkehrs-Ordnung vom 26. Mai 1977 (GBl. I Nr. 20 S. 257), zuletzt geändert durch Verordnung vom 9. September 1986 (GBl. I Nr. 31 S. 417), gültig, die in ihrer Ausführung dem Sinn der in §§ 39 bis 43 geregelten Verkehrszeichen entsprechen. Es gelten die Bestimmungen der §§ 39 bis 43.

Die bis zum Wirksamwerden des Beitritts aufgestellten Verkehrszeichen gemäß Anlage 2 zur Straßenverkehrs-Ordnung der Deutschen Demokratischen Republik, die nicht in den §§ 39 bis 43 geregelt sind, bleiben mit hinweisendem Charakter gültig.

Straßenverkehrs-Ordnung
– StVO –

Inhaltsübersicht

---

[1])   Die Farbtafeln zu diesem Abschnitt finden Sie auf unserer CD-ROM. Öffnen Sie
       zum Betrachten die Straßenverkehrsordnung auf der CD-ROM. Sie ist im Bereich
       „Strafrecht und Verwaltungsrecht" im Unterpunkt „Verkehrsrecht" zu finden.

Auf Grund des § 6 Abs. 1 des Straßenverkehrsgesetzes in der Fassung der Bekanntmachung vom 19. Dezember 1952 (Bundesgesetzbl. I S. 837), zuletzt geändert durch Artikel 23 des Kostenermächtigungs-Änderungsgesetzes vom 23. Juni 1970 (Bundesgesetzbl. I S. 805), wird mit Zustimmung des Bundesrates verordnet:

I. Allgemeine Verkehrsregeln

§ 1 Grundregeln

(1) Die Teilnahme am Straßenverkehr erfordert ständige Vorsicht und gegenseitige Rücksicht.

(2) Jeder Verkehrsteilnehmer hat sich so zu verhalten, daß kein anderer geschädigt, gefährdet oder mehr, als nach den Umständen unvermeidbar, behindert oder belästigt wird.

§ 2 Straßenbenutzung durch Fahrzeuge

(1) Fahrzeuge müssen die Fahrbahn benutzen, von zwei Fahrbahnen die rechte. Seitenstreifen sind nicht Bestandteil der Fahrbahn.

(2) Es ist möglichst weit rechts zu fahren, nicht nur bei Gegenverkehr, beim Überholtwerden, an Kuppen, in Kurven oder bei Unübersichtlichkeit.

(3) Fahrzeuge, die in der Längsrichtung einer Schienenbahn verkehren, müssen diese, soweit möglich, durchfahren lassen.

(3a) Beträgt die Sichtweite durch Nebel, Schneefall oder Regen weniger als 50 m, müssen sich die Führer kennzeichnungspflichtiger Kraftfahrzeuge mit gefährlichen Gütern so verhalten, daß eine Gefährdung anderer ausgeschlossen ist; wenn nötig, ist der nächste geeignete Platz zum Parken aufzusuchen. Gleiches gilt bei Schneeglätte oder Glatteis.

(4) Radfahrer müssen einzeln hintereinander fahren; nebeneinander dürfen sie nur fahren, wenn dadurch der Verkehr nicht behindert wird. Sie müssen Radwege benutzen, wenn die jeweilige Fahrtrichtung mit Zeichen 237, 240 oder 241 gekennzeichnet ist. Andere rechte Radwege dürfen sie benutzen. Sie dürfen ferner rechte Seitenstreifen benutzen, wenn keine Radwege vorhanden sind und Fußgänger nicht behindert werden. Das gilt auch für Mofas, die durch Treten fortbewegt werden.

(5) Kinder bis zum vollendeten 8. Lebensjahr müssen, ältere Kinder bis zum vollendeten 10. Lebensjahr dürfen mit Fahrrädern Gehwege benutzen. Auf Fußgänger ist besondere Rücksicht zu nehmen. Beim Überqueren einer Fahrbahn müssen die Kinder absteigen.

Abs. 2 Satz 2 u. 3 gestrichen durch VO v. 27. 11. 1975 (BGBl. I S. 2967); Abs. 3a eingefügt durch VO v. 22. 3. 1988 (BGBl. I S. 405); Abs. 1 Satz 2 angefügt durch VO v. 23. 12. 1992 (BGBl. I S. 2482); Abs. 4 (nunmehrige) Sätze 2 bis 4 und Abs. 5 neu gefasst durch VO v. 7. 8. 1997 (BGBl. I S. 2028; 1998 I S. 515).

§ 3 Geschwindigkeit

(1) Der Fahrzeugführer darf nur so schnell fahren, daß er sein Fahrzeug ständig beherrscht. Er hat seine Geschwindigkeit insbesondere den Stra-

ßen-, Verkehrs-, Sicht- und Wetterverhältnissen sowie seinen persönlichen Fähigkeiten und den Eigenschaften von Fahrzeug und Ladung anzupassen. Beträgt die Sichtweite durch Nebel, Schneefall oder Regen weniger als 50 m, so darf er nicht schneller als 50 km/h fahren, wenn nicht eine geringere Geschwindigkeit geboten ist. Er darf nur so schnell fahren, daß er innerhalb der übersehbaren Strecke halten kann. Auf Fahrbahnen, die so schmal sind, daß dort entgegenkommende Fahrzeuge gefährdet werden könnten, muß er jedoch so langsam fahren, daß er mindestens innerhalb der Hälfte der übersehbaren Strecke halten kann.

(2) Ohne triftigen Grund dürfen Kraftfahrzeuge nicht so langsam fahren, daß sie den Verkehrsfluß behindern.

(2a) Die Fahrzeugführer müssen sich gegenüber Kindern, Hilfsbedürftigen und älteren Menschen, insbesondere durch Verminderung der Fahrgeschwindigkeit und durch Bremsbereitschaft, so verhalten, daß eine Gefährdung dieser Verkehrsteilnehmer ausgeschlossen ist.

(3) Die zulässige Höchstgeschwindigkeit beträgt auch unter günstigsten Umständen

1. innerhalb geschlossener Ortschaften für alle
   Kraftfahrzeuge   50 km/h,

2. außerhalb geschlossener Ortschaften
   a) für Kraftfahrzeuge mit einem zulässigen Gesamtgewicht über 3,5 t bis 7,5 t, ausgenommen Personenkraftwagen,

      für Personenkraftwagen mit Anhänger und Lastkraftwagen bis zu einem zulässigen Gesamtgewicht von 3,5 t mit Anhänger

      und für Kraftomnibusse, auch mit Gepäckanhänger   80 km/h,

   b) für Kraftfahrzeuge mit einem zulässigen Gesamtgewicht über 7,5 t,

      für alle Kraftfahrzeuge mit Anhänger, ausgenommen Personenkraftwagen sowie Lastkraftwagen bis zu einem zulässigen Gesamtgewicht von 3,5 t

      und für Kraftomnibusse mit Fahrgästen, für die keine Sitzplätze mehr zur Verfügung stehen   60 km/h,

   c) für Personenkraftwagen sowie für andere Kraftfahrzeuge mit einem zulässigen Gesamtgewicht bis 3,5 t   100 km/h.

      Diese Geschwindigkeitsbeschränkung gilt nicht auf Autobahnen (Zeichen 330) sowie auf anderen Straßen mit Fahrbahnen für eine Richtung, die durch Mittelstreifen oder sonstige bauliche Einrichtungen getrennt sind. Sie gilt ferner nicht auf Straßen, die mindestens zwei durch Fahrstreifenbegrenzung (Zeichen 295) oder durch Leitlinien (Zeichen 340) markierte Fahrstreifen für jede Richtung haben.

(4) Die zulässige Höchstgeschwindigkeit beträgt für Kraftfahrzeuge mit Schneeketten auch unter günstigsten Umständen 50 km/h.

Abs. 3 Nr. 2 Buchst. c angefügt durch VO v. 2. 12. 1975 (BGBl. I S. 2983); Abs. 2a eingefügt und Abs. 4 angefügt durch VO v. 28. 4. 1982 (BGBl. I S. 564) in Verbdg. mit VO v. 21. 7. 1980 (BGBl. I S. 1060); Abs. 1 Satz 2 eingefügt durch VO v. 15. 10. 1991 (BGBl. I S. 1992); in Abs. 3 Nr. 2 Buchst. a, b und c ist die Angabe „2,8 t" jeweils durch die Angabe „3,5 t" ersetzt durch VO v. 7. 8. 1997 (BGBl. I S. 2028).

§ 4 Abstand

(1) Der Abstand von einem vorausfahrenden Fahrzeug muß in der Regel so groß sein, daß auch dann hinter ihm gehalten werden kann, wenn es plötzlich gebremst wird. Der Vorausfahrende darf nicht ohne zwingenden Grund stark bremsen.

(2) Kraftfahrzeuge, für die eine besondere Geschwindigkeitsbeschränkung gilt, sowie Züge, die länger als 7 m sind, müssen außerhalb geschlossener Ortschaften ständig so großen Abstand von dem vorausfahrenden Kraftfahrzeug halten, daß ein überholendes Kraftfahrzeug einscheren kann. Das gilt nicht,
1. wenn sie zum Überholen ausscheren und dies angekündigt haben,
2. wenn in der Fahrtrichtung mehr als ein Fahrstreifen vorhanden ist oder
3. auf Strecken, auf denen das Überholen verboten ist.

(3) Lastkraftwagen mit einem zulässigen Gesamtgewicht über 3,5 t und Kraftomnibusse müssen auf Autobahnen, wenn ihre Geschwindigkeit mehr als 50 km/h beträgt, von vorausfahrenden Fahrzeugen einen Mindestabstand von 50 m einhalten.

Abs. 3 angefügt durch VO v. 22. 3. 1988 (BGBl. I S. 405); in Abs. 3 ist die Angabe „2,8 t" durch die Angabe „3,5 t" ersetzt durch VO v. 7. 8. 1997 (BGBl. I S. 2028).

§ 5 Überholen

(1) Es ist links zu überholen.

(2) Überholen darf nur, wer übersehen kann, daß während des ganzen Überholvorgangs jede Behinderung des Gegenverkehrs ausgeschlossen ist. Überholen darf ferner nur, wer mit wesentlich höherer Geschwindigkeit als der zu Überholende fährt.

(3) Das Überholen ist unzulässig:
1. bei unklarer Verkehrslage oder
2. wo es durch Verkehrszeichen (Zeichen 276, 277) verboten ist.

(3a) Unbeschadet sonstiger Überholverbote dürfen die Führer von Kraftfahrzeugen mit einem zulässigen Gesamtgewicht über 7,5 t nicht überholen, wenn die Sichtweite durch Nebel, Schneefall oder Regen weniger als 50 m beträgt.

(4) Wer zum Überholen ausscheren will, muß sich so verhalten, daß eine Gefährdung des nachfolgenden Verkehrs ausgeschlossen ist. Beim Überholen muß ein ausreichender Seitenabstand zu anderen Verkehrsteilnehmern, insbesondere zu Fußgängern und Radfahrern, eingehalten werden. Der Überholende muß sich sobald wie möglich wieder nach rechts einordnen. Er darf dabei den Überholten nicht behindern.

(4a) Das Ausscheren zum Überholen und das Wiedereinordnen sind rechtzeitig und deutlich anzukündigen; dabei sind die Fahrtrichtungsanzeiger zu benutzen.

(5) Außerhalb geschlossener Ortschaften darf das Überholen durch kurze Schall- oder Leuchtzeichen angekündigt werden. Wird mit Fernlicht geblinkt, so dürfen entgegenkommende Fahrzeugführer nicht geblendet werden.

(6) Wer überholt wird, darf seine Geschwindigkeit nicht erhöhen. Der Führer eines langsameren Fahrzeugs muß seine Geschwindigkeit an geeigneter Stelle ermäßigen, notfalls warten, wenn nur so mehreren unmittelbar folgenden Fahrzeugen das Überholen möglich ist. Hierzu können auch geeignete Seitenstreifen in Anspruch genommen werden; dies gilt nicht auf Autobahnen.

(7) Wer seine Absicht, nach links abzubiegen, ankündigt und sich eingeordnet hat, ist rechts zu überholen. Schienenfahrzeuge sind rechts zu überholen. Nur wer das nicht kann, weil die Schienen zu weit rechts liegen, darf links überholen. Auf Fahrbahnen für eine Richtung dürfen Schienenfahrzeuge auch links überholt werden.

(8) Ist ausreichender Raum vorhanden, dürfen Radfahrer und Mofa-Fahrer Fahrzeuge, die auf dem rechten Fahrstreifen warten, mit mäßiger Geschwindigkeit und besonderer Vorsicht rechts überholen.

Abs. 4 neu gefasst und Abs. 4a eingefügt durch VO v. 27. 11. 1975 (BGBl. I S. 2967); Abs. 6 Satz 3 angefügt durch VO v. 28. 4. 1982 (BGBl. I S. 564) in Verbdg. mit VO v. 21. 7. 1980 (BGBl. I S. 1060); Abs. 4 Satz 1 neu gefasst, Abs. 6 Satz 3 geändert und Abs. 8 angefügt durch VO v. 22. 3. 1988 (BGBl. I S. 405); Abs. 3a eingefügt durch VO v. 15. 10. 1991 (BGBl. I S. 1992).

§ 6　Vorbeifahren

Wer an einem haltenden Fahrzeug, einer Absperrung oder einem sonstigen Hindernis auf der Fahrbahn links vorbeifahren will, muß entgegenkommende Fahrzeuge durchfahren lassen. Muß er ausscheren, so hat er auf den nachfolgenden Verkehr zu achten und das Ausscheren sowie das Wiedereinordnen – wie beim Überholen – anzukündigen.

Satz 2 i. d. F. d. VO v. 27. 11. 1975 (BGBl. I S. 2967).

§ 7　Benutzung von Fahrstreifen durch Kraftfahrzeuge

(1) Auf Fahrbahnen mit mehreren Fahrstreifen für eine Richtung dürfen Kraftfahrzeuge von dem Gebot, möglichst weit rechts zu fahren (§ 2 Abs. 2), abweichen, wenn die Verkehrsdichte das rechtfertigt. Fahrstreifen ist der Teil einer Fahrbahn, den ein mehrspuriges Fahrzeug zum ungehinderten Fahren im Verlauf der Fahrbahn benötigt.

(2) Ist der Verkehr so dicht, daß sich auf den Fahrstreifen für eine Richtung Fahrzeugschlangen gebildet haben, so darf rechts schneller als links gefahren werden.

(2a) Wenn auf der Fahrbahn für eine Richtung eine Fahrzeugschlange auf dem jeweils linken Fahrstreifen steht oder langsam fährt, dürfen Fahrzeuge diese mit geringfügig höherer Geschwindigkeit und mit äußerster Vorsicht rechts überholen.

(3) Innerhalb geschlossener Ortschaften – ausgenommen auf Autobahnen (Zeichen 330) – dürfen Kraftfahrzeuge mit einem zulässigen Gesamtgewicht bis zu 3,5 t auf Fahrbahnen mit mehreren markierten Fahrstreifen für eine Richtung (Zeichen 296 oder 340) den Fahrstreifen frei wählen, auch wenn die Voraussetzungen des Absatzes 1 Satz 1 nicht vorliegen. Dann darf rechts schneller als links gefahren werden.

(4) Ist auf Straßen mit mehreren Fahrstreifen für eine Richtung das durchgehende Befahren eines Fahrstreifens nicht möglich oder endet ein Fahrstreifen, so ist den am Weiterfahren gehinderten Fahrzeugen der Übergang auf den benachbarten Fahrstreifen in der Weise zu ermöglichen, daß sich diese Fahrzeuge unmittelbar vor Beginn der Verengung jeweils im Wechsel nach einem auf dem durchgehenden Fahrstreifen fahrenden Fahrzeug einordnen können (Reißverschlußverfahren).

(5) In allen Fällen darf ein Fahrstreifen nur gewechselt werden, wenn eine Gefährdung anderer Verkehrsteilnehmer ausgeschlossen ist. Jeder Fahrstreifenwechsel ist rechtzeitig und deutlich anzukündigen; dabei sind die Fahrtrichtungsanzeiger zu benutzen.

I. d. F. d. VO v. 27. 11. 1975 (BGBl. I S. 2967); Abs. 1 Satz 1 geändert, Abs. 2a eingefügt, Abs. 3 Satz 1 geändert sowie Abs. 4 und 5 neu eingeordnet durch VO v. 22. 3. 1988 (BGBl. I S. 405); in Abs. 3 Satz 1 ist die Angabe „2,8 t" durch die Angabe „3,5 t" ersetzt durch VO v. 7. 8. 1997 (BGBl. I S. 2028); Abs. 4 geändert durch VO v. 11. 12. 2000 (BGBl. I S. 1690).

§ 8 Vorfahrt

(1) An Kreuzungen und Einmündungen hat die Vorfahrt, wer von rechts kommt. Das gilt nicht

1. wenn die Vorfahrt durch Verkehrszeichen besonders geregelt ist (Zeichen 205, 206, 301, 306)

    oder

2. für Fahrzeuge, die aus einem Feld- oder Waldweg auf eine andere Straße kommen.

(2) Wer die Vorfahrt zu beachten hat, muß rechtzeitig durch sein Fahrverhalten, insbesondere durch mäßige Geschwindigkeit, erkennen lassen, daß er warten wird. Er darf nur weiterfahren, wenn er übersehen kann, daß er den, der die Vorfahrt hat, weder gefährdet noch wesentlich behindert. Kann er das nicht übersehen, weil die Straßenstelle unübersichtlich ist, so darf er sich vorsichtig in die Kreuzung oder Einmündung hineintasten, bis er die Übersicht hat. Auch wenn der, der die Vorfahrt hat, in die andere Straße abbiegt, darf ihn der Wartepflichtige nicht wesentlich behindern.

Bisheriger Abs. 3 gestrichen durch VO v. 22. 3. 1988 (BGBl. I S. 405).

§ 9 Abbiegen, Wenden und Rückwärtsfahren

(1) Wer abbiegen will, muß dies rechtzeitig und deutlich ankündigen; dabei sind die Fahrtrichtungsanzeiger zu benutzen. Wer nach rechts abbiegen will, hat sein Fahrzeug möglichst weit rechts, wer nach links abbiegen will, bis

zur Mitte, auf Fahrbahnen für eine Richtung möglichst weit links einzuordnen, und zwar rechtzeitig. Wer nach links abbiegen will, darf sich auf längs verlegten Schienen nur einordnen, wenn er kein Schienenfahrzeug behindert. Vor dem Einordnen und nochmals vor dem Abbiegen ist auf den nachfolgenden Verkehr zu achten; vor dem Abbiegen ist es dann nicht nötig, wenn eine Gefährdung nachfolgenden Verkehrs ausgeschlossen ist.

(2) Radfahrer, die auf der Fahrbahn abbiegen wollen, müssen an der rechten Seite der in gleicher Richtung abbiegenden Fahrzeuge bleiben, wenn dort ausreichender Raum vorhanden ist. Radfahrer, die nach links abbiegen wollen, brauchen sich nicht einzuordnen. Sie können die Fahrbahn hinter der Kreuzung oder Einmündung vom rechten Fahrbahnrand aus überqueren. Dabei müssen sie absteigen, wenn es die Verkehrslage erfordert. Sind Radverkehrsführungen vorhanden, so haben Radfahrer diesen zu folgen.

(3) Wer abbiegen will, muß entgegenkommende Fahrzeuge durchfahren lassen, Schienenfahrzeuge, Fahrräder mit Hilfsmotor und Radfahrer auch dann, wenn sie auf oder neben der Fahrbahn in der gleichen Richtung fahren. Dies gilt auch gegenüber Linienomnibussen und sonstigen Fahrzeugen, die gekennzeichnete Sonderfahrstreifen benutzen. Auf Fußgänger muß er besondere Rücksicht nehmen; wenn nötig, muß er warten.

(4) Wer nach links abbiegen will, muß entgegenkommende Fahrzeuge, die ihrerseits nach rechts abbiegen wollen, durchfahren lassen. Führer von Fahrzeugen, die einander entgegenkommen und jeweils nach links abbiegen wollen, müssen voreinander abbiegen, es sei denn, die Verkehrslage oder die Gestaltung der Kreuzung erfordern, erst dann abzubiegen, wenn die Fahrzeuge aneinander vorbeigefahren sind.

(5) Beim Abbiegen in ein Grundstück, beim Wenden und beim Rückwärtsfahren muß sich der Fahrzeugführer darüber hinaus so verhalten, daß eine Gefährdung anderer Verkehrsteilnehmer ausgeschlossen ist; erforderlichenfalls hat er sich einweisen zu lassen.

Abs. 3 Satz 1 i. d. F. d. VO v. 27. 11. 1975 (BGBl. I S. 2967); Abs. 3 Satz 2 eingefügt durch VO v. 28. 4. 1982 (BGBl. I S. 564) in Verbdg. mit VO v. 21. 7. 1980 (BGBl. I S. 1060); Abs. 2 neu gefasst durch VO v. 22. 3. 1988 (BGBl. I S. 405); Abs. 4 Satz 2 angefügt durch VO v. 19. 3. 1992 (BGBl. I S. 678); Abs. 2 Satz 5 neu gefasst durch VO v. 7. 8. 1997 (BGBl. I S. 2028).

§ 9a   Kreisverkehr

(1) Ist an der Einmündung in einen Kreisverkehr Zeichen 215 (Kreisverkehr) unter Zeichen 205 (Vorfahrt gewähren!) angeordnet, hat der Verkehr auf der Kreisfahrbahn Vorfahrt. Bei der Einfahrt in einen solchen Kreisverkehr ist die Benutzung des Fahrtrichtungsanzeigers unzulässig. Innerhalb des Kreisverkehrs ist das Halten auf der Fahrbahn verboten.

(2) Die Mittelinsel des Kreisverkehrs darf nicht überfahren werden. Ausgenommen davon sind Fahrzeuge, denen wegen ihrer Abmessungen das Befahren des Kreisverkehrs sonst nicht möglich wäre. Mit ihnen darf die Mittelinsel überfahren werden, wenn eine Gefährdung anderer Verkehrsteilnehmer ausgeschlossen ist.

Eingefügt durch VO v. 11. 12. 2000 (BGBl. I S. 1690).

§ 10 Einfahren und Anfahren

Wer aus einem Grundstück, aus einem Fußgängerbereich (Zeichen 242 und 243), aus einem verkehrsberuhigten Bereich (Zeichen 325/326) auf die Straße oder von anderen Straßenteilen oder über einen abgesenkten Bordstein hinweg auf die Fahrbahn einfahren oder vom Fahrbahnrand anfahren will, hat sich dabei so zu verhalten, daß eine Gefährdung anderer Verkehrsteilnehmer ausgeschlossen ist; erforderlichenfalls hat er sich einweisen zu lassen. Er hat seine Absicht rechtzeitig und deutlich anzukündigen; dabei sind die Fahrtrichtungsanzeiger zu benutzen. Dort, wo eine Klarstellung notwendig ist, kann Zeichen 205 stehen.

Satz 1 neu gefasst durch VO v. 22. 3. 1988 (BGBl. I S. 405); Satz 3 angefügt durch VO v. 7. 8. 1997 (BGBl. I S. 2028).

§ 11 Besondere Verkehrslagen

(1) Stockt der Verkehr, so darf trotz Vorfahrt oder grünem Lichtzeichen niemand in die Kreuzung oder Einmündung einfahren, wenn er auf ihr warten müßte.

(2) Stockt der Verkehr auf Autobahnen und Außerortsstraßen mit mindestens zwei Fahrstreifen für eine Richtung, so müssen Fahrzeuge für die Durchfahrt von Polizei- und Hilfsfahrzeugen in der Mitte der Richtungsfahrbahn, bei Fahrbahnen mit drei Fahrstreifen für eine Richtung zwischen dem linken und dem mittleren Fahrstreifen, eine freie Gasse bilden.

(3) Auch wer sonst nach den Verkehrsregeln weiterfahren darf oder anderweitig Vorrang hat, muß darauf verzichten, wenn die Verkehrslage es erfordert; auf einen Verzicht darf der andere nur vertrauen, wenn er sich mit dem Verzichtenden verständigt hat.

Abs. 2 eingefügt durch VO v. 19. 3. 1992 (BGBl. I S. 678).

§ 12 Halten und Parken

(1) Das Halten ist unzulässig
1. an engen und an unübersichtlichen Straßenstellen,
2. im Bereich von scharfen Kurven,
3. auf Beschleunigungsstreifen und auf Verzögerungsstreifen,
4. auf Fußgängerüberwegen sowie bis zu 5 m davor,
5. auf Bahnübergängen,
6. soweit es durch folgende Verkehrszeichen oder Lichtzeichen verboten ist;
   a) Haltverbot (Zeichen 283),
   b) eingeschränktes Haltverbot (Zeichen 286),
   c) Fahrbahnbegrenzung (Zeichen 295 Buchstabe b, bb),
   d) Richtungspfeile auf der Fahrbahn (Zeichen 297),
   e) Grenzmarkierung für Halteverbote (Zeichen 299),
   f) rotes Dauerlicht (§ 37 Abs. 3),
7. bis zu 10 m vor Lichtzeichen und den Zeichen „Dem Schienenverkehr Vorrang gewähren!" (Zeichen 201), „Vorfahrt gewähren!" (Zeichen 205) und „Halt! Vorfahrt gewähren!" (Zeichen 206), wenn sie dadurch verdeckt werden,
8. vor und in amtlich gekennzeichneten Feuerwehrzufahrten und
9. an Taxenständen (Zeichen 229).

(1a) Taxen ist das Halten verboten, wenn sie einen Fahrstreifen benutzen, der ihnen und den Linienomnibussen vorbehalten ist, ausgenommen an Bushaltestellen zum sofortigen Ein- und Aussteigenlassen von Fahrgästen.

(2) Wer sein Fahrzeug verläßt oder länger als drei Minuten hält, der parkt.

(3) Das Parken ist unzulässig

1. vor und hinter Kreuzungen und Einmündungen bis zu je 5 m von den Schnittpunkten der Fahrbahnkanten,
2. wenn es die Benutzung gekennzeichneter Parkflächen verhindert,
3. vor Grundstücksein- und -ausfahrten, auf schmalen Fahrbahnen auch ihnen gegenüber,
4. bis zu je 15 m vor und hinter Haltestellenschildern (Zeichen 224),
5. . . .
6. vor und hinter Andreaskreuzen (Zeichen 201)
   a) innerhalb geschlossener Ortschaften (Zeichen 310 und 311) bis zu je 5 m,
   b) außerhalb geschlossener Ortschaften bis zu je 50 m,
7. über Schachtdeckeln und anderen Verschlüssen, wo durch Zeichen 315 oder eine Parkflächenmarkierung (§ 41 Abs. 3 Nr. 7) das Parken auf Gehwegen erlaubt ist,
8. soweit es durch folgende Verkehrszeichen verboten ist:
   a) Vorfahrtstraße (Zeichen 306) außerhalb geschlossener Ortschaften,
   b) Fahrstreifenbegrenzung (Zeichen 295 Buchstabe a) oder einseitige Fahrstreifenbegrenzung (Zeichen 296 Buchstabe b),
   c) Parken auf Gehwegen (Zeichen 315), auch mit Zusatzschild,
   d) Grenzmarkierung für Parkverbote (Zeichen 299) und
   e) Parkplatz (Zeichen 314) mit Zusatzschild,
9. vor Bordsteinabsenkungen.

(3a) Mit Kraftfahrzeugen mit einem zulässigen Gesamtgewicht über 7,5 t sowie mit Kraftfahrzeuganhängern über 2 t zulässiges Gesamtgewicht ist innerhalb geschlossener Ortschaften

1. in reinen und allgemeinen Wohngebieten,
2. in Sondergebieten, die der Erholung dienen,
3. in Kurgebieten und
4. in Klinikgebieten

das regelmäßige Parken in der Zeit von 22.00 bis 06.00 Uhr sowie an Sonn- und Feiertagen unzulässig.

Das gilt nicht auf entsprechend gekennzeichneten Parkplätzen sowie für das Parken von Linienomnibussen an Endhaltestellen.

(3b) Mit Kraftfahrzeuganhängern ohne Zugfahrzeug darf nicht länger als zwei Wochen geparkt werden. Das gilt nicht auf entsprechend gekennzeichneten Parkplätzen.

(4) Zum Parken ist der rechte Seitenstreifen, dazu gehören auch entlang der Fahrbahn angelegte Parkstreifen, zu benutzen, wenn er dazu ausreichend befestigt ist, sonst ist an den rechten Fahrbahnrand heranzufahren. Das gilt in der Regel auch für den, der nur halten will; jedenfalls muß auch er dazu auf der rechten Fahrbahnseite rechts bleiben. Taxen dürfen, wenn die Verkehrslage es zuläßt, neben anderen Fahrzeugen, die auf dem Seitenstreifen oder am rechten Fahrbahnrand halten oder parken, Fahrgäste ein- oder aussteigen lassen. Soweit auf der rechten Seite Schienen liegen sowie in Einbahnstraßen

(Zeichen 220), darf links gehalten und geparkt werden. Im Fahrraum von Schienenfahrzeugen darf nicht gehalten werden.

(4a) Ist das Parken auf dem Gehweg erlaubt, so ist hierzu nur der rechte Gehweg, in Einbahnstraßen der rechte oder linke Gehweg zu benutzen.

(5) An einer Parklücke hat Vorrang, wer sie zuerst unmittelbar erreicht; der Vorrang bleibt erhalten, wenn der Berechtigte an der Parklücke vorbeifährt, um rückwärts einzuparken oder wenn er sonst zusätzliche Fahrbewegungen ausführt, um in die Parklücke einzufahren. Satz 1 gilt entsprechend für Fahrzeugführer, die an einer freiwerdenden Parklücke warten.

(6) Es ist platzsparend zu parken; das gilt in der Regel auch für das Halten.

Abs. 1 Nr. 5, Nr. 6 Eingangsworte geändert sowie Nr. 6 Buchst. c neu gefasst sowie Nr. 6 Buchst. d u. e geändert und Nr. 7 angefügt sowie Abs. 1a eingefügt sowie Abs. 3 Nr. 2, Nr. 8a u. b neu gefasst sowie Abs. 4a eingefügt durch VO v. 27. 11. 1975 (BGBl. I S. 2967); Abs. 3a eingefügt sowie Abs. 4 Satz 1 geändert und Satz 3 eingefügt sowie Abs. 4b eingefügt durch VO v. 28. 4. 1982 (BGBl. I S. 564) in Verbdg. mit VO v. 21. 7. 1980 (BGBl. I S. 1060); Abs. 3 Nr. 4 geändert durch VO v. 21. 7. 1983 (BGBl. I S. 949); Abs. 1 Nr. 6e und Nr. 8, Abs. 3b und Abs. 5 eingefügt, Abs. 4b gestrichen und bisheriger Abs. 5 als Abs. 6 eingeordnet durch VO v. 22. 3. 1988 (BGBl. I S. 405), zu Abs. 3b in Verbdg. mit VO v. 23. 9. 1988 (BGBl. I S. 1760); Abs. 3 Nr. 9 angefügt sowie Abs. 4 Satz 2 geändert und Satz 5 angefügt durch VO v. 19. 3. 1992 (BGBl. I S. 678); Abs. 1 Nr. 9 eingefügt, Abs. 3 Nr. 5 gestrichen und Abs. 4 Satz 3 geändert durch VO v. 14. 12. 1993 (BGBl. I S. 2043).

§ 13 Einrichtungen zur Überwachung der Parkzeit

(1) An Parkuhren darf nur während des Laufens der Uhr, an Parkscheinautomaten nur mit einem Parkschein, der am oder im Fahrzeug von außen gut lesbar angebracht sein muß, für die Dauer der zulässigen Parkzeit gehalten werden. Ist eine Parkuhr oder ein Parkscheinautomat nicht funktionsfähig, so darf nur bis zur angegebenen Höchstparkdauer geparkt werden. In diesem Fall ist die Parkscheibe zu verwenden (Abs. 2 Satz 1 Nr. 2).

Die Parkzeitregelungen können auf bestimmte Stunden oder Tage beschränkt sein.

(2) Wird im Bereich eines eingeschränkten Haltverbots für eine Zone (Zeichen 290 und 292) oder beim Zeichen 314 oder 315 durch ein Zusatzschild die Benutzung einer Parkscheibe (Bild 291) vorgeschrieben, so ist das Halten nur erlaubt,

1. für die Zeit, die auf dem Zusatzschild angegeben ist, und

2. wenn das Fahrzeug eine von außen gut lesbare Parkscheibe hat und wenn der Zeiger der Scheibe auf den Strich der halben Stunde eingestellt ist, die dem Zeitpunkt des Anhaltens folgt.

Wo in dem eingeschränkten Haltverbot für eine Zone Parkuhren oder Parkscheinautomaten aufgestellt sind, gelten deren Anordnungen. Im übrigen bleiben die Halt- und Parkverbote des § 12 unberührt.

(3) Einrichtungen zur Überwachung der Parkzeit brauchen nicht betätigt zu werden

1. beim Ein- oder Aussteigen sowie
2. zum Be- oder Entladen.

Überschrift und Abs. 1 neu gefasst sowie Abs. 3 angefügt durch VO v. 28. 4. 1982 (BGBl. I S. 564) in Verbdg. mit VO v. 21. 7. 1980 (BGBl. I S. 1060); Abs. 1 Satz 1 geändert sowie Sätze 2 u. 3 angefügt durch VO v. 22. 3. 1988 (BGBl. I S. 405); Abs. 2 neu gefasst durch VO v. 9. 11. 1989 (BGBl. I S. 1976).

§ 14   Sorgfaltspflichten beim Ein- und Aussteigen

(1) Wer ein- oder aussteigt, muß sich so verhalten, daß eine Gefährdung anderer Verkehrsteilnehmer ausgeschlossen ist.

(2) Verläßt der Führer sein Fahrzeug, so muß er die nötigen Maßnahmen treffen, um Unfälle oder Verkehrsstörungen zu vermeiden. Kraftfahrzeuge sind auch gegen unbefugte Benutzung zu sichern.

§ 15   Liegenbleiben von Fahrzeugen

Bleibt ein mehrspuriges Fahrzeug an einer Stelle liegen, an der es nicht rechtzeitig als stehendes Hindernis erkannt werden kann, so ist sofort Warnblinklicht einzuschalten. Danach ist mindestens ein auffällig warnendes Zeichen gut sichtbar in ausreichender Entfernung aufzustellen, und zwar bei schnellem Verkehr in etwa 100 m Entfernung; vorgeschriebene Sicherungsmittel, wie Warndreiecke, sind zu verwenden. Darüber hinaus gelten die Vorschriften über die Beleuchtung haltender Fahrzeuge.

§ 15a   Abschleppen von Fahrzeugen

(1) Beim Abschleppen eines auf der Autobahn liegengebliebenen Fahrzeugs ist die Autobahn (Zeichen 330) bei der nächsten Ausfahrt zu verlassen.

(2) Beim Abschleppen eines außerhalb der Autobahn liegengebliebenen Fahrzeugs darf nicht in die Autobahn eingefahren werden.

(3) Während des Abschleppens haben beide Fahrzeuge Warnblinklicht einzuschalten.

(4) Krafträder dürfen nicht abgeschleppt werden.

Eingefügt durch VO v. 28. 4. 1982 (BGBl. I S. 564) in Verbdg. mit VO v. 21. 7. 1980 (BGBl. I S. 1060); Abs. 4 angefügt durch VO v. 22. 3. 1988 (BGBl. I S. 405).

§ 16   Warnzeichen

(1) Schall- und Leuchtzeichen darf nur geben,

1. wer außerhalb geschlossener Ortschaften überholt (§ 5 Abs. 5) oder
2. wer sich oder andere gefährdet sieht.

(2) Der Führer eines Omnibusses des Linienverkehrs oder eines gekennzeichneten Schulbusses muß Warnblinklicht einschalten, wenn er sich einer Haltestelle nähert und solange Fahrgäste ein- oder aussteigen, soweit die Straßenverkehrsbehörde für bestimmte Haltestellen ein solches Verhalten angeordnet hat. Im übrigen darf außer beim Liegenbleiben (§ 15) und beim

Abschleppen von Fahrzeugen (§ 15a) Warnblinklicht nur einschalten, wer andere durch sein Fahrzeug gefährdet oder andere vor Gefahren warnen will, zum Beispiel bei Annäherung an einen Stau oder bei besonders langsamer Fahrgeschwindigkeit auf Autobahnen und anderen schnell befahrenen Straßen.

(3) Schallzeichen dürfen nicht aus einer Folge verschieden hoher Töne bestehen.

Abs. 2 Satz 2 neu gefasst durch VO v. 28. 4. 1982 (BGBl. I S. 564) in Verbdg. mit VO v. 21. 7. 1980 (BGBl. I S. 1060) u. ergänzt d. VO v. 22. 3. 1988 (BGBl. I S. 405); Abs. 2 Satz 1 neu gefasst durch VO v. 18. 7. 1995 (BGBl. I S. 935); Abs. 2 Satz 2 ergänzt durch VO v. 7. 8. 1997 (BGBl. I S. 2028).

§ 17   Beleuchtung

(1) Während der Dämmerung, bei Dunkelheit oder wenn die Sichtverhältnisse es sonst erfordern, sind die vorgeschriebenen Beleuchtungseinrichtungen zu benutzen. Die Beleuchtungseinrichtungen dürfen nicht verdeckt oder verschmutzt sein.

(2) Mit Begrenzungsleuchten (Standlicht) allein darf nicht gefahren werden. Auf Straßen mit durchgehender, ausreichender Beleuchtung darf auch nicht mit Fernlicht gefahren werden. Es ist rechtzeitig abzublenden, wenn ein Fahrzeug entgegenkommt oder mit geringem Abstand vorausfährt oder wenn es sonst die Sicherheit des Verkehrs auf oder neben der Straße erfordert. Wenn nötig, ist entsprechend langsamer zu fahren.

(2a) Krafträder müssen auch am Tage mit Abblendlicht fahren.

(3) Behindert Nebel, Schneefall oder Regen die Sicht erheblich, dann ist auch am Tage mit Abblendlicht zu fahren. Nur bei solcher Witterung dürfen Nebelscheinwerfer eingeschaltet sein. Bei zwei Nebelscheinwerfern genügt statt des Abblendlichts die zusätzliche Benutzung der Begrenzungsleuchten. An Krafträdern ohne Beiwagen braucht nur der Nebelscheinwerfer benutzt zu werden. Nebelschlußleuchten dürfen nur dann benutzt werden, wenn durch Nebel die Sichtweite weniger als 50 m beträgt.

(4) Haltende Fahrzeuge sind außerhalb geschlossener Ortschaften mit eigener Lichtquelle zu beleuchten. Innerhalb geschlossener Ortschaften genügt es, nur die der Fahrbahn zugewandte Fahrzeugseite durch Parkleuchten oder auf andere zugelassene Weise kenntlich zu machen; eigene Beleuchtung ist entbehrlich, wenn die Straßenbeleuchtung das Fahrzeug auf ausreichende Entfernung deutlich sichtbar macht. Auf der Fahrbahn haltende Fahrzeuge, ausgenommen Personenkraftwagen mit einem zulässigen Gesamtgewicht von mehr als 3,5 t und Anhänger sind innerhalb geschlossener Ortschaften stets mit eigener Lichtquelle zu beleuchten oder durch andere zugelassene lichttechnische Einrichtungen kenntlich zu machen. Fahrzeuge, die ohne Schwierigkeiten von der Fahrbahn entfernt werden können, wie Krafträder, Fahrräder mit Hilfsmotor, Fahrräder, Krankenfahrstühle, einachsige Zugmaschinen, einachsige Anhänger, Handfahrzeuge oder unbespannte Fuhrwerke dürfen bei Dunkelheit dort nicht unbeleuchtet stehen gelassen werden.

(4a) Soweit bei Militärfahrzeugen von den allgemeinen Beleuchtungsvorschriften abgewichen wird, sind gelbrote retroreflektierende Warntafeln oder gleichwertige Absicherungsmittel zu verwenden. Im übrigen können sie an diesen Fahrzeugen zusätzlich verwendet werden.

(5) Führen Fußgänger einachsige Zug- oder Arbeitsmaschinen an Holmen oder Handfahrzeuge mit, so ist mindestens eine nach vorn und hinten gut sichtbare, nicht blendende Leuchte mit weißem Licht auf der linken Seite anzubringen oder zu tragen.

(6) Suchscheinwerfer dürfen nur kurz und nicht zum Beleuchten der Fahrbahn benutzt werden.

Abs. 3 Satz 1 geändert und Satz 5 neu gefasst sowie Abs. 4 Satz 3 eingefügt und nunmehriger Satz 4 neu gefasst durch VO v. 27. 11. 1975 (BGBl. I S. 2967); Abs. 4 Satz 3 nunmehr i. d. F. d. VO v. 28. 4. 1982 (BGBl. I S. 564) in Verbgd. mit VO v. 21. 7. 1980 (BGBl. I S. 1060); Abs. 2a und 4a eingefügt durch VO v. 22. 3. 1988 (BGBl. I S. 405); in Abs. 4 Satz 3 die Angabe „2,8 t" durch die Angabe „3,5 t" ersetzt durch VO v. 7. 8. 1997 (BGBl. I S. 2028).

§ 18   Autobahnen und Kraftfahrstraßen

(1) Autobahnen (Zeichen 330) und Kraftfahrstraßen (Zeichen 331) dürfen nur mit Kraftfahrzeugen benutzt werden, deren durch die Bauart bestimmte Höchstgeschwindigkeit mehr als 60 km/h beträgt; werden Anhänger mitgeführt, so gilt das gleiche auch für diese. Fahrzeug und Ladung dürfen zusammen nicht höher als 4 m und nicht breiter als 2,55 m sein. Kühlfahrzeuge dürfen nicht breiter als 2,6 m sein.

(2) Auf Autobahnen darf nur an gekennzeichneten Anschlußstellen (Zeichen 330) eingefahren werden, auf Kraftfahrstraßen nur an Kreuzungen oder Einmündungen.

(3) Der Verkehr auf der durchgehenden Fahrbahn hat die Vorfahrt.

(4) . . .

(5) Auf Autobahnen darf innerhalb geschlossener Ortschaften schneller als 50 km/h gefahren werden. Auf ihnen sowie außerhalb geschlossener Ortschaften auf Kraftfahrstraßen mit Fahrbahnen für eine Richtung, die durch Mittelstreifen oder sonstige bauliche Einrichtungen getrennt sind, beträgt die zulässige Höchstgeschwindigkeit auch unter günstigsten Umständen

1.   für Kraftfahrzeuge mit einem zulässigen Gesamtgewicht von mehr als 3,5 t, ausgenommen Personenkraftwagen,

    für Personenkraftwagen mit Anhänger, Lastkraftwagen mit Anhänger, Wohnmobile mit Anhänger und Zugmaschinen mit Anhänger

    sowie für Kraftomnibusse ohne Anhänger oder mit Gepäckanhänger   80 km/h,

2.   für Krafträder mit Anhänger und selbstfahrende Arbeitsmaschinen mit Anhänger,

    für Zugmaschinen mit zwei Anhängern sowie für Kraftomnibusse mit Anhänger oder Fahrgästen, für die keine Sitzplätze mehr zur Verfügung stehen,   60 km/h,

3.   für Kraftomnibusse ohne Anhänger,

    a)   die nach Eintragung im Fahrzeugschein geeignet sind, eine Höchstgeschwindigkeit von 100 km/h zu fahren,

    b)   deren Motorleistung mindestens 11 kW/t des zulässigen Gesamtgewichts beträgt und

c) an deren Rückseite eine mit dem Siegel der Zulassungsstelle versehene „100''-Plakette angebracht ist,   100 km/h.

(6) Wer auf der Autobahn mit Abblendlicht fährt, braucht seine Geschwindigkeit nicht der Reichweite des Abblendlichts anzupassen, wenn

1. die Schlußleuchten des vorausfahrenden Kraftfahrzeugs klar erkennbar
   sind und ein ausreichender Abstand von ihm eingehalten wird, oder

2. der Verlauf der Fahrbahn durch Leiteinrichtungen mit Rückstrahlern
   und, zusammen mit fremdem Licht, Hindernisse rechtzeitig erkennbar
   sind.

(7) Wenden und Rückwärtsfahren sind verboten.

(8) Halten, auch auf Seitenstreifen, ist verboten.

(9) Fußgänger dürfen Autobahnen nicht betreten. Kraftfahrstraßen dürfen
sie nur an Kreuzungen, Einmündungen oder sonstigen dafür vorgesehenen
Stellen überschreiten; sonst ist jedes Betreten verboten.

(10) Die Ausfahrt von Autobahnen ist nur an Stellen erlaubt, die durch die
Ausfahrttafel (Zeichen 332) und durch das Pfeilschild (Zeichen 333) oder
durch eins dieser Zeichen gekennzeichnet sind. Die Ausfahrt von Kraftfahrstraßen ist nur an Kreuzungen oder Einmündungen erlaubt.

Abs. 1 Satz 1 neu gefasst und früherer Satz 3 gestrichen durch VO v. 27. 11. 1975
(BGBl. I S. 2967); Abs. 5 Satz 2 Nr. 3 eingefügt durch VO v. 21. 7. 1983 (BGBl. I
S. 949); Abs. 4 gestrichen, Abs. 5 Satz 2 Eingangsworte und Nr. 1 geändert, Abs. 8
neu gefasst sowie Satz 1 geändert und Satz 2 angefügt durch VO v. 22. 3. 1988
(BGBl. I S. 405); Abs. 1 Satz 2 angefügt sowie (bisheriger) Abs. 9 gestrichen und
Abs. 10 u. 11 als Abs. 9 u. 10 eingeordnet durch VO v. 19. 3. 1992 (BGBl. I S. 678);
Abs. 1 Satz 2 geändert durch VO v. 25. 10. 1994 (BGBl. I S. 3127); in Abs. 5 Satz 2
Nr. 1 die Angabe „2,8 t'' durch die Angabe „3,5 t'' ersetzt durch VO v. 7. 8. 1997
(BGBl. I S. 2028).

§ 19 Bahnübergänge

(1) Schienenfahrzeuge haben Vorrang

1. auf Bahnübergängen mit Andreaskreuz (Zeichen 201),

2. auf Bahnübergängen über Fuß-, Feld-, Wald- oder Radwege und

3. in Hafen- und Industriegebieten, wenn an den Einfahrten das Andreaskreuz mit dem Zusatzschild „Hafengebiet, Schienenfahrzeuge haben
   Vorrang'' oder „Industriegebiet, Schienenfahrzeuge haben Vorrang''
   steht.

Der Straßenverkehr darf sich solchen Bahnübergängen nur mit mäßiger
Geschwindigkeit nähern.

(2) Fahrzeuge haben vor dem Andreaskreuz, Fußgänger in sicherer Entfernung vor dem Bahnübergang zu warten, wenn

1. sich ein Schienenfahrzeug nähert,

2. rotes Blinklicht oder gelbe oder rote Lichtzeichen gegeben werden,

3. die Schranken sich senken oder geschlossen sind, oder

4. ein Bahnbediensteter Halt gebietet.

Hat rotes Blinklicht die Form eines Pfeiles, so hat nur zu warten, wer in die
Richtung des Pfeiles abbiegen will. Das Senken der Schranken kann durch
Glockenzeichen angekündigt werden.

(3) Lastkraftwagen mit einem zulässigen Gesamtgewicht über 7,5 t und Züge haben in den Fällen des Absatzes 2 Nr. 2 und 3 außerhalb geschlossener Ortschaften auf Straßen, auf denen sie von mehrspurigen Fahrzeugen überholt werden können und dürfen, schon unmittelbar nach der einstreifigen Bake (Zeichen 162) zu warten.

(4) Kann der Bahnübergang wegen des Straßenverkehrs nicht zügig und ohne Aufenthalt überquert werden, ist vor dem Andreaskreuz zu warten.

(5) Wer einen Fuß-, Feld-, Wald- oder Radweg benutzt, muß sich an Bahnübergängen ohne Andreaskreuz entsprechend verhalten.

(6) Vor Bahnübergängen ohne Vorrang der Schienenfahrzeuge ist in sicherer Entfernung zu warten, wenn ein Bahnbediensteter mit einer weiß-rot-weißen Fahne oder einer roten Leuchte Halt gebietet. Werden gelbe oder rote Lichtzeichen gegeben, gilt § 37 Abs. 2 Nr. 1 entsprechend.

(7) Die Scheinwerfer wartender Kraftfahrzeuge dürfen niemand blenden.

Abs. 1 Nr. 3 neu gefasst und Abs. 6 Satz 2 angefügt durch VO v. 27. 11. 1975 (BGBl. I S. 2967); Abs. 1 Nr. 2 und Abs. 5 geändert durch VO v. 22. 3. 1988 (BGBl. I S. 405).

§ 20   Öffentliche Verkehrsmittel und Schulbusse

(1) An Omnibussen des Linienverkehrs, an Straßenbahnen und an gekennzeichneten Schulbussen, die an Haltestellen (Zeichen 224) halten, darf, auch im Gegenverkehr, nur vorsichtig vorbeigefahren werden.

(2) Wenn Fahrgäste ein- oder aussteigen, darf rechts nur mit Schrittgeschwindigkeit und nur in einem solchen Abstand vorbeigefahren werden, daß eine Gefährdung von Fahrgästen ausgeschlossen ist. Sie dürfen auch nicht behindert werden. Wenn nötig, muß der Fahrzeugführer warten.

(3) Omnibusse des Linienverkehrs und gekennzeichnete Schulbusse, die sich einer Haltestelle (Zeichen 224) nähern und Warnblinklicht eingeschaltet haben, dürfen nicht überholt werden.

(4) An Omnibussen des Linienverkehrs und an gekennzeichneten Schulbussen, die an Haltestellen (Zeichen 224) halten und Warnblinklicht eingeschaltet haben, darf nur mit Schrittgeschwindigkeit und nur in einem solchen Abstand vorbeigefahren werden, daß eine Gefährdung von Fahrgästen ausgeschlossen ist. Die Schrittgeschwindigkeit gilt auch für den Gegenverkehr auf derselben Fahrbahn. Die Fahrgäste dürfen auch nicht behindert werden. Wenn nötig, muß der Fahrzeugführer warten.

(5) Omnibussen des Linienverkehrs und Schulbussen ist das Abfahren von gekennzeichneten Haltestellen zu ermöglichen. Wenn nötig, müssen andere Fahrzeuge warten.

(6) Personen, die öffentliche Verkehrsmittel benutzen wollen, müssen sie auf den Gehwegen, den Seitenstreifen oder einer Haltestelleninsel, sonst am Rand der Fahrbahn erwarten.

Überschrift neu gefasst durch VO v. 27. 11. 1975 (BGBl. I S. 2967); (nunmehriger) Abs. 5 Satz 1 geändert durch VO v. 22. 3. 1988 (BGBl. I S. 405); bisherige Abs. 1 und 1a ersetzt durch Abs. 1 bis 4 sowie bisherige Abs. 2 u. 3 als Abs. 5 u. 6 eingeordnet durch VO v. 18. 7. 1995 (BGBl. I S. 935).

§ 21 Personenbeförderung

(1) Es ist verboten, Personen mitzunehmen
1. auf Krafträdern ohne besonderen Sitz,
2. auf Zugmaschinen ohne geeignete Sitzgelegenheit oder
3. in Wohnwagen mit nur einer Achse oder mit Doppelachse hinter Kraftfahrzeugen.

(1a) Kinder bis zum vollendeten 12. Lebensjahr, die kleiner als 150 cm sind, dürfen in Kraftfahrzeugen auf Sitzen, für die Sicherheitsgurte vorgeschrieben sind, nur mitgenommen werden, wenn Rückhalteeinrichtungen für Kinder benutzt werden, die amtlich genehmigt und für das Kind geeignet sind. Das gilt nicht in Kraftomnibussen mit einer zulässigen Gesamtmasse von mehr als 3,5 t. Abweichend von Satz 1 dürfen Kinder auf Rücksitzen ohne Sicherung durch Rückhalteeinrichtungen befördert werden, wenn wegen der Sicherung von anderen Personen für die Befestigung von Rückhalteeinrichtungen für Kinder keine Möglichkeit mehr besteht.

(2) Auf der Ladefläche von Lastkraftwagen dürfen nur bis zu 8 Personen mitgenommen werden, wenn sie die Ladung begleiten müssen, auf der Ladefläche zu arbeiten haben oder wenn sie mit dem für ihren Arbeitgeber eingesetzten Fahrzeug zu oder von ihrer Arbeitsstelle befördert werden. Auf der Ladefläche von Anhängern darf niemand mitgenommen werden. Jedoch dürfen auf Anhängern, wenn diese für land- oder forstwirtschaftliche Zwecke eingesetzt werden, Personen auf geeigneten Sitzgelegenheiten mitgenommen werden. Das Stehen während der Fahrt ist verboten, soweit es nicht zur Begleitung der Ladung oder zur Arbeit auf der Ladefläche erforderlich ist.

(3) Auf Fahrrädern dürfen nur Kinder unter 7 Jahren von mindestens 16 Jahre alten Personen mitgenommen werden, wenn für die Kinder besondere Sitze vorhanden sind und durch Radverkleidungen oder gleich wirksame Vorrichtungen dafür gesorgt ist, daß die Füße der Kinder nicht in die Speichen geraten können.

Abs. 1a neu gefasst durch VO v. 22. 12. 1992 (BGBl. I S. 2482); Abs. 1a Satz 2 neu gefasst durch VO v. 25. 6. 1998 (BGBl. I S. 1654).

§ 21a Sicherheitsgurte, Schutzhelme

(1) Vorgeschriebene Sicherheitsgurte müssen während der Fahrt angelegt sein. Das gilt nicht für
1. Taxifahrer und Mietwagenfahrer bei der Fahrgastbeförderung,
2. Lieferanten beim Haus-zu-Haus-Verkehr im Auslieferungsbezirk,
3. Fahrten mit Schrittgeschwindigkeit wie Rückwärtsfahren, Fahrten auf Parkplätzen,
4. Fahrten in Kraftomnibussen, bei denen die Beförderung stehender Fahrgäste zugelassen ist,
5. das Betriebspersonal in Kraftomnibussen und das Begleitpersonal von besonders betreuungsbedürftigen Personengruppen während der Dienstleistungen, die ein Verlassen des Sitzplatzes erfordern,
6. Fahrgäste in Kraftomnibussen mit einer zulässigen Gesamtmasse von mehr als 3,5 t beim kurzzeitigen Verlassen des Sitzplatzes.

(2) Die Führer von Krafträdern und ihre Beifahrer müssen während der Fahrt amtlich genehmigte Schutzhelme tragen.

Eingefügt durch VO v. 27. 11. 1975 (BGBl. I S. 2967); Abs. 1 Satz 1 geändert durch VO v. 6. 7. 1984 (BGBl. I S. 889); Abs. 1 Satz 2 Nr. 1 geändert und Abs. 2 neu gefasst durch VO v. 22. 3. 1988 (BGBl. I S. 405); Abs. 1 Satz 2 Nr. 4 gestrichen durch VO v. 22. 12. 1992 (BGBl. I S. 2482); Abs. 1 Satz 2 Nr. 4 bis 6 angefügt durch VO v. 25. 6. 1998 (BGBl. I S. 1654).

§ 22   Ladung

(1) Die Ladung sowie Spannketten, Geräte und sonstige Ladeeinrichtungen sind verkehrssicher zu verstauen und gegen Herabfallen und vermeidbares Lärmen besonders zu sichern.

(2) Fahrzeug und Ladung dürfen zusammen nicht breiter als 2,55 m und nicht höher als 4 m sein. Fahrzeuge, die für land- oder forstwirtschaftliche Zwecke eingesetzt werden, dürfen, wenn sie mit land- oder forstwirtschaftlichen Erzeugnissen oder Arbeitsgeräten beladen sind, samt Ladung nicht breiter als 3 m sein. Sind sie mit land- oder forstwirtschaftlichen Erzeugnissen beladen, dürfen sie samt Ladung höher als 4 m sein. Kühlfahrzeuge dürfen nicht breiter als 2,6 m sein.

(3) Die Ladung darf bis zu einer Höhe von 2,5 m nicht nach vorn über das Fahrzeug, bei Zügen über das ziehende Fahrzeug hinausragen. Im Übrigen darf der Ladungsüberstand nach vorn bis zu 50 cm über das Fahrzeug, bei Zügen bis zu 50 cm über das ziehende Fahrzeug betragen.

(4) Nach hinten darf die Ladung bis zu 1,5 m hinausragen, jedoch bei Beförderung über eine Wegstrecke bis zu einer Entfernung von 100 km bis zu 3 m; die außerhalb des Geltungsbereichs dieser Verordnung zurückgelegten Wegstrecken werden nicht berücksichtigt. Fahrzeug oder Zug samt Ladung darf nicht länger als 20,75 m sein. Ragt das äußerste Ende der Ladung mehr als 1 m über die Rückstrahler des Fahrzeugs nach hinten hinaus, so ist es kenntlich zu machen durch mindestens

1. eine hellrote, nicht unter 30 x 30 cm große, durch eine Querstange auseinandergehaltene Fahne,

2. ein gleich großes, hellrotes, quer zur Fahrtrichtung pendelnd aufgehängtes Schild oder

3. einen senkrecht angebrachten zylindrischen Körper gleicher Farbe und Höhe mit einem Durchmesser von mindestens 35 cm.

Diese Sicherungsmittel dürfen nicht höher als 1,5 m über der Fahrbahn angebracht werden. Wenn nötig (§ 17 Abs. 1), ist mindestens eine Leuchte mit rotem Licht an gleicher Stelle anzubringen, außerdem ein roter Rückstrahler nicht höher als 90 cm.

(5) Ragt die Ladung seitlich mehr als 40 cm über die Fahrzeugleuchten, bei Kraftfahrzeugen über den äußeren Rand der Lichtaustrittsflächen der Begrenzungs- oder Schlußleuchten hinaus, so ist sie, wenn nötig (§ 17 Abs. 1), kenntlich zu machen, und zwar seitlich höchstens 40 cm von ihrem Rand und höchstens 1,5 m über der Fahrbahn nach vorn durch eine

Leuchte mit weißem, nach hinten durch eine mit rotem Licht. Einzelne Stangen oder Pfähle, waagerecht liegende Platten und andere schlecht erkennbare Gegenstände dürfen seitlich nicht hinausragen.

Abs. 4 Satz 1 neu gefasst durch VO v. 27. 11. 1975 (BGBl. I S. 2967); Abs. 2 Satz 3 angefügt durch VO v. 19. 3. 1992 (BGBl. I S. 678); Abs. 2 Satz 1 geändert durch VO v. 25. 10. 1994 (BGBl. I S. 3127); Abs. 2 und 3 neu gefasst sowie Abs. 4 Satz 2 geändert durch VO v. 11. 12. 2000 (BGBl. I S. 1690).

§ 23   Sonstige Pflichten des Fahrzeugführers

(1) Der Fahrzeugführer ist dafür verantwortlich, daß seine Sicht und das Gehör nicht durch die Besetzung, Tiere, die Ladung oder den Zustand des Fahrzeugs beeinträchtigt werden. Er muß dafür sorgen, daß das Fahrzeug, der Zug, das Gespann sowie die Ladung und die Besetzung vorschriftsmäßig sind und daß die Verkehrssicherheit des Fahrzeugs durch die Ladung oder die Besetzung nicht leidet. Er muß auch dafür sorgen, daß die vorgeschriebenen Kennzeichen stets gut lesbar sind. Vorgeschriebene Beleuchtungseinrichtungen müssen an Kraftfahrzeugen und ihren Anhängern sowie an Fahrrädern auch am Tage vorhanden und betriebsbereit sein, sonst jedoch nur, falls zu erwarten ist, daß sich das Fahrzeug noch im Verkehr befinden wird, wenn Beleuchtung nötig ist (§ 17 Abs. 1).

(1a) Dem Fahrzeugführer ist die Benutzung eines Mobil- oder Autotelefons untersagt, wenn er hierfür das Mobiltelefon oder den Hörer des Autotelefons aufnimmt oder hält. Dies gilt nicht, wenn das Fahrzeug steht und bei Kraftfahrzeugen der Motor ausgeschaltet ist.

(1b) Dem Führer eines Kraftfahrzeuges ist es untersagt, ein technisches Gerät zu betreiben oder betriebsbereit mitzuführen, das dafür bestimmt ist, Verkehrsüberwachungsmaßnahmen anzuzeigen oder zu stören. Das gilt insbesondere für Geräte zur Störung oder Anzeige von Geschwindigkeitsmessungen (Radarwarn- oder Laserstörgeräte).

(2) Der Fahrzeugführer muß das Fahrzeug, den Zug oder das Gespann auf dem kürzesten Weg aus dem Verkehr ziehen, falls unterwegs auftretende Mängel, welche die Verkehrssicherheit wesentlich beeinträchtigen, nicht alsbald beseitigt werden; dagegen dürfen Krafträder und Fahrräder dann geschoben werden.

(3) Radfahrer und Führer von Krafträdern dürfen sich nicht an Fahrzeuge anhängen. Sie dürfen nicht freihändig fahren. Die Füße dürfen sie nur dann von den Pedalen oder den Fußrasten nehmen, wenn der Straßenzustand das erfordert.

Abs. 1 Satz 1 i. d. F. d. VO v. 28. 4. 1982 (BGBl. I S. 564) in Verbdg. mit VO v. 21. 7. 1980 (BGBl. I S. 1060); Abs. 2 zweiter Halbsatz geändert durch VO v. 22. 3. 1988 (BGBl. I S. 405); Abs. 1 Satz 1 geändert und Abs. 1a eingefügt durch VO v. 11. 12. 2000 (BGBl. I S. 1690); Abs. 1b eingefügt durch VO v. 14. 12. 2001 (BGBl. I S. 3783).

§ 24   Besondere Fortbewegungsmittel

(1) Schiebe- und Greifreifenrollstühle, Rodelschlitten, Kinderwagen, Roller, Kinderfahrräder und ähnliche Fortbewegungsmittel sind nicht Fahrzeuge im Sinne der Verordnung.

(2) Mit Krankenfahrstühlen oder mit anderen als in Absatz 1 genannten Rollstühlen darf dort, wo Fußgängerverkehr zulässig ist, gefahren werden, jedoch nur mit Schrittgeschwindigkeit.

I. d. F. d. VO v. 22. 3. 1988 (BGBl. I S. 405).

§ 25   Fußgänger

(1) Fußgänger müssen die Gehwege benutzen. Auf der Fahrbahn dürfen sie nur gehen, wenn die Straße weder einen Gehweg noch einen Seitenstreifen hat. Benutzen sie die Fahrbahn, so müssen sie innerhalb geschlossener Ortschaften am rechten oder linken Fahrbahnrand gehen; außerhalb geschlossener Ortschaften müssen sie am linken Fahrbahnrand gehen, wenn das zumutbar ist. Bei Dunkelheit, bei schlechter Sicht oder wenn die Verkehrslage es erfordert, müssen sie einzeln hintereinander gehen.

(2) Fußgänger, die Fahrzeuge oder sperrige Gegenstände mitführen, müssen die Fahrbahn benutzen, wenn sie auf dem Gehweg oder auf dem Seitenstreifen die anderen Fußgänger erheblich behindern würden. Benutzen Fußgänger, die Fahrzeuge mitführen, die Fahrbahn, so müssen sie am rechten Fahrbahnrand gehen; vor dem Abbiegen nach links dürfen sie sich nicht links einordnen.

(3) Fußgänger haben Fahrbahnen unter Beachtung des Fahrzeugverkehrs zügig auf dem kürzesten Wege quer zur Fahrtrichtung zu überschreiten, und zwar, wenn die Verkehrslage es erfordert, nur an Kreuzungen oder Einmündungen, an Lichtzeichenanlagen innerhalb von Markierungen oder auf Fußgängerüberwegen (Zeichen 293). Wird die Fahrbahn an Kreuzungen oder Einmündungen überschritten, so sind dort angebrachte Fußgängerüberwege oder Markierungen an Lichtzeichenanlagen stets zu benutzen.

(4) Fußgänger dürfen Absperrungen, wie Stangen- oder Kettengeländer, nicht überschreiten. Absperrschranken (§ 43) verbieten das Betreten der abgesperrten Straßenfläche.

(5) Gleisanlagen, die nicht zugleich dem sonstigen öffentlichen Straßenverkehr dienen, dürfen nur an den dafür vorgesehenen Stellen betreten werden.

§ 26   Fußgängerüberwege

(1) An Fußgängerüberwegen haben Fahrzeuge mit Ausnahme von Schienenfahrzeugen den Fußgängern sowie Fahrern von Krankenfahrstühlen oder Rollstühlen, welche den Überweg erkennbar benutzen wollen, das Überqueren der Fahrbahn zu ermöglichen. Dann dürfen sie nur mit mäßiger Geschwindigkeit heranfahren; wenn nötig, müssen sie warten.

(2) Stockt der Verkehr, so dürfen Fahrzeuge nicht auf den Überweg fahren, wenn sie auf ihm warten müßten.

(3) An Überwegen darf nicht überholt werden.

(4) Führt die Markierung über einen Radweg oder einen anderen Straßenteil, so gelten diese Vorschriften entsprechend.

Abs. 1 Satz 1 und Abs. 3 neu gefasst durch VO v. 22. 3. 1988 (BGBl. I S. 405).

§ 27 Verbände

(1) Für geschlossene Verbände gelten die für den gesamten Fahrverkehr einheitlich bestehenden Verkehrsregeln und Anordnungen sinngemäß. Mehr als 15 Radfahrer dürfen einen geschlossenen Verband bilden. Dann dürfen sie zu zweit nebeneinander auf der Fahrbahn fahren. Kinder- und Jugendgruppen zu Fuß müssen, soweit möglich, die Gehwege benutzen.

(2) Geschlossene Verbände, Leichenzüge und Prozessionen müssen, wenn ihre Länge dies erfordert, in angemessenen Abständen Zwischenräume für den übrigen Verkehr frei lassen; an anderen Stellen darf dieser sie nicht unterbrechen.

(3) Geschlossen ist ein Verband, wenn er für andere Verkehrsteilnehmer als solcher deutlich erkennbar ist. Bei Kraftfahrzeugverbänden muß dazu jedes einzelne Fahrzeug als zum Verband gehörig gekennzeichnet sein.

(4) Die seitliche Begrenzung geschlossen reitender oder zu Fuß marschierender Verbände muß, wenn nötig (§ 17 Abs. 1), mindestens nach vorn durch nicht blendende Leuchten mit weißem Licht, nach hinten durch Leuchten mit rotem Licht oder gelbem Blinklicht kenntlich gemacht werden. Gliedert sich ein solcher Verband in mehrere deutlich voneinander getrennte Abteilungen, dann ist jede auf diese Weise zu sichern. Eigene Beleuchtung brauchen die Verbände nicht, wenn sie sonst ausreichend beleuchtet sind.

(5) Der Führer des Verbandes hat dafür zu sorgen, daß die für geschlossene Verbände geltenden Vorschriften befolgt werden.

(6) Auf Brücken darf nicht im Gleichschritt marschiert werden.

§ 28 Tiere

(1) Haus- und Stalltiere, die den Verkehr gefährden können, sind von der Straße fernzuhalten. Sie sind dort nur zugelassen, wenn sie von geeigneten Personen begleitet sind, die ausreichend auf sie einwirken können. Es ist verboten, Tiere von Kraftfahrzeugen aus zu führen. Von Fahrrädern aus dürfen nur Hunde geführt werden.

(2) Für Reiter, Führer von Pferden sowie Treiber und Führer von Vieh gelten die für den gesamten Fahrverkehr einheitlich bestehenden Verkehrsregeln und Anordnungen sinngemäß.

Zur Beleuchtung müssen mindestens verwendet werden:

1. beim Treiben von Vieh vorn eine nicht blendende Leuchte mit weißem Licht und am Ende eine Leuchte mit rotem Licht,

2. beim Führen auch nur eines Großtieres oder von Vieh eine nicht blendende Leuchte mit weißem Licht, die auf der linken Seite nach vorn und hinten gut sichtbar mitzuführen ist.

§ 29 Übermäßige Straßenbenutzung

(1) Rennen mit Kraftfahrzeugen sind verboten.

(2) Veranstaltungen, für die Straßen mehr als verkehrsüblich in Anspruch genommen werden, bedürfen der Erlaubnis. Das ist der Fall, wenn die

Benutzung der Straße für den Verkehr wegen der Zahl oder des Verhaltens der Teilnehmer oder der Fahrweise der beteiligten Fahrzeuge eingeschränkt wird; Kraftfahrzeuge in geschlossenem Verband nehmen die Straße stets mehr als verkehrsüblich in Anspruch. Der Veranstalter hat dafür zu sorgen, daß die Verkehrsvorschriften sowie etwaige Bedingungen und Auflagen befolgt werden.

(3) Einer Erlaubnis bedarf der Verkehr mit Fahrzeugen und Zügen, deren Abmessungen, Achslasten oder Gesamtgewichte die gesetzlich allgemein zugelassenen Grenzen tatsächlich überschreiten. Das gilt auch für den Verkehr mit Fahrzeugen, deren Bauart dem Führer kein ausreichendes Sichtfeld läßt.

Abs. 3 Satz 1 i. d. F. d. VO v. 22. 3. 1988 (BGBl. I S. 405).

§ 30   Umweltschutz und Sonntagsfahrverbot

(1) Bei der Benutzung von Fahrzeugen sind unnötiger Lärm und vermeidbare Abgasbelästigungen verboten. Es ist insbesondere verboten, Fahrzeugmotoren unnötig laufen zu lassen und Fahrzeugtüren übermäßig laut zu schließen. Unnützes Hin- und Herfahren ist innerhalb geschlossener Ortschaften verboten, wenn andere dadurch belästigt werden.

(2) Veranstaltungen mit Kraftfahrzeugen bedürfen der Erlaubnis, wenn sie die Nachtruhe stören können.

(3) An Sonntagen und Feiertagen dürfen in der Zeit von 0 bis 22 Uhr Lastkraftwagen mit einem zulässigen Gesamtgewicht über 7,5 t sowie Anhänger hinter Lastkraftwagen nicht verkehren. Das Verbot gilt nicht für

1. kombinierten Güterverkehr Schiene-Straße vom Versender bis zum nächstgelegenen geeigneten Verladebahnhof oder vom nächstgelegenen geeigneten Entladebahnhof bis zum Empfänger, jedoch nur bis zu einer Entfernung von 200 km,

1a. kombinierten Güterverkehr Hafen-Straße zwischen Belade- oder Entladestelle und einem innerhalb eines Umkreises von höchstens 150 Kilometern gelegenen Hafen (An- oder Abfuhr),

2. die Beförderung von
   a) frischer Milch und frischen Milcherzeugnissen,
   b) frischem Fleisch und frischen Fleischerzeugnissen,
   c) frischen Fischen, lebenden Fischen und frischen Fischerzeugnissen,
   d) leichtverderblichem Obst und Gemüse,

3. Leerfahrten, die im Zusammenhang mit Fahrten nach Nummer 2 stehen,

4. Fahrten mit Fahrzeugen, die nach dem Bundesleistungsgesetz herangezogen werden. Dabei ist der Leistungsbescheid mitzuführen und auf Verlangen zuständigen Personen zur Prüfung auszuhändigen.

(4) Feiertage im Sinne des Absatzes 3 sind

Neujahr,

Karfreitag,

Ostermontag,

Tag der Arbeit (1. Mai),

Christi Himmelfahrt,

Pfingstmontag,

Fronleichnam,
  jedoch nur in Baden-Württemberg, Bayern, Hessen, Nordrhein-Westfalen, Rheinland-Pfalz und im Saarland,

Tag der deutschen Einheit (3. Oktober),

Reformationstag (31. Oktober),
  jedoch nur in Brandenburg, Mecklenburg-Vorpommern, Sachsen, Sachsen-Anhalt und Thüringen,

Allerheiligen (1. November),
  jedoch nur in Baden-Württemberg, Bayern, Nordrhein-Westfalen, Rheinland-Pfalz und im Saarland,

1. und 2. Weihnachtstag.

Abs. 1 Satz 2 geändert durch VO v. 27. 11. 1975 (BGBl. I S. 2967); Überschrift u. Abs. 1 Satz 1 neu gefasst durch VO v. 28. 4. 1982 (BGBl. I S. 564) in Verbdg. mit VO v. 21. 7. 1980 (BGBl. I S. 1060); Abs. 3 Satz 2 und Abs. 4 neu gefasst durch VO v. 21. 7. 1983 (BGBl. I S. 949); Abs. 3 Satz 2 (nunmehrige) Nr. 1 neu gefasst und (nunmehrige) Nrn. 2 bis 4 angefügt durch VO v. 22. 3. 1988 (BGBl. I S. 405); Abs. 3 (bisherige) Nr. 1 gestrichen, Nrn. 2 bis 5 als Nrn. 1 bis 4 eingeordnet sowie Abs. 4 neu gefasst durch VO v. 19. 3. 1992 (BGBl. I S. 678); Abs. 4 geändert durch VO v. 18. 7. 1995 (BGBl. I S. 935); Abs. 3 Satz 2 Nr. 1a eingefügt durch VO v. 7. 8. 1997 (BGBl. I S. 2028).

§ 31   Sport und Spiel

Sport und Spiele auf der Fahrbahn und den Seitenstreifen sind nur auf den dafür zugelassenen Straßen erlaubt (Zusatzschilder hinter Zeichen 101 und 250).

§ 32   Verkehrshindernisse

(1) Es ist verboten, die Straße zu beschmutzen oder zu benetzen oder Gegenstände auf Straßen zu bringen oder dort liegen zu lassen, wenn dadurch der Verkehr gefährdet oder erschwert werden kann. Der für solche verkehrswidrigen Zustände Verantwortliche hat sie unverzüglich zu beseitigen und sie bis dahin ausreichend kenntlich zu machen. Verkehrshindernisse sind, wenn nötig (§ 17 Abs. 1), mit eigener Lichtquelle zu beleuchten oder durch andere zugelassene lichttechnische Einrichtungen kenntlich zu machen.

(2) Sensen, Mähmesser oder ähnlich gefährliche Geräte sind wirksam zu verkleiden.

Abs. 1 Sätze 2 u. 3 i. d. F. d. VO v. 22. 3. 1988 (BGBl. I S. 405).

§ 33   Verkehrsbeeinträchtigungen

(1) Verboten ist

1. der Betrieb von Lautsprechern,

2. das Anbieten von Waren und Leistungen aller Art auf der Straße,

3. außerhalb geschlossener Ortschaften jede Werbung und Propaganda durch Bild, Schrift, Licht oder Ton,

wenn dadurch Verkehrsteilnehmer in einer den Verkehr gefährdenden oder erschwerenden Weise abgelenkt oder belästigt werden können. Auch durch innerörtliche Werbung und Propaganda darf der Verkehr außerhalb geschlossener Ortschaften nicht in solcher Weise gestört werden.

(2) Einrichtungen, die Zeichen oder Verkehrseinrichtungen (§§ 36 bis 43) gleichen, mit ihnen verwechselt werden können oder deren Wirkung beeinträchtigen können, dürfen dort nicht angebracht oder sonst verwendet werden, wo sie sich auf den Verkehr auswirken können. Werbung und Propaganda in Verbindung mit Verkehrszeichen und Verkehrseinrichtungen sind unzulässig.

Abs. 1 bisheriger Satz 3 gestrichen durch VO v. 22. 3. 1988 (BGBl. I S. 405).

§ 34   Unfall

(1) Nach einem Verkehrsunfall hat jeder Beteiligte

1. unverzüglich zu halten,
2. den Verkehr zu sichern und bei geringfügigem Schaden unverzüglich beiseite zu fahren,
3. sich über die Unfallfolgen zu vergewissern,
4. Verletzten zu helfen (§ 323c des Strafgesetzbuches),
5. anderen am Unfallort anwesenden Beteiligten und Geschädigten

    a) anzugeben, daß er am Unfall beteiligt war und

    b) auf Verlangen seinen Namen und seine Anschrift anzugeben sowie ihnen Führerschein und Fahrzeugschein vorzuweisen und nach bestem Wissen Angaben über seine Haftpflichtversicherung zu machen,

6. a) solange am Unfallort zu bleiben, bis er zugunsten der anderen Beteiligten und der Geschädigten die Feststellung seiner Person, seines Fahrzeugs und der Art seiner Beteiligung durch seine Anwesenheit ermöglicht hat oder

    b) eine nach den Umständen angemessene Zeit zu warten und am Unfallort Namen und Anschrift zu hinterlassen, wenn niemand bereit war, die Feststellung zu treffen,

7. unverzüglich die Feststellungen nachträglich zu ermöglichen, wenn er sich berechtigt, entschuldigt oder nach Ablauf der Wartefrist (Nummer 6 Buchstabe b) vom Unfallort entfernt hat. Dazu hat er mindestens den Berechtigten (Nummer 6 Buchstabe a) oder einer nahe gelegenen Polizeidienststelle mitzuteilen, daß er am Unfall beteiligt gewesen ist, und seine Anschrift, seinen Aufenthalt sowie das Kennzeichen und den Standort seines Fahrzeugs anzugeben und dieses zu unverzüglichen Feststellungen für eine ihm zumutbare Zeit zur Verfügung zu halten.

(2) Beteiligt an einem Verkehrsunfall ist jeder, dessen Verhalten nach den Umständen zum Unfall beigetragen haben kann.

(3) Unfallspuren dürfen nicht beseitigt werden, bevor die notwendigen Feststellungen getroffen worden sind.

I. d. F. d. VO v. 27. 11. 1975 (BGBl. I S. 2967); Abs. 1 Nr. 4 geändert durch VO v. 28. 4. 1982 (BGBl. I S. 564) in Verbdg. mit VO v. 21. 7. 1980 (BGBl. I S. 1060); Abs. 3 geändert durch VO v. 19. 3. 1992 (BGBl. I S. 678).

§ 35 Sonderrechte

(1) Von den Vorschriften dieser Verordnung sind die Bundeswehr, der Bundesgrenzschutz, die Feuerwehr, der Katastrophenschutz, die Polizei und der Zolldienst befreit, soweit das zur Erfüllung hoheitlicher Aufgaben dringend geboten ist.

(1a) Absatz 1 gilt entsprechend für ausländische Beamte, die auf Grund völkerrechtlicher Vereinbarungen zur Nacheile oder Observation im Inland berechtigt sind.

(2) Dagegen bedürfen diese Organisationen auch unter den Voraussetzungen des Absatzes 1 der Erlaubnis,

1. wenn sie mehr als 30 Kraftfahrzeuge im geschlossenen Verband (§ 27) fahren lassen wollen,

2. im übrigen bei jeder sonstigen übermäßigen Straßenbenutzung mit Ausnahme der nach § 29 Abs. 3 Satz 2.

(3) Die Bundeswehr ist über Absatz 2 hinaus auch zu übermäßiger Straßenbenutzung befugt, soweit Vereinbarungen getroffen sind.

(4) Die Beschränkungen der Sonderrechte durch die Absätze 2 und 3 gelten nicht bei Einsätzen anläßlich von Unglücksfällen, Katastrophen und Störungen der öffentlichen Sicherheit oder Ordnung sowie in den Fällen der Artikel 91 und 87a Abs. 4 des Grundgesetzes sowie im Verteidigungsfall und im Spannungsfall.

(5) Die Truppen der nichtdeutschen Vertragsstaaten des Nordatlantikpaktes sind im Falle dringender militärischer Erfordernisse von den Vorschriften dieser Verordnung befreit, von den Vorschriften des § 29 allerdings nur, soweit für diese Truppen Sonderregelungen oder Vereinbarungen bestehen.

(5a) Fahrzeuge des Rettungsdienstes sind von den Vorschriften dieser Verordnung befreit, wenn höchste Eile geboten ist, um Menschenleben zu retten oder schwere gesundheitliche Schäden abzuwenden.

(6) Fahrzeuge, die dem Bau, der Unterhaltung oder Reinigung der Straßen und Anlagen im Straßenraum oder der Müllabfuhr dienen und durch weiß-rot-weiße Warneinrichtungen gekennzeichnet sind, dürfen auf allen Straßen und Straßenteilen und auf jeder Straßenseite in jeder Richtung zu allen Zeiten fahren und halten, soweit ihr Einsatz dies erfordert, zur Reinigung der Gehwege jedoch nur, wenn das zulässige Gesamtgewicht bis zu 2,8 t beträgt. Dasselbe gilt auch für Fahrzeuge zur Reinigung der Gehwege, deren zulässiges Gesamtgewicht 3,5 t nicht übersteigt und deren Reifeninnendruck nicht mehr als 3 bar beträgt. Dabei ist sicherzustellen, daß keine Beschädigung der Gehwege und der darunterliegenden Versorgungsleitungen erfolgen kann. Personen, die hierbei eingesetzt sind oder Straßen oder in deren Raum befindliche Anlagen zu beaufsichtigen haben, müssen bei ihrer Arbeit außerhalb von Gehwegen und Absperrungen auffällige Warnkleidung tragen.

(7) Messfahrzeuge der Regulierungsbehörde für Telekommunikation und Post (§ 66 des Telekommunikationsgesetzes) dürfen auf allen Straßen und Straßenteilen zu allen Zeiten fahren und halten, soweit ihr hoheitlicher Einsatz dies erfordert.

(8) Die Sonderrechte dürfen nur unter gebührender Berücksichtigung der öffentlichen Sicherheit und Ordnung ausgeübt werden.

Abs. 5a eingefügt und Abs. 6 Satz 1 ergänzt durch VO v. 27. 11. 1975 (BGBl. I S. 2967); Abs. 5a Satz 1 ergänzt und Sätze 2 u. 3 eingefügt durch VO v. 22. 3. 1988 (BGBl. I S. 405); Abs. 1a eingefügt durch VO v. 19. 3. 1992 (BGBl. I S. 678); Abs. 7 neu gefasst durch G. v. 17. 12. 1997 (BGBl. I S. 3108); Abs. 1a geändert und Abs. 7 neu gefasst durch VO v. 11. 12. 2000 (BGBl. I S. 1690).

II. Zeichen und Verkehrseinrichtungen

§ 36   Zeichen und Weisungen der Polizeibeamten

(1) Die Zeichen und Weisungen der Polizeibeamten sind zu befolgen. Sie gehen allen anderen Anordnungen und sonstigen Regeln vor, entbinden den Verkehrsteilnehmer jedoch nicht von seiner Sorgfaltspflicht.

(2) An Kreuzungen ordnet an:

1.   Seitliches Ausstrecken eines Armes oder beider Arme quer zur Fahrtrichtung:
   „Halt vor der Kreuzung".
   Der Querverkehr ist freigegeben.

   Hat der Beamte dieses Zeichen gegeben, so gilt es fort, solange er in der gleichen Richtung winkt oder nur seine Grundstellung beibehält.
   Der freigegebene Verkehr kann nach den Regeln des § 9 abbiegen, nach links jedoch nur, wenn er Schienenfahrzeuge dadurch nicht behindert.

2.   Hochheben eines Armes:
   „Vor der Kreuzung auf das nächste Zeichen warten",
   für Verkehrsteilnehmer in der Kreuzung:
   „Kreuzung räumen".

(3) Diese Zeichen können durch Weisungen ergänzt oder geändert werden.

(4) An anderen Straßenstellen, wie an Einmündungen und an Fußgängerüberwegen, haben die Zeichen entsprechende Bedeutung.

(5) Polizeibeamte dürfen Verkehrsteilnehmer zur Verkehrskontrolle einschließlich der Kontrolle der Verkehrstüchtigkeit und zu Verkehrserhebungen anhalten. Das Zeichen zum Anhalten kann der Beamte auch durch geeignete technische Einrichtungen am Einsatzfahrzeug, eine Winkerkelle oder eine rote Leuchte geben. Mit diesen Zeichen kann auch ein vorausfahrender Verkehrsteilnehmer angehalten werden. Die Verkehrsteilnehmer haben die Anweisungen der Polizeibeamten zu befolgen.

Abs. 5 neu gefasst durch VO v. 19. 3. 1992 (BGBl. I S. 678).

§ 37   Wechsellichtzeichen, Dauerlichtzeichen und Grünpfeil

(1) Lichtzeichen gehen Vorrangregeln, vorrangregelnden Verkehrsschildern und Fahrbahnmarkierungen vor.

(2) Wechsellichtzeichen haben die Farbfolge Grün – Gelb – Rot – Rot und Gelb (gleichzeitig) – Grün. Rot ist oben, Gelb in der Mitte und Grün unten.

1. An Kreuzungen bedeuten:
    Grün: „Der Verkehr ist freigegeben".
    Er kann nach den Regeln des § 9 abbiegen, nach links jedoch nur, wenn er Schienenfahrzeuge dadurch nicht behindert.
    Grüner Pfeil: „Nur in Richtung des Pfeiles ist der Verkehr freigegeben".
    Ein grüner Pfeil links hinter der Kreuzung zeigt an, daß der Gegenverkehr durch Rotlicht angehalten ist und daß Linksabbieger die Kreuzung in Richtung des grünen Pfeils ungehindert befahren und räumen können.
    Gelb ordnet an: „Vor der Kreuzung auf das nächste Zeichen warten".
    Keines dieser Zeichen entbindet von der Sorgfaltspflicht.
    Rot ordnet an: „Halt vor der Kreuzung".
    Nach dem Anhalten ist das Abbiegen nach rechts auch bei Rot erlaubt, wenn rechts neben dem Lichtzeichen Rot ein Schild mit grünem Pfeil auf schwarzem Grund (Grünpfeil) angebracht ist. Der Fahrzeugführer darf nur aus dem rechten Fahrstreifen abbiegen. Er muß sich dabei so verhalten, daß eine Behinderung oder Gefährdung anderer Verkehrsteilnehmer, insbesondere des Fußgänger- und Fahrzeugverkehrs der freigegebenen Verkehrsrichtung, ausgeschlossen ist.
    Schwarzer Pfeil auf Rot ordnet das Halten, schwarzer Pfeil auf Gelb das Warten nur für die angegebene Richtung an.

    Ein einfeldiger Signalgeber mit Grünpfeil zeigt an, daß bei Rot für die Geradeaus-Richtung nach rechts abgebogen werden darf.

2. An anderen Straßenstellen, wie an Einmündungen und an Markierungen für den Fußgängerverkehr, haben die Lichtzeichen entsprechende Bedeutung.

3. Lichtzeichenanlagen können auf die Farbfolge Gelb – Rot beschränkt sein.

4. Für jeden von mehreren markierten Fahrstreifen (Zeichen 295, 296 oder 340) kann ein eigenes Lichtzeichen gegeben werden. Für Schienenbahnen können besondere Zeichen, auch in abweichenden Phasen, gegeben werden; das gilt auch für Linienomnibusse und Taxen, wenn sie einen vom übrigen Verkehr freigehaltenen Verkehrsraum benutzen.

5. Gelten die Lichtzeichen nur für Fußgänger oder nur für Radfahrer, so wird das durch das Sinnbild eines Fußgängers oder eines Fahrrades angezeigt. Für Fußgänger gilt die Farbfolge Grün – Rot – Grün; für Radfahrer kann sie so sein. Wechselt Grün auf Rot, während Fußgänger die Fahrbahn überschreiten, so haben sie ihren Weg zügig fortzusetzen.

6. Radfahrer haben die Lichtzeichen für Fußgänger zu beachten, wenn eine Radwegfurt an eine Fußgängerfurt grenzt und keine gesonderten Lichtzeichen für Radfahrer vorhanden sind.

(3) Dauerlichtzeichen über einem Fahrstreifen sperren ihn oder geben ihn zum Befahren frei.

Rote gekreuzte Schrägbalken ordnen an:

„Der Fahrstreifen darf nicht benutzt werden, davor darf nicht gehalten werden''.

Ein grüner, nach unten gerichteter Pfeil bedeutet:

„Der Verkehr auf dem Fahrstreifen ist freigegeben''.

Ein gelb blinkender, schräg nach unten gerichteter Pfeil ordnet an:

„Fahrstreifen in Pfeilrichtung wechseln''.

(4) Wo Lichtzeichen den Verkehr regeln, darf nebeneinander gefahren werden, auch wenn die Verkehrsdichte das nicht rechtfertigt.

Abs. 2 Nr. 2 und Nr. 4 Satz 2 und Nr. 5 Satz 2 i. d. F. d. VO v. 27. 11. 1975 (BGBl. I S. 2967); Abs. 2 Nr. 1 Varianten 2 und 3 neu gefasst und Abs. 3 Satz 4 eingefügt durch VO v. 28. 4. 1982 (BGBl. I S. 564) in Verbdg. mit VO v. 21. 7. 1980 (BGBl. I S. 1060); Abs. 2 Nr. 6 angefügt durch VO v. 22. 3. 1988 (BGBl. I S. 405); Abs. 2 Nr. 1 geändert durch VO v. 19. 3. 1992 (BGBl. I S. 678) und durch VO v. 14. 12. 1993 (BGBl. I S. 2043); Abs. 3 Satz 1 neu gefasst durch VO v. 14. 12. 2001 (BGBl. I S. 3783).

§ 38 Blaues Blinklicht und gelbes Blinklicht

(1) Blaues Blinklicht zusammen mit dem Einsatzhorn darf nur verwendet werden, wenn höchste Eile geboten ist, um Menschenleben zu retten oder schwere gesundheitliche Schäden abzuwenden, eine Gefahr für die öffentliche Sicherheit oder Ordnung abzuwenden, flüchtige Personen zu verfolgen oder bedeutende Sachwerte zu erhalten.

Es ordnet an:

„Alle übrigen Verkehrsteilnehmer haben sofort freie Bahn zu schaffen''.

(2) Blaues Blinklicht allein darf nur von den damit ausgerüsteten Fahrzeugen und nur zur Warnung an Unfall- oder sonstigen Einsatzstellen, bei Einsatzfahrten oder bei der Begleitung von Fahrzeugen oder von geschlossenen Verbänden verwendet werden.

(3) Gelbes Blinklicht warnt vor Gefahren. Es kann ortsfest oder von Fahrzeugen aus verwendet werden. Die Verwendung von Fahrzeugen aus ist nur zulässig, um vor Arbeits- oder Unfallstellen, vor ungewöhnlich langsam fahrenden Fahrzeugen oder vor Fahrzeugen mit ungewöhnlicher Breite oder Länge oder mit ungewöhnlich breiter oder langer Ladung zu warnen.

Abs. 1 Satz 1 ergänzt durch VO v. 22. 3. 1988 (BGBl. I S. 405); Abs. 2 geändert und Abs. 3 neu gefasst durch VO v. 19. 3. 1992 (BGBl. I S. 678).

§ 39 Verkehrszeichen

(1) Angesichts der allen Verkehrsteilnehmern obliegenden Verpflichtung, die allgemeinen und besonderen Verhaltensvorschriften dieser Verordnung eigenverantwortlich zu beachten, werden örtliche Anordnungen durch Verkehrszeichen nur dort getroffen, wo dies aufgrund der besonderen Umstände zwingend geboten ist.

(1a) Innerhalb geschlossener Ortschaften in abseits der Vorfahrtstraßen (Zeichen 306) mit der Anordnung von Tempo-30-Zonen (Zeichen 274.1) zu rechnen.

(2) Verkehrszeichen sind Gefahrzeichen, Vorschriftzeichen und Richtzeichen. Auch Zusatzschilder sind Verkehrszeichen. Die Zusatzschilder zeigen auf weißem Grund mit schwarzem Rand schwarze Zeichnungen oder Aufschriften. Sie sind dicht unter den Verkehrszeichen angebracht. Verkehrszeichen und Zusatzschilder können, auch gemeinsam, auf einer Trägerfläche aufgebracht werden. Abweichend von den abgebildeten Verkehrszeichen und Zusatzschildern können die weißen Flächen schwarz und die schwarzen Sinnbilder und der schwarze Rand weiß sein, wenn diese Zeichen nur durch Lichter erzeugt werden.

(2a) Verkehrszeichen können auf einem Fahrzeug angebracht werden. Sie gelten auch, während das Fahrzeug sich bewegt. Sie gehen den Anordnungen der ortsfest angebrachten Verkehrszeichen vor.

(3) Regelungen durch Verkehrszeichen gehen den allgemeinen Verkehrsregeln vor.

(4) Werden Sinnbilder auf anderen Verkehrsschildern als den in §§ 40 bis 42 dargestellten gezeigt, so bedeuten die Sinnbilder:

Kraftwagen und sonstige mehrspurige Kraftfahrzeuge

Kraftfahrzeuge mit einem zulässigen Gesamtgewicht über 3,5 t, einschließlich ihrer Anhänger, und Zugmaschinen, ausgenommen Personenkraftwagen und Kraftomnibusse

Radfahrer

Fußgänger

Reiter

Viehtrieb, Tiere

Straßenbahn

Kraftomnibus

Personenkraftwagen

Personenkraftwagen mit Anhänger

Lastkraftwagen mit Anhänger

Kraftfahrzeuge und Züge,
die nicht schneller als 25 km/h fahren können oder dürfen

Krafträder, auch mit Beiwagen,
Kleinkrafträder und Mofas

Mofas

I. d. F. d. VO v. 19. 3. 1992 (BGBl. I S. 678); neuer Abs. 1 eingefügt sowie bisherige Abs. 1, 1a, 2 und 3 als Abs. 2, 2a, 3 und 4 eingeordnet durch VO v. 7. 8. 1997 (BGBl. I S. 2028); Abs. 1a eingefügt durch VO v. 11. 12. 2000 (BGBl. I S. 1690).

§ 40   Gefahrzeichen   [Farbtafeln auf CD-ROM, → Seite 77]

(1) Gefahrzeichen mahnen, sich auf die angekündigte Gefahr einzurichten.

(2) Außerhalb geschlossener Ortschaften stehen sie im allgemeinen 150 bis 250 m vor den Gefahrstellen. Ist die Entfernung erheblich geringer, so kann sie auf einem Zusatzschild angegeben sein, wie

(3) Innerhalb geschlossener Ortschaften stehen sie im allgemeinen kurz vor der Gefahrstelle.

(4) Ein Zusatzschild wie

kann die Länge der Gefahrstrecke angeben.

(5) Steht ein Gefahrzeichen vor einer Einmündung, so weist auf einem Zusatzschild ein schwarzer Pfeil in die Richtung der Gefahrstelle, falls diese in der anderen Straße liegt.

(6) Gefahrzeichen im einzelnen:

Zeichen 101

Gefahrstelle

Ein Zusatzschild kann die Gefahr näher bezeichnen. So warnt das

Zusatzschild

vor schlechtem Fahrbahnrand. Das

Zusatzschild

erlaubt, auf dieser Straße Wintersport zu treiben, gegebenenfalls zeitlich beschränkt, wie „9–17 h".

Zeichen 102

Kreuzung oder Einmündung
mit Vorfahrt von rechts

Zeichen 103

Kurve
(rechts)

Zeichen 105

Doppelkurve
(zunächst rechts)

Zeichen 108

Gefälle

Zeichen 110

Steigung

Zeichen 112

Unebene Fahrbahn

Zeichen 113

Schnee- oder Eisglätte

Zeichen 114

Schleudergefahr
bei Nässe oder Schmutz

Zeichen 115

Steinschlag

Zeichen 116

Splitt, Schotter

Zeichen 117

Seitenwind

Zeichen 120

Verengte Fahrbahn

Zeichen 121

Einseitig (rechts)
verengte Fahrbahn

Zeichen 123

Baustelle

Zeichen 124

Stau

Zeichen 125

Gegenverkehr

Zeichen 128

Bewegliche Brücke

Zeichen 129

Ufer

Zeichen 131

Lichtzeichenanlage

Zeichen 133

Fußgänger

Zeichen 134

Fußgängerüberweg

Die Zeichen 128 bis 134 stehen auch innerhalb geschlossener Ortschaften in angemessener Entfernung vor der Gefahrstelle. Die Entfernung kann auf einem Zusatzschild angegeben sein (Absatz 2 Satz 2).

Zeichen 136

Kinder

Zeichen 138

Radfahrer kreuzen

Zeichen 140

Viehtrieb, Tiere

Zeichen 142

Wildwechsel

Zeichen 144

Flugbetrieb

Vor anderen Gefahrstellen kann durch Gefahrzeichen gleicher Art mit geeigneten Sinnbildern gewarnt werden.

(7) Besondere Gefahrzeichen vor Übergängen von Schienenbahnen mit Vorrang:

Zeichen 150

Bahnübergang
mit Schranken oder Halbschranken

Zeichen 151

Unbeschrankter Bahnübergang

oder folgende drei Warnbaken

etwa 240 m vor dem Bahnübergang

Zeichen 153

dreistreifige Bake (links)
– vor beschranktem Bahnübergang –

Zeichen 156

dreistreifige Bake (rechts)
– vor unbeschranktem
Bahnübergang –

etwa 160 m vor dem Bahnübergang

Zeichen 159

zweistreifige Bake (links)

etwa 80 m vor dem Bahnübergang

Zeichen 162

einstreifige Bake (rechts)

Sind die Baken in erheblich abweichenden Abständen aufgestellt, so ist der Abstand in Metern oberhalb der Schrägstreifen in schwarzen Ziffern angegeben.

I. d. F. d. VO v. 19. 3. 1992 (BGBl. I S. 678); Abs. 1 Satz 2 gestrichen durch VO v. 7. 8. 1997 (BGBl. I S. 2028).

§ 41 Vorschriftzeichen [Farbtafeln auf CD-ROM, → Seite 77]

(1) Auch Schilder oder weiße Markierungen auf der Straßenoberfläche enthalten Gebote und Verbote.

(2) Schilder stehen regelmäßig rechts. Gelten sie nur für einzelne markierte Fahrstreifen (Zeichen 295, 296 oder 340), so sind sie in der Regel darüber angebracht. Die Schilder stehen im allgemeinen dort, wo oder von wo an die Anordnungen zu befolgen sind. Sonst ist, soweit nötig, die Entfernung zu diesen Stellen auf einem Zusatzschild (§ 40 Abs. 2) angegeben. Andere Zusatzschilder enthalten nur allgemeine Beschränkungen der Gebote oder Verbote oder allgemeine Ausnahmen von ihnen. Besondere Zusatzschilder können etwas anderes bestimmen (zu Zeichen 237, 250, 283, 286, 290 und hinter Zeichen 277).

1. Warte- und Haltgebote
   a) An Bahnübergängen:

Zeichen 201

Andreaskreuz   (auch liegend)
Dem Schienenverkehr Vorrang gewähren!

Es befindet sich vor dem Bahnübergang, und zwar in der Regel unmittelbar davor. Ein Blitzpfeil in der Mitte des Andreaskreuzes zeigt an, daß die Bahnstrecke elektrische Fahrleitung hat. Ein Zusatzschild mit schwarzem Pfeil zeigt an, daß das Andreaskreuz nur für den Straßenverkehr in Richtung dieses Pfeiles gilt.

   b) An Kreuzungen und Einmündungen:

Zeichen 205

Vorfahrt gewähren!

Das Schild steht unmittelbar vor der Kreuzung oder Einmündung. Es kann durch dasselbe Schild mit Zusatzschild (wie „100 m") angekündigt sein.

Wo linke Radwege auch für die Gegenrichtung freigegeben sind und Radfahrer die Fahrbahn kreuzen, kann über dem Zeichen 205 das Zusatzschild

angebracht sein. Mit diesem Zusatzschild enthält das Zeichen das Gebot:

„Vorfahrt gewähren und auf kreuzenden Radverkehr von links und rechts achten!"

Wo Schienenfahrzeuge einen kreisförmigen Verkehr kreuzen, an Wendeschleifen oder ähnlich geführten Gleisanlagen von Schienenbahnen, enthält das Zeichen mit dem Sinnbild einer Straßenbahn auf einem darüber angebrachten Zusatzschild das Gebot:
„Der Schienenbahn Vorfahrt gewähren"!

Zeichen 206

Halt! Vorfahrt gewähren!

Das unbedingte Haltgebot ist dort zu befolgen, wo die andere Straße zu übersehen ist, in jedem Fall an der Haltlinie (Zeichen 294).

Das Schild steht unmittelbar vor der Kreuzung oder Einmündung.

Das Haltgebot wird außerhalb geschlossener Ortschaften angekündigt durch das Zeichen 205 mit Zusatzschild

Innerhalb geschlossener Ortschaften kann das Haltgebot so angekündigt sein.

Der Verlauf der Vorfahrtstraße kann durch ein Zusatzschild zu den Zeichen 205 und 206

bekanntgegeben sein.

c) Bei verengter Fahrbahn:

Zeichen 208

Dem Gegenverkehr Vorrang gewähren!

2. Vorgeschriebene Fahrtrichtung

Zeichen 209

Rechts

Zeichen 211

Hier rechts

Zeichen 214

Geradeaus und rechts

Andere Fahrtrichtungen werden entsprechend vorgeschrieben.

Zeichen 215   Zeichen 220

Kreisverkehr

Es steht parallel zur Fahrtrichtung und schreibt allen Verkehrsteilnehmern auf der Fahrbahn die Richtung vor, Fußgängern jedoch nur, wenn sie Fahrzeuge mitführen.

Ist in einer Einbahnstraße mit geringer Verkehrsbelastung die zulässige Höchstgeschwindigkeit durch Verkehrszeichen auf 30 km/h oder weniger begrenzt, so kann durch das Zusatzschild

versuchsweise bis zum 31. Dezember 2000 Fahrradverkehr in der Gegenrichtung zugelassen werden. Das Zusatzschild ist dann auch bei Zeichen 353 anzubringen. Aus der entgegengesetzten Richtung ist dann bei Zeichen 267 das Zusatzschild „Radfahrer (Sinnbild) frei" anzubringen.

3. Vorgeschriebene Vorbeifahrt

Zeichen 222

Rechts vorbei

„Links vorbei" wird entsprechend vorgeschrieben.

3a. Befahren eines Seitenstreifens als Fahrstreifen

Zeichen 223.1

Seitenstreifen befahren

Das Zeichen ordnet das Befahren eines Seitenstreifens an; dieser ist dann wie ein rechter Fahrstreifen zu befahren. Das Zeichen mit Zusatzschild „Ende in . . . m" kündigt die Aufhebung der Anordnung an.

Zeichen 223.2

Seitenstreifen nicht mehr befahren

Das Zeichen hebt die Anordnung „Seitenstreifen befahren" auf.

Zeichen 223.3

Seitenstreifen räumen

Das Zeichen ordnet die Räumung des Seitenstreifens an.
Werden die Zeichen 223.1 bis 223.3 für eine Fahrbahn mit mehr als zwei Fahrstreifen angeordnet, zeigen die Zeichen die entsprechende Anzahl der Pfeile.

4. Haltestellen

Zeichen 224

Straßenbahnen oder Linienbusse

Das Zeichen 224 mit dem Zusatzschild „Schulbus (Angabe der tageszeitlichen Benutzung)" kennzeichnet eine Schulbushaltestelle.

Zeichen 229

Taxenstand

Ein Zusatzschild kann die Anzahl der vorgesehenen Taxen angeben.

5. Sonderwege

Zeichen 237   Zeichen 238

Radfahrer   Reiter

Zeichen 239

Fußgänger

Diese Zeichen stehen rechts oder links. Die Sinnbilder der Zeichen 237 und 239 können auch gemeinsam auf einem Schild, durch einen senkrechten weißen Streifen getrennt, gezeigt werden. Ein gemeinsamer Rad- und Gehweg kann durch ein Schild gekennzeichnet sein, das – durch einen waagerechten weißen Streifen getrennt – die entsprechenden Sinnbilder zeigt. Das Zeichen „Fußgänger" steht nur dort, wo eine Klarstellung notwendig ist. Durch ein Zusatzschild kann die Benutzung des Radweges durch Mofas gestattet werden.

Zeichen 240   Zeichen 241

gemeinsamer   getrennter
Fuß- und Radweg   Rad- und Fußweg

Die Zeichen bedeuten:

a) Radfahrer, Reiter und Fußgänger müssen die für sie bestimmten Sonderwege benutzen. Andere Verkehrsteilnehmer dürfen sie nicht benutzen;

b) wer ein Mofa durch Treten fortbewegt, muß den Radweg benutzen;

c) auf einem gemeinsamen Rad- und Gehweg haben Radfahrer und die Führer von motorisierten Zweiradfahrzeugen auf Fußgänger Rücksicht zu nehmen;

d) auf Reitwegen dürfen Pferde geführt werden;

e) wird bei Zeichen 239 durch Zusatzschild Fahrzeugverkehr zugelassen, so darf nur mit Schrittgeschwindigkeit gefahren werden;

f) wird bei Zeichen 237 durch Zusatzschild anderer Fahrzeugverkehr zugelassen, so darf nur mit mäßiger Geschwindigkeit gefahren werden.

Zeichen 242

Beginn eines
Fußgängerbereichs

Zeichen 243

Ende eines
Fußgängerbereichs

Innerhalb des Fußgängerbereichs gilt:
1. Der Fußgängerbereich ist Fußgängern vorbehalten. Andere Verkehrsteilnehmer dürfen ihn nicht benutzen.
2. Wird durch Zusatzschild Fahrzeugverkehr zugelassen, so darf nur mit Schrittgeschwindigkeit gefahren werden. Die Fahrzeugführer dürfen Fußgänger weder gefährden noch behindern; wenn nötig, müssen sie warten.

Zeichen 244

Zeichen 244a

Auf Fahrradstraßen gelten die Vorschriften über die Benutzung von Fahrbahnen; abweichend davon gilt:
1. Andere Fahrzeugführer als Radfahrer dürfen Fahrradstraßen nur benutzen, soweit dies durch Zusatzschild zugelassen ist.
2. Alle Fahrzeuge dürfen nur mit mäßiger Geschwindigkeit fahren.
3. Radfahrer dürfen auch nebeneinander fahren.

Zeichen 245

Linienomnibusse

Der so gekennzeichnete Sonderfahrstreifen ist Omnibussen des Linienverkehrs vorbehalten. Dasselbe gilt auch für Taxen, wenn dies durch das Zusatzschild „Taxi frei" angezeigt ist, sowie für Radfahrer, wenn dies durch das Zusatzschild

angezeigt ist. Andere Verkehrsteilnehmer dürfen den Sonderfahrstreifen nicht benutzen.

6. Verkehrsverbote

Verkehrsverbote untersagen den Verkehr insgesamt oder teilweise. Soweit von Verkehrsverboten, die aus Gründen der Luftverunreinigung ergehen, für Kraftfahrzeuge Ausnahmen durch Verkehrszeichen zugelassen werden, ist dies durch Zusatzschild zu den Zeichen 251, 253, 255, 260 oder 270 angezeigt.

Das Zusatzschild

Freistellung vom Verkehrsverbot nach § 40 Abs. 2
Bundes-Immissionsschutzgesetz

nimmt Kraftfahrzeuge vom Verkehrsverbot aus,

a) die mit einer G-Kat-Plakette oder einer amtlichen Plakette gekennzeichnet sind, die nach dem Anhang zu § 40c Abs. 1 Bundes-Immissionsschutzgesetzes in der Fassung der Bekanntmachung vom 14. Mai 1990 (BGBl. I S. 880), zuletzt geändert durch Artikel 2 des Gesetzes vom 18. April 1997 (BGBl. I S. 805) oder in den Fällen des § 40e Abs. 2 des Bundes-Immissionsschutzgesetzes in der Fassung des Artikels 1 Nr. 1 des Gesetzes vom 19. Juli 1995 (BGBl. I S. 930) erteilt worden ist, oder

b) mit denen Fahrten zu besonderen Zwecken im Sinne des § 40d Abs. 1 Nr. 1 bis 6 des Bundes-Immissionsschutzgesetzes in der Fassung des Artikels 1 Nr. 1 des Gesetzes vom 19. Juli 1995 (BGBl. I S. 930) oder zur sozialen Betreuung der Bevölkerung in dem Verbotsgebiet durchgeführt werden.

Zeichen 250

Verbot für Fahrzeuge aller Art

Es gilt nicht für Handfahrzeuge, abweichend von § 28 Abs. 2 auch nicht für Tiere. Krafträder und Fahrräder dürfen geschoben werden.

Das Zusatzschild

erlaubt Kindern, auch auf der Fahrbahn und den Seitenstreifen zu spielen. Auch Sport kann dort durch ein Zusatzschild erlaubt sein.

Zeichen 251

Verbot für Kraftwagen
und sonstige mehrspurige
Kraftfahrzeuge

Zeichen 253

Verbot für Kraftfahrzeuge mit
einem zulässigen Gesamtgewicht
über 3,5 t, einschließlich ihrer
Anhänger, und Zugmaschinen,
ausgenommen Personenkraftwagen und Kraftomnibusse

Zeichen 254

Verbot für Radfahrer

Zeichen 259

Verbot für Fußgänger

Zeichen 255

Verbot für Kräfträder,
auch mit Beiwagen,
Kleinkrafträder und Mofas

a) Für andere Verkehrsarten, wie Lastzüge, Reiter können gleichfalls
    durch das Zeichen 250 mit Sinnbild entsprechende Verbote erlassen
    werden.

b) Ist auf einem Zusatzschild ein Gewicht, wie „7,5 t", angegeben, so
    gilt das Verbot nur, soweit das zulässige Gesamtgewicht dieser Ver-
    kehrsmittel die angegebene Grenze überschreitet.

c) Mehrere dieser Verbote können auf einem Schild vereinigt sein.

Zeichen 260   Zeichen 261

Verbot für Krafträder, auch mit   Verbot für kennzeichnungs-
Beiwagen, Kleinräder und Mofas   pflichtige Kraftfahrzeuge
sowie für Kraftwagen   mit gefährlichen Gütern
und sonstige
mehrspurige Kraftfahrzeuge

Verbot für Fahrzeuge, deren

Zeichen 262   Zeichen 263

tatsächliches Gewicht   tatsächliche Achslast

Zeichen 264   Zeichen 265

Breite   Höhe

Zeichen 266

Länge

je einschließlich Ladung eine bestimmte Grenze überschreitet.

Die Beschränkung durch Zeichen 262 gilt bei Zügen für das einzelne Fahrzeug, bei Sattelkraftfahrzeugen gesondert für die Sattelzugmaschine einschließlich Sattellast und für die tatsächlich vorhandenen Achslasten des Sattelanhängers. Das Zeichen 266 gilt auch für Züge.

Zeichen 267

Verbot der Einfahrt

Das Zeichen steht auf der rechten Seite der Fahrbahn, für die es gilt, oder auf beiden Seiten dieser Fahrbahn.

Zeichen 268

Schneeketten
sind vorgeschrieben

Zeichen 269

Verbot für Fahrzeuge mit
wassergefährdender Ladung

Zeichen 270

Verkehrsverbot bei Smog oder zur Verminderung
schädlicher Luftverunreinigungen

Es verbietet den Verkehr mit Kraftfahrzeugen nach Maßgabe landesrechtlicher Smog-Verordnungen oder bei Maßnahmen zur Vermeidung von schädlichen Umwelteinwirkungen durch Luftverunreinigungen nach § 40 Abs. 2 des Bundes-Immissionsschutzgesetzes.

Zeichen 272

Wendeverbot

Zeichen 273

Verbot des Fahrens
ohne einen Mindestabstand

Es verbietet dem Führer eines Kraftfahrzeuges mit einem zulässigen Gesamtgewicht über 3,5 t oder einer Zugmaschine, mit Ausnahme von Personenkraftwagen und Kraftomnibussen, den angegebenen Mindestabstand zu einem vorherfahrenden Kraftfahrzeug gleicher Art zu unterschreiten.

Durch Zusatzschilder kann die Bedeutung des Zeichens eingeengt werden.

7. Streckenverbote
Sie beschränken den Verkehr auf bestimmten Strecken.

Zeichen 274

Zulässige Höchstgeschwindigkeit

verbietet, schneller als mit einer bestimmten Geschwindigkeit zu fahren. Sind durch das Zeichen innerhalb geschlossener Ortschaften bestimmte Geschwindigkeiten über 50 km/h zugelassen, so gilt das für Fahrzeuge aller Art. Außerhalb geschlossener Ortschaften bleiben die für bestimmte Fahrzeugarten geltenden Höchstgeschwindigkeiten (§ 3 Abs. 3 Nr. 2 Buchstaben a und b und § 18 Abs. 5) unberührt, wenn durch das Zeichen eine höhere Geschwindigkeit zugelassen wird.

Das Zusatzschild

verbietet, bei nasser Fahrbahn die angegebene Geschwindigkeit zu überschreiten.

Zeichen 274.1   Zeichen 274.2

Beginn   Ende

der Tempo-30-Zone

Die Zeichen bestimmen Beginn und Ende der Tempo-30-Zone. Mit den Zeichen kann auch eine niedrigere Zonengeschwindigkeit, zum Beispiel verkehrsberuhigter Geschäftsbereich, angeordnet sein. Es ist verboten, innerhalb der Zone mit einer höheren Geschwindigkeit zu fahren als angegeben.

Zeichen 275

Vorgeschriebene Mindestgeschwindigkeit

verbietet, langsamer als mit einer bestimmten Geschwindigkeit zu fahren. Es verbietet Fahrzeugführern, die wegen mangelnder persönlicher Fähigkeiten oder wegen der Eigenschaften von Fahrzeug oder Ladung nicht so schnell fahren können oder dürfen, diese Straße zu benutzen. Straßen-, Verkehrs-, Sicht- oder Wetterverhältnisse können dazu verpflichten, langsamer zu fahren.

Zeichen 276

Zeichen 277

Überholverbote verbieten Führern von

Kraftfahrzeugen aller Art,

Kraftfahrzeugen mit einem zulässigen Gesamtgewicht über 3,5 t, einschließlich ihrer Anhänger, und von Zugmaschinen, ausgenommen Personenkraftwagen und Kraftomnibussen,

mehrspurige Kraftfahrzeuge und Krafträder mit Beiwagen zu überholen.

Ist auf einem Zusatzschild ein Gewicht, wie „7,5 t", angegeben, so gilt das Verbot nur, soweit das zulässige Gesamtgewicht dieser Verkehrsmittel die angegebene Grenze überschreitet.

Die Länge einer Verbotsstrecke kann an deren Beginn auf einem Zusatzschild wie

angegeben sein.

Das Ende einer Verbotsstrecke ist nicht gekennzeichnet, wenn das Streckenverbotszeichen zusammen mit einem Gefahrzeichen angebracht ist und sich aus der Örtlichkeit zweifelsfrei ergibt, von wo an die angezeigte Gefahr nicht mehr besteht. Es ist auch nicht gekennzeichnet, wenn das Verbot nur für eine kurze Strecke gilt und auf einem Zusatzschild die Länge der Verbotsstrecke angegeben ist. Sonst ist es gekennzeichnet durch die

Zeichen 278

Zeichen 279

Zeichen 280

Zeichen 281

Wo sämtliche Streckenverbote enden, steht das

Zeichen 282

Diese Zeichen können auch alleine links stehen.

8.   Haltverbote

Zeichen 283

Haltverbot

Es verbietet jedes Halten auf der Fahrbahn. Das Zusatzschild

verbietet es auch auf dem Seitenstreifen.

Zeichen 286

Eingeschränktes Haltverbot

Es verbietet das Halten auf der Fahrbahn über 3 Minuten, ausgenommen zum Ein- oder Aussteigen oder zum Be- oder Entladen. Ladegeschäfte müssen ohne Verzögerung durchgeführt werden. Das Zusatzschild „auch auf Seitenstreifen" (hinter Zeichen 283) kann auch hier angebracht sein.

Das Zusatzschild mit den Worten „auf dem Seitenstreifen" verbietet das Halten nur auf dem Seitenstreifen.

Das Zusatzschild „(Rollstuhlfahrersymbol) mit Parkausweis Nr. ... frei" nimmt Schwerbehinderte mit außergewöhnlicher Gehbehinderung und Blinde, jeweils mit besonderem Parkausweis, vom Haltverbot aus.

Das Zusatzschild „Bewohner mit besonderem Parkausweis frei" nimmt Bewohner mit besonderem Parkausweis von dem Haltverbot aus.

Die Ausnahmen gelten nur, wenn die Parkausweise gut lesbar ausgelegt sind.

a) Haltverbote gelten nur auf der Straßenseite, auf der die Schilder angebracht sind.

b) Sie gelten auch nur bis zur nächsten Kreuzung oder bis zur nächsten Einmündung auf der gleichen Straßenseite.

c) Der Anfang der Verbotsstrecke kann durch einen zur Fahrbahn weisenden waagerechten weißen Pfeil im Schild, das Ende durch einen solchen von der Fahrbahn wegweisenden Pfeil gekennzeichnet sein. Bei in der Verbotsstrecke wiederholten Schildern weist ein waagerechter Pfeil zur Fahrbahn, ein zweiter von ihr weg.

Zeichen 290

eingeschränktes Haltverbot
für eine Zone

Zeichen 291

Parkscheibe

Zeichen 292

Ende eines eingeschränkten Haltverbotes
für eine Zone

Mit diesem Zeichen werden die Grenzen der Haltverbotszone bestimmt.

Das Verbot gilt für alle öffentlichen Verkehrsflächen innerhalb des durch die Zeichen 290 und 292 begrenzten Bereichs, sofern nicht abweichende Regelungen durch Verkehrszeichen angeordnet oder erlaubt sind. Durch ein Zusatzschild kann die Benutzung einer Parkscheibe oder das Parken mit Parkschein vorgeschrieben oder das Parken auf dafür gekennzeichneten Flächen beschränkt werden, soweit es nicht dem Ein- oder Aussteigen oder dem Be- oder Entladen dient.

(3) Markierungen

1. Fußgängerüberweg

Zeichen 293

2. Haltlinie

Zeichen 294

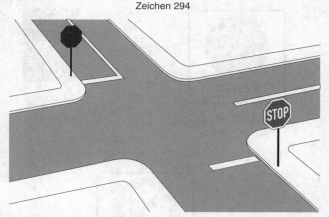

Ergänzend zu Halt- und Wartegeboten, die durch Zeichen 206, durch Polizeibeamte oder Lichtzeichen gegeben werden, ordnet sie an: „Hier halten!". Dasselbe gilt vor Bahnübergängen für den, der warten muß (§ 19 Abs. 2).

3. Fahrstreifenbegrenzung und Fahrbahnbegrenzung

Zeichen 295

Sie besteht aus einer durchgehenden Linie.

a) Sie wird vor allem verwendet, um den für den Gegenverkehr bestimmten Teil der Fahrbahn oder mehrere Fahrstreifen für den gleichgerichteten Verkehr zu begrenzen. Die Fahrstreifenbegrenzung kann aus einer Doppellinie bestehen.

Sie ordnen an: Fahrzeuge dürfen sie nicht überqueren oder über ihnen fahren. Begrenzen sie den Fahrbahnteil für den Gegenverkehr, so ordnen sie weiter an: Es ist rechts von ihnen zu fahren.

Parken (§ 12 Abs. 2) auf der Fahrbahn ist nur erlaubt, wenn zwischen dem parkenden Fahrzeug und der Linie ein Fahrstreifen von mindestens 3 m verbleibt.

b) Die durchgehende Linie kann auch Fahrbahnbegrenzung sein. Dann soll sie den Fahrbahnrand deutlich erkennbar machen. Bleibt rechts von ihr ausreichender Straßenraum frei (befestigter Seitenstreifen), so ordnet sie an:

aa) Landwirtschaftliche Zug- oder Arbeitsmaschinen, Fuhrwerke und ähnlich langsame Fahrzeuge müssen möglichst rechts von ihr fahren.

bb) Links von ihr darf nicht gehalten werden.

Wird durch Zeichen 223.1 das Befahren eines Seitenstreifens angeordnet, darf die Fahrbahnbegrenzung wie eine Leitlinie zur Markierung von Fahrstreifen einer durchgehenden Fahrbahn (Zeichen 340) überfahren werden.

Begrenzt die durchgehende Linie die Mittelinsel eines Kreisverkehrs, darf sie nur im Fall des § 9a Abs. 2 Satz 2 überfahren werden.

4. Einseitige Fahrstreifenbegrenzung

Zeichen 296

Fahrstreifen B   Fahrstreifen A

Sie besteht aus einer durchgehenden neben einer unterbrochenen Linie.

Für Fahrzeuge auf dem Fahrstreifen A ordnet die Markierung an:

a) Der Fahrverkehr darf die durchgehende Linie nicht überqueren oder über ihr fahren.

b) Parken (§ 12 Abs. 2) auf der Fahrbahn ist nur erlaubt, wenn zwischen dem parkenden Fahrzeug und der durchgehenden Linie ein Fahrstreifen von mindestens 3 m verbleibt.

Fahrzeuge auf dem Fahrstreifen B dürfen die Markierung überfahren, wenn der Verkehr dadurch nicht gefährdet wird.

5. Pfeile

Pfeile, die nebeneinander angebracht sind und in verschiedene Richtungen weisen, empfehlen, sich frühzeitig einzuordnen und in Fahrstreifen nebeneinander zu fahren. Fahrzeuge, die sich eingeordnet haben, dürfen hier auch rechts überholt werden.

Sind zwischen den Pfeilen Leitlinien (Zeichen 340) oder Fahrstreifenbegrenzungen (Zeichen 295) markiert,

Zeichen 297

so schreiben die Pfeile die Fahrtrichtungen auf der folgenden Kreuzung oder Einmündung vor. Halten auf der so markierten Strecke der Fahrbahn ist verboten.

5a. Vorankündigungspfeil

Zeichen 297.1

Der Vorankündigungspfeil kann eine Fahrstreifenbegrenzung ankündigen oder das Ende eines Fahrstreifens anzeigen.

6. Sperrflächen

Zeichen 298

Sie dürfen von Fahrzeugen nicht benutzt werden.

7. Parkflächenmarkierungen erlauben das Parken (§ 12 Abs. 2), auf Gehwegen aber nur Fahrzeugen mit einem zulässigen Gesamtgewicht bis zu 2,8 t. Sind Parkflächen auf Straßen durch durchgehende Linien abgegrenzt, so wird damit angeordnet, wie Fahrzeuge aufzustellen sind. Dazu genügt auf gekennzeichneten Parkplätzen (Zeichen 314, 315 und 316) und an Parkuhren eine einfachere Markierung.

Die durchgehenden Linien dürfen überquert werden.

8. Grenzmarkierung für Halt- und Parkverbote

Zeichen 299

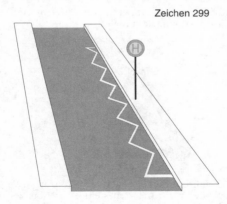

Die Markierung bezeichnet, verlängert oder verkürzt vorgeschriebene Halt- oder Parkverbote.

9. Alle Linien können durch gleichmäßig dichte Markierungsknopfreihen ersetzt werden. In verkehrsberuhigten Geschäftsbereichen (§ 45 Abs. 1c) können Fahrbahnbegrenzungen auch mit anderen Mitteln, wie z. B. durch Pflasterlinien, ausgeführt werden.

(4) Auffällige Einrichtungen wie gelbe Markierungen, gelbe Markierungsknopfreihen, Reihen von Markierungsleuchtknöpfen oder rot-weißen Leitmarken heben die durch Fahrstreifenbegrenzungen (Zeichen 295) und Leitlinien (Zeichen 340) gegebenen Anordnungen auf. Fahrzeuge dürfen sie nicht überqueren und nicht über ihnen fahren. Für Reihen von Markierungsleuchtknöpfen gilt dies nur, wenn sie eingeschaltet sind. Nur wenn die auffälligen Einrichtungen so angebracht sind, dass sie wie Leitlinien aussehen, dürfen sie überquert werden, wenn der Verkehr dadurch nicht gefährdet wird.

I. d. F. d. VO v. 19. 3. 1992 (BGBl. I S. 678); Abs. 3 Nr. 3 Buchst. b Satz 3 geändert durch VO v. 22. 12. 1992 (BGBl. I S. 2482, 1993 I S. 223); Abs. 2 Nr. 4 Zeichen 229 geändert durch VO v. 14. 12. 1993 (BGBl. I S. 2043); Abs. 2 Nr. 1 Buchst. b Erläuterung zu Zeichen 205 eingefügt, Abs. 2 Nr. 2 Erläuterung zu Zeichen 220 eingefügt, in Abs. 2 Nr. 5 nach Zeichen 242 u. 243 die Zeichen 244 und 244a eingefügt und Erläuterungen zu Zeichen 245 ergänzt sowie in den Bestimmungen zu Abs. 2 Nr. 6 Zeichen 253, Zeichen 273 u. Zeichen 277 die Angabe „2,8 t" durch die Angabe „3,5 t" ersetzt sowie Abs. 3 Nr. 3 Buchst. b Doppelbuchst. aa geändert durch VO v. 7. 8. 1997 (BGBl. I S. 2028); Abs. 2 Nr. 6 Einführungsworte eingefügt durch VO v. 25. 6. 1998 (BGBl. I S. 1654); Abs. 2 Zeichen 215 eingefügt und Erläuterung zu Zeichen 220 geändert sowie Ziffer 6 Buchst. a und b neu gefasst sowie Unterschrift und Text zu Zeichen 274.1 und 274.2 sowie Abs. 3 Nr. 3 Buchst. b Satz 4 angefügt sowie Abs. 4 neu gefasst durch VO v. 11. 12. 2000 (BGBl. I S. 1690); Abs. 2 Nr. 3a mit Zeichen 223.1, 223.2 und 223.3 eingefügt, Nr. 8 Erläuterung zu Zeichen 286 Satz 6 neu gefasst und Abs. 3 Nr. 3 Buchst. b neuer Satz 4 eingefügt durch VO v. 14. 12. 2001 (BGBl. I S. 3783).

§ 42   Richtzeichen   [Farbtafeln auf CD-ROM, → Seite 77]

(1) Richtzeichen geben besondere Hinweise zur Erleichterung des Verkehrs. Sie können auch Anordnungen enthalten.

(2) Vorrang

Zeichen 301

Vorfahrt

Das Zeichen gibt die Vorfahrt nur an der nächsten Kreuzung oder Einmündung. Außerhalb geschlossener Ortschaften steht es 150 bis 250 m davor, sonst wird auf einem Zusatzschild die Entfernung, wie „80 m", angegeben. Innerhalb geschlossener Ortschaften steht es unmittelbar vor der Kreuzung oder Einmündung.

Zeichen 306

Vorfahrtstraße

Es steht am Anfang der Vorfahrtstraße und wird an jeder Kreuzung und an jeder Einmündung von rechts wiederholt. Es steht vor, auf oder hinter der Kreuzung oder Einmündung. Es gibt die Vorfahrt bis zum nächsten Zeichen 205 „Vorfahrt gewähren!", 206 „Halt! Vorfahrt gewähren!" oder 307 „Ende der Vorfahrtstraße". Außerhalb geschlossener Ortschaften verbietet es bis dorthin das Parken (§ 12 Abs. 2) auf der Fahrbahn.

Ein Zusatzschild

zum Zeichen 306 kann den Verlauf der Vorfahrtstraße bekanntgeben. Wer ihm folgen will, muß dies rechtzeitig und deutlich ankündigen; dabei sind die Fahrtrichtungsanzeiger zu benutzen. Auf Fußgänger ist besondere Rücksicht zu nehmen; wenn nötig, ist zu warten.

Zeichen 307

Ende der Vorfahrtstraße

Zeichen 308

Vorrang vor dem Gegenverkehr

Das Zeichen steht vor einer verengten Fahrbahn.

(3) Die Ortstafel

Zeichen 310   Zeichen 311

Vorderseite   Rückseite

bestimmt:

Hier beginnt   Hier endet

eine geschlossene Ortschaft.

Von hier an gelten die für den Verkehr innerhalb (außerhalb) geschlossener Ortschaften bestehenden Vorschriften. Der obere Teil des Zeichens 311 ist weiß, wenn die Ortschaft, auf die hingewiesen wird, zu derselben Gemeinde wie die soeben durchfahrene Ortschaft gehört.

(4) Parken

Zeichen 314

Parkplatz

1. Das Zeichen erlaubt das Parken (§ 12 Abs. 2).
2. Durch ein Zusatzschild kann die Parkerlaubnis beschränkt sein, insbesondere nach der Dauer, nach Fahrzeugarten, zugunsten der mit besonderem Parkausweis versehenen Bewohner, Schwerbehinderten mit außergewöhnlicher Gehbehinderung und Blinden. Die Ausnahmen gelten nur, wenn die Parkausweise gut lesbar ausgelegt sind. Das Zusatz-

schild „nur mit Parkschein" kennzeichnet den Geltungsbereich von Parkscheinautomaten, das Zusatzschild „gebührenpflichtig" kennzeichnet einen Parkplatz für Großveranstaltungen als gebührenpflichtig (§ 45 Abs. 1b Nr. 1).

3. Der Antrag des erlaubten Parkens kann durch einen waagerechten weißen Pfeil im Schild, das Ende durch einen solchen in entgegengesetzte Richtung weisenden Pfeil gekennzeichnet werden.

Der Hinweis auf einen Parkplatz kann, soweit dies nicht durch Zeichen 432 geschieht, durch ein Zusatzschild mit schwarzem Pfeil erfolgen.

Zeichen 315

Parken auf Gehwegen

1. Das Zeichen erlaubt Fahrzeugen mit einem zulässigen Gesamtgewicht bis zu 2,8 t das Parken (§ 12 Abs. 2) auf Gehwegen.

2. Im Zeichen wird bildlich angeordnet, wie die Fahrzeuge aufzustellen sind.

3. Durch ein Zusatzschild kann die Parkerlaubnis beschränkt sein, insbesondere nach der Dauer, zugunsten der mit besonderem Parkausweis versehenen Bewohner, Schwerbehinderten mit außergewöhnlicher Gehbehinderung und Blinden. Die Ausnahmen gelten nur, wenn die Parkausweise gut lesbar ausgelegt sind. Das Zusatzschild „nur mit Parkschein" kennzeichnet den Geltungsbereich von Parkscheinautomaten.

4. Der Anfang des erlaubten Parkens kann durch einen waagerechten weißen Pfeil im Schild, das Ende durch einen solchen in entgegengesetzte Richtung weisenden Pfeil gekennzeichnet werden.

Zeichen 316

Parken und Reisen

Zeichen 317

Wandererparkplatz

(4a) Verkehrsberuhigte Bereiche

Zeichen 325   Zeichen 326

Beginn   Ende
eines verkehrsberuhigten Bereichs

Innerhalb dieses Bereichs gilt:

1. Fußgänger dürfen die Straße in ihrer ganzen Breite benutzen; Kinderspiele sind überall erlaubt.
2. Der Fahrzeugverkehr muß Schrittgeschwindigkeit einhalten.
3. Die Fahrzeugführer dürfen die Fußgänger weder gefährden noch behindern; wenn nötig müssen sie warten.
4. Die Fußgänger dürfen den Fahrverkehr nicht unnötig behindern.
5. Das Parken ist außerhalb der dafür gekennzeichneten Flächen unzulässig, ausgenommen zum Ein- oder Aussteigen, zum Be- oder Entladen.

(5) Autobahnen und Kraftfahrstraßen

Zeichen 330

Autobahn

Das Zeichen steht an den Zufahrten der Anschlußstellen.

Zeichen 331

Kraftfahrstraßen

Das Zeichen steht am Anfang, an jeder Kreuzung und Einmündung und wird, wenn nötig, auch sonst wiederholt.

Zeichen 332   Zeichen 333

Ausfahrt von der Autobahn

Zeichen 334   Zeichen 336

Ende der Autobahn   Ende der Kraftfahrstraße

Das Ende kann auch durch dasselbe Zeichen mit einer Entfernungsangabe unter dem Sinnbild, wie „800 m", angekündigt sein.

(6) Markierungen sind weiß, ausgenommen in den Fällen des § 41 Abs. 4.

1. Leitlinie

Zeichen 340

Sie besteht in der Regel aus gleich langen Strichen mit gleichmäßigen Abständen. Eine Leitlinie kann auch als Warnlinie ausgeführt werden; bei der Warnlinie sind die Striche länger als die Lücken.

Die Markierung bedeutet:

a) Leitlinien dürfen überfahren werden, wenn dadurch der Verkehr nicht gefährdet wird;

b) sind auf einer Fahrbahn für beide Richtungen insgesamt 3 Fahrstreifen so markiert, dann darf der linke Fahrstreifen nicht zum Überholen benutzt werden. Wer nach links abbiegen will, darf sich auf dem mittleren Fahrstreifen einordnen;

c) auf Fahrbahnen für beide Richtungen mit 4 so markierten Fahrstreifen sind die beiden linken ausschließlich dem Gegenverkehr vorbehalten; sie dürfen daher auch nicht zum Überholen benutzt werden. Dasselbe gilt auf 6streifigen Fahrbahnen für die 3 linken Fahrstreifen;

d) sind außerhalb geschlossener Ortschaften für eine Richtung 3 Fahrstreifen so markiert, dann darf der mittlere Fahrstreifen dort durchgängig befahren werden, wo – auch nur hin und wieder – rechts davon ein Fahrzeug hält oder fährt. Dasselbe gilt auf Fahrbahnen mit mehr als 3 so markierten Fahrstreifen für eine Richtung für den zweiten Fahrstreifen von rechts. Den linken Fahrstreifen dürfen außerhalb geschlossener Ortschaften Lastkraftwagen mit einem zulässigen Gesamtgewicht von mehr als 3,5 t sowie Züge, die länger als 7 m sind, nur benutzen, wenn sie sich dort zum Zwecke des Linksabbiegens einordnen;

e) sind Beschleunigungsstreifen so markiert, dann darf dort auch schneller gefahren werden als auf den anderen Fahrstreifen;

f) gehen Fahrstreifen, insbesondere auf Autobahnen oder Kraftfahrstraßen, von der durchgehenden Fahrbahn ab, so dürfen Abbieger vom Beginn einer breiten Leitlinie rechts von dieser schneller als auf der durchgehenden Fahrbahn fahren. Das gilt nicht für Verzögerungsstreifen;

g) Wird am rechten Fahrbahnrand ein Schutzstreifen für Radfahrer so markiert, dann dürfen andere Fahrzeuge die Markierung bei Bedarf überfahren; eine Gefährdung von Radfahrern ist dabei auszuschließen. Der Schutzstreifen kann mit Fahrbahnmarkierungen (Sinnbild „Radfahrer", § 39 Abs. 3) gekennzeichnet sein.

2. Wartelinie

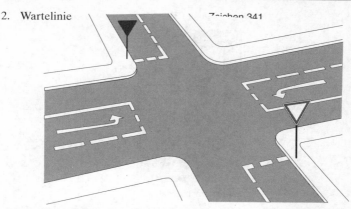

Zeichen 341

Sie kann angebracht sein, wo das Zeichen 205 anordnet: „Vorfahrt gewähren!". Sie kann ferner dort angebracht sein, wo abbiegende Fahrzeuge Gegenverkehr durchfahren lassen müssen. Sie empfiehlt dem, der warten muß, hier zu warten.

3. Schriftzeichen und die Wiedergabe von Verkehrsschildern auf der Fahrbahn dienen dem Hinweis auf ein entsprechendes Verkehrszeichen.

(7) Hinweise

Zeichen 350

Fußgängerüberweg

Das Zeichen ist unmittelbar an der Markierung (Zeichen 293) angebracht.

Zeichen 353

Einbahnstraße

Es kann ergänzend anzeigen, daß die Straße eine Einbahnstraße (Zeichen 220) ist.

Zeichen 354

Wasserschutzgebiet

Es mahnt Fahrzeugführer, die wassergefährdende Stoffe geladen haben, sich besonders vorsichtig zu verhalten.

Zeichen 355

Fußgängerunter- oder -überführung

Zeichen 356

Verkehrshelfer

Zeichen 357

Sackgasse

Wintersport kann durch Zusatzschild (hinter Zeichen 101) erlaubt sein.

Zeichen 358

Erste Hilfe

Zeichen 359

Pannenhilfe

Zeichen 363

Polizei

Durch solche Zeichen mit entsprechenden Sinnbildern können auch andere Hinweise gegeben werden, wie auf Fernsprecher, Tankstellen, Zeltplätze und Plätze für Wohnwagen.

Zeichen 375

Autobahnhotel

Zeichen 376

Autobahngasthaus

Zeichen 377

Autobahnkiosk

Zeichen 380

Richtgeschwindigkeit

Es empfiehlt, die angegebene Geschwindigkeit auch bei günstigen Straßen-, Verkehrs-, Sicht- und Wetterverhältnissen nicht zu überschreiten.

Zeichen 381

Ende der Richtgeschwindigkeit

Zeichen 385

Ortshinweistafel

Es dient der Unterrichtung über Namen von Ortschaften, soweit keine Ortstafeln (Zeichen 310) aufgestellt sind.

Zeichen 386

Touristischer Hinweis

Es dient außerhalb der Autobahnen dem Hinweis auf touristisch bedeutsame Ziele und der Kennzeichnung von Touristikstraßen sowie an Autobahnen der Unterrichtung über Landschaften und Sehenswürdigkeiten.

Zeichen 388

Es warnt, mit mehrspurigen Kraftfahrzeugen den für diese nicht genügend befestigten Seitenstreifen zu benutzen.

Wird statt des Sinnbildes eines Personenkraftwagens das eines Lastkraftwagens gezeigt, so gilt die Warnung nur Führern von Fahrzeugen mit einem zulässigen Gesamtgewicht über 3,5 t und Zugmaschinen.

Zeichen 392

Es weist auf eine Zollstelle hin.

Zeichen 393

Informationstafel an Grenzübergangsstellen

Zeichen 394

Es kennzeichnet innerhalb geschlossener Ortschaften Laternen, die nicht die ganze Nacht brennen. Laternenpfähle tragen Ringe gleicher Farbe. In dem roten Feld kann in weißer Schrift angegeben sein, wann die Laterne erlischt.

(8) Wegweisung

1. Wegweiser

Zeichen 401	Zeichen 405	Zeichen 406	Zeichen 410
35	**48**	**26**	**E 36**
Bundesstraßen	Autobahnen	Nummernschilder für Knotenpunkte der Autobahnen (Autobahnausfahrten, Autobahnkreuze und Autobahndreiecke)	Europastraßen

Zeichen 415

auf Bundesstraßen

Diese Schilder geben keine Vorfahrt.

Zeichen 418   Zeichen 419

Hildesheim 49 km	Eichenbach
Elze 31km	
mit größerer	mit geringerer

auf sonstigen Straßen
Verkehrsbedeutung

Das Zusatzschild „Nebenstrecke" weist auf einen wegen seines schwächeren Verkehrs empfehlenswerten Umweg hin.

Zeichen 421

für bestimmte Verkehrsarten

Zeichen 430

zur Autobahn

Zeichen 432

zu innerörtlichen Zielen und zu Einrichtungen
mit erheblicher Verkehrsbedeutung

Wird aus verkehrlichen Gründen auf private Ziele hingewiesen, so kann die Ausführung des Zeichens mit braunem Grund und weißen Zeichen erfolgen.

Zeichen 434

Wegweisertafel

Sie faßt alle Wegweiser einer Kreuzungszufahrt zusammen. Die Tafel kann auch als Vorwegweiser dienen.

Innerorts können Wegweiser auch folgende Formen haben:

Zeichen 435

Zeichen 436

Zeichen 437

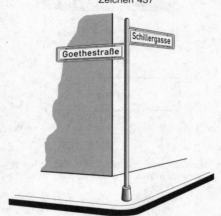

Straßennamensschilder

An Kreuzungen und Einmündungen mit erheblichem Fahrverkehr sind sie auf die oben bezeichnete Weise aufgestellt.

2. Vorwegweiser

Zeichen 438

Zeichen 439

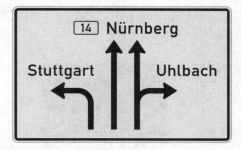

Es empfiehlt, sich frühzeitig einzuordnen.

Zeichen 440

zur Autobahn

Zeichen 442

für bestimmte Verkehrsarten

3. Wegweisung auf Autobahnen

Die „Ausfahrt" (Zeichen 332 und 333), ein Autobahnkreuz und ein Autobahndreieck werden angekündigt durch
 – die Ankündigungstafel

Zeichen 448

in der die Sinnbilder hinweisen:

auf eine Autobahnausfahrt

 auf ein Autobahnkreuz oder Autobahndreieck; es weist auch auf Kreuze und Dreiecke von Autobahnen mit autobahnähnlich ausgebauten Straßen des nachgeordneten Netzes hin.

Die Nummer ist die laufende Nummer der Ausfahrten, Autobahnkreuze und Autobahndreiecke der jeweils benutzten Autobahnen.

Ein Autohof in unmittelbarer Nähe einer Autobahnanschlussstelle wird angekündigt durch die Hinweisbeschilderung

Zeichen 448.1

Der Autohof wird einmal am rechten Fahrbahnrand 500 bis 1000 m vor der Ankündigungstafel (Zeichen 448) angekündigt. Auf einem Zusatzschild wird durch grafische Symbole der Leistungsumfang des Autohofs dargestellt.

– den Vorwegweiser

Zeichen 449

– sowie auf 300 m, 200 m und 100 m durch Baken wie

Zeichen 450

Auf der 300-m-Bake einer Ausfahrt wird die Nummer der Ausfahrt wiederholt.

Autobahnkreuze und Autobahndreiecke werden 2 000 m vorher, Ausfahrten werden 1 000 m vorher durch Zeichen 448 angekündigt. Der Vorwegweiser Zeichen 449 steht bei Autobahnkreuzen und Autobahndreiecken 1 000 m und 500 m, bei Ausfahrten 500 m vorher.

Zeichen 453

Entfernungstafel

Sie gibt hinter jeder Ausfahrt, Abzweigung und Kreuzung die Entfernungen zur jeweiligen Ortsmitte an. Ziele, die über eine andere als die gerade befahrene Autobahn zu erreichen sind, werden in der Regel unterhalb des waagerechten Striches angegeben.

4.   Umleitungen des Verkehrs bei Straßensperrungen

Zeichen 454

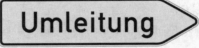

Es ist am Beginn der Umleitung und, soweit erforderlich, an den Kreuzungen und Einmündungen im Verlauf der Umleitungsstrecke angebracht.

Zeichen 455

Numerierte Umleitung

Die Umleitung kann angekündigt sein durch das

Zeichen 457

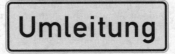

mit Zusatzschild, wie „400 m" oder „Richtung Stuttgart" sowie durch die Planskizze

Zeichen 458

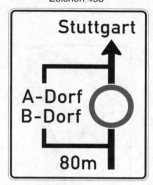

Müssen nur bestimmte Verkehrsarten umgeleitet werden, so sind diese auf einem Zusatzschild über dem Wegweiser (Zeichen 454) und über dem Ankündigungszeichen (Zeichen 457) angegeben, wie „Fahrzeuge über 7,5 t zulässiges Gesamtgewicht". Der Vorwegweiser und die Planskizze zeigen dann Verbotszeichen für die betroffenen Verkehrsarten, wie das Zeichen 262.

Das Ende der Umleitung wird mit dem

Zeichen 459

Ende einer Umleitung

angezeigt.

5.   Numerierte Bedarfsumleitungen für den Autobahnverkehr

Zeichen 460

Bedarfsumleitung

Wer seine Fahrt vorübergehend auf anderen Strecken fortsetzen muß
oder will, wird durch dieses Zeichen auf die Autobahn zurückgeleitet.

Zeichen 466

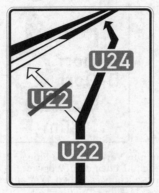

Bedarfsumleitungstafel

Kann der umgeleitete Verkehr an der nach Zeichen 460 vorgesehenen
Anschlußstelle noch nicht auf die Autobahn zurückgeleitet werden, so
wird er durch dieses Zeichen über die nächste Bedarfsumleitungs-
strecke weitergeführt.

Zeichen 467

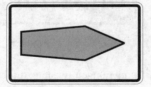

Umlenkungs-Pfeil

Streckenempfehlungen auf Autobahnen können durch den Umlenkungs-Pfeil gekennzeichnet werden.

6. Sonstige Verkehrslenkungstafeln

Zeichen 468

Schwierige Verkehrsführung

Es kündigt eine mit dem Zeichen „Vorgeschriebene Fahrtrichtung" (Zeichen 209 bis 214) verbundene Verkehrsführung an.

Zeichen 500

Überleitungstafel

Überleitungen des Verkehrs auf die Fahrbahn oder Fahrstreifen für den Gegenverkehr werden durch solche Tafeln angekündigt. Auch die Rückleitung des Verkehrs wird so angekündigt.

I. d. F. d. VO v. 19. 3. 1992 (BGBl. I S. 678); Abs. 8 Nr. 3 Zeichen 453 Satz 2 der Erläuterung neu gefasst durch VO v. 14. 12. 1993 (BGBl. I S. 2043); in Abs. 6 Nr. 1d die Angabe „2,8 t" durch die Angabe „3,5 t" ersetzt, Abs. 6 Nr. 1g eingefügt sowie Abs. 7 Zeichen 368 nebst Erläuterung gestrichen sowie in Abs. 7 Zeichen 388 die Angabe „2,8 t" durch die Angabe „3,5 t" ersetzt durch VO v. 7. 8. 1997 (BGBl. I S. 2028); Abs. 8 Nr. 3 Zeichen 448.1 eingefügt durch VO v. 11. 12. 2000 (BGBl. I S. 1690); Abs. 4 Erläuterung zu Zeichen 314 und Erläuterung zu Zeichen 315 Nr. 3 Satz 1 geändert durch VO v. 14. 12. 2001 (BGBl. I S. 3783).

§ 43   Verkehrseinrichtungen [Farbtafeln auf CD-ROM, → Seite 77]

(1) Verkehrseinrichtungen sind Schranken, Sperrpfosten, Parkuhren, Parkscheinautomaten, Geländer, Absperrgeräte, Leiteinrichtungen sowie Blinklicht- und Lichtzeichenanlagen. § 39 Abs. 1 gilt entsprechend.

(2) Regelungen durch Verkehrseinrichtungen gehen den allgemeinen Verkehrsregeln vor.

(3) Verkehrseinrichtungen im einzelnen:

1.   An Bahnübergängen sind die Schranken rot-weiß gestreift.

2.   Absperrgeräte für Arbeits-, Schaden-, Unfall- und andere Stellen sind

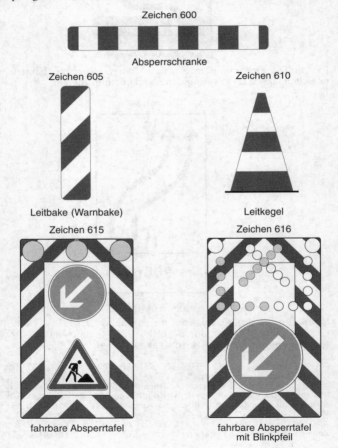

Zeichen 600

Absperrschranke

Zeichen 605

Leitbake (Warnbake)

Zeichen 610

Leitkegel

Zeichen 615

fahrbare Absperrtafel

Zeichen 616

fahrbare Absperrtafel
mit Blinkpfeil

Die Absperrtafel weist auf eine Arbeitsstelle hin. Behelfsmäßig oder zusätzlich können weiß-rot-weiße Warnfahnen, aufgereihte rot-weiße Fahnen oder andere rot-weiße Warneinrichtungen verwendet werden. Warnleuchten an Absperrgeräten zeigen rotes Licht, wenn die ganze Fahrbahn gesperrt ist, sonst gelbes Licht oder gelbes Blinklicht. Die Absperrgeräte verbieten das Befahren der abgesperrten Straßenfläche.

3. Leiteinrichtungen

a) Um den Verlauf der Straße kenntlich zu machen, können an den Straßenseiten

Zeichen 620

Leitpfosten (links)   Leitpfosten (rechts)

in der Regel in Abständen von 50 m stehen.

b) An gefährlichen Stellen können schraffierte Leittafeln oder Leitmale angebracht sein, wie

Zeichen 625

Richtungstafel in Kurven

(4) Zur Kennzeichnung nach § 17 Abs. 4 Satz 2 und 3 von Fahrzeugen und Anhängern, die innerhalb geschlossener Ortschaften auf der Fahrbahn halten, können amtlich geprüfte Park-Warntafeln verwendet werden.

Zeichen 630

Park-Warntafel

I. d. F. d. VO v. 19. 3. 1992 (BGBl. I S. 678); Abs. 1 Satz 2 angefügt durch VO v. 7. 8. 1997 (BGBl. I S. 2028).

III. Durchführungs-, Bußgeld- und Schlußvorschriften

§ 44 Sachliche Zuständigkeit

(1) Sachlich zuständig zur Ausführung dieser Verordnung sind, soweit nichts anderes bestimmt ist, die Straßenverkehrsbehörden; dies sind die nach Landesrecht zuständigen unteren Verwaltungsbehörden oder die Behörden, denen durch Landesrecht die Aufgaben der Straßenverkehrsbehörde zugewiesen sind. Die zuständigen obersten Landesbehörden und die höheren Verwaltungsbehörden können diesen Behörden Weisungen auch für den Einzelfall erteilen oder die erforderlichen Maßnahmen selbst treffen. Nach Maßgabe des Landesrechts kann die Zuständigkeit der obersten Landesbehörden und der höheren Verwaltungsbehörden im Einzelfall oder allgemein auf eine andere Stelle übertragen werden.

(2) Die Polizei ist befugt, den Verkehr durch Zeichen und Weisungen (§ 36) und durch Bedienung von Lichtzeichenanlagen zu regeln. Bei Gefahr im Verzuge kann zur Aufrechterhaltung der Sicherheit oder Ordnung des Straßenverkehrs die Polizei an Stelle der an sich zuständigen Behörden tätig werden und vorläufige Maßnahmen treffen; sie bestimmt dann die Mittel zur Sicherung und Lenkung des Verkehrs.

(3) Die Erlaubnis nach § 29 Abs. 2 und nach § 30 Abs. 2 erteilt die Straßenverkehrsbehörde, dagegen die höhere Verwaltungsbehörde, wenn die Veranstaltung über den Bezirk einer Straßenverkehrsbehörde hinausgeht, und die oberste Landesbehörde, wenn die Veranstaltung sich über den Verwaltungsbezirk einer höheren Verwaltungsbehörde hinaus erstreckt. Berührt die Veranstaltung mehrere Länder, so ist diejenige oberste Landesbehörde zuständig, in deren Land die Veranstaltung beginnt. Nach Maßgabe des Landesrechts kann die Zuständigkeit der obersten Landesbehörden und der höheren Verwaltungsbehörden im Einzelfall oder allgemein auf eine andere Stelle übertragen werden.

(3a) Die Erlaubnis nach § 29 Abs. 3 erteilt die Straßenverkehrsbehörde, dagegen die höhere Verwaltungsbehörde, welche Abweichungen von den Abmessungen, den Achslasten, dem zulässigen Gesamtgewicht oder dem Sichtfeld des Fahrzeugs über eine Ausnahme zuläßt, sofern kein Anhörverfahren stattfindet; sie ist dann auch zuständig für Ausnahmen nach § 46 Abs. 1 Nr. 2 und 5 im Rahmen einer solchen Erlaubnis. Dasselbe gilt, wenn eine andere Behörde diese Aufgaben der höheren Verwaltungsbehörde wahrnimmt.

(4) Vereinbarungen über die Benutzung von Straßen durch den Militärverkehr werden von der Bundeswehr oder den Truppen der nichtdeutschen Vertragsstaaten des Nordatlantikpaktes mit der obersten Landesbehörde oder der von ihr bestimmten Stelle abgeschlossen.

(5) Soweit keine Vereinbarungen oder keine Sonderregelungen für ausländische Streitkräfte bestehen, erteilen die höheren Verwaltungsbehörden oder die nach Landesrecht bestimmten Stellen die Erlaubnis für übermäßige Benutzung der Straße durch die Bundeswehr oder durch die Truppen der nichtdeutschen Vertragsstaaten des Nordatlantikpaktes; sie erteilen

auch die Erlaubnis für die übermäßige Benutzung der Straße durch den Bundesgrenzschutz, die Polizei und den Katastrophenschutz.

Abs. 1 Satz 3 angefügt und Abs. 3a eingefügt durch VO v. 22. 3. 1988 (BGBl. I S. 405).

§ 45   Verkehrszeichen und Verkehrseinrichtungen

(1) Die Straßenverkehrsbehörden können die Benutzung bestimmter Straßen oder Straßenstrecken aus Gründen der Sicherheit oder Ordnung des Verkehrs beschränken oder verbieten und den Verkehr umleiten. Das gleiche Recht haben sie

1. zur Durchführung von Arbeiten im Straßenraum,
2. zur Verhütung außerordentlicher Schäden an der Straße,
3. zum Schutz der Wohnbevölkerung vor Lärm und Abgasen,
4. zum Schutz der Gewässer und Heilquellen,
5. hinsichtlich der zur Erhaltung der öffentlichen Sicherheit erforderlichen Maßnahmen sowie
6. zur Erforschung des Unfallgeschehens, des Verkehrsverhaltens, der Verkehrsabläufe sowie zur Erprobung geplanter verkehrssichernder oder verkehrsregelnder Maßnahmen.

(1a) Das gleiche Recht haben sie ferner

1. in Bade- und heilklimatischen Kurorten,
2. in Luftkurorten,
3. in Erholungsorten von besonderer Bedeutung,
4. in Landschaftsgebieten und Ortsteilen, die überwiegend der Erholung dienen,
4a. hinsichtlich örtlich begrenzter Maßnahmen aus Gründen des Arten- oder Biotopschutzes,
4b. hinsichtlich örtlich und zeitlich begrenzter Maßnahmen zum Schutz kultureller Veranstaltungen, die außerhalb des Straßenraumes stattfinden und durch den Straßenverkehr, insbesondere durch den von diesem ausgehenden Lärm, erheblich beeinträchtigt werden,
5. in der Nähe von Krankenhäusern und Pflegeanstalten sowie
6. in unmittelbarer Nähe von Erholungsstätten außerhalb geschlossener Ortschaften,

wenn dadurch anders nicht vermeidbare Belästigungen durch den Fahrzeugverkehr verhütet werden können.

(1b) Die Straßenverkehrsbehörden treffen auch die notwendigen Anordnungen

1. im Zusammenhang mit der Einrichtung von gebührenpflichtigen Parkplätzen für Großveranstaltungen,
2. im Zusammenhang mit der Kennzeichnung von Parkmöglichkeiten für Schwerbehinderte mit außergewöhnlicher Gehbehinderung und Blinde,
2a. im Zusammenhang mit der Kennzeichnung von Parkmöglichkeiten für Bewohner städtischer Quartiere mit erheblichem Parkraummangel durch vollständige oder zeitlich beschränkte Reservierung des Parkraums für die Berechtigten oder durch Anordnung der Freistellung von angeordneten Parkraumbewirtschaftungsmaßnahmen,

3. zur Kennzeichnung von Fußgängerbereichen und verkehrsberuhigten Bereichen,
4. zur Erhaltung der Sicherheit oder Ordnung in diesen Bereichen sowie
5. zum Schutz der Bevölkerung vor Lärm und Abgasen oder zur Unterstützung einer geordneten städtebaulichen Entwicklung.

Die Straßenverkehrsbehörden ordnen die Parkmöglichkeiten für Bewohner, die Kennzeichnung von Fußgängerbereichen, verkehrsberuhigten Bereichen und Maßnahmen zum Schutze der Bevölkerung vor Lärm und Abgasen oder zur Unterstützung einer geordneten städtebaulichen Entwicklung im Einvernehmen mit der Gemeinde an.

(1c) Die Straßenverkehrsbehörden ordnen ferner innerhalb geschlossener Ortschaften, insbesondere in Wohngebieten und Gebieten mit hoher Fußgänger- und Fahrradverkehrsdichte sowie hohem Querungsbedarf, Tempo-30-Zonen im Einvernehmen mit der Gemeinde an. Die Zonen-Anordnung darf sich weder auf Straßen des überörtlichen Verkehrs (Bundes-, Landes- und Kreisstraßen) noch auf weitere Vorfahrtstraßen (Zeichen 306) erstrecken. Sie darf nur Straßen ohne Lichtzeichen, geregelte Kreuzungen oder Einmündungen, Fahrstreifenbegrenzungen (Zeichen 295), Leitlinien (Zeichen 340) und benutzungspflichtige Radwege (Zeichen 237, 240, 241 oder Zeichen 295 in Verbindung mit Zeichen 237) umfassen. An Kreuzungen und Einmündungen innerhalb der Zone muss grundsätzlich die Vorfahrtregel nach § 8 Abs. 1 Satz 1 („rechts vor links") gelten. Abweichend von Satz 3 bleiben vor dem 1. November 2000 angeordnete Tempo-30-Zonen mit Lichtzeichenanlagen zum Schutz der Fußgänger zulässig.

(1d) In zentralen städtischen Bereichen mit hohem Fußgängeraufkommen und überwiegender Aufenthaltsfunktion (verkehrsberuhigte Geschäftsbereiche) können auch Zonen-Geschwindigkeitsbeschränkungen von weniger als 30 km/h angeordnet werden.

(1e) Nach Maßgabe der auf Grund des § 40 des Bundes-Immissionsschutzgesetzes von den Landesregierungen erlassenen Rechtsverordnungen (Smog-Verordnungen) bestimmen die Straßenverkehrsbehörden schließlich, wo und welche Verkehrszeichen und Verkehrseinrichtungen bei Smog aufzustellen sind.

(2) Zur Durchführung von Straßenbauarbeiten und zur Verhütung von außerordentlichen Schäden an der Straße, die durch deren baulichen Zustand bedingt sind, können die Straßenbaubehörden – vorbehaltlich anderer Maßnahmen der Straßenverkehrsbehörden – Verkehrsverbote und -beschränkungen anordnen, den Verkehr umleiten und ihn durch Markierungen und Leiteinrichtungen lenken. Straßenbaubehörde im Sinne dieser Verordnung ist die Behörde, welche die Aufgaben des beteiligten Trägers der Straßenbaulast nach den gesetzlichen Vorschriften wahrnimmt. Für Bahnübergänge von Eisenbahnen des öffentlichen Verkehrs können nur die Bahnunternehmen durch Blinklicht- oder Lichtzeichenanlagen, durch rotweiß gestreifte Schranken oder durch Aufstellung des Andreaskreuzes ein bestimmtes Verhalten der Verkehrsteilnehmer vorschreiben. Alle Gebote und Verbote sind durch Zeichen und Verkehrseinrichtungen nach dieser Verordnung anzuordnen.

(3) Im übrigen bestimmen die Straßenverkehrsbehörden, wo und welche Verkehrszeichen und Verkehrseinrichtungen anzubringen und zu entfernen

sind, bei Straßennamensschildern nur darüber, wo diese so anzubringen sind, wie Zeichen 437 zeigt. Die Straßenbaubehörden bestimmen – vorbehaltlich anderer Anordnungen der Straßenverkehrsbehörden – die Art der Anbringung und der Ausgestaltung, wie Übergröße, Beleuchtung; ob Leitpfosten anzubringen sind, bestimmen sie allein. Sie können auch – vorbehaltlich anderer Maßnahmen der Straßenverkehrsbehörden – Gefahrzeichen anbringen, wenn die Sicherheit des Verkehrs durch den Zustand der Straße gefährdet wird.

(3a) Die Straßenverkehrsbehörde erläßt die Anordnung zur Aufstellung der Zeichen 386 nur im Einvernehmen mit der obersten Straßenverkehrsbehörde des Landes oder der von ihr dafür beauftragten Stelle. Die Zeichen werden durch die zuständige Straßenbaubehörde aufgestellt.

(4) Die genannten Behörden dürfen den Verkehr nur durch Verkehrszeichen und Verkehrseinrichtungen regeln und lenken; in den Fällen des Absatzes 1 Satz 2 Nr. 5 und des Absatzes 1d jedoch auch durch Anordnungen, die durch Rundfunk, Fernsehen, Tageszeitungen oder auf andere Weise bekanntgegeben werden, sofern die Aufstellung von Verkehrszeichen und -einrichtungen nach den gegebenen Umständen nicht möglich ist.

(5) Zur Beschaffung, Anbringung, Unterhaltung und Entfernung der Verkehrszeichen und Verkehrseinrichtungen und zu deren Betrieb einschließlich ihrer Beleuchtung ist der Baulastträger verpflichtet, sonst der Eigentümer der Straße. Das gilt auch für die von der Straßenverkehrsbehörde angeordnete Beleuchtung von Fußgängerüberwegen. Werden Verkehrszeichen oder Verkehrseinrichtungen für eine Veranstaltung nach § 29 Abs. 2 erforderlich, so kann die Straßenverkehrsbehörde der Gemeinde, in der die Veranstaltung stattfindet, mit deren Einvernehmen die Verpflichtung nach Satz 1 übertragen.

(6) Vor dem Beginn von Arbeiten, die sich auf den Straßenverkehr auswirken, müssen die Unternehmer – die Bauunternehmer unter Vorlage eines Verkehrszeichenplans – von der zuständigen Behörde Anordnungen nach Absatz 1 bis 3 darüber einholen, wie ihre Arbeitsstellen abzusperren und zu kennzeichnen sind, ob und wie der Verkehr, auch bei teilweiser Straßensperrung, zu beschränken, zu leiten und zu regeln ist, ferner ob und wie sie gesperrte Straßen und Umleitungen zu kennzeichnen haben. Sie haben diese Anordnungen zu befolgen und Lichtzeichenanlagen zu bedienen.

(7) Sind Straßen als Vorfahrtstraßen oder als Verkehrsumleitungen gekennzeichnet, bedürfen Baumaßnahmen, durch welche die Fahrbahn eingeengt wird, der Zustimmung der Straßenverkehrsbehörde; ausgenommen sind die laufende Straßenunterhaltung sowie Notmaßnahmen. Die Zustimmung gilt als erteilt, wenn sich die Behörde nicht innerhalb einer Woche nach Eingang des Antrags zu der Maßnahme geäußert hat.

(8) Die Straßenverkehrsbehörden können innerhalb geschlossener Ortschaften die zulässige Höchstgeschwindigkeit auf bestimmten Straßen durch Zeichen 274 erhöhen. Außerhalb geschlossener Ortschaften können sie mit Zustimmung der zuständigen obersten Landesbehörden die nach § 3 Abs. 3 Nr. 2 Buchstabe c zulässige Höchstgeschwindigkeit durch Zeichen 274 auf 120 km/h anheben.

(9) Verkehrszeichen und Verkehrseinrichtungen sind nur dort anzuordnen, wo dies aufgrund der besonderen Umstände zwingend geboten ist. Abgese-

hen von der Anordnung von Tempo-30-Zonen nach Absatz 1c oder Zonen-Geschwindigkeitsbeschränkungen nach Absatz 1d dürfen insbesondere Beschränkungen und Verbote des fließenden Verkehrs nur angeordnet werden, wenn auf Grund der besonderen örtlichen Verhältnisse eine Gefahrenlage besteht, die das allgemeine Risiko einer Beeinträchtigung der in den vorstehenden Absätzen genannten Rechtsgüter erheblich übersteigt. Gefahrzeichen dürfen nur dort angebracht werden, wo es für die Sicherheit des Verkehrs unbedingt erforderlich ist, weil auch ein aufmerksamer Verkehrsteilnehmer die Gefahr nicht oder nicht rechtzeitig erkennen kann und auch nicht mit ihr rechnen muß.

Bisheriger Abs. 1 durch Abs. 1 bis 1c ersetzt sowie Abs. 4 zweiter Halbsatz angefügt durch VO v. 28. 4. 1982 (BGBl. I S. 564) in Verbdg. mit VO v. 21. 7. 1980 (BGBl. I S. 1060); Abs. 8 Satz 2 angefügt durch VO v. 2. 12. 1975 (BGBl. I S. 2983); Abs. 1a Nr. 4a eingefügt, Abs. 3a eingefügt und Abs. 4 geändert durch VO v. 22. 3. 1988 (BGBl. I S. 405); Abs. 1 Satz 1 Nr. 3 und Satz 2 neu gefasst, neuer Abs. 1c eingefügt und bisheriger Abs. 1c als Abs. 1d eingeordnet sowie Abs. 4 geändert durch VO v. 9. 11. 1989 (BGBl. I S. 1976); Abs. 7 Satz 1 geändert durch VO v. 19. 3. 1992 (BGBl. I S. 678); Abs. 5 Satz 3 angefügt durch VO v. 14. 12. 1993 (BGBl. I S. 2043); Abs. 9 angefügt durch VO v. 7. 8. 1997 (BGBl. I S. 2028); Abs. 1a Nr. 4b eingefügt, Abs. 1b Satz 1 Nr. 3 und Satz 2 geändert sowie Abs. 1c eingefügt und bisherige Abs. 1c und 1d als Abs. 1d und 1e eingeordnet sowie Abs. 9 Satz 2 neu gefasst durch VO v. 11. 12. 2000 (BGBl. I S. 1690); Abs. 1b geändert durch VO v. 14. 12. 2001 (BGBl. I S. 3783).

§ 46 Ausnahmegenehmigung und Erlaubnis

(1) Die Straßenverkehrsbehörden können in bestimmten Einzelfällen oder allgemein für bestimmte Antragsteller Ausnahmen genehmigen

1. von den Vorschriften über die Straßenbenutzung (§ 2);

2. vom Verbot, eine Autobahn oder eine Kraftfahrstraße zu betreten oder mit dort nicht zugelassenen Fahrzeugen zu benutzen (§ 18 Abs. 1, 10);

3. von den Halt- und Parkverboten (§ 12 Abs. 4);

4. vom Verbot des Parkens vor oder gegenüber von Grundstücksein- und -ausfahrten (§ 12 Abs. 3 Nr. 3);

4a. von der Vorschrift, an Parkuhren nur während des Laufes der Uhr, an Parkscheinautomaten nur mit einem Parkschein zu halten (§ 13 Abs. 1);

4b. von der Vorschrift, im Bereich eines Zonenhaltverbots (Zeichen 290 und 292) nur während der dort vorgeschriebenen Zeit zu parken (§ 13 Abs. 2);

4c. von den Vorschriften über das Abschleppen von Fahrzeugen (§ 15a);

5. von den Vorschriften über Höhe, Länge und Breite von Fahrzeug und Ladung (§ 18 Abs. 1 Satz 2, § 22 Abs. 2 bis 4);

5a. von dem Verbot der unzulässigen Mitnahme von Personen (§ 21);

5b. von den Vorschriften über das Anlegen von Sicherheitsgurten und das Tragen von Schutzhelmen (§ 21a);

6. vom Verbot, Tiere von Kraftfahrzeugen und andere Tiere als Hunde von Fahrrädern aus zu führen (§ 28 Abs. 1 Satz 3 und 4);

7. vom Sonntagsfahrverbot (§ 30 Abs. 3);

8. vom Verbot, Hindernisse auf die Straße zu bringen (§ 32 Abs. 1);

9. von den Verboten, Lautsprecher zu betreiben, Waren oder Leistungen auf der Straße anzubieten (§ 33 Abs. 1 Nr. 1 und 2);

10. vom Verbot der Werbung und Propaganda in Verbindung mit Verkehrszeichen (§ 33 Abs. 2 Satz 2) nur für die Flächen von Leuchtsäulen, an denen Haltestellenschilder öffentlicher Verkehrsmittel angebracht sind;

11. von den Verboten oder Beschränkungen, die durch Vorschriftzeichen (§ 41), Richtzeichen (§ 42), Verkehrseinrichtungen (§ 43 Abs. 1 und 3) oder Anordnungen (§ 45 Abs. 4) erlassen sind;

12. von dem Nacht- und Sonntagsparkverbot (§ 12 Abs. 3a).

Vom Verbot, Personen auf der Ladefläche mitzunehmen (§ 21 Abs. 2) können für die Dienstbereiche der Bundeswehr, der auf Grund des Nordatlantik-Vertrages errichteten internationalen Hauptquartiere, des Bundesgrenzschutzes, der Deutschen Bundespost und der Polizei deren Dienststellen, für den Katastrophenschutz die zuständigen Landesbehörden, Ausnahmen genehmigen. Dasselbe gilt für die Vorschrift, daß vorgeschriebene Sicherheitsgurte angelegt sein oder Schutzhelme getragen werden müssen (§ 21a).

(2) Die zuständigen obersten Landesbehörden oder die nach Landesrecht bestimmten Stellen können von allen Vorschriften dieser Verordnung Ausnahmen für bestimmte Einzelfälle oder allgemein für bestimmte Antragsteller genehmigen. Vom Sonntagsfahrverbot (§ 30 Abs. 3) können sie darüber hinaus für bestimmte Straßen oder Straßenstrecken Ausnahmen zulassen, soweit diese im Rahmen unterschiedlicher Feiertagsregelung in den Ländern (§ 30 Abs. 4) notwendig werden. Erstrecken sich die Auswirkungen der Ausnahme über ein Land hinaus und ist eine einheitliche Entscheidung notwendig, so ist das Bundesministerium für Verkehr, Bau- und Wohnungswesen zuständig; das gilt nicht für Ausnahmen vom Verbot der Rennveranstaltungen (§ 29 Abs. 1).

(3) Ausnahmegenehmigung und Erlaubnis können unter dem Vorbehalt des Widerrufs erteilt werden und mit Nebenbestimmungen (Bedingungen, Befristungen, Auflagen) versehen werden. Erforderlichenfalls kann die zuständige Behörde die Beibringung eines Sachverständigengutachtens auf Kosten des Antragstellers verlangen. Die Bescheide sind mitzuführen und auf Verlangen zuständigen Personen auszuhändigen. Bei Erlaubnissen nach § 29 Abs. 3 genügt das Mitführen fernkopierter Bescheide.

(4) Ausnahmegenehmigungen und Erlaubnisse der zuständigen Behörde sind für den Geltungsbereich dieser Verordnung wirksam, sofern sie nicht einen anderen Geltungsbereich nennen.

Abs. 1 Satz 1 Nr. 4a, 4b, 5a und 5b eingefügt, Satz 2 neu gefasst und Satz 3 sowie Abs. 4 angefügt durch VO v. 27. 11. 1975 (BGBl. I S. 2967); Abs. 1 Satz 1 Nr. 4a neu gefasst und Nr. 12 angefügt durch VO v. 28. 4. 1982 (BGBl. I S. 564) in Verbdg. mit VO v. 21. 7. 1980 (BGBl. I S. 1060); Abs. 1 Nr. 3, 5a und 11 neu gefasst, Nr. 4c eingefügt sowie Abs. 2 Satz 1 geändert und Satz 2 und Abs. 3 Satz 4 eingefügt durch VO v. 22. 3. 1988 (BGBl. I S. 405); Abs. 1 Satz 2 geändert durch G. v. 27. 12. 1993 (BGBl. I S. 2378); Abs. 2 Satz 3 geändert durch VO v. 29. 10. 2001 (BGBl. I S. 2785).

§ 47   Örtliche Zuständigkeit

(1) Die Erlaubnis nach § 29 Abs. 2 und nach § 30 Abs. 2 erteilt für eine Veranstaltung, die im Ausland beginnt, die nach § 44 Abs. 3 sachlich zuständige Behörde, in deren Gebiet die Grenzübergangsstelle liegt. Diese Behörde ist auch zuständig, wenn sonst erlaubnis- oder genehmigungs-

pflichtiger Verkehr im Ausland beginnt. Die Erlaubnis nach § 29 Abs. 3 erteilt die Straßenverkehrsbehörde, in deren Bezirk der erlaubnispflichtige Verkehr beginnt, oder die Straßenverkehrsbehörde, in deren Bezirk der Antragsteller seinen Wohnort, seinen Sitz oder eine Zweigniederlassung hat.

(2) Zuständig sind für die Erteilung von Ausnahmegenehmigungen:

1. nach § 46 Abs. 1 Nr. 2 für eine Ausnahme von § 18 Abs. 1 die Straßenverkehrsbehörde, in deren Bezirk auf die Autobahn oder Kraftfahrstraße eingefahren werden soll. Wird jedoch eine Erlaubnis nach § 29 Abs. 3 oder eine Ausnahmegenehmigung nach § 46 Abs. 1 Nr. 5 erteilt, so ist die Verwaltungsbehörde zuständig, die diese Verfügung erläßt;

2. nach § 46 Abs. 1 Nr. 4a für kleinwüchsige Menschen sowie nach § 46 Abs. 1 Nr. 4a und 4b für Ohnhänder die Straßenverkehrsbehörde, in deren Bezirk der Antragsteller seinen Wohnort hat, auch für die Bereiche, die außerhalb ihres Bezirks liegen;

3. nach § 46 Abs. 1 Nr. 4c die Straßenverkehrsbehörde, in deren Bezirk der Antragsteller seinen Wohnort, seinen Sitz oder eine Zweigniederlassung hat;

4. nach § 46 Abs. 1 Nr. 5 die Straßenverkehrsbehörde, in deren Bezirk der zu genehmigende Verkehr beginnt, oder die Straßenverkehrsbehörde, in deren Bezirk der Antragsteller seinen Wohnort, seinen Sitz oder eine Zweigniederlassung hat;

5. nach § 46 Abs. 1 Nr. 5b die Straßenverkehrsbehörde, in deren Bezirk der Antragsteller seinen Wohnort hat, auch für die Bereiche, die außerhalb ihres Bezirks liegen;

6. nach § 46 Abs. 1 Nr. 7 die Straßenverkehrsbehörde, in deren Bezirk die Ladung aufgenommen wird, oder die Straßenverkehrsbehörde, in deren Bezirk der Antragsteller seinen Wohnort, seinen Sitz oder eine Zweigniederlassung hat. Diese sind auch für die Genehmigung der Leerfahrt zum Beladungsort zuständig, ferner dann, wenn in ihrem Land von der Ausnahmegenehmigung kein Gebrauch gemacht wird oder wenn dort kein Fahrverbot besteht;

7. nach § 46 Abs. 1 Nr. 11 die Straßenverkehrsbehörde, in deren Bezirk die Verbote, Beschränkungen und Anordnungen erlassen sind, für Schwerbehinderte mit außergewöhnlicher Gehbehinderung und Blinde jedoch jede Straßenverkehrsbehörde auch für solche Maßnahmen, die außerhalb ihres Bezirks angeordnet sind;

8. in allen übrigen Fällen die Straßenverkehrsbehörde, in deren Bezirk von der Ausnahmegenehmigung Gebrauch gemacht werden soll.

(3) Die Erlaubnis für die übermäßige Benutzung der Straße durch die Bundeswehr, die in § 35 Abs. 5 genannten Truppen, den Bundesgrenzschutz, die Polizei und den Katastrophenschutz erteilt die höhere Verwaltungsbehörde oder die nach Landesrecht bestimmte Stelle, in deren Bezirk der erlaubnispflichtige Verkehr beginnt.

Abs. 1 früherer Satz 4 gestrichen und Abs. 3 neu gefasst durch VO v. 27. 11. 1975 (BGBl. I S. 2967); Abs. 1 Satz 3 und Abs. 2 neu gefasst durch VO v. 22. 3. 1988 (BGBl. I S. 405), zu Abs. 2 in Verbdg. mit VO v. 23. 9. 1988 (BGBl. I S. 1760).

§ 48   Verkehrsunterricht

Wer Verkehrsvorschriften nicht beachtet, ist auf Vorladung der Straßenverkehrsbehörde oder der von ihr beauftragten Beamten verpflichtet, an einem Unterricht über das Verhalten im Straßenverkehr teilzunehmen.

§ 49   Ordnungswidrigkeiten

(1) Ordnungswidrig im Sinne des § 24 des Straßenverkehrsgesetzes handelt, wer vorsätzlich oder fahrlässig gegen eine Vorschrift über

1. das allgemeine Verhalten im Straßenverkehr nach § 1 Abs. 2,
2. die Straßenbenutzung durch Fahrzeuge nach § 2,
3. die Geschwindigkeit nach § 3,
4. den Abstand nach § 4,
5. das Überholen nach § 5 Abs. 1 bis 4a, Abs. 5 Satz 2, Abs. 6 oder 7,
6. das Vorbeifahren nach § 6,
7. den Fahrstreifenwechsel nach § 7 Abs. 5,
8. die Vorfahrt nach § 8,
9. das Abbiegen, Wenden oder Rückwärtsfahren nach § 9 Abs. 1, 2 Satz 1, 4 oder 5, Abs. 3 bis 5,
9a. das Verhalten bei der Einfahrt in einen Kreisverkehr oder im Kreisverkehr nach § 9a,
10. das Einfahren oder Anfahren nach § 10,
11. das Verhalten bei besonderen Verkehrslagen nach § 11 Abs. 1 oder 2,
12. das Halten oder Parken nach § 12 Abs. 1, 1a, 3, 3a Satz 1, Abs. 3b Satz 1, Abs. 4 Satz 1, 2 zweiter Halbsatz, Satz 3 oder 5 oder Abs. 4a bis 6,
13. Parkuhren, Parkscheine oder Parkscheiben nach § 13 Abs. 1 oder 2,
14. die Sorgfaltspflichten beim Ein- oder Aussteigen nach § 14,
15. das Liegenbleiben von Fahrzeugen nach § 15,
15a. das Abschleppen nach § 15a,
16. die Abgabe von Warnzeichen nach § 16,
17. die Beleuchtung und das Stehenlassen unbeleuchteter Fahrzeuge nach § 17,
18. die Benutzung von Autobahnen und Kraftfahrstraßen nach § 18 Abs. 1 bis 3, Abs. 5 Satz 2 oder Abs. 6 bis 10,
19. das Verhalten
    a) an Bahnübergängen nach § 19 oder
    b) an und vor Haltestellen von öffentlichen Verkehrsmitteln und Schulbussen nach § 20,
20. die Personenbeförderung nach § 21 Abs. 1, 1a, Abs. 2 oder 3,
20a. das Anlegen von Sicherheitsgurten nach § 21a Abs. 1 Satz 1 außer in Kraftomnibussen mit einer zulässigen Gesamtmasse von mehr als 3,5 t, oder das Tragen von Schutzhelmen nach § 21a Abs. 2,
21. die Ladung nach § 22,
22. sonstige Pflichten des Fahrzeugführers nach § 23,

23. das Fahren mit Krankenfahrstühlen oder anderen als in § 24 Abs. 1 genannten Rollstühlen nach § 24 Abs. 2,

24. das Verhalten
    a) als Fußgänger nach § 25 Abs. 1 bis 4,
    b) an Fußgängerüberwegen nach § 26 oder
    c) auf Brücken nach § 27 Abs. 6,

25. den Umweltschutz nach § 30 Abs. 1 oder 2 oder das Sonntagsfahrverbot nach § 30 Abs. 3 Satz 1 oder 2 Nr. 4 Satz 2,

26. das Sporttreiben oder Spielen nach § 31,

27. das Bereiten, Beseitigen oder Kenntlichmachen von verkehrswidrigen Zuständen oder die wirksame Verkleidung gefährlicher Geräte nach § 32,

28. Verkehrsbeeinträchtigungen nach § 33 oder

29. das Verhalten nach einem Verkehrsunfall nach § 34 Abs. 1 Nr. 1, Nr. 2, Nr. 5 Buchstabe a, b oder Nr. 6 Buchstabe b – sofern er in diesem letzten Fall zwar eine nach den Umständen angemessene Frist wartet, aber nicht Name und Anschrift am Unfallort hinterläßt – oder nach § 34 Abs. 3,

verstößt.

(2) Ordnungswidrig im Sinne des § 24 des Straßenverkehrsgesetzes handelt auch, wer vorsätzlich oder fahrlässig

1. als Führer eines geschlossenen Verbandes entgegen § 27 Abs. 5 nicht dafür sorgt, daß die für geschlossene Verbände geltenden Vorschriften befolgt werden,

1a. entgegen § 27 Abs. 2 einen geschlossenen Verband unterbricht,

2. als Führer einer Kinder- oder Jugendgruppe entgegen § 27 Abs. 1 Satz 4 diese nicht den Gehweg benutzen läßt,

3. als Tierhalter oder sonst für die Tiere Verantwortlicher einer Vorschrift nach § 28 Abs. 1 oder Abs. 2 Satz 2 zuwiderhandelt,

4. als Reiter, Führer von Pferden, Treiber oder Führer von Vieh entgegen § 28 Abs. 2 einer für den gesamten Fahrverkehr einheitlich bestehenden Verkehrsregel oder Anordnung zuwiderhandelt,

5. als Kraftfahrzeugführer entgegen § 29 Abs. 1 an einem Rennen teilnimmt,

6. entgegen § 29 Abs. 2 Satz 1 eine Veranstaltung durchführt oder als Veranstalter entgegen § 29 Abs. 2 Satz 3 nicht dafür sorgt, daß die in Betracht kommenden Verkehrsvorschriften oder Auflagen befolgt werden oder

7. entgegen § 29 Abs. 3 ein dort genanntes Fahrzeug oder einen Zug führt.

(3) Ordnungswidrig im Sinne des § 24 des Straßenverkehrsgesetzes handelt ferner, wer vorsätzlich oder fahrlässig

1. entgegen § 36 Abs. 1 bis 4 ein Zeichen oder eine Weisung oder entgegen Abs. 5 Satz 4 ein Haltgebot oder eine Anweisung eines Polizeibeamten nicht befolgt,

2. einer Vorschrift des § 37 über das Verhalten an Wechsellichtzeichen, Dauerlichtzeichen oder beim Rechtsabbiegen mit Grünpfeil zuwiderhandelt,

3. entgegen § 38 Abs. 1, Abs. 2 oder 3 Satz 3 blaues Blinklicht zusammen mit dem Einsatzhorn oder allein oder gelbes Blinklicht verwendet oder entgegen § 38 Abs. 1 Satz 2 nicht sofort freie Bahn schafft,

4. entgegen § 41 eine durch ein Vorschriftzeichen gegebene Anordnung nicht befolgt,

5. entgegen § 42 eine durch die Zusatzschilder zu den Zeichen 306, 314, 315 oder durch die Zeichen 315, 325 oder 340 gegebene Anordnung nicht befolgt,

6. entgegen § 43 Abs. 2 und 3 Nr. 2 durch Absperrgeräte abgesperrte Straßenflächen befährt oder

7. einer den Verkehr verbietenden oder beschränkenden Anordnung, die nach § 45 Abs. 4 zweiter Halbsatz bekanntgegeben worden ist, zuwiderhandelt.

(4) Ordnungswidrig im Sinne des § 24 des Straßenverkehrsgesetzes handelt schließlich, wer vorsätzlich oder fahrlässig

1. dem Verbot des § 35 Abs. 6 Satz 1, 2 oder 3 über die Reinigung von Gehwegen zuwiderhandelt,

1a. entgegen § 35 Abs. 6 Satz 4 keine auffällige Warnkleidung trägt,

2. entgegen § 35 Abs. 8 Sonderrechte ausübt, ohne die öffentliche Sicherheit und Ordnung gebührend zu berücksichtigen,

3. entgegen § 45 Abs. 6 mit Arbeiten beginnt, ohne zuvor Anordnungen eingeholt zu haben, diese Anordnungen nicht befolgt oder Lichtzeichenanlagen nicht bedient,

4. entgegen § 46 Abs. 3 Satz 1 eine vollziehbare Auflage der Ausnahmegenehmigung oder Erlaubnis nicht befolgt,

5. entgegen § 46 Abs. 3 Satz 3 die Bescheide nicht mitführt oder auf Verlangen nicht aushändigt,

6. entgegen § 48 einer Vorladung zum Verkehrsunterricht nicht folgt oder

7. entgegen § 50 auf der Insel Helgoland ein Kraftfahrzeug führt oder mit einem Fahrrad fährt.

Abs. 1 Nr. 2 geändert sowie Nr. 5, 7, 17 und 29 neu gefasst sowie Abs. 2 Nr. 1a eingefügt und Abs. 3 Nr. 5 neu gefasst sowie Abs. 4 Nr. 1 eingefügt und bisherige Nr. 1 als Nr. 1a eingeordnet, Nr. 6 und 7 geändert und Nr. 8 angefügt durch VO v. 27. 11. 1975 (BGBl. I S. 2967); Abs. 1 Nr. 13 geändert sowie Nr. 15a eingefügt sowie Abs. 3 Nr. 5 neu gefasst und Nr. 7 angefügt durch VO v. 28. 4. 1982 (BGBl. I S. 564) in Verbdg. mit VO v. 21. 7. 1980 (BGBl. I S. 1060); Abs. 1 Nr. 7 und 9 geändert und Nr. 12, 20 und 23 neu gefasst sowie Abs. 3 Nr. 1 neu gefasst und Nr. 7 geändert sowie Abs. 4 Nr. 1 neu gefasst, Nr. 1a, 4 und 6 geändert, bisherige Nr. 7 gestrichen und Nr. 8 als Nr. 7 eingeordnet durch VO v. 22. 3. 1988 (BGBl. I S. 405); Abs. 1 Nr. 11, 12, 18, 20a und 25 neu gefasst und Nr. 20 geändert sowie Abs. 3 Nr. 1 u. 3 geändert durch VO v. 19. 3. 1991 (BGBl. I S. 678); Abs. 1 Nr. 20a geändert durch VO v. 22. 12. 1992 (BGBl. I S. 2482); Abs. 3 Nr. 2 neu gefasst durch VO v. 14. 12. 1993 (BGBl. I S. 2043); Abs. 1 Nr. 19b neu gefasst durch VO v. 14. 2. 1996 (BGBl. I S. 216); Abs. 1 Nr. 20a ergänzt durch VO v. 25. 6. 1998 (BGBl. I S. 1654); Abs. 1 Nr. 9a eingefügt durch VO v. 11. 12. 2000 (BGBl. I S. 1690).

§ 50   Sonderregelung für die Insel Helgoland

Auf der Insel Helgoland sind der Verkehr mit Kraftfahrzeugen und das Radfahren verboten.

§ 51   Besondere Kostenregelung

Die Kosten des Zeichens 386 trägt abweichend von § 5b Abs. 1 des Straßenverkehrsgesetzes derjenige, der die Aufstellung dieses Zeichens beantragt.

Eingefügt durch VO v. 22. 3. 1988 (BGBl. I S. 405).

§ 52   Entgelt für die Benutzung tatsächlich-öffentlicher Verkehrsflächen

Diese Verordnung steht der Erhebung von Entgelten für die Benutzung von Verkehrsflächen, an denen kein Gemeingebrauch besteht, auf Grund anderer als straßenverkehrsrechtlicher Bestimmungen nicht entgegen.

Eingefügt durch VO v. 22. 3. 1988 (BGBl. I S. 405).

§ 53   Inkrafttreten

(1) Diese Verordnung tritt am 1. März 1971 in Kraft.

(2) Die Straßenverkehrs-Ordnung vom 13. November 1937 (Reichsgesetzbl. I S. 1179) in der Fassung der Bekanntmachung vom 29. März 1956 (Bundesgesetzbl. I S. 271, 327) mit den Änderungen der Verordnung vom 25. Juli 1957 (Bundesgesetzbl. I S. 780), vom 7. Juli 1960 (Bundesgesetzbl. I S. 485), vom 29. Dezember 1960 (Bundesgesetzbl. 1961 I S. 8) und vom 30. April 1964 (Bundesgesetzbl. I S. 305) tritt mit dem gleichen Tage außer Kraft.

(3) Das Zeichen 226 der Straßenverkehrs-Ordnung vom 16. November 1970 (BGBl. I S. 1565, 1971 I S. 38) in der Fassung der Verordnung vom 28. April 1982 (BGBl. I S. 564) hat bis zum 31. Dezember 1995 die Bedeutung des Zeichens 224 in der Fassung der vorstehenden Verordnung.

(4) Die Zeichen 274, 278, 307, 314, 380, 385 und die bisherigen Absperrschranken mit schrägen Schraffen behalten die Bedeutung, die sie nach der vor dem 1. Oktober 1988 geltenden Fassung dieser Verordnung hatten, bis längstens zum 31. Dezember 1998. Bis längstens 31. Dezember 1998 können Fußgängerbereiche (Zeichen 242/243) auch weiterhin mit Zeichen 241 gekennzeichnet werden. Bild 291 behält die Bedeutung, die es nach der vor dem 1. Oktober 1988 geltenden Fassung dieser Verordnung hatte, bis längstens zum 30. April 1989.

(5) Das Zusatzschild mit der Aufschrift „bei Nässe" darf bis zum 31. Dezember 1988 verwendet werden.

(6) Schutzhelme, die nicht in amtlich genehmigter Bauart ausgeführt sind, dürfen nach dem 1. Januar 1990 nicht mehr verwendet werden.

(7) Die bisherigen Zeichen 290 und 292 behalten die Bedeutung, die sie nach der vor dem 1. Januar 1990 geltenden Fassung der Straßenverkehrs-Ordnung hatten, bis längstens zum 31. Dezember 1999.

(8) Die bisherigen Zeichen 448 und 450 (300-m-Bake) bei Autobahnausfahrten dürfen bis zum 31. Dezember 1995 verwendet werden.

(9) Verkehrszeichen in der Gestaltung nach der bis zum 1. Juli 1992 geltenden Fassung dieser Verordnung behalten auch danach ihre Gültigkeit. Ab dem 1. Juli 1992 dürfen jedoch nur noch Verkehrszeichen und Verkehrseinrichtungen mit den neuen Symbolen angeordnet und aufgestellt werden.

(10) Die Kennzeichnung des Anfangs, des Verlaufs und des Endes einer Verbotsstrecke durch Zusatzschilder (§ 41 Abs. 2 Nr. 8 Buchstabe c Satz 3 in der bis 30. Juni 1992 geltenden Fassung) bleibt bis 30. Juni 1994 wirksam.

(11) Die Kennzeichnung des Anfangs, des Verlaufs und des Endes einer Strecke, auf der das Parken durch die Zeichen 314 oder 315 (§ 42 Abs. 4) erlaubt ist, durch Zusatzschilder bleibt bis 30. Juni 1994 wirksam.

(12) Rote und gelbe Pfeile in Lichtzeichenanlagen gemäß § 37 Abs. 2 Nr. 1 in der bis zum 30. Juni 1992 geltenden Fassung bleiben bis zum 31. Dezember 2005 gültig.

(13) Die bisherigen Zeichen 229 behalten die Bedeutung, die sie nach der vor dem 1. März 1994 geltenden Fassung der Straßenverkehrs-Ordnung hatten, bis längstens 31. Dezember 1994.

(14) Die bisherigen Zeichen 368, die zum Zeitpunkt des Inkrafttretens der Streichung des Zeichens 368 bereits angeordnet und aufgestellt worden sind, behalten bis zum 31. Dezember 2002 ihre Gültigkeit.

(15) Autohofhinweistafeln, die auf Grund der Verkehrsblattverlautbarung vom 24. Oktober 1994 (VkBl. 1994, S. 699) vor Inkrafttreten des Zeichens 448.1 angeordnet und aufgestellt worden sind, behalten bis zum 31. Dezember 2005 ihre Gültigkeit.

(16) Zusatzschilder, die bislang Anwohner mit besonderem Parkausweis vom eingeschränkten Haltverbot nach Zeichen 286 oder einem Haltverbot für die Zone nach Zeichen 290 ausgenommen haben, und Zusatzschilder zu den Zeichen 314 oder 315, die die Erlaubnis zum Parken bislang auf Anwohner beschränkt haben, sowie der mit Verkehrsblattverlautbarung vom 6. Januar 1998 (VkBl. 1998 S. 99) bekannt gegebene Parkausweis für Anwohner behalten bis zum 31. Dezember 2003 ihre Gültigkeit.

Abs. 3 (bisher Abs. 4) neu gefasst durch VO v. 21. 7. 1983 (BGBl. I S. 949).
Bisheriger § 53 als § 54 eingeordnet sowie bisherige Abs. 3 u. 5 gestrichen, bisheriger Abs. 4 als Abs. 3 eingeordnet sowie Abs. 4 bis 6 angefügt durch VO v. 22. 3. 1988 (BGBl. I S. 405); Abs. 7 und 8 angefügt durch VO v. 9. 11. 1989 (BGBl. I S. 1976); als § 53 eingeordnet sowie Abs. 9 bis 12 angefügt durch VO v. 19. 3. 1992 (BGBl. I S. 678); Abs. 13 angefügt durch VO v. 14. 12. 1993 (BGBl. I S. 2043); Abs. 14 angefügt durch VO v. 7. 8. 1997 (BGBl. I S. 2028); Abs. 15 angefügt durch VO v. 11. 12. 2000 (BGBl. I S. 1690); Abs. 16 angefügt durch VO v. 14. 12. 2001 (BGBl. I S. 3783).

Straßenverkehrs-Zulassungs-Ordnung (StVZO)

**in der Fassung der Bekanntmachung
vom 28. September 1988 (BGBl. I S. 1793)**

Zuletzt geändert durch
Verordnung vom 11. Dezember 2001 (BGBl. I S. 3617)

Inhaltsübersicht

A. Personen

§§ 1 bis 15 l

Aufgehoben durch VO v. 18. 8. 1998 (BGBl. I S. 2214).

3. Andere Straßenfahrzeuge

C. Durchführungs-, Bußgeld- und Schlußvorschriften

Anlagen und Muster (hier nicht abgedruckt)

A. Personen

§§ 1 bis 15 l

Aufgehoben durch VO v. 18. 8. 1998 (BGBl. I S. 2214, 2294).

B. Fahrzeuge

I. Zulassung von Fahrzeugen im allgemeinen

§ 16 Grundregel der Zulassung

(1) Zum Verkehr auf öffentlichen Straßen sind alle Fahrzeuge zugelassen, die den Vorschriften dieser Verordnung und der Straßenverkehrs-Ordnung entsprechen, soweit nicht für die Zulassung einzelner Fahrzeugarten ein Erlaubnisverfahren vorgeschrieben ist.

(2) Schiebe- und Greifreifenrollstühle, Rodelschlitten, Kinderwagen, Kinderroller, Kinderfahrräder und ähnliche nicht motorbetriebene Fortbewegungsmittel sind nicht Fahrzeuge im Sinne dieser Verordnung.

Abs. 2 geändert durch VO v. 23. 3. 2000 (BGBl. I S. 310).

§ 17 Einschränkung und Entziehung der Zulassung

(1) Erweist sich ein Fahrzeug als nicht vorschriftsmäßig, so kann die Verwaltungsbehörde dem Eigentümer oder Halter eine angemessene Frist zur Behebung der Mängel setzen und nötigenfalls den Betrieb des Fahrzeugs im öffentlichen Verkehr untersagen oder beschränken; der Betroffene hat das Verbot oder die Beschränkung zu beachten.

(2) Nach Untersagung des Betriebs eines Fahrzeugs, für das ein amtliches Kennzeichen zugeteilt ist, hat der Fahrzeughalter unverzüglich das Kennzeichen von der Behörde entstempeln zu lassen. Der Fahrzeugschein oder – bei zulassungsfreien (auch kennzeichenfreien) Fahrzeugen – der nach § 18 Abs. 5 erforderliche Nachweis über die Betriebserlaubnis ist abzuliefern. Handelt es sich um einen Anhänger, so sind der Behörde die etwa ausgefertigten Anhängerverzeichnisse zur Eintragung der Entstempelung des Kennzeichens vorzulegen.

(3) Besteht Anlaß zur Annahme, daß das Fahrzeug den Vorschriften dieser Verordnung nicht entspricht, so kann die Verwaltungsbehörde zur Vorbereitung einer Entscheidung nach Absatz 1, § 23 Abs. 2, den §§ 24, 27 Abs. 1 bis 3 oder § 28 Abs. 3 Satz 1 je nach den Umständen

1. die Beibringung eines Sachverständigengutachtens darüber, ob das Fahrzeug den Vorschriften dieser Verordnung entspricht, oder

2. die Vorführung des Fahrzeugs

anordnen und wenn nötig mehrere solcher Anordnungen treffen.

II. Zulassungsverfahren für Kraftfahrzeuge und ihre Anhänger

§ 18   Zulassungspflichtigkeit

(1) Kraftfahrzeuge mit einer durch die Bauart bestimmten Höchstgeschwindigkeit von mehr als 6 km/h und ihre Anhänger (hinter Kraftfahrzeugen mitgeführte Fahrzeuge mit Ausnahme von betriebsunfähigen Fahrzeugen, die abgeschleppt werden, und von Abschleppachsen) dürfen auf öffentlichen Straßen nur in Betrieb gesetzt werden, wenn sie durch Erteilung einer Betriebserlaubnis oder einer EG-Typgenehmigung und durch Zuteilung eines amtlichen Kennzeichens für Kraftfahrzeuge und Anhänger von der Verwaltungsbehörde (Zulassungsbehörde) zum Verkehr zugelassen sind.

(2) Ausgenommen von den Vorschriften über das Zulassungsverfahren sind

1. selbstfahrende Arbeitsmaschinen (Fahrzeuge, die nach ihrer Bauart und ihren besonderen, mit dem Fahrzeug fest verbundenen Einrichtungen zur Leistung von Arbeit, nicht zur Beförderung von Personen oder Gütern bestimmt und geeignet sind), die zu einer vom Bundesministerium für Verkehr, Bau- und Wohnungswesen bestimmten Art solcher Fahrzeuge gehören,

2. einachsige Zugmaschinen, wenn sie nur für land- oder forstwirtschaftliche Zwecke verwendet werden,

3. einachsige Zug- oder Arbeitsmaschinen, die von Fußgängern an Holmen geführt werden,

4. a) zweirädrige Kleinkrafträder (Krafträder mit einer durch die Bauart bestimmten Höchstgeschwindigkeit von nicht mehr als 45 km/h und mit elektrischer Antriebsmaschine oder mit einem Verbrennungsmotor mit einem Hubraum von nicht mehr als 50 cm^3) und Fahrräder mit Hilfsmotor (Krafträder mit einer durch die Bauart bestimmten Höchstgeschwindigkeit von nicht mehr als 45 km/h und einer elektrischen Antriebsmaschine oder einem Verbrennungsmotor mit einem Hubraum von nicht mehr als 50 cm^3, die zusätzlich hinsichtlich der Gebrauchsfähigkeit die Merkmale von Fahrrädern aufweisen),

   b) dreirädrige Kleinkrafträder (dreirädrige Kraftfahrzeuge mit einer durch die Bauart bestimmten Höchstgeschwindigkeit von nicht mehr als 45 km/h und mit elektrischer Antriebsmaschine oder mit einem Verbrennungsmotor mit einem Hubraum von nicht mehr als 50 cm^3),

4a. Leichtkrafträder (Krafträder mit einer elektrischen Antriebsmaschine mit einer Nennleistung von nicht mehr als 11 kW oder einem Verbrennungsmotor mit einer Nennleistung von nicht mehr als 11 kW und einem Hubraum von mehr als 50 cm^3, aber nicht mehr als 125 cm^3),

4b. Vierrädrige Leichtkraftfahrzeuge mit einer Leermasse von weniger als 350 kg, ohne Masse der Batterien im Fall von Elektrofahrzeugen, mit einer durch die Bauart bestimmten Höchstgeschwindigkeit von 45 km/h oder weniger und einem Hubraum für Fremdzündungsmotoren von 50 cm^3 oder weniger, beziehungsweise einer maximalen Nennleistung von 4 kW oder weniger für andere Motortypen,

5. motorisierte Krankenfahrstühle (nach der Bauart zum Gebrauch durch körperlich gebrechliche oder behinderte Personen bestimmte Kraftfahr-

zeuge mit einem Sitz, einem Leergewicht von nicht mehr als 300 kg und einer durch die Bauart bestimmten Höchstgeschwindigkeit von nicht mehr als 25 km/h),

6. folgende Arten von Anhängern:

a) Anhänger in land- oder forstwirtschaftlichen Betrieben, wenn die Anhänger nur für land- oder forstwirtschaftliche Zwecke verwendet und mit einer Geschwindigkeit von nicht mehr als 25 km/h hinter Zugmaschinen oder hinter selbstfahrenden Arbeitsmaschinen einer vom Bundesministerium für Verkehr, Bau- und Wohnungswesen nach Nummer 1 bestimmten Art mitgeführt werden; beträgt die durch die Bauart bestimmte Höchstgeschwindigkeit des ziehenden Fahrzeugs mehr als 25 km/h, so sind diese Anhänger nur dann zulassungsfrei, wenn sie für eine Höchstgeschwindigkeit von nicht mehr als 25 km/h in der durch § 58 vorgeschriebenen Weise gekennzeichnet oder – beim Mitführen hinter Zugmaschinen mit einer Geschwindigkeit von nicht mehr als 8 km/h (Betriebsvorschrift) – eisenbereift sind;

b) land- oder forstwirtschaftliche Arbeitsgeräte sowie hinter land- oder forstwirtschaftlichen einachsigen Zug- oder Arbeitsmaschinen mitgeführte Sitzkarren (einachsige Anhänger, die nach ihrer Bauart nur geeignet und bestimmt sind, dem Führer einer einachsigen Zug- oder Arbeitsmaschine das Führen des Fahrzeugs von einem Sitz aus zu ermöglichen);

c) Anhänger hinter Straßenwalzen;

d) Maschinen für den Straßenbau, die von Kraftfahrzeugen mit einer Geschwindigkeit von nicht mehr als 25 km/h mitgeführt werden; Buchstabe a letzter Satz gilt entsprechend;

e) Wohnwagen und Packwagen im Gewerbe nach Schaustellerart, die von Zugmaschinen mit einer Geschwindigkeit von nicht mehr als 25 km/h mitgeführt werden; Buchstabe a letzter Satz gilt entsprechend;

f) Anhänger, die lediglich der Straßenreinigung dienen;

g) eisenbereifte Möbelwagen;

h) einachsige Anhänger hinter Krafträdern;

i) Anhänger für Feuerlöschzwecke;

k) (gestrichen)

l) Arbeitsmaschinen;

m) Spezialanhänger zur Beförderung von Sportgeräten oder Tieren für Sportzwecke, wenn die Anhänger ausschließlich für solche Beförderungen verwendet werden;

n) Anhänger, die als Verladerampen dienen;

o) fahrbare Baubuden, die von Kraftfahrzeugen mit einer Geschwindigkeit von nicht mehr als 25 km/h mitgeführt werden; Buchstabe a letzter Satz gilt entsprechend;

p) einspurige, einachsige Anhänger (Einradanhänger) hinter Personenkraftwagen, wenn das zulässige Gesamtgewicht nicht mehr als 150 kg, die Breite über alles nicht mehr als 1000 mm, die Höhe über alles nicht mehr als 1000 mm und die Länge über alles nicht mehr als 1200 mm betragen.

(3) Fahrzeuge, die nach Absatz 2 von den Vorschriften über das Zulassungsverfahren ausgenommen sind, dürfen auf öffentlichen Straßen nur in Betrieb gesetzt werden, wenn für die Fahrzeuge eine Betriebserlaubnis oder eine EG-Typgenehmigung erteilt ist. Ausgenommen sind

1. Fahrräder mit Hilfsmotor, die vor dem 1. Januar 1957 erstmals in den Verkehr gekommen sind, sowie die vor dem 1. Mai 1965 erstmals in den Verkehr gekommenen Fahrräder mit Hilfsmotor, deren durch die Bauart bestimmte Höchstgeschwindigkeit nicht mehr als 20 km/h beträgt,

2. Kleinkrafträder mit regelmäßigem Standort im Saarland, wenn sie vor dem 1. Oktober 1960 im Saarland erstmals in den Verkehr gekommen sind, sowie Fahrzeuge, die nach der Übergangsvorschrift des § 72 zu § 18 Abs. 2 Nr. 4 wie Kleinkrafträder zu behandeln sind,

3. Anhänger hinter Fahrrädern mit Hilfsmotor, wenn die durch die Bauart bestimmte Höchstgeschwindigkeit des ziehenden Fahrzeugs 25 km/h nicht überschreitet oder der Anhänger vor dem 1. April 1961 erstmals in den Verkehr gekommen ist,

4. einachsige Zug- oder Arbeitsmaschinen, die von Fußgängern an Holmen geführt werden,

5. land- oder forstwirtschaftliche Arbeitsgeräte mit einem zulässigen Gesamtgewicht von nicht mehr als 3 t sowie hinter land- oder forstwirtschaftlichen einachsigen Zug- oder Arbeitsmaschinen mitgeführte Sitzkarren (Absatz 2 Nr. 6 Buchstabe b).

(4) Die nach Absatz 2 von den Vorschriften über das Zulassungsverfahren ausgenommenen

1. selbstfahrenden Arbeitsmaschinen und einachsigen Zugmaschinen mit einer durch die Bauart bestimmten Höchstgeschwindigkeit von mehr als 20 km/h,

2. Anhänger nach Absatz 2 Nr. 6 Buchstabe l und m – ausgenommen Anhänger, die mit Geschwindigkeitsschildern nach § 58 für eine zulässige Höchstgeschwindigkeit von nicht mehr als 25 km/h gekennzeichnet sind, – und

3. Leichtkrafträder

müssen beim Verkehr auf öffentlichen Straßen ein eigenes amtliches Kennzeichen führen. Zweirädrige oder dreirädrige Kleinkrafträder, Fahrräder mit Hilfsmotor, vierrädrige Leichtkraftfahrzeuge und motorisierte Krankenfahrstühle sind, wenn ihr Halter der Versicherungspflicht nach dem Pflichtversicherungsgesetz unterliegt, nach § 29e, sonst durch amtliche Kennzeichen zu kennzeichnen. Für die Kennzeichnung von betriebserlaubnispflichtigen selbstfahrenden Arbeitsmaschinen und einachsigen land- oder forstwirtschaftlichen Zugmaschinen mit einer durch die Bauart bestimmten Höchstgeschwindigkeit von nicht mehr als 20 km/h gilt § 64b entsprechend.

(4a) Auf Fahrzeuge, die nach Absatz 4 amtliche Kennzeichen führen müssen, sind die Bestimmungen über die Kennzeichnung der im Zulassungsverfahren zu behandelnden Kraftfahrzeuge mit Ausnahme der Vorschriften über den Fahrzeugbrief entsprechend anzuwenden. Auf amtliche Kennzeichen von zweirädrigen oder dreirädrigen Kleinkrafträdern, von Fahrrädern mit Hilfsmotor, von vierrädrigen Leichtkraftfahrzeugen und von motorisierten Krankenfahrstühlen ist auch § 23 Abs. 4 Satz 1 bis 5 nicht anzuwenden.

(5) Wer ein nach Absatz 3 betriebserlaubsnispflichtiges Fahrzeug führt oder mitführt, muß bei sich haben und zuständigen Personen auf Verlangen zur Prüfung aushändigen

1. die Ablichtung oder den Abdruck einer Allgemeinen Betriebserlaubnis (§ 20) oder

1a. die vorgeschriebene Übereinstimmungsbescheinigung für eine EG-Typgenehmigung oder

2. eine Betriebserlaubnis im Einzelfall (§ 21), die von der Zulassungsbehörde durch den Vermerk „Betriebserlaubnis erteilt" auf dem Gutachten eines amtlich anerkannten Sachverständigen für den Kraftfahrzeugverkehr ausgestellt ist;

bei den in Absatz 2 Nr. 2 und Nr. 6 Buchstabe a genannten Fahrzeugen genügt es, daß der Fahrzeughalter einen dieser Nachweise aufbewahrt und zuständigen Personen auf Verlangen zur Prüfung aushändigt. Handelt es sich um eine Allgemeine Betriebserlaubnis, so muß deren Inhaber oder ein amtlich anerkannter Sachverständiger oder Prüfer für den Kraftfahrzeugverkehr auf der Ablichtung oder dem Abdruck unter Angabe der Fahrzeug-Identifizierungsnummer bestätigt haben, daß das Fahrzeug dem genehmigten Typ entspricht. Bei den nach Absatz 3 betriebserlaubnispflichtigen und nach Absatz 4 kennzeichenpflichtigen Fahrzeugen ist ein von der Zulassungsbehörde ausgefertigter Fahrzeugschein anstelle des Nachweises nach Satz 1 mitzuführen und zuständigen Personen auf Verlangen zur Prüfung auszuhändigen.

(6) Wer ein Fahrzeug der in Absatz 3 Nr. 1 oder 2 genannten Art führt, muß bei sich haben und zuständigen Personen auf Verlangen zur Prüfung aushändigen

1. die Ablichtung oder den Abdruck einer Allgemeinen Betriebserlaubnis für den Motor (§ 20) oder

2. die Bescheinigung eines amtlich anerkannten Sachverständigen für den Kraftfahrzeugverkehr über den Hubraum des Motors sowie darüber, daß der Motor mit seinen zugehörigen Teilen den Vorschriften dieser Verordnung entspricht.

Handelt es sich um eine Allgemeine Betriebserlaubnis, so muß deren Inhaber oder ein amtlich anerkannter Sachverständiger oder Prüfer für den Kraftfahrzeugverkehr auf der Ablichtung oder dem Abdruck unter Angabe der Motornummer bestätigt haben, daß der Motor dem genehmigten Typ entspricht. In allen Fällen muss auf dem Nachweis das etwa zugeteilte amtliche Kennzeichen von der Zulassungsbehörde vermerkt sein.

(7) Auf Antrag können für die in Absatz 2 genannten Fahrzeuge Fahrzeugbriefe ausgestellt werden; die Fahrzeuge sind dann in dem üblichen Zulassungsverfahren zu behandeln.

Abs. 6 Nr. 6 Buchst. m i. d. F. d. VO v. 24. 7. 1989 (BGBl. I S. 1510); Abs. 2 Nr. 6k gestrichen durch VO v. 23. 7. 1990 (BGBl. I S. 1489); Abs. 4 Satz 1 neu gefasst durch VO v. 24. 4. 1992 (BGBl. I S. 965); Abs. 1, Abs. 3 Satz 1 und Abs. 4a Satz 1 geändert sowie Abs. 5 Satz 1 Nr. 1a eingefügt durch G. v. 9. 12. 1994 (BGBl. I S. 3755); Abs. 2 Nr. 4 und 4a neu gefasst durch VO v. 12. 8. 1997 (BGBl. I S. 2051); Abs. 2 Nr. 5 neu gefasst durch VO v. 18. 8. 1998 (BGBl. I S. 2214, 2294); Abs. 2 Nr. 4 neu gefasst, Nr. 4b eingefügt sowie Abs. 4 Satz 2 und Abs. 4a Satz 2 geändert durch VO v. 23. 3. 2000 (BGBl. I S. 310); Abs. 1, Abs. 2 Nr. 1, Abs. 4 Satz 2, Abs. 4a Satz 2 und Abs. 5 Satz 1 Nr. 2 geändert sowie Abs. 5 Satz 3 und Abs. 6 Satz 3 neu gefasst durch VO v. 20. 7. 2000 (BGBl. I S. 1090); Abs. 2 Nr. 6 Buchst. a geändert durch VO v. 29. 10. 2001 (BGBl. I S. 2785).
Zu Abs. 2 Nr. 4, zu Abs. 2 Nr. 4a, zu Abs. 2 Nr. 5, zu Abs. 3, zu Abs. 4 Satz 1 Nr. 2 und zu Abs. 5 Satz 3: Vgl. § 72 Abs. 2.

§ 19   Erteilung und Wirksamkeit der Betriebserlaubnis

(1) Die Betriebserlaubnis ist zu erteilen, wenn das Fahrzeug den Vorschriften dieser Verordnung, den zu ihrer Ausführung erlassenen Anweisungen des Bundesministeriums für Verkehr, Bau- und Wohnungswesen und den Vorschriften der Verordnung (EWG) Nr. 3821/85 des Rates vom 20. Dezember 1985 über das Kontrollgerät im Straßenverkehr (ABl. EG Nr. L 370 S. 8) entspricht. Die Betriebserlaubnis ist ferner zu erteilen, wenn das Fahrzeug anstelle der Vorschriften dieser Verordnung die Einzelrichtlinien in ihrer jeweils geltenden Fassung erfüllt, die

1. in Anhang IV der Richtlinie 92/53/EWG des Rates vom 18. Juni 1992 zur Änderung der Richtlinie 70/156/EWG zur Angleichung der Rechtsvorschriften der Mitgliedstaaten über die Betriebserlaubnis für Kraftfahrzeuge und Kraftfahrzeuganhänger (ABl. EG Nr. L 225 S. 1) oder

2. in Anhang II der Richtlinie 74/150/EWG des Rates vom 4. März 1974 zur Angleichung der Rechtsvorschriften der Mitgliedstaaten über die Betriebserlaubnis für land- oder forstwirtschaftliche Zugmaschinen auf Rädern (ABl. EG Nr. L 84 S. 10) oder

3. in Anhang I der Richtlinie 92/61/EWG des Rates vom 30. Juni 1992 über die Betriebserlaubnis für zweirädrige oder dreirädrige Kraftfahrzeuge (ABl. EG Nr. L 225 S. 72)

in seiner jeweils geltenden Fassung genannt sind. Die jeweilige Liste der in Anhang IV der Betriebserlaubnisrichtlinie 92/53/EWG, in Anhang II der Betriebserlaubnisrichtlinie 74/150/EWG und in Anhang I der Betriebserlaubnisrichtlinie 92/61/EWG genannten Einzelrichtlinien wird unter Angabe der Kurzbezeichnungen und der ersten Funstelle aus dem Amtsblatt der Europäischen Gemeinschaften vom Bundesministerium für Verkehr, Bau- und Wohnungswesen im Verkehrsblatt bekanntgemacht und fortgeschrieben. Die in Satz 2 genannten Einzelrichtlinien sind jeweils ab dem Zeitpunkt anzuwenden, zu dem sie in Kraft treten und nach Satz 3 bekanntgemacht worden sind. Soweit in einer Einzelrichtlinie ihre verbindliche Anwendung vorgeschrieben ist, ist nur diese Einzelrichtlinie maßgeblich.

(2) Die Betriebserlaubnis des Fahrzeugs bleibt, wenn sie nicht ausdrücklich entzogen wird, bis zu seiner endgültigen Außerbetriebsetzung wirksam. Sie erlischt, wenn Änderungen vorgenommen werden, durch die

1. die in der Betriebserlaubnis genehmigte Fahrzeugart geändert wird,
2. eine Gefährdung von Verkehrsteilnehmern zu erwarten ist oder
3. das Abgas- oder Geräuschverhalten verschlechtert wird.

Für die Erteilung einer neuen Betriebserlaubnis gilt § 21 entsprechend. Besteht Anlaß zur Annahme, daß die Betriebserlaubnis erloschen ist, gilt § 17 Abs. 3 entsprechend; auch darf eine Prüfplakette nach Anlage IX nicht zugeteilt werden.

(2a) Die Betriebserlaubnis für Fahrzeuge, die nach ihrer Bauart speziell für militärische oder polizeiliche Zwecke sowie für Zwecke des Brandschutzes und des Katastrophenschutzes bestimmt sind, bleibt nur so lange wirksam, wie die Fahrzeuge für die Bundeswehr, den Bundesgrenzschutz, die Polizei, die Feuerwehr oder den Katastrophenschutz zugelassen oder eingesetzt werden. Für Fahrzeuge nach Satz 1 darf eine Betriebserlaubnis nach § 21 nur der Bundeswehr, dem Bundesgrenzschutz, der Polizei, der Feuerwehr oder dem Katastrophenschutz erteilt werden; dies gilt auch, wenn die für die militärischen oder die polizeilichen Zwecke sowie die Zwecke des Brandschutzes und des Katastrophenschutzes vorhandene Ausstattung oder Ausrüstung entfernt, verändert oder unwirksam gemacht worden ist. Ausnahmen von Satz 2 für bestimmte Einsatzzwecke können gemäß § 70 genehmigt werden.

(3) Abweichend von Absatz 2 Satz 2 erlischt die Betriebserlaubnis des Fahrzeugs jedoch nicht, wenn bei Änderungen durch Ein- oder Anbau von Teilen

1. für diese Teile
   a) eine Betriebserlaubnis nach § 22 oder eine Bauartgenehmigung nach § 22a erteilt worden ist oder
   b) der nachträgliche Ein- oder Anbau im Rahmen einer Betriebserlaubnis oder eines Nachtrags dazu für das Fahrzeug nach § 20 oder § 21 genehmigt worden ist

   und die Wirksamkeit der Betriebserlaubnis, der Bauartgenehmigung oder der Genehmigung nicht von der Abnahme des Ein- oder Anbaus abhängig gemacht worden ist oder

2. für diese Teile
   a) eine EWG-Betriebserlaubnis, eine EWG-Bauartgenehmigung oder eine EG-Typgenehmigung nach Europäischem Gemeinschaftsrecht oder
   b) eine Genehmigung nach Regelungen in der jeweiligen Fassung entsprechend dem Übereinkommen vom 20. März 1958 (BGBl. 1965 II S. 857) über die Annahme einheitlicher Bedingungen für die Genehmigung der Ausrüstungsgegenstände und Teile von Kraftfahrzeugen und über die gegenseitige Anerkennung der Genehmigung, soweit diese von der Bundesrepublik Deutschland angewendet werden,

   erteilt worden ist und eventuelle Einschränkungen oder Einbauanweisungen beachtet sind oder

3. die Wirksamkeit der Betriebserlaubnis, der Bauartgenehmigung oder der Genehmigung dieser Teile nach Nummer 1 Buchstabe a oder b von einer Abnahme des Ein- oder Anbaus abhängig gemacht ist und die Abnahme unverzüglich durchgeführt und nach § 22 Abs. 1 Satz 5, auch in Verbindung mit § 22a Abs. 1a, bestätigt worden ist oder

4. für diese Teile

   a) die Identität mit einem Teil gegeben ist, für das ein Gutachten eines Technischen Dienstes nach Anlage XIX über die Vorschriftsmäßigkeit eines Fahrzeugs bei bestimmungsgemäßem Ein- oder Anbau dieser Teile (Teilegutachten) vorliegt,

   b) der im Gutachten angegebene Verwendungsbereich eingehalten wird und

   c) die Abnahme des Ein- oder Anbaus unverzüglich durch einen amtlich anerkannten Sachverständigen oder Prüfer für den Kraftfahrzeugverkehr oder durch einen Kraftfahrzeugsachverständigen oder Angestellten nach Nummer 4 der Anlage VIIIb durchgeführt und der ordnungsgemäße Ein- oder Anbau entsprechend § 22 Abs. 1 Satz 5 bestätigt worden ist; § 22 Abs. 1 Satz 2 und Absatz 2 Satz 3 gilt entsprechend.

Werden bei Teilen nach Nummer 1 oder 2 in der Betriebserlaubnis, der Bauartgenehmigung oder der Genehmigung aufgeführte Einschränkungen oder Einbauanweisungen nicht eingehalten, erlischt die Betriebserlaubnis des Fahrzeugs.

(4) Der Führer des Fahrzeugs hat in den Fällen

1. des Absatzes 3 Nr. 1 den Abdruck oder die Ablichtung der betreffenden Betriebserlaubnis, Bauartgenehmigung, Genehmigung im Rahmen der Betriebserlaubnis oder eines Nachtrags dazu oder eines Auszugs dieser Erlaubnis oder Genehmigung, der die für die Verwendung wesentlichen Angaben enthält, und

2. des Absatzes 3 Nr. 3 und 4 einen Nachweis nach einem vom Bundesministerium für Verkehr, Bau- und Wohnungswesen im Verkehrsblatt bekanntgemachten Muster über die Erlaubnis, die Genehmigung oder das Teilegutachten mit der Bestätigung des ordnungsgemäßen Ein- oder Anbaus sowie den zu beachtenden Beschränkungen oder Auflagen

mitzuführen und zuständigen Personen auf Verlangen auszuhändigen. Satz 1 gilt nicht, wenn der Fahrzeugschein, das Anhängerverzeichnis nach § 24 Satz 3 oder der Nachweis nach § 18 Abs. 5 einen entsprechenden Eintrag einschließlich zu beachtender Beschränkungen oder Auflagen enthält; anstelle der zu beachtenden Beschränkungen oder Auflagen kann auch ein Vermerk enthalten sein, daß diese in einer mitzuführenden Erlaubnis, Genehmigung oder einem mitzuführenden Nachweis aufgeführt sind. Die Pflichten nach § 27 Abs. 1 bleiben unberührt.

(5) Ist die Betriebserlaubnis nach Absatz 2 Satz 2 erloschen, dürfen nur solche Fahrten durchgeführt werden, die in unmittelbarem Zusammenhang mit der Erlangung einer neuen Betriebserlaubnis stehen. Am Fahrzeug sind die bisherigen Kennzeichen oder rote Kennzeichen oder Kurzzeitkennzeichen nach § 28 zu führen. Die Sätze 1 und 2 gelten auch für Fahrten, die der amtlich anerkannte Sachverständige für den Kraftfahrzeugverkehr im Rahmen der Erstellung des Gutachtens durchführt.

(6) Werden an Fahrzeugen von Fahrzeugherstellern, die Inhaber einer Betriebserlaubnis für Typen sind, im Sinne des Absatzes 2 Teile verändert, so bleibt die Betriebserlaubnis wirksam, solange die Fahrzeuge ausschließlich zur Erprobung verwendet werden; insoweit ist auch § 27 Abs. 1 nicht anzuwenden. Satz 1 gilt nur, wenn die Zulassungsstelle im Fahrzeugschein bestätigt hat, daß ihr das Fahrzeug als Erprobungsfahrzeug gemeldet worden ist.

(7) Die Absätze 2 bis 6 gelten entsprechend für die EG-Typgenehmigung.

Abs. 1 Satz 2 neu gefasst durch VO v. 23. 6. 1993 (BGBl. I S. 1024); Abs. 2 neu gefasst, Abs. 3 bis 5 eingefügt und bisheriger Abs. 3 als Abs. 6 eingeordnet durch VO v. 16. 12. 1993 (BGBl. I S. 2106); Abs. 7 angefügt durch VO v. 9. 12. 1994 (BGBl. I S. 3755); Abs. 3 Satz 1 geändert und Nr. 2 u. Nr. 4 neu gefasst, Satz 2 angefügt sowie Abs. 4 neu gefasst durch VO v. 12. 8. 1997 (BGBl. I S. 2051); Abs. 5 Satz 2 geändert durch VO v. 9. 3. 1998 (BGBl. I S. 441); Abs. 1 Satz 2 durch Sätze 2 bis 5 ersetzt durch G. v. 6. 8. 1998 (BGBl. I S. 2042); Abs. 2a eingefügt durch VO v. 3. 2. 1999 (BGBl. I S. 82); Abs. 3 Nr. 4 Buchst. c geändert durch VO v. 23. 3. 2000 (BGBl. I S. 310); Abs. 1 Satz 1 und 3 sowie Abs. 4 Satz 1 Nr. 2 geändert durch VO v. 29. 10. 2001 (BGBl. I S. 2785).
Zu Abs. 1 Satz 2, zu Abs. 2, zu Abs. 2a, zu Abs. 3 Nr. 4, zu Abs. 4 Satz 1 und zu Abs. 4 Satz 1 Nr. 2: Vgl. § 72 Abs. 2.

§ 20   Allgemeine Betriebserlaubnis für Typen

(1) Für reihenweise zu fertigende oder gefertigte Fahrzeuge kann die Betriebserlaubnis dem Hersteller nach einer auf seine Kosten vorgenommenen Prüfung allgemein erteilt werden (Allgemeine Betriebserlaubnis), wenn er die Gewähr für zuverlässige Ausübung der dadurch verliehenen Befugnisse bietet. Bei Herstellung eines Fahrzeugtyps durch mehrere Beteiligte kann die Allgemeine Betriebserlaubnis diesen gemeinsam erteilt werden. Für die Fahrzeuge, die außerhalb des Geltungsbereichs dieser Verordnung hergestellt worden sind, kann die Allgemeine Betriebserlaubnis erteilt werden

1. dem Hersteller oder seinem Beauftragten, wenn die Fahrzeuge in einem Staat hergestellt worden sind, in dem der Vertrag zur Gründung der Europäischen Wirtschaftsgemeinschaft oder das Abkommen über den Europäischen Wirtschaftsraum gilt,

2. dem Beauftragten des Herstellers, wenn die Fahrzeuge zwar in einem Staat hergestellt worden sind, in dem der Vertrag zur Gründung der Europäischen Wirtschaftsgemeinschaft nicht gilt, sie aber in den Geltungsbereich dieser Verordnung aus einem Staat eingeführt worden sind, in dem der Vertrag zur Gründung der Europäischen Wirtschaftsgemeinschaft oder das Abkommen über den Europäischen Wirtschaftsraum gilt,

3. in den anderen Fällen dem Händler, der seine Berechtigung zum alleinigen Vertrieb der Fahrzeuge im Geltungsbereich dieser Verordnung nachweist.

In den Fällen des Satzes 3 Nr. 2 muß der Beauftragte des Herstellers in einem Staat ansässig sein, in dem der Vertrag zur Gründung der Europäischen Wirtschaftsgemeinschaft oder das Abkommen über den Europäischen Wirtschaftsraum gilt. In den Fällen des Satzes 3 Nr. 3 muß der Händler im Geltungsbereich dieser Verordnung ansässig sein.

(2) Über den Antrag auf Erteilung der Allgemeinen Betriebserlaubnis entscheidet das Kraftfahrt-Bundesamt. Das Kraftfahrt-Bundesamt kann einen amtlich anerkannten Sachverständigen für den Kraftfahrzeugverkehr oder eine andere Stelle mit der Begutachtung beauftragen. Es bestimmt, welche Unterlagen für den Antrag beizubringen sind.

(2a) Umfaßt der Antrag auf Erteilung einer Allgemeinen Betriebserlaubnis auch die Genehmigung für eine wahlweise Ausrüstung, so kann das Kraftfahrt-Bundesamt auf Antrag in die Allgemeine Betriebserlaubnis aufnehmen, welche Teile auch nachträglich an- oder eingebaut werden dürfen (§ 19 Abs. 3 Nr. 1 Buchstabe b und Nr. 3); § 22 Abs. 3 ist anzuwenden.

(3) Der Inhaber einer Allgemeinen Betriebserlaubnis für Fahrzeuge hat für jedes dem Typ entsprechende, zulassungspflichtige Fahrzeug einen Fahrzeugbrief (§ 25) auszufüllen. Die Vordrucke für die Briefe werden vom Kraftfahrt-Bundesamt ausgegeben. In dem Brief sind die Angaben über das Fahrzeug von dem Inhaber der Allgemeinen Betriebserlaubnis für das Fahrzeug einzutragen oder, wenn mehrere Hersteller beteiligt sind, von jedem Beteiligten für die von ihm hergestellten Teile, sofern nicht ein Beteiligter die Ausfüllung des Briefs übernimmt; war die Erteilung der Betriebserlaubnis von der Genehmigung einer Ausnahme abhängig, so müssen die Ausnahme und die genehmigende Behörde im Brief bezeichnet werden. Die Richtigkeit der Angaben über die Beschaffenheit des Fahrzeugs und über dessen Übereinstimmung mit dem genehmigten Typ hat der für die Ausfüllung des Briefs (ganz oder jeweils zu einem bestimmten Teil) Verantwortliche unter Angabe des Datums zu bescheinigen.

(4) Abweichungen von den technischen Angaben, die das Kraftfahrt-Bundesamt bei Erteilung der Allgemeinen Betriebserlaubnis durch schriftlichen Bescheid für den genehmigten Typ festgelegt hat, sind dem Inhaber der Allgemeinen Betriebserlaubnis nur gestattet, wenn diese durch einen entsprechenden Nachtrag ergänzt worden ist oder wenn das Kraftfahrt-Bundesamt auf Anfrage erklärt hat, daß für die vorgesehene Änderung eine Nachtragserlaubnis nicht erforderlich ist.

(5) Die Allgemeine Betriebserlaubnis erlischt nach Ablauf einer etwa festgesetzten Frist, bei Widerruf durch das Kraftfahrt-Bundesamt, und wenn der genehmigte Typ den Rechtsvorschriften nicht mehr entspricht. Der Widerruf kann ausgesprochen werden, wenn der Inhaber der Allgemeinen Betriebserlaubnis gegen die mit dieser verbundenen Pflichten verstößt oder sich als unzuverlässig erweist oder wenn sich herausstellt, daß der genehmigte Fahrzeugtyp den Erfordernissen der Verkehrssicherheit nicht entspricht.

(6) Das Kraftfahrt-Bundesamt kann jederzeit bei Herstellern oder deren Beauftragten oder bei Händlern die Erfüllung der mit der Allgemeinen Betriebserlaubnis verbundenen Pflichten nachprüfen oder nachprüfen lassen. In den Fällen des Absatzes 1 Satz 3 Nr. 1 und 2 kann das Kraftfahrt-Bundesamt die Erteilung der Allgemeinen Betriebserlaubnis davon abhängig machen, daß der Hersteller oder sein Beauftragter sich verpflichtet, die zur Nachprüfung nach Satz 1 notwendigen Maßnahmen zu ermöglichen.

Die Kosten der Nachprüfung trägt der Inhaber der Allgemeinen Betriebserlaubnis, wenn ihm ein Verstoß gegen die mit der Erlaubnis verbundenen
Pflichten nachgewiesen wird.

Abs. 1 Satz 3 Nr. 1 u. 2 und Satz 4 geändert durch G. v. 27. 4. 1993 (BGBl. I
S. 512); Abs. 2a eingefügt durch VO v. 16. 12. 1993 (BGBl. I S. 2106); Abs. 1 Satz 5
neu gefasst durch VO v. 25. 10. 1994 (BGBl. I S. 3127); Abs. 3 Satz 1 und 4 geändert durch VO v. 9. 12. 1994 (BGBl. I S. 3755).

§ 21   Betriebserlaubnis für Einzelfahrzeuge

Gehört ein Fahrzeug nicht zu einem genehmigten Typ, so hat der Hersteller
oder ein anderer Verfügungsberechtigter die Betriebserlaubnis bei der Verwaltungsbehörde (Zulassungsstelle) zu beantragen. Bei zulassungspflichtigen Fahrzeugen ist der Behörde mit dem Antrag ein Fahrzeugbrief vorzulegen; der Vordruck für den Brief kann von der Zulassungsstelle bezogen
werden. In dem Brief muß ein amtlich anerkannter Sachverständiger für
den Kraftfahrzeugverkehr bescheinigt haben, daß das Fahrzeug richtig
beschrieben ist und den geltenden Vorschriften entspricht; hat der amtlich
anerkannte Sachverständige dies nicht im Brief, sondern in einem besonderen Gutachten bescheinigt, so genügt die Übertragung des Gutachtens in
den Brief, wenn ein amtlich anerkannter Sachverständiger oder die Verwaltungsbehörde (Zulassungsstelle) bescheinigt hat, daß die Eintragungen im
Brief mit dem Gutachten übereinstimmen. Hängt die Erteilung der
Betriebserlaubnis von der Genehmigung einer Ausnahme ab, so müssen die
Ausnahme und die genehmigende Behörde im Brief bezeichnet sein.

Satz 3 zweiter Halbsatz geändert durch VO v. 9. 12. 1994 (BGBl. I S. 3755).

§ 21a   Anerkennung von Genehmigungen und Prüfzeichen auf Grund internationaler Vereinbarungen und von Rechtsakten der Europäischen Gemeinschaften

(1) Im Verfahren auf Erteilung der Betriebserlaubnis werden Genehmigungen und Prüfzeichen anerkannt, die ein ausländischer Staat für Ausrüstungsgegenstände oder Fahrzeugteile oder in bezug auf solche Gegenstände oder Teile für bestimmte Fahrzeugtypen unter Beachtung der mit
der Bundesrepublik Deutschland vereinbarten Bedingungen erteilt hat.
Dasselbe gilt für Genehmigungen und Prüfzeichen, die das Kraftfahrt-Bundesamt für solche Gegenstände oder Teile oder in bezug auf diese für
bestimmte Fahrzeugtypen erteilt, wenn das Genehmigungsverfahren unter
Beachtung der von der Bundesrepublik Deutschland mit ausländischen
Staaten vereinbarten Bedingungen durchgeführt worden ist. § 22a bleibt
unberührt.

(1a) Absatz 1 gilt entsprechend für Genehmigungen und Prüfzeichen, die
auf Grund von Rechtsakten der Europäischen Gemeinschaften erteilt werden oder anzuerkennen sind.

(2) Das Prüfzeichen nach Absatz 1 besteht aus einem Kreis, in dessen Innerem sich der Buchstabe „E" und die Kennzahl des Staates befinden, der die
Genehmigung erteilt hat, sowie aus der Genehmigungsnummer in der Nähe
dieses Kreises, gegebenenfalls aus der Nummer der internationalen Vereinbarung mit dem Buchstaben „R" und gegebenenfalls aus zusätzlichen Zei-

chen. Das Prüfzeichen nach Absatz 1a besteht aus einem Rechteck, in dessen Innerem sich der Buchstabe „e" und die Kennzahl oder die Kennbuchstaben des Staates befinden, der die Genehmigung erteilt hat, aus der Bauartgenehmigungsnummer in der Nähe dieses Rechtecks sowie gegebenenfalls aus zusätzlichen Zeichen. Die Kennzahl für die Bundesrepublik Deutschland ist in allen Fällen „1".

(3) Mit einem Prüfzeichen der in den Absätzen 1 bis 2 erwähnten Art darf ein Ausrüstungsgegenstand oder ein Fahrzeugteil nur gekennzeichnet sein, wenn er der Genehmigung in jeder Hinsicht entspricht. Zeichen, die zu Verwechslungen mit einem solchen Prüfzeichen Anlaß geben können, dürfen an Ausrüstungsgegenständen oder Fahrzeugteilen nicht angebracht sein.

§ 21b   Anerkennung von Prüfungen auf Grund von Rechtsakten der Europäischen Gemeinschaften

Im Verfahren auf Erteilung der Betriebserlaubnis werden Prüfungen anerkannt, die auf Grund harmonisierter Vorschriften nach § 19 Abs. 1 Satz 2 durchgeführt und bescheinigt worden sind.

§ 21c   Gutachten für die Erteilung einer Betriebserlaubnis als Oldtimer

(1) Für die Erteilung einer Betriebserlaubnis als Oldtimer gelten die §§ 20 und 21. Zusätzlich ist das Gutachten eines amtlich anerkannten Sachverständigen erforderlich. Dieses Gutachten muß mindestens folgende Angaben enthalten:

– die Feststellung, daß dem Fahrzeug ein Oldtimerkennzeichen nach § 23 Abs. 1c zugeteilt werden kann,

– den Hersteller des Fahrzeugs einschließlich seiner Schlüsselnummer,

– die Fahrzeugidentifizierungsnummer,

– das Jahr der Erstzulassung,

– den Ort und das Datum des Gutachtens,

– die Unterschrift mit Stempel und Kennummer des amtlich anerkannten Sachverständigen.

Die Begutachtung ist nach einer im Verkehrsblatt nach Zustimmung der zuständigen obersten Landesbehörden bekanntgemachten Richtlinie durchzuführen und das Gutachten nach einem in der Richtlinie festgelegten Muster auszufertigen. Im Rahmen der Begutachtung ist auch eine Untersuchung im Umfang einer Hauptuntersuchung nach § 29 durchzuführen, es sei denn, daß mit der Begutachtung gleichzeitig ein Gutachten nach § 21 erstellt wird.

(2) Fahrzeugen, denen eine Betriebserlaubnis als Oldtimer erteilt worden ist, darf nur ein Kennzeichen nach § 23 Abs. 1c zugeteilt oder nach der 49. Ausnahmeverordnung zur StVZO vom 15. September 1994 (BGBl. I S. 2416) ausgegeben werden.

Eingefügt durch VO v. 22. 7. 1997 (BGBl. I S. 1889).

§ 22   Betriebserlaubnis für Fahrzeugteile

(1) Die Betriebserlaubnis kann auch gesondert für Teile von Fahrzeugen erteilt werden, wenn der Teil eine technische Einheit bildet, die im Erlaubnisverfahren selbständig behandelt werden kann. Dürfen die Teile nur an Fahrzeugen bestimmter Art, eines bestimmten Typs oder nur bei einer bestimmten Art des Ein- oder Anbaus verwendet werden, ist die Betriebserlaubnis dahingehend zu beschränken. Die Wirksamkeit der Betriebserlaubnis kann davon abhängig gemacht werden, daß der Ein- oder Anbau abgenommen worden ist. Die Abnahme ist von einem amtlich anerkannten Sachverständigen oder Prüfer für den Kraftfahrzeugverkehr oder von einem Kraftfahrzeugsachverständigen oder Angestellten nach Nummer 4 der Anlage VIIIb durchführen zu lassen. In den Fällen des Satzes 3 ist durch die abnehmende Stelle nach Satz 4 auf dem Nachweis (§ 19 Abs. 4 Satz 1) darüber der ordnungsgemäße Ein- oder Anbau unter Angabe des Fahrzeugherstellers und -typs sowie der Fahrzeug-Identifizierungsnummer zu bestätigen.

(2) Für das Verfahren gelten die Vorschriften über die Erteilung der Betriebserlaubnis für Fahrzeuge entsprechend. Bei reihenweise zu fertigenden oder gefertigten Teilen ist sinngemäß nach § 20 zu verfahren; der Inhaber einer Allgemeinen Betriebserlaubnis für Fahrzeugteile hat durch Anbringung des ihm vorgeschriebenen Typzeichens auf jedem dem Typ entsprechenden Teil dessen Übereinstimmung mit dem genehmigten Typ zu bestätigen. Außerdem hat er jedem gefertigten Teil einen Abdruck oder eine Ablichtung der Betriebserlaubnis oder den Auszug davon und gegebenenfalls den Nachweis darüber (§ 19 Abs. 4 Satz 1) beizufügen. Bei Fahrzeugteilen, die nicht zu einem genehmigten Typ gehören, ist nach § 21 zu verfahren; das Gutachten des amtlich anerkannten Sachverständigen für den Kraftfahrzeugverkehr ist, falls es sich nicht gegen die Erteilung der Betriebserlaubnis ausspricht, in den Fahrzeugbrief einzutragen, wenn der Teil an einem bestimmten zulassungspflichtigen Fahrzeug an- oder eingebaut werden soll. Unter dem Gutachten hat die Zulassungsstelle gegebenenfalls einzutragen:

„Betriebserlaubnis erteilt''.

Im Fahrzeugschein oder in dem nach § 18 Abs. 5 oder 6 erforderlichen Nachweis, ferner in den etwa ausgestellten Anhängerverzeichnissen ist der gleiche Vermerk unter kurzer Bezeichnung des genehmigten Teils zu machen.

(3) Anstelle einer Betriebserlaubnis nach Absatz 1 können auch Teile zum nachträglichen An- oder Einbau (§ 19 Abs. 3 Nr. 1 Buchstabe b oder Nr. 3) im Rahmen einer Allgemeinen Betriebserlaubnis für ein Fahrzeug oder eines Nachtrags dazu (§ 20) genehmigt werden; die Absätze 1, 2 Satz 2 und 3 gelten entsprechend. Der Nachtrag kann sich insoweit auch auf Fahrzeuge erstrecken, die vor Genehmigung des Nachtrags hergestellt worden sind.

Abs. 1 Satz 2 durch Sätze 2 bis 4 ersetzt, Abs. 2 Satz 3 neu gefasst und Abs. 3 angefügt durch VO v. 16. 12. 1993 (BGBl. I S. 2106); Abs. 1 Satz 5 geändert durch VO v. 12. 8. 1997 (BGBl. I S. 2051); Abs. 1 Satz 4 geändert durch VO v. 23. 3. 2000 (BGBl. I S. 310).
Zu Abs. 1 Satz 5: Vgl. § 72 Abs. 2.

§ 22a Bauartgenehmigung für Fahrzeugteile

(1) Die nachstehend aufgeführten Einrichtungen, gleichgültig ob sie an zulassungspflichtigen oder an zulassungsfreien Fahrzeugen verwendet werden, müssen in einer amtlich genehmigten Bauart ausgeführt sein:

1. Heizungen in Kraftfahrzeugen, ausgenommen elektrische Heizungen sowie Warmwasserheizungen, bei denen als Wärmequelle das Kühlwasser des Motors verwendet wird (§ 35c);

1a. Luftreifen (§ 36 Abs. 1a);

2. Gleitschutzeinrichtungen (§ 37 Abs. 1 Satz 2);

3. Scheiben aus Sicherheitsglas (§ 40) und Folien für Scheiben aus Sicherheitsglas;

4. (aufgehoben)

5. Auflaufbremsen (§ 41 Abs. 10), ausgenommen ihre Übertragungseinrichtungen und Auflaufbremsen, die nach den im Anhang zu § 41 Abs. 18 genannten Bestimmungen über Bremsanlagen geprüft sind und deren Übereinstimmung in der vorgesehenen Form bescheinigt ist;

6. Einrichtungen zur Verbindung von Fahrzeugen (§ 43 Abs. 1), mit Ausnahme von

   a) Einrichtungen, die aus technischen Gründen nicht selbständig im Genehmigungsverfahren behandelt werden können (z. B. Deichseln an einachsigen Anhängern, wenn sie Teil des Rahmens und nicht verstellbar sind),

   b) Ackerschienen (Anhängeschienen), ihrer Befestigungseinrichtung und dem Dreipunktanbau an land- oder forstwirtschaftlichen Zug- oder Arbeitsmaschinen,

   c) Zugeinrichtungen an land- oder forstwirtschaftlichen Arbeitsgeräten, die hinter Kraftfahrzeugen mitgeführt werden und nur im Fahren eine ihrem Zweck entsprechende Arbeit leisten können, wenn sie zur Verbindung mit den unter Buchstabe b genannten Einrichtungen bestimmt sind,

   d) Abschlepp- und Rangiereinrichtungen einschließlich Abschleppstangen und Abschleppseilen,

   e) Langbäumen,

   f) Verbindungseinrichtungen an Anbaugeräten, die an land- oder forstwirtschaftlichen Zugmaschinen angebracht werden;

7. Scheinwerfer für Fernlicht und für Abblendlicht sowie für Fern- und Abblendlicht (§ 50);

8. Begrenzungsleuchten (§ 51 Abs. 1 und 2, § 53b Abs. 1);

8a. Spurhalteleuchten (§ 51 Abs. 4);

8b. Seitenmarkierungsleuchten (§ 51a Abs. 6);

9. Parkleuchten, Park-Warntafeln (§ 51c);

9a. Umrißleuchten (§ 51b);

10. Nebelscheinwerfer (§ 52 Abs. 1);

11. Kennleuchten für blaues Blinklicht (§ 52 Abs. 3);

12. Kennleuchten für gelbes Blinklicht (§ 52 Abs. 4);

12a. Rückfahrscheinwerfer (§ 52a);

13. Schlußleuchten (§ 53 Abs. 1 und 6, § 53b);
14. Bremsleuchten (§ 53 Abs. 2);
15. Rückstrahler (§ 51 Abs. 2, § 51a Abs. 1, § 53 Abs. 4, 6 und 7, § 53b, § 66a Abs. 4 dieser Verordnung, § 22 Abs. 4 der Straßenverkehrs-Ordnung);
16. Warndreiecke und Warnleuchten (§ 53a Abs. 1 und 3);
16a. Nebelschlußleuchten (§ 53d);
17. Fahrtrichtungsanzeiger (Blinkleuchten) (§ 53b Abs. 5, § 54);
17a. Tragbare Blinkleuchten und rot-weiße Warnmarkierungen für Hubladebühnen (§ 53b Abs. 5);
18. Lichtquellen für bauartgenehmigungspflichtige lichttechnische Einrichtungen, soweit die Lichtquellen nicht fester Bestandteil der Einrichtungen sind (§ 49a Abs. 6, § 67 Abs. 10 dieser Verordnung, § 22 Abs. 4 und 5 der Straßenverkehrs-Ordnung);
19. Warneinrichtungen mit einer Folge von Klängen verschiedener Grundfrequenz – Einsatzhorn – (§ 55 Abs. 3);
20. Fahrtschreiber (§ 57a);
21. Beleuchtungseinrichtungen für amtliche Kennzeichen (§ 60);
22. Lichtmaschinen, Scheinwerfer, Schlußleuchten, rote, gelbe und weiße Rückstrahler, Pedalrückstrahler und retroreflektierende Streifen an Reifen oder in den Speichen für Fahrräder (§ 67 Abs. 1 bis 7 und 11);
23. (aufgehoben)
24. (gestrichen)
25. Sicherheitsgurte und andere Rückhaltesysteme in Kraftfahrzeugen;
26. Leuchten zur Sicherung hinausragender Ladung (§ 22 Abs. 4 und 5 der Straßenverkehrs-Ordnung);
27. Rückhalteeinrichtungen für Kinder in Kraftfahrzeugen (§ 21 Abs. 1a der Straßenverkehrs-Ordnung).

(1a) § 22 Abs. 1 Satz 2 bis 5 ist entsprechend anzuwenden.

(2) Fahrzeugteile, die in einer amtlich genehmigten Bauart ausgeführt sein müssen, dürfen zur Verwendung im Geltungsbereich dieser Verordnung nur feilgeboten, veräußert, erworben oder verwendet werden, wenn sie mit einem amtlich vorgeschriebenen und zugeteilten Prüfzeichen gekennzeichnet sind. Die Ausgestaltung der Prüfzeichen und das Verfahren bestimmt das Bundesministerium für Verkehr, Bau- und Wohnungswesen; insoweit gilt die Fahrzeugteileverordnung vom 12. August 1998 (BGBl. I S. 2142).

(3) Die Absätze 1 und 2 sind nicht anzuwenden auf
1. Einrichtungen, die zur Erprobung im Straßenverkehr verwendet werden, wenn der Führer des Fahrzeugs eine entsprechende amtliche Bescheinigung mit sich führt und zuständigen Personen auf Verlangen zur Prüfung aushändigt,
2. Einrichtungen – ausgenommen lichttechnische Einrichtungen für Fahrräder und Lichtquellen für Scheinwerfer –, die in den Geltungsbereich dieser Verordnung verbracht worden sind, an Fahrzeugen verwendet werden, die außerhalb des Geltungsbereichs dieser Verordnung gebaut worden sind, und in ihrer Wirkung etwa den nach Absatz 1 geprüften Einrichtungen gleicher Art entsprechen und als solche erkennbar sind,

3. Einrichtungen, die an Fahrzeugen verwendet werden, deren Zulassung auf Grund eines Verwaltungsverfahrens erfolgt, in dem ein EG-Mitgliedstaat bestätigt, daß der Typ eines Fahrzeugs, eines Systems, eines Bauteils oder einer selbständigen technischen Einheit die einschlägigen technischen Anforderungen der Richtlinie 70/156/EWG des Rates vom 6. Februar 1970 zur Angleichung der Rechtsvorschriften der Mitgliedstaaten über die Betriebserlaubnis für Kraftfahrzeuge und Kraftfahrzeuganhänger (ABl. EG Nr. L 42 S. 1) in ihrer jeweils geltenden Fassung oder einer Einzelrichtlinie erfüllt (EG-Typgenehmigung).

(4) Absatz 2 ist nicht anzuwenden auf Einrichtungen, für die eine Einzelgenehmigung im Sinne der Fahrzeugteileverordnung erteilt worden ist. Werden solche Einrichtungen im Verkehr verwendet, so ist die Urkunde über die Genehmigung mitzuführen und zuständigen Personen auf Verlangen zur Prüfung auszuhändigen; dies gilt nicht, wenn die Genehmigung aus dem Fahrzeugschein, aus dem Nachweis nach § 18 Abs. 5 oder aus dem statt des Fahrzeugscheins mitgeführten Anhängerverzeichnis hervorgeht.

(5) Mit einem amtlich zugeteilten Prüfzeichen der in Absatz 2 erwähnten Art darf ein Fahrzeugteil nur gekennzeichnet sein, wenn es der Bauartgenehmigung in jeder Hinsicht entspricht. Zeichen, die zu Verwechslungen mit einem amtlich zugeteilten Prüfzeichen Anlaß geben können, dürfen an den Fahrzeugteilen nicht angebracht sein.

(6) Die Absätze 2 und 5 gelten entsprechend für Einrichtungen, die einer EWG-Bauartgenehmigung bedürfen.

Abs. 1 Nr. 5 geändert und Nr. 24 gestrichen durch VO v. 23. 7. 1990 (BGBl. I S. 1489); Abs. 1 Nr. 5 geändert, Nr. 8b neu gefasst, Nr. 17 neu gefasst, Nr. 17a eingefügt und Nrn. 18 u. 22 geändert sowie Abs. 3 Nr. 2 geändert und Nr. 3 eingefügt durch VO v. 23. 6. 1993 (BGBl. I S. 1024); Abs. 1a eingefügt durch VO v. 16. 12. 1993 (BGBl. I S. 2106); Abs. 1 Nr. 3 u. Nr. 25 neu gefasst sowie Abs. 3 Nr. 2 geändert durch VO v. 25. 10. 1994 (BGBl. I S. 3127); Abs. 1 Nr. 1 geändert und Nr. 1a eingefügt sowie Abs. 2 Satz 2 und Abs. 3 Nr. 3 geändert durch VO v. 12. 8. 1997 (BGBl. I S. 2051); Abs. 1 Nr. 27 geändert, Abs. 2 Satz 2 und Abs. 3 Nr. 3 geändert durch VO v. 23. 3. 2000 (BGBl. I S. 310); Abs. 2 Satz 2 geändert durch VO v. 29. 10. 2001 (BGBl. I S. 2785).
Zu Abs. 1 Nr. 1, 1a, 3, 6, 9, 10, 11, 12, 12a, 17, 19, 22, 25 und 27 sowie Abs. 2 und Abs. 3 Nr. 2: Vgl. § 72 Abs. 2.

§ 23 Zuteilung der amtlichen Kennzeichen

(1) Die Zuteilung des amtlichen Kennzeichens für ein Kraftfahrzeug oder einen Kraftfahrzeuganhänger hat der Verfügungsberechtigte bei der Verwaltungsbehörde (Zulassungsbehörde) zu beantragen, in deren Bezirk das Fahrzeug seinen regelmäßigen Standort haben soll. Der Antrag muß die nach § 34 Abs. 1 und 2 des Straßenverkehrsgesetzes und nach § 1 Abs. 1 der Fahrzeugregisterverordnung vorgesehenen Daten enthalten. Mit dem Antrag ist für zulassungspflichtige Fahrzeuge zum Nachweis der Verfügungsberechtigung und der Betriebserlaubnis der Fahrzeugbrief vorzulegen oder, falls ein solcher nicht vorhanden ist, die Ausfertigung eines Briefes zu beantragen. Mit dem Antrag auf Ausfertigung eines Briefes ist eine Bescheinigung des Kraftfahrt-Bundesamtes darüber vorzulegen, daß das Fahrzeug im Zentralen Fahrzeugregister weder eingetragen ist, noch daß es gesucht wird. Als Fahrzeugbrief dürfen nur die amtlich hergestellten Vordrucke mit einem für die Bundesdruckerei geschützten wasserzeichenähnli-

chen Sicherheitsmerkmal verwendet werden. Der Nachweis für eine EG-Typgenehmigung ist bei erstmaliger Zuteilung eines Kennzeichens durch Vorlage der nach Artikel 6 der Richtlinie 70/156/EWG des Rates vom 6. Februar 1970 zur Angleichung der Rechtsvorschriften der Mitgliedstaaten über die Betriebserlaubnis für Kraftfahrzeuge und Kraftfahrzeuganhänger, zuletzt geändert durch die Richtlinie 98/14/EG der Kommission vom 6. Februar 1998 (ABl. EG Nr. L 91 S. 1) vorgeschriebenen Übereinstimmungsbescheinigung zu führen, soweit dieser Nachweis nicht bereits durch die Vorlage des Fahrzeugbriefes erfolgt. Enthält die Übereinstimmungsbescheinigung den Vermerk, daß für dasselbe Fahrzeug ein Fahrzeugbrief ausgefüllt ist, muß auch dieser Brief vorgelegt werden. Fertigt die Zulassungsbehörde für ein Fahrzeug mit einer EG-Typgenehmigung einen Brief aus, hat sie auf der Übereinstimmungsbescheinigung diese Ausfertigung unter Angabe der betreffenden Briefnummer zu vermerken. Für Fahrzeuge, die von den Vorschriften über das Zulassungsverfahren ausgenommen sind, ist zum Nachweis der Betriebserlaubnis die vorgeschriebene Bescheinigung (§ 18 Abs. 5 Nr. 1 oder 2) oder der Fahrzeugschein (§ 18 Abs. 5 Satz 3) oder zum Nachweis der EG-Typgenehmigung die vorgeschriebene Übereinstimmungsbescheinigung (§ 18 Abs. 5 Nr. 1a) oder der Fahrzeugschein (§ 18 Abs. 5 Satz 3) vorzulegen.

(1a) Ein Kennzeichen mit grüner Beschriftung auf weißem Grund (§ 60 Abs. 1 Satz 3) ist für Kraftfahrzeuganhänger zuzuteilen, wenn dies für Zwecke der Sonderregelung für Kraftfahrzeuganhänger im Kraftfahrzeugsteuergesetz beantragt wird. Die Zuteilung des Kennzeichens mit grüner Beschriftung auf weißem Grund ist im Fahrzeugschein zu vermerken.

(1b) Auf Antrag wird für ein Fahrzeug ein auf einen nach vollen Monaten bemessenen Zeitraum (Betriebszeitraum) befristetes amtliches Kennzeichen nach Anlage Vb zugeteilt, das jedes Jahr in diesem Zeitraum auch wiederholt verwendet werden darf (Saisonkennzeichen). Das Fahrzeug darf auf öffentlichen Straßen nur während des auf diesem Kennzeichen angegebenen Zeitraums in Betrieb gesetzt oder abgestellt werden. Die Zuteilung eines amtlichen Kennzeichens als Saisonkennzeichen ist von der Zulassungsbehörde im Fahrzeugschein durch eine in Klammern gesetzte Angabe des Betriebszeitraums hinter dem amtlichen Kennzeichen zu vermerken.

(1c) Auf Antrag wird für ein Fahrzeug, das vor 30 Jahren oder eher erstmals in den Verkehr gekommen ist und vornehmlich zur Pflege des kraftfahrzeugtechnischen Kulturgutes eingesetzt wird und gemäß § 21c eine Betriebserlaubnis als Oldtimer erhalten hat, ein amtliches Kennzeichen nach Anlage Vc zugeteilt (Oldtimerkennzeichen).

(2) Das von der Zulassungsbehörde zuzuteilende Kennzeichen enthält das Unterscheidungszeichen für den Verwaltungsbezirk und die Erkennungsnummer, unter der das Fahrzeug bei der Zulassungsbehörde eingetragen ist. Das Unterscheidungszeichen für den Verwaltungsbezirk besteht aus einem bis 3 Buchstaben nach dem Plan in Anlage I. Die Erkennungsnummer besteht aus Buchstaben und Zahlen und wird nach Ermessen der Zulassungsbehörde im Rahmen der Anlage II bestimmt. Die Fahrzeuge der Bundes- und Landesorgane, des Diplomatischen Corps und bevorrechtigter internationaler Organisationen werden nach dem Plan in Anlage IV gekennzeichnet. Die Erkennungsnummern dieser Fahrzeuge, der Fahrzeuge der unter Abschnitt A und B der Anlage IV nicht angegebenen Behörden,

des Verwaltungs- und technischen Personals (einschließlich der zum Haushalt gehörenden Familienmitglieder) der diplomatischen und konsularischen Vertretungen und der Fahrzeuge bevorrechtigter internationaler Organisationen, soweit sie nicht unter Satz 4 fallen, bestehen nur aus Zahlen; die Zahlen dürfen nicht mehr als 6 Stellen haben.

(3) Das Kennzeichen ist nach § 60 auszugestalten und anzubringen.

(4) Amtliche Kennzeichen müssen zur Abstempelung mit einer Stempelplakette versehen sein; die an zulassungsfreien Anhängern nach § 60 Abs. 5 angebrachten Kennzeichen dürfen keine Stempelplakette führen. Die Stempelplakette enthält das farbige Wappen des Landes, dem die Zulassungsbehörde angehört, und die Angaben des Namens des Landes und des Namens der Zulassungsbehörde. Die Plakette muß so beschaffen sein und so befestigt werden, daß sie bei einem Ablösen in jedem Fall zerstört wird. Der Halter hat dafür zu sorgen, daß die nach Satz 3 angebrachte Stempelplakette in ihrem vorschriftsmäßigen Zustand erhalten bleibt; sie darf weder verdeckt noch verschmutzt sein. Bei Zuteilung oder zur Abstempelung des Kennzeichens und zur Identifizierung des Fahrzeugs ist das Fahrzeug vorzuführen, wenn die Zulassungsbehörde nicht darauf verzichtet. Bei der Abstempelung ist zu prüfen, ob das Kennzeichen, insbesondere seine Ausgestaltung und seine Anbringung, den Rechtsvorschriften entspricht. Fahrten, die im Zusammenhang mit dem Zulassungsverfahren stehen, insbesondere Fahrten zur Abstempelung des Kennzeichens und Rückfahrten nach Entfernung des Stempels sowie Fahrten zur Durchführung der Hauptuntersuchung, Sicherheitsprüfung oder Abgasuntersuchung dürfen mit vorübergehend stillgelegten Fahrzeugen – Rückfahrten auch mit endgültig stillgelegten Fahrzeugen – oder mit Fahrzeugen, denen die Zulassungsbehörde im Zusammenhang mit dem Zulassungsverfahren vorab ein ungestempeltes Kennzeichen zugeteilt hat, innerhalb des auf dem Kennzeichen ausgewiesenen Zulassungsbezirks und eines angrenzenden Bezirks mit ungestempelten Kennzeichen ausgeführt werden, sofern diese Fahrten von der Kraftfahrzeughaftpflichtversicherung erfasst sind; Saisonkennzeichen gelten außerhalb des Betriebszeitraums bei Fahrten zur Entstempelung und bei Rückfahrten nach Abstempelung des Kennzeichens als ungestempelte Kennzeichen im Sinne des ersten Halbsatzes. Die Zulassungsbehörde kann das zugeteilte Kennzeichen ändern und hierbei das Fahrzeug vorführen lassen.

(5) Fahrzeuge mit einer EG-Typgenehmigung, die bereits in einem anderen Mitgliedstaat der Europäischen Union oder in einem Staat, in welchem das Abkommen über den Europäischen Wirtschaftsraum gilt, im Verkehr waren, müssen vor Zuteilung des amtlichen Kennzeichens einer Untersuchung im Umfang einer Hauptuntersuchung nach § 29 unterzogen werden, wenn bei Anwendung der Anlage VIII Abschnitt 2 inzwischen eine Hauptuntersuchung fällig gewesen wäre. Wäre die Hauptuntersuchung erst nach Zuteilung des amtlichen Kennzeichens fällig, so ist von der Zulassungsbehörde eine Prüfplakette zuzuteilen, die diesen Zeitpunkt angibt. Die Sätze 1 und 2 gelten auch für eine Abgasuntersuchung nach § 47a Anlage XIa Abschnitt 2. Der Antragsteller hat nachzuweisen, wann das Fahrzeug in einem Mitgliedstaat der Europäischen Union oder in einem Staat, in dem das Abkommen über den Europäischen Wirtschaftsraum gilt, erstmals in den Verkehr gekommen ist. Anderenfalls ist die Untersuchung im Umfang

einer Hauptuntersuchung nach § 29 und die Abgasuntersuchung nach § 47a vor Zuteilung des amtlichen Kennzeichens vorzunehmen. Für Fahrzeuge mit einer EG-Typgenehmigung, die in einem Staat außerhalb der Europäischen Union oder des Europäischen Wirtschaftsraums im Verkehr waren, ist vor der Zuteilung eines amtlichen Kennzeichens in jedem Fall eine Untersuchung im Umfang einer Hauptuntersuchung nach § 29 und eine Abgasuntersuchung nach § 47a vorzunehmen.

(6) Wer einen Personenkraftwagen für eine Personenbeförderung verwendet, die dem Personenbeförderungsgesetz vom 21. März 1961 (BGBl. I S. 241) in seiner jeweils geltenden Fassung unterliegt oder bei der es sich um die Beförderung durch oder für Kindergartenträger zwischen Wohnung und Kindergarten oder durch oder für Schulträger zum und vom Unterricht oder von körperlich, geistig oder seelisch behinderten Personen zu und von ihrer Betreuung dienenden Einrichtungen handelt, hat dies vor Beginn und nach Beendigung der Verwendung der zuständigen Zulassungsbehörde unverzüglich schriftlich anzuzeigen. Die Zulassungsbehörde vermerkt die Verwendung und deren Beendigung im Fahrzeugschein; der Fahrzeugschein ist der Zulassungsbehörde zu diesen Zwecken vorzulegen.

(6a) Als Personenkraftwagen sind auch Kraftfahrzeuge mit einem zulässigen Gesamtgewicht von nicht mehr als 2,8 t zu bezeichnen, die nach ihrer Bauart und Einrichtung geeignet und bestimmt sind, wahlweise vorwiegend der Beförderung von Personen oder vorwiegend der Beförderung von Gütern zu dienen, und die außer dem Führersitz Plätze für nicht mehr als acht Personen haben.

(7) Die Anerkennung als schadstoffarmes Fahrzeug (§ 47 Abs. 3 und 5) ist unter Angabe des Datums von der Zulassungsbehörde im Fahrzeugschein und im Fahrzeugbrief zu vermerken, wenn ihr das Vorliegen der hierfür erforderlichen Voraussetzungen nachgewiesen wird. Sie kann in Zweifelsfällen zur Vorbereitung ihrer Entscheidung die Beibringung des Gutachtens eines amtlich anerkannten Sachverständigen oder Prüfers für den Kraftfahrzeugverkehr darüber anordnen, ob das Fahrzeug schadstoffarm ist. Für die Löschung des Vermerks gilt § 17 Abs. 3 entsprechend.

(8) Die Anerkennung als bedingt schadstoffarmes Fahrzeug (§ 47 Abs. 4) ist unter Angabe der Stufe A, B oder C und des Datums von der Zulassungsbehörde im Fahrzeugschein und im Fahrzeugbrief zu vermerken, wenn ihr das Vorliegen der hierfür erforderlichen Voraussetzungen nachgewiesen wird. Sie kann in Zweifelsfällen zur Vorbereitung ihrer Entscheidung die Beibringung des Gutachtens eines amtlich anerkannten Sachverständigen oder Prüfers für den Kraftfahrzeugverkehr darüber anordnen, ob das Fahrzeug bedingt schadstoffarm ist. Für die Löschung des Vermerks gilt § 17 Abs. 3 entsprechend.

(9) Die Einstufung des Fahrzeugs in Emissionsklassen (§ 48) ist unter Angabe des Datums von der Zulassungsbehörde im Fahrzeugschein und im Fahrzeugbrief zu vermerken, wenn ihr das Vorliegen der hierfür erforderlichen Voraussetzungen nachgewiesen wird. Sie kann in Zweifelsfällen zur Vorbereitung ihrer Entscheidung die Beibringung des Gutachtens eines

amtlich anerkannten Sachverständigen oder Prüfers für den Kraftfahrzeugverkehr darüber anfordern, in welche Emissionsklasse das Fahrzeug einzustufen ist. Für die Löschung des Vermerkes gilt § 17 Abs. 3 entsprechend.

Abs. 6 Satz 1 geändert durch VO v. 23. 7. 1990 (BGBl. I S. 1489); Abs. 2 Satz 4 neu gefasst durch VO v. 24. 4. 1992 (BGBl. I S. 965); Abs. 2 Satz 7 und 8 gestrichen durch VO v. 1. 4. 1993 (BGBl. I S. 412); Abs. 5 aufgehoben durch VO v. 23. 6. 1993 (BGBl. I S. 1024); Abs. 9 angefügt durch G. v. 21. 12. 1993 (BGBl. I S. 2310); Abs. 1 neu gefasst sowie Abs. 5 und 6a eingefügt durch VO v. 9. 12. 1994 (BGBl. I S. 3755); Abs. 2 Satz 3 neu gefasst und Satz 4 gestrichen sowie Abs. 4 Satz 1 und 2 neu gefasst durch VO v. 6. 1. 1995 (BGBl. I S. 8); Abs. 1b eingefügt sowie Abs. 4 Satz 5 u. 7 neu gefasst durch VO v. 12. 11. 1996 (BGBl. I S. 1738); Abs. 4 Satz 7 zweiter Halbsatz angefügt durch VO v. 4. 7. 1997 (BGBl. I S. 1666); Abs. 1c eingefügt durch VO v. 22. 7. 1997 (BGBl. I S. 1889); Abs. 4 Satz 7 und Abs. 5 Satz 3 geändert durch VO v. 20. 5. 1998 (BGBl. I S. 1051); Abs. 1 Satz 6, Satz 8 und Satz 9 sowie Abs. 1b Satz 1 geändert und Satz 3 neu gefasst sowie Abs. 2 Satz 1, 3 und 5 erster Halbsatz geändert sowie Abs. 4 Satz 2 geändert, Satz 5 und 7 neu gefasst und Satz 8 geändert sowie Abs. 6, Abs. 7 Satz 1, Abs. 8 Satz 1 und Abs. 9 Satz 1 geändert durch VO v. 20. 7. 2000 (BGBl. I S. 1090).

Zu Abs. 1 Satz 5, zu Abs. 4 Satz 1 bis 3 und zu Abs. 6a: Vgl. § 72 Abs. 2.

§ 24 Ausfertigung des Fahrzeugscheins

Auf Grund der Betriebserlaubnis oder der EG-Typgenehmigung und nach Zuteilung des Kennzeichens wird der Fahrzeugschein (Muster 2a oder 2b) ausgefertigt und ausgehändigt; fehlt noch die erforderliche Betriebserlaubnis, so wird sie durch Ausfertigung des Fahrzeugscheins erteilt; einer besonderen Ausfertigung der Betriebserlaubnis bedarf es nur, wenn umfangreiche Bedingungen gestellt werden, auf die im Fahrzeugschein alsdann hinzuweisen ist. Die Scheine sind mitzuführen und zuständigen Personen auf Verlangen zur Prüfung auszuhändigen. Sind für denselben Halter mehrere Anhänger zugelassen, so kann statt des Fahrzeugscheins ein von der Zulassungsstelle ausgestelltes Verzeichnis der für den Halter zugelassenen Anhänger mitgeführt und zur Prüfung ausgehändigt werden; aus dem Verzeichnis müssen Name, Vornamen und genaue Anschrift des Halters sowie Hersteller, Tag der ersten Zulassung, Art, Leergewicht, zulässiges Gesamtgewicht, bei Sattelanhängern auch die zulässige Aufliegelast, Fahrzeug-Identifizierungsnummer und amtliches Kennzeichen der Anhänger ersichtlich sein.

Satz 1 erster und zweiter Halbsatz geändert durch VO v. 9. 12. 1994 (BGBl. I S. 3755).

§ 25 Behandlung der Fahrzeugbriefe bei den Zulassungsstellen

(1) Die Zulassungsstelle hat das amtliche Kennzeichen des Fahrzeugs und die Personalien dessen, für den das Fahrzeug zugelassen wird, in den Fahrzeugbrief einzutragen. Sie hat außerdem, falls noch nicht geschehen, die vorgesehenen Angaben über die Beschreibung des Fahrzeugs in den Brief einzutragen. Hierfür werden der Zulassungsstelle, soweit es für die Zulassung erforderlich und angemessen ist, vom Kraftfahrt-Bundesamt Datenblätter zur Verfügung gestellt, um die Eintragungen maschinell vornehmen zu können. Das Kraftfahrt-Bundesamt hat diese Datenblätter zu erstellen, soweit es über die hierzu erforderlichen Angaben verfügt. Die Zulassungs-

stelle hat demjenigen, der ihr den Fahrzeugbrief übergeben hat, oder der von diesem bestimmten Stelle oder Person den Fahrzeugbrief unverzüglich auszuhändigen. Der Empfänger hat grundsätzlich seinen Brief bei der Zulassungsstelle selbst abzuholen und dabei den Empfang zu bescheinigen; tut er dies innerhalb von 2 Wochen nicht, so ist der Brief unter „Einschreiben" gebührenpflichtig zu übersenden.

(2) Der Verlust eines Vordrucks für einen Fahrzeugbrief ist der Ausgabestelle für den Vordruck, der Verlust eines ausgefertigten Briefs ist der für das Fahrzeug zuständigen Zulassungsstelle und durch diese dem Kraftfahrt-Bundesamt zu melden. Vor Ausfertigung eines neuen Briefs ist der verlorene Brief unter Festsetzung einer Frist für die Vorlage bei der Zulassungsstelle auf Kosten des Antragstellers im „Verkehrsblatt" aufzubieten, wenn nicht im Einzelfall eine Ausnahme unbedenklich ist. Das Verfahren wird durch Verwaltungsanweisung geregelt.

(3) Sind in einem Fahrzeugbrief die für die Eintragung der Zulassungen des Fahrzeugs bestimmten Seiten ausgefüllt oder ist der Brief beschädigt, so darf er nicht durch Einfügung selbstgefertigter Blätter ergänzt werden. Vielmehr ist ein neuer Brief gebührenpflichtig auszustellen. Die Zulassungsstelle macht auf Grund des alten Briefs in dem neuen Brief die Angaben über die Beschreibung des Fahrzeugs, über Typschein und amtliches Gutachten, vermerkt darin, für wen das Fahrzeug früher zugelassen war und bescheinigt in ihm, daß er als Ersatz für den als erledigt eingezogenen Brief ausgestellt worden ist.

(4) Die mit den Fahrzeugbriefen befaßten Behörden haben bei der Entgegennahme von Anträgen und bei der Aushändigung der Briefe über auftretende privatrechtliche Ansprüche nicht zu entscheiden; Rechtsansprüche sind gegebenenfalls mit Hilfe der ordentlichen Gerichte zu verfolgen. Zur Sicherung des Eigentums oder anderer Rechte am Fahrzeug ist der Brief bei jeder Befassung der Zulassungsstelle mit dem Fahrzeug, besonders bei Meldungen über den Eigentumswechsel (§ 27 Abs. 3), vorzulegen. Sofern es sich nicht um den Nachweis der Verfügungsberechtigung eines Antragstellers handelt, ist zur Vorlage des Briefs neben dem Halter und dem Eigentümer bei Aufforderung durch die Zulassungsstelle jeder verpflichtet, in dessen Gewahrsam sich der Brief befindet.

Abs. 1 Satz 2 durch Sätze 2 und 3 ersetzt sowie nunmehriger Satz 4 geändert durch VO v. 9. 12. 1994 (BGBl. I S. 3755).

§ 26   (aufgehoben durch VO v. 9. 12. 1994 – BGBl. I S. 3755)

§ 27   Meldepflichten der Eigentümer und Halter von Kraftfahrzeugen oder Anhängern; Zurückziehung aus dem Verkehr und erneute Zulassung

(1) Die Angaben im Fahrzeugbrief und im Fahrzeugschein oder in den Anhängerverzeichnissen nach § 24 Satz 3 oder im Nachweis nach § 18 Abs. 5 müssen den tatsächlichen Verhältnissen entsprechen. Änderungen sind der zuständigen Zulassungsbehörde erst bei deren nächster Befassung mit den Fahrzeugpapieren unter Einreichung des Fahrzeugbriefs und Fahrzeugscheins oder der Anhängerverzeichnisse nach § 24 Satz 3 oder des

Nachweises nach § 18 Abs. 5 sowie der Unterlagen nach § 19 Abs. 3 oder 4 zu melden. Verpflichtet zur Meldung ist der Eigentümer und, wenn er nicht zugleich Halter ist, auch dieser. Die Verpflichtung besteht, bis der Behörde durch einen der Verpflichteten die Änderungen gemeldet worden sind. Kommt der nach Satz 3 Verantwortliche dieser Verpflichtung nicht nach, so kann die Zulassungsbehörde für die Zeit bis zur Erfüllung der Verpflichtungen den Betrieb des Fahrzeugs im öffentlichen Verkehr untersagen; § 17 Abs. 2 gilt entsprechend.

(1a) Abweichend von Absatz 1 Satz 2 müssen nachfolgende Änderungen durch den nach Absatz 1 Satz 3 Verantwortlichen unverzüglich gemeldet werden:

1. Änderungen von Angaben zum Fahrzeughalter – jedoch braucht bei Änderungen der Anschrift der Fahrzeugbrief nicht eingereicht zu werden –,

2. Änderung der Fahrzeugart,

3. Änderung von Hubraum oder Leistung,

4. Erhöhung der durch die Bauart bestimmten Höchstgeschwindigkeit,

5. Verringerung der durch die Bauart bestimmten Höchstgeschwindigkeit, wenn diese fahrerlaubnisrelevant ist oder Reifen niedrigerer Geschwindigkeitsklassen verwendet werden sollen,

6. Änderung der zulässigen Achslasten, des Gesamtgewichts, der Nutz-/ Sattel-/Aufliege- oder Anhängelast,

7. Erhöhung der Fahrzeugabmessungen, ausgenommen bei Personenkraftwagen und Krafträdern,

8. Änderung der Sitz-/Liege- oder Stehplatzzahl bei Kraftomnibussen,

9. Änderungen der Abgas- oder Geräuschwerte, sofern sie sich auf die Kraftfahrzeugsteuer oder Verkehrsverbote auswirken,

10. Änderungen, die eine Ausnahmegenehmigung (§ 70) erfordern,

11. wenn aus anderen Gründen die Notwendigkeit einer unverzüglichen Änderung der Fahrzeugpapiere auf den Unterlagen gemäß § 19 Abs. 3 oder 4 vermerkt ist.

(2) Wird der regelmäßige Standort des Fahrzeugs für mehr als 3 Monate in den Bezirk einer anderen Zulassungsbehörde verlegt, so ist bei dieser unverzüglich die Zuteilung eines neuen Kennzeichens zu beantragen; ist die Verlegung voraussichtlich nur vorübergehend, so genügt eine Anzeige an die Zulassungsbehörde, die dem Fahrzeug ein Kennzeichen zugeteilt hat.

(3) Wird ein Fahrzeug veräußert, so hat der Veräußerer unverzüglich der Zulassungsbehörde, die dem Fahrzeug ein amtliches Kennzeichen zugeteilt hat, Namen und Anschrift des Erwerbers anzuzeigen; er hat dem Erwerber zur Weiterbenutzung des Fahrzeugs Fahrzeugschein und -brief, bei zulassungsfreien Fahrzeugen, für die ein amtliches Kennzeichen zugeteilt ist, den Nachweis über die Zuteilung des Kennzeichens (§ 18 Abs. 5), bei abgasuntersuchungspflichtigen Fahrzeugen die Prüfbescheinigung (§ 47a Abs. 3) und bei prüfbuchpflichtigen Fahrzeugen das Prüfbuch auszuhändigen und die Empfangsbestätigung seiner Anzeige beizufügen. Der Erwerber hat unverzüglich bei der für den neuen Standort des Fahrzeugs zuständigen Zulassungsbehörde

1. bei einem zulassungspflichtigen Fahrzeug die Ausfertigung eines neuen Fahrzeugscheins und, wenn dem Fahrzeug bisher ein Kennzeichen von einer anderen Zulassungsbehörde zugeteilt war, auch die Zuteilung eines neuen Kennzeichens zu beantragen,
2. bei einem zulassungsfreien Fahrzeug, dem bisher ein Kennzeichen von einer anderen Zulassungsbehörde zugeteilt war, die Zuteilung eines neuen Kennzeichens zu beantragen; war das Kennzeichen schon von der für den neuen Standort des Fahrzeugs zuständigen Zulassungsbehörde zugeteilt, so genügt eine Anzeige unter Angabe der Halterdaten nach § 33 Abs. 1 Satz 1 Nr. 2 des Straßenverkehrsgesetzes und Vorlage des Versicherungsnachweises nach § 29a.

Kommt der Erwerber diesen Pflichten nicht nach, so kann die Zulassungsbehörde für die Zeit bis zur Erfüllung der Pflichten den Betrieb des Fahrzeugs im öffentlichen Verkehr untersagen. Der Betroffene hat das Verbot zu beachten; § 17 Abs. 2 gilt entsprechend.

(4) Für den Antrag nach den Absätzen 2 und 3 gilt § 23 Abs. 1 Satz 2 entsprechend, auch soweit nur die Ausfertigung eines neuen Fahrzeugscheins beantragt wird. Dem Antrag ist der bisherige Fahrzeugschein, bei zulassungsfreien Fahrzeugen, für die ein amtliches Kennzeichen zugeteilt ist, der Nachweis über die Zuteilung des Kennzeichens oder der Fahrzeugschein (§ 18 Abs. 5) oder, wenn ein vorübergehend stillgelegtes Fahrzeug in dem Bezirk einer anderen Zulassungsbehörde wieder zum Verkehr zugelassen werden soll, eine amtliche Bescheinigung über die Stillegung beizufügen. Wird ein neues Kennzeichen erteilt, so gilt für das bisherige Kennzeichen Absatz 5 Satz 1 entsprechend.

(4a) Die Absätze 1 und 2 sowie Absatz 3 Satz 2 bis 4 gelten nicht
1. für zulassungspflichtige Fahrzeuge, die durch Ablieferung des Scheins und durch Entstempelung des amtlichen Kennzeichens vorübergehend stillgelegt worden sind und deren Stillegung die Zulassungsstelle im Brief vermerkt hat,
2. für zulassungsfreie Fahrzeuge, die durch Ablieferung der amtlichen Bescheinigung über die Zuteilung des Kennzeichens und durch Entstempelung des amtlichen Kennzeichens vorübergehend stillgelegt worden sind.

(5) Wird ein Fahrzeug für mehr als ein Jahr aus dem Verkehr gezogen, so hat der Halter dies der Zulassungsbehörde unter Vorlage des Briefs, des Scheins und gegebenenfalls der Anhängerverzeichnisse, bei zulassungsfreien Fahrzeugen, für die ein amtliches Kennzeichen zugeteilt ist, unter Vorlage des Nachweises über die Zuteilung des Kennzeichens oder des Fahrzeugscheins (§ 18 Abs. 5) unverzüglich anzuzeigen und das amtliche Kennzeichen entstempeln zu lassen, es sei denn, daß die Zulassungsbehörde eine Frist bewilligt. Der Brief ist von der Zulassungsbehörde durch Zerschneiden unbrauchbar zu machen und – ebenso wie nötigenfalls die Anhängerverzeichnisse – mit einem Vermerk über die Zurückziehung aus dem Verkehr zurückzugeben. Läßt sich der Brief nicht beiziehen, so ist er auf Kosten des Halters unter Festsetzung einer Frist für die Vorlage bei der Zulassungsbehörde im „Verkehrsblatt" aufzubieten, wenn nicht im Einzelfall eine Ausnahme unbedenklich ist. Wird kein Ersatzbrief ausgefertigt (§ 25 Abs. 2), so erteilt die Zulassungsbehörde dem Halter auf Antrag eine

Bescheinigung über das Fehlen des Briefs sowie über die Erfolglosigkeit der Aufbietung oder den Verzicht auf die Aufbietung.

(6) Absatz 5 gilt nicht

1. für zulassungspflichtige Fahrzeuge, die durch Ablieferung des Scheins und durch Entstempelung des amtlichen Kennzeichens vorübergehend stillgelegt worden sind, wenn die Zulassungsbehörde die Stillegung im Brief vermerkt hat,

2. für zulassungsfreie Fahrzeuge, die durch Ablieferung der amtlichen Bescheinigung über die Zuteilung des Kennzeichens oder des Fahrzeugscheins und durch Entstempelung des amtlichen Kennzeichens vorübergehend stillgelegt worden sind.

Die Fahrzeuge gelten nach Ablauf eines Jahres seit der Stillegung als endgültig aus dem Verkehr zurückgezogen; die Vermerke über sie können aus den Karteien oder Dateien entfernt werden, ohne daß die Vorlage der Briefe zu verlangen ist. Eine Fristverlängerung ist unzulässig.

(7) Soll ein endgültig aus dem Verkehr gezogenes zulassungspflichtiges Fahrzeug wieder zum Verkehr zugelassen werden, so ist der Brief oder – falls dieser noch unauffindbar ist – die in Absatz 5 letzter Satz vorgesehene Bescheinigung vorzulegen und von der Zulassungsbehörde einzuziehen; ein neuer Brief ist auszufertigen.

Abs. 3 Satz 2 Nr. 2 zweiter Halbsatz und Abs. 4 Satz 1 geändert sowie Abs. 5 Satz 3 neu gefaßt durch VO v. 9. 12. 1994 (BGBl. I S. 3755); Abs. 3 Satz 1 erster Halbsatz geändert durch VO v. 4. 7. 1997 (BGBl. I S. 1666); Abs. 1 durch Abs. 1, 1a ersetzt durch VO v. 12. 8. 1997 (BGBl. I S. 2051); Abs. 3 Satz 1 zweiter Halbsatz geändert durch VO v. 20. 5. 1998 (BGBl. I S. 1051); Abs. 2, Abs. 3, Abs. 4 Satz 2, Abs. 5 und Abs. 6 Satz 1 u. 2 geändert sowie Abs. 6 Satz 3 neu gefasst und Abs. 7 geändert durch VO v. 20. 7. 2000 (BGBl. I S. 1090).

§ 27a   Verwertungsnachweis, Verbleibserklärung

Für einen Personenkraftwagen der Fahrzeugklasse M 1 nach dem Anhang II A der Richtlinie 70/156/EWG des Rates vom 6. Februar 1970 zur Angleichung der Rechtsvorschriften der Mitgliedstaaten über die Betriebserlaubnis für Kraftfahrzeuge und Kraftfahrzeuganhänger (ABl. EG Nr. L 42 S. 1), ist zu dem Zeitpunkt, zu dem er endgültig aus dem Verkehr gezogen wird oder als endgültig aus dem Verkehr gezogen gilt, der Zulassungsstelle ein Verwertungsnachweis nach Muster 12 vorzulegen oder eine Erklärung über den Verbleib mit Muster 13 abzugeben. Zur Vorlage oder Abgabe ist verpflichtet der Eigentümer und, wenn er nicht zugleich Halter ist, auch dieser; die Verpflichtung besteht, bis durch einen der Verpflichteten der Verwertungsnachweis vorgelegt oder die Verbleibserklärung abgegeben worden ist. Zur Vorlage des Verwertungsnachweises sind verpflichtet die Annahmestelle und der Verwertungsbetrieb (§ 2 der Altauto-Verordnung vom 4. Juli 1997, BGBl. I S. 1666), wenn diese sich dazu gegenüber dem Halter oder Eigentümer schriftlich verpflichtet haben. Bei Fahrzeugen, die vorübergehend stillgelegt sind, ist der Verwertungsnachweis der Zulassungsstelle unverzüglich vorzulegen, wenn die Verwertung vorgenommen wurde. Die Zulassungsstelle gibt den Verwertungsnachweis oder die Verbleibserklärung mit dem vorgesehenen Bestätigungsvermerk dem Halter zurück und leitet eine Ausfertigung der zuständigen Ordnungsbehörde zu.

Die Zulassungsstelle unterrichtet die zuständige Ordnungsbehörde, wenn der Halter einen Verwertungsnachweis nicht vorlegt und eine Verbleibserklärung nicht abgibt oder die zu den in den Mustern geforderten Angaben zum Fahrzeug oder Fahrzeughalter nicht zutreffen; in diesen Fällen bestehen die Pflichten nach Satz 1 gegenüber der Ordnungsbehörde.

Eingefügt durch VO v. 4. 7. 1997 (BGBl. I S. 1666); Inkrafttreten: 1. 3. 1998.

§ 28 Prüfungsfahrten, Probefahrten, Überführungsfahrten

(1) Fahrten anläßlich der Prüfung des Fahrzeugs durch einen amtlich anerkannten Sachverständigen oder Prüfer für den Kraftfahrzeugverkehr oder durch einen Prüfingenieur einer zur Durchführung von Hauptuntersuchungen und Sicherheitsprüfungen anerkannten Überwachungsorganisation (Prüfungsfahrten), Fahrten zur Feststellung und zum Nachweis der Gebrauchsfähigkeit von Fahrzeugen (Probefahrten) und Fahrten, die in der Hauptsache der Überführung eines Fahrzeugs an einen anderen Ort dienen (Überführungsfahrten), dürfen auch ohne Betriebserlaubnis oder EG-Typgenehmigung unternommen werden. § 31 Abs. 2 bleibt unberührt. Bei Fahrten im Sinne des Satzes 1 müssen rote Kennzeichen oder in den Fällen des Absatzes 4 Kurzzeitkennzeichen an den Fahrzeugen geführt werden. Für die mit roten Kennzeichen versehenen Fahrzeuge sind besondere Fahrzeugscheinhefte (Muster 3) und für Fahrzeuge mit Kurzzeitkennzeichen besondere Fahrzeugscheine (Muster 4) mitzuführen und zuständigen Personen auf Verlangen zur Prüfung auszuhändigen. Als Prüfungsfahrten gelten auch Fahrten zur Verbringung des Fahrzeugs an den Prüfungsort und von dort zurück; als Probefahrten gelten auch Fahrten zur allgemeinen Anregung der Kauflust durch Vorführung in der Öffentlichkeit, nicht aber Fahrten gegen Vergütung für Benutzung des Fahrzeugs. An Fahrzeugen, denen gemäß § 23 Abs. 1b ein Saisonkennzeichen zugeteilt ist, dürfen für Probe-, Prüfungs- und Überführungsfahrten rote Kennzeichen oder Kurzzeitkennzeichen angebracht werden, wenn diese Fahrten außerhalb des Betriebszeitraums erfolgen sollen. Die angebrachten Saisonkennzeichen müssen vollständig abgedeckt sein.

(2) Für rote Kennzeichen gelten die Bestimmungen für allgemeine Kennzeichen entsprechend. Jedoch bestehen die Erkennungsnummern aus einer Null (0) mit einer oder mehreren nachfolgenden Ziffern; das Kennzeichen ist in roter Schrift auf weißem, rot gerandetem Grund herzustellen; es braucht am Fahrzeug nicht fest angebracht zu sein.

(3) Rote Kennzeichen und besondere Fahrzeugscheinhefte nach Muster 3 können durch die für den Betriebssitz örtlich zuständige Zulassungsbehörde zuverlässigen Kraftfahrzeugherstellern, Kraftfahrzeugteileherstellern, Kraftfahrzeugwerkstätten und Kraftfahrzeughändlern befristet oder widerruflich zur wiederkehrenden Verwendung, auch für verschiedene Fahrzeuge und auch ohne vorherige Bezeichnung eines bestimmten Fahrzeugs durch die Zulassungsbehörde im Fahrzeugschein zugeteilt werden. Der Empfänger dieser Hefte hat für jedes Fahrzeug einen entsprechenden Schein zu verwenden und die Bezeichnung des Fahrzeugs vor Antritt der ersten Fahrt in den Schein einzutragen. Über Prüfungs-, Probe- oder Überführungsfahrten hat er fortlaufende Aufzeichnungen zu führen, aus denen das verwendete rote Kennzeichen, der Tag der Fahrt, deren Beginn und

Ende, der Fahrzeugführer mit dessen Anschrift, die Art und der Hersteller des Fahrzeugs, die Fahrzeug-Identifizierungsnummer und die Fahrstrecke ersichtlich sind. Die Aufzeichnungen sind ein Jahr lang aufzubewahren; sie sind am Betriebssitz zuständigen Personen auf Verlangen jederzeit zur Prüfung auszuhändigen. Nach Ablauf der Frist, für die das rote Kennzeichen zugeteilt worden ist, oder nach Widerruf sind Kennzeichen und ausgegebene Hefte der Zulassungsbehörde unverzüglich einzureichen.

(4) Bei Bedarf hat eine Zulassungsbehörde zur einmaligen Verwendung für Zwecke nach Absatz 1 Kurzzeitkennzeichen zuzuteilen und besondere Fahrzeugscheine nach Muster 4, auch ohne vorherige Bezeichnung des Fahrzeugs im Fahrzeugschein, auszugeben. Der Empfänger hat die Bezeichnung des Fahrzeugs vor Antritt der ersten Fahrt in den Schein einzutragen. Fahrzeuge mit Kurzzeitkennzeichen dürfen auf öffentlichen Straßen nur bis zu dem auf dem Kennzeichen angegebenen Ablaufdatum in Betrieb gesetzt werden; die Gültigkeit des Kennzeichens ist bis zu dem Ablaufdatum (höchstens fünf Tage ab Zuteilung) beschränkt.

(5) Kurzzeitkennzeichen sind in schwarzer Schrift auf weißem, schwarz gerandetem Grund herzustellen; sie müssen den Anforderungen nach Anlage Vd genügen. Im übrigen gilt Absatz 2 entsprechend.

(6) Rote Kennzeichen und Kurzzeitkennzeichen sind erst zuzuteilen, wenn der Nachweis erbracht ist, daß eine dem Pflichtversicherungsgesetz entsprechende Kraftfahrzeughaftpflichtversicherung besteht oder daß der Halter der Versicherungspflicht nicht unterliegt.

Abs. 1 Satz 1 geändert durch VO v. 9. 12. 1994 (BGBl. I S. 3755); Abs. 1 Satz 5 u. 6 angefügt durch VO v. 22. 7. 1997 (BGBl. I S. 1889); Abs. 1 Satz 2 durch Sätze 2 u. 3. ersetzt, Satz 3 als Satz 4 eingeordnet und neu gefasst, Satz 5 als Satz 6 eingeordnet und geändert sowie Abs. 3 Satz 1 aufgehoben und Sätze 2 bis 6 als Sätze 1 bis 5 eingeordnet sowie (nunmehriger) Satz 1 neu gefasst, Satz 2 u. 3 u. 5 geändert sowie neuer Abs. 4 u. 5 eingefügt sowie bisheriger Abs. 4 als Abs. 6 eingeordnet und geändert durch VO v. 9. 3. 1998 (BGBl. I S. 441); Abs. 1 Satz 1 u. 6 sowie Abs. 3 u. 4 geändert durch VO v. 20. 7. 2000 (BGBl. I S. 1090).
Zu § 28 Abs. 1, 3, 4, 5 und 6 sowie Anlage Vd (Kurzzeitkennzeichen): Vgl. § 72 Abs. 2.

§ 29 Untersuchung der Kraftfahrzeuge und Anhänger

(1) Die Halter von Fahrzeugen, die ein eigenes amtliches Kennzeichen nach Art der Anlage V in der bis zum 1. November 2000 geltenden Fassung, Va, Vb oder Vc haben müssen, haben ihre Fahrzeuge auf ihre Kosten nach Maßgabe der Anlage VIII in Verbindung mit Anlage VIIIa in regelmäßigen Zeitabständen untersuchen zu lassen. Ausgenommen sind

1. Fahrzeuge mit rotem Kennzeichen (§ 28),

2. Fahrzeuge, die nach § 18 Abs. 7 behandelt werden, es sei denn, daß sie nach § 18 Abs. 4 Satz 1 amtliche Kennzeichen führen müssen,

3. Fahrzeuge der Bundeswehr und des Bundesgrenzschutzes.

Über die Untersuchung der Fahrzeuge der Feuerwehren und des Katastrophenschutzes entscheiden die zuständigen obersten Landesbehörden im Einzelfall oder allgemein.

(2) Der Halter hat den Monat, in dem das Fahrzeug spätestens zur

1. Hauptuntersuchung vorgeführt werden muß, durch eine Prüfplakette nach Anlage IX auf dem amtlichen Kennzeichen nachzuweisen,
2. Sicherheitsprüfung vorgeführt werden muß, durch eine Prüfmarke in Verbindung mit einem SP-Schild nach Anlage IXb nachzuweisen.

Prüfplaketten sind von der Zulassungsbehörde oder den zur Durchführung von Hauptuntersuchungen berechtigten Personen zuzuteilen und auf dem hinteren amtlichen Kennzeichen dauerhaft und gegen Mißbrauch gesichert anzubringen. Prüfmarken sind von der Zulassungsbehörde zuzuteilen sowie vom Halter oder seinem Beauftragten auf dem SP-Schild nach den Vorschriften der Anlage IXb anzubringen oder von den zur Durchführung von Hauptuntersuchungen oder Sicherheitsprüfungen berechtigten Personen zuzuteilen und von diesen nach den Vorschriften der Anlage IXb auf dem SP-Schild anzubringen. SP-Schilder dürfen von der Zulassungsbehörde, dem Fahrzeughersteller, dem Halter oder seinem Beauftragten nach den Vorschriften der Anlage IXb angebracht werden.

(3) Eine Prüfplakette darf nur dann zugeteilt und angebracht werden, wenn keine Bedenken gegen die Vorschriftsmäßigkeit des Fahrzeuges bestehen. Durch die nach durchgeführter Hauptuntersuchung zugeteilte und angebrachte Prüfplakette wird bescheinigt, daß das Fahrzeug zum Zeitpunkt dieser Untersuchung vorschriftsmäßig nach Nummer 1.2 der Anlage VIII ist. Weist das Fahrzeug lediglich geringe Mängel auf, so kann abweichend von Satz 1 die Prüfplakette zugeteilt und angebracht werden, wenn die unverzügliche Beseitigung der Mängel zu erwarten ist.

(4) Eine Prüfmarke darf zugeteilt und angebracht werden, wenn das Fahrzeug nach Abschluß der Sicherheitsprüfung nach Maßgabe der Nummer 1.3 der Anlage VIII keine Mängel aufweist. Die Vorschriften von Nummer 2.6 der Anlage VIII bleiben unberührt.

(5) Der Halter hat dafür zu sorgen, daß sich die nach Absatz 3 angebrachte Prüfplakette und die nach Absatz 4 angebrachte Prüfmarke und das SP-Schild in ordnungsgemäßem Zustand befinden; sie dürfen weder verdeckt noch verschmutzt sein.

(6) Monat und Jahr des Ablaufs der Frist für die nächste

1. Hauptuntersuchung müssen von demjenigen, der die Prüfplakette zugeteilt und angebracht hat,
    a) bei den im üblichen Zulassungsverfahren behandelten Fahrzeugen im Fahrzeugschein oder
    b) bei anderen Fahrzeugen auf dem nach § 18 Abs. 5 mitzuführenden Nachweis oder Fahrzeugschein in Verbindung mit dem Prüfstempel der untersuchenden Stelle und der Kennnummer der untersuchenden Personen oder Stelle,
2. Sicherheitsprüfung müssen von demjenigen, der die Prüfmarke zugeteilt hat, im Prüfprotokoll

vermerkt werden.

(7) Die Prüfplakette und die Prüfmarke werden mit Albauf des jeweils angegebenen Monats ungültig. Ihre Gültigkeit verlängert sich um einen Monat, wenn bei der Durchführung der Hauptuntersuchung oder Sicherheitsprüfung Mängel festgestellt werden, die vor der Zuteilung einer neuen

Prüfplakette oder Prüfmarke zu beheben sind (Nummer 3.1.4.3 oder 3.2.3.2 der Anlage VIII). Satz 2 gilt auch für Prüfplaketten, wenn Absatz 3 Satz 3 nicht angewendet wird, und für Prüfmarken in den Fällen nach Nummer 2.5 Satz 5 der Anlage VIII. Befinden sich an einem Fahrzeug, das mit einer Prüfplakette oder einer Prüfmarke in Verbindung mit einem SP-Schild versehen sein muß, keine gültige Prüfplakette oder keine gültige Prüfmarke, so kann die Zulassungsbehörde für die Zeit bis zur Anbringung der vorgenannten Nachweise den Betrieb des Fahrzeugs im öffentlichen Verkehr untersagen oder beschränken. Der Betroffene hat das Verbot oder die Beschränkung zu beachten; § 17 Abs. 2 gilt entsprechend.

(8) Einrichtungen aller Art, die zu Verwechslungen mit der in Anlage IX beschriebenen Prüfplakette oder der in der Anlage IXb beschriebenen Prüfmarke in Verbindung mit dem SP-Schild Anlaß geben können, dürfen an Kraftfahrzeugen und ihren Anhängern nicht angebracht sein.

(9) Der für die Durchführung von Hauptuntersuchungen oder Sicherheitsprüfungen Verantwortliche hat für Hauptuntersuchungen einen Untersuchungsbericht und für Sicherheitsprüfungen ein Prüfprotokoll nach Maßgabe der Anlage VIII zu erstellen und dem Fahrzeughalter oder dessen Beauftragten auszuhändigen.

(10) Der Halter hat den Untersuchungsbericht mindestens bis zur nächsten Hauptuntersuchung und das Prüfprotokoll mindestens bis zur nächsten Sicherheitsprüfung aufzubewahren. Er oder sein Beauftragter hat den Untersuchungsbericht, bei Fahrzeugen nach Absatz 11 zusammen mit dem Prüfprotokoll und dem Prüfbuch, zuständigen Personen und der Zulassungsbehörde bei allen Maßnahmen zur Prüfung auszuhändigen. Kann der letzte Untersuchungsbericht oder das letzte Prüfprotokoll nicht ausgehändigt werden, hat der Halter auf seine Kosten Zweitschriften von den prüfenden Stellen zu beschaffen oder eine Hauptuntersuchung oder eine Sicherheitsprüfung durchführen zu lassen.

(11) Halter von Fahrzeugen, an denen nach den Vorschriften in den Nummern 2.1 und 2.2 der Anlage VIII Sicherheitsprüfungen durchzuführen sind, haben ab dem Tag der Zulassung Prüfbücher nach einem im Verkehrsblatt mit Zustimmung der zuständigen obersten Landesbehörden bekanntgemachten Muster zu führen. Untersuchungsberichte und Prüfprotokolle müssen mindestens für die Dauer ihrer Aufbewahrungspflicht nach Absatz 10 in den Prüfbüchern abgeheftet werden.

(12) Der für die Durchführung von Hauptuntersuchungen, Sicherheitsprüfungen oder Abgasuntersuchungen (§ 47a) Verantwortliche hat ihre Durchführung unter Angabe des Datums, bei Kraftfahrzeugen zusätzlich unter Angabe des Kilometerstandes, im Prüfbuch einzutragen.

(13) Prüfbücher sind bis zur endgültigen Außerbetriebsetzung der Fahrzeuge von den Haltern der Fahrzeuge aufzubewahren.

I. d. F. d. VO v. 20. 5. 1998 (BGBl. I S. 1051); Abs. 1 Satz 2 Nr. 4 gestrichen und Satz 3 angefügt sowie Abs. 6 Nr. 2 und Abs. 11 Satz 1 geändert durch VO v. 23. 3. 2000 (BGBl. I S. 310); Abs. 1 Satz 1 und Abs. 6 Nr. 1 Buchst. b geändert durch VO v. 20. 7. 2000 (BGBl. I S. 1090).
Zu § 29: Vgl. § 72 Abs. 2.

IIa. Pflichtversicherung

1. Überwachung des Versicherungsschutzes bei Fahrzeugen mit amtlichen Kennzeichen

§ 29a Versicherungsnachweis

(1) Der Nachweis, daß eine dem Pflichtversicherungsgesetz entsprechende Kraftfahrzeughaftpflichtversicherung besteht, ist durch eine vom Versicherer zu erteilende Versicherungsbestätigung nach Muster 6, Muster 8 oder Muster 8a zu erbringen. Hersteller von Kraftfahrzeugen oder Kraftfahrzeuganhängern dürfen den Nachweis auch nach Muster 7 führen. Der Versicherer ist verpflichtet, dem Versicherungsnehmer bei Beginn des Versicherungsschutzes die Versicherungsbestätigung kostenlos zu erteilen. Verlangt der Versicherungsnehmer weitere Ausfertigungen der Versicherungsbestätigung, so sind sie entsprechend der Reihenfolge, in der sie ausgefertigt worden sind, zu kennzeichnen, z. B. als „Zweite Ausfertigung".

(1a) In Versicherungsbestätigungen (Muster 8a), die zur Erlangung von Kurzzeitkennzeichen erteilt werden, ist der Zeitpunkt der Beendigung des Versicherungsverhältnisses oder die Dauer des Versicherungsverhältnisses anzugeben.

(2) Die Zulassungsstelle hat den Versicherer unter Verwendung der nach Muster 6, Muster 8 oder Muster 8a vorgesehenen Mitteilung über die Zuteilung oder Ausgabe des Kennzeichens zu unterrichten. Die Mitteilung nach Muster 7 beschränkt sich auf die Unterrichtung, daß die Versicherungsbestätigung der Zulassungsstelle vorliegt.

(3) Die Zulassungsstelle hat unter Verwendung der Mitteilung nach Muster 6a den Versicherer darüber zu unterrichten, daß ihr für das Fahrzeug die Bestätigung nach Muster 6 über den Abschluß einer neuen Versicherung zugegangen oder daß das Fahrzeug vorübergehend stillgelegt oder endgültig aus dem Verkehr gezogen worden ist. Die Mitteilung, daß das Fahrzeug vorübergehend stillgelegt oder endgültig aus dem Verkehr gezogen wurde, kann an Stelle der Mitteilung nach Muster 6a durch eine andere Bescheinigung erfolgen.

(4) Halter, die nach § 2 Abs. 1 Nr. 5 des Pflichtversicherungsgesetzes der Versicherungspflicht nicht unterliegen, haben den Nachweis nach Muster 1d zu führen.

Abs. 1 Satz 1 u. 2 und Abs. 2 neu gefaßt sowie Abs. 1a eingefügt und Abs. 3 angefügt durch VO v. 26. 10. 1990 (BGBl. I S. 2327); Abs. 4 angefügt durch VO v. 9. 12. 1994 (BGBl. I S. 3755); Abs. 3 Satz 1 geändert durch VO v. 12. 11. 1996 (BGBl. I S. 1738); Abs. 1 Satz 1 geändert und Abs. 1a neu gefaßt sowie Abs. 2 geändert durch VO v. 9. 3. 1998 (BGBl. I S. 441).

§ 29b

Ein Versicherungsnachweis nach § 29a ist auch erforderlich, wenn das Fahrzeug nach vorübergehender Stillegung wieder zum Verkehr zugelassen werden soll.

I. d. F. d. VO v. 26. 10. 1990 (BGBl. I S. 2327).

§ 29c Anzeigepflicht des Versicherers

(1) Der Versicherer kann zur Beendigung seiner Haftung nach § 3 Nr. 5 des Pflichtversicherungsgesetzes der zuständigen Zulassungsstelle nach Muster 9 oder 10 Anzeige erstatten, wenn eine dem Pflichtversicherungsgesetz entsprechende Kraftfahrzeughaftpflichtversicherung nicht oder nicht mehr besteht. Eine Anzeige nach Muster 9 ist zu unterlassen, wenn der Zulassungsstelle die Versicherungsbestätigung über den Abschluß einer neuen, dem Pflichtversicherungsgesetz entsprechenden Kraftfahrzeughaftpflichtversicherung zugegangen ist und dies dem Versicherer nach § 29a Abs. 3 mitgeteilt wurde. Eine Versicherungsbestätigung oder Mitteilung nach Muster 8a gilt auch als Anzeige oder Bescheid im Sinne von Muster 10; gleiches gilt, wenn nach der Versicherungsbestätigung oder der Mitteilung nach Muster 8 der Versicherungsschutz oder die Zuteilung des roten Kennzeichens befristet ist.

(2) Die Zulassungsstelle hat dem Versicherer auf dessen Anzeige durch Bescheid nach Muster 9 oder 10 mitzuteilen, wann die Anzeige eingegangen ist, und die übrigen in diesen Mustern vorgesehenen Angaben zu übermitteln.

(3) Eine Anzeige zu einer Versicherung, für die bereits eine Mitteilung nach § 29a Abs. 3 abgesandt wurde, löst keine Maßnahmen der Zulassungsstelle nach Absatz 2 und § 29d aus.

Abs. 1 u. 2 neu gefasst und Abs. 3 angefügt durch VO v. 26. 10. 1990 (BGBl. I S. 2327); Abs. 1 Satz 3 neu gefasst durch VO v. 9. 3. 1998 (BGBl. I S. 441); Abs. 1 Satz 3 erster Halbsatz neu gefasst durch VO v. 20. 5. 1998 (BGBl. I S. 1051).

§ 29d Maßnahmen beim Fehlen des Versicherungsschutzes

(1) Besteht für ein Fahrzeug, für das ein amtliches Kennzeichen zugeteilt ist, keine dem Pflichtversicherungsgesetz entsprechende Kraftfahrzeughaftpflichtversicherung, so hat der Halter unverzüglich der zuständigen Zulassungsstelle den Fahrzeugschein oder – bei zulassungsfreien Fahrzeugen, für die ein amtliches Kennzeichen zugeteilt ist – die amtliche Bescheinigung über die Zuteilung des Kennzeichens abzuliefern und von ihr das Kennzeichen entstempeln zu lassen. Handelt es sich um einen Anhänger, so hat er der zuständigen Zulassungsstelle unverzüglich auch die etwa ausgefertigten Anhängerverzeichnisse zur Eintragung der Entstempelung des Kennzeichens vorzulegen.

(2) Erfährt die Zulassungsstelle durch eine Anzeige (§ 29c) oder auf andere Weise, daß für das Fahrzeug keine dem Pflichtversicherungsgesetz entsprechende Kraftfahrzeughaftpflichtversicherung besteht, so hat sie unverzüglich den Fahrzeugschein oder – bei zulassungsfreien Fahrzeugen, für die ein amtliches Kennzeichen zugeteilt ist – die amtliche Bescheinigung über die Zuteilung des Kennzeichens einzuziehen und das Kennzeichen zu entstempeln. Handelt es sich um einen Anhänger, so ist die Entstempelung auch in den etwa ausgefertigten Anhängerverzeichnissen zu vermerken.

(3) Die Absätze 1 und 2 gelten nicht für Kurzzeitkennzeichen, bei denen das Ablaufdatum überschritten ist.

Abs. 3 angefügt durch VO v. 20. 5. 1998 (BGBl. I S. 1051).

2. Überwachung des Versicherungsschutzes bei Fahrzeugen mit Versicherungskennzeichen

§ 29e   Versicherungskennzeichen

(1) Folgende Fahrzeuge dürfen, wenn ihr Halter zum Abschluß einer Kraftfahrzeughaftpflichtversicherung nach dem Pflichtversicherungsgesetz verpflichtet ist und wenn sich ihr regelmäßiger Standort im Geltungsbereich dieser Verordnung befindet, unbeschadet der Vorschriften über die Betriebserlaubnispflicht auf öffentlichen Straßen nur in Betrieb gesetzt werden, wenn sie ein gültiges Versicherungskennzeichen führen:

1. zweirädrige oder dreirädrige Kleinkrafträder (§ 18 Abs. 2 Nr. 4);

2. Fahrräder mit Hilfsmotor;

3. motorisierte Krankenfahrstühle;

4. Vierrädrige Leichtkraftfahrzeuge (§ 18 Abs. 2 Nr. 4b).

(2) Durch das Versicherungskennzeichen wird nachgewiesen, daß für das Fahrzeug eine dem Pflichtversicherungsgesetz entsprechende Kraftfahrzeughaftpflichtversicherung besteht. Der Versicherer händigt dem Halter auf Antrag ein Versicherungskennzeichen aus und erteilt hierüber eine Bescheinigung; für den Nachweis von Namen und Anschrift des Halters gilt § 23 Abs. 1 Satz 2 sinngemäß. Der Führer des Fahrzeugs hat die Bescheinigung mitzuführen und zuständigen Personen auf Verlangen zur Prüfung auszuhändigen. Versicherungskennzeichen und Bescheinigung dürfen dem Halter erst nach Entrichtung der Prämie für das Verkehrsjahr ausgehändigt werden, für das sie gelten sollen; sie verlieren ihre Geltung mit dem Ablauf dieses Verkehrsjahres. Als Verkehrsjahr gilt der Zeitraum vom 1. März bis zum Ablauf des nächsten Monats Februar.

(3) Das Versicherungskennzeichen besteht aus einer Tafel, die eine Erkennungsnummer und das Zeichen des zuständigen Verbandes der Kraftfahrtversicherer oder, wenn kein Verband zuständig ist, das Zeichen des Versicherers trägt sowie das Verkehrsjahr angibt, für welches das Versicherungskennzeichen gelten soll. Die Erkennungsnummer setzt sich aus nicht mehr als 3 Ziffern und nicht mehr als 3 Buchstaben zusammen. Die Ziffern sind in einer Zeile über den Buchstaben anzugeben. Die Nummer ist so zu wählen, daß jedes für das laufende Verkehrsjahr ausgegebene Versicherungskennzeichen sich von allen anderen gültigen Versicherungskennzeichen unterscheidet. Das Verkehrsjahr ist durch die Angabe des Kalenderjahrs zu bezeichnen, in welchem es beginnt. Der zuständige Verband der Kraftfahrtversicherer oder, wenn kein Verband zuständig ist, das Kraftfahrt-Bundesamt teilt mit Genehmigung des Bundesministeriums für Verkehr, Bau- und Wohnungswesen den Versicherern die Erkennungsnummern zu.

(4) Das Versicherungskennzeichen ist nach § 60a auszugestalten und anzubringen.

Abs. 2 Satz 2 geändert und Abs. 4 angefügt durch VO v. 12. 11. 1996 (BGBl. I S. 1738); Abs. 1 Nr. 1 geändert und Nr. 4 angefügt durch VO v. 23. 3. 2000 (BGBl. I S. 310); Abs. 1 Nr. 3 u. Abs. 3 Satz 6 geändert durch VO v. 20. 7. 2000 (BGBl. I S. 1090).

§ 29f (aufgehoben durch VO v. 9. 12. 1994 – BGBl. I S. 3755)

§ 29g Rote Versicherungskennzeichen

Fahrten zur Feststellung und zum Nachweis der Gebrauchsfähigkeit eines versicherungskennzeichenpflichtigen Fahrzeugs (Probefahrten) und Fahrten, die in der Hauptsache der Überführung eines solchen Fahrzeugs an einen anderen Ort dienen (Überführungsfahrten), dürfen vorbehaltlich der Vorschriften über die Betriebserlaubnispflicht mit Versicherungskennzeichen unternommen werden, deren Beschriftung und Rand rot sind.

Satz 2 aufgehoben durch VO v. 9. 12. 1994 (BGBl. I S. 3755).

§ 29h Maßnahmen bei vorzeitiger Beendigung des Versicherungsverhältnisses

Endet das Versicherungsverhältnis vor dem Ablauf des Verkehrsjahrs, das auf dem Versicherungskennzeichen angegeben ist, so hat der Versicherer den Halter zur unverzüglichen Rückgabe des Versicherungskennzeichens und der darüber erteilten Bescheinigung aufzufordern. Kommt der Halter der Aufforderung nicht nach, so hat der Versicherer hiervon die zuständige Behörde (§ 68) in Kenntnis zu setzen. Die Behörde zieht das Versicherungskennzeichen und die Bescheinigung ein.

III. Bau- und Betriebsvorschriften

1. Allgemeine Vorschriften

§ 30 Beschaffenheit der Fahrzeuge

(1) Fahrzeuge müssen so gebaut und ausgerüstet sein, daß

1. ihr verkehrsüblicher Betrieb niemanden schädigt oder mehr als unvermeidbar gefährdet, behindert oder belästigt,

2. die Insassen insbesondere bei Unfällen vor Verletzungen möglichst geschützt sind und das Ausmaß und die Folgen von Verletzungen möglichst gering bleiben.

(2) Fahrzeuge müssen in straßenschonender Bauweise hergestellt sein und in dieser erhalten werden.

(3) Für die Verkehrs- oder Betriebssicherheit wichtige Fahrzeugteile, die besonders leicht abgenutzt oder beschädigt werden können, müssen einfach zu überprüfen und leicht auswechselbar sein.

(4) Anstelle der Vorschriften dieser Verordnung können die Einzelrichtlinien in ihrer jeweils geltenden Fassung angewendet werden, die

1. in Anhang IV der Richtlinie 92/53/EWG des Rates vom 18. Juni 1992 zur Änderung der Richtlinie 70/156/EWG zur Angleichung der Rechtsvorschriften der Mitgliedstaaten über die Betriebserlaubnis für Kraftfahrzeuge und Kraftfahrzeuganhänger (ABl. EG Nr. L 225 S. 1) oder

2. in Anhang II der Richtlinie 74/150/EWG des Rates vom 4. März 1974 zur Angleichung der Rechtsvorschriften der Mitgliedstaaten über die Betriebserlaubnis für land- oder forstwirtschaftliche Zugmaschinen auf Rädern (ABl. EG Nr. L 84 S. 10) oder

3. in Anhang I der Richtlinie 92/61/EWG des Rates vom 30. Juni 1992 über die Betriebserlaubnis für zweirädrige oder dreirädrige Kraftfahrzeuge (ABl. EG Nr. L 225 S. 72)

in seiner jeweils geltenden Fassung genannt sind. Die jeweilige Liste der in Anhang IV der Betriebserlaubnisrichtlinie 92/53/EWG, in Anhang II der Betriebserlaubnisrichtlinie 74/150/EWG und in Anhang I der Betriebserlaubnisrichtlinie 92/61/EWG genannten Einzelrichtlinien wird unter Angabe der Kurzbezeichnungen und der ersten Fundstelle aus dem Amtsblatt der Europäischen Gemeinschaften vom Bundesministerium für Verkehr, Bau- und Wohnungswesen im Verkehrsblatt bekanntgemacht und fortgeschrieben. Die in Satz 1 genannten Einzelrichtlinien sind jeweils ab dem Zeitpunkt anzuwenden, zu dem sie in Kraft treten und nach Satz 2 bekanntgemacht worden sind. Soweit in einer Einzelrichtlinie ihre verbindliche Anwendung vorgeschrieben ist, ist nur diese Einzelrichtlinie maßgeblich.

Abs. 4 angefügt durch G. v. 5. 8. 1998 (BGBl. I S. 2042); Abs. 4 Satz 2 geändert durch VO v. 29. 10. 2001 (BGBl. I S. 2785).

§ 30a   Durch die Bauart bestimmte Höchstgeschwindigkeit sowie maximales Drehmoment und maximale Nutzleistung des Motors

(1) Kraftfahrzeuge müssen entsprechend dem Stand der Technik so gebaut und ausgerüstet sein, daß technische Veränderungen, die zu einer Änderung der durch die Bauart bestimmten Höchstgeschwindigkeit (Geschwindigkeit, die von einem Kraftfahrzeug nach seiner Bauart auf ebener Bahn bei bestimmungsgemäßer Benutzung nicht überschritten werden kann) führen, wesentlich erschwert sind. Sofern dies nicht möglich ist, müssen Veränderungen leicht erkennbar gemacht werden.

(1a) Zweirädrige Kleinkrafträder und Krafträder müssen hinsichtlich der Maßnahmen gegen unbefugte Eingriffe den Vorschriften von Kapitel 7 der Richtlinie 97/24/EG des Europäischen Parlaments und des Rates vom 17. Juni 1997 über die Betriebserlaubnis und Merkmale von zweirädrigen oder dreirädrigen Kraftfahrzeugen (ABl. EG Nr. L 226 S. 1), jeweils in der aus dem Anhang zu dieser Vorschrift ersichtlichen Fassung, entsprechen.

(2) Anhänger müssen für eine Geschwindigkeit von mindestens 100 km/h gebaut und ausgerüstet sein. Sind sie für eine niedrigere Geschwindigkeit gebaut oder ausgerüstet, müssen sie entsprechend § 58 für diese Geschwindigkeit gekennzeichnet sein.

(3) Bei Kraftfahrzeugen nach Artikel 1 der Richtlinie 92/61/EWG des Rates vom 30. Juni 1992 über die Betriebserlaubnis für zweirädrige oder dreirädrige Kraftfahrzeuge (ABl. EG Nr. L 225 S. 72) sind zur Ermittlung der durch die Bauart bestimmten Höchstgeschwindigkeit sowie zur Ermittlung des maximalen Drehmoments und der maximalen Nutzleistung des Motors die im Anhang zu dieser Vorschrift genannten Bestimmungen anzuwenden.

Überschrift neu gefasst und Abs. 3 angefügt durch VO v. 23. 3. 2000 (BGBl. I S. 310); Abs. 1a eingefügt durch VO v. 3. 8. 2000 (BGBl. I S. 1273).
Zu Abs. 1, 1a, 2 und 3: Vgl. § 72 Abs. 2.

§ 30b   Berechnung des Hubraums

Der Hubraum ist wie folgt zu berechnen:

1. Für π wird der Wert von 3,1416 eingesetzt.
2. Die Werte für Bohrung und Hub werden in Millimeter eingesetzt, wobei auf die erste Dezimalstelle hinter dem Komma auf- oder abzurunden ist.
3. Der Hubraum ist auf volle Kubikzentimeter auf- oder abzurunden.
4. Folgt der zu rundenden Stelle eine der Ziffern 0 bis 4, so ist abzurunden, folgt eine der Ziffern 5 bis 9, so ist aufzurunden.

Eingefügt durch VO v. 16. 12. 1988 (BGBl. I S. 2355). Vgl. § 72 Abs. 2.

§ 30c   Vorstehende Außenkanten

(1) Am Umriß der Fahrzeuge dürfen keine Teile so hervorragen, daß sie den Verkehr mehr als unvermeidbar gefährden.

(2) Vorstehende Außenkanten von Personenkraftwagen müssen den im Anhang zu dieser Vorschrift genannten Bestimmungen entsprechen.

(3) Vorstehende Außenkanten von zweirädrigen oder dreirädrigen Kraftfahrzeugen nach § 30a Abs. 3 müssen den im Anhang zu dieser Vorschrift genannten Bestimmungen entsprechen.

Eingefügt durch VO v. 24. 4. 1992 (BGBl. I S. 965); Abs. 3 angefügt durch VO v. 23. 3. 2000 (BGBl. I S. 310).
Zu Abs. 2 und 3: Vgl. § 72 Abs. 2.

§ 31   Verantwortung für den Betrieb der Fahrzeuge

(1) Wer ein Fahrzeug oder einen Zug miteinander verbundener Fahrzeuge führt, muß zur selbständigen Leitung geeignet sein.

(2) Der Halter darf die Inbetriebnahme nicht anordnen oder zulassen, wenn ihm bekannt ist oder bekannt sein muß, daß der Führer nicht zur selbständigen Leitung geeignet oder das Fahrzeug, der Zug, das Gespann, die Ladung oder die Besetzung nicht vorschriftsmäßig ist oder daß die Verkehrssicherheit des Fahrzeugs durch die Ladung oder die Besetzung leidet.

§ 31a   Fahrtenbuch

(1) Die Verwaltungsbehörde kann gegenüber einem Fahrzeughalter für ein oder mehrere auf ihn zugelassene oder künftig zuzulassende Fahrzeuge die Führung eines Fahrtenbuchs anordnen, wenn die Feststellung eines Fahrzeugführers nach einer Zuwiderhandlung gegen Verkehrsvorschriften nicht möglich war. Die Verwaltungsbehörde kann ein oder mehrere Ersatzfahrzeuge bestimmen.

(2) Der Fahrzeughalter oder sein Beauftragter hat in dem Fahrtenbuch für ein bestimmtes Fahrzeug und für jede einzelne Fahrt

1. vor deren Beginn
   a) Name, Vorname und Anschrift des Fahrzeugführers,
   b) amtliches Kennzeichen des Fahrzeugs,
   c) Datum und Uhrzeit des Beginns der Fahrt und

2. nach deren Beendigung unverzüglich Datum und Uhrzeit mit Unterschrift einzutragen.

(3) Der Fahrzeughalter hat

a) der das Fahrtenbuch anordnenden oder der von ihr bestimmten Stelle oder

b) sonst zuständigen Personen

das Fahrtenbuch auf Verlangen jederzeit an dem von der anordnenden Stelle festgelegten Ort zur Prüfung auszuhändigen und es sechs Monate nach Ablauf der Zeit, für die es geführt werden muß, aufzubewahren.

I. d. F. d. VO v. 23. 6. 1993 (BGBl. I S. 1024).

§ 31b   Überprüfung mitzuführender Gegenstände

Führer von Fahrzeugen sind verpflichtet, zuständigen Personen auf Verlangen folgende mitzuführende Gegenstände vorzulegen und zur Prüfung des vorschriftsmäßigen Zustands auszuhändigen:

1. Feuerlöscher (§ 35g Abs. 1),

2. Erste-Hilfe-Material (§ 35h Abs. 1, 3 und 4),

3. Unterlegkeile (§ 41 Abs. 14),

4. Warndreiecke und Warnleuchten (§ 53a Abs. 2),

5. tragbare Blinkleuchten (§ 53b Abs. 5) und windsichere Handlampen (§ 54b),

6. Leuchten und Rückstrahler (§ 53b Abs. 1 Satz 4 Halbsatz 2 und Abs. 2 Satz 4 Halbsatz 2),

7. Scheinwerfer und Schlußleuchten (§ 67 Abs. 11 Nr. 2 Halbsatz 2).

Nrn. 1 und 2 neu gefaßt durch VO v. 23. 7. 1990 (BGBl. I S. 1489); Eingangsworte geändert sowie Nrn. 6 und 7 angefügt durch VO v. 24. 4. 1992 (BGBl. I S. 965); Nr. 5 neu gefaßt durch VO v. 23. 6. 1993 (BGBl. I S. 1024).

§ 31c   Überprüfung von Fahrzeuggewichten

Kann der Führer eines Fahrzeugs auf Verlangen einer zuständigen Person die Einhaltung der für das Fahrzeug zugelassenen Achslasten und Gesamtgewichte nicht glaubhaft machen, so ist er verpflichtet, sie nach Weisung dieser Person auf einer Waage oder einem Achslastmesser (Radlastmesser) feststellen zu lassen. Nach der Wägung ist dem Führer eine Bescheinigung über das Ergebnis der Wägung zu erteilen. Die Kosten der Wägung fallen dem Halter des Fahrzeugs zur Last, wenn ein zu beanstandendes Übergewicht festgestellt wird. Die prüfende Person kann von dem Führer des Fahrzeugs eine der Überlastung entsprechende Um- oder Entladung fordern; dieser Auflage hat der Fahrzeugführer nachzukommen; die Kosten hierfür hat der Halter zu tragen.

Eingefügt durch VO v. 23. 7. 1990 (BGBl. I S. 1489).

2. Kraftfahrzeuge und ihre Anhänger

§ 32 Abmessungen von Fahrzeugen und Fahrzeugkombinationen

(1) Bei Kraftfahrzeugen und Anhängern einschließlich mitgeführter austauschbarer Ladungsträger (§ 42 Abs. 3) darf die höchstzulässige Breite über alles – ausgenommen bei Schneeräumgeräten und Winterdienstfahrzeugen – folgende Maße nicht überschreiten:

1. allgemein . . . . 2,55 m,

2. bei land- oder forstwirtschaftlichen Arbeitsgeräten und bei Zugmaschinen und Sonderfahrzeugen mit auswechselbaren land- oder forstwirtschaftlichen Anbaugeräten sowie bei Fahrzeugen mit angebauten Geräten für die Straßenunterhaltung . . . . 3,00 m,

3. bei Anhängern hinter Krafträdern . . . . 1,00 m,

4. bei festen oder abnehmbaren Aufbauten von klimatisierten Fahrzeugen, die für die Beförderung von Gütern in temperaturgeführtem Zustand ausgerüstet sind und deren Seitenwände einschließlich Wärmedämmung mindestens 45 mm dick sind . . . . 2,60 m,

5. bei Personenkraftwagen . . . . 2,50 m.

Die Fahrzeugbreite ist nach der ISO-Norm 612-1978, Definition Nummer 6.2 zu ermitteln. Abweichend von dieser Norm sind bei der Messung der Fahrzeugbreite die folgenden Einrichtungen nicht zu berücksichtigen:

– Befestigungs- und Schutzeinrichtungen für Zollplomben,

– Einrichtungen zur Sicherung der Plane und Schutzvorrichtungen hierfür,

– vorstehende flexible Teile eines Spritzschutzsystems im Sinne der Richtlinie 91/226/EWG des Rates vom 27. März 1991 (ABl. EG Nr. L 103 S. 5),

– Ladebrücken in Fahrtstellung, Hubladebühnen und vergleichbare Einrichtungen in Fahrtstellung, sofern sie nicht mehr als 10 mm seitlich über das Fahrzeug hinausragen und die nach vorne oder nach hinten liegenden Ecken der Ladebrücken mit einem Radius von mindestens 5 mm abgerundet sind; die Kanten sind mit einem Radius von mindestens 2,5 mm abzurunden,

– Spiegel,

– Reifenschadenanzeiger,

– Reifendruckanzeiger,

– ausziehbare oder ausklappbare Stufen in Fahrtstellung und

– die über dem Aufstandspunkt befindliche Ausbauchung der Reifenwände.

(2) Bei Kraftfahrzeugen und Anhängern einschließlich mitgeführter austauschbarer Ladungsträger (§ 42 Abs. 3) darf die höchstzulässige Höhe über alles folgendes Maß nicht überschreiten: 4,00 m.

Die Fahrzeughöhe ist nach der ISO-Norm 612-1978, Definition Nummer 6.3 zu ermitteln. Abweichend von dieser Norm sind bei der Messung der Fahrzeughöhe die folgenden Einrichtungen nicht zu berücksichtigen:

– nachgiebige Antennen und
– Stromabnehmer in ausgefahrener Stellung.

Bei Fahrzeugen mit Achshubeinrichtung ist die Auswirkung dieser Einrichtung zu berücksichtigen.

(3) Bei Kraftfahrzeugen und Anhängern einschließlich mitgeführter austauschbarer Ladungsträger und aller im Betrieb mitgeführter Ausrüstungsteile (§ 42 Abs. 3) darf die höchstzulässige Länge über alles folgende Maße nicht überschreiten:

1. bei Kraftfahrzeugen und Anhängern
   – ausgenommen Sattelanhänger – . . . . 12,00 m,
2. bei Kraftomnibussen, die als Gelenkfahrzeug ausgebildet sind (Kraftfahrzeuge, deren Nutzfläche durch ein Gelenk unterteilt ist, bei denen der angelenkte Teil jedoch kein selbständiges Fahrzeug darstellt), ... 18,00 m.

(4) Bei Fahrzeugkombinationen einschließlich mitgeführter austauschbarer Ladungsträger und aller im Betrieb mitgeführter Ausrüstungsteile (§ 42 Abs. 3) darf die höchstzulässige Länge, unter Beachtung der Vorschriften in Absatz 3 Nr. 1, folgende Maße nicht überschreiten:

1. bei Sattelkraftfahrzeugen (Sattelzugmaschine mit Sattelanhänger) und Fahrzeugkombinationen (Zügen) nach Art eines Sattelkraftfahrzeugs – ausgenommen Sattelkraftfahrzeuge nach Nummer 2 – . . . . 15,50 m,
2. bei Sattelkraftfahrzeugen (Sattelzugmaschine mit Sattelanhänger), wenn die höchstzulässigen Teillängen des Sattelanhängers
   a) Achse Zugsattelzapfen bis zur hinteren Begrenzung 12,00 m und
   b) vorderer Überhangradius 2,04 m
   nicht überschritten werden, ... 16,50 m,
3. bei Zügen (Kraftfahrzeuge mit einem oder zwei Anhängern) – ausgenommen Züge nach Nummer 4 – . . . . 18,00 m,
4. bei Zügen, die aus einem Lastkraftwagen und einem Anhänger zur Güterbeförderung bestehen,   18,75 m.
   Dabei dürfen die höchstzulässigen Teillängen folgende Maße nicht überschreiten:
   a) größter Abstand zwischen dem vordersten äußeren Punkt der Ladefläche hinter dem Führerhaus des Lastkraftwagens und dem hintersten äußeren Punkt der Ladefläche des Anhängers der Fahrzeugkombination, abzüglich des Abstands zwischen der hinteren Begrenzung des Kraftfahrzeugs und der vorderen Begrenzung des Anhängers,   15,65 m
   b) größter Abstand zwischen dem vordersten äußeren   und
   Punkt der Ladefläche hinter dem Führerhaus des Lastkraftwagens und dem hintersten äußeren Punkt der Ladefläche des Anhängers der Fahrzeugkombination   16,40 m.

(5) Die Länge oder Teillänge eines Einzelfahrzeugs oder einer Fahrzeugkombination – mit Ausnahme der in Absatz 7 genannten Fahrzeugkombi-

nationen und deren Einzelfahrzeuge – ist die Länge, die bei voll nach vorn oder hinten ausgezogenen, ausgeschobenen oder ausgeklappten Ladestützen, Ladepritschen, Aufbauwänden oder Teilen davon einschließlich aller im Betrieb mitgeführter Ausrüstungsteile (§ 42 Abs. 3) gemessen wird; dabei müssen bei Fahrzeugkombinationen die Längsmittellinien des Kraftfahrzeugs und seines Anhängers bzw. seiner Anhänger eine gerade Linie bilden. Bei Fahrzeugkombinationen mit nicht selbsttätig längenveränderlichen Zugeinrichtungen ist dabei die Position zugrunde zu legen, in der § 32d (Kurvenlaufeigenschaften) ohne weiteres Tätigwerden des Fahrzeugführers oder anderer Personen erfüllt ist. Soweit selbsttätig längenveränderliche Zugeinrichtungen verwendet werden, müssen diese nach Beendigung der Kurvenfahrt die Ausgangslänge ohne Zeitverzug wiederherstellen.

(6) Die Längen und Teillängen eines Einzelfahrzeuges oder einer Fahrzeugkombination sind nach der ISO-Norm 612-1978, Definition Nummer 6.1 zu ermitteln. Abweichend von dieser Norm sind bei der Messung der Länge oder Teillänge die folgenden Einrichtungen nicht zu berücksichtigen:

–   Wischer- und Wascheinrichtungen,
–   vordere und hintere Kennzeichenschilder,
–   Befestigungs- und Schutzeinrichtungen für Zollplomben,
–   Einrichtungen zur Sicherung der Plane und ihre Schutzvorrichtungen,
–   lichttechnische Einrichtungen,
–   Spiegel,
–   Sichthilfen am Fahrzeugheck,
–   Luftansaugleitungen,
–   Längsanschläge für Wechselaufbauten,
–   Trittstufen und Aufstieghilfen in Fahrtstellung,
–   Stoßfängergummis,
–   Hubladebühnen, Ladebrücken und vergleichbare Einrichtungen in Fahrtstellung,
–   Verbindungseinrichtungen bei Kraftfahrzeugen sowie
–   bei anderen Fahrzeugen als Sattelkraftfahrzeugen Kühl- und andere Nebenaggregate, die sich vor der Ladefläche befinden.

Dies gilt jedoch nur, wenn durch die genannten Einrichtungen die Ladefläche weder direkt noch indirekt verlängert wird. Einrichtungen, die bei Fahrzeugkombinationen hinten am Zugfahrzeug oder vorn am Anhänger angebracht sind, sind dagegen bei den Längen oder Teillängen von Fahrzeugkombinationen mit zu berücksichtigen; sie dürfen diesen Längen nicht zugeschlagen werden.

(7) Bei Fahrzeugkombinationen nach Art von Zügen zum Transport von Fahrzeugen gelten hinsichtlich der Länge die Vorschriften des Absatzes 4 Nr. 4. Längenüberschreitungen durch Ladestützen zur zusätzlichen Sicherung und Stabilisierung des zulässigen Überhangs von Ladungen bleiben bei diesen Fahrzeugkombinationen unberücksichtigt, sofern die Ladung auch über die Ladestützen hinausragt. Bei der Ermittlung der Teillängen bleiben Überfahrbrücken zwischen Lastkraftwagen und Anhänger in Fahrtstellung unberücksichtigt.

(8) Auf die in den Absätzen 1 bis 4 genannten Maße dürfen keine Toleranzen gewährt werden.

(9) Abweichend von den Absätzen 1 bis 8 dürfen Kraftfahrzeuge nach § 30a Abs. 3 folgende Maße nicht überschreiten:

1. Breite
   a) bei Krafträdern sowie dreirädrigen und vierrädrigen Kraftfahrzeugen . . . . 2,00 m,
   b) bei zweirädrigen Kleinkrafträdern und Fahrrädern mit Hilfsmotor jedoch . . . . 1,00 m,
2. Höhe . . . . 2,50 m,
3. Länge . . . . 4,00 m.

I.d.F. d. VO v. 24. 4. 1992 (BGBl. I S. 965); Abs. 1 Satz 1 Nr. 4a und Satz 2 geändert sowie Abs. 4 Nr. 4 und Abs. 6 neu gefasst durch VO v. 23. 6. 1993 (BGBl. I S. 1024); Abs. 1 Nr. 1 und Abs. 8 neu gefasst durch VO v. 25. 10. 1994 (BGBl. I S. 3127); Abs. 4 Nr. 4 u. Buchst. b geändert sowie Abs. 7 Satz 1 und Abs. 8 neu gefasst durch VO v. 12. 8. 1997 (BGBl. I S. 2051); Abs. 1 Satz 1 Nr. 4 durch Nrn. 4 und 5 ersetzt sowie Satz 2 durch Sätze 2 und 3 ersetzt sowie Abs. 2 Sätze 3 bis 5 angefügt sowie Abs. 5 Satz 1 geändert sowie Abs. 6 Satz 1 durch Sätze 1 und 2 ersetzt sowie Abs. 7 Satz 1 geändert und Satz 3 angefügt sowie Abs. 9 angefügt durch VO v. 23. 3. 2000 (BGBl. I S. 310).
Zu Abs. 1 Nr. 2, zu Abs. 4 Nr. 1 u. 2, zu Abs. 4 Nr. 4, zu Abs. 5 Satz 2, zu Abs. 6 Satz 2, zu Abs. 7 und zu Abs. 8: Vgl. § 72 Abs. 2.

§ 32a   Mitführen von Anhängern

Hinter Kraftfahrzeugen darf nur ein Anhänger, jedoch nicht zur Personenbeförderung (Omnibusanhänger), mitgeführt werden. Es dürfen jedoch hinter Zugmaschinen 2 Anhänger mitgeführt werden, wenn die für Züge mit einem Anhänger zulässige Länge nicht überschritten wird. Hinter Sattelkraftfahrzeugen darf kein Anhänger mitgeführt werden. Hinter Kraftomnibussen darf nur ein lediglich für die Gepäckbeförderung bestimmter Anhänger mitgeführt werden.

§ 32b   Unterfahrschutz

(1) Kraftfahrzeuge, Anhänger und Fahrzeuge mit austauschbaren Ladungsträgern mit einer durch die Bauart bestimmten Höchstgeschwindigkeit von mehr als 25 km/h, bei denen der Abstand von der hinteren Begrenzung bis zur letzten Hinterachse mehr als 1000 mm beträgt und bei denen in unbeladenem Zustand entweder das hintere Fahrgestell in seiner ganzen Breite oder die Hauptteile der Karosserie eine lichte Höhe von mehr als 550 mm über der Fahrbahn haben, müssen mit einem Unterfahrschutz ausgerüstet sein.

(2) Der Unterfahrschutz muß der Richtlinie 70/221/EWG des Rates vom 6. April 1970 zur Angleichung der Rechtsvorschriften der Mitgliedstaaten über die Behälter für flüssigen Kraftstoff und den Unterfahrschutz von Kraftfahrzeugen und Kraftfahrzeuganhängern (ABl. EG Nr. L 76 S. 23) in der nach § 30 Abs. 4 Satz 3 jeweils anzuwendenden Fassung entsprechen.

(3) Die Absätze 1 und 2 gelten nicht für
1. land- oder forstwirtschaftliche Zugmaschinen,
2. Arbeitsmaschinen,
3. Sattelzugmaschinen,

4. zweirädrige Anhänger, die zum Tranport von Langmaterial bestimmt sind,

5. Fahrzeuge, bei denen das Vorhandensein eines Unterfahrschutzes mit dem Verwendungszweck des Fahrzeugs unvereinbar ist.

Abs. 1 und Abs. 2 geändert durch VO v. 23. 3. 2000 (BGBl. I S. 310).
Zu Abs. 1 und 2: Vgl. § 72 Abs. 2.

§ 32c   Seitliche Schutzvorrichtungen

(1) Seitliche Schutzvorrichtungen sind Einrichtungen, die verhindern sollen, daß Fußgänger, Rad- oder Kraftradfahrer seitlich unter das Fahrzeug geraten und dann von den Rädern überrollt werden können.

(2) Lastkraftwagen, Zugmaschinen und Kraftfahrzeuge, die hinsichtlich der Baumerkmale ihres Fahrgestells den Lastkraftwagen oder Zugmaschinen gleichzusetzen sind, mit einer durch die Bauart bestimmten Höchstgeschwindigkeit von mehr als 25 km/h und ihre Anhänger müssen, wenn ihr zulässiges Gesamtgewicht jeweils mehr als 3,5 t beträgt, an beiden Längsseiten mit seitlichen Schutzvorrichtungen ausgerüstet sein.

(3) Absatz 2 gilt nicht für

1. land- oder forstwirtschaftliche Zugmaschinen und ihre Anhänger,

2. Sattelzugmaschinen,

3. Anhänger, die besonders für den Transport sehr langer Ladungen, die sich nicht in der Länge teilen lassen, gebaut sind,

4. Fahrzeuge, die für Sonderzwecke gebaut und bei denen seitliche Schutzvorrichtungen mit dem Verwendungszweck des Fahrzeugs unvereinbar sind.

(4) Die seitlichen Schutzvorrichtungen müssen den im Anhang zu dieser Vorschrift genannten Bestimmungen entsprechen.

Eingefügt durch VO v. 23. 7. 1990 (BGBl. I S. 1489); Abs. 2 geändert durch VO v. 25. 10. 1994 (BGBl. I S. 3127).
Vgl. § 72 Abs. 2.

§ 32d   Kurvenlaufeigenschaften

(1) Kraftfahrzeuge und Fahrzeugkombinationen müssen so gebaut und eingerichtet sein, daß einschließlich mitgeführter austauschbarer Ladungsträger (§ 42 Abs. 3) die bei einer Kreisfahrt von 360° überstrichene Ringfläche mit einem äußeren Radius von 12,50 m keine größere Breite als 7,20 m hat. Dabei muß die vordere – bei hinterradgelenkten Fahrzeugen die hintere – äußerste Begrenzung des Kraftfahrzeugs auf dem Kreis von 12,50 m Radius geführt werden.

(2) Beim Einfahren aus der tangierenden Geraden in den Kreis nach Absatz 1 darf kein Teil des Kraftfahrzeugs oder der Fahrzeugkombination diese Gerade um mehr als 0,8 m nach außen überschreiten. Abweichend davon dürfen selbstfahrende Mähdrescher beim Einfahren aus der tangierenden Geraden in den Kreis diese Gerade um bis zu 1,60 m nach außen überschreiten.

Eingefügt durch VO v. 24. 4. 1992 (BGBl. I S. 965).

§ 33　Schleppen von Fahrzeugen

(1) Fahrzeuge, die nach ihrer Bauart zum Betrieb als Kraftfahrzeug bestimmt sind, dürfen nicht als Anhänger betrieben werden. Die Verwaltungsbehörden (Zulassungsstellen) können in Einzelfällen Ausnahmen genehmigen.

(2) Werden Ausnahmen nach Absatz 1 genehmigt, so gelten folgende Sondervorschriften:

1. Das schleppende Fahrzeug darf jeweils nur ein Fahrzeug mitführen. Dabei muß das geschleppte Fahrzeug durch eine Person gelenkt werden, die die beim Betrieb des Fahrzeugs als Kraftfahrzeug erforderliche Fahrerlaubnis besitzt. Satz 2 gilt nicht, wenn die beiden Fahrzeuge durch eine Einrichtung verbunden sind, die ein sicheres Lenken auch des geschleppten Fahrzeugs gewährleistet, und die Anhängelast nicht mehr als die Hälfte des Leergewichts des ziehenden Fahrzeugs, jedoch in keinem Fall mehr als 750 kg beträgt.

2. Das geschleppte Fahrzeug unterliegt nicht den Vorschriften über das Zulassungsverfahren.

3. Das geschleppte Fahrzeug bildet mit dem ziehenden Fahrzeug keinen Zug im Sinne des § 32.

4. Bezüglich der §§ 41, 53, 54, 55 und 56 gilt das geschleppte Fahrzeug als Kraftfahrzeug.

5. § 43 Abs. 1 Satz 2 und 3 sowie Abs. 4 Satz 1 ist nicht anzuwenden.

6. Fahrzeuge mit einem zulässigen Gesamtgewicht von mehr als 4 t dürfen nur mit Hilfe einer Abschleppstange mitgeführt werden.

7. Die für die Verwendung als Kraftfahrzeug vorgeschriebenen oder für zulässig erklärten lichttechnischen Einrichtungen dürfen am geschleppten Fahrzeug angebracht sein. Soweit sie für Anhänger nicht vorgeschrieben sind, brauchen sie nicht betriebsfertig zu sein.

§ 34　Achslast und Gesamtgewicht

(1) Die Achslast ist die Gesamtlast, die von den Rädern einer Achse oder einer Achsgruppe auf die Fahrbahn übertragen wird.

(2) Die technisch zulässige Achslast ist die Achslast, die unter Berücksichtigung der Werkstoffbeanspruchung und nachstehender Vorschriften nicht überschritten werden darf:

§ 36	(Bereifung und Laufflächen);
§ 41 Abs. 11	(Bremsen an einachsigen Anhängern und zweiachsigen Anhängern mit einem Achsabstand von weniger als 1,0 m).

Das technisch zulässige Gesamtgewicht ist das Gewicht, das unter Berücksichtigung der Werkstoffbeanspruchung und nachstehender Vorschriften nicht überschritten werden darf:

§ 35	(Motorleistung);
§ 41 Abs. 10 und 18	(Auflaufbremse);
§ 41 Abs. 15 und 18	(Dauerbremse).

(3) Die zulässige Achslast ist die Achslast, die unter Berücksichtigung der Bestimmungen des Absatzes 2 Satz 1 und des Absatzes 4 nicht überschrit-

ten werden darf. Das zulässige Gesamtgewicht ist das Gewicht, das unter Berücksichtigung der Bestimmungen des Absatzes 2 Satz 2 und der Absätze 5 und 6 nicht überschritten werden darf. Die zulässige Achslast und das zulässige Gesamtgewicht sind beim Betrieb des Fahrzeugs und der Fahrzeugkombination einzuhalten.

(4) Bei Kraftfahrzeugen und Anhängern mit Luftreifen oder den in § 36 Abs. 3 für zulässig erklärten Gummireifen – ausgenommen Straßenwalzen – darf die zulässige Achslast folgende Werte nicht übersteigen:

1. Einzelachslast

   a) Einzelachsen............................ 10,00 t

   b) Einzelachsen (angetrieben) .... 11,50 t;

2. Doppelachslast von Kraftfahrzeugen unter Beachtung der Vorschriften für die Einzelachslast

   a) Achsabstand weniger als 1,0 m .... 11,50 t

   b) Achsabstand 1,0 m bis weniger als 1,3 m .... 16,00 t

   c) Achsabstand 1,3 m bis weniger als 1,8 m .... 18,00 t

   d) Achsabstand 1,3 m bis weniger als 1,8 m, wenn die Antriebsachse mit Doppelbereifung und Luftfederung oder einer als gleichwertig anerkannten Federung nach Anlage XII ausgerüstet ist oder jede Antriebsachse mit Doppelbereifung ausgerüstet ist und dabei die höchstzulässige Achslast von 9,50 t je Achse nicht überschritten wird,.............................. 19,00 t;

3. Doppelachslast von Anhängern unter Beachtung der Vorschriften für die Einzelachslast

   a) Achsabstand weniger als 1,0 m .... 11,00 t

   b) Achsabstand 1,0 m bis weniger als 1,3 m .... 16,00 t

   c) Achsabstand 1,3 m bis weniger als 1,8 m .... 18,00 t

   d) Achsabstand 1,8 m oder mehr................ 20,00 t;

4. Dreifachachslast unter Beachtung der Vorschriften für die Doppelachslast

   a) Achsabstände nicht mehr als 1,3 m .... 21,00 t

   b) Achsabstände mehr als 1,3 m und nicht mehr als 1,4 m.................................. 24,00 t.

Sind Fahrzeuge mit anderen Reifen als den in Satz 1 genannten versehen, so darf die Achslast höchstens 4,00 t betragen.

(5) Bei Kraftfahrzeugen und Anhängern – ausgenommen Sattelanhänger und Starrdeichselanhänger (einschließlich Zentralachsanhängern) – mit Luftreifen oder den in § 36 Abs. 3 für zulässig erklärten Gummireifen darf das zulässige Gesamtgewicht unter Beachtung der Vorschriften für die Achslasten folgende Werte nicht übersteigen:

1. Fahrzeuge mit nicht mehr als 2 Achsen

   Kraftfahrzeuge und Anhänger jeweils .... 18,00 t;

2. Fahrzeuge mit mehr als 2 Achsen

   – ausgenommen Kraftfahrzeuge nach Nummern 3 und 4 –

a) Kraftfahrzeuge .... 25,00 t

b) Kraftfahrzeuge mit einer Doppelachslast nach Absatz 4 Nr. 2 Buchstabe d .... 26,00 t

c) Anhänger............................. 24,00 t

d) Kraftomnibusse, die als Gelenkfahrzeuge gebaut sind, ... 28,00 t;

3. Kraftfahrzeuge mit mehr als 3 Achsen
   – ausgenommen Kraftfahrzeuge nach Nummer 4 –

   a) Kraftfahrzeuge mit 2 Doppelachsen, deren Mitten mindestens 4,0 m voneinander entfernt sind, ... 32,00 t

   b) Kraftfahrzeuge mit 2 gelenkten Achsen und mit einer Doppelachslast nach Absatz 4 Nr. 2 Buchstabe d und deren höchstzulässige Belastung, bezogen auf den Abstand zwischen den Mitten der vordersten und der hintersten Achse, 5,00 t je Meter nicht übersteigen darf, nicht mehr als........................ 32,00 t;

4. Kraftfahrzeuge mit mehr als 4 Achsen unter Beachtung der Vorschriften in Nummer 3 .... 32,00 t.

(5a) Abweichend von Absatz 5 gelten für die zulässigen Gewichte von Kraftfahrzeugen nach § 30a Abs. 3 die im Anhang zu dieser Vorschrift genannten Bestimmungen.

(6) Bei Fahrzeugkombinationen (Züge und Sattelkraftfahrzeuge) darf das zulässige Gesamtgewicht unter Beachtung der Vorschriften für Achslasten und Einzelfahrzeuge folgende Werte nicht übersteigen:

1. Fahrzeugkombinationen mit weniger als 4 Achsen ..... 28,00 t;

2. Züge mit 4 Achsen
   zweiachsiges Kraftfahrzeug mit zweiachsigem Anhänger . 36,00 t;

3. zweiachsige Sattelzugmaschine mit zweiachsigem Sattelanhänger

   a) bei einem Achsabstand des Sattelanhängers von 1,3 m und mehr .... 36,00 t

   b) bei einem Achsabstand des Sattelanhängers von mehr als 1,8 m, wenn die Antriebsachse mit Doppelbereifung und Luftfederung oder einer als gleichwertig anerkannten Federung nach Anlage XII ausgerüstet ist, ... 38,00 t;

4. andere Fahrzeugkombinationen mit vier Achsen

   a) mit Kraftfahrzeug nach Absatz 5 Nr. 2 Buchstabe a . . 35,00 t

   b) mit Kraftfahrzeug nach Absatz 5 Nr. 2 Buchstabe b . . 36,00 t;

5. Fahrzeugkombinationen mit mehr als 4 Achsen .... 40,00 t;

6. Sattelkraftfahrzeug, bestehend aus dreiachsiger Sattelzugmaschine mit zwei- oder dreiachsigem Sattelanhänger, das im kombinierten Verkehr im Sinne der Richtlinie 92/106/EWG des Rates vom 7. Dezember 1992 über die Festlegung gemeinsamer Regeln für bestimmte Beförderungen im kombinierten Güterverkehr zwischen Mitgliedstaaten

(ABl. EG Nr. L 368 S. 38) einen ISO-Container von
40 Fuß befördert . . . . 44,00 t.

(7) Das nach Absatz 6 zulässige Gesamtgewicht errechnet sich

1. bei Zügen aus der Summe der zulässigen Gesamtgewichte des ziehenden Fahrzeugs und des Anhängers,

2. bei Zügen mit Starrdeichselanhängern (einschließlich Zentralachsanhängern) aus der Summe der zulässigen Gesamtgewichte des ziehenden Fahrzeugs und des Starrdeichselsanhängers, vermindert um den jeweils höheren Wert

   a) der zulässigen Stützlast des ziehenden Fahrzeugs oder

   b) der zulässigen Stützlast des Starrdeichselanhängers,

   bei gleichen Werten um diesen Wert,

3. bei Sattelkraftfahrzeugen aus der Summe der zulässigen Gesamtgewichte der Sattelzugmaschine und des Sattelanhängers, vermindert um den jeweils höheren Wert

   a) der zulässigen Sattellast der Sattelzugmaschine oder

   b) der zulässigen Aufliegelast des Sattelanhängers,

   bei gleichen Werten um diesen Wert.

Ergibt sich danach ein höherer Wert als

28,00 t (Absatz 6 Nr. 1),
36,00 t (Absatz 6 Nr. 2 und Nr. 3 Buchstabe a und Nr. 4 Buchstabe b),
38,00 t (Absatz 6 Nr. 3 Buchstabe b),
35,00 t (Absatz 6 Nr. 4 Buchstabe a),
40,00 t (Absatz 6 Nr. 5) oder
44,00 t (Absatz 6 Nr. 6),

so gelten als zulässiges Gesamtgewicht 28,00 t, 36,00 t, 38,00 t, 35,00 t, 40,00 t bzw. 44,00 t.

(8) Bei Lastkraftwagen, Sattelkraftfahrzeugen und Lastkraftwagenzügen darf das Gewicht auf der oder den Antriebsachsen im grenzüberschreitenden Verkehr nicht weniger als 25 vom Hundert des Gesamtgewichts des Fahrzeugs oder der Fahrzeugkombination betragen.

(9) Der Abstand zwischen dem Mittelpunkt der letzten Achse eines Kraftfahrzeugs und dem Mittelpunkt der ersten Achse seines Anhängers muß mindestens 3,0 m, bei Sattelkraftfahrzeugen und bei land- und forstwirtschaftlichen Zügen sowie bei Zügen, die aus einem Zugfahrzeug und Anhänger-Arbeitsmaschinen bestehen, mindestens 2,5 m betragen. Dies gilt nicht für Züge, bei denen das zulässige Gesamtgewicht des Zugfahrzeugs nicht mehr als 7,50 t oder das des Anhängers nicht mehr als 3,50 t beträgt.

(10) Fahrzeuge mit mindestens vier Rädern, einer durch die Bauart bestimmten Höchstgeschwindigkeit von mehr als 25 km/h und einem zulässigen Gesamtgewicht von mehr als 3,50 t, die Teil einer fünf- oder sechsachsigen Fahrzeugkombination sind, müssen im grenzüberschreitenden Verkehr mit den EG-Mitgliedstaaten und den anderen Vertragsstaaten des Abkommens über den Europäischen Wirtschaftsraum außerdem den im Anhang zu dieser Vorschrift genannten Bedingungen entsprechen.

(11) Für Hubachsen oder Lastverlagerungsachsen sind die im Anhang zu dieser Vorschrift genannten Bestimmungen anzuwenden.

I. d. F. d. VO v. 23. 7. 1990 (BGBl. I S. 1489); Abs. 10 geändert durch G. v. 27. 4. 1993 (BGBl. I S. 512); Abs. 4 Nr. 1c aufgehoben, Nr. 2c und d neu gefasst, Nr. 3e aufgehoben sowie Abs. 5 Nr. 1 geändert, Nr. 2b neu gefasst, Nr. 2d aufgehoben, bisherige Nr. 2e als Nr. 2d eingeordnet und Nr. 3b neu gefasst sowie Abs. 6 Nr. 2 und Nr. 3b geändert und Nr. 3c aufgehoben durch VO v. 23. 6. 1993 (BGBl. I S. 1024); Abs. 6 Nr. 6 neu gefasst durch VO v. 25. 10. 1994 (BGBl. I S. 3127); Abs. 5 Eingangsworte sowie Abs. 7 Satz 1 Nr. 2 und Satz 2 geändert durch VO v. 12. 8. 1997 (BGBl. I S. 2051); Abs. 5 Nr. 5 gestrichen sowie Abs. 5a und Abs. 11 eingefügt durch VO v. 23. 3. 2000 (BGBl. I S. 310).
Zu Abs. 4 Nr. 4, zu Abs. 5a, zu Abs. 9, zu Abs. 10 und zu Abs. 11: Vgl. § 72 Abs. 2.

§ 34a   Besetzung und Beschaffenheit von Kraftomnibussen

(1) In Kraftomnibussen dürfen nicht mehr Personen befördert werden, als im Fahrzeugschein Plätze ausgewiesen sind.

(2) Kraftomnibusse müssen so beschaffen sein, daß das zulässige Gesamtgewicht und die zulässigen Achslasten durch das Gewicht der beförderten Personen und des zugeladenen Gepäcks nicht überschritten werden können; dies ist durch geeignete bauliche Maßnahmen sicherzustellen.

(3) Bei der Berechnung der zulässigen Zahl der Plätze sind die in Anlage XIII angegebenen Durchschnittswerte anzusetzen. Die errechnete Zahl der Plätze ist im Fahrzeugschein getrennt nach Sitzplätzen und Stehplätzen einzutragen.

(4) Auf Antrag des Verfügungsberechtigten oder auf Grund anderer Vorschriften kann abweichend von der nach Absatz 3 errechneten zulässigen Zahl der Plätze eine auf die Einsatzart der Kraftomnibusse abgestimmte verminderte Platzzahl festgelegt werden.

(5) Für Stehplätze müssen geeignete Halteeinrichtungen in ausreichender Anzahl vorhanden sein. Die Halteeinrichtungen müssen so beschaffen und angeordnet sein, daß sie auch von Kindern benutzt werden können.

(6) Die Zahl der zugelassenen Sitz- und Stehplätze ist an gut sichtbarer Stelle in gut lesbarer Schrift anzuschreiben.

(7) Werden Kraftomnibusse im Gelegenheitsverkehr nach § 46 des Personenbeförderungsgesetzes eingesetzt, so finden die Absätze 2 bis 6 keine Anwendung.

Vgl. § 72 Abs. 2.

§ 34b   Laufrollenlast und Gesamtgewicht von Gleiskettenfahrzeugen

(1) Bei Fahrzeugen, die ganz oder teilweise auf endlosen Ketten oder Bändern laufen (Gleiskettenfahrzeuge), darf die Last einer Laufrolle auf ebener Fahrbahn 2,00 t nicht übersteigen. Gefederte Laufrollen müssen bei Fahrzeugen mit einem Gesamtgewicht von mehr als 8 t so angebracht sein, daß die Last einer um 60 mm angehobenen Laufrolle bei stehendem Fahrzeug nicht mehr als doppelt so groß ist wie die auf ebener Fahrbahn zulässige Laufrollenlast. Bei Fahrzeugen mit ungefederten Laufrollen und Gleis-

ketten, die außen vollständig aus Gummiband bestehen, darf der Druck der Auflagefläche der Gleiskette auf die ebene Fahrbahn 0,8 N/mm^2 nicht übersteigen. Als Auflagefläche gilt nur derjenige Teil einer Gleiskette, der tatsächlich auf einer ebenen Fahrbahn aufliegt. Die Laufrollen von Gleiskettenfahrzeugen können sowohl einzeln als auch über das gesamte Laufwerk abgefedert werden. Das Gesamtgewicht von Gleiskettenfahrzeugen darf 24,00 t nicht übersteigen.

(2) Gleiskettenfahrzeuge dürfen die Fahrbahn zwischen der ersten und letzten Laufrolle höchstens mit 9,00 t je Meter belasten.

Eingefügt durch VO v. 23. 7. 1990 (BGBl. I S. 1489); Abs. 1 Satz 1 u. 3 geändert sowie Abs. 2 neu gefasst durch VO v. 24. 4. 1992 (BGBl. I S. 965); Abs. 1 Satz 2 geändert sowie Sätze 3 bis 5 eingefügt durch VO v. 23. 3. 2000 (BGBl. I S. 310).

§ 35   Motorleistung

Bei Lastkraftwagen sowie Kraftomnibussen einschließlich Gepäckanhänger, bei Sattelkraftfahrzeugen und Lastkraftwagenzügen muß eine Motorleistung von mindestens 5,0 kW, bei Zugmaschinen und Zugmaschinenzügen – ausgenommen für land- oder forstwirtschaftliche Zwecke – von mindestens 2,2 kW je Tonne des zulässigen Gesamtgewichts des Kraftfahrzeugs und der jeweiligen Anhängelast vorhanden sein; dies gilt nicht für die mit elektrischer Energie angetriebenen Fahrzeuge sowie für Kraftfahrzeuge – auch mit Anhänger – mit einer durch die Bauart bestimmten Höchstgeschwindigkeit von nicht mehr als 25 km/h.

Geändert durch VO v. 23. 3. 2000 (BGBl. I S. 310).
Vgl. § 72 Abs. 2.

§ 35a   Sitze, Sicherheitsgurte, Rückhaltesysteme

(1) Der Sitz des Fahrzeugführers und sein Betätigungsraum sowie die Einrichtungen zum Führen des Fahrzeugs müssen so angeordnet und beschaffen sein, daß das Fahrzeug – auch bei angelegtem Sicherheitsgurt oder Verwendung eines anderen Rückhaltesystems – sicher geführt werden kann.

(2) Personenkraftwagen, Kraftomnibusse und zur Güterbeförderung bestimmte Kraftfahrzeuge mit einer durch die Bauart bestimmten Höchstgeschwindigkeit von mehr als 25 km/h müssen entsprechend den im Anhang zu dieser Vorschrift genannten Bestimmungen mit Sitzverankerungen und Sitzen und außerdem an den vorderen Außensitzen zusätzlich mit Kopfstützen ausgerüstet sein, soweit ihre zulässige Gesamtmasse nicht mehr als 3,5 t beträgt.

(3) Die in Absatz 2 genannten Kraftfahrzeuge müssen mit Verankerungen zum Anbringen von Sicherheitsgurten ausgerüstet sein, die den im Anhang zu dieser Vorschrift genannten Bestimmungen entsprechen.

(4) Außerdem müssen die in Absatz 2 genannten Kraftfahrzeuge mit Sicherheitsgurten oder Rückhaltesystemen ausgerüstet sein, die den im Anhang zu dieser Vorschrift genannten Bestimmungen entsprechen.

(5) Die Absätze 2 bis 4 gelten für Kraftfahrzeuge mit einer durch die Bauart bestimmten Höchstgeschwindigkeit von mehr als 25 km/h, die hinsichtlich des Insassenraumes und des Fahrgestells den Baumerkmalen der in

Absatz 2 genannten Kraftfahrzeuge gleichzusetzen sind, entsprechend. Bei Wohnmobilen mit einer zulässigen Gesamtmasse von mehr als 2,5 t genügt für die hinteren Sitze die Ausrüstung mit Verankerungen zur Anbringung von Beckengurten und mit Beckengurten.

(6) Die Absätze 3 und 4 gelten nicht für Kraftomnibusse, die sowohl für den Einsatz im Nahverkehr als auch für stehende Fahrgäste gebaut sind. Dies sind Kraftomnibusse ohne besonderen Gepäckraum sowie Kraftomnibusse mit zugelassenen Stehplätzen im Gang und auf einer Fläche, die größer oder gleich der Fläche für zwei Doppelsitze ist.

(7) Sicherheitsgurte und Rückhaltesysteme müssen so eingebaut sein, daß ihr einwandfreies Funktionieren bei vorschriftsmäßigem Gebrauch und auch bei Benutzung aller ausgewiesenen Sitzplätze gewährleistet ist und sie die Gefahr von Verletzungen bei Unfällen verringern.

(8) Auf Beifahrerplätzen, vor denen ein betriebsbereiter Airbag eingebaut ist, dürfen nach hinten gerichtete Rückhalteeinrichtungen für Kinder nicht angebracht sein. Diese Beifahrerplätze müssen mit einem Warnhinweis vor der Verwendung einer nach hinten gerichteten Rückhalteeinrichtung für Kinder auf diesem Platz versehen sein. Der Warnhinweis in Form eines Piktogramms kann auch einen erläuternden Text enthalten. Er muß dauerhaft angebracht und so angeordnet sein, daß er für eine Person, die eine nach hinten gerichtete Rückhalteeinrichtung für Kinder einbauen will, deutlich sichtbar ist. Anlage XXVIII zeigt ein Beispiel für ein Piktogramm. Falls der Warnhinweis bei geschlossener Tür nicht sichtbar ist, soll ein dauerhafter Hinweis auf das Vorhandensein eines Beifahrerairbags vom Beifahrerplatz aus gut zu sehen sein.

(9) Krafträder, auf denen ein Beifahrer befördert wird, müssen mit einem Sitz für den Beifahrer ausgerüstet sein. Dies gilt nicht bei der Mitnahme eines Kindes unter sieben Jahren, wenn für das Kind ein besonderer Sitz vorhanden und durch Radverkleidungen oder gleich wirksame Einrichtungen dafür gesorgt ist, daß die Füße des Kindes nicht in die Speichen geraten können.

(10) Sitze, ihre Lehnen und ihre Befestigungen in und an Fahrzeugen, die nicht unter die Vorschriften der Absätze 2 und 5 fallen, müssen sicheren Halt bieten und allen im Betrieb auftretenden Beanspruchungen standhalten. Klappbare Sitze und Rückenlehnen, hinter denen sich weitere Sitze befinden und die nach hinten nicht durch eine Wand von anderen Sitzen getrennt sind, müssen sich in normaler Fahr- oder Gebrauchsstellung selbsttätig verriegeln. Die Entriegelungseinrichtung muß von dem dahinterliegenden Sitz aus leicht zugänglich und bei geöffneter Tür auch von außen einfach zu betätigen sein. Rückenlehnen müssen so beschaffen sein, daß für die Insassen Verletzungen nicht zu erwarten sind.

(11) Abweichend von den Absätzen 2 bis 5 gelten für Verankerungen der Sicherheitsgurte und Sicherheitsgurte von dreirädrigen oder vierrädrigen Kraftfahrzeugen nach § 30a Abs. 3 die im Anhang zu dieser Vorschrift genannten Bestimmungen.

I. d. F. VO v. 26. 5. 1998 (BGBl. I S. 1159); Abs. 2 geändert, Abs. 8 Satz 6 neu gefaßt, Abs. 9 Satz 1 geändert sowie Abs. 11 angefügt durch VO v. 23. 3. 2000 (BGBl. I S. 310).
Zu Abs. 2, 3, 4, 5 Satz 1 und Abs. 7 sowie zu Abs. 11: Vgl. § 72 Abs. 2

§ 35b Einrichtungen zum sicheren Führen der Fahrzeuge

(1) Die Einrichtungen zum Führen der Fahrzeuge müssen leicht und sicher zu bedienen sein.

(2) Für den Fahrzeugführer muß ein ausreichendes Sichtfeld unter allen Betriebs- und Witterungsverhältnissen gewährleistet sein. Bei Kraftomnibussen muß durch bauliche Maßnahmen sichergestellt sein, daß sich neben dem Fahrzeugführer keine Personen aufhalten können. In Kraftomnibussen des Ferienziel-Reiseverkehrs, des Ausflugs- und des Mietomnibusverkehrs (§ 48 Abs. 1 und 2 und § 49 des Personenbeförderungsgesetzes) dürfen jedoch neben dem Platz des Fahrzeugführers 2 Sitze für das Begleitpersonal vorhanden sein, wenn an diesen Sitzen die Aufschrift „Nur für Begleitpersonal" an gut sichtbarer Stelle gut lesbar angebracht ist; dies gilt auch, wenn diese Kraftomnibusse im Linienverkehr (§§ 42 und 43 Nr. 1 bis 4 des Personenbeförderungsgesetzes) verwendet werden, und für Kraftomnibusse im Verkehr nach § 1 Nr. 4 Buchstaben d, g und i der Freistellungs-Verordnung vom 30. August 1962 (BGBl. I S. 601), zuletzt geändert durch Artikel 1 der Verordnung vom 30. Juni 1989 (BGBl. I S. 1273).

Abs. 2 Satz 3 zweiter Halbsatz geändert durch VO v. 25. 10. 1994 (BGBl. I S. 3127).

§ 35c Heizung und Lüftung

Geschlossene Führerräume in Kraftfahrzeugen mit einer durch die Bauart bestimmten Höchstgeschwindigkeit von mehr als 25 km/h müssen ausreichend beheizt und belüftet werden können.

Vgl. § 72 Abs. 2.

§ 35d Einrichtungen zum Auf- und Absteigen und ihre Absicherung, Fußboden, Übergänge

(1) Die Beschaffenheit der Fahrzeuge muß sicheres Auf- und Absteigen ermöglichen.

(2) Bei Kraftomnibussen darf die Trittstufe der Ein- und Ausstiege für Fahrgäste – bei mehreren Trittstufen die untere – höchstens 400 mm über der Fahrbahn liegen.

(3) Fremdkraftbetriebene Einstieghilfen für Fahrgäste an Ein- und Ausstiegen von Kraftomnibussen (Hubeinrichtungen, Rampen oder ähnliche Einrichtungen) müssen während des Betriebs und im abgesenkten Zustand durch Blinkleuchten für gelbes Licht der Kategorie 5 nach der Richtlinie 76/759/EWG des Rates vom 27. Juli 1976 zur Angleichung der Rechtsvorschriften der Mitgliedstaaten über Fahrtrichtungsanzeiger für Kraftfahrzeuge und Kraftfahrzeuganhänger (ABl. EG Nr. L 262 S. 71), zuletzt geändert durch die Richtlinie 89/277/EWG der Kommission vom 28. März 1989 (ABl. EG Nr. L 109 S. 25), oder nach der in Anhang IV Teil II Nr. 23 der Richtlinie 70/156/EWG des Rates vom 6. Februar 1970 zur Angleichung der Rechtsvorschriften der Mitgliedstaaten über die Betriebserlaubnis für Kraftfahrzeuge und Kraftfahrzeuganhänger (ABl. EG Nr. L 42 S. 1), zuletzt geändert durch die Richtlinie 92/53/EWG des Rates vom 18. Juni 1992

(ABl. EG Nr. L 225 S. 1), als gleichwertig geltenden ECE-Regelung Nr. 6 Revision 2 kenntlich gemacht werden. Die Blinkleuchten müssen während des Betriebs und im abgesenkten Zustand der Einstieghilfen selbsttätig und unabhängig von der übrigen Fahrzeugbeleuchtung Blinklicht abstrahlen. Zwei Blinkleuchten müssen beidseitig außen im unteren Türbereich und eine Blinkleuchte im Kraftomnibus über der Tür angebracht sein. An der vorderen Tür auf der rechten Fahrzeugseite darf als Blinkleuchte ein vorhandener Fahrtrichtungsanzeiger der Kategorie 5 oder 6 benutzt werden, sofern dieser unabhängig von den übrigen Blinkleuchten zusammen mit den Blinkleuchten der beweglichen Einstieghilfe geschaltet werden kann und der Richtlinie 76/759/EWG des Rates vom 27. Juli 1976 über Fahrtrichtungsanzeiger für Kraftfahrzeuge und Kraftfahrzeuganhänger (ABl. EG Nr. L 262 S. 71), zuletzt geändert durch die Richtlinie 89/277/EWG vom 28. März 1989 (ABl. EG Nr. L 109 S. 25), oder der ECE-Regelung Nr. 6 Revision 2 entspricht. Einstieghilfen oder Teile davon, die über den Fahrzeugumriß hinausragen, müssen mit gut sichtbaren retroreflektierenden rot-weißen Warnmarkierungen kenntlich gemacht werden.

(4) Der Fußboden in Kraftomnibussen muß ausreichende Sicherheit gegen Ausgleiten bieten.

(5) Übergänge innerhalb von Kraftomnibussen, die Gelenkfahrzeuge sind, müssen so ausgeführt sein, daß sie von den Fahrzeuginsassen ohne Gefahr betreten werden können.

Überschrift neu gefasst, Abs. 3 eingefügt und bisherige Abs. 3 und 4 als Abs. 4 und 5 eingeordnet durch VO v. 23. 6. 1993 (BGBl. I S. 1024); Abs. 3 Satz 1 geändert und Satz 4 eingefügt durch VO v. 25. 10. 1994 (BGBl. I S. 3127); Abs. 3 Satz 1 geändert durch VO v. 23. 3. 2000 (BGBl. I S. 310).
Zu Abs. 2 und zu Abs. 3: Vgl. § 72 Abs. 2.

§ 35e Türen

(1) Türen und Türverschlüsse müssen so beschaffen sein, daß beim Schließen störende Geräusche vermeidbar sind.

(2) Türverschlüsse müssen so beschaffen sein, daß ein unbeabsichtigtes Öffnen der Türen nicht zu erwarten ist.

(3) Die Türbänder (Scharniere) von Drehtüren – ausgenommen Falttüren – an den Längsseiten von Kraftfahrzeugen mit einer durch die Bauart bestimmten Höchstgeschwindigkeit von mehr als 25 km/h müssen auf der in der Fahrtrichtung vorn liegenden Seite der Türen angebracht sein. Dies gilt bei Doppeltüren für den Türflügel, der zuerst geöffnet wird; der andere Türflügel muß für sich verriegelt werden können. Türen müssen bei Gefahr von jedem erwachsenen Fahrgast geöffnet werden können.

(4) In Kraftomnibussen müssen sich die Fahrgasttüren an der rechten Fahrzeugseite befinden. Es müssen mindestens vorhanden sein

1. bei Kraftomnibussen mit nicht mehr als 26 Fahrgastplätzen eine Fahrgasttür,

2. bei Kraftomnibussen mit mehr als 26 Fahrgastplätzen zwei Fahrgasttüren oder eine Doppeltür.

Die Abmessungen der Fahrgasttüren müssen der Anlage X entsprechen.

(5) Fahrgasttüren in Kraftomnibussen mit mehr als 22 Fahrgastplätzen müssen beim Einmannbetrieb entweder vom Sitz des Fahrzeugführers aus geöffnet und geschlossen oder automatisch betätigt werden können. Es muß sichergestellt sein, daß beim Schließen fremdkraftbetätigter Fahrgasttüren Personen nicht eingeklemmt werden können; Einrichtungen, die zur Vermeidung eines nicht nur kurzzeitigen Einklemmens Ansprechkräfte benötigen, die die Fahrgäste nicht gefährden, sind zulässig. Wird die im direkten Einflußbereich und Sichtfeld des Fahrzeugführers gelegene Fahrgasttür vom Fahrzeugführer betätigt, genügt die Anbringung von Schutzleisten mit ausreichender Breite und Nachgiebigkeit an den Hauptschließkanten. Sind die Kraftomnibusse mit mehr als zwei Fahrgasttüren ausgerüstet, dürfen nur die beiden vorderen Fahrgasttüren vom Sitz des Fahrzeugführers aus betätigt werden können. Die übrigen Fahrgasttüren, insbesondere in angelenkten Teilen der Gelenkomnibusse, müssen automatisch betätigt werden können. Der Fahrzeugführer muß von seinem Sitz aus – zum Beispiel über Spiegel – das Ein- und Aussteigen der Fahrgäste mindestens im Bereich der von ihm betätigten Fahrgasttüren beobachten können. Der geschlossene Zustand aller Fahrgasttüren muß dem Fahrzeugführer sinnfällig angezeigt werden. Durch bauliche Maßnahmen muß sichergestellt sein, daß eine Gefährdung von Personen innerhalb und außerhalb des Kraftomnibusses durch sich öffnende und schließende Türen nicht zu erwarten ist.

(6) Fremdkraftbetätigte Fahrgasttüren in Kraftomnibussen, für die sie nicht vorgeschrieben sind, müssen den Vorschriften des Absatzes 5 entsprechen.

(7) Türen müssen während der Fahrt geschlossen sein.

Abs. 5 Satz 1 geändert sowie neuer Abs. 6 eingefügt und bisheriger Abs. 6 als Abs. 7 eingeordnet durch VO v. 23. 3. 2000 (BGBl. I S. 310).
Zu Abs. 1, 2, 3, 4 und 5: Vgl. § 72 Abs. 2.

§ 35f Notausstiege in Kraftomnibussen

(1) In Kraftomnibussen müssen Ausstiege vorhanden sein, die den Insassen in Notfällen das Verlassen der Fahrzeuge ermöglichen (Notausstiege).

(2) Notausstiege müssen durch die Aufschrift „Notausstieg" deutlich gekennzeichnet sein. Die Einrichtungen zum Öffnen der Notausstiege müssen einfach zu handhaben und ständig betriebsbereit sein; Hilfsmittel zum Öffnen der Notausstiege müssen deutlich gekennzeichnet und gut sichtbar und leicht zugänglich in unmittelbarer Nähe der Notausstiege angebracht sein. Sofern es zum Verständnis für die Fahrgäste erforderlich ist, muß eine Erklärung über die Handhabung der Einrichtungen zum Öffnen der Notausstiege vorhanden sein.

(3) Die Mindestanzahl und die Mindestabmessungen der Notausstiege, ihre Anordnung und Zugänglichkeit sowie die baulichen Anforderungen an Notausstiege müssen der Anlage X entsprechen.

Vgl. § 72 Abs. 2.

§ 35g Feuerlöscher in Kraftomnibussen

(1) In Kraftomnibussen muß mindestens ein Feuerlöscher mit einer Füllmasse von 6 kg in betriebsfertigem Zustand mitgeführt werden. Zulässig sind nur Feuerlöscher, die mindestens für die Brandklassen

A: Brennbare feste Stoffe (flammen- und glutbildend),
B: Brennbare flüssige Stoffe (flammenbildend) und
C: Brennbare gasförmige Stoffe (flammenbildend)
amtlich zugelassen sind.

(2) Feuerlöscher sind in den Fahrzeugen an gut sichtbarer und leicht zugänglicher Stelle unterzubringen, ein Löscher in unmittelbarer Nähe des Fahrzeugführers.

(3) Das Fahrpersonal muß mit der Handhabung der Löscher vertraut sein; hierfür ist neben dem Fahrpersonal auch der Halter des Fahrzeugs verantwortlich.

(4) Die Fahrzeughalter müssen die Feuerlöscher durch fachkundige Prüfer mindestens einmal innerhalb von 12 Monaten auf Gebrauchsfähigkeit prüfen lassen. Beim Prüfen, Nachfüllen und bei Instandsetzung der Feuerlöscher müssen die Leistungswerte und technischen Merkmale, die dem jeweiligen Typ zugrunde liegen, gewährleistet bleiben. Auf einem am Feuerlöscher befestigten Schild müssen der Name des Prüfers und der Tag der Prüfung angegeben sein.

§ 35h   Erste-Hilfe-Material in Kraftfahrzeugen

(1) In Kraftomnibussen sind Verbandkästen, die selbst und deren Inhalt an Erste-Hilfe-Material dem Normblatt DIN 13 164, Ausgabe Januar 1998, entsprechen, mitzuführen, und zwar mindestens

1. ein Verbandkasten in Kraftomnibussen mit nicht mehr als 26 Fahrgastplätzen,
2. 2 Verbandkästen in anderen Kraftomnibussen.

(2) Die Verbandkästen in Kraftomnibussen müssen an leicht zugänglicher Stelle untergebracht sein; diese Stelle ist deutlich zu kennzeichnen.

(3) In anderen als den in Absatz 1 genannten Kraftfahrzeugen mit einer durch die Bauart bestimmten Höchstgeschwindigkeit von mehr als 6 km/h mit Ausnahme von Krankenfahrstühlen, Krafträdern, Zug- oder Arbeitsmaschinen in land- und forstwirtschaftlichen Betrieben sowie anderen Zug- oder Arbeitsmaschinen, wenn sie einachsig sind, ist Erste-Hilfe-Material mitzuführen, das nach Art, Menge und Beschaffenheit mindestens dem Normblatt DIN 13 164, Ausgabe Januar 1998, entspricht. Das Erste-Hilfe-Material ist in einem Behältnis verpackt zu halten, das so beschaffen sein muß, daß es den Inhalt vor Staub und Feuchtigkeit sowie vor Kraft- und Schmierstoffen ausreichend schützt.

(4) Abweichend von Absatz 1 und 3 darf auch anderes Erste-Hilfe-Material mitgeführt werden, das bei gleicher Art, Menge und Beschaffenheit mindestens denselben Zweck zur Erste-Hilfe-Leistung erfüllt.

Abs. 1 und Abs. 3 Satz 1 geändert durch VO v. 23. 3. 2000 (BGBl. I S. 310).
Zu Abs. 1, 3: Vgl. § 72 Abs. 2.

§ 35i   Gänge, Anordnung von Fahrgastsitzen und Beförderung von Fahrgästen in Kraftomnibussen

(1) In Kraftomnibussen müssen die Fahrgastsitze so angeordnet sein, daß der Gang in Längsrichtung frei bleibt. Im übrigen müssen die Anordnung

der Fahrgastsitze und ihre Mindestabmessungen sowie die Mindestabmessungen der für Fahrgäste zugänglichen Bereiche der Anlage X entsprechen.

(2) In Kraftomnibussen dürfen Fahrgäste nicht liegend befördert werden. Dies gilt nicht für Fahrgäste, die durch geeignete Rückhalteeinrichtungen hinreichend geschützt sind, und für Kinder in Kinderwagen.

> Überschrift neu gefasst und Abs. 2 angefügt durch VO v. 23. 7. 1990 (BGBl. I S. 1489).
> **Zu Abs. 1:** Vgl. § 72 Abs. 2.

§ 35j   Brennverhalten der Innenausstattung bestimmter Kraftomnibusse

Die Innenausstattung von Kraftomnibussen, die weder für Stehplätze ausgelegt noch für die Benutzung im städtischen Verkehr bestimmt und mit mehr als 22 Sitzplätzen ausgestattet sind, muss den im Anhang zu dieser Vorschrift genannten Bestimmungen über das Brennverhalten entsprechen.

> Eingefügt durch VO v. 23. 3. 2000 (BGBl. I S. 310).
> Vgl. § 72 Abs. 2.

§ 36   Bereifung und Laufflächen

(1) Maße und Bauart der Reifen von Fahrzeugen müssen den Betriebsbedingungen, besonders der Belastung und der durch die Bauart bestimmten Höchstgeschwindigkeit des Fahrzeugs, entsprechen. Sind land- oder forstwirtschaftliche Kraftfahrzeuge und Kraftfahrzeuge des Straßenunterhaltungsdienstes mit Reifen ausgerüstet, die nur eine niedrigere Höchstgeschwindigkeit zulassen, müssen sie entsprechend § 58 für diese Geschwindigkeit gekennzeichnet sein. Bei Verwendung von M+S-Reifen (Winterreifen) gilt die Forderung hinsichtlich der Geschwindigkeit auch als erfüllt, wenn die für M+S-Reifen zulässige Höchstgeschwindigkeit unter der durch die Bauart bestimmten Höchstgeschwindigkeit des Fahrzeugs liegt, jedoch

1. die für M+S-Reifen zulässige Höchstgeschwindigkeit im Blickfeld des Fahrzeugführers sinnfällig angegeben ist,
2. die für M+S-Reifen zulässige Höchstgeschwindigkeit im Betrieb nicht überschritten wird.

Reifen oder andere Laufflächen dürfen keine Unebenheiten haben, die eine feste Fahrbahn beschädigen können; eiserne Reifen müssen abgerundete Kanten haben. Nägel müssen eingelassen sein.

(1a) Luftreifen, auf die sich die im Anhang zu dieser Vorschrift genannten Bestimmungen beziehen, müssen diesen Bestimmungen entsprechen.

(2) Die Räder der Kraftfahrzeuge und Anhänger müssen mit Luftreifen versehen sein, soweit nicht nachstehend andere Bereifungen zugelassen sind. Als Luftreifen gelten Reifen, deren Arbeitsvermögen überwiegend durch den Überdruck des eingeschlossenen Luftinhalts bestimmt wird. Luftreifen an Kraftfahrzeugen und Anhängern müssen am ganzen Umfang und auf der ganzen Breite der Lauffläche mit Profilrillen oder Einschnitten versehen sein. Das Hauptprofil muß am ganzen Umfang eine Profiltiefe von mindestens 1,6 mm aufweisen; als Hauptprofil gelten dabei die breiten Profilrillen im mittleren Bereich der Lauffläche, der etwa ¾ der Laufflä-

chenbreite einnimmt. Jedoch genügt bei Fahrrädern mit Hilfsmotor, Kleinkrafträdern und Leichtkrafträdern eine Profiltiefe von mindestens 1 mm.

(2a) An Kraftfahrzeugen – ausgenommen Personenkraftwagen – mit einem zulässigen Gesamtgewicht von mehr als 3,5 t und einer durch die Bauart bestimmten Höchstgeschwindigkeit von mehr als 40 km/h und an ihren Anhängern dürfen die Räder einer Achse entweder nur mit Diagonal- oder nur mit Radialreifen ausgerüstet sein. Personenkraftwagen sowie andere Kraftfahrzeuge mit einem zulässigen Gesamtgewicht von nicht mehr als 3,5 t und einer durch die Bauart bestimmten Höchstgeschwindigkeit von mehr als 40 km/h und ihre Anhänger dürfen entweder nur mit Diagonal- oder nur mit Radialreifen ausgerüstet sein; im Zug gilt dies nur für das jeweilige Einzelfahrzeug. Die Sätze 1 und 2 gelten nicht für die nach § 58 für eine Höchstgeschwindigkeit von nicht mehr als 25 km/h gekennzeichneten Anhänger hinter Kraftfahrzeugen, die mit einer Geschwindigkeit von nicht mehr als 25 km/h gefahren werden (Betriebsvorschrift). Satz 2 gilt nicht für Krafträder – ausgenommen Leichtkrafträder, Kleinkrafträder und Fahrräder mit Hilfsmotor.

(2b) Reifenhersteller und Reifenerneuerer müssen Luftreifen für Fahrzeuge mit einer durch die Bauart bestimmten Höchstgeschwindigkeit von mehr als 40 km/h mit ihrer Fabrik- oder Handelsmarke sowie mit Angaben kennzeichnen, aus denen Reifengröße, Reifenbauart, Tragfähigkeit, Geschwindigkeitskategorie, Herstellungs- bzw. Reifenerneuerungsdatum hervorgehen. Die Art und Weise der Angaben werden im Verkehrsblatt bekanntgegeben.

(3) Statt Luftreifen sind für Fahrzeuge mit Geschwindigkeiten von nicht mehr als 25 km/h (für Kraftfahrzeuge ohne gefederte Triebachse jedoch nur bei Höchstgeschwindigkeiten von nicht mehr als 16 km/h) Gummireifen zulässig, die folgenden Anforderungen genügen: Auf beiden Seiten des Reifens muß eine 10 mm breite, hervorstehende und deutlich erkennbare Rippe die Grenze angeben, bis zu welcher der Reifen abgefahren werden darf; die Rippe darf nur durch Angaben über den Hersteller, die Größe und dergleichen sowie durch Aussparungen des Reifens unterbrochen sein. Der Reifen muß an der Abfahrgrenze noch ein Arbeitsvermögen von mindestens 60 J haben. Die Flächenpressung des Reifens darf unter der höchstzulässigen statischen Belastung 0,8 N/mm² nicht übersteigen. Der Reifen muß zwischen Rippe und Stahlband beiderseits die Aufschrift tragen: „60 J". Das Arbeitsvermögen von 60 J ist noch vorhanden, wenn die Eindrückung der Gummibereifung eines Rades mit Einzel- oder Doppelreifen beim Aufbringen einer Mehrlast von 1000 kg auf die bereits mit der höchstzulässigen statischen Belastung beschwerte Bereifung um einen Mindestbetrag zunimmt, der sich nach folgender Formel errechnet:

$$f = \frac{6000}{P + 500};$$

dabei bedeutet f den Mindestbetrag der Zunahme des Eindrucks in Millimetern und P die höchstzulässige statische Belastung in Kilogramm. Die höchstzulässige statische Belastung darf 100 N/mm der Grundflächenbreite des Reifens nicht übersteigen; sie darf jedoch 125 N/mm betragen, wenn die Fahrzeuge eine Höchstgeschwindigkeit von 8 km/h nicht überschreiten und entsprechende Geschwindigkeitsschilder (§ 58) angebracht sind. Die Flächenpressung ist unter der höchstzulässigen statischen Belastung ohne

Berücksichtigung der Aussparung auf der Lauffläche zu ermitteln. Die Vorschriften über das Arbeitsvermögen gelten nicht für Gummireifen an Elektrokarren mit gefederter Triebachse und einer durch die Bauart bestimmten Höchstgeschwindigkeit von nicht mehr als 20 km/h sowie deren Anhänger.

(4) Eiserne Reifen mit einem Auflagedruck von nicht mehr als 125 N/mm Reifenbreite sind zulässig

1. für Zugmaschinen in land- oder forstwirtschaftlichen Betrieben, deren zulässiges Gesamtgewicht 4 t und deren durch die Bauart bestimmte Höchstgeschwindigkeit 8 km/h nicht übersteigt,

2. für Arbeitsmaschinen (§ 18 Abs. 2), deren durch die Bauart bestimmte Höchstgeschwindigkeit 8 km/h nicht übersteigt, und für Fahrzeuge, die von ihnen mitgeführt werden,

3. hinter Zugmaschinen mit einer Geschwindigkeit von nicht mehr als 8 km/h (Betriebsvorschrift)

   a) für Möbelwagen,

   b) für Wohn- und Schaustellerwagen, wenn sie nur zwischen dem Festplatz oder Abstellplatz und dem nächstgelegenen Bahnhof oder zwischen dem Festplatz und einem in der Nähe gelegenen Abstellplatz befördert werden,

   c) für Unterkunftswagen der Bauarbeiter, wenn sie von oder nach einer Baustelle befördert werden und nicht gleichzeitig zu einem erheblichen Teil der Beförderung von Gütern dienen,

   d) für die beim Wegebau und bei der Wegeunterhaltung verwendeten fahrbaren Geräte und Maschinen bei der Beförderung von oder nach einer Baustelle,

   e) für land- oder forstwirtschaftliche Arbeitsgeräte und für Fahrzeuge zur Beförderung von land- oder forstwirtschaftlichen Bedarfsgütern, Arbeitsgeräten oder Erzeugnissen.

(5) Bei Gleiskettenfahrzeugen (§ 34b Abs. 1 Satz 1) darf die Kette oder das Band (Gleiskette) keine schädlichen Kratzbewegungen gegen die Fahrbahn ausführen. Die Kanten der Bodenplatten und ihrer Rippen müssen rund sein. Die Rundungen metallischer Bodenplatten und Rippen müssen an den Längsseiten der Gleisketten einen Halbmesser von mindestens 60 mm haben. Der Druck der durch gefederte Laufrollen belasteten Auflagefläche von Gleisketten auf die ebene Fahrbahn darf 1,5 N/mm², bei Fahrzeugen mit ungefederten Laufrollen und Gleisketten, die außen vollständig aus Gummiband bestehen, 0,8 N/mm² nicht übersteigen. Als Auflagefläche gilt nur derjenige Teil einer Gleiskette, der tatsächlich auf einer ebenen Fahrbahn aufliegt. Im Hinblick auf die Beschaffenheit der Laufflächen und der Federung wird für Gleiskettenfahrzeuge und Züge, in denen Gleiskettenfahrzeuge mitgeführt werden,

1. allgemein die Geschwindigkeit auf 8 km/h,

2. wenn die Laufrollen der Gleisketten mit 40 mm hohen Gummireifen versehen sind oder die Auflageflächen der Gleisketten ein Gummipolster haben, die Geschwindigkeit auf 16 km/h,

3. wenn die Laufrollen ungefedert sind und die Gleisketten außen vollständig aus Gummiband bestehen, die Geschwindigkeit auf 30 km/h

beschränkt; sind die Laufflächen von Gleisketten gummigepolstert oder bestehen die Gleisketten außen vollständig aus Gummiband und sind die Laufrollen mit 40 mm hohen Gummireifen versehen oder besonders abgefedert, so ist die Geschwindigkeit nicht beschränkt.

Abs. 3 Satz 7 und Abs. 5 Satz 1 geändert durch VO v. 23. 7. 1990 (BGBl. I S. 1489); Abs. 2 Satz 5 angefügt durch VO v. 24. 4. 1992 (BGBl. I S. 965); Abs. 2 Satz 4 neu gefasst durch VO v. 25. 10. 1994 (BGBl. I S. 3127); Abs. 1a eingefügt sowie in Abs. 2a die Angabe „2,8 t" jeweils durch die Angabe „3,5 t" ersetzt sowie Satz 4 angefügt durch VO v. 12. 8. 1997 (BGBl. I S. 2051); Abs. 5 Sätze 4 und 6 neu gefasst durch VO v. 23. 3. 2000 (BGBl. I S. 310).

Zu Abs. 1 Satz 1 und 2, zu Abs. 1a, zu Abs. 2a und zu Abs. 2b: Vgl. § 72 Abs. 2.

§ 36a Radabdeckungen, Ersatzräder

(1) Die Räder von Kraftfahrzeugen und ihren Anhängern müssen mit hinreichend wirkenden Abdeckungen (Kotflügel, Schmutzfänger oder Radeinbauten) versehen sein.

(2) Absatz 1 gilt nicht für

1. Kraftfahrzeuge mit einer durch die Bauart bestimmten Höchstgeschwindigkeit von nicht mehr als 25 km/h,

2. die Hinterräder von Sattelzugmaschinen, wenn ein Sattelanhänger mitgeführt wird, dessen Aufbau die Räder überdeckt und die Anbringung einer vollen Radabdeckung nicht zuläßt; in diesem Falle genügen Abdeckungen vor und hinter dem Rad, die bis zur Höhe der Radoberkante reichen,

3. eisenbereifte Fahrzeuge,

4. Anhänger zur Beförderung von Eisenbahnwagen auf der Straße (Straßenroller),

5. Anhänger, die in der durch § 58 vorgeschriebenen Weise für eine Höchstgeschwindigkeit von nicht mehr als 25 km/h gekennzeichnet sind,

6. land- oder forstwirtschaftliche Arbeitsgeräte,

7. die hinter land- oder forstwirtschaftlichen einachsigen Zug- oder Arbeitsmaschinen mitgeführten Sitzkarren (§ 18 Abs. 2 Nr. 6 Buchstabe b),

8. die Vorderräder von mehrachsigen Anhängern für die Beförderung von Langholz.

(3) Für außen an Fahrzeugen mitgeführte Ersatzräder müssen Halterungen vorhanden sein, die die Ersatzräder sicher aufnehmen und allen betriebsüblichen Beanspruchungen standhalten können. Die Ersatzräder müssen gegen Verlieren durch 2 voneinander unabhängigen Einrichtungen gesichert sein. Die Einrichtungen müssen so beschaffen sein, daß eine von ihnen wirksam bleibt, wenn die andere – insbesondere durch Bruch, Versagen oder Bedienungsfehler – ausfällt.

Zu Abs. 3: Vgl. § 72 Abs. 2.

§ 37 Gleitschutzeinrichtungen und Schneeketten

(1) Einrichtungen, die die Greifwirkung der Räder bei Fahrten außerhalb befestigter Straßen erhöhen sollen (sogenannte Bodengreifer und ähnliche

Einrichtungen), müssen beim Befahren befestigter Straßen abgenommen werden, sofern nicht durch Auflegen von Schutzreifen oder durch Umklappen der Greifer oder durch Anwendung anderer Mittel nachteilige Wirkungen auf die Fahrbahn vermieden werden. Satz 1 gilt nicht, wenn zum Befahren befestigter Straßen Gleitschutzeinrichtungen verwendet werden, die so beschaffen und angebracht sind, daß sie die Fahrbahn nicht beschädigen können; die Verwendung kann durch die Bauartgenehmigung (§ 22a) auf Straßen mit bestimmten Decken und auf bestimmte Zeiten beschränkt werden.

(2) Einrichtungen, die das sichere Fahren auf schneebedeckter oder vereister Fahrbahn ermöglichen sollen (Schneeketten), müssen so beschaffen und angebracht sein, daß sie die Fahrbahn nicht beschädigen können. Schneeketten aus Metall dürfen nur bei elastischer Bereifung (§ 36 Abs. 2 und 3) verwendet werden. Schneeketten müssen die Lauffläche des Reifens so umspannen, daß bei jeder Stellung des Rades ein Teil der Kette die ebene Fahrbahn berührt. Die die Fahrbahn berührenden Teile der Ketten müssen kurze Glieder haben, deren Teilung etwa das Drei- bis Vierfache der Drahtstärke betragen muß. Schneeketten müssen sich leicht auflegen und abnehmen lassen und leicht nachgespannt werden können.

§ 38 Lenkeinrichtung

(1) Die Lenkeinrichtung muß leichtes und sicheres Lenken des Fahrzeugs gewährleisten; sie ist, wenn nötig, mit einer Lenkhilfe zu versehen. Bei Versagen der Lenkhilfe muss die Lenkbarkeit des Fahrzeugs erhalten bleiben.

(2) Personenkraftwagen, Kraftomnibusse, Lastkraftwagen und Sattelzugmaschinen, mit mindestens 4 Rädern und einer durch die Bauart bestimmten Höchstgeschwindigkeit von mehr als 25 km/h, sowie ihre Anhänger müssen den im Anhang zu dieser Vorschrift genannten Bestimmungen entsprechen.

(3) Land- oder forstwirtschaftliche Zugmaschinen auf Rädern mit einer durch die Bauart bestimmten Höchstgeschwindigkeit von nicht mehr als 40 km/h dürfen abweichend von Absatz 1 den im Anhang zu dieser Vorschrift genannten Bestimmungen entsprechen. Land- oder forstwirtschaftliche Zugmaschinen mit einer durch die Bauart bestimmten Höchstgeschwindigkeit von mehr als 40 km/h dürfen abweichend von Absatz 1 den Vorschriften über Lenkanlagen entsprechen, die nach Absatz 2 für Lastkraftwagen anzuwenden sind.

(4) Selbstfahrende Arbeitsmaschinen mit einer durch die Bauart bestimmten Höchstgeschwindigkeit von nicht mehr als 40 km/h dürfen abweichend von Absatz 1 entsprechend den Baumerkmalen ihres Fahrgestells entweder den Vorschriften, die nach Absatz 2 für Lastkraftwagen oder nach Absatz 3 Satz 1 für land- oder forstwirtschaftliche Zugmaschinen angewendet werden dürfen, entsprechen. Selbstfahrende Arbeitsmaschinen, mit einer durch

die Bauart bestimmten Höchstgeschwindigkeit von mehr als 40 km/h dürfen abweichend von Absatz 1 den Vorschriften, die nach Absatz 2 für Lastkraftwagen anzuwenden sind, entsprechen.

Abs. 1 Satz 2 angefügt sowie bisherige Abs. 2 und 3 durch Abs. 2 bis 4 ersetzt durch VO v. 23. 3. 2000 (BGBl. I S. 310).
Zu Abs. 2: Vgl. § 72 Abs. 2.

§ 38a   Sicherungseinrichtungen gegen unbefugte Benutzung von Kraftfahrzeugen

(1) Personenkraftwagen sowie Lastkraftwagen, Zugmaschinen und Sattelzugmaschinen mit einem zulässigen Gesamtgewicht von nicht mehr als 3,5 t – ausgenommen land- oder forstwirtschaftliche Zugmaschinen und Dreirad-Kraftfahrzeuge – müssen mit einer Sicherungseinrichtung gegen unbefugte Benutzung, Personenkraftwagen zusätzlich mit einer Wegfahrsperre ausgerüstet sein. Die Sicherungseinrichtung gegen unbefugte Benutzung und die Wegfahrsperre müssen den im Anhang zu dieser Vorschrift genannten Bestimmungen entsprechen.

(2) Krafträder und Dreirad-Kraftfahrzeuge mit einem Hubraum von mehr als 50 cm^3 oder einer durch die Bauart bestimmten Höchstgeschwindigkeit von mehr als 45 km/h, ausgenommen Kleinkrafträder und Fahrräder mit Hilfsmotor (§ 18 Abs. 2 Nr. 4), müssen mit einer Sicherungseinrichtung gegen unbefugte Benutzung ausgerüstet sein, die den im Anhang zu dieser Vorschrift genannten Bestimmungen entspricht.

(3) Sicherungseinrichtungen gegen unbefugte Benutzung und Wegfahrsperren an Kraftfahrzeugen, für die sie nicht vorgeschrieben sind, müssen den vorstehenden Vorschriften entsprechen.

I. d. F. d. VO v. 12. 8. 1997 (BGBl. I S. 2051).
Zu § 38a Abs. 1, zu § 38a Abs. 2 und zu § 38a Abs. 3: Vgl. § 72 Abs. 2.

§ 38b   Fahrzeug-Alarmsysteme

In Personenkraftwagen sowie in Lastkraftwagen, Zugmaschinen und Sattelzugmaschinen mit einem zulässigen Gesamtgewicht von nicht mehr als 2,00 t eingebaute Fahrzeug-Alarmsysteme müssen den im Anhang zu dieser Vorschrift genannten Bestimmungen entsprechen. Fahrzeug-Alarmsysteme in anderen Kraftfahrzeugen müssen sinngemäß den vorstehenden Vorschriften entsprechen.

I. d. F. d. VO v. 12. 8. 1997 (BGBl. I S. 2051).
Zu § 38b: Vgl. § 72 Abs. 2.

§ 39   Rückwärtsgang

Kraftfahrzeuge – ausgenommen einachsige Zug- oder Arbeitsmaschinen mit einem zulässigen Gesamtgewicht von nicht mehr als 400 kg sowie Krafträder mit oder ohne Beiwagen – müssen vom Führersitz aus zum Rückwärtsfahren gebracht werden können.

Vgl. § 72 Abs. 2.

§ 39a Betätigungseinrichtungen, Kontrollleuchten und Anzeiger

(1) Die in Personenkraftwagen und Kraftomnibussen sowie Lastkraftwagen, Zugmaschinen und Sattelzugmaschinen – ausgenommen land- oder forstwirtschaftliche Zugmaschinen – eingebauten Betätigungseinrichtungen, Kontrollleuchten und Anzeiger müssen eine Kennzeichnung haben, die den im Anhang zu dieser Vorschrift genannten Bestimmungen entspricht.

(2) Die in Kraftfahrzeuge nach § 30a Abs. 3 eingebauten Betätigungseinrichtungen, Kontrollleuchten und Anzeiger müssen eine Kennzeichnung haben, die den im Anhang zu dieser Vorschrift genannten Bestimmungen entspricht.

(3) Land- oder forstwirtschaftliche Zugmaschinen müssen Betätigungseinrichtungen haben, deren Einbau, Position, Funktionsweise und Kennzeichnung den im Anhang zu dieser Vorschrift genannten Bestimmungen entspricht.

Eingefügt durch VO v. 23. 3. 2000 (BGBl. I S. 310).
Zu Abs. 1 und 3 sowie zu Abs. 2: Vgl. § 72 Abs. 2.

§ 40 Scheiben, Scheibenwischer, Scheibenwascher, Entfrostungs- und Trocknungsanlagen für Scheiben

(1) Sämtliche Scheiben – ausgenommen Spiegel sowie Abdeckscheiben von lichttechnischen Einrichtungen und Instrumenten – müssen aus Sicherheitsglas bestehen. Als Sicherheitsglas gilt Glas oder ein glasähnlicher Stoff, deren Bruchstücke keine ernstlichen Verletzungen verursachen können. Scheiben aus Sicherheitsglas, die für die Sicht des Fahrzeugführers von Bedeutung sind, müssen klar, lichtdurchlässig und verzerrungsfrei sein.

(2) Windschutzscheiben müssen mit selbsttätig wirkenden Scheibenwischern versehen sein. Der Wirkungsbereich der Scheibenwischer ist so zu bemessen, daß ein ausreichendes Blickfeld für den Führer des Fahrzeugs geschaffen wird.

(3) Dreirädrige Kleinkrafträder und dreirädrige oder vierrädrige Kraftfahrzeuge mit Führerhaus nach § 30a Abs. 3 müssen mit Scheiben, Scheibenwischer, Scheibenwascher, Entfrostungs- und Trocknungsanlagen ausgerüstet sein, die den im Anhang zu dieser Vorschrift genannten Bestimmungen entsprechen.

Überschrift neu gefasst sowie Abs. 1 Satz 1 geändert und Abs. 3 angefügt durch VO v. 23. 3. 2000 (BGBl. I S. 310).
Zu Abs. 2 und zu Abs. 3: Vgl. § 72 Abs. 2.

§ 41 Bremsen und Unterlegkeile

(1) Kraftfahrzeuge müssen 2 voneinander unabhängige Bremsanlagen haben oder eine Bremsanlage mit 2 voneinander unabhängigen Bedienungseinrichtungen, von denen jede auch dann wirken kann, wenn die andere versagt. Die voneinander unabhängigen Bedienungseinrichtungen müssen durch getrennte Übertragungsmittel auf verschiedene Bremsflächen wirken, die jedoch in oder auf derselben Bremstrommel liegen kön-

nen. Können mehr als 2 Räder gebremst werden, so dürfen gemeinsame Bremsflächen und (ganz oder teilweise) gemeinsame mechanische Übertragungseinrichtungen benutzt werden; diese müssen jedoch so gebaut sein, daß beim Bruch eines Teils noch mindestens 2 Räder, die nicht auf derselben Seite liegen, gebremst werden können. Alle Bremsflächen müssen auf zwangsläufig mit den Rädern verbundene, nicht auskuppelbare Teile wirken. Ein Teil der Bremsflächen muß unmittelbar auf die Räder wirken oder auf Bestandteile, die mit den Rädern ohne Zwischenschaltung von Ketten oder Getriebeteilen verbunden sind. Dies gilt nicht, wenn die Getriebeteile (nicht Ketten) so beschaffen sind, daß ihr Versagen nicht anzunehmen und für jedes in Frage kommende Rad eine besondere Bremsfläche vorhanden ist. Die Bremsen müssen leicht nachstellbar sein oder eine selbsttätige Nachstelleinrichtung haben.

(1a) Absatz 1 Satz 2 bis 6 gilt nicht für Bremsanlagen von Kraftfahrzeugen, bei denen die Bremswirkung ganz oder teilweise durch die Druckdifferenz im hydrostatischen Kreislauf (hydrostatische Bremswirkung) erzeugt wird.

(2) Bei einachsigen Zug- oder Arbeitsmaschinen genügt eine Bremse (Betriebsbremse), die so beschaffen sein muß, daß beim Bruch eines Teils der Bremsanlage noch mindestens ein Rad gebremst werden kann. Beträgt das zulässige Gesamtgewicht nicht mehr als 250 kg und wird das Fahrzeug von Fußgängern an Holmen geführt, so ist keine Bremsanlage erforderlich; werden solche Fahrzeuge mit einer weiteren Achse verbunden und vom Sitz aus gefahren, so genügt eine an der Zug- oder Arbeitsmaschine oder an dem einachsigen Anhänger befindliche Bremse nach § 65, sofern die durch die Bauart bestimmte Höchstgeschwindigkeit 20 km/h nicht übersteigt.

(3) Bei Gleiskettenfahrzeugen, bei denen nur die beiden Antriebsräder der Laufketten gebremst werden, dürfen gemeinsame Bremsflächen für die Betriebsbremse und für die Feststellbremse benutzt werden, wenn mindestens 70 vom Hundert des Gesamtgewichts des Fahrzeugs auf dem Kettenlaufwerk ruht und die Bremsen so beschaffen sind, daß der Zustand der Bremsbeläge von außen leicht überprüft werden kann. Hierbei dürfen auch die Bremsnocken, die Nockenwellen mit Hebel oder ähnliche Übertragungsteile für beide Bremsen gemeinsam benutzt werden.

(4) Bei Kraftfahrzeugen – ausgenommen Krafträder – muß mit der einen Bremse (Betriebsbremse) eine mittlere Vollverzögerung von mindestens 5,0 m/s² erreicht werden; bei Kraftfahrzeugen mit einer durch die Bauart bestimmten Höchstgeschwindigkeit von nicht mehr als 25 km/h genügt jedoch eine Vollverzögerung von 3,5 m/s².

(4a) Bei Kraftfahrzeugen – ausgenommen Kraftfahrzeuge nach § 30a Abs. 3 – muss es bei Ausfall eines Teils der Bremsanlage möglich sein, mit dem verbleibenden funktionsfähigen Teil der Bremsanlage oder mit der anderen Bremsanlage des Kraftfahrzeugs nach Absatz 1 Satz 1 mindestens 44 vom Hundert der in Absatz 4 vorgeschriebenen Bremswirkung zu erreichen, ohne dass das Kraftfahrzeug seine Spur verlässt.

(5) Bei Kraftfahrzeugen – ausgenommen Krafträder – muß die Bedienungseinrichtung einer der beiden Bremsanlagen feststellbar sein; bei Krankenfahrstühlen und bei Fahrzeugen, die die Baumerkmale von Krankenfahrstühlen aufweisen, deren Geschwindigkeit aber 30 km/h übersteigt, darf jedoch die Betriebsbremse anstatt der anderen Bremse feststellbar

sein. Die festgestellte Bremse muß ausschließlich durch mechanische Mittel und ohne Zuhilfenahme der Bremswirkung des Motors das Fahrzeug auf der größten von ihm befahrbaren Steigung am Abrollen verhindern können. Mit der Feststellbremse muß eine mittlere Verzögerung von mindestens 1,5 m/s² erreicht werden.

(6) (gestrichen)

(7) Bei Kraftfahrzeugen, die mit gespeicherter elektrischer Energie angetrieben werden, kann eine der beiden Bremsanlagen eine elektrische Widerstands- oder Kurzschlußbremse sein; in diesem Fall findet Absatz 1 Satz 5 keine Anwendung.

(8) Betriebsfußbremsen an Zugmaschinen – ausgenommen an Gleiskettenfahrzeugen –, die zur Unterstützung des Lenkens als Einzelradbremsen ausgebildet sind, müssen auf öffentlichen Straßen so gekoppelt sein, daß eine gleichmäßige Bremswirkung gewährleistet ist, sofern sie nicht mit einem besonderen Bremshebel gemeinsam betätigt werden können. Eine unterschiedliche Abnutzung der Bremsen muß durch eine leicht bedienbare Nachstelleinrichtung ausgleichbar sein oder sich selbsttätig ausgleichen.

(9) Zwei- oder mehrachsige Anhänger – ausgenommen zweiachsige Anhänger mit einem Achsabstand von weniger als 1,0 m – müssen eine ausreichende, leicht nachstellbare oder sich selbsttätig nachstellende Bremsanlage haben; mit ihr muß eine mittlere Vollverzögerung von mindestens 5,0 m/s² – bei Sattelanhängern von mindestens 4,5 m/s² – erreicht werden. Bei Anhängern hinter Kraftfahrzeugen mit einer Geschwindigkeit von nicht mehr als 25 km/h (Betriebsvorschrift) genügt eine eigene mittlere Vollverzögerung von 3,5 m/s², wenn die Anhänger für eine Höchstgeschwindigkeit von nicht mehr als 25 km/h gekennzeichnet sind (§ 58). Die Bremse muß feststellbar sein. Die festgestellte Bremse muß ausschließlich durch mechanische Mittel den vollbelasteten Anhänger auch bei einer Steigung von 18 vom Hundert und in einem Gefälle von 18 vom Hundert auf trockener Straße am Abrollen verhindern können. Die Betriebsbremsanlagen von Kraftfahrzeug und Anhänger müssen vom Führersitz aus mit einer einzigen Betätigungseinrichtung abstufbar bedient werden können oder die Betriebsbremsanlage des Anhängers muß selbsttätig wirken; die Bremsanlage des Anhängers muß diesen, wenn dieser sich vom ziehenden Fahrzeug trennt, auch bei einer Steigung von 18 vom Hundert und in einem Gefälle von 18 vom Hundert selbsttätig zum Stehen bringen. Anhänger hinter Kraftfahrzeugen mit einer durch die Bauart bestimmten Höchstgeschwindigkeit von mehr als 25 km/h müssen eine auf alle Räder wirkende Bremsanlage haben; dies gilt nicht für die nach § 58 für eine Höchstgeschwindigkeit von nicht mehr als 25 km/h gekennzeichneten Anhänger hinter Fahrzeugen, die mit einer Geschwindigkeit von nicht mehr als 25 km/h gefahren werden (Betriebsvorschrift).

(10) Auflaufbremsen sind nur bei Anhängern zulässig mit einem zulässigen Gesamtgewicht von nicht mehr als

1. 8,00 t und einer durch die Bauart bestimmten Höchstgeschwindigkeit von nicht mehr als 25 km/h,

2. 8,00 t und einer durch die Bauart bestimmten Höchstgeschwindigkeit von nicht mehr als 40 km/h, wenn die Bremse auf alle Räder wirkt,

3. 3,50 t, wenn die Bremse auf alle Räder wirkt.

Bei Sattelanhängern sind Auflaufbremsen nicht zulässig. In einem Zug darf nur ein Anhänger mit Auflaufbremse mitgeführt werden; jedoch sind hinter Zugmaschinen zwei Anhänger mit Auflaufbremse zulässig, wenn

1. beide Anhänger mit Geschwindigkeitsschildern nach § 58 für eine Höchstgeschwindigkeit von nicht mehr als 25 km/h gekennzeichnet sind,

2. der Zug mit einer Geschwindigkeit von nicht mehr als 25 km/h gefahren wird,

3. nicht das Mitführen von mehr als einem Anhänger durch andere Vorschriften untersagt ist.

(11) An einachsigen Anhängern und zweiachsigen Anhängern mit einem Achsabstand von weniger als 1,0 m ist eine eigene Bremse nicht erforderlich, wenn der Zug die für das ziehende Fahrzeug vorgeschriebene Bremsverzögerung erreicht und die Achslast des Anhängers die Hälfte des Leergewichts des ziehenden Fahrzeugs, jedoch 0,75 t nicht übersteigt. Beträgt jedoch bei diesen Anhängern die durch die Bauart bestimmte Höchstgeschwindigkeit nicht mehr als 30 km/h, so darf unter den in Satz 1 festgelegten Bedingungen die Achslast mehr als 0,75 t, aber nicht mehr als 3,0 t betragen. Soweit Anhänger nach Satz 1 mit einer eigenen Bremse ausgerüstet sein müssen, gelten die Vorschriften des Absatzes 9 entsprechend; bei Sattelanhängern muß die Wirkung der Betriebsbremse dem von der Achse oder der Achsgruppe (§ 34 Abs. 1) getragenen Anteil des zulässigen Gesamtgewichts des Sattelanhängers entsprechen.

(12) Die vorgeschriebenen Bremsverzögerungen müssen auf ebener, trockener Straße mit gewöhnlichem Kraftaufwand bei voll belastetem Fahrzeug, erwärmten Bremstrommeln und (außer bei der im Absatz 5 vorgeschriebenen Bremse) auch bei Höchstgeschwindigkeit erreicht werden, ohne daß das Fahrzeug seine Spur verläßt. Die in den Absätzen 4, 6 und 7 vorgeschriebenen Verzögerungen müssen auch beim Mitführen von Anhängern erreicht werden. Die mittlere Vollverzögerung wird entweder

1. nach Abschnitt 1.1.2 des Anhangs II der Richtlinie 71/320/EWG des Rates vom 26. Juni 1971 zur Angleichung der Rechtsvorschriften der Mitgliedstaaten über die Bremsanlagen bestimmter Klassen von Kraftfahrzeugen und deren Anhänger (ABl. EG Nr. L 202 S. 37), zuletzt geändert durch die Richtlinie 98/12/EG der Kommission vom 27. Januar 1998 (ABl. EG Nr. L 81 S. 1), oder

2. aus der Geschwindigkeit v_1 und dem Bremsweg s_1 ermittelt, wobei v_1 die Geschwindigkeit ist, die das Fahrzeug bei der Abbremsung nach einer Ansprech- und Schwellzeit von höchstens 0,6 s hat, und s_1 der Weg ist, den das Fahrzeug ab der Geschwindigkeit v_1 bis zum Stillstand des Fahrzeugs zurücklegt.

Von dem in den Sätzen 1 bis 3 vorgeschriebenen Verfahren kann, insbesondere bei Nachprüfungen nach § 29, abgewichen werden, wenn Zustand und Wirkung der Bremsanlage auf andere Weise feststellbar sind. Bei der Prüfung neu zuzulassender Fahrzeuge muß eine dem betriebsüblichen Nachlassen der Bremswirkung entsprechend höhere Verzögerung erreicht werden;

außerdem muß eine ausreichende, dem jeweiligen Stand der Technik entsprechende Dauerleistung der Bremsen für längere Talfahrten gewährleistet sein.

(13) Von den vorstehenden Vorschriften über Bremsen sind befreit

1. Zugmaschinen in land- oder forstwirtschaftlichen Betrieben, wenn ihr zulässiges Gesamtgewicht nicht mehr als 4 t und ihre durch die Bauart bestimmte Höchstgeschwindigkeit nicht mehr als 8 km/h beträgt,

2. selbstfahrende Arbeitsmaschinen mit einer durch die Bauart bestimmten Höchstgeschwindigkeit von nicht mehr als 8 km/h und von ihnen mitgeführte Fahrzeuge,

3. hinter Zugmaschinen, die mit einer Geschwindigkeit von nicht mehr als 8 km/h gefahren werden, mitgeführte
   a) Möbelwagen,
   b) Wohn- und Schaustellerwagen, wenn sie nur zwischen dem Festplatz oder Abstellplatz und dem nächstgelegenen Bahnhof oder zwischen dem Festplatz und einem in der Nähe gelegenen Abstellplatz befördert werden,
   c) Unterkunftswagen der Bauarbeiter, wenn sie von oder nach einer Baustelle befördert werden und nicht gleichzeitig zu einem erheblichen Teil der Beförderung von Gütern dienen,
   d) beim Wegebau und bei der Wegeunterhaltung verwendete fahrbare Geräte und Maschinen bei der Beförderung von oder nach einer Baustelle,
   e) land- oder forstwirtschaftliche Arbeitsgeräte,
   f) Fahrzeuge zur Beförderung von land- oder forstwirtschaftlichen Bedarfsgütern, Geräten oder Erzeugnissen, wenn die Fahrzeuge eisenbereift oder in der durch § 58 vorgeschriebenen Weise für eine Geschwindigkeit von nicht mehr als 8 km/h gekennzeichnet sind.

Die Fahrzeuge müssen jedoch eine ausreichende Bremse haben, die während der Fahrt leicht bedient werden kann und feststellbar ist. Ungefederte land- oder forstwirtschaftliche Arbeitsmaschinen, deren Leergewicht das Leergewicht des ziehenden Fahrzeugs nicht übersteigt, jedoch höchstens 3 t erreicht, brauchen keine eigene Bremse zu haben.

(14) Die nachstehend genannten Kraftfahrzeuge und Anhänger müssen mit Unterlegkeilen ausgerüstet sein. Erforderlich sind mindestens

1. ein Unterlegkeil bei
   a) Kraftfahrzeugen – ausgenommen Gleiskettenfahrzeuge – mit einem zulässigen Gesamtgewicht von mehr als 4 t,
   b) zweiachsigen Anhängern – ausgenommen Sattel- und Starrdeichselanhänger (einschließlich Zentralachsanhänger) – mit einem zulässigen Gesamtgewicht von mehr als 750 kg,

2. 2 Unterlegkeile bei
   a) drei- und mehrachsigen Fahrzeugen,
   b) Sattelanhängern,
   c) Starrdeichselanhängern (einschließlich Zentralachsanhängern) mit einem zulässigen Gesamtgewicht von mehr als 750 kg.

Unterlegkeile müssen sicher zu handhaben und ausreichend wirksam sein. Sie müssen im oder am Fahrzeug leicht zugänglich mit Halterungen angebracht sein, die ein Verlieren und Klappern ausschließen. Haken oder Ketten dürfen als Halterungen nicht verwendet werden.

(15) Kraftomnibusse mit einem zulässigen Gesamtgewicht von mehr als 5,5 t sowie andere Kraftfahrzeuge mit einem zulässigen Gesamtgewicht von mehr als 9 t müssen außer mit den Bremsen nach den vorstehenden Vorschriften mit einer Dauerbremse ausgerüstet sein. Als Dauerbremse gelten Motorbremsen oder in der Bremswirkung gleichartige Einrichtungen. Die Dauerbremse muß mindestens eine Leistung aufweisen, die der Bremsbeanspruchung beim Befahren eines Gefälles von 7 vom Hundert und 6 km Länge durch das voll beladene Fahrzeug mit einer Geschwindigkeit von 30 km/h entspricht. Bei Anhängern mit einem zulässigen Gesamtgewicht von mehr als 9 t muß die Betriebsbremse den Anforderungen des Satzes 3 entsprechen, bei Sattelanhängern nur dann, wenn das um die zulässige Aufliegelast verringerte zulässige Gesamtgewicht mehr als 9 t beträgt. Die Sätze 1 bis 4 gelten nicht für

1. Fahrzeuge mit einer durch die Bauart bestimmten Höchstgeschwindigkeit von nicht mehr als 25 km/h und

2. Fahrzeuge, die nach § 58 für eine Höchstgeschwindigkeit von nicht mehr als 25 km/h gekennzeichnet sind und die mit einer Geschwindigkeit von nicht mehr als 25 km/h betrieben werden.

(16) Druckluftbremsen und hydraulische Bremsen von Kraftomnibussen müssen auch bei Undichtigkeit an einer Stelle mindestens 2 Räder bremsen können, die nicht auf derselben Seite liegen. Bei Druckluftbremsen von Kraftomnibussen muß das unzulässige Absinken des Drucks im Druckluftbehälter dem Führer durch eine optisch oder akustisch wirkende Warneinrichtung deutlich angezeigt werden.

(17) Beim Mitführen von Anhängern mit Druckluftbremsanlage müssen die Vorratsbehälter des Anhängers auch während der Betätigung der Betriebsbremsanlage nachgefüllt werden können (Zweileitungsbremsanlage mit Steuerung durch Druckanstieg), wenn die durch die Bauart bestimmte Höchstgeschwindigkeit mehr als 25 km/h beträgt.

(18) Abweichend von den Absätzen 1 bis 11, Absatz 12 Satz 1, 2, 3 und 5, Absatz 13 und 15 bis 17 müssen Personenkraftwagen, Kraftomnibusse, Lastkraftwagen, Zugmaschinen – ausgenommen land- oder forstwirtschaftliche Zugmaschinen – und Sattelzugmaschinen mit mindestens 4 Rädern und einer durch die Bauart bestimmten Höchstgeschwindigkeit von mehr als 25 km/h sowie ihre Anhänger – ausgenommen Anhänger nach Absatz 10 Satz 1 Nr. 1 und 2 oder Absatz 11 Satz 2, Muldenkipper, Gabelstapler, Elektrokarren, Autoschütter – den im Anhang zu dieser Vorschrift genannten Bestimmungen über Bremsanlagen entsprechen. Andere Fahrzeuge, die hinsichtlich ihrer Baumerkmale des Fahrgestells den vorgenannten Fahrzeugen gleichzusetzen sind, müssen den im Anhang zu dieser Vorschrift genannten Bestimmungen über Bremsanlagen entprechen. Austauschbremsbeläge für die in Satz 1 und 2 genannten Fahrzeuge mit einem zulässigen Gesamtgewicht von nicht mehr als 3,5 t müssen den im Anhang zu dieser Vorschrift genannten Bestimmungen entsprechen.

(19) Abweichend von den Absätzen 1 bis 11, Absatz 12 Satz 1, 2, 3 und 5, Absatz 13 und den Absätzen 17 und 18 müssen Kraftfahrzeuge nach § 30a Abs. 3 den im Anhang zu dieser Vorschrift genannten Bestimmungen über Bremsanlagen entsprechen.

(20) Abweichend von den Absätzen 1 bis 11, 12 Satz 1, 2, 3 und 5, Absatz 13 und den Absätzen 17 bis 19 müssen land- oder forstwirtschaftliche Zugmaschinen mit einer durch die Bauart bestimmten Höchstgeschwindigkeit von nicht mehr als 40 km/h den im Anhang zu dieser Vorschrift genannten Bestimmungen über Bremsanlagen entsprechen. Selbstfahrende Arbeitsmaschinen mit einer durch die Bauart bestimmten Höchstgeschwindigkeit von nicht mehr als 40 km/h dürfen den Vorschriften über Bremsanlagen nach Satz 1 entsprechen.

Abs. 15 neu gefasst durch VO v. 24. 4. 1992 (BGBl. I S. 965); Abs. 9 Satz 4 geändert und Satz 5 neu gefasst sowie Abs. 1 durch Sätze 1 und 2 ersetzt sowie Abs. 11 neu gefasst sowie Abs. 18 geändert durch VO v. 23. 6. 1993 (BGBl. I S. 1024); Abs. 1a und Abs. 4a eingefügt, Abs. 5 Satz 1 geändert, Abs. 14 Satz 2 Nr. 1 Buchst. b geändert und Nr. 2 Buchst. c neu gefasst, Abs. 18 geändert und Abs. 19 angefügt durch VO v. 12. 8. 1997 (BGBl. I S. 2051); Abs. 4 erster und zweiter Halbsatz geändert sowie Abs. 4a neu gefasst sowie Abs. 6 gestrichen sowie Abs. 7 Satz 1 geändert und Sätze 2 und 3 gestrichen sowie Abs. 9 Satz 1, 2 4 und Satz 5 zweiter Halbsatz geändert sowie Abs. 10 Satz 3 geändert sowie Abs. 12 Satz 3 neu gefasst sowie Abs. 18 Satz 1 und 2 geändert und Satz 3 angefügt sowie Abs. 19 geändert sowie Abs. 20 angefügt durch VO v. 23. 3. 2000 (BGBl. I S. 310).
Zu § 41 insgesamt, zu Abs. 5, zu Abs. 6, zu Abs. 9, zu Abs. 9 Satz 5 Halbsatz 1, zu Abs. 9 Satz 6, zu Abs. 10, zu Abs. 11 Satz 2, zu Abs. 14 Satz 2 Nr. 2c, zu Abs. 15, zu Abs. 16, zu Abs. 18 und zu Abs. 19: Vgl. § 72 Abs. 2.

§ 41a Druckgasanlagen und Druckbehälter

(1) Für in Fahrzeuge eingebaute Druckgasbehälter gilt die Druckbehälterverordnung in der Fassung der Bekanntmachung vom 21. April 1989 (BGBl. I S. 843), zuletzt geändert durch Artikel 2 der Verordnung vom 22. Juni 1995 (BGBl. I S. 836).

(2) Andere zum Betrieb von Fahrzeugen mit Flüssiggas notwendige Einrichtungen, die nicht der Druckbehälterverordnung unterliegen, müssen so angeordnet und beschaffen sein, daß ein sicherer Betrieb gewährleistet ist.

(3) Druckbehälter für Druckluftbremsanlagen müssen in sinngemäßer Anwendung der Druckbehälterverordnung geprüft und gekennzeichnet sein, soweit sie nicht den Vorschriften der Verordnung über das Inverkehrbringen von einfachen Druckbehältern vom 25. Juni 1992 (BGBl. I S. 1171), zuletzt geändert durch Artikel 4 der Verordnung vom 28. September 1995 (BGBl. I S. 1213, 1215), unterliegen.

Abs. 1 geändert durch VO v. 24. 4. 1992 (BGBl. I S. 965), durch VO v. 23. 6. 1993 (BGBl. I S. 1024) und durch VO v. 25. 10. 1994 (BGBl. I S. 3127); Abs. 1 geändert und Abs. 3 neu gefasst durch VO v. 12. 8. 1997 (BGBl. I S. 2051). Vgl. § 72 Abs. 2.

§ 41b Automatischer Blockierverhinderer

(1) Ein automatischer Blockierverhinderer ist der Teil einer Betriebsbremsanlage, der selbsttätig den Schlupf in der Drehrichtung des Rads an einem oder mehreren Rädern des Fahrzeugs während der Bremsung regelt.

(2) Folgende Fahrzeuge mit einer durch die Bauart bestimmten Höchstgeschwindigkeit von mehr als 60 km/h müssen mit einem automatischen Blockierverhinderer ausgerüstet sein:

1. Lastkraftwagen und Sattelzugmaschinen mit einem zulässigen Gesamtgewicht von mehr als 3,5 t,
2. Anhänger mit einem zulässigen Gesamtgewicht von mehr als 3,5 t; dies gilt für Sattelanhänger nur dann, wenn das um die Aufliegelast verringerte zulässige Gesamtgewicht 3,5 t übersteigt,
3. Kraftomnibusse,
4. Zugmaschinen mit einem zulässigen Gesamtgewicht von mehr als 3,5 t.

Andere Fahrzeuge, die hinsichtlich ihrer Baumerkmale des Fahrgestells den in Nummern 1 bis 4 genannten Fahrzeugen gleichzusetzen sind, müssen ebenfalls mit einem automatischen Blockierverhinderer ausgerüstet sein.

(3) Fahrzeuge mit einem automatischen Blockierverhinderer müssen den im Anhang zu dieser Vorschrift genannten Bestimmungen entsprechen.

(4) Anhänger mit einem automatischen Blockierverhinderer, aber ohne automatisch-lastabhängige Bremskraftregeleinrichtung dürfen nur mit Kraftfahrzeugen verbunden werden, die die Funktion des automatischen Blockierverhinderers im Anhänger sicherstellen.

(5) Absatz 2 gilt nicht für Anhänger mit Auflaufbremse sowie für Kraftfahrzeuge mit mehr als vier Achsen.

Abs. 3 Sätze 2 u. 3 gestrichen und Abs. 5 geändert durch VO v. 23. 3. 2000 (BGBl. I S. 310).
Zu Abs. 1 bis 3: Vgl. § 72 Abs. 2.

§ 42 Anhängelast hinter Kraftfahrzeugen und Leergewicht

(1) Die gezogene Anhängelast darf bei
1. Personenkraftwagen, ausgenommen solcher nach Nummer 2, und Lastkraftwagen, ausgenommen solcher nach Nummer 3, weder das zulässige Gesamtgewicht,
2. Personenkraftwagen, die gemäß der Definition in Anhang II der Richtlinie 70/156/EWG Geländefahrzeuge sind, weder das 1,5fache des zulässigen Gesamtgewichts,
3. Lastkraftwagen in Zügen mit durchgehender Bremsanlage weder das 1,5fache des zulässigen Gesamtgewichts,

des ziehenden Fahrzeugs noch den etwa vom Hersteller des ziehenden Fahrzeugs angegebenen oder amtlich als zulässig erklärten Wert übersteigen. Bei Personenkraftwagen nach Nummer 1 oder 2 darf das tatsächliche Gesamtgewicht des Anhängers (Achslast zuzüglich Stützlast) jedoch in keinem Fall mehr als 3500 kg betragen. Die Anhängelast bei Kraftfahrzeugen nach § 30a Abs. 3 darf nur 50 vom Hundert der Leermasse des Kraftfahrzeugs betragen.

(2) Hinter Krafträdern und Personenkraftwagen dürfen Anhänger ohne ausreichende eigene Bremse nur mitgeführt werden, wenn das ziehende Fahrzeug Allradbremse und der Anhänger nur eine Achse hat; Krafträder gelten trotz getrennter Bedienungseinrichtungen für die Vorderrad- und Hinterradbremse als Fahrzeuge mit Allradbremse, Krafträder mit Beiwagen jedoch nur dann, wenn auch das Beiwagenrad eine Bremse hat. Werden einachsige Anhänger ohne ausreichende eigene Bremse mitgeführt, so darf die Anhängelast höchstens die Hälfte des um 75 kg erhöhten Leergewichts des ziehenden Fahrzeugs, aber nicht mehr als 750 kg betragen.

(2a) Die Absätze 1 und 2 gelten nicht für das Abschleppen von betriebsunfähigen Fahrzeugen.

(3) Das Leergewicht ist das Gewicht des betriebsfertigen Fahrzeugs ohne austauschbare Ladungsträger (Behälter, die dazu bestimmt und geeignet sind, Ladungen aufzunehmen und auf oder an verschiedenen Trägerfahrzeugen verwendet zu werden, wie Container, Wechselbehälter), aber mit vollständig gefüllten eingebauten Kraftstoffbehältern einschließlich des Gewichts aller im Betrieb mitgeführten Ausrüstungsteile (z. B. Ersatzräder und -bereifung, Ersatzteile, Werkzeug, Wagenheber, Feuerlöscher, Aufsteckwände, Planengestell mit Planenbügeln und Planenlatten oder Planenplane, Plane, Gleitschutzeinrichtungen, Belastungsgewichte), bei anderen Kraftfahrzeugen als Krafträdern und Personenkraftwagen zuzüglich 75 kg als Fahrergewicht. Austauschbare Ladungsträger, die Fahrzeuge miteinander verbinden oder Zugkräfte übertragen, sind Fahrzeugteile.

Abs. 1 neu gefasst durch VO v. 16. 12. 1993 (BGBl. I S. 2106); Abs. 1 Satz 2 geändert durch VO v. 25. 10. 1994 (BGBl. I S. 3127); Abs. 1 Satz 1 Nr. 1 geändert sowie Satz 3 angefügt durch VO v. 23. 3. 2000 (BGBl. I S. 310).
Zu Abs. 2: Vgl. § 72 Abs. 2.

§ 43 Einrichtungen zur Verbindung von Fahrzeugen

(1) Einrichtungen zur Verbindung von Fahrzeugen müssen so ausgebildet und befestigt sein, daß die nach dem Stand der Technik erreichbare Sicherheit – auch bei der Bedienung der Kupplung – gewährleistet ist. Die Zuggabel von Mehrachsanhängern muß bodenfrei sein. Die Zugöse dieser Anhänger muß jeweils in Höhe des Kupplungsmauls einstellbar sein; dies gilt bei anderen Kupplungsarten sinngemäß. Die Sätze 2 und 3 gelten nicht für Anhänger hinter Elektrokarren mit einer durch die Bauart bestimmten Höchstgeschwindigkeit von nicht mehr als 25 km/h, wenn das zulässige Gesamtgewicht des Anhängers nicht mehr als 2 t beträgt.

(2) Mehrspurige Kraftfahrzeuge mit mehr als einer Achse müssen vorn, Personenkraftwagen – ausgenommen solche, für die nach der Betriebserlaubnis eine Anhängelast nicht zulässig ist – auch hinten, eine ausreichend bemessene und leicht zugängliche Einrichtung zum Befestigen einer Abschleppstange oder eines Abschleppseils haben. An selbstfahrenden Arbeitsmaschinen darf diese Einrichtung hinten angeordnet sein.

(3) Bei Verwendung von Abschleppstangen oder Abschleppseilen darf der lichte Abstand vom ziehenden zum gezogenen Fahrzeug nicht mehr als 5 m betragen. Abschleppstangen und Abschleppseile sind ausreichend erkennbar zu machen, z. B. durch einen roten Lappen.

(4) Anhängerkupplungen müssen selbsttätig wirken. Nicht selbsttätige Anhängerkupplungen sind jedoch zulässig

1. an Zugmaschinen und an selbstfahrenden Arbeitsmaschinen, wenn der Führer den Kupplungsvorgang von seinem Sitz aus beobachten kann,

2. an Krafträdern und Personenkraftwagen,

3. an Anhängern hinter Zugmaschinen in land- oder forstwirtschaftlichen Betrieben,

4. zur Verbindung von anderen Kraftfahrzeugen mit einachsigen Anhängern oder zweiachsigen Anhängern mit einem Achsabstand von weniger als 1,0 m mit einem zulässigen Gesamtgewicht von nicht mehr als 3,5 t.

In jedem Fall muß die Herstellung einer betriebssicheren Verbindung leicht und gefahrlos möglich sein.

(5) Einrichtungen zur Verbindung von Fahrzeugen an zweirädrigen oder dreirädrigen Kraftfahrzeugen nach § 30a Abs. 3 und ihre Anbringung an diesen Kraftfahrzeugen müssen den im Anhang zu dieser Vorschrift genannten Bestimmungen entsprechen.

Abs. 4 Nr. 4 neu gefasst durch VO v. 25. 10. 1994 (BGBl. I S. 3127); Abs. 5 angefügt durch VO v. 23. 3. 2000 (BGBl. I S. 310).

Zu Abs. 1 Satz 2, 3, zu Abs. 1 Satz 3, zu Abs. 2 und zu Abs. 4: Vgl. § 72 Abs. 2.

§ 44　Stützeinrichtung und Stützlast

(1) An Sattelanhängern muß eine Stützeinrichtung vorhanden sein oder angebracht werden können. Wenn Sattelanhänger so ausgerüstet sind, daß die Verbindung der Kupplungsteile sowie der elektrischen Anschlüsse und der Bremsanschlüsse selbsttätig erfolgen kann, müssen die Anhänger eine Stützeinrichtung haben, die sich nach dem Ankuppeln des Anhängers selbsttätig vom Boden abhebt.

(2) Starrdeichselanhänger (einschließlich Zentralachsanhänger) müssen eine der Höhe nach einstellbare Stützeinrichtung haben, wenn die Stützlast bei gleichmäßiger Lastverteilung mehr als 50 kg beträgt. Dies gilt jedoch nicht für Starrdeichselanhänger hinter Kraftfahrzeugen mit einem zum Anheben der Deichsel geeigneten Kraftheber. Stützeinrichtungen müssen unverlierbar untergebracht sein.

(3) Bei Starrdeichselanhängern (einschließlich Zentralachsanhängern) mit einem zulässigen Gesamtgewicht von nicht mehr als 3,5 t darf die vom ziehenden Fahrzeug aufzunehmende Mindeststützlast nicht weniger als 4 vom Hundert des tatsächlichen Gesamtgewichts des Anhängers betragen; sie braucht jedoch nicht mehr als 25 kg zu betragen. Die technisch zulässige Stützlast des Zugfahrzeugs ist vom Hersteller festzulegen; sie darf – ausgenommen bei Krafträdern – nicht geringer als 25 kg sein. Bei Starrdeichselanhängern (einschließlich Zentralachsanhängern) mit einem zulässigen Gesamtgewicht von mehr als 3,5 t darf die vom ziehenden Fahrzeug aufzunehmende Mindeststützlast nicht weniger als 4 vom Hundert des tatsächlichen Gesamtgewichts des Anhängers betragen, sie braucht jedoch nicht mehr als 500 kg zu betragen. Die maximal zulässige Stützlast darf bei diesen Anhängern – ausgenommen bei Starrdeichselanhängern (einschließlich Zentralachsanhängern), die für eine Höchstgeschwindigkeit von nicht mehr als 40 km/h gekennzeichnet sind (§ 58) und land- oder forstwirtschaftlichen Arbeitsgeräten – höchstens 15 vom Hundert des tatsächlichen Gesamtgewichts des Starrdeichselanhängers (einschließlich Zentralachsanhängers), aber nicht mehr als 2,00 t betragen. Bei allen Starrdeichselanhängern (ein-

schließlich Zentralachsanhängern) darf weder die für die Anhängekupplung oder die Zugeinrichtung noch die vom Hersteller des ziehenden Fahrzeugs angegebene Stützlast überschritten werden.

Abs. 2 u. 3 i. d. F. d. VO v. 12. 8. 1997 (BGBl. I S. 2051).
Zu Abs. 1 letzter Satz und zu Abs. 3: Vgl. § 72 Abs. 2.

§ 45 Kraftstoffbehälter

(1) Kraftstoffbehälter müssen korrosionsfest sein. Sie müssen bei doppeltem Betriebsüberdruck, mindestens aber bei einem Überdruck von 0,3 bar, dicht sein. Weichgelötete Behälter müssen auch nach dem Ausschmelzen des Lotes zusammenhalten. Auftretender Überdruck oder den Betriebsdruck übersteigender Druck muß sich durch geeignete Einrichtungen (Öffnungen, Sicherheitsventile und dergleichen) selbsttätig ausgleichen. Entlüftungsöffnungen sind gegen Hindurchschlagen von Flammen zu sichern. Am Behälter weich angelötete Teile müssen zugleich vernietet, angeschraubt oder in anderer Weise sicher befestigt sein. Kraftstoff darf aus dem Füllverschluß oder dem zum Ausgleich von Überdruck bestimmten Einrichtungen auch bei Schräglage, Kurvenfahrt oder Stößen nicht ausfließen.

(2) Kraftstoffbehälter für Vergaserkraftstoff dürfen nicht unmittelbar hinter der Frontverkleidung des Fahrzeugs liegen; sie müssen so vom Motor getrennt sein, daß auch bei Unfällen eine Entzündung des Kraftstoffs nicht zu erwarten ist. Dies gilt nicht für Krafträder und für Zugmaschinen mit offenem Führersitz.

(3) Bei Kraftomnibussen dürfen Kraftstoffbehälter nicht im Fahrgast- oder Führerraum liegen. Sie müssen so angebracht sein, daß bei einem Brand die Ausstiege nicht unmittelbar gefährdet sind. Bei Kraftomnibussen müssen Behälter für Vergaserkraftstoff hinten oder seitlich unter dem Fußboden in einem Abstand von mindestens 500 mm von den Türöffnungen untergebracht sein. Kann dieses Maß nicht eingehalten werden, so ist ein entsprechender Teil des Behälters mit Ausnahme der Unterseite durch eine Blechwand abzuschirmen.

(4) Für Kraftstoffbehälter und deren Einbau sowie den Einbau der Kraftstoffzufuhrleitungen in Kraftfahrzeugen nach § 30a Abs. 3 sind die im Anhang zu dieser Vorschrift genannten Bestimmungen anzuwenden.

Abs. 4 angefügt durch VO v. 23. 3. 2000 (BGBl. I S. 310).
Zu Abs. 2: Vgl. § 72 Abs. 2.

§ 46 Kraftstoffleitungen

(1) Kraftstoffleitungen sind so auszuführen, daß Verwindungen des Fahrzeugs, Bewegungen des Motors und dergleichen keinen nachteiligen Einfluß auf die Haltbarkeit ausüben.

(2) Rohrverbindungen sind durch Verschraubung ohne Lötung oder mit hart aufgelötetem Nippel herzustellen. In die Kraftstoffleitung muß eine vom Führersitz aus während der Fahrt leicht zu bedienende Absperreinrichtung eingebaut sein; sie kann fehlen, wenn die Fördereinrichtung für den Kraftstoff den Zufluß zu dem Vergaser oder zur Einspritzpumpe bei stehendem Motor unterbricht oder wenn das Fahrzeug ausschließlich mit

Dieselkraftstoff betrieben wird. Als Kraftstoffleitungen können fugenlose, elastische Metallschläuche oder kraftstoffeste andere Schläuche aus schwer brennbaren Stoffen eingebaut werden; sie müssen gegen mechanische Beschädigungen geschützt sein.

(3) Kraftstoffleitungen, Vergaser und alle anderen kraftstoffführenden Teile sind gegen betriebstörende Wärme zu schützen und so anzuordnen, daß abtropfender oder verdunstender Kraftstoff sich weder ansammeln noch an heißen Teilen oder an elektrischen Geräten entzünden kann.

(4) Bei Kraftomnibussen dürfen Kraftstoffleitungen nicht im Fahrgast- oder Führerraum liegen. Bei diesen Fahrzeugen darf der Kraftstoff nicht durch Schwerkraft gefördert werden.

§ 47 Abgase

(1) Kraftfahrzeuge mit Fremdzündungsmotor oder Selbstzündungsmotor mit mindestens vier Rädern, einer zulässigen Gesamtmasse von mindestens 400 kg und einer bauartbedingten Höchstgeschwindigkeit von mindestens 50 km/h – mit Ausnahme von land- oder forstwirtschaftlichen Zug- und Arbeitsmaschinen sowie anderen Arbeitsmaschinen –, soweit sie in den Anwendungsbereich der Richtlinie 70/220/EWG des Rates vom 20. März 1970 zur Angleichung der Rechtsvorschriften der Mitgliedstaaten über Maßnahmen gegen die Verunreinigung der Luft durch Emissionen von Kraftfahrzeugmotoren (ABl. EG Nr. L 76 S. 1), geändert durch die im Anhang zu dieser Vorschrift genannten Bestimmungen, fallen, müssen hinsichtlich ihres Abgasverhaltens und der Anforderungen in bezug auf die Kraftstoffe den Vorschriften dieser Richtlinien entsprechen.

(2) Kraftfahrzeuge mit Selbstzündungsmotor, mit oder ohne Aufbau, mit mindestens vier Rädern und einer bauartbedingten Höchstgeschwindigkeit von mehr als 25 km/h – mit Ausnahme von landwirtschaftlichen Zug- und Arbeitsmaschinen sowie anderen Arbeitsmaschinen –, soweit sie in den Anwendungsbereich der Richtlinie 72/306/EWG des Rates vom 2. August 1972 zur Angleichung der Rechtsvorschriften der Mitgliedstaaten über Maßnahmen gegen die Emission verunreinigender Stoffe aus Dieselmotoren zum Antrieb von Fahrzeugen (ABl. EG Nr. L 190 S. 1), geändert durch die im Anhang zu dieser Vorschrift genannten Bestimmungen, fallen, müssen hinsichtlich der Emission verunreinigender Stoffe dieser Richtlinie entsprechen. Kraftfahrzeuge mit Selbstzündungsmotor, auf die sich die Anlage XVI bezieht, müssen hinsichtlich der Emission verunreinigender Stoffe (feste Bestandteile – Dieselrauch) im Abgas der Anlage XVI oder der Richtlinie 72/306/EWG, geändert durch die im Anhang zu dieser Vorschrift genannten Bestimmungen, entsprechen.

(3) Personenkraftwagen sowie Wohnmobile mit einer zulässigen Gesamtmasse von nicht mehr als 2800 kg mit Fremd- oder Selbstzündungsmotoren, die den Vorschriften

1. der Anlage XXIII oder

2. des Anhangs III A der Richtlinie 70/220/EWG in der Fassung der Richtlinie 88/76/EWG des Rates vom 3. Dezember 1987 (ABl. EG 1988 Nr. L 36 S. 1) oder späteren Änderungen dieses Anhangs in der Richtlinie 88/436/EWG des Rates vom 16. Juni 1988 (ABl. EG Nr. L 214 S. 1), berichtigt durch die Berichtigung der Richtlinie 88/436/EWG (ABl. EG

Nr. L 303 S. 36), oder der Richtlinie 89/491/EWG der Kommission vom 17. Juli 1989 (ABl. EG Nr. L 238 S. 43) oder

3. der Richtlinie 70/220/EWG in der Fassung der Richtlinie 91/441/EWG des Rates vom 26. Juni 1991 (ABl. EG Nr. L 242 S. 1) – ausgenommen die Fahrzeuge, die die Übergangsbestimmungen des Anhangs I Nr. 8.1 oder 8.3 in Anspruch nehmen – oder

4. der Richtlinie 70/220/EWG in der Fassung der Richtlinie 93/59/EWG des Rates vom 28. Juni 1993 (ABl. EG Nr. L 186 S. 21) – ausgenommen die Fahrzeuge, die die weniger strengen Grenzwertanforderungen der Klasse II oder III des Anhangs I in den Nummern 5.3.1.4 und 7.1.1.1 oder die Übergangsbestimmungen des Anhangs I Nr. 8.3 in Anspruch nehmen – oder

5. der Richtlinie 70/220/EWG in der Fassung der Richtlinie 94/12/EG des Europäischen Parlaments und des Rates vom 23. März 1994 (ABl. EG Nr. L 100 S. 42) – und die Grenzwerte der Fahrzeugklasse M in Anhang I Nr. 5.3.1.4 einhalten – oder

6. der Richtlinie 70/220/EWG in der Fassung der Richtlinie 96/69/EG des Europäischen Parlaments und des Rates vom 8. Oktober 1996 (ABl. EG Nr. L 282 S. 64) oder

7. der Richtlinie 70/220/EWG in der Fassung der Richtlinie 98/77/EG der Kommission vom 2. Oktober 1998 (ABl. EG Nr. L 286 S. 34) oder

8. der Richtlinie 70/220/EWG in der Fassung der Richtlinie 98/69/EG des Europäischen Parlaments und des Rates vom 13. Oktober 1998 (ABl. EG Nr. L 350 S. 1),

entsprechen, gelten als schadstoffarm.

(4) Personenkraftwagen sowie Wohnmobile mit einer zulässigen Gesamtmasse von nicht mehr als 2800 kg mit Fremd- oder Selbstzündungsmotoren, die den Vorschriften der Anlage XXIV entsprechen, gelten als bedingt schadstoffarm. Eine erstmalige Anerkennung als bedingt schadstoffarm ist ab 1. November 1993 nicht mehr zulässig.

(5) Personenkraftwagen und Wohnmobile mit Fremd- oder Selbstzündungsmotoren

1. die den Vorschriften der Anlage XXV oder

2. mit einem Hubraum von weniger als 1400 Kubikzentimetern, die der Richtlinie 70/220/EWG in der Fassung der Richtlinie 89/458/EWG des Rates vom 18. Juli 1989 (ABl. EG Nr. L 226 S. 1)

entsprechen, gelten als schadstoffarm.

(6) Fahrzeuge oder Motoren für Kraftfahrzeuge, die in den Anwendungsbereich der Richtlinie 88/77/EWG des Rates vom 3. Dezember 1987 zur Angleichung der Rechtsvorschriften der Mitgliedstaaten über Maßnahmen gegen die Emission gasförmiger Schadstoffe aus Dieselmotoren zum Antrieb von Fahrzeugen (ABl. EG 1988 Nr. L 36 S. 33), geändert durch die im Anhang zu dieser Vorschrift genannten Bestimmungen, fallen, müssen hinsichtlich ihres Abgasverhaltens den Vorschriften dieser Richtlinie entsprechen.

(7) Krafträder, auf die sich die Regelung Nr. 40 – Einheitliche Vorschriften für die Genehmigung der Krafträder hinsichtlich der Emission luftverunreinigender Gase aus Motoren mit Fremdzündung – des Übereinkommens

über die Annahme einheitlicher Bedingungen für die Genehmigung der Ausrüstungsgegenstände und Teile von Kraftfahrzeugen und über die gegenseitige Anerkennung der Genehmigung, in Kraft gesetzt durch die Verordnung vom 14. September 1983 (BGBl. II S. 584), bezieht, müssen hinsichtlich ihres Abgasverhaltens den Vorschriften der Regelung Nr. 40, zuletzt geändert durch Verordnung zur Änderung 1 und zum Korrigendum 3 der ECE-Regelung Nr. 40 über einheitliche Vorschriften für die Genehmigung der Krafträder hinsichtlich der Emission luftverunreinigender Gase aus Motoren mit Fremdzündung vom 29. Dezember 1992 (BGBl. 1993 II S. 110) entsprechen; dies gilt auch für Krafträder mit einer Leermasse von mehr als 400 kg.

(8) Andere Krafträder als die in Absatz 7 genannten müssen hinsichtlich ihres Abgasverhaltens den Vorschriften der Regelung Nr. 47 – Einheitliche Vorschriften für die Genehmigung der Fahrräder mit Hilfsmotor hinsichtlich der Emission luftverunreinigender Gase aus Motoren mit Fremdzündung – des Übereinkommens über die Annahme einheitlicher Bedingungen für die Genehmigung der Ausrüstungsgegenstände und Teile von Kraftfahrzeugen und über die gegenseitige Anerkennung der Genehmigung, in Kraft gesetzt durch die Verordnung vom 26. Oktober 1981 (BGBl. II S. 930), entsprechen.

(8a) Kraftfahrzeuge, die in den Anwendungsbereich der Richtlinie 97/24/EG des Europäischen Parlaments und des Rates vom 17. Juni 1997 über bestimmte Bauteile und Merkmale von zweirädrigen oder dreirädrigen Kraftfahrzeugen (ABl. EG Nr. L 226 S. 1), geändert durch die im Anhang zu dieser Vorschrift genannten Bestimmungen, fallen, müssen hinsichtlich ihres Abgasverhaltens den Vorschriften dieser Richtlinie entsprechen.

(8b) Kraftfahrzeuge, die in den Anwendungsbereich der Achtundzwanzigsten Verordnung zur Durchführung des Bundes-Immissionsschutzgesetzes vom 11. November 1998 (BGBl. I S. 3411), die der Umsetzung der Richtlinie 97/68/EG des Europäischen Parlaments und des Rates vom 16. Dezember 1997 zur Angleichung der Rechtsvorschriften der Mitgliedstaaten über Maßnahmen zur Bekämpfung der Emission von gasförmigen Schadstoffen und luftverunreinigenden Partikel aus Verbrennungsmotoren für mobile Maschinen und Geräte (ABl. EG 1998 Nr. L 59 S. 1) dient, fallen, müssen mit Motoren ausgerüstet sein, die hinsichtlich ihres Abgasverhaltens den Vorschriften der Achtundzwanzigsten Verordnung zur Durchführung des Bundes-Immissionsschutzgesetzes vom 11. November 1998 entsprechen.

(9) Technischer Dienst und Prüfstelle im Sinne der genannten Regelwerke ist die Abgasprüfstelle beim Rheinisch-Westfälischen Technischen Überwachungs-Verein e. V., Adlerstraße 7, 4300 Essen 13. Es können auch andere Technische Prüfstellen für den Kraftfahrzeugverkehr oder von der obersten Landesbehörde anerkannte Stellen prüfen, sofern diese über die erforderlichen eigenen Meß- und Prüfeinrichtungen verfügen. Der Technische Dienst ist über alle Prüfungen zu unterrichten. In Zweifelsfällen ist er zu beteiligen; bei allen Fragen der Anwendung ist er federführend. Die Prüfstellen

haben die verwendeten Meß- und Prüfeinrichtungen hinsichtlich der Meßergebnisse und der Meßgenauigkeit mit dem Technischen Dienst regelmäßig abzugleichen.

Abs. 9 Satz 5 angefügt durch VO v. 16. 12. 1988 (BGBl. I S. 2355); Abs. 1 bis 6 neu gefasst durch VO v. 21. 12. 1992 (BGBl. I S. 2397); Abs. 4 Satz 2 angefügt durch VO v. 21. 10. 1993 (BGBl. I S. 1776); Abs. 3 Nr. 4 eingefügt durch VO v. 23. 3. 1994 (BGBl. I S. 618); Abs. 7 geändert durch VO v. 20. 6. 1994 (BGBl. I S. 1291); Abs. 3 Nr. 5 eingefügt durch VO v. 25. 10. 1994 (BGBl. I S. 3127); Abs. 3 Nr. 6 eingefügt durch VO v. 31. 7. 1997 (BGBl. I S. 2006); Abs. 3 Nr. 7 und 8 angefügt und Abs. 8a und 8b eingefügt durch VO v. 3. 8. 2000 (BGBl. I S. 1273).
Zu Abs. 1, zu Abs. 2 Satz 1, zu Abs. 3, zu Abs. 4, zu Abs. 5, zu Abs. 6, zu Abs. 7 und zu Abs. 8: Vgl. § 72 Abs. 2.

§ 47a Abgasuntersuchung (AU) – Untersuchung des Abgasverhaltens von im Verkehr befindlichen Kraftfahrzeugen –

(1) Die Halter von Kraftfahrzeugen, die mit Fremdzündungsmotor oder mit Kompressionszündungsmotor angetrieben werden, haben zur Verringerung der Schadstoffemissionen das Abgasverhalten ihres Kraftfahrzeuges auf ihre Kosten nach Maßgabe der Anlage XIa in regelmäßigen Zeitabständen untersuchen zu lassen. Ausgenommen sind

1. Kraftfahrzeuge mit
   a) Fremdzündungsmotor, die weniger als vier Räder, ein zulässiges Gesamtgewicht von weniger als 400 kg oder eine bauartbedingte Höchstgeschwindigkeit von weniger als 50 km/h haben oder die vor dem 1. Juli 1969 erstmals in den Verkehr gekommen sind;
   b) Kompressionszündungsmotor, die weniger als vier Räder oder eine bauartbedingte Höchstgeschwindigkeit von nicht mehr als 25 km/h haben oder die vor dem 1. Januar 1977 erstmals in den Verkehr gekommen sind;
   c) rotem Kennzeichen oder Kurzzeitkennzeichen (§ 28);
2. vierrädrige Leichtkraftfahrzeuge nach § 18 Abs. 2 Nr. 4b;
3. land- oder forstwirtschaftliche Zugmaschinen;
4. selbstfahrende Arbeitsmaschinen.

Die Prüfung nach Anlage XI im Rahmen der Hauptuntersuchung nach § 29 entfällt für Kraftfahrzeuge, die der Abgasuntersuchung unterliegen.

(2) Untersuchungen nach Absatz 1 Satz 1 dürfen nur von Werken des Fahrzeugherstellers, einer eigenen Werkstatt des Importeurs im Sinne des § 47b Abs. 3 Nr. 3, hierfür anerkannten Kraftfahrzeugwerkstätten, amtlich anerkannten Sachverständigen oder Prüfern für den Kraftfahrzeugverkehr, von betrauten Prüfingenieuren einer für die Durchführung von Hauptuntersuchungen nach § 29 amtlich anerkannten Überwachungsorganisation oder von Fahrzeughaltern, die Hauptuntersuchungen oder Sicherheitsprüfungen an ihren Fahrzeugen im eigenen Betrieb durchführen dürfen, vorgenommen werden. Die Untersuchungen dürfen nur an Stellen vorgenommen werden, die den in Anlage XIb festgelegten Anforderungen genügen. Die für die anerkannten Kraftfahrzeugwerkstätten in § 47b Abs. 2 Nr. 5 und 6 vorgegebenen Anforderungen gelten entsprechend auch für alle anderen in Satz 1 genannten Stellen. § 47b Abs. 2 Nr. 2, Abs. 3 Satz 1 bis 5 und Abs. 4 ist auf Fahrzeughalter, die Hauptuntersuchungen oder Sicherheitsprüfun-

gen an ihren Fahrzeugen im eigenen Betrieb durchführen dürfen, entsprechend anzuwenden. Im Rahmen der für amtlich anerkannte Sachverständige oder Prüfer für den Kraftfahrzeugverkehr in § 11 Abs. 2 des Kraftfahrsachverständigengesetzes und für betraute Prüfingenieure amtlich anerkannter Überwachungsorganisationen in Anlage VIIIb Nr. 2.5 vorgeschriebenen Fortbildung sind für die regelmäßige AU-Fortbildung mindestens vier Stunden im Jahr vorzusehen.

(3) Als Nachweis über den ermittelten Zustand des Abgasverhaltens hat der für die Untersuchung Verantwortliche eine vom Bundesministerium für Verkehr, Bau- und Wohnungswesen mit Zustimmung der zuständigen obersten Landesbehörden festgelegte Prüfbescheinigung nach einem im Verkehrsblatt bekanntgegebenen Muster auszuhändigen und bei vorschriftsmäßigem Abgasverhalten eine Plakette nach Anlage IXa zuzuteilen und am vorderen amtlichen Kennzeichen nach Maßgabe der Anlage IXa dauerhaft und gegen Mißbrauch gesichert anzubringen; § 29 Abs. 12 bleibt unberührt. Der für die Untersuchung Verantwortliche hat dafür zu sorgen, daß die Prüfbescheinigung mindestens das amtliche Kennzeichen des untersuchten Kraftfahrzeugs, den Stand des Wegstreckenzählers, den Hersteller des Kraftfahrzeugs einschließlich Schlüsselnummer, Fahrzeugtyp und -ausführung einschließlich Schlüsselnummer, die Fahrzeug-Identifizierungsnummer, die Sollwerte nach Anlage VIIIa und die von ihm abschließend ermittelten Istwerte sowie Monat und Jahr des Ablaufs der Frist für die nächste Abgasuntersuchung, ferner das Datum und die Uhrzeit, soweit zugeteilt die Kontrollnummer und den Namen und die Anschrift der prüfenden Stelle sowie die Unterschrift des für die Untersuchung Verantwortlichen enthält. Eine Durchschrift, ein Abdruck oder eine Speicherung auf Datenträger der Prüfbescheinigung verbleibt bei der untersuchenden Stelle. Sie ist aufzubewahren und innerhalb eines Jahres ab Ablauf ihrer Gültigkeitsdauer zu vernichten.

(4) Die Prüfbescheinigung ist aufzubewahren. Der Fahrzeugführer hat sie der für die Durchführung der Hauptuntersuchung nach § 29 verantwortlichen Person sowie auf Verlangen zuständigen Personen und der Zulassungsbehörde zur Prüfung auszuhändigen. Kann die Prüfbescheinigung nicht ausgehändigt werden, hat der Halter auf seine Kosten eine Zweitschrift von der zu untersuchenden Stelle zu beschaffen oder eine Abgasuntersuchung durchführen zu lassen.

(5) Bei der Zuteilung eines amtlichen Kennzeichens ist die Plakette von der Zulassungsbehörde dauerhaft und gegen Mißbrauch gesichert anzubringen. Eine Prüfbescheinigung wird nicht ausgestellt. Erfolgt die Anbringung der Plakette vor der ersten vorgeschriebenen Abgasuntersuchung, ist Absatz 4 nicht anzuwenden.

(6) Der Halter hat dafür zu sorgen, daß sich die nach Absatz 3 Satz 1, Absatz 5 Satz 1 oder Absatz 7 Satz 2 angebrachte Plakette in ordnungsgemäßem Zustand befindet; sie darf weder verdeckt noch verschmutzt sein. § 29 Abs. 7 und 8 gilt für Plaketten nach Anlage IXa entsprechend.

(7) Die Untersuchungspflicht ruht während der Zeit, in der Kraftfahrzeuge durch Ablieferung des Fahrzeugscheins oder der amtlichen Bescheinigung über die Zuteilung des amtlichen Kennzeichens und durch Entstempelung des amtlichen Kennzeichens vorübergehend stillgelegt worden sind. War in dieser Zeit eine Untersuchung nach Absatz 1 fällig, so ist sie bei Wiederin-

betriebnahme des Kraftfahrzeugs durchführen zu lassen; in diesen Fällen ist die Plakette von der Zulassungsbehörde dauerhaft und gegen Mißbrauch gesichert anzubringen. Ist eine Untersuchung des Abgasverhaltens bei Fahrzeugen, für die ein Saisonkennzeichen zugeteilt ist, außerhalb des Betriebszeitraums fällig, so ist sie im ersten Monat des nächsten Betriebszeitraums durchführen zu lassen.

(8) Die Bundeswehr, der Bundesgrenzschutz und die Polizeien der Länder können die Untersuchung nach Absatz 1 für ihre Kraftfahrzeuge selbst durchführen sowie die Ausgestaltung der Prüfbescheinigung selbst bestimmen. Für die Fahrzeuge der Bundeswehr und des Bundesgrenzschutzes entfällt die Plakette nach Absatz 3.

I. d. F. d. VO v. 19. 11. 1992 (BGBl. I S. 1931); Abs. 8 geändert durch G. v. 27. 12. 1993 (BGBl. I S. 2378); Abs. 8 Satz 1 geändert und Satz 2 eingefügt durch G. v. 14. 9. 1994 (BGBl. I S. 2325); Abs. 3 Satz 1, Abs. 5 Satz 1 u. Abs. 7 Satz 2 geändert durch VO v. 6. 1. 1995 (BGBl. I S. 8); Abs. 7 Satz 4 angefügt durch VO v. 12. 11. 1996 (BGBl. I S. 1738); Abs. 7 Satz 3 neu gefasst durch VO v. 12. 8. 1997 (BGBl. I S. 2051); Abs. 1 Satz 2 Nr. 1 Buchst. c geändert durch VO v. 9. 3. 1998 (BGBl. I S. 441); Abs. 1 geändert sowie Abs. 2 und Abs. 6 neu gefasst sowie Abs. 7 Satz 4 zweiter Halbsatz gestrichen durch VO v. 20. 5. 1998 (BGBl. I S. 1051); Abs. 7 Satz 4 geändert durch VO v. 20. 7. 2000 (BGBl. I S. 1090); Überschrift neu gefasst, Abs. 1 Satz 1 Nr. 2 eingefügt und Nr. 3 und 4 umbenannt, Abs. 2, Abs. 4 Satz 2 und 3 sowie Abs. 5 Satz 1 geändert, Abs. 7 Satz 2 geändert und Satz 3 gestrichen sowie Abs. 8 Satz 2 gestrichen durch VO v. 11. 12. 2001 (BGBl. I S. 3617).
Zu Abs. 1, zu Abs. 3 Satz 2 und zu Abs. 6: Vgl. § 72 Abs. 2.

§ 47b Anerkennungsverfahren zur Durchführung von Abgasuntersuchungen

(1) Die Anerkennung von Kraftfahrzeugwerkstätten zur Durchführung von Abgasuntersuchungen nach § 47a Abs. 2 obliegt der örtlich zuständigen Handwerkskammer. Sie kann die Befugnis auf die örtlich und fachlich zuständige Kraftfahrzeuginnung übertragen.

(2) Die Anerkennung wird erteilt, wenn
1. der Antragsteller, bei juristischen Personen die nach Gesetz oder Satzung zur Vertretung berufenen sowie die für die Untersuchungen verantwortlichen Personen zuverlässig sind,
2. der Antragsteller nachweist, daß er über die erforderlichen und – soweit in Absatz 3 vorgeschrieben – besonders geschulten Fachkräfte, die nach Anlage XIb notwendigen dem Stand der Technik entsprechenden Prüfgeräte und sonstigen Einrichtungen sowie die vom Hersteller herausgegebenen Typdaten der zu prüfenden Fahrzeuge verfügt,
3. der Antragsteller die Eintragung in die Handwerksrolle nachweist,
4. der Antragsteller nachweist, dass die für die Durchführung der Abgasuntersuchung verantwortlichen Personen und die anderen dafür eingesetzten Fachkräfte über eine entsprechende Vorbildung und ausreichende Erfahrungen auf dem Gebiet der Kraftfahrzeugtechnik verfügen. Sie müssen eine Ausbildung mit entsprechendem Ausbildungsabschluss (Meister-/Gesellen- oder Facharbeiterprüfung) haben als
   – Kraftfahrzeugtechniker-Meister,
   – Kraftfahrzeugmechaniker,
   – Kraftfahrzeugelektriker,

- Automobilmechaniker oder
- Automobilelektriker

oder als Dipl.-Ing., Dipl.-Ing. (FH) oder Ing. (grad.) des Maschinenbaufachs, des Kraftfahrzeugbaufachs oder der Elektrotechnik nachweislich im Kraftfahrzeugbereich (Untersuchung, Prüfung, Wartung oder Reparatur) tätig sein und eine mindestens eineinhalbjährige Tätigkeit auf diesem Gebiet nachweisen,

5. der Antragsteller bestätigt, daß für die mit der Durchführung der Untersuchungen nach Anlage XIa Nr. 3.1, 3.2 oder 3.3 betrauten Fachkräfte eine ausreichende Haftpflichtversicherung zur Deckung aller im Zusammenhang mit den Untersuchungen entstehenden Ansprüchen besteht, dies auf Verlangen nachweist und erklärt, daß er diese Versicherung aufrecht erhalten wird,

6. der Antragsteller das Land, in dem er tätig wird, von allen Ansprüchen Dritter wegen Schäden freistellt, die im Zusammenhang mit den Untersuchungen nach Anlage XIa Nr. 3.1, 3.2 oder 3.3 von ihm oder den von ihm beauftragten Fachkräften verursacht werden, und dafür den Abschluß einer entsprechenden Versicherung bestätigt, dies auf Verlangen nachweist und erklärt, daß er diese Versicherung aufrecht erhalten wird,

7. der Antragsteller nachweist, dass eine Dokumentation der Betriebsorganisation erstellt ist, die interne Regeln enthält, nach denen eine ordnungsgemäße Durchführung der Abgasuntersuchung sichergestellt ist.

(3) Die Anerkennung kann auf bestimmte Fahrzeuggruppen nach Anlage VIIIa Nummer 3 oder Fahrzeuge bestimmter Hersteller beschränkt werden. Sie wird für die Prüfung der Kraftfahrzeuge nach Anlage VIIIa Nummer 3.1.2, Nummer 3.2 oder 3.3 nur erteilt, wenn der Antragsteller nachweist, daß die von ihm zur Prüfung eingesetzten Fachkräfte eine dem jeweiligen Stand der Technik der zu prüfenden Kraftfahrzeuge entsprechende Schulung erfolgreich durchlaufen haben. Die Schulung kann durchgeführt werden durch

1. Kraftfahrzeughersteller,

2. Kraftfahrzeugmotorenhersteller,

3. Kraftfahrzeugimporteure, die entweder selbst Inhaber einer Allgemeinen Betriebserlaubnis für Kraftfahrzeugtypen oder die durch Vertrag mit einem ausländischen Fahrzeughersteller alleinvertriebsberechtigt im Geltungsbereich dieser Verordnung sind, sofern sie eine eigene Kundendienstorganisation haben,

4. Hersteller von Gemischaufbereitungssystemen mit eigener Kundendienstorganisation, sofern sie Erstausrüstung liefern,

5. eine von einem der vorgenannten Hersteller oder Importeure ermächtigte und für eine solche Schulung geeignete Stelle,

6. eine vom Bundesinnungsverband des Kraftfahrzeughandwerks ermächtigte Stelle oder

7. eine von der zuständigen obersten Landesbehörde oder der von ihr bestimmten oder der nach Landesrecht zuständigen Stelle anerkannten Stelle.

Für die Schulung wird vom Bundesministerium für Verkehr, Bau- und Wohnungswesen mit Zustimmung der zuständigen obersten Landesbehörden ein Schulungsplan im Verkehrsblatt bekanntgemacht. Die Schulung der Fachkräfte ist spätestens alle 36 Monate erneut durchzuführen und nachzuweisen. Die zur Schulung befugten, ermächtigten oder anerkannten Stellen haben dem Bundesministerium für Verkehr, Bau- und Wohnungswesen mitzuteilen, daß sie Schulungen durchführen wollen. Sie haben ihm die Schulungsstätten zu benennen. Die Stellen und Schulungsstätten werden im Verkehrsblatt bekanntgegeben.

(4) Die Anerkennung kann mit Nebenbestimmungen verbunden werden, die erforderlich sind, um sicherzustellen, daß die Abgasuntersuchungen und Schulungen ordnungsgemäß durchgeführt werden; sie ist nicht übertragbar. Die Anerkennung ist zu widerrufen, wenn nachträglich eine der Voraussetzungen nach Absatz 2 oder 3 weggefallen oder wenn die Abgasuntersuchungen oder Schulungen wiederholt nicht ordnungsgemäß durchgeführt oder wenn sonst gegen die Pflichten aus der Anerkennung oder gegen Nebenbestimmungen grob verstoßen worden ist.

(5) Die Aufsicht über das Anerkennungsverfahren, über die Durchführung der Abgasuntersuchung sowie über die Schulungen obliegt der obersten Landesbehörde, der von ihr bestimmten oder der nach Landesrecht zuständigen Stelle. Die Aufsichtsbehörde kann selbst prüfen oder durch von ihr bestimmte sachverständige Personen oder Stellen prüfen lassen, ob die Voraussetzungen für die Anerkennung noch gegeben sind, die Abgasuntersuchungen ordnungsgemäß durchgeführt und die sich sonst aus der Anerkennung oder den Nebenbestimmungen ergebenden Pflichten erfüllt werden. Diese Prüfung ist mindestens alle drei Jahre durchzuführen. Die mit der Prüfung beauftragten Personen sind befugt, Grundstücke und Geschäftsräume des Inhabers der Anerkennung während der Geschäfts- und Betriebszeiten zu betreten, dort Prüfungen und Besichtigungen vorzunehmen und die vorgeschriebenen Aufzeichnungen einzusehen. Der Inhaber der Anerkennung hat diese Maßnahmen zu dulden, soweit erforderlich die beauftragten Personen dabei zu unterstützen und auf Verlangen die vorgeschriebenen Aufzeichnungen vorzulegen. Er hat die Kosten der Prüfung zu tragen. Die Sätze 2 bis 6 gelten entsprechend für die Aufsicht über das Anerkennungsverfahren sowie über die Schulungen.

Überschrift, Abs. 1 und Abs. 2 Nr. 2 geändert sowie Abs. 3 u. (nunmehriger) Abs. 5 neu gefasst sowie Abs. 4 eingefügt durch VO v. 19. 11. 1992 (BGBl. I S. 1931); Abs. 2 Nrn. 4 u. 5 angefügt durch VO v. 23. 3. 1994 (BGBl. I S. 618); Abs. 2 Nrn. 4 u. 5 geändert durch VO v. 20. 5. 1998 (BGBl. I S. 1051); Abs. 2 Nr. 2 geändert, Nr. 4 eingefügt, Nr. 4 und 5 geändert und umbenannt sowie Nr. 7 angefügt, Abs. 3 Satz 2, 4 und 6 sowie Abs. 4 geändert, Abs. 5 Satz 3 eingefügt und Satz 7 geändert durch VO v. 11. 12. 2001 (BGBl. I S. 3617).
Zu Abs. 2: Vgl. § 72 Abs. 2.

§ 47c Ableitung von Abgasen

Die Mündungen von Auspuffrohren dürfen nur nach oben, nach hinten, nach hinten unten oder nach hinten links bis zu einem Winkel von 45° zur Fahrzeuglängsachse gerichtet sein; sie müssen so angebracht sein, daß das Eindringen von Abgasen in das Fahrzeuginnere nicht zu erwarten ist. Auspuffrohre dürfen weder über die seitliche noch über die hintere Begrenzung der Fahrzeuge hinausragen.

§ 47d   Kohlendioxidemissionen und Kraftstoffverbrauch

Für Personenkraftwagen sowie Wohnmobile mit einer Gesamtmasse von nicht mehr als 3500 kg, soweit sie in den Anwendungsbereich der Richtlinie 80/1268/EWG des Rates vom 16. Dezember 1980 zur Angleichung der Rechtsvorschriften der Mitgliedstaaten über den Kraftstoffverbrauch von Kraftfahrzeugen (ABl. EG Nr. L 375 S. 36), geändert durch die im Anhang zu dieser Vorschrift genannten Bestimmungen, fallen, sind die Kohlendioxidemissions- und Kraftstoffverbrauchswerte gemäß den Anforderungen dieser Richtlinie zu ermitteln und in einer dem Fahrzeughalter beim Kauf des Fahrzeugs zu übergebenden Bescheinigung anzugeben.

Eingefügt durch VO v. 23. 3. 1994 (BGBl. I S. 618). Vgl. § 72 Abs. 2.

§ 48   Emissionsklassen für Kraftfahrzeuge

Kraftfahrzeuge, für die nachgewiesen wird, daß die Emissionen gasförmiger Schadstoffe und luftverunreinigender Partikel und/oder die Geräuschemissionen den Anforderungen der in der Anlage XIV genannten Emissionsklassen entsprechen, werden nach Maßgabe der Anlage XIV in Emissionsklassen eingestuft.

Eingefügt durch G. v. 21. 12. 1993 (BGBl. I S. 2310).
Vgl. § 72 Abs. 2.

§ 49   Geräuschentwicklung und Schalldämpferanlage

(1) Kraftfahrzeuge und ihre Anhänger müssen so beschaffen sein, daß die Geräuschentwicklung das nach dem jeweiligen Stand der Technik unvermeidbare Maß nicht übersteigt.

(2) Kraftfahrzeuge, für die Vorschriften über den zulässigen Geräuschpegel und die Schalldämpferanlage in den nachfolgend genannten Richtlinien der Europäischen Gemeinschaften festgelegt sind, müssen diesen Vorschriften entsprechen:

1. Richtlinie 70/157/EWG des Rates vom 6. Februar 1970 zur Angleichung der Rechtsvorschriften der Mitgliedstaaten über den zulässigen Geräuschpegel und die Auspuffvorrichtung von Kraftfahrzeugen (ABl. EG Nr. L 42 S. 16), geändert durch die im Anhang zu dieser Vorschrift genannten Bestimmungen,

2. Richtlinie 74/151/EWG des Rates vom 4. März 1974 zur Angleichung der Rechtsvorschriften der Mitgliedstaaten über bestimmte Bestandteile und Merkmale von land- oder forstwirtschaftlichen Zugmaschinen auf Rädern (ABl. EG Nr. L 84 S. 25), geändert durch die im Anhang zu dieser Vorschrift genannten Bestimmungen,

3. Richtlinie 78/1015/EWG des Rates vom 23. November 1978 zur Angleichung der Rechtsvorschriften der Mitgliedstaaten über den zulässigen Geräuschpegel und die Auspuffanlage von Krafträdern (ABl. EG Nr. L 349 S. 21), geändert durch die im Anhang zu dieser Vorschrift genannten Bestimmungen,

4. Richtlinie 97/24/EG des Europäischen Parlaments und des Rates vom 17. Juni 1997 über bestimmte Bauteile und Merkmale von zweirädrigen oder dreirädrigen Kraftfahrzeugen (ABl. EG Nr. L 226 S. 1), jeweils in der aus dem Anhang zu dieser Vorschrift ersichtlichen Fassung.

Land- oder forstwirtschaftliche Zugmaschinen mit einer durch die Bauart bestimmten Höchstgeschwindigkeit von mehr als 30 km/h und selbstfahrende Arbeitsmaschinen entsprechen der Vorschrift nach Absatz 1 auch, wenn sie den Vorschriften der Richtlinie nach Nummer 2 genügen. Fahrzeuge entsprechen den Vorschriften der Richtlinie nach Nummer 2 auch, wenn sie den Vorschriften der Richtlinie nach Nummer 1 genügen. Krafträder mit oder ohne Beiwagen mit einer durch die Bauart bestimmten Höchstgeschwindigkeit von nicht mehr als 50 km/h müssen den Vorschriften der Anlage XX entsprechen.

(2a) Auspuffanlagen für Krafträder sowie Austauschauspuffanlagen und Einzelteile dieser Anlagen als unabhängige technische Einheit für Krafträder dürfen im Geltungsbereich dieser Verordnung nur verwendet werden oder zur Verwendung feilgeboten oder veräußert werden, wenn sie

1. mit dem EWG-Betriebserlaubniszeichen gemäß Anhang II Nr. 3.1.3 der Richtlinie 78/1015/EWG des Rates vom 23. November 1978 zur Angleichung der Rechtsvorschriften der Mitgliedstaaten über den zulässigen Geräuschpegel und die Auspuffanlage von Krafträdern (ABl. EG Nr. L 349 S. 21), zuletzt geändert durch die Richtlinie 89/235/EWG des Rates vom 13. März 1989 zur Änderung der Richtlinie 78/1015/EWG zur Angleichung der Rechtsvorschriften der Mitgliedstaaten über den zulässigen Geräuschpegel und die Auspuffanlage von Krafträdern (ABl. EG Nr. L 98 S. 1) oder

2. mit dem Genehmigungszeichen gemäß Kapitel 9 Anhang VI Nr. 1.3 der Richtlinie 97/24/EG des Europäischen Parlaments und des Rates vom 17. Juni 1997 über bestimmte Bauteile und Merkmale von zweirädrigen oder dreirädrigen Kraftfahrzeugen (ABl. EG Nr. L 226 S. 1) oder

3. mit dem Markenzeichen „e" und dem Kennzeichen des Landes, das die Bauartgenehmigung erteilt hat gemäß Kapitel 9 Anhang III Nr. 2.3.2.2 der Richtlinie 97/24/EG des Europäischen Parlaments und des Rates vom 17. Juni 1997 über bestimmte Bauteile und Merkmale von zweirädrigen oder dreirädrigen Kraftfahrzeugen (ABl. EG Nr. L 226 S. 1)

gekennzeichnet sind. Satz 1 gilt nicht für

1. Auspuffanlagen und Austauschauspuffanlagen, die ausschließlich im Rennsport verwendet werden,

2. Auspuffanlagen und Austauschauspuffanlagen für Krafträder mit einer durch die Bauart bestimmten Höchstgeschwindigkeit von nicht mehr als 50 km/h.

(3) Kraftfahrzeuge, die gemäß Anlage XIV zur Geräuschklasse G 1 gehören, gelten als geräuscharm; sie dürfen mit dem Zeichen „Geräuscharmes Kraftfahrzeug" gemäß Anlage XV gekennzeichnet sein. Andere Fahrzeuge dürfen mit diesem Zeichen nicht gekennzeichnet werden. An Fahrzeugen dürfen keine Zeichen angebracht werden, die mit dem Zeichen nach Satz 1 verwechselt werden können.

(4) Besteht Anlaß zu der Annahme, daß ein Fahrzeug den Anforderungen der Absätze 1 bis 2 nicht entspricht, so ist der Führer des Fahrzeugs auf Weisung einer zuständigen Person verpflichtet, den Schallpegel im Nahfeld feststellen zu lassen. Liegt die Meßstelle nicht in der Fahrtrichtung des Fahrzeugs, so besteht die Verpflichtung nur, wenn der zurückzulegende Umweg nicht mehr als 6 km beträgt. Nach der Messung ist dem Führer eine

Bescheinigung über das Ergebnis der Messung zu erteilen. Die Kosten der Messung fallen dem Halter des Fahrzeugs zur Last, wenn eine zu beanstandende Überschreitung des für das Fahrzeug zulässigen Geräuschpegels festgestellt wird.

(5) Technischer Dienst und Prüfstelle im Sinne der in Absatz 2 und 3 genannten Regelwerke ist das Institut für Fahrzeugtechnik beim Technischen Überwachungs-Verein Bayern Sachsen e. V., Westendstraße 199, 80686 München. Es können auch andere Technische Prüfstellen für den Kraftfahrzeugverkehr oder von der obersten Landesbehörde anerkannte Stellen prüfen. Der Technische Dienst ist über alle Prüfungen zu unterrichten. In Zweifelsfällen ist er zu beteiligen; bei allen Fragen der Anwendung ist er federführend.

Abs. 2 Nr. 1 neu gefasst und Abs. 5 Satz 1 geändert durch VO v. 16. 12.1988 (BGBl. I S. 2355); Abs. 2 Nrn. 1 u. 3 neu gefasst und Abs. 2a eingefügt durch VO v. 21. 12. 1992 (BGBl. I S. 2397); Abs. 3 neu gefasst durch VO v. 20. 6. 1994 (BGBl. I S. 1291); Abs. 2 Satz 1 Nr. 2 und Satz 3 geändert sowie Abs. 2a Satz 2 und Abs. 5 Satz 1 neu gefasst durch VO v. 25. 10. 1994 (BGBl. I S. 3127); Abs. 2 Satz 1 Nr. 4 angefügt und Abs. 2a S. 1 neu gefasst durch VO v. 3. 8. 2000 (BGBl. I S. 1273). **Zu Abs. 2 u. zu Abs. 2a:** Vgl. § 72 Abs. 2.

§ 49a   Lichttechnische Einrichtungen, allgemeine Grundsätze

(1) An Kraftfahrzeugen und ihren Anhängern dürfen nur die vorgeschriebenen und die für zulässig erklärten lichttechnischen Einrichtungen angebracht sein. Als lichttechnische Einrichtungen gelten auch Leuchtstoffe und rückstrahlende Mittel. Die lichttechnischen Einrichtungen müssen vorschriftsmäßig und fest angebracht sowie ständig betriebsfertig sein. Lichttechnische Einrichtungen an Kraftfahrzeugen und Anhängern, auf die sich die Richtlinie 76/756/EWG des Rates vom 27. Juli 1976 zur Angleichung der Rechtsvorschriften der Mitgliedstaaten über den Anbau der Beleuchtungs- und Lichtsignaleinrichtungen für Kraftfahrzeuge und Kraftfahrzeuganhänger (ABl. EG Nr. L 262 S. 1), zuletzt geändert durch die Richtlinie 91/663/EWG der Kommission vom 10. Dezember 1991 (ABl. EG Nr. L 366 S. 17, ABl. EG 1992 Nr. L 172 S. 87) bezieht, müssen innerhalb der in dieser Richtlinie angegebenen Winkel und unter den dort genannten Anforderungen sichtbar sein.

(2) Scheinwerfer dürfen abdeckbar oder versenkbar sein, wenn ihre ständige Betriebsfertigkeit dadurch nicht beeinträchtigt wird.

(3) Lichttechnische Einrichtungen müssen so beschaffen und angebracht sein, daß sie sich gegenseitig in ihrer Wirkung nicht mehr als unvermeidbar beeinträchtigen, auch wenn sie in einem Gerät vereinigt sind.

(4) Sind lichttechnische Einrichtungen gleicher Art paarweise angebracht, so müssen sie in gleicher Höhe über der Fahrbahn und symmetrisch zur Längsmittelebene des Fahrzeugs angebracht sein (bestimmt durch die äußere geometrische Form und nicht durch den Rand ihrer leuchtenden Fläche), ausgenommen bei Fahrzeugen mit unsymmetrischer äußerer Form und bei Krafträdern mit Beiwagen. Sie müssen gleichfarbig sein, gleich stark und – mit Ausnahme der Parkleuchten und der Fahrtrichtungsanzeiger – gleichzeitig leuchten. Die Vorschriften über die Anbringungshöhe der lichttechnischen Einrichtungen über der Fahrbahn gelten für das unbeladene Fahrzeug.

(5) Alle nach vorn wirkenden lichttechnischen Einrichtungen dürfen nur zusammen mit den Schlußleuchten und der Kennzeichenbeleuchtung einschaltbar sein. Dies gilt nicht für

1. Parkleuchten,
2. Fahrtrichtungsanzeiger,
3. die Abgabe von Leuchtzeichen (§ 16 Abs. 1 der Straßenverkehrs-Ordnung),
4. Arbeitsscheinwerfer an
   a) land- oder forstwirtschaftlichen Zugmaschinen und
   b) land- oder forstwirtschaftlichen Arbeitsmaschinen.

(6) In den Scheinwerfern und Leuchten dürfen nur die nach ihrer Bauart dafür bestimmten Lichtquellen verwendet werden.

(7) Für vorgeschriebene oder für zulässig erklärte Warnanstriche, Warnschilder und dergleichen an Kraftfahrzeugen und Anhängern dürfen Leuchtstoffe und rückstrahlende Mittel verwendet werden.

(8) Für alle am Kraftfahrzeug oder Zug angebrachten Scheinwerfer und Signalleuchten muß eine ausreichende elektrische Energieversorgung unter allen üblichen Betriebsbedingungen ständig sichergestellt sein.

(9) Schlußleuchten, Nebelschlußleuchten, Spurhalteleuchten, Umrißleuchten, Bremsleuchten, hintere Fahrtrichtungsanzeiger, hintere, nach der Seite wirkende gelbe nicht dreieckige Rückstrahler und reflektierende Mittel, hintere Seitenmarkierungsleuchten, Rückfahrscheinwerfer und Kennzeichen mit Kennzeichenleuchten sowie 2 zusätzliche dreieckige Rückstrahler – für Anhänger nach § 53 Abs. 7 zwei zusätzliche Rückstrahler, wie sie für Kraftfahrzeuge vorgeschrieben sind – dürfen auf einem abnehmbaren Schild oder Gestell (Leuchtenträger) angebracht sein bei

1. Anhängern in land- oder forstwirtschaftlichen Betrieben,
2. Anhängern zur Beförderung von Eisenbahnwagen auf der Straße (Straßenroller),
3. Anhängern zur Beförderung von Booten,
4. Turmdrehkränen,
5. Förderbändern und Lastenaufzügen,
6. Abschleppachsen,
7. abgeschleppten Fahrzeugen,
8. Fahrgestellen, die zur Anbringung des Aufbaus überführt werden,
9. fahrbaren Baubuden,
10. Wohnwagen und Packwagen im Gewerbe nach Schaustellerart im Sinne des § 18 Abs. 2 Nr. 6 Buchstabe e,
11. angehängten Arbeitsgeräten für die Straßenunterhaltung,
12. Nachläufern zum Transport von Langmaterial.

Der Leuchtenträger muß rechtwinklig zur Fahrbahn und zur Längsmittelebene des Fahrzeugs angebracht sein; er darf nicht pendeln können.

(9a) Zusätzliche Rückfahrscheinwerfer (§ 52a Abs. 2), Schlußleuchten (§ 53 Abs. 1), Bremsleuchten (§ 53 Abs. 2), Rückstrahler (§ 53 Abs. 4), Nebelschlußleuchten (§ 53d Abs. 2) und Fahrtrichtungsanzeiger (§ 54 Abs. 1) sind an Fahrzeugen oder Ladungsträgern nach Anzahl und Art wie die entsprechenden vorgeschriebenen lichttechnischen Einrichtungen fest anzubringen, wenn Ladungsträger oder mitgeführte Ladung auch nur teilweise in die in Absatz 1 Satz 4 geforderten Winkel der vorhandenen vorgeschriebenen Leuchten am Kraftfahrzeug oder Anhänger hineinragen. Die elektrische Schaltung der Nebelschlußleuchten ist so auszuführen, daß am Fahrzeug vorhandene Nebelschlußleuchten abgeschaltet werden. Die jeweilige Ab- und Wiedereinschaltung der Nebelschlußleuchten muß selbsttätig durch Aufstecken oder Abziehen des Steckers für die zusätzlichen Nebelschlußleuchten erfolgen.

(10) Bei den in Absatz 9 Nr. 1 und § 53 Abs. 7 genannten Anhängern sowie den in § 53b Abs. 4 genannten Anbaugeräten darf der Leuchtenträger aus 2 oder – in den Fällen des § 53 Abs. 5 – aus 3 Einheiten bestehen, wenn diese Einheiten und die Halterungen an den Fahrzeugen so beschaffen sind, daß eine unsachgemäße Anbringung nicht möglich ist. An diesen Einheiten dürfen auch nach vorn wirkende Begrenzungsleuchten angebracht sein.

(11) Für die Bestimmung der „leuchtenden Fläche", der „Lichtaustrittsfläche" und der „Winkel der geometrischen Sichtbarkeit" gelten die Begriffsbestimmungen in Anhang I der Richtlinie 76/756/EWG des Rates.

Abs. 4 Satz 1 geändert und Abs. 5 neu gefasst durch VO v. 23. 7. 1990 (BGBl. I S. 1489); Abs. 9 Satz 1 geändert durch VO v. 24. 4. 1992 (BGBl. I S. 965); Abs. 1 Satz 4 und Abs. 6 geändert sowie Abs. 9a eingefügt durch VO v. 23. 6. 1993 (BGBl. I S. 1024); Abs. 9a Sätze 2 und 3 angefügt durch VO v. 25. 10. 1994 (BGBl. I S. 3082); Abs. 9 Satz 1 Eingangsworte geändert, Nr. 5 neu gefasst und Nr. 12 angefügt durch VO v. 12. 8. 1997 (BGBl. I S. 2051).
Zu Abs. 1 Satz 4 und zu Abs. 8: Vgl. § 72 Abs. 2.

§ 50   Scheinwerfer für Fern- und Abblendlicht

(1) Für die Beleuchtung der Fahrbahn darf nur weißes Licht verwendet werden.

(2) Kraftfahrzeuge müssen mit 2 nach vorn wirkenden Scheinwerfern ausgerüstet sein, Krafträder – auch mit Beiwagen – mit einem Scheinwerfer. An mehrspurigen Kraftfahrzeugen, deren Breite 1000 mm nicht übersteigt, sowie an Krankenfahrstühlen und an Fahrzeugen, die die Baumerkmale von Krankenfahrstühlen haben, deren Geschwindigkeit aber 30 km/h übersteigt, genügt ein Scheinwerfer. Bei Kraftfahrzeugen mit einer durch die Bauart bestimmten Höchstgeschwindigkeit von nicht mehr als 8 km/h genügen Leuchten ohne Scheinwerferwirkung. Für einachsige Zug- oder Arbeitsmaschinen, die von Fußgängern an Holmen geführt werden, gilt § 17 Abs. 5 der Straßenverkehrs-Ordnung. Bei einachsigen Zugmaschinen, hinter denen ein einachsiger Anhänger mitgeführt wird, dürfen die Scheinwerfer statt an der Zugmaschine am Anhänger angebracht sein. Kraftfahrzeuge des Straßendienstes, die von den öffentlichen Verwaltungen oder in deren Auftrag verwendet werden und deren zeitweise vorgebaute Arbeitsgeräte die vorschriftsmäßig angebrachten Scheinwerfer verdecken, dürfen mit 2 zusätzlichen Scheinwerfern für Fern- und Abblendlicht oder zusätzlich mit Scheinwerfern nach Absatz 4 ausgerüstet sein, die höher als 1000 mm (Absatz 3) über der Fahrbahn angebracht sein dürfen; es darf jeweils nur ein Scheinwerferpaar einschaltbar sein. Die höher angebrachten

Scheinwerfer dürfen nur dann eingeschaltet werden, wenn die unteren Scheinwerfer verdeckt sind.

(3) Scheinwerfer müssen einstellbar und so befestigt sein, daß sie sich nicht unbeabsichtigt verstellen können. Bei Scheinwerfern für Abblendlicht darf der niedrigste Punkt der Spiegelkante nicht unter 500 mm und der höchste Punkt der leuchtenden Fläche nicht höher als 1200 mm über der Fahrbahn liegen. Satz 2 gilt nicht für

1. Fahrzeuge des Straßendienstes, die von den öffentlichen Verwaltungen oder in deren Auftrag verwendet werden,

2. selbstfahrende Arbeitsmaschinen und land- oder forstwirtschaftliche Zugmaschinen, deren Bauart eine vorschriftsmäßige Anbringung der Scheinwerfer nicht zuläßt. Ist der höchste Punkt der leuchtenden Fläche jedoch höher als 1500 mm über der Fahrbahn, dann dürfen sie bei eingeschalteten Scheinwerfern nur mit einer Geschwindigkeit von nicht mehr als 30 km/h gefahren werden (Betriebsvorschrift).

(4) Für das Fernlicht und für das Abblendlicht dürfen besondere Scheinwerfer vorhanden sein; sie dürfen so geschaltet sein, daß bei Fernlicht die Abblendscheinwerfer mitbrennen.

(5) Die Scheinwerfer müssen bei Dunkelheit die Fahrbahn so beleuchten (Fernlicht), daß die Beleuchtungsstärke in einer Entfernung von 100 m in der Längsachse des Fahrzeugs in Höhe der Scheinwerfermitten mindestens beträgt

1. 0,25 lx bei Krafträdern mit einem Hubraum von nicht mehr als 100 cm^3,

2. 0,50 lx bei Krafträdern mit einem Hubraum über 100 cm^3,

3. 1,00 lx bei anderen Kraftfahrzeugen.

Die Einschaltung des Fernlichts muß durch eine blau leuchtende Lampe im Blickfeld des Fahrzeugführers angezeigt werden; bei Krafträdern und Zugmaschinen mit offenem Führersitz kann die Einschaltung des Fernlichts durch die Stellung des Schalthebels angezeigt werden. Kraftfahrzeuge mit einer durch die Bauart bestimmten Höchstgeschwindigkeit von nicht mehr als 30 km/h brauchen nur mit Scheinwerfern ausgerüstet zu sein, die den Vorschriften des Absatzes 6 Satz 2 und 3 entsprechen.

(6) Paarweise verwendete Scheinwerfer für Fern- und Abblendlicht müssen so eingerichtet sein, daß sie nur gleichzeitig und gleichmäßig abgeblendet werden können. Die Blendung gilt als behoben (Abblendlicht), wenn die Beleuchtungsstärke in einer Entfernung von 25 m vor jedem einzelnen Scheinwerfer auf einer Ebene senkrecht zur Fahrbahn in Höhe der Scheinwerfermitte und darüber nicht mehr als 1 lx beträgt. Liegt der höchste Punkt der leuchtenden Fläche der Scheinwerfer (Absatz 3 Satz 2) mehr als 1200 mm über der Fahrbahn, so darf die Beleuchtungsstärke unter den gleichen Bedingungen oberhalb einer Höhe von 1000 mm 1 lx nicht übersteigen. Bei Scheinwerfern, deren Anbringungshöhe 1400 mm übersteigt, darf die Hell-Dunkel-Grenze 15 m vor dem Scheinwerfer nur halb so hoch liegen wie die Scheinwerfermitte. Bei Scheinwerfern für asymmetrisches Abblendlicht darf die 1-Lux-Grenze von dem der Scheinwerfermitte entsprechenden Punkt unter einem Winkel von 15° nach rechts ansteigen, sofern nicht in internationalen Vereinbarungen oder Rechtsakten nach § 21a etwas anderes bestimmt ist. Die Scheinwerfer müssen die Fahrbahn so beleuchten, daß die Beleuchtungsstärke in einer Entfernung von 25 m vor

den Scheinwerfern senkrecht zum auffallenden Licht in 150 mm Höhe über der Fahrbahn mindestens die in Absatz 5 angegebenen Werte erreicht.

(6a) Die Absätze 2 bis 6 gelten nicht für Mofas. Diese Fahrzeuge müssen mit einem Scheinwerfer für Dauerabblendlicht ausgerüstet sein, dessen Beleuchtungsstärke in einer Entfernung von 25 m vor dem Scheinwerfer auf einer Ebene senkrecht zur Fahrbahn in Höhe der Scheinwerfermitte und darüber nicht mehr als 1 lx beträgt. Der Scheinwerfer muß am Fahrzeug einstellbar sein und so befestigt sein, daß er sich nicht unbeabsichtigt verstellen kann. Die Nennleistung der Glühlampe im Scheinwerfer muß 15 W betragen. Die Sätze 1 bis 3 gelten auch für Kleinkrafträder und andere Fahrräder mit Hilfsmotor, wenn eine ausreichende elektrische Energieversorgung der Beleuchtungs- und Lichtsignaleinrichtungen nur bei Verwendung von Scheinwerfern für Dauerabblendlicht nach den Sätzen 2 und 4 sichergestellt ist.

(7) Die Beleuchtungsstärke ist bei stehendem Motor, vollgeladener Batterie und bei richtig eingestellten Scheinwerfern zu messen.

(8) Mehrspurige Kraftfahrzeuge, ausgenommen land- oder forstwirtschaftliche Zugmaschinen und Arbeitsmaschinen, müssen so beschaffen sein, daß die Ausrichtung des Abblendlichtbündels von Scheinwerfern, die nicht höher als 1200 mm über der Fahrbahn (Absatz 3) angebracht sind, den im Anhang zu dieser Vorschrift genannten Bestimmungen entspricht.

(9) Scheinwerfer für Fernlicht dürfen nur gleichzeitig oder paarweise einschaltbar sein; beim Abblenden müssen alle gleichzeitig erlöschen.

(10) Kraftfahrzeuge mit Scheinwerfern für Fern- und Abblendlicht, die mit Gasentladungslampen ausgestattet sind, müssen mit

1.   einer automatischen Leuchtweiteregelung im Sinne des Absatzes 8,

2.   einer Scheinwerferreinigungsanlage und

3.   einem System, das das ständige Eingeschaltetsein des Abblendlichtes auch bei Fernlicht sicherstellt,

ausgerüstet sein.

Abs. 3 Satz 3 Nr. 2 neu gefasst und Abs. 6a Satz 5 geändert durch VO v. 23. 7. 1990 (BGBl. I S. 1489); Abs. 10 angefügt durch VO v. 23. 3. 2000 (BGBl. I S. 310). **Zu Abs. 3 Satz 2, zu Abs. 6a und zu Abs. 8:** Vgl. § 72 Abs. 2.

§ 51   Begrenzungsleuchten, vordere Rückstrahler, Spurhalteleuchten

(1) Kraftfahrzeuge – ausgenommen Krafträder ohne Beiwagen und Kraftfahrzeuge mit einer Breite von weniger als 1000 mm – müssen zur Kenntlichmachung ihrer seitlichen Begrenzung an vorn mit 2 Begrenzungsleuchten ausgerüstet sein, bei denen der äußerste Punkt der leuchtenden Fläche nicht mehr als 400 mm von der breitesten Stelle des Fahrzeugumrisses entfernt sein darf. Zulässig sind 2 zusätzliche Begrenzungsleuchten, die Bestandteil der Scheinwerfer sein müssen. Beträgt der Abstand des äußersten Punktes der leuchtenden Fläche der Scheinwerfer von den breitesten Stellen des Fahrzeugumrisses nicht mehr als 400 mm, so genügen in die Scheinwerfer eingebaute Begrenzungsleuchten. Das Licht der Begrenzungsleuchten muß weiß sein; es darf nicht blenden. Die Begrenzungsleuchten müssen auch bei Fernlicht und Abblendlicht ständig leuchten. Bei

Krafträdern mit Beiwagen muß eine Begrenzungsleuchte auf der äußeren Seite des Beiwagens angebracht sein. Krafträder ohne Beiwagen dürfen im Scheinwerfer eine Leuchte nach Art der Begrenzungsleuchten führen; Satz 5 ist nicht anzuwenden. Begrenzungsleuchten an einachsigen Zug- oder Arbeitsmaschinen sind nicht erforderlich, wenn sie von Fußgängern an Holmen geführt werden oder ihre durch die Bauart bestimmte Höchstgeschwindigkeit 30 km/h nicht übersteigt und der Abstand des äußersten Punktes der leuchtenden Fläche der Scheinwerfer von der breitesten Stelle des Fahrzeugumrisses nicht mehr als 400 mm beträgt.

(2) Anhänger, deren äußerster Punkt des Fahrzeugumrisses mehr als 400 mm über den äußersten Punkt der leuchtenden Fläche der Begrenzungsleuchten des Zugfahrzeugs hinausragt, müssen an der Vorderseite durch zwei Begrenzungsleuchten kenntlich gemacht werden. Andere Anhänger dürfen an der Vorderseite mit zwei Begrenzungsleuchten ausgerüstet sein. An allen Anhängern dürfen an der Vorderseite zwei nicht dreieckige weiße Rückstrahler angebracht sein. Der äußerste Punkt der leuchtenden Fläche der Begrenzungsleuchten und der äußerste Punkt der leuchtenden Fläche der Rückstrahler dürfen nicht mehr als 150 mm, bei land- oder forstwirtschaftlichen Anhängern nicht mehr als 400 mm, vom äußersten Punkt des Fahrzeugumrisses des Anhängers entfernt sein.

(3) Der niedrigste Punkt der leuchtenden Fläche der Begrenzungsleuchten darf nicht weniger als 350 mm und ihr höchster Punkt der leuchtenden Fläche nicht mehr als 1500 mm über der Fahrbahn liegen. Läßt die Bauart des Fahrzeugs eine solche Anbringung nicht zu, so dürfen die Begrenzungsleuchten höher angebracht sein, jedoch nicht höher als 2100 mm. Bei den vorderen Rückstrahlern darf der niedrigste Punkt der leuchtenden Fläche nicht weniger als 350 mm und ihr höchster Punkt der leuchtenden Fläche nicht mehr als 900 mm über der Fahrbahn liegen. Läßt die Bauart des Fahrzeugs eine solche Anbringung nicht zu, so dürfen die Rückstrahler höher angebracht sein, jedoch nicht höher als 1500 mm.

(4) An Anhängern darf am hinteren Ende der beiden Längsseiten je eine nach vorn wirkende Leuchte für weißes Licht (Spurhalteleuchte) angebracht sein.

Zu Abs. 1 und zu Abs. 3: Vgl. § 72 Abs. 2.

§ 51a   Seitliche Kenntlichmachung

(1) Kraftfahrzeuge – ausgenommen Personenkraftwagen – mit einer Länge von mehr als 6 m sowie Anhänger müssen an den Längsseiten mit nach der Seite wirkenden gelben, nicht dreieckigen Rückstrahlern ausgerüstet sein. Mindestens je einer dieser Rückstrahler muß im mittleren Drittel des Fahrzeugs angeordnet sein; der am weitesten vorn angebrachte Rückstrahler darf nicht mehr als 3 m vom vordersten Punkt des Fahrzeugs, bei Anhängern vom vordersten Punkt der Zugeinrichtung entfernt sein. Zwischen zwei aufeinanderfolgenden Rückstrahlern darf der Abstand nicht mehr als 3 m betragen. Der am weitesten hinten angebrachte Rückstrahler darf nicht mehr als 1 m vom hintersten Punkt des Fahrzeugs entfernt sein. Die Höhe über der Fahrbahn (höchster Punkt der leuchtenden Fläche) darf nicht mehr als 900 mm betragen. Läßt die Bauart des Fahrzeugs das nicht zu, so dürfen die Rückstrahler höher angebracht sein, jedoch nicht höher als

1500 mm. Krankenfahrstühle müssen an den Längsseiten mit mindestens je einem gelben Rückstrahler ausgerüstet sein, der nicht höher als 600 mm, jedoch so tief wie möglich angebracht sein muß. Diese Rückstrahler dürfen auch an den Speichen der Räder angebracht sein.

(2) Die nach Absatz 1 anzubringenden Rückstrahler dürfen abnehmbar sein

1. an Fahrzeugen, deren Bauart eine dauernde feste Anbringung nicht zuläßt,

2. an land- oder forstwirtschaftlichen Bodenbearbeitungsgeräten, die hinter Kraftfahrzeugen mitgeführt werden, und

3. an Fahrgestellen, die zur Vervollständigung überführt werden.

(3) Die seitliche Kenntlichmachung von Fahrzeugen, für die sie nicht vorgeschrieben ist, muß Absatz 1 entsprechen. Jedoch genügt je ein Rückstrahler im vorderen und im hinteren Drittel.

(4) Retroreflektierende gelbe waagerechte Streifen, die unterbrochen sein können, an den Längsseiten von Fahrzeugen sind zulässig. Sie dürfen nicht die Form von Schriftzügen oder Emblemen haben. § 53 Abs. 10 Nr. 3 ist anzuwenden.

(5) Ringförmig zusammenhängende retroreflektierende weiße Streifen an den Reifen von Krafträdern und Krankenfahrstühlen sind zulässig.

(6) Fahrzeuge mit einer Länge von mehr als 6,0 m – ausgenommen Fahrgestelle mit Führerhaus, land- oder forstwirtschaftliche Zug- und Arbeitsmaschinen und deren Anhänger sowie Arbeitsmaschinen, die hinsichtlich der Baumerkmale ihres Fahrgestells nicht den Lastkraftwagen und Zugmaschinen gleichzusetzen sind, – müssen an den Längsseiten mit nach der Seite wirkenden gelben Seitenmarkierungsleuchten nach der Richtlinie 76/756/ EWG ausgerüstet sein. Für andere mehrspurige Fahrzeuge ist die entsprechende Anbringung von Seitenmarkierungsleuchten zulässig. Ist die hintere Seitenmarkierungsleuchte mit der Schlußleuchte, Umrißleuchte, Nebelschlußleuchte oder Bremsleuchte zusammengebaut, kombiniert oder ineinandergebaut oder bildet sie den Teil einer gemeinsam leuchtenden Fläche mit dem Rückstrahler, so darf sie auch rot sein.

(7) Zusätzlich zu den nach Absatz 1 vorgeschriebenen Einrichtungen sind Fahrzeugkombinationen mit Nachläufern zum Transport von Langmaterial über ihre gesamte Länge (einschließlich Ladung) durch gelbes retroreflektierendes Material, das mindestens dem Typ 2 des Normblattes DIN 67 520 Teil 2, Ausgabe Juni 1994, entsprechen muß, seitlich kenntlich zu machen in Form von Streifen, Bändern, Schlauch- oder Kabelumhüllungen oder in ähnlicher Ausführung. Kurze Unterbrechungen, die durch die Art der Ladung oder die Konstruktion der Fahrzeuge bedingt sind, sind zulässig. Die Einrichtungen sind so tief anzubringen, wie es die konstruktive Beschaffenheit der Fahrzeuge und der Ladung zuläßt. Abweichend von

Absatz 6 sind an Nachläufern von Fahrzeugkombinationen zum Transport von Langmaterial an den Längsseiten soweit wie möglich vorne und hinten jeweils eine Seitenmarkierungsleuchte anzubringen.

Abs. 6 angefügt durch VO v. 23. 6. 1993 (BGBl. I S. 1024); Abs. 6 Satz 1 neu gefasst durch VO v. 25. 10. 1994 (BGBl. I S. 3127); Abs. 7 angefügt durch VO v. 12. 8. 1997 (BGBl. I S. 2051); Abs. 4 Satz 3 angefügt durch VO v. 23. 3. 2000 (BGBl. I S. 310).
Zu § 51a insgesamt und zu Abs. 6 und zu Abs. 7: Vgl. § 72 Abs. 2.

§ 51b Umrißleuchten

(1) Umrißleuchten sind Leuchten, die die Breite über alles eines Fahrzeugs deutlich anzeigen. Sie sollen bei bestimmten Fahrzeugen die Begrenzungs- und Schlußleuchten ergänzen und die Aufmerksamkeit auf besondere Fahrzeugumrisse lenken.

(2) Fahrzeuge mit einer Breite von mehr als 2,10 m müssen und Fahrzeuge mit einer Breite von mehr als 1,80 m, aber nicht mehr als 2,10 m dürfen auf jeder Seite mit einer nach vorn wirkenden weißen und einer nach hinten wirkenden roten Umrißleuchte ausgerüstet sein. Die Leuchten einer Fahrzeugseite dürfen zu einer Leuchte zusammengefaßt sein. In allen Fällen muß der Abstand zwischen den leuchtenden Flächen dieser Leuchten und der Begrenzungsleuchte oder Schlußleuchte auf der gleichen Fahrzeugseite mehr als 200 mm betragen.

(3) Umrißleuchten müssen entsprechend den im Anhang zu dieser Vorschrift genannten Bestimmungen an den Fahrzeugen angebracht sein. Für Arbeitsmaschinen gelten die Anbauvorschriften für Anhänger und Sattelanhänger.

(4) Umrißleuchten sind nicht erforderlich an

1. land- oder forstwirtschaftlichen Zug- und Arbeitsmaschinen und ihren Anhängern und

2. allen Anbaugeräten und Anhängegeräten hinter land- oder forstwirtschaftlichen Zugmaschinen.

(5) Werden Umrißleuchten an Fahrzeugen angebracht, für die sie nicht vorgeschrieben sind, müssen sie den Vorschriften der Absätze 1 bis 3 entsprechen.

(6) Umrißleuchten dürfen nicht an Fahrzeugen und Anbaugeräten angebracht werden, deren Breite über alles nicht mehr als 1,80 m beträgt.

Abs. 2 Satz 2 gestrichen, Abs. 3 eingefügt und bisherige Abs. 3 bis 5 als Abs. 4 bis 6 eingeordnet durch VO v. 23. 7. 1990 (BGBl. I S. 1489); Abs. 3 Satz 1 geändert durch VO v. 25. 10. 1994 (BGBl. I S. 3127).
Zu Abs. 1, 2, 4, 5 u. 6 und zu Abs. 3: Vgl. § 72 Abs. 2.

§ 51c Parkleuchten, Park-Warntafeln

(1) Parkleuchten und Park-Warntafeln zeigen die seitliche Begrenzung eines geparkten Fahrzeugs an.

(2) An Kraftfahrzeugen, Anhängern und Zügen dürfen angebracht sein:

1. eine nach vorn wirkende Parkleuchte für weißes Licht und eine nach hinten wirkende Parkleuchte für rotes Licht für jede Fahrzeugseite oder

2. eine Begrenzungsleuchte und eine Schlußleuchte oder

3. eine abnehmbare Parkleuchte für weißes Licht für die Vorderseite und eine abnehmbare Parkleuchte für rotes Licht für die Rückseite oder

4. je eine Park-Warntafel für die Vorderseite und die Rückseite des Fahrzeugs oder Zuges mit je 100 mm breiten unter 45° nach außen und unten verlaufenden roten und weißen Streifen.

An Fahrzeugen, die nicht breiter als 2000 mm und nicht länger als 6000 mm sind, dürfen sowohl die Parkleuchten nach Nummer 1 einer jeden Fahrzeugseite als auch die nach Nummer 3 zu einem Gerät vereinigt sein.

(3) Die Leuchten nach Absatz 2 Satz 1 Nr. 1 und 3 und Satz 2 müssen so am Fahrzeug angebracht sein, daß der unterste Punkt der leuchtenden Fläche mehr als 350 mm und der höchste Punkt der leuchtenden Fäche nicht mehr als 1500 mm von der Fahrbahn entfernt sind. Der äußerste Punkt der leuchtenden Fläche der Leuchten darf vom äußersten Punkt des Fahrzeugumrisses nicht mehr als 400 mm entfernt sein.

(4) Die Leuchten nach Absatz 2 Satz 1 Nr. 3 müssen während des Betriebs am Bordnetz anschließbar oder mit aufladbaren Stromquellen ausgerüstet sein, die im Fahrbetrieb ständig am Bordnetz angeschlossen sein müssen.

(5) Park-Warntafeln, deren wirksame Teile nur bei parkenden Fahrzeugen sichtbar sein dürfen, müssen auf der dem Verkehr zugewandten Seite des Fahrzeugs oder Zuges möglichst niedrig und nicht höher als 1000 mm (höchster Punkt der leuchtenden Fläche) so angebracht sein, daß sie mit dem Umriß des Fahrzeugs, Zuges oder der Ladung abschließen. Abweichungen von nicht mehr als 100 mm nach innen sind zulässig. Rückstrahler und amtliche Kennzeichen dürfen durch Park-Warntafeln nicht verdeckt werden.

§ 52   Zusätzliche Scheinwerfer und Leuchten

(1) Außer mit den in § 50 vorgeschriebenen Scheinwerfern zur Beleuchtung der Fahrbahn dürfen mehrspurige Kraftfahrzeuge mit 2 Nebelscheinwerfern für weißes oder hellgelbes Licht ausgerüstet sein, Krafträder, auch mit Beiwagen, mit nur einem Nebelscheinwerfer. Sie dürfen nicht höher als die am Fahrzeug befindlichen Scheinwerfer für Abblendlicht angebracht sein. Sind mehrspurige Kraftfahrzeuge mit Nebelscheinwerfern ausgerüstet, bei denen der äußere Rand der Lichtaustrittsfläche mehr als 400 mm von der breitesten Stelle des Fahrzeugumrisses entfernt ist, so müssen die Nebelscheinwerfer so geschaltet sein, daß sie nur zusammen mit dem Abblendlicht brennen können. Nebelscheinwerfer müssen einstellbar und an dafür geeigneten Teilen der Fahrzeuge so befestigt sein, daß sie sich nicht unbeabsichtigt verstellen können. Sie müssen so eingestellt sein, daß eine Blendung anderer Verkehrsteilnehmer nicht zu erwarten ist. Die Blendung gilt als behoben, wenn die Beleuchtungsstärke in einer Entfernung von 25 m vor jedem einzelnen Nebelscheinwerfer auf einer Ebene senkrecht zur Fahrbahn in Höhe der Scheinwerfermitte und darüber bei Nennspannung an den Klemmen der Scheinwerferlampe nicht mehr als 1 lx beträgt.

(2) Ein Suchscheinwerfer für weißes Licht ist zulässig. Die Leistungsaufnahme darf nicht mehr als 35 W betragen. Er darf nur zugleich mit den Schlußleuchten und der Kennzeichenbeleuchtung einschaltbar sein.

(3) Mit einer oder mehreren Kennleuchten für blaues Blinklicht (Rundumlicht) dürfen ausgerüstet sein

1. Kraftfahrzeuge, die dem Vollzugsdienst der Polizei, der Militärpolizei, des Bundesgrenzschutzes oder des Zolldienstes dienen, insbesondere Kommando-, Streifen-, Mannschaftstransport-, Verkehrsunfall-, Mordkommissionsfahrzeuge,

2. Einsatz- und Kommando-Kraftfahrzeuge der Feuerwehren und der anderen Einheiten und Einrichtungen des Katastrophenschutzes und des Rettungsdienstes,

3. Kraftfahrzeuge, die nach dem Fahrzeugschein als Unfallhilfswagen öffentlicher Verkehrsbetriebe mit spurgeführten Fahrzeugen, einschließlich Oberleitungsomnibussen anerkannt sind,

4. Kraftfahrzeuge des Rettungsdienstes, die für Krankentransport oder Notfallrettung besonders eingerichtet und nach dem Fahrzeugschein als Krankenkraftwagen anerkannt sind.

Kennleuchten für blaues Blinklicht mit einer Hauptabstrahlrichtung nach vorne sind an Kraftfahrzeugen nach Satz 1 zulässig, jedoch bei mehrspurigen Kraftfahrzeugen nur in Verbindung mit Kennleuchten für blaues Blinklicht (Rundumlicht).

(3a) Kraftfahrzeuge des Vollzugsdienstes der Polizei dürfen nach vorn und hinten wirkende Signalgeber für rote und gelbe Lichtschrift haben. Anstelle der Signalgeber dürfen auch fluoreszierende oder retroreflektierende Folien verwendet werden.

(4) Mit einer oder, wenn die horizontale und vertikale Sichtbarkeit (geometrische Sichtbarkeit) es erfordert, mehreren Kennleuchten für gelbes Blinklicht (Rundumlicht) dürfen ausgerüstet sein

1. Fahrzeuge, die dem Bau, der Unterhaltung oder Reinigung von Straßen oder von Anlagen im Straßenraum oder die der Müllabfuhr dienen und durch rot-weiße Warnmarkierungen (Sicherheitskennzeichnung), die dem Normblatt DIN 30 710, Ausgabe März 1990, entsprechen müssen, gekennzeichnet sind,

2. Kraftfahrzeuge, die nach ihrer Bauart oder Einrichtung zur Pannenhilfe geeignet und nach dem Fahrzeugschein als Pannenhilfsfahrzeug anerkannt sind. Die Zulassungsstelle kann zur Vorbereitung ihrer Entscheidung die Beibringung des Gutachtens eines amtlich anerkannten Sachverständigen oder Prüfers für den Kraftfahrzeugverkehr darüber anordnen, ob das Kraftfahrzeug nach seiner Bauart oder Einrichtung zur Pannenhilfe geeignet ist. Die Anerkennung ist nur zulässig für Fahrzeuge von Betrieben, die gewerblich oder innerbetrieblich Pannenhilfe leisten, von Automobilclubs und von Verbänden des Verkehrsgewerbes und der Autoversicherer,

3. Fahrzeuge mit ungewöhnlicher Breite oder Länge oder mit ungewöhnlich breiter oder langer Ladung, sofern die genehmigende Behörde die Führung der Kennleuchten vorgeschrieben hat,

4. Fahrzeuge, die aufgrund ihrer Ausrüstung als Schwer- oder Großraumtransport-Begleitfahrzeuge ausgerüstet und nach dem Fahrzeugschein anerkannt sind. Andere Begleitfahrzeuge dürfen mit abnehmbaren Kennleuchten ausgerüstet sein, sofern die genehmigende Behörde die Führung der Kennleuchten vorgeschrieben hat.

(5) Krankenkraftwagen (Absatz 3 Nr. 4) dürfen mit einer nur nach vorn wirkenden besonderen Beleuchtungseinrichtung (z. B. Rot-Kreuz-Leuchte) ausgerüstet sein, um den Verwendungszweck des Fahrzeugs kenntlich zu machen. Die Beleuchtungseinrichtung darf keine Scheinwerferwirkung haben.

(6) An Kraftfahrzeugen, in denen ein Arzt zur Hilfeleistung in Notfällen unterwegs ist, darf während des Einsatzes ein nach vorn und nach hinten wirkendes Schild mit der in schwarzer Farbe auf gelbem Grund versehenen Aufschrift „Arzt Notfalleinsatz" auf dem Dach angebracht sein, das gelbes Blinklicht ausstrahlt; dies gilt nur, wenn der Arzt zum Führen des Schildes berechtigt ist. Die Berechtigung zum Führen des Schildes erteilt auf Antrag die Zulassungsstelle; sie entscheidet nach Anhörung der zuständigen Ärztekammer. Der Berechtigte erhält hierüber eine Bescheinigung, die während der Einsatzfahrt mitzuführen und zuständigen Personen auf Verlangen zur Prüfung auszuhändigen ist.

(7) Mehrspurige Fahrzeuge dürfen mit einer oder mehreren Leuchten zur Beleuchtung von Arbeitsgeräten und Arbeitsstellen (Arbeitsscheinwerfer) ausgerüstet sein. Arbeitsscheinwerfer dürfen nicht während der Fahrt benutzt werden. An Fahrzeugen, die dem Bau, der Unterhaltung oder der Reinigung von Straßen oder Anlagen im Straßenraum oder der Müllabfuhr dienen, dürfen Arbeitsscheinwerfer abweichend von Satz 2 auch während der Fahrt eingeschaltet sein, wenn die Fahrt zum Arbeitsvorgang gehört. Arbeitsscheinwerfer dürfen nur dann eingeschaltet werden, wenn sie andere Verkehrsteilnehmer nicht blenden.

(8) Türsicherungsleuchten für rotes Licht, die beim Öffnen der Fahrzeugtüren nach rückwärts leuchten, sind zulässig; für den gleichen Zweck dürfen auch rote rückstrahlende Mittel verwendet werden.

(9) Vorzeltleuchten an Wohnwagen und Wohnmobilen sind zulässig. Sie dürfen nicht während der Fahrt benutzt und nur dann eingeschaltet werden, wenn nicht zu erwarten ist, daß sie Verkehrsteilnehmer auf öffentlichen Straßen blenden.

(10) Kraftfahrzeuge nach Absatz 3 Nr. 4 dürfen mit horizontal umlaufenden Streifen in leuchtrot nach DIN 6164, Teil 1, Ausgabe Februar 1980, ausgerüstet sein.

Abs. 3a eingefügt durch VO v. 23. 7. 1990 (BGBl. I S. 1489); Abs. 3 Nr. 4 neu gefasst durch VO v. 24. 4. 1992 (BGBl. I S. 965); Abs. 3 Nr. 4 geändert sowie Abs. 4 Nr. 4 und Abs. 10 angefügt durch VO v. 23. 6. 1993 (BGBl. I S. 1024); Abs. 3 Satz 2 angefügt und Abs. 4 Nr. 1 geändert durch VO v. 12. 8. 1997 (BGBl. I S. 2051); Abs. 3 Nr. 3 geändert sowie Nr. 5 gestrichen sowie Abs. 7 Satz 1 geändert durch VO v. 23. 3. 2000 (BGBl. I S. 310).
Zu Abs. 3 Nr. 4 und zu Abs. 6: Vgl. § 72 Abs. 2.

§ 52a   Rückfahrscheinwerfer

(1) Der Rückfahrscheinwerfer ist eine Leuchte, die die Fahrbahn hinter und gegebenenfalls neben dem Fahrzeug ausleuchtet und anderen Verkehrsteilnehmern anzeigt, daß das Fahrzeug rückwärts fährt oder zu fahren beginnt.

(2) Kraftfahrzeuge müssen hinten mit einem oder zwei Rückfahrscheinwerfern für weißes Licht ausgerüstet sein. An Anhängern sind hinten ein oder

zwei Rückfahrscheinwerfer zulässig. Der niedrigste Punkt der leuchtenden Fläche darf nicht weniger als 250 mm und der höchste Punkt der leuchtenden Fläche nicht mehr als 1200 mm über der Fahrbahn liegen.

(3) An mehrspurigen Kraftfahrzeugen mit einem zulässigen Gesamtgewicht von mehr als 3,5 t darf auf jeder Längsseite ein Rückfahrscheinwerfer angebaut sein. Der höchste Punkt der leuchtenden Fläche darf nicht mehr als 1200 mm über der Fahrbahn liegen. Diese Rückfahrscheinwerfer dürfen seitlich nicht mehr als 50 mm über den Fahrzeugumriß hinausragen.

(4) Rückfahrscheinwerfer dürfen nur bei eingelegtem Rückwärtsgang leuchten können, wenn die Einrichtung zum Anlassen oder Stillsetzen des Motors sich in der Stellung befindet, in der der Motor arbeiten kann. Ist eine der beiden Voraussetzungen nicht gegeben, so dürfen sie nicht eingeschaltet werden können oder eingeschaltet bleiben.

(5) Rückfahrscheinwerfer müssen, soweit nicht über eine Bauartgenehmigung eine andere Ausrichtung vorgeschrieben ist, so geneigt sein, daß sie die Fahrbahn auf nicht mehr als 10 m hinter der Leuchte beleuchten.

(6) Rückfahrscheinwerfer sind nicht erforderlich an
1. Krafträdern,
2. land- oder forstwirtschaftlichen Zug- oder Arbeitsmaschinen,
3. einachsigen Zugmaschinen,
4. Arbeitsmaschinen,
5. Krankenfahrstühlen.

(7) Werden Rückfahrscheinwerfer an Fahrzeugen angebracht, für die sie nicht vorgeschrieben sind, müssen sie den Vorschriften der Absätze 2, 4 und 5 entsprechen.

Abs. 1 neu gefasst, Abs. 3 eingefügt und bisherige Abs. 3 bis 6 als Abs. 4 bis 7 eingeordnet sowie nunmehrige Abs. 5 und 7 geändert durch VO v. 23. 7. 1990 (BGBl. I S. 1489).
Vgl. § 72 Abs. 2.

§ 53 Schlußleuchten, Bremsleuchten, Rückstrahler

(1) Kraftfahrzeuge und ihre Anhänger müssen hinten mit zwei ausreichend wirkenden Schlußleuchten für rotes Licht ausgerüstet sein. Krafträder ohne Beiwagen brauchen nur eine Schlußleuchte zu haben. Der niedrigste Punkt der leuchtenden Fläche der Schlußleuchten muß nicht tiefer als 350 mm, bei Krafträdern nicht tiefer als 250 mm, und der höchste Punkt der leuchtenden Fläche nicht höher als 1500 mm, bei Arbeitsmaschinen und land- oder forstwirtschaftlichen Zugmaschinen nicht höher als 1900 mm über der Fahrbahn liegen. Wenn die Form des Aufbaus die Einhaltung dieser Maße nicht zuläßt, darf der höchste Punkt der leuchtenden Fläche nicht höher als 2100 mm über der Fahrbahn liegen. Die Schlußleuchten müssen möglichst weit voneinander angebracht, der äußerste Punkt der leuchtenden Fläche darf nicht mehr als 400 mm von der breitesten Stelle des Fahrzeugumrisses entfernt sein. Mehrspurige Kraftfahrzeuge und ihre Anhänger dürfen mit zwei zusätzlichen Schlußleuchten ausgerüstet sein. Vorgeschriebene Schlußleuchten dürfen an einer gemeinsamen Sicherung nicht angeschlossen sein.

(2) Kraftfahrzeuge und ihre Anhänger müssen hinten mit zwei ausreichend wirkenden Bremsleuchten für rotes Licht ausgerüstet sein, die nach rück-

wärts die Betätigung der Betriebsbremse, bei Fahrzeugen nach § 41 Abs. 7 der mechanischen Bremse, anzeigen. Die Bremsleuchten dürfen auch bei Betätigen eines Retarders oder einer ähnlichen Einrichtung aufleuchten. Bremsleuchten, die in der Nähe der Schlußleuchten angebracht oder damit zusammengebaut sind, müssen stärker als diese leuchten. Bremsleuchten sind nicht erforderlich an

1. Krafträdern mit oder ohne Beiwagen mit einer durch die Bauart bestimmten Höchstgeschwindigkeit von nicht mehr als 50 km/h,

2. Krankenfahrstühlen,

3. Anhängern hinter Fahrzeugen nach den Nummern 1 und 2 und

4. Fahrzeugen mit hydrostatischem Fahrantrieb, der als Betriebsbremse anerkannt ist.

Bremsleuchten an Fahrzeugen, für die sie nicht vorgeschrieben sind, müssen den Vorschriften dieses Absatzes entsprechen. An Krafträdern ohne Beiwagen ist nur eine Bremsleuchte zulässig. Der niedrigste Punkt der leuchtenden Fläche der Bremsleuchten darf nicht tiefer als 350 mm und der höchste Punkt der leuchtenden Fläche nicht höher als 1500 mm über der Fahrbahn liegen. An Fahrzeugen des Straßendienstes, die von öffentlichen Verwaltungen oder in deren Auftrag verwendet werden, darf der höchste Punkt der leuchtenden Fläche der Bremsleuchten höher als 1500 mm über der Fahrbahn liegen. An Arbeitsmaschinen und land- oder forstwirtschaftlichen Zugmaschinen darf der höchste Punkt der leuchtenden Fläche nicht höher als 1900 mm und, wenn die Form des Aufbaus die Einhaltung dieses Maßes nicht zuläßt, nicht höher als 2100 mm über der Fahrbahn liegen. Mehrspurige Kraftfahrzeuge und ihre Anhänger mit zwei zusätzlichen, höher als 1000 mm über der Fahrbahn liegenden, innen oder außen am Fahrzeug fest angebrachten Bremsleuchten ausgerüstet sein, die abweichend von Satz 6 auch höher als 1500 mm über der Fahrbahn angebracht sein dürfen. Sie müssen so weit wie möglich voneinander entfernt angebracht sein.

(3) (aufgehoben)

(4) Kraftfahrzeuge müssen an der Rückseite mit 2 roten Rückstrahlern ausgerüstet sein. Anhänger müssen mit 2 dreieckigen roten Rückstrahlern ausgerüstet sein; die Seitenlänge solcher Rückstrahler muß mindestens 150 mm betragen, die Spitze des Dreiecks muß nach oben zeigen. Der äußerste Punkt der leuchtenden Fläche der Rückstrahler darf nicht mehr als 400 mm vom äußersten Punkt des Fahrzeugumrisses und ihr höchster Punkt der leuchtenden Fläche nicht höher als 900 mm über der Fahrbahn entfernt sein. Ist wegen der Bauart des Fahrzeugs eine solche Anbringung der Rückstrahler nicht möglich, so sind 2 zusätzliche Rückstrahler erforderlich, wobei ein Paar Rückstrahler so niedrig wie möglich und nicht mehr als 400 mm von der breitesten Stelle des Fahrzeugumrisses entfernt und das andere Paar möglichst weit auseinander und höchstens 900 mm über der Fahrbahn angebracht sein muß. Krafträder ohne Beiwagen brauchen nur mit einem Rückstrahler ausgerüstet zu sein. An den hinter Kraftfahrzeugen mitgeführten Schneeräumgeräten mit einer Breite von mehr als 3 m muß in der Mitte zwischen den beiden anderen Rückstrahlern ein zusätzlicher dreieckiger Rückstrahler angebracht sein. Fahrräder mit Hilfsmotor dürfen mit Pedalrückstrahlern (§ 67 Abs. 6) ausgerüstet sein. Dreieckige Rückstrahler sind an Kraftfahrzeugen nicht zulässig.

(5) Vorgeschriebene Schlußleuchten, Bremsleuchten und Rückstrahler müssen am äußersten Ende des Fahrzeugs angebracht sein. Ist dies wegen der Bauart des Fahrzeugs nicht möglich, und beträgt der Abstand des äußersten Endes des Fahrzeugs von den zur Längsachse des Fahrzeugs senkrecht liegenden Ebenen, an denen sich die Schlußleuchten, die Bremsleuchten oder die Rückstrahler befinden, mehr als 1000 mm, so muß je eine der genannten Einrichtungen zusätzlich möglichst weit hinten und möglichst in der nach den Absätzen 1, 2 und 4 vorgeschriebenen Höhe etwa in der Mittellinie der Fahrzeugspur angebracht sein. Nach hinten hinausragende fahrbare Anhängeleitern, Förderbänder und Kräne sind außerdem am Tage wie eine Ladung nach § 22 Abs. 4 der Straßenverkehrs-Ordnung kenntlich zu machen.

(6) Die Absätze 1 und 2 gelten nicht für einachsige Zug- oder Arbeitsmaschinen. Sind einachsige Zug- oder Arbeitsmaschinen mit einem Anhänger verbunden, so müssen an der Rückseite des Anhängers die für Kraftfahrzeuge vorgeschriebenen Schlußleuchten angebracht sein. An einspurigen Anhängern hinter einachsigen Zug- oder Arbeitsmaschinen und hinter Krafträdern – auch mit Beiwagen – genügen für die rückwärtige Sicherung eine Schlußleuchte und ein dreieckiger Rückstrahler.

(7) Abweichend von Absatz 4 Satz 2 dürfen
1. land- oder forstwirtschaftliche Arbeitsgeräte, die hinter Kraftfahrzeugen mitgeführt werden und nur im Fahren eine ihrem Zweck entsprechende Arbeit leisten können,
2. eisenbereifte Anhänger, die nur für land- oder forstwirtschaftliche Zwecke verwendet werden,

mit Rückstrahlern ausgerüstet sein, wie sie nach Absatz 4 Satz 1 und 8 für Kraftfahrzeuge vorgeschrieben sind.

(7a) Anhänger, die nur für land- oder forstwirtschaftliche Zwecke eingesetzt werden, können neben den Rückstrahlern nach Absatz 4 Satz 2 auch Rückstrahler führen, wie sie für Kraftfahrzeuge vorgeschrieben sind.

(7b) Rückstrahler an hinter Kraftfahrzeugen mitgeführten land- oder forstwirtschaftlichen Bodenbearbeitungsgeräten dürfen abnehmbar sein.

(8) Mit Abschleppwagen oder Abschleppachsen abgeschleppte Fahrzeuge müssen Schlußleuchten, Bremsleuchten, Rückstrahler und Fahrtrichtungsanzeiger haben. Diese Beleuchtungseinrichtungen dürfen auf einem Leuchtenträger (§ 49a Abs. 9) angebracht sein; sie müssen vom abschleppenden Fahrzeug aus betätigt werden können.

(9) Schlußleuchten, Bremsleuchten und rote Rückstrahler – ausgenommen zusätzliche Bremsleuchten und zusätzliche Schlußleuchten – dürfen nicht an beweglichen Fahrzeugteilen angebracht werden. Das gilt nicht für lichttechnische Einrichtungen, die nach § 49a Abs. 9 und 10 abnehmbar sein dürfen.

(10) Die Kennzeichnung von
1. Kraftfahrzeugen, deren durch die Bauart bestimmte Höchstgeschwindigkeit nicht mehr als 30 km/h beträgt, und ihren Anhängern mit einer dreieckigen Tafel mit abgeflachten Ecken, die der im Anhang zu dieser Vorschrift genannten Bestimmung entspricht,

2. schweren und langen Kraftfahrzeugen und Anhängern mit rechteckigen Tafeln, die der im Anhang zu dieser Vorschrift genannten Bestimmung entsprechen, und

3. schweren und langen Fahrzeugen – ausgenommen Personenkraftwagen – mit einer Länge von mehr als 6,00 m mit Konturmarkierungen aus weißen oder gelben retroreflektierenden Materialien, die den im Anhang zu dieser Vorschrift genannten Bestimmungen entsprechen,

ist zulässig. Bei den in Satz 1 Nr. 3 genannten Fahrzeugen ist in Verbindung mit der Konturmarkierung Werbung auch aus andersfarbigen retroreflektierenden Materialien auf den Seitenflächen der Fahrzeuge zulässig, die den im Anhang zu dieser Vorschrift genannten Bestimmungen entspricht.

Abs. 1 Satz 2 eingefügt und Satz 6 neu gefasst sowie Abs. 2 Satz 3 Nr. 4 und Satz 10 angefügt sowie Abs. 5 Satz 1 und Abs. 8 Satz 1 geändert durch VO v. 23. 7. 1990 (BGBl. I S. 1489); Abs. 10 angefügt durch VO v. 23. 6. 1993 (BGBl. I S. 1024); Abs. 2 Satz 2 eingefügt und Abs. 10 neu gefasst durch VO v. 12. 8. 1997 (BGBl. I S. 2051); Abs. 10 Satz 1 Nr. 3 sowie Satz 2 angefügt durch VO v. 23. 3. 2000 (BGBl. I S. 310).
Zu Abs. 1, zu Abs. 2 Satz 1, zu Abs. 2, zu Abs. 4 und zu Abs. 9: Vgl. § 72 Abs. 2.

§ 53a   Warndreieck, Warnleuchte, Warnblinkanlage

(1) Warndreiecke und Warnleuchten müssen tragbar, standsicher und so beschaffen sein, daß sie bei Gebrauch auf ausreichende Entfernung erkennbar sind. Warndreiecke müssen rückstrahlend sein, Warnleuchten müssen gelbes Blinklicht abstrahlen, von der Lichtanlage des Fahrzeugs unabhängig sein und eine ausreichende Brenndauer haben. Die Warneinrichtungen müssen in betriebsfertigem Zustand sein.

(2) In Kraftfahrzeugen mit Ausnahme von Krankenfahrstühlen, Krafträdern und einachsigen Zug- oder Arbeitsmaschinen müssen mindestens folgende Warneinrichtungen mitgeführt werden:

1. in Personenkraftwagen, land- oder forstwirtschaftlichen Zug- oder Arbeitsmaschinen sowie in anderen Kraftfahrzeugen mit einem zulässigen Gesamtgewicht von nicht mehr als 3,5 t:
   ein Warndreieck;

2. in Kraftfahrzeugen mit einem zulässigen Gesamtgewicht von mehr als 3,5 t:
   ein Warndreieck und getrennt davon eine Warnleuchte. Als Warnleuchte darf auch eine tragbare Blinkleuchte nach § 53b Abs. 5 Satz 7 mitgeführt werden.

(3) Warnleuchten, die mitgeführt werden, ohne daß sie nach Absatz 2 vorgeschrieben sind, dürfen abweichend von Absatz 1 von der Lichtanlage des Fahrzeugs abhängig, im Fahrzeug fest angebracht oder so beschaffen sein, daß sie bei Bedarf innen oder außen am Fahrzeug angebracht werden können. Sie müssen der Nummer 20 der Technischen Anforderungen an Fahrzeugteile bei der Bauartprüfung nach § 22a der Straßenverkehrs-Zulassungs-Ordnung (Verkehrsblatt 1973 S. 558) entsprechen.

(4) Fahrzeuge (ausgenommen zweirädrige und dreirädrige Kleinkrafträder und vierrädrige Leichtkraftfahrzeuge), die mit Fahrtrichtungsanzeigern ausgerüstet sein müssen, müssen zusätzlich eine Warnblinkanlage haben. Sie muß wie folgt beschaffen sein:

1. Für die Schaltung muß im Kraftfahrzeug ein besonderer Schalter vorhanden sein.

2. Nach dem Einschalten müssen alle am Fahrzeug oder Zug vorhandenen Blinkleuchten gleichzeitig mit einer Frequenz von 1,5 Hz ± 0,5 Hz (90 Impulse ± 30 Impulse in der Minute) gelbes Blinklicht abstrahlen.

3. Dem Fahrzeugführer muß durch eine auffällige Kontrolleuchte nach § 39a angezeigt werden, daß das Warnblinklicht eingeschaltet ist.

(5) Warnblinkanlagen an Fahrzeugen, für die sie nicht vorgeschrieben sind, müssen den Vorschriften des Absatzes 4 entsprechen.

Abs. 2 Nr. 2 Satz 2 angefügt durch VO v. 23. 6. 1993 (BGBl. I S. 1024); Abs. 2 Nr. 1 u. 2 geändert durch VO v. 12. 8. 1997 (BGBl. I S. 2051); Abs. 4 Satz 1 und Satz 2 Nr. 3 geändert durch VO v. 23. 3. 2000 (BGBl. I S. 310).
Zu Abs. 3: Vgl. § 72 Abs. 2.

§ 53b Ausrüstung und Kenntlichmachung von Anbaugeräten und Hubladebühnen

(1) Anbaugeräte, die seitlich mehr als 400 mm über den äußersten Punkt der leuchtenden Flächen der Begrenzungs- oder der Schlußleuchten des Fahrzeugs hinausragen, müssen mit Begrenzungsleuchten (§ 51 Abs. 1), Schlußleuchten (§ 53 Abs. 1) und Rückstrahlern (§ 53 Abs. 4) ausgerüstet sein. Die Leuchten müssen so angebracht sein, daß der äußerste Punkt ihrer leuchtenden Fläche nicht mehr als 400 mm von der äußersten Begrenzung des Anbaugerätes und der höchste Punkt der leuchtenden Fläche nicht mehr als 1500 mm von der Fahrbahn entfernt sind. Der äußerste Punkt der leuchtenden Fläche der Rückstrahler darf nicht mehr als 400 mm von der äußersten Begrenzung des Anbaugerätes, der höchste Punkt der leuchtenden Fläche nicht mehr als 900 mm von der Fahrbahn entfernt sein. Die Leuchten und die Rückstrahler dürfen außerhalb der Zeit, in der Beleuchtung nötig ist (§ 17 Abs. 1 der Straßenverkehrs-Ordnung), abgenommen sein; sie müssen im oder am Fahrzeug mitgeführt werden.

(2) Anbaugeräte, deren äußerstes Ende mehr als 1000 mm über die Schlußleuchten des Fahrzeugs nach hinten hinausragt, müssen mit einer Schlußleuchte (§ 53 Abs. 1) und einem Rückstrahler (§ 53 Abs. 4) ausgerüstet sein. Schlußleuchte und Rückstrahler müssen möglichst am äußersten Ende des Anbaugeräts und möglichst in der Fahrzeuglängsmittelebene angebracht sein. Der höchste Punkt der leuchtenden Fläche der Schlußleuchte darf nicht mehr als 1500 mm und der des Rückstrahlers nicht mehr als 900 mm von der Fahrbahn entfernt sein. Schlußleuchte und Rückstrahler dürfen außerhalb der Zeit, in der Beleuchtung nötig ist (§ 17 Abs. 1 der Straßenverkehrs-Ordnung), abgenommen sein; sie müssen im oder am Fahrzeug mitgeführt werden.

(3) Anbaugeräte nach Absatz 1 müssen ständig nach vorn und hinten, Anbaugeräte nach Absatz 2 müssen ständig nach hinten durch Park-Warntafeln nach § 51c oder durch Folien oder Tafeln nach DIN 11 030, Ausgabe September 1994, kenntlich gemacht werden. Diese Tafeln, deren Streifen nach außen und nach unten verlaufen müssen, brauchen nicht fest am Anbaugerät angebracht zu sein.

(4) Ist beim Mitführen von Anbaugeräten eine Beeinträchtigung der Wirkung lichttechnischer Einrichtungen nicht vermeidbar, so müssen während

der Dauer der Beeinträchtigung zusätzlich angebrachte lichttechnische Einrichtungen (z. B. auf einem Leuchtenträger nach § 49a Abs. 9 oder 10) gleicher Art ihre Funktion übernehmen.

(5) Hubladebühnen und ähnliche Einrichtungen, außer solchen an Kraftomnibussen, müssen während ihres Betriebs durch zwei Blinkleuchten für gelbes Licht mit einer Lichtstärke von nicht weniger als 50 cd und nicht mehr als 200 cd und mit gut sichtbaren rot-weißen Warnmarkierungen kenntlich gemacht werden. Die Blinkleuchten und die Warnmarkierungen müssen – bezogen auf die Arbeitsstellung der Einrichtung – möglichst am hinteren Ende und soweit außen wie möglich angebracht sein. Die Blinkleuchten müssen in Arbeitsstellung der Einrichtung mindestens in den Winkelbereichen sichtbar sein, die für hinten an Fahrzeugen angeordnete Fahrtrichtungsanzeiger in § 49a Abs. 1 Satz 4 gefordert werden. Die Blinkleuchten müssen eine flache Abböschung haben. Die Blinkleuchten müssen während des Betriebs der Einrichtung selbsttätig und unabhängig von der übrigen Fahrzeugbeleuchtung Warnblinklicht abstrahlen. Die rot-weißen Warnmarkierungen müssen retroreflektierend sein und brauchen nur nach hinten zu wirken. Bei Fahrzeugen, bei denen fest angebaute Blinkleuchten mit dem Verwendungszweck oder der Bauweise der Hubladebühne unvereinbar sind, und bei Fahrzeugen, bei denen eine Nachrüstung mit zumutbarem Aufwand nicht möglich ist, muß mindestens eine tragbare Blinkleuchte als Sicherungseinrichtung von Hubladebühnen oder ähnlichen Einrichtungen mitgeführt, aufgestellt und zweckentsprechend betrieben werden.

Abs. 1 Satz 4 u. Abs. 2 Satz 4 geändert durch VO v. 24. 4. 1992 (BGBl. I S. 965); Abs. 5 neu gefasst durch VO v. 23. 6. 1993 (BGBl. I S. 1024); Abs. 3 Satz 1 geändert durch VO v. 25. 10. 1994 (BGBl. I S. 3127).
Zu Abs. 1, 2, zu Abs. 3 und zu Abs. 5: Vgl. § 72 Abs. 2.

§ 53c   Tarnleuchten

(1) Fahrzeuge der Bundeswehr, des Bundesgrenzschutzes, der Polizei und des Katastrophenschutzes dürfen zusätzlich mit dem zum Tarnlichtkreis gehörenden Leuchten (Tarnscheinwerfer, Tarnschlußleuchten, Abstandsleuchten und Tarnbremsleuchten) versehen sein.

(2) Die Tarnleuchten dürfen nur einschaltbar sein, wenn die übrige Fahrzeugbeleuchtung abgeschaltet ist.

§ 53d   Nebelschlußleuchten

(1) Die Nebelschlußleuchte ist eine Leuchte, die rotes Licht abstrahlt und das Fahrzeug bei dichtem Nebel von hinten besser erkennbar macht.

(2) Mehrspurige Kraftfahrzeuge, deren durch die Bauart bestimmte Höchstgeschwindigkeit mehr als 60 km/h beträgt, und ihre Anhänger müssen hinten mit einer oder zwei, andere Kraftfahrzeuge und Anhänger dürfen hinten mit einer Nebelschlußleuchte ausgerüstet sein.

(3) Der niedrigste Punkt der leuchtenden Fläche darf nicht weniger als 250 mm und der höchste Punkt nicht mehr als 1000 mm über der Fahrbahn liegen. In allen Fällen muß der Abstand zwischen den leuchtenden Flächen der Nebelschlußleuchte und der Bremsleuchte mehr als 100 mm betragen. Ist nur eine Nebelschlußleuchte angebracht, so muß sie in der Mitte oder links davon angeordnet sein.

(4) Nebelschlußleuchten müssen so geschaltet sein, daß sie nur dann leuchten können, wenn die Scheinwerfer für Fernlicht, für Abblendlicht oder die Nebelscheinwerfer oder eine Kombination dieser Scheinwerfer eingeschaltet sind. Sind Nebelscheinwerfer vorhanden, so müssen die Nebelschlußleuchten unabhängig von diesen ausgeschaltet werden können. Sind die Nebelschlußleuchten eingeschaltet, darf die Betätigung des Schalters für Fernlicht oder Abblendlicht die Nebelschlußleuchten nicht ausschalten.

(5) Eingeschaltete Nebelschlußleuchten müssen dem Fahrzeugführer durch eine Kontrolleuchte für gelbes Licht, die in seinem Blickfeld gut sichtbar angeordnet sein muß, angezeigt werden.

(6) In einem Zug brauchen nur die Nebelschlußleuchten am letzten Anhänger zu leuchten. Die Abschaltung der Nebelschlußleuchten am Zugfahrzeug oder am ersten Anhänger ist aber nur dann zulässig, wenn die jeweilige Ab- bzw. Wiedereinschaltung selbsttätig durch Aufstecken bzw. Abziehen des Steckers für die Anhängerbeleuchtung erfolgt.

Abs. 4 Satz 3 angefügt durch VO v. 23. 7. 1990 (BGBl. I S. 1489).
Zu Abs. 2, zu Abs. 4, zu Abs. 4 Satz 3 und zu Abs. 5: Vgl. § 72 Abs. 2

§ 54 Fahrtrichtungsanzeiger

(1) Kraftfahrzeuge und ihre Anhänger müssen mit Fahrtrichtungsanzeigern ausgerüstet sein. Die Fahrtrichtungsanzeiger müssen nach dem Einschalten mit einer Frequenz von 1,5 Hz ± 0,5 Hz (90 Impulse ± 30 Impulse in der Minute) zwischen hell und dunkel sowie auf derselben Fahrzeugseite – ausgenommen an Krafträdern mit Wechselstromlichtanlage – in gleicher Phase blinken. Sie müssen so angebracht und beschaffen sein, daß die Anzeige der beabsichtigten Richtungsänderung unter allen Beleuchtungs- und Betriebsverhältnissen von anderen Verkehrsteilnehmern, für die ihre Erkennbarkeit von Bedeutung ist, deutlich wahrgenommen werden kann. Fahrtrichtungsanzeiger brauchen ihre Funktion nicht zu erfüllen, solange sie Warnblinklicht abstrahlen.

(1a) Die nach hinten wirkenden Fahrtrichtungsanzeiger dürfen nicht an beweglichen Fahrzeugteilen angebracht werden. Die nach vorn wirkenden Fahrtrichtungsanzeiger und die zusätzlichen seitlichen Fahrtrichtungsanzeiger dürfen an beweglichen Fahrzeugteilen angebaut sein, wenn diese Teile nur eine Normallage (Betriebsstellung) haben. Die Sätze 1 und 2 gelten nicht für Fahrtrichtungsanzeiger, die nach § 49a Abs. 9 und 10 abnehmbar sein dürfen.

(2) Sind Fahrtrichtungsanzeiger nicht im Blickfeld des Führers angebracht, so muß ihre Wirksamkeit dem Führer sinnfällig angezeigt werden; dies gilt nicht für Fahrtrichtungsanzeiger an Krafträdern und für seitliche Zusatzblinkleuchten. Fahrtrichtungsanzeiger dürfen die Sicht des Fahrzeugführers nicht behindern.

(3) Als Fahrtrichtungsanzeiger sind nur Blinkleuchten für gelbes Licht zulässig.

(4) Erforderlich als Fahrtrichtungsanzeiger sind

1.   an mehrspurigen Kraftfahrzeugen

   paarweise angebrachte Blinkleuchten an der Vorderseite und an der Rückseite. Statt der Blinkleuchten an der Vorderseite dürfen Fahrtrichtungsanzeiger am vorderen Teil der beiden Längsseiten angebracht sein. An Fahrzeugen mit einer Länge von nicht mehr als 4 m und einer Breite von nicht mehr als 1,60 m genügen Fahrtrichtungsanzeiger an den beiden Längsseiten. An Fahrzeugen, bei denen der Abstand zwischen den einander zugekehrten äußeren Rändern der Lichtaustrittsflächen der Blinkleuchten an der Vorderseite und an der Rückseite mehr als 6 m beträgt, müssen zusätzliche Fahrtrichtungsanzeiger an den beiden Längsseiten angebracht sein,

2.   an Krafträdern

   paarweise angebrachte Blinkleuchten an der Vorderseite und an der Rückseite. Der Abstand des inneren Randes der Lichtaustrittsfläche der Blinkleuchten muss von der durch die Längsachse des Kraftrades verlaufenden senkrechten Ebene bei den an der Rückseite angebrachten Blinkleuchten mindestens 120 mm, bei den an der Vorderseite angebrachten Blinkleuchten mindestens 170 mm und vom Rand der Lichtaustrittsfläche des Scheinwerfers mindestens 100 mm betragen. Der untere Rand der Lichtaustrittsfläche von Blinkleuchten an Krafträdern muss mindestens 350 mm über der Fahrbahn liegen. Wird ein Beiwagen mitgeführt, so müssen die für die betreffende Seite vorgesehenen Blinkleuchten an der Außenseite des Beiwagens angebracht sein.

   Der untere Rand der Lichtaustrittsfläche von Blinkleuchten an Krafträdern muß mindestens 350 mm über der Fahrbahn liegen. Wird ein Beiwagen mitgeführt, so müssen die für die betreffende Seite vorgesehenen Blinkleuchten an der Außenseite des Beiwagens angebracht sein,

3.   an Anhängern

   paarweise angebrachte Blinkleuchten an der Rückseite. Beim Mitführen von 2 Anhängern genügen Blinkleuchten am letzten Anhänger, wenn die Anhänger hinter einer Zugmaschine mit einer durch die Bauart bestimmten Höchstgeschwindigkeit von nicht mehr als 25 km/h mitgeführt werden oder wenn sie für eine Höchstgeschwindigkeit von nicht mehr als 25 km/h in der durch § 58 vorgeschriebenen Weise gekennzeichnet sind,

4.   an Kraftomnibussen, die für die Schülerbeförderung besonders eingesetzt sind,

   an der Rückseite zwei zusätzliche Blinkleuchten, die so hoch und so weit außen wie möglich angeordnet sein müssen,

5.   an mehrspurigen Kraftfahrzeugen und Sattelanhängern – ausgenommen Arbeitsmaschinen und land- oder forstwirtschaftliche Zugmaschinen und deren Anhänger – mit einem zulässigen Gesamtgewicht von mehr als 3,5 t an den Längsseiten im vorderen Drittel zusätzliche Blinkleuchten, deren Lichtstärke nach hinten mindestens 50 cd und höchstens 200 cd beträgt. Für diese Fahrzeuge ist die Anbringung zusätzlicher Fahrtrichtungsanzeiger nach Nummer 1 nicht erforderlich.

(5) Fahrtrichtungsanzeiger sind nicht erforderlich an

1. einachsigen Zugmaschinen,
2. einachsigen Arbeitsmaschinen,
3. offenen Krankenfahrstühlen,
4. Leichtkrafträdern, Kleinkrafträdern und Fahrrädern mit Hilfsmotor,
5. folgenden Arten von Anhängern:
   a) eisenbereiften Anhängern, die nur für land- oder forstwirtschaftliche Zwecke verwendet werden;
   b) angehängten land- oder forstwirtschaftlichen Arbeitsgeräten, soweit sie die Blinkleuchten des ziehenden Fahrzeugs nicht verdecken;
   c) einachsigen Anhängern hinter Krafträdern;
   d) Sitzkarren (§ 18 Abs. 2 Nr. 6 Buchstabe b).

(6) Fahrtrichtungsanzeiger an Fahrzeugen, für die sie nicht vorgeschrieben sind, müssen den vorstehenden Vorschriften entsprechen.

Abs. 4 Nr. 5 neu gefasst durch VO v. 24. 4. 1992 (BGBl. I S. 965) und geändert durch VO v. 23. 6. 1993 (BGBl. I S. 1024); Abs. 4 Nr. 2 neu gefasst durch VO v. 23. 3. 2000 (BGBl. I S. 310).
Zu § 54 insgesamt, zu Abs. 1a, zu Abs. 3 und zu Abs. 4 Nr. 5: Vgl. § 72 Abs. 2.

§ 54a   Innenbeleuchtung in Kraftomnibussen

(1) Kraftomnibusse müssen eine Innenbeleuchtung haben; diese darf die Sicht des Fahrzeugführers nicht beeinträchtigen.

(2) Die für Fahrgäste bestimmten Ein- und Ausstiege müssen ausreichend ausgeleuchtet sein, solange die jeweilige Fahrgasttür nicht geschlossen ist.

§ 54b   Windsichere Handlampe

In Kraftomnibussen muß außer den nach § 53a Abs. 1 erforderlichen Warneinrichtungen eine von der Lichtanlage des Fahrzeugs unabhängige windsichere Handlampe mitgeführt werden.

§ 55   Einrichtungen für Schallzeichen

(1) Kraftfahrzeuge müssen mindestens eine Einrichtung für Schallzeichen haben, deren Klang gefährdete Verkehrsteilnehmer auf das Herannahen eines Kraftfahrzeugs aufmerksam macht, ohne sie zu erschrecken und andere mehr als unvermeidbar zu belästigen. Ist mehr als eine Einrichtung für Schallzeichen angebracht, so muß sichergestellt sein, daß jeweils nur eine Einrichtung betätigt werden kann. Die Umschaltung auf die eine oder andere Einrichtung darf die Abgabe einer Folge von Klängen verschiedener Grundfrequenzen nicht ermöglichen.

(2) Als Einrichtungen für Schallzeichen dürfen Hupen und Hörner angebracht sein, die einen Klang mit gleichbleibenden Grundfrequenzen (auch harmonischen Akkord) erzeugen, der frei von Nebengeräuschen ist. Die Lautstärke darf in 7 m Entfernung von dem Anbringungsort der Schallquelle am Fahrzeug und in einem Höhenbereich von 500 mm bis 1500 mm über der Fahrbahn an keiner Stelle 105 dB (A) übersteigen. Die Messungen

sind auf einem freien Platz mit möglichst glatter Oberfläche bei Windstille durchzuführen; Hindernisse (Bäume, Sträucher u. a.), die durch Widerhall oder Dämpfung stören können, müssen von der Schallquelle mindestens doppelt so weit entfernt sein wie der Schallempfänger.

(2a) Abweichend von den Absätzen 1 und 2 müssen Kraftfahrzeuge nach § 30a Abs. 3 Einrichtungen für Schallzeichen haben, die den im Anhang zu dieser Vorschrift genannten Bestimmungen entsprechen.

(3) Kraftfahrzeuge, die auf Grund des § 52 Abs. 3 Kennleuchten für blaues Blinklicht führen, müssen mit mindestens einer Warneinrichtung mit einer Folge von Klängen verschiedener Grundfrequenz (Einsatzhorn) ausgerüstet sein. Ist mehr als ein Einsatzhorn angebracht, so muß sichergestellt sein, daß jeweils nur eines betätigt werden kann. Andere als die in Satz 1 genannten Kraftfahrzeuge dürfen mit dem Einsatzhorn nicht ausgerüstet sein.

(4) Andere als die in den Absätzen 1 bis 3 beschriebenen Einrichtungen für Schallzeichen sowie Sirenen dürfen an Kraftfahrzeugen nicht angebracht sein.

(5) Absatz 1 gilt nicht für eisenbereifte Kraftfahrzeuge mit einer durch die Bauart bestimmten Höchstgeschwindigkeit von nicht mehr als 8 km/h und für einachsige Zug- oder Arbeitsmaschinen, die von Fußgängern an Holmen geführt werden.

(6) Mofas müssen mit mindestens einer helltönenden Glocke ausgerüstet sein. Radlaufglocken und andere Einrichtungen für Schallzeichen sind nicht zulässig.

Abs. 2 Satz 2 geändert durch VO v. 23. 7. 1990 (BGBl. I S. 1489); Abs. 2a eingefügt durch VO v. 23. 3. 2000 (BGBl. I S. 310).
Zu Abs. 1, 2: Vgl. § 72 Abs. 2.

§ 55a   Elektromagnetische Verträglichkeit

(1) Personenkraftwagen, Kraftomnibusse, Lastkraftwagen, Zugmaschinen und Sattelzugmaschinen mit mindestens vier Rädern und einer durch die Bauart bestimmten Höchstgeschwindigkeit von mehr als 25 km/h – ausgenommen land- oder forstwirtschaftliche Zugmaschinen, Muldenkipper, Flurförderzeuge, Elektrokarren und Autoschütter – sowie ihre Anhänger müssen den im Anhang zu dieser Vorschrift genannten Bestimmungen über die elektromagnetische Verträglichkeit entsprechen. Satz 1 gilt entsprechend für andere Fahrzeuge, die hinsichtlich ihrer Baumerkmale des Fahrgestells und ihrer elektrischen Ausrüstung den genannten Fahrzeugen gleichzusetzen sind, sowie für Bauteile und selbständige technische Einheiten, die zum Einbau in den genannten Fahrzeugen bestimmt sind.

(2) Kraftfahrzeuge nach § 30a Abs. 3 sowie zum Einbau in diese Fahrzeuge bestimmte selbständige technische Einheiten müssen den im Anhang zu dieser Vorschrift genannten Bestimmungen über die elektromagnetische Verträglichkeit entsprechen.

I. d. F. d. VO v. 12. 8. 1997 (BGBl. I S. 2051); Abs. 2 angefügt durch VO v. 23. 3. 2000 (BGBl. I S. 310).
Vgl. § 72 Abs. 2.

§ 56 Rückspiegel und andere Spiegel

(1) Kraftfahrzeuge müssen Spiegel haben, die so beschaffen und angebracht sind, daß der Fahrzeugführer nach rückwärts und seitwärts – auch beim Mitführen von Anhängern – alle für ihn wesentlichen Verkehrsvorgänge beobachten kann.

(2) Es sind erforderlich

1. bei allen Kraftfahrzeugen außer bei den in Nummer 3 bis 6 aufgeführten

   ein Außenspiegel an der linken Seite und ein Innenspiegel,

2. bei Kraftfahrzeugen, bei denen das Sichtfeld des Innenspiegels eingeschränkt ist,

   zusätzlich ein Außenspiegel an der rechten Seite,

3. bei Kraftfahrzeugen, bei denen die Fahrbahn nach rückwärts durch einen Innenspiegel nicht beobachtet werden kann,

   zwei Außenspiegel – jeweils einer an jeder Seite –,

4. bei land- oder forstwirtschaftlichen Zugmaschinen mit einer durch die Bauart bestimmten Höchstgeschwindigkeit von nicht mehr als 40 km/h

   mindestens ein Außenspiegel an der linken Seite,

5. bei Kraftfahrzeugen nach § 30a Abs. 3 Rückspiegel, die einschließlich ihres Anbaus den im Anhang zu dieser Vorschrift genannten Bestimmungen entsprechen müssen.

(3) Zusätzlich sind erforderlich:

1. ein großwinkliger Rückspiegel an der rechten Seite

   bei Kraftfahrzeugen mit einem zulässigen Gesamtgewicht von mehr als 7,5 t – ausgenommen Arbeitsmaschinen und land- oder forstwirtschaftliche Zugmaschinen –,

2. ein Anfahrspiegel an der rechten Seite bei Linkslenkung oder an der linken Seite bei Rechtslenkung

   bei Kraftfahrzeugen mit einem zulässigen Gesamtgewicht von mehr als 7,5 t – ausgenommen Arbeitsmaschinen und land- oder forstwirtschaftliche Zugmaschinen mit einem zulässigen Gesamtgewicht von nicht mehr als 12,0 t und Kraftomnibusse. Dieser Spiegel einschließlich seiner Halterung muß mindestens 2 m über der Fahrbahn angebracht sein. Ist dieses Maß wegen der Bauart des Fahrzeugaufbaus nicht einzuhalten, darf dieser Spiegel nicht angebracht sein.

(4) Rückspiegel sind nicht erforderlich an

1. einachsigen Zugmaschinen,

2. einachsigen Arbeitsmaschinen,

3. offenen Elektrokarren mit einer durch die Bauart bestimmten Höchstgeschwindigkeit von nicht mehr als 25 km/h,

4. mehrspurigen Kraftfahrzeugen mit einer durch die Bauart bestimmten Höchstgeschwindigkeit von nicht mehr als 25 km/h und mit offenem Führerplatz, der auch beim Mitführen von Anhängern, selbst wenn diese beladen sind, nach rückwärts Sicht bietet.

(5) Die Anbringungsstellen und die Einstellungen sowie die Sichtfelder der Spiegel bei den in Absatz 2 Nr. 1 bis 3 und in Absatz 3 genannten Kraftfahrzeugen müssen den im Anhang zu dieser Vorschrift genannten Bestimmungen entsprechen.

Abs. 3 neu gefasst durch VO v. 23. 7. 1990 (BGBl. I S. 1489); Abs. 2 Nr. 5 und 6 geändert durch VO v. 23. 6. 1993 (BGBl. I S. 1024); Abs. 2 Nr. 4 geändert sowie Nrn. 5 u. 6 durch Nr. 5 ersetzt durch VO v. 23. 3. 2000 (BGBl. I S. 310).
Zu Abs. 2 Nr. 2, zu Abs. 2 Nr. 6, zu Abs. 3 Nr. 1, zu Abs. 3 Nr. 2 und zu Abs. 5: Vgl. § 72 Abs. 2.

§ 57 Geschwindigkeitsmeßgerät und Wegstreckenzähler

(1) Kraftfahrzeuge müssen mit einem im unmittelbaren Sichtfeld des Fahrzeugführers liegenden Geschwindigkeitsmeßgerät ausgerüstet sein. Dies gilt nicht für

1. mehrspurige Kraftfahrzeuge mit einer durch die Bauart bestimmten Höchstgeschwindigkeit von nicht mehr als 30 km/h sowie
2. mit Fahrtschreiber oder Kontrollgerät (§ 57a) ausgerüstete Kraftfahrzeuge, wenn die Geschwindigkeitsanzeige im unmittelbaren Sichtfeld des Fahrzeugführers liegt.

(2) Bei Geschwindigkeitsmeßgeräten muß die Geschwindigkeit in Kilometer je Stunde angezeigt werden. Das Geschwindigkeitsmeßgerät muß den im Anhang zu dieser Vorschrift genannten Bestimmungen entsprechen.

(3) Das Geschwindigkeitsmeßgerät darf mit einem Wegstreckenzähler verbunden sein, der die zurückgelegte Strecke in Kilometern anzeigt. Die vom Wegstreckenzähler angezeigte Wegstrecke darf von der tatsächlich zurückgelegten Wegstrecke ± 4 vom Hundert abweichen.

I. d. F. d. VO v. 23. 7. 1990 (BGBl. I S. 1489).
Zu Abs. 1 Satz 1 und zu Abs. 2 Satz 2: Vgl. § 72 Abs. 2.

§ 57a Fahrtschreiber und Kontrollgerät

(1) Mit einem eichfähigen Fahrtschreiber sind auszurüsten

1. Kraftfahrzeuge mit einem zulässigen Gesamtgewicht von 7,5 t und darüber,
2. Zugmaschinen mit einer Motorleistung von 40 kW und darüber, die nicht ausschließlich für land- oder forstwirtschaftliche Zwecke eingesetzt werden,
3. zur Beförderung von Personen bestimmte Kraftfahrzeuge mit mehr als 8 Fahrgastplätzen.

Dies gilt nicht für

1. Kraftfahrzeuge mit einer durch die Bauart bestimmten Höchstgeschwindigkeit von nicht mehr als 40 km/h,
2. Kraftfahrzeuge der Bundeswehr, es sei denn, daß es sich um Kraftfahrzeuge der Bundeswehrverwaltung oder um Kraftomnibusse handelt,
3. Kraftfahrzeuge der Feuerwehren und der anderen Einheiten und Einrichtungen des Katastrophenschutzes,
4. Fahrzeuge, die in § 7 Abs. 1 der Fahrpersonalverordnung vom 22. August 1969 (BGBl. I S. 1307, 1791), zuletzt geändert durch Artikel 2 der Verordnung vom 23. Juli 1990 (BGBl. I S. 1484), genannt sind,

5. Fahrzeuge, die in Artikel 4 Nr. 9 und 13 der Verordnung (EWG) Nr. 3820/85 des Rates vom 20. Dezember 1985 über die Harmonisierung bestimmter Sozialvorschriften im Straßenverkehr (ABl. EG Nr. L 370 S. 1) genannt sind.

(1a) Der Fahrtschreiber sowie alle lösbaren Verbindungen der Übertragungseinrichtungen müssen plombiert sein.

(2) Der Fahrtschreiber muß vom Beginn bis zum Ende jeder Fahrt ununterbrochen in Betrieb sein und auch die Haltezeiten aufzeichnen. Die Schaublätter – bei mehreren miteinander verbundenen Schaublättern (Schaublattbündel) das erste Blatt – sind vor Antritt der Fahrt mit dem Namen der Führer sowie dem Ausgangspunkt und Datum der ersten Fahrt zu bezeichnen; ferner ist der Stand des Wegstreckenzählers am Beginn und am Ende der Fahrt oder beim Einlegen und bei der Entnahme des Schaublatts vom Kraftfahrzeughalter oder dessen Beauftragten einzutragen; andere, durch Rechtsvorschriften weder geforderte noch erlaubte Vermerke auf der Vorderseite des Schaublattes sind unzulässig. Es dürfen nur Schaublätter mit Prüfzeichen verwendet werden, die für den verwendeten Fahrtschreibertyp zugeteilt sind. Die Schaublätter sind zuständigen Personen auf Verlangen jederzeit vorzulegen; der Kraftfahrzeughalter hat sie ein Jahr lang aufzubewahren. Auf jeder Fahrt muß mindestens ein Ersatzschaublatt mitgeführt werden.

(3) Die Absätze 1 und 2 gelten nicht, wenn das Fahrzeug mit einem Kontrollgerät im Sinne der Verordnung (EWG) Nr. 3821/85 des Rates vom 20. Dezember 1985 über das Kontrollgerät im Straßenverkehr (ABl. EG Nr. L 370 S. 8) ausgerüstet ist. Das Kontrollgerät ist nach den Artikeln 13 bis 16 der Verordnung (EWG) Nr. 3821/85 zu betreiben; dies gilt nicht für Kraftomnibusse, wenn sie im Linienverkehr eingesetzt sind und das Kontrollgerät entsprechend Absatz 2 betrieben wird. Anstelle der Namen der Führer kann in diesem Fall das amtliche Kennzeichen oder die Betriebsnummer des jeweiligen Fahrzeugs eingetragen werden.

(4) Weitergehende Anforderungen in Sondervorschriften bleiben unberührt.

Abs. 1 Satz 2 Nrn. 4 und 5 angefügt durch VO v. 23. 7. 1990 (BGBl. I S. 1484).

§ 57b Prüfung der Fahrtschreiber und Kontrollgeräte

(1) Halter, deren Kraftfahrzeuge mit einem Fahrtschreiber nach § 57a Abs. 1, mit einem Kontrollgerät nach der Verordnung (EWG) Nr. 3821/85 (ABl. EG Nr. L 370 S. 8) oder mit einem Kontrollgerät nach § 57a Abs. 3 oder nach der Fahrpersonalverordnung ausgerüstet sind, haben auf ihre Kosten die Fahrtschreiber oder die Kontrollgeräte nach jedem Einbau, jeder Reparatur oder jeder Änderung der Wegdrehzahl oder des wirksamen Reifenumfangs des Kraftfahrzeugs, sonst mindestens einmal innerhalb von 2 Jahren seit der letzten Prüfung durch einen hierfür amtlich anerkannten Hersteller für Fahrtschreiber oder Kontrollgeräte oder durch eine von diesem ermächtigte Werkstatt prüfen zu lassen, daß Einbau, Zustand, Meßgenauigkeit und Arbeitsweise vorschriftsmäßig sind; ausgenommen sind Kraftfahrzeuge der Bundeswehr und des Bundesgrenzschutzes. Bestehen keine Bedenken gegen die Vorschriftsmäßigkeit, so hat der Hersteller oder

die Werkstatt auf oder neben dem Fahrtschreiber oder dem Kontrollgerät gut sichtbar und dauerhaft ein Einbauschild anzubringen; das Schild muß plombiert sein, es sei denn, daß es sich nicht ohne Vernichtung der Angaben entfernen läßt, und folgende Angaben enthalten:

1. Name, Anschrift oder Firmenzeichen des Herstellers oder der Werkstatt;
2. Wegdrehzahl des Kraftfahrzeugs;
3. wirksamer Reifenumfang des Kraftfahrzeugs;
4. Datum der Prüfung;
5. die letzten 8 Zeichen der Fahrzeug-Identifizierungsnummer des Kraftfahrzeugs.

Satz 1 gilt nicht für Fahrzeuge mit roten Kennzeichen oder mit Kurzzeitkennzeichen.

(2) Wird der Fahrtschreiber oder das Kontrollgerät vom Fahrzeughersteller eingebaut, so hat dieser, sofern er hierfür amtlich anerkannt ist, die nach dem Einbau vorgesehene Prüfung vorzunehmen und das Einbauschild nach den Vorschriften des Absatzes 1 anzubringen und zu plombieren. Das Einbauschild hat anstelle der nach Absatz 1 Satz 2 Nr. 1 geforderten Angaben über den Fahrtschreiber- oder Kontrollgerätehersteller Name, Anschrift oder Firmenzeichen des Fahrzeugherstellers zu enthalten.

(3) Der Halter hat dafür zu sorgen, daß das Einbauschild die vorgeschriebenen Angaben enthält, plombiert sowie vorschriftsmäßig angebracht und weder verdeckt noch verschmutzt ist.

(4) Für die Anerkennung der Fahrtschreiber- oder Kontrollgerätehersteller oder der Fahrzeughersteller sind die oberste Landesbehörde oder die von ihr bestimmten oder nach Landesrecht zuständigen Stellen zuständig.

(5) Die Anerkennung kann erteilt werden
1. zur Vornahme der Prüfungen durch den Antragsteller selbst,
2. zur Ermächtigung von Werkstätten, die die Prüfungen vornehmen.

(6) Die Anerkennung wird erteilt, wenn
1. der Antragsteller, bei juristischen Personen die nach Gesetz oder Satzung zur Vertretung berufenen Personen, zuverlässig sind,
2. der Antragsteller, falls er die Prüfungen selbst vornimmt, nachweist, daß er über die erforderlichen Fachkräfte sowie über die notwendigen dem Stand der Technik entsprechenden Prüfgeräte und sonstigen Einrichtungen und Ausstattungen verfügt,
3. der Antragsteller, falls er die Prüfungen durch von ihm ermächtigte Werkstätten vornehmen läßt, nachweist, daß er durch entsprechende Überwachungs- und Weisungsbefugnisse sichergestellt hat, daß bei den Werkstätten die Voraussetzungen nach Nummer 2 vorliegen und die Durchführung der Prüfungen ordnungsgemäß erfolgt.

(7) Wird die Anerkennung nach Absatz 5 Nr. 2 ausgesprochen, so hat der Fahrtschreiber- oder Kontrollgerätehersteller oder von ihm ermächtigten Werkstätten der Anerkennungsbehörde und den zuständigen obersten Landesbehörden mitzuteilen.

(8) Die Anerkennung kann mit Auflagen verbunden werden, die erforderlich sind, um sicherzustellen, daß die Prüfungen ordnungsgemäß durchge-

führt werden; sie ist nicht übertragbar. Die Anerkennung ist zurückzunehmen, wenn bei ihrer Erteilung eine der Voraussetzungen nach Absatz 6 nicht vorgelegen hat; von der Rücknahme kann abgesehen werden, wenn der Mangel nicht mehr besteht. Die Anerkennung ist zu widerrufen, wenn nachträglich eine der Voraussetzungen nach Absatz 6 weggefallen oder wenn die Prüfung wiederholt nicht ordnungsgemäß durchgeführt oder wenn sonst gegen die Pflichten aus der Anerkennung oder gegen Auflagen gröblich verstoßen worden ist.

(9) Die oberste Landesbehörde oder die von ihr bestimmten oder nach Landesrecht zuständigen Stellen üben die Aufsicht über die Inhaber der Anerkennung aus. Die Aufsichtsbehörde kann selbst prüfen oder durch von ihr bestimmte Sachverständige prüfen lassen, ob insbesondere die Voraussetzungen für die Anerkennung noch gegeben sind, ob die Prüfungen ordnungsgemäß durchgeführt und ob die sich sonst aus der Anerkennung oder den Auflagen ergebenden Pflichten erfüllt werden.

Abs. 1 Satz 1 erster Halbsatz und Satz 2 erster Halbsatz geändert sowie Satz 2 zweiter Halbsatz neu gefasst durch VO v. 23. 7. 1990 (BGBl. I S. 1484); Abs. 7 geändert durch VO v. 23. 6. 1993 (BGBl. I S. 1024); Abs. 10 Satz 1 neu gefasst durch G. v. 14. 9. 1994 (BGBl. I S. 2325); Abs. 4 und Abs. 9 Satz 1 geändert durch VO v. 25. 10. 1994 (BGBl. I S. 3127); Abs. 1 Satz 3 angefügt durch VO v. 9. 3. 1998 (BGBl. I S. 441); Abs. 9 Satz 1 geändert und Abs. 10 gestrichen durch VO v. 23. 3. 2000 (BGBl. I S. 310).

§ 57c Ausrüstung von Kraftfahrzeugen mit Geschwindigkeitsbegrenzern und ihre Benutzung

(1) Geschwindigkeitsbegrenzer sind Einrichtungen, die im Kraftfahrzeug in erster Linie durch die Steuerung der Kraftstoffzufuhr zum Motor die Fahrzeughöchstgeschwindigkeit auf den eingestellten Wert beschränken.

(2) Kraftomnibusse mit einem zulässigen Gesamtgewicht von mehr als 10 t sowie Lastkraftwagen, Zugmaschinen und Sattelzugmaschinen mit einem zulässigen Gesamtgewicht von jeweils mehr als 12 t müssen mit einem Geschwindigkeitsbegrenzer ausgerüstet sein. Der Geschwindigkeitsbegrenzer ist bei

1. Kraftomnibussen auf eine Höchstgeschwindigkeit von 100 km/h (v_{set}),
2. Lastkraftwagen, Zugmaschinen und Sattelzugmaschinen auf eine Höchstgeschwindigkeit – einschließlich aller Toleranzen – von 90 km/h (v_{set} + Toleranzen ≤ 90 km/h)

einzustellen.

(3) Mit einem Geschwindigkeitsbegrenzer brauchen nicht ausgerüstet zu sein:

1. Kraftfahrzeuge, deren durch die Bauart bestimmte tatsächliche Höchstgeschwindigkeit nicht höher als die jeweils in Absatz 2 Satz 2 in Verbindung mit Absatz 4 genannte Geschwindigkeit ist,
2. Kraftfahrzeuge der Bundeswehr, des Bundesgrenzschutzes, der Einheiten und Einrichtungen des Katastrophenschutzes, der Feuerwehren, der Rettungsdienste und der Polizei,
3. Kraftfahrzeuge, die für wissenschaftliche Versuchszwecke auf der Straße oder zur Erprobung im Sinne des § 19 Abs. 6 eingesetzt werden, und

4. Kraftfahrzeuge, die ausschließlich für öffentliche Dienstleistungen innerhalb geschlossener Ortschaften eingesetzt werden oder die überführt werden (z. B. vom Aufbauhersteller zum Betrieb oder für Wartungs- und Reparaturarbeiten).

(4) Die Geschwindigkeitsbegrenzer müssen den im Anhang zu dieser Vorschrift genannten Bestimmungen über Geschwindigkeitsbegrenzer entsprechen.

(5) Der Geschwindigkeitsbegrenzer muß so beschaffen sein, daß er nicht ausgeschaltet werden kann.

Eingefügt durch VO v. 23. 6. 1993 (BGBl. I S. 1024); Abs. 2 Satz 2 und Abs. 3 Nr. 1 neu gefasst sowie Abs. 3 Nr. 3 geändert durch VO v. 25. 10. 1994 (BGBl. I S. 3127); Abs. 2 Eingangsworte geändert und Nr. 2 neu gefasst sowie Abs. 3 Nr. 4 ergänzt durch VO v. 12. 8. 1997 (BGBl. I S. 2051).
Zu Abs. 2 und zu Abs. 4: Vgl. § 72 Abs. 2.

§ 57d   Einbau und Prüfung von Geschwindigkeitsbegrenzern

(1) Geschwindigkeitsbegrenzer dürfen in Kraftfahrzeuge nur von hierfür amtlich anerkannten

1. Fahrzeugherstellern,
2. Herstellern von Geschwindigkeitsbegrenzern oder
3. Beauftragten der Hersteller

sowie durch von diesen ermächtigten Werkstätten eingebaut und geprüft werden.

(2) Halter, deren Kraftfahrzeuge mit einem Geschwindigkeitsbegrenzer nach § 57c Abs. 2 ausgerüstet sind, haben auf ihre Kosten die Geschwindigkeitsbegrenzer nach jedem Einbau, jeder Reparatur, jeder Änderung der Wegdrehzahl oder des wirksamen Reifenumfanges des Kraftfahrzeugs oder der Kraftstoff-Zuführungseinrichtung durch einen Berechtigten nach Absatz 1 prüfen und bescheinigen zu lassen, daß Einbau, Zustand und Arbeitsweise vorschriftsmäßig sind. Die Bescheinigung über die Prüfung muß mindestens folgende Angaben enthalten:

1. Name, Anschrift oder Firmenzeichen der Berechtigten nach Absatz 1,
2. die eingestellte Geschwindigkeit v_{set},
3. Wegdrehzahl des Kraftfahrzeugs,
4. wirksamer Reifenumfang des Kraftfahrzeugs,
5. Datum der Prüfung und
6. die letzten 8 Zeichen der Fahrzeug-Identifizierungsnummer des Kraftfahrzeugs.

Der Fahrzeugführer hat die Bescheinigung über die Prüfung des Geschwindigkeitsbegrenzers mitzuführen und auf Verlangen zuständigen Personen zur Prüfung auszuhändigen. Die Sätze 1 und 3 gelten nicht für Fahrzeuge mit roten Kennzeichen oder mit Kurzzeitkennzeichen.

(3) Wird der Geschwindigkeitsbegrenzer vom Fahrzeughersteller eingebaut, so hat dieser, sofern er hierfür amtlich anerkannt ist, die nach Absatz 2 erforderliche Bescheinigung auszustellen.

(4) Für die Anerkennung der Fahrzeughersteller, der Hersteller von Geschwindigkeitsbegrenzern oder von Beauftragten der Hersteller sind die

oberste Landesbehörde, die von ihr bestimmten oder die nach Landesrecht zuständigen Stellen zuständig.

(5) Die Anerkennung kann Fahrzeugherstellern, Herstellern von Geschwindigkeitsbegrenzern oder Beauftragten der Hersteller erteilt werden:

1. zur Vornahme des Einbaus und der Prüfung nach Absatz 2,
2. zur Ermächtigung von Werkstätten, die den Einbau und die Prüfungen vornehmen.

(6) Die Anerkennung wird erteilt, wenn

1. der Antragsteller, bei juristischen Personen die nach Gesetz oder Satzung zur Vertretung berufenen Personen, die Gewähr für zuverlässige Ausübung der dadurch verliehenen Befugnisse bietet,
2. der Antragsteller, falls er die Prüfungen selbst vornimmt, nachweist, daß er über die erforderlichen Fachkräfte sowie über die notwendigen, dem Stand der Technik entsprechenden Prüfgeräte und sonstigen Einrichtungen und Ausstattungen verfügt,
3. der Antragsteller, falls er die Prüfungen und den Einbau durch von ihm ermächtigte Werkstätten vornehmen läßt, nachweist, daß er durch entsprechende Überwachungs- und Weisungsbefug-nisse sichergestellt hat, daß bei den Werkstätten die Voraussetzungen nach Nummer 2 vorliegen und die Durchführung des Einbaus und der Prüfungen ordnungsgemäß erfolgt.

(7) Wird die Anerkennung nach Absatz 5 Nr. 2 ausgesprochen, so haben der Fahrzeughersteller, der Hersteller von Geschwindigkeitsbegrenzern oder die Beauftragten der Hersteller der Anerkennungsbehörde und den zuständigen obersten Landesbehörden die ermächtigten Werkstätten mitzuteilen.

(8) Die Anerkennung ist nicht übertragbar; sie kann mit Nebenbestimmungen verbunden werden, die sicherstellen, daß der Einbau und die Prüfungen ordnungsgemäß durchgeführt werden.

(9) Die oberste Landesbehörde, die von ihr bestimmten oder die nach Landesrecht zuständigen Stellen üben die Aufsicht über die Inhaber der Anerkennung aus. Die Aufsichtsbehörde kann selbst prüfen oder durch von ihr bestimmte Sachverständige prüfen lassen, ob insbesondere die Voraussetzungen für die Anerkennung gegeben sind, ob der Einbau und die Prüfungen ordnungsgemäß durchgeführt und ob die sich sonst aus der Anerkennung oder den Nebenbestimmungen ergebenden Pflichten erfüllt werden.

Eingefügt durch VO v. 23. 6. 1993 (BGBl. I S. 1024); Abs. 2 Satz 4 angefügt durch VO v. 9. 3. 1998 (BGBl. I S. 441).

§ 58 Geschwindigkeitsschilder

(1) Ein Geschwindigkeitsschild gibt die zulässige Höchstgeschwindigkeit des betreffenden Fahrzeugs in Kilometer je Stunde an.

(2) Das Schild muß kreisrund mit einem Durchmesser von 200 mm sein und einen schwarzen Rand haben. Die Ziffern sind auf weißem Grund in schwarzer fetter Engschrift entsprechend Anlage V Seite 4 in einer Schriftgröße von 120 mm auszuführen.

(2a) Geschwindigkeitsschilder dürfen retroreflektierend sein. Retroreflektierende Geschwindigkeitsschilder müssen dem Normblatt DIN 75 069, Ausgabe Mai 1989, entsprechen sowie auf der Vorderseite das DIN-Prüf- und Überwachungszeichen mit der zugehörigen Registernummer tragen.

(3) Mit Geschwindigkeitsschildern müssen gekennzeichnet sein

1. mehrspurige Kraftfahrzeuge mit einer durch die Bauart bestimmten Höchstgeschwindigkeit von nicht mehr als 60 km/h,

2. Anhänger mit einer durch die Bauart bestimmten Höchstgeschwindigkeit von weniger als 100 km/h,

3. Anhänger mit einer eigenen mittleren Bremsverzögerung von weniger als 2,5 m/s².

(4) Absatz 3 gilt nicht für

1. die in § 36 Abs. 5 Satz 6 Halbsatz 2 bezeichneten Gleiskettenfahrzeuge,

2. land- oder forstwirtschaftliche Zugmaschinen mit einer durch die Bauart bestimmten Höchstgeschwindigkeit von nicht mehr als 32 km/h,

3. land- oder forstwirtschaftliche Arbeitsgeräte, die hinter Kraftfahrzeugen mitgeführt werden.

Die Vorschrift des § 36 Abs. 1 Satz 2 bleibt unberührt.

(5) Die Geschwindigkeitsschilder müssen an beiden Längsseiten und an der Rückseite des Fahrzeugs angebracht werden. An land- oder forstwirtschaftlichen Zugmaschinen und ihren Anhängern genügt ein Geschwindigkeitsschild an der Fahrzeugrückseite; wird es wegen der Art des Fahrzeugs oder seiner Verwendung zeitweise verdeckt oder abgenommen, so muß ein Geschwindigkeitsschild an der rechten Längsseite vorhanden sein.

Abs. 5 Satz 2 geändert durch VO v. 23. 7. 1990 (BGBl. I S. 1489); Abs. 2a eingefügt durch VO v. 25. 10. 1994 (BGBl. I S. 3127).
Zu Abs. 2 und zu Abs. 3 Nr. 1, 2: Vgl. § 72 Abs. 2.

§ 59   Fabrikschilder, sonstige Schilder, Fahrzeug-Identifizierungsnummer

(1) An allen Kraftfahrzeugen und Anhängern muß an zugänglicher Stelle am vorderen Teil der rechten Seite gut lesbar und dauerhaft ein Fabrikschild mit folgenden Angaben abgebracht sein:

1. Hersteller des Fahrzeugs;

2. Fahrzeugtyp;

3. Baujahr (nicht bei zulassungspflichtigen Fahrzeugen);

4. Fahrzeug-Identifizierungsnummer;

5. zulässiges Gesamtgewicht;

6. zulässige Achslasten (nicht bei Krafträdern).

Dies gilt nicht für die in § 53 Abs. 7 bezeichneten Anhänger.

(1a) Abweichend von Absatz 1 ist an Personenkraftwagen, Kraftomnibussen, Lastkraftwagen und Sattelzugmaschinen mit mindestens vier Rädern und einer durch die Bauart bestimmten Höchstgeschwindigkeit von mehr als 25 km/h sowie ihren Anhängern zur Güterbeförderung ein Schild gemäß den im Anhang zu dieser Vorschrift genannten Bestimmungen anzubringen; an anderen Fahrzeugen – ausgenommen Kraftfahrzeuge nach § 30a Abs. 3 – darf das Schild angebracht sein.

(1b) Abweichend von Absatz 1 ist an Kraftfahrzeugen nach § 30a Abs. 3 ein Schild entsprechend den im Anhang zu dieser Vorschrift genannten Bestimmungen anzubringen.

(2) Die Fahrzeug-Identifizierungsnummer nach der Norm DIN ISO 3779, Ausgabe Februar 1977, oder nach der Richtlinie 76/114/EWG des Rates vom 18. Dezember 1975 zur Angleichung der Rechtsvorschriften der Mitgliedstaaten über Schilder, vorgeschriebene Angaben, deren Lage und Anbringungsart an Kraftfahrzeugen und Kraftfahrzeuganhängern (ABl. EG Nr. L 24 S. 1), geändert durch die Richtlinie 78/507/EWG der Kommission vom 19. Mai 1978 (ABl. EG Nr. L 155 S. 31), muß 17 Stellen haben; andere Fahrzeug-Identifizierungsnummern dürfen nicht mehr als 14 Stellen haben. Sie muß unbeschadet des Absatzes 1 an zugänglicher Stelle am vorderen Teil der rechten Seite des Fahrzeugs gut lesbar am Rahmen oder an einem ihn ersetzenden Teil eingeschlagen oder eingeprägt sein. Wird nach dem Austausch des Rahmens oder des ihn ersetzenden Teils der ausgebaute Rahmen oder Teil wieder verwendet, so ist

1. die eingeschlagene oder eingeprägte Fahrzeug-Identifizierungsnummer dauerhaft so zu durchkreuzen, daß sie lesbar bleibt,

2. die Fahrzeug-Identifizierungsnummer des Fahrzeugs, an dem der Rahmen oder Teil wieder verwendet wird, neben der durchkreuzten Nummer einzuschlagen oder einzuprägen und

3. die durchkreuzte Nummer der Zulassungsstelle zum Vermerk auf dem Brief und der Karteikarte des Fahrzeugs zu melden, an dem der Rahmen oder Teil wieder verwendet wird.

Satz 3 Nr. 3 ist entsprechend anzuwenden, wenn nach dem Austausch die Fahrzeug-Identifizierungsnummer in einen Rahmen oder einen ihn ersetzenden Teil eingeschlagen oder eingeprägt wird, der noch keine Fahrzeug-Identifizierungsnummer trägt.

(3) Ist eine Fahrzeug-Identifizierungsnummer nicht vorhanden oder läßt sie sich nicht mit Sicherheit feststellen, so kann die Zulassungsstelle eine Nummer zuteilen. Absatz 2 gilt für diese Nummer entsprechend.

Abs. 1a eingefügt durch VO v. 25. 10. 1994 (BGBl. I S. 3127); Abs. 1a geändert sowie Abs. 1b eingefügt durch VO v. 23. 3. 2000 (BGBl. I S. 310).
Zu Abs. 1 und zu Abs. 2: Vgl. § 72 Abs. 2.

§ 59a Nachweis der Übereinstimmung mit der Richtlinie 96/53/EG

(1) Fahrzeuge, die in Artikel 1 der Richtlinie 96/53/EG des Rates vom 25. Juli 1996 zur Festlegung der höchstzulässigen Abmessungen für bestimmte Straßenfahrzeuge im innerstaatlichen und grenzüberschreitenden Verkehr in der Gemeinschaft sowie zur Festlegung der höchstzulässigen Gewichte im grenzüberschreitenden Verkehr (ABl. EG Nr. L 235 S. 59) genannt sind und mit dieser Richtlinie übereinstimmen, müssen mit einem Nachweis dieser Übereinstimmung versehen sein. Der Nachweis muß den im Anhang zu dieser Vorschrift genannten Bestimmungen entsprechen.

(2) Die auf dem Nachweis der Übereinstimmung angeführten Werte müssen mit den am einzelnen Fahrzeug tatsächlich gemessenen übereinstimmen.

Überschrift und Abs. 1 Satz 1 neu gefasst durch VO v. 23. 3. 2000 (BGBl. I S. 310).

§ 60   Ausgestaltung und Anbringung der amtlichen Kennzeichen

(1) Unterscheidungszeichen und Erkennungsnummern (§ 23 Abs. 2) sind in schwarzer Schrift auf weißem Grund anzugeben. Bei Fahrzeugen, deren Halter von der Kraftfahrzeugsteuer befreit ist, ist die Beschriftung grün auf weißem Grund; dies gilt nicht für

1. Fahrzeuge von Behörden,
2. Fahrzeuge des Personals von diplomatischen und konsularischen Vertretungen,
3. ...
4. Kraftomnibusse und Personenkraftwagen mit 8 oder 9 Sitzplätzen einschließlich Führersitz sowie Kraftfahrzeuganhänger, die hinter diesen Fahrzeugen mitgeführt werden, wenn das Fahrzeug überwiegend im Linienverkehr verwendet wird,
5. Leichtkrafträder, Kleinkrafträder, Fahrräder mit Hilfsmotor,
6. Fahrzeuge von Behinderten im Sinne von § 3a Abs. 1 und 2 des Kraftfahrzeugsteuergesetzes,
7. schadstoffarme und bedingt schadstoffarme Fahrzeuge der Stufe C,
8. Fahrzeuge mit einem Ausfuhrkennzeichen nach § 7 Abs. 2 der Verordnung über internationalen Kraftfahrzeugverkehr.

Außerdem ist die Beschriftung grün auf weißem Grund bei Kennzeichen von Kraftfahrzeuganhängern, denen nach § 23 Abs. 1a ein solches Kennzeichen zugeteilt worden ist.

Kennzeichen dürfen nicht spiegeln, und sie dürfen weder verdeckt noch verschmutzt sein; sie dürfen auch nicht mit Glas, Folien oder ähnlichen Abdeckungen versehen sein. Form, Größe und Ausgestaltung einschließlich Beschriftung von Kennzeichen müssen den Mustern, Maßen und Angaben in Anlage Va entsprechen; für Kennzeichen von Kleinkrafträdern, von Fahrrädern mit Hilfsmotor und von motorisierten Krankenfahrstühlen gilt Anlage VII; für Kennzeichen von Dienstfahrzeugen der Bundeswehr gelten Anlage V Seite 5 und Anlage VII Seite 4. § 28 Abs. 5 bleibt unberührt.

(1a) Kennzeichen nach Absatz 1 müssen reflektierend sein und dem Normblatt DIN 74069, Ausgabe Juli 1996, entsprechen sowie auf der Vorderseite das DIN-Prüf- und Überwachungszeichen mit der zugehörigen Registernummer tragen.

Ausgenommen sind Kennzeichen an Fahrzeugen der Bundeswehr.

(1b) ...

(1c) Saisonkennzeichen (§ 23 Abs. 1b) müssen reflektierend sein und nach Maßgabe der Anlage Vb dem Normblatt DIN 74069, Ausgabe Juli 1996, entsprechen sowie auf der Vorderseite das DIN-Prüf- und Überwachungszeichen mit der zugehörigen Registernummer tragen.

(1d) Oldtimerkennzeichen (§ 23 Abs. 1c) müssen reflektierend sein und nach Maßgabe der Anlage Vc dem Normblatt DIN 74069, Ausgabe Juli

1996, entsprechen sowie auf der Vorderseite das DIN-Prüf- und Überwachungszeichen mit der zugehörigen Registernummer tragen.

(2) Das Kennzeichen ist an der Vorderseite und an der Rückseite des Kraftfahrzeugs fest anzubringen; bei einachsigen Zugmaschinen genügt die Anbringung an deren Vorderseite, bei Anhängern die Anbringung an deren Rückseite. An schrägen Außenwänden können an Stelle jedes vorderen und hinteren Kennzeichens je 2 Kennzeichen beiderseits an jedem Ende des Fahrzeugs angebracht sein. Bei Fahrzeugen, an denen nach § 49a Abs. 9 Leuchtenträger zulässig sind, darf das hintere Kennzeichen – gegebenenfalls zusätzlich – auf dem Leuchtenträger angebracht sein. Das hintere Kennzeichen darf bis zu einem Vertikalwinkel von 30° in Fahrtrichtung geneigt sein. Bei allen Fahrzeugen mit Ausnahme von Elektrokarren und ihren Anhängern darf der untere Rand des vorderen Kennzeichens nicht weniger als 200 mm, der des hinteren Kennzeichens nicht weniger als 300 mm – bei Kraftrollern nicht weniger als 200 mm – über der Fahrbahn liegen. Die Kennzeichen dürfen die sonst vorhandene Bodenfreiheit des Fahrzeugs nicht verringern. Der obere Rand des hinteren Kennzeichens darf nicht höher als 1200 mm über der Fahrbahn liegen. Läßt die Bauart des Fahrzeugs eine solche Anbringung nicht zu, so darf der Abstand größer sein. Kennzeichen müssen vor und hinter dem Fahrzeug in einem Winkelbereich von 30° beiderseits der Fahrzeuglängsachse stets auf ausreichende Entfernung lesbar sein.

(3) Krafträder brauchen im innerdeutschen Verkehr ein vorderes Kennzeichen nicht zu führen. Wird ein solches Kennzeichen in der Fahrtrichtung angebracht, so kann es der Kotflügelrundung entsprechend gekrümmt sein. Seine Vorderecken sind abzurunden; seine vordere und seine obere Kante müssen wulstartig ausgestaltet sein.

(4) Hintere Kennzeichen müssen eine Beleuchtungseinrichtung haben, die das ganze Kennzeichen bei Fahrzeugen der Gattung a der Anlage V in der bis zum 1. November 2000 geltenden Fassung auf 20 m, bei Fahrzeugen der Gattungen c und d dieser Anlage auf 25 m – bei reflektierenden Kennzeichen auf 20 m –; bei Fahrzeugen mit Kennzeichen nach Anlagen Va, Vb, Vc und Vd auf 20 m lesbar macht. Bei Kleinkrafträdern, Fahrrädern mit Hilfsmotor und motorisierten Krankenfahrstühlen, die ein amtliches Kennzeichen führen, ist eine Einrichtung zur Beleuchtung des Kennzeichens zulässig, jedoch nicht erforderlich. Die Beleuchtungseinrichtung darf kein Licht unmittelbar nach hinten austreten lassen.

(5) Beim Mitführen von zulassungsfreien Anhängern mit Ausnahme der in § 18 Abs. 4 Satz 1 Nr. 2 oder in § 53 Abs. 7 bezeichneten Anhänger oder der Anhänger des Straßendienstes, die von den öffentlichen Verwaltungen oder in deren Auftrag verwendet werden, muß an der Rückseite des letzten Anhängers das gleiche Kennzeichen wie am Kraftfahrzeug angebracht werden; bei zulassungsfreien Anhängern in land- oder forstwirtschaftlichen Betrieben genügt ein Kennzeichen, das dem Halter des ziehenden Fahrzeugs für eines seiner Kraftfahrzeuge zugeteilt worden ist. Für die Ausgestaltung, Anbringung und Beleuchtung des hinteren Kennzeichens gelten die Absätze 1, 1a, 2 und 4.

(5a) Kennzeichen und Kennzeichen-Beleuchtungseinrichtungen an beweglichen Fahrzeugteilen sind zulässig, wenn das bewegliche Fahrzeugteil nur eine Normallage für die Straßenfahrt hat, ferner ohne Rücksicht auf dieses

Erfordernis, wenn es sich um Kennzeichen und Kennzeichen-Beleuchtungs-einrichtungen handelt, die nach § 49a Abs. 9 und 10 abnehmbar sein dürfen.

(5b) Wird das hintere amtliche Kennzeichen durch einen Ladungsträger oder mitgeführte Ladung – auch nur teilweise – verdeckt, so muß am Fahrzeug oder am Ladungsträger das amtliche Kennzeichen ungestempelt wiederholt werden. Für die Ausgestaltung, Anbringung und Beleuchtung gelten die Absätze 1, 1a oder 1b, 2 und 4 entsprechend.

(6) Außer dem amtlichen Kennzeichen darf das Nationalitätszeichen „D" nach den Vorschriften der Verordnung über internationalen Kraftfahrzeug-verkehr vom 12. November 1934 (RGBl. I S. 1137) angebracht werden.

(7) Einrichtungen aller Art, die zu Verwechslungen mit amtlichen Kennzeichen Anlaß geben oder die Wirkung dieser Zeichen beeinträchtigen können, dürfen an Kraftfahrzeugen und ihren Anhängern nicht angebracht werden; über Ausnahmen, insbesondere für das Zeichen „CD" (Fahrzeuge von Angehörigen anerkannter diplomatischer Vertretungen) und „CC" (Fahrzeuge von Angehörigen zugelassener konsularischer Vertretungen), entscheidet das Bundesministerium für Verkehr, Bau- und Wohnungswesen nach § 70. Als amtliche Kennzeichen im Sinne dieser Vorschrift gelten auch die nach der Verordnung über internationalen Kraftfahrzeugverkehr angeordneten oder zugelassenen Kennzeichen und Nationalitätszeichen.

Abs. 1 Satz 2 Nr. 8 und Satz 5 zweiter Halbsatz angefügt, Abs. 1a eingefügt sowie Abs. 5 Satz 2 neu gefaßt durch VO v. 24. 7. 1988 (BGBl. I S. 1510); Abs. 1 bisheriger Satz 4 gestrichen und nunmehriger Satz 4 sowie Abs. 5 Satz 1 geändert durch VO v. 24. 4. 1992 (BGBl. I S. 965); Abs. 1 Nr. 3 gestrichen und Abs. 5b eingefügt durch VO v. 23. 6. 1993 (BGBl. I S. 1024); Abs. 1b eingefügt sowie Abs. 5 Satz 2 und Abs. 5b Satz 2 geändert durch VO v. 6. 1. 1995 (BGBl. I S. 8); Abs. 1 Satz 2 Nr. 6, Abs. 1a Satz 1 und Abs. 1b Satz 2 geändert sowie Abs. 1c eingefügt durch VO v. 12. 11. 1996 (BGBl. I S. 1738); Abs. 1d eingefügt durch VO v. 22. 7. 1997 (BGBl. I S. 1889); Abs. 1 Satz 5 neu gefaßt und Satz 6 angefügt, Abs. 1b aufgehoben, Abs. 4 Satz 1, 2, Abs. 5 und Abs. 7 geändert durch VO v. 20. 7. 2000 (BGBl. I S. 1090).
Zu Abs. 1, zu Abs. 1 Satz 2, zu Abs. 1a, zu Abs. 1b, zu Abs. 2 Satz 5 und zu Abs. 2 Satz 7: Vgl. § 72 Abs. 2.

§ 60a   Ausgestaltung und Anbringung des Versicherungskennzeichens

(1) Die Beschriftung der Versicherungskennzeichen ist im Verkehrs-jahr 1974 grün auf weißem Grund, im Verkehrsjahr 1975 schwarz auf weißem Grund und im Verkehrsjahr 1976 blau auf weißem Grund; die Farben wiederholen sich in den folgenden Verkehrsjahren jeweils in dieser Reihenfolge und Zusammensetzung. Der Rand hat dieselbe Farbe wie die Schriftzeichen. Versicherungskennzeichen können erhaben sein. Sie dürfen nicht spiegeln, und sie dürfen weder verdeckt noch verschmutzt sein. Form, Größe und Ausgestaltung des Versicherungskennzeichens müssen dem Muster und den Angaben in Anlage VI entsprechen.

(1a) Versicherungskennzeichen nach Absatz 1 müssen reflektierend sein. Die Rückstrahlwerte müssen Abschnitt 5.3.4 des Normblattes DIN 74069, Ausgabe Juli 1996, entsprechen.

(2) Das Versicherungskennzeichen ist an der Rückseite des Fahrzeugs möglichst unter der Schlußleuchte fest anzubringen; das rote Versicherungs-

kennzeichen (§ 29g) braucht am Fahrzeug nicht fest angebracht zu sein. Das Versicherungskennzeichen darf bis zu einem Vertikalwinkel von 30° in Fahrtrichtung geneigt sein. Der untere Rand des Versicherungskennzeichens darf nicht weniger als 300 mm – bei Kraftrollern nicht weniger als 200 mm – über der Fahrbahn liegen. Versicherungskennzeichen müssen hinter dem Fahrzeug in einem Winkelbereich von je 45° beiderseits der Fahrzeuglängsachse stets auf ausreichende Entfernung lesbar sein.

(3) Wird ein Anhänger mitgeführt, so ist die Erkennungsnummer des Versicherungskennzeichens an der Rückseite des Anhängers so zu wiederholen, daß sie in einem Winkelbereich von je 45° beiderseits der Fahrzeuglängsachse bei Tageslicht auf eine Entfernung von mindestens 15 m lesbar ist; die Farben der Schrift und ihres Untergrundes müssen denen des Versicherungskennzeichens des ziehenden Fahrzeugs entsprechen. Eine Einrichtung zur Beleuchtung des Versicherungskennzeichens am ziehenden Fahrzeug und der Erkennungsnummern am Anhänger ist zulässig, jedoch nicht erforderlich.

(4) Außer dem Versicherungskennzeichen darf das Nationalitätszeichen „D" nach den Vorschriften der Verordnung über internationalen Kraftfahrzeugverkehr vom 12. November 1934 (RGBl. I S. 1137) angebracht werden.

(5) Einrichtungen aller Art, die zu Verwechslungen mit dem Versicherungskennzeichen Anlaß geben oder seine Wirkung beeinträchtigen können, dürfen an Kraftfahrzeugen und ihren Anhängern nicht angebracht werden.

Abs. 1a eingefügt durch VO v. 24. 7. 1989 (BGBl. I S. 1510) und geändert durch VO v. 20. 7. 2000 (BGBl. I S. 1090).
Zu Abs. 1 Satz 1 und zu Abs. 4: Vgl. § 72 Abs. 2.

§ 61 Halteeinrichtung für Beifahrer sowie Fußstützen und Ständer von zweirädrigen Kraftfahrzeugen

(1) Zweirädrige Kraftfahrzeuge, auf denen ein Beifahrer befördert werden darf, müssen mit einem Haltesystem für den Beifahrer ausgerüstet sein, das den im Anhang zu dieser Vorschrift genannten Bestimmungen entspricht.

(2) Zweirädrige Kraftfahrzeuge müssen für den Fahrer und den Beifahrer beiderseits mit Fußstützen ausgerüstet sein.

(3) Jedes zweirädrige Kraftfahrzeug muss mindestens mit einem Ständer ausgerüstet sein, der den im Anhang zu dieser Vorschrift genannten Bestimmungen entspricht.

Eingefügt durch VO v. 23. 3. 2000 (BGBl. I S. 310).

§ 61a Besondere Vorschriften für Anhänger hinter Fahrrädern mit Hilfsmotor

Anhänger hinter Fahrrädern mit Hilfsmotor werden bei Anwendung der Bau- und Betriebsvorschriften wie Anhänger hinter Fahrrädern behandelt, wenn

1. die durch die Bauart bestimmte Höchstgeschwindigkeit des ziehenden Fahrzeugs 25 km/h nicht überschreitet oder

2. die Anhänger vor dem 1. April 1961 erstmals in den Verkehr gekommen sind.

Auf andere Anhänger hinter Fahrrädern mit Hilfsmotor sind die Vorschriften über Anhänger hinter Kleinkrafträdern anzuwenden.

§ 62 Elektrische Einrichtungen von elektrisch angetriebenen Kraftfahrzeugen

Elektrische Einrichtungen von elektrisch angetriebenen Kraftfahrzeugen müssen so beschaffen sein, daß bei verkehrsüblichem Betrieb der Fahrzeuge durch elektrische Einwirkung weder Personen verletzt noch Sachen beschädigt werden können.

3. Andere Straßenfahrzeuge

§ 63 Anwendung der für Kraftfahrzeuge geltenden Vorschriften

Die Vorschriften über Abmessungen, Achslast, Gesamtgewicht und Bereifung von Kraftfahrzeugen und ihren Anhängern (§§ 32, 34, 36 Abs. 1) gelten für andere Straßenfahrzeuge entsprechend. Für die Nachprüfung der Achslast gilt § 31c mit der Abweichung, daß der Umweg zur Waage nicht mehr als 2 km betragen darf.

———

Satz 2 geändert durch VO v. 23. 7. 1990 (BGBl. I S. 1489).

§ 64 Lenkeinrichtung, sonstige Ausrüstung und Bespannung

(1) Fahrzeuge müssen leicht lenkbar sein. § 35a Abs. 1, Abs. 2 Satz 1 und 4 und § 35d Abs. 1 sind entsprechend anzuwenden, soweit nicht die Beschaffenheit der zu befördernden Güter eine derartige Ausrüstung der Fahrzeuge ausschließt.

(2) Die Bespannung zweispänniger Fuhrwerke, die (nur) eine Deichsel (in der Mitte) haben, mit nur einem Zugtier ist unzulässig, wenn die sichere und schnelle Einwirkung des Gespannführers auf die Lenkung des Fuhrwerks nicht gewährleistet ist; dies kann durch Anspannung mit Kumtgeschirr oder mit Sielen mit Schwanzriemen oder Hinterzeug, durch Straffung der Steuerkette und ähnliche Mittel erreicht werden. Unzulässig ist die Anspannung an den Enden der beiden Ortscheite (Schwengel) der Bracke (Waage) oder nur an einem Ortscheit der Bracke, wenn diese nicht mit einer Kette oder dergleichen festgelegt ist. Bei Pferden ist die Verwendung sogenannter Zupfleinen (Stoßzügel) unzulässig.

§ 64a Einrichtungen für Schallzeichen

Fahrräder und Schlitten müssen mit mindestens einer helltönenden Glocke ausgerüstet sein; ausgenommen sind Handschlitten. Andere Einrichtungen für Schallzeichen dürfen an diesen Fahrzeugen nicht angebracht sein. An Fahrrädern sind auch Radlaufglocken nicht zulässig.

§ 64b Kennzeichnung

An jedem Gespannfahrzeug – ausgenommen Kutschwagen, Personenschlitten und fahrbare land- oder forstwirtschaftliche Arbeitsgeräte – müssen auf

der linken Seite Vorname, Zuname und Wohnort (Firma und Sitz) des
Besitzers in unverwischbarer Schrift deutlich angegeben sein.

§ 65   Bremsen

(1) Alle Fahrzeuge müssen eine ausreichende Bremse haben, die während
der Fahrt leicht bedient werden kann und ihre Wirkung erreicht, ohne die
Fahrbahn zu beschädigen. Fahrräder müssen 2 voneinander unabhängige
Bremsen haben. Bei Handwagen und Schlitten sowie bei land- oder forstwirtschaftlichen Arbeitsmaschinen, die nur im Fahren Arbeit leisten können (z. B. Pflüge, Drillmaschinen, Mähmaschinen), ist eine Bremse nicht
erforderlich.

(2) Als ausreichende Bremse gilt jede am Fahrzeug fest angebrachte Einrichtung, welche die Geschwindigkeit des Fahrzeugs zu vermindern und das
Fahrzeug festzustellen vermag.

(3) Sperrhölzer, Hemmschuhe und Ketten dürfen nur als zusätzliche Hilfsmittel und nur dann verwendet werden, wenn das Fahrzeug mit einer
gewöhnlichen Bremse nicht ausreichend gebremst werden kann.

§ 66   Rückspiegel

Lastfahrzeuge müssen einen Spiegel für die Beobachtung der Fahrbahn
nach rückwärts haben. Dies gilt nicht, wenn eine zweckentsprechende
Anbringung des Rückspiegels an einem Fahrzeug technisch nicht möglich
ist, ferner nicht für land- oder forstwirtschaftliche Maschinen.

§ 66a   Lichttechnische Einrichtungen

(1) Während der Dämmerung, bei Dunkelheit oder wenn die Sichtverhältnisse es sonst erfordern, müssen die Fahrzeuge

1. nach vorn mindestens eine Leuchte mit weißem Licht,
2. nach hinten mindestens eine Leuchte mit rotem Licht in nicht mehr als
   1500 mm Höhe über der Fahrbahn

führen; an Krankenfahrstühlen müssen diese Leuchten zu jeder Zeit fest
angebracht sein. Beim Mitführen von Anhängern genügt es, wenn der Zug
wie ein Fahrzeug beleuchtet wird; jedoch muß die seitliche Begrenzung von
Anhängern, die mehr als 400 mm über die Leuchten des vorderen Fahrzeugs hinausragen, durch mindestens eine Leuchte mit weißem Licht kenntlich gemacht werden. Für Handfahrzeuge gilt § 17 Abs. 5 der Straßenverkehrs-Ordnung.

(2) Die Leuchten müssen möglichst weit links und dürfen nicht mehr als
400 mm von der breitesten Stelle des Fahrzeugumrisses entfernt angebracht
sein. Paarweise verwendete Leuchten müssen gleich stark leuchten, nicht
mehr als 400 mm von der breitesten Stelle des Fahrzeugumrisses entfernt
und in gleicher Höhe angebracht sein.

(3) Bei bespannten land- oder forstwirtschaftlichen Fahrzeugen, die mit
Heu, Stroh oder anderen leicht brennbaren Gütern beladen sind, genügt
eine nach vorn und hinten gut sichtbare Leuchte mit weißem Licht, die auf
der linken Seite anzubringen oder von Hand mitzuführen ist.

(4) Alle Fahrzeuge müssen an der Rückseite mit zwei roten Rückstrahlern ausgerüstet sein. Diese dürfen nicht mehr als 400 mm (äußerster Punkt der leuchtenden Fläche) von der breitesten Stelle des Fahrzeugumrisses entfernt sowie höchstens 900 mm (höchster Punkt der leuchtenden Fläche) über der Fahrbahn in gleicher Höhe angebracht sein. Die Längsseiten der Fahrzeuge müssen mit mindestens je einem gelben Rückstrahler ausgerüstet sein, die nicht höher als 600 mm, jedoch so tief wie möglich angebracht sein müssen.

(5) Zusätzliche nach der Seite wirkende gelbe rückstrahlende Mittel sind zulässig.

(6) Leuchten und Rückstrahler dürfen nicht verdeckt oder verschmutzt sein; die Leuchten dürfen nicht blenden.

§ 67   Lichttechnische Einrichtungen an Fahrrädern

(1) Fahrräder müssen für den Betrieb des Scheinwerfers und der Schlußleuchte mit einer Lichtmaschine ausgerüstet sein, deren Nennleistung mindestens 3 W und deren Nennspannung 6 V beträgt (Fahrbeleuchtung). Für den Betrieb von Scheinwerfer und Schlußleuchte darf zusätzlich eine Batterie mit einer Nennspannung von 6 V verwendet werden (Batterie-Dauerbeleuchtung). Die beiden Betriebsarten dürfen sich gegenseitig nicht beeinflussen.

(2) An Fahrrädern dürfen nur die vorgeschriebenen und die für zulässig erklärten lichttechnischen Einrichtungen angebracht sein. Als lichttechnische Einrichtungen gelten auch Leuchtstoffe und rückstrahlende Mittel. Die lichttechnischen Einrichtungen müssen vorschriftsmäßig und fest angebracht sowie ständig betriebsfertig sein. Lichttechnische Einrichtungen dürfen nicht verdeckt sein.

(3) Fahrräder müssen mit einem nach vorn wirkenden Scheinwerfer für weißes Licht ausgerüstet sein. Der Lichtkegel muß mindestens so geneigt sein, daß seine Mitte in 5 m Entfernung vor dem Scheinwerfer nur halb so hoch liegt wie bei seinem Austritt aus dem Scheinwerfer. Der Scheinwerfer muß am Fahrrad so angebracht sein, daß er sich nicht unbeabsichtigt verstellen kann. Fahrräder müssen mit mindestens einem nach vorn wirkenden weißen Rückstrahler ausgerüstet sein.

(4) Fahrräder müssen an der Rückseite mit

1. einer Schlußleuchte für rotes Licht, deren niedrigster Punkt der leuchtenden Fläche sich nicht weniger als 250 mm über der Fahrbahn befindet,

2. mindestens einem roten Rückstrahler, dessen höchster Punkt der leuchtenden Fläche sich nicht höher als 600 mm über der Fahrbahn befindet, und

3. einem mit dem Buchstaben „Z" gekennzeichneten roten Großflächen-Rückstrahler

ausgerüstet sein. Die Schlußleuchte sowie einer der Rückstrahler dürfen in einem Gerät vereinigt sein. Beiwagen von Fahrrädern müssen mit einem Rückstrahler entsprechend Nummer 2 ausgerüstet sein.

(5) Fahrräder dürfen an der Rückseite mit einer zusätzlichen, auch im Stand wirkenden Schlußleuchte für rotes Licht ausgerüstet sein. Diese

Schlußleuchte muß unabhängig von den übrigen Beleuchtungseinrichtungen einschaltbar sein.

(6) Fahrradpedale müssen mit nach vorn und nach hinten wirkenden gelben Rückstrahlern ausgerüstet sein; nach der Seite wirkende gelbe Rückstrahler an den Pedalen sind zulässig.

(7) Die Längsseiten müssen nach jeder Seite mit

1. mindestens zwei um 180° versetzt angebrachte, nach der Seite wirkenden gelben Speichenrückstrahlern an den Speichen des Vorderrades und des Hinterrades oder

2. ringförmig zusammenhängenden retroreflektierenden weißen Streifen an den Reifen oder in den Speichen des Vorderrades und des Hinterrades

kenntlich gemacht sein. Zusätzlich zu der Mindestausrüstung mit einer der Absicherungsarten dürfen Sicherungsmittel aus der anderen Absicherungsart angebracht sein. Werden mehr als zwei Speichenrückstrahler an einem Rad angebracht, so sind sie am Radumfang gleichmäßig zu verteilen.

(8) Zusätzliche nach der Seite wirkende gelbe rückstrahlende Mittel sind zulässig.

(9) Der Scheinwerfer und die Schlußleuchte nach Absatz 4 dürfen nur zusammen einschaltbar sein. Eine Schaltung, die selbsttätig bei geringer Geschwindigkeit von Lichtmaschinenbetrieb auf Batteriebetrieb umschaltet (Standbeleuchtung), ist zulässig; in diesem Fall darf auch die Schlußleuchte allein leuchten.

(10) In den Scheinwerfern und Leuchten dürfen nur die nach ihrer Bauart dafür bestimmten Glühlampen verwendet werden.

(11) Für Rennräder, deren Gewicht nicht mehr als 11 kg beträgt, gilt abweichend folgendes:

1. Für den Betrieb von Scheinwerfer und Schlußleuchte brauchen anstelle der Lichtmaschine nur eine oder mehrere Batterien entsprechend Absatz 1 Satz 2 mitgeführt zu werden;

2. der Scheinwerfer und die vorgeschriebene Schlußleuchte brauchen nicht fest am Fahrrad angebracht zu sein; sie sind jedoch mitzuführen und unter den in § 17 Abs. 1 Straßenverkehrs-Ordnung beschriebenen Verhältnissen vorschriftsmäßig am Fahrrad anzubringen und zu benutzen;

3. Scheinwerfer und Schlußleuchte brauchen nicht zusammen einschaltbar zu sein;

4. anstelle des Scheinwerfers nach Absatz 1 darf auch ein Scheinwerfer mit niedrigerer Nennspannung als 6 V und anstelle der Schlußleuchte nach Absatz 4 Nr. 1 darf auch eine Schlußleuchte nach Absatz 5 mitgeführt werden.

(12) Rennräder sind für die Dauer der Teilnahme an Rennen von den Vorschriften der Absätze 1 bis 11 befreit.

Abs. 7 Nr. 2 geändert durch VO v. 23. 6. 1993 (BGBl. I S. 1024).

C. Durchführungs-, Bußgeld- und Schlußvorschriften

§ 68   Zuständigkeiten

(1) Diese Verordnung wird, soweit nicht die höheren Verwaltungsbehörden zuständig sind, von den nach Landesrecht zuständigen unteren Verwaltungsbehörden oder den Behörden, denen durch Landesrecht die Aufgaben der unteren Verwaltungsbehörde zugewiesen werden, ausgeführt. Die höheren Verwaltungsbehörden werden von den zuständigen obersten Landesbehörden bestimmt.

(2) Örtlich zuständig ist, soweit nichts anderes vorgeschrieben ist, die Behörde des Wohnorts, mangels eines solchen des Aufenthaltsorts des Antragstellers oder Betroffenen, bei juristischen Personen, Handelsunternehmen oder Behörden die Behörde des Sitzes oder des Orts der beteiligten Niederlassung oder Dienststelle. Anträge können mit Zustimmung der örtlich zuständigen Behörde von einer gleichgeordneten auswärtigen Behörde behandelt und erledigt werden. Die Verfügungen der Behörde (Sätze 1 und 2) sind im Inland wirksam. Verlangt die Verkehrssicherheit ein sofortiges Eingreifen, so kann an Stelle der örtlich zuständigen Behörde jede ihr gleichgeordnete Behörde mit derselben Wirkung Maßnahmen auf Grund dieser Verordnung vorläufig treffen.

(3) Die Zuständigkeiten der Verwaltungsbehörden und höheren Verwaltungsbehörden auf Grund dieser Verordnung werden für die Dienstbereiche der Bundeswehr, des Bundesgrenzschutzes, der Bundesanstalt Technisches Hilfswerk und der Polizei durch deren Dienststellen nach Bestimmung der Fachminister wahrgenommen. Für den Dienstbereich der Polizei kann die Zulassung von Kraftfahrzeugen und ihrer Anhänger nach Bestimmung der Fachminister durch die nach Absatz 1 zuständigen Behörden vorgenommen werden.

Abs. 3 geändert durch G. v. 27. 12. 1993 (BGBl. I S. 2378) und durch G. v. 14. 9. 1994 (BGBl. I S. 2325); Abs. 3 geändert durch VO v. 12. 11. 1996 (BGBl. I S. 1738); Abs. 2a aufgehoben und Abs. 3 geändert durch VO v. 18. 8. 1998 (BGBl. I S. 2214, 2294); Abs. 3 Satz 2 angefügt durch VO v. 20. 7. 2000 (BGBl. I S. 1090).

§ 69   (aufgehoben)

§ 69a   Ordnungswidrigkeiten

(1) (aufgehoben)

(2) Ordnungswidrig im Sinne des § 24 des Straßenverkehrsgesetzes handelt, wer vorsätzlich oder fahrlässig

1.   entgegen § 17 Abs. 1 einem Verbot, ein Fahrzeug in Betrieb zu setzen, zuwiderhandelt oder Beschränkungen nicht beachtet,

2.   gegen eine Vorschrift des § 17 Abs. 2, des § 27 Abs. 3 Satz 4 Halbsatz 2, des § 29 Abs. 7 Satz 5 Halbsatz 2 oder des § 29d Abs. 1 über die Entstempelung des amtlichen Kennzeichens, über die Ablieferung des Fahrzeugscheins oder des Betriebserlaubnisnachweises oder über die Vorlage des Anhängerverzeichnisses verstößt,

3. ein Kraftfahrzeug oder einen Kraftfahrzeuganhänger entgegen § 18 Abs. 1 ohne die erforderliche Zulassung oder entgegen § 18 Abs. 3 ohne die erforderliche Betriebserlaubnis auf öffentlichen Straßen in Betrieb setzt,

4. einer Vorschrift des § 18 Abs. 4 Satz 1, 2 oder des § 28 Abs. 1 Satz 3 über die Führung von amtlichen oder roten Kennzeichen, des § 28 Abs. 1 Satz 3 in Verbindung mit Absatz 4 über die Führung von Kurzzeitkennzeichen, des § 23 Abs. 4 Satz 1 Halbsatz 1 über die Abstempelung der amtlichen Kennzeichen, des § 60 Abs. 1 Satz 4 oder 5, jeweils auch in Verbindung mit § 28 Abs. 2 Satz 1, jeweils in Verbindung mit Absatz 5, oder des § 60 Abs. 1a Satz 1, Abs. 1c, Abs. 2 Satz 1 Halbsatz 1, Satz 5 bis 7, 9, Abs. 4 Satz 1 oder 3, diese jeweils auch in Verbindung mit Abs. 5 Satz 2 oder § 28 Abs. 2 Satz 1, des § 60 Abs. 3 Satz 3 oder Abs. 5 Satz 1 Halbsatz 1 über die Ausgestaltung, die Anbringung oder die Beleuchtung von Kennzeichen oder des § 60 Abs. 7 Satz 1 Halbsatz 1 über das Anbringen von verwechslungsfähigen oder beeinträchtigenden Einrichtungen zuwiderhandelt,

5. einer Vorschrift des § 18 Abs. 4 Satz 2 über die Führung des Versicherungskennzeichens, des § 60a Abs. 1 Satz 4, 5, Abs. 1a, 2 Satz 1 Halbsatz 1, Satz 3, 4 oder Abs. 3 Satz 1 über die Ausgestaltung oder die Anbringung des Versicherungskennzeichens oder des § 60a Abs. 5 über das Anbringen von verwechslungsfähigen oder beeinträchtigenden Einrichtungen zuwiderhandelt,

6. gegen die Vorschrift des § 18 Abs. 4 Satz 3 über die Kennzeichnung bestimmter Fahrzeuge verstößt,

7. entgegen § 22a Abs. 2 Satz 1 oder Abs. 6 ein Fahrzeugteil ohne amtlich vorgeschriebenes und zugeteiltes Prüfzeichen zur Verwendung feilbietet, veräußert, erwirbt oder verwendet, sofern nicht schon eine Ordnungswidrigkeit nach § 23 des Straßenverkehrsgesetzes vorliegt,

8. gegen eine Vorschrift des § 21a Abs. 3 Satz 1 oder § 22a Abs. 5 Satz 1 oder Abs. 6 über die Kennzeichnung von Ausrüstungsgegenständen oder Fahrzeugteilen mit Prüfzeichen oder gegen ein Verbot nach § 21a Abs. 3 Satz 2 oder § 22a Abs. 5 Satz 2 oder Abs. 6 über die Anbringung von verwechslungsfähigen Zeichen verstößt,

9. gegen eine Vorschrift über Mitführung und Aushändigung

   a) des Fahrzeugscheins nach § 18 Abs. 5 Satz 3, § 24 Satz 2 oder nach § 28 Abs. 1 Satz 4 oder des Fahrzeugscheinheftes nach § 28 Abs. 1 Satz 4,

   b) des Anhängerverzeichnisses nach § 24 Satz 3,

   c) der Ablichtung oder des Abdrucks einer Allgemeinen Betriebserlaubnis nach § 18 Abs. 5,

   d) der Betriebserlaubnis für den Einzelfall nach § 18 Abs. 5,

   e) der Ablichtung oder des Abdrucks einer Allgemeinen Betriebserlaubnis für den Motor nach § 18 Abs. 6,

   f) der Sachverständigen-Bescheinigung über den Motor nach § 18 Abs. 6,

   g) eines Abdrucks oder einer Ablichtung einer Erlaubnis, Genehmigung, eines Auszugs einer Erlaubnis oder Genehmigung, eines Teilegutachtens oder eines Nachweises nach § 19 Abs. 4 Satz 1,

h) der Bescheinigung über das Versicherungskennzeichen nach § 29e Abs. 2 Satz 3 oder

i) der Urkunde über die Einzelgenehmigung nach § 22a Abs. 4 Satz 2

verstößt,

10. gegen die Vorschrift des § 18 Abs. 5 über Aufbewahrung und Aushändigung von Nachweisen über die Betriebserlaubnis verstößt,

10a. entgegen § 23 Abs. 1b Satz 2 außerhalb des auf dem Kennzeichen angegebenen Betriebszeitraums ein Fahrzeug auf öffentlichen Straßen in Betrieb setzt oder abstellt oder entgegen § 23 Abs. 6 Satz 1 die Verwendung eines Personenkraftwagens für dort genannte Personenbeförderungen nicht oder nicht rechtzeitig schriftlich anzeigt oder entgegen Satz 2 Halbsatz 2 den Fahrzeugschein nicht vorlegt,

11. gegen eine Vorschrift des § 25 Abs. 2 Satz 1 über die Meldung von verlustig gegangenen Fahrzeugbriefen oder deren Vordrucken oder des § 25 Abs. 4 Satz 2 und 3 über die Vorlage von Briefen verstößt,

12. einer Vorschrift des § 27 Abs. 1 oder 1a über die Meldepflichten bei Änderung der tatsächlichen Verhältnisse, des § 27 Abs. 2 über die Antrags- oder Anzeigepflicht bei Standortänderung des Fahrzeugs, des § 27 Abs. 3 Satz 1 oder 2 über die Anzeige- und Antragspflichten bei Veräußerung des Fahrzeugs, des § 27 Abs. 3 Satz 4 Halbsatz 1 über die Beachtung des Betriebsverbots, des § 27 Abs. 4 Satz 3 oder Abs. 5 Satz 1 über die Vorlage- und Anzeigepflichten sowie die Pflichten zur Veranlassung der Entstempelung von Kennzeichen zuwiderhandelt,

12a. entgegen § 27a den Nachweis nach Muster 12 oder die Erklärung nach Muster 13 nicht oder nicht vorschriftsgemäß vorlegt oder abgibt,

13. einer Vorschrift des § 28 Abs. 3 Satz 5 über die Ablieferung von roten Kennzeichen oder von Fahrzeugscheinheften, des § 28 Abs. 3 Satz 2 über die Verwendung von Fahrzeugscheinheften sowie über die Vornahme von Eintragungen in diese Hefte oder des § 28 Abs. 3 Satz 3 oder 4 über die Führung, Aufbewahrung und Aushändigung von Heften zuwiderhandelt,

13a. entgegen § 28 Abs. 4 Satz 2 die Bezeichnung des Fahrzeugs vor Antritt der ersten Fahrt nicht in den Schein einträgt,

13b. entgegen § 28 Abs. 5 Plaketten an das beantragte Kennzeichen nicht oder nicht richtig anbringt,

14. einer Vorschrift des § 29 Abs. 1 Satz 1 in Verbindung mit den Nummern 2.1, 2.2, 2.7, 2.8 Satz 2 oder 3, Nummern 3.1.1, 3.1.2 oder 3.2.2 der Anlage VIII über Hauptuntersuchungen oder Sicherheitsprüfungen zuwiderhandelt,

15. einer Vorschrift des § 29 Abs. 2 Satz 1 über Prüfplaketten oder Prüfmarken in Verbindung mit einem SP-Schild, des § 29 Abs. 5 über den ordnungsgemäßen Zustand der Prüfplaketten oder der Prüfmarken in Verbindung mit einem SP-Schild, des § 29 Abs. 7 Satz 5 Halbsatz 1 über das Betriebsverbot oder die Betriebsbeschränkung oder des § 29 Abs. 8 über das Verbot des Anbringens verwechselungsfähiger Zeichen zuwiderhandelt,

16. einer Vorschrift des § 29 Abs. 10 Satz 1 oder 2 über die Aufbewahrungs- und Aushändigungspflicht für Untersuchungsberichte oder Prüfprotokolle zuwiderhandelt,

17. einer Vorschrift des § 29 Abs. 11 oder 13 über das Führen oder Aufbewahren von Prüfbüchern zuwiderhandelt,

18. einer Vorschrift des § 29 Abs. 1 Satz 1 in Verbindung mit Nummer 3.1.4.2 Satz 2 Halbsatz 2 der Anlage VIII über die Behebung der geringen Mängel oder Nummer 3.1.4.3 Satz 2 Halbsatz 2 über die Behebung der erheblichen Mängel oder die Wiedervorführung zur Nachprüfung der Mängelbeseitigung zuwiderhandelt,

19. entgegen § 29 Abs. 1 Satz 1 in Verbindung mit Nummer 4.2 Satz 4 der Anlage VIII oder Nummer 8.2 Satz 2 der Anlage VIIIc die Maßnahmen nicht duldet oder die vorgeschriebenen Aufzeichnungen nicht vorlegt.

(3) Ordnungswidrig im Sinne des § 24 des Straßenverkehrsgesetzes handelt ferner, wer vorsätzlich oder fahrlässig ein Kraftfahrzeug oder ein Kraftfahrzeug mit Anhänger (Fahrzeugkombination) unter Verstoß gegen eine der folgenden Vorschriften in Betrieb nimmt:

1. des § 30 über allgemeine Beschaffenheit von Fahrzeugen;

1a. des § 30c Abs. 1 über vorstehende Außenkanten;

2. des § 32 Abs. 1 bis 4 oder 9 über Abmessungen von Fahrzeugen und Fahrzeugkombinationen;

3. der §§ 32a, 42 Abs. 2 Satz 1 über das Mitführen von Anhängern, des § 33 Abs. 1 Satz 1 oder Abs. 2 Nr. 1 oder 6 über das Schleppen von Fahrzeugen, des § 43 Abs. 1 Satz 1 bis 3, Abs. 2 Satz 1, Abs. 3, 4 Satz 1 oder 3 über Einrichtungen zur Verbindung von Fahrzeugen oder des § 44 Abs. 1, 2 Satz 1 oder Abs. 3 über Stützeinrichtungen und Stützlast von Fahrzeugen;

3a. des § 32b Abs. 1 oder 2 über Unterfahrschutz;

3b. des § 32c Abs. 2 über seitliche Schutzvorrichtungen;

3c. des § 32d Abs. 1 oder 2 Satz 1 über Kurvenlaufeigenschaften;

4. des § 34 Abs. 3 Satz 3 über die zulässige Achslast oder das zulässige Gesamtgewicht bei Fahrzeugen oder Fahrzeugkombinationen, des § 34 Abs. 8 über das Gewicht auf einer oder mehreren Antriebsachsen, des § 34 Abs. 9 Satz 1 über den Achsabstand, des § 34 Abs. 11 über Hubachsen oder Lastverlagerungsachsen, des § 34b über die Laufrollenlast oder das Gesamtgewicht von Gleiskettenfahrzeugen oder des § 42 Abs. 1 oder Abs. 2 Satz 2 über die zulässige Anhängelast;

5. des § 34a Abs. 1 über die Besetzung oder des § 34a Abs. 2, 5 Satz 1 oder Abs. 6 über die Beschaffenheit von Kraftomnibussen;

6. des § 35 über die Motorleistung;

7. des § 35a Abs. 1 über Anordnung oder Beschaffenheit des Sitzes des Fahrzeugführers, des Betätigungsraums oder der Einrichtungen zum Führen des Fahrzeugs für den Fahrer, der Absätze 2, 3, 4, 5 Satz 1 oder Abs. 7 über Sitze und deren Verankerungen, Kopfstützen, Sicherheitsgurte und deren Verankerungen oder über Rückhaltesysteme, des Absatzes 8 Satz 1 über die Anbringung von nach hinten gerichteten

Rückhalteeinrichtungen für Kinder auf Beifahrersitzen, vor denen ein betriebsbereiter Airbag eingebaut ist, oder Satz 2 oder 4 über die Warnung vor der Verwendung von nach hinten gerichteten Rückhalteeinrichtungen für Kinder auf Beifahrersitzen mit Airbag, des Absatzes 9 Satz 1 über Sitz, Handgriff und Fußstützen für den Beifahrer auf Krafträdern oder des Absatzes 10 über die Beschaffenheit von Sitzen, ihre Lehnen und ihre Befestigungen sowie der selbsttätigen Verriegelung von klappbaren Sitzen und Rückenlehnen und der Zugänglichkeit der Entriegelungseinrichtung oder des Absatzes 11 über Verankerungen der Sicherheitsgurte und Sicherheitsgurte von dreirädrigen oder vierrädrigen Kraftfahrzeugen;

7a. des § 35b Abs. 1 über die Beschaffenheit der Einrichtungen zum Führen von Fahrzeugen oder des § 35b Abs. 2 über das Sichtfeld des Fahrzeugführers;

7b. des § 35c über Heizung oder Belüftung, des § 35d über Einrichtungen zum Auf- oder Absteigen, über die Kenntlichmachung von beweglichen Einstieghilfen oder über die Beschaffenheit der Fußböden oder der Übergänge in Gelenkfahrzeugen, des § 35e Abs. 1 bis 4 Satz 1, 2 oder 3, dieser in Verbindung mit Nummer 4.1 Satz 1, Nummer 4.1.1 Satz 1 oder Nummer 4.1.2 der Anlage X, oder Abs. 5 Satz 1, 2, 4 bis 8, oder Abs. 6 über Türen oder Türeinrichtungen oder des § 35f Abs. 1, 2 oder 3, dieser in Verbindung mit Nummer 5.2.1, 5.3.1, 5.4 oder 5.5 der Anlage X, über Notausstiege in Kraftomnibussen;

7c. des § 35g Abs. 1 oder 2 über Feuerlöscher in Kraftomnibussen oder des § 35h Abs. 1 bis 3 über Erste-Hilfe-Material in Kraftfahrzeugen;

7d. des § 35i Abs. 1 Satz 1 oder 2, dieser in Verbindung mit Nummer 2 Satz 2, 4, 8 oder 9, Nummer 3.1 Satz 1, Nummer 3.2 Satz 1 oder 2, Nummer 3.3, 3.4 Satz 1 oder 2 oder Nummer 3.5 Satz 2, 3 oder 4 der Anlage X, über Gänge oder die Anordnung von Fahrgastsitzen in Kraftomnibussen oder des § 35i Abs. 2 Satz 1 über die Beförderung liegender Fahrgäste ohne geeignete Rückhalteeinrichtungen;

8. des § 36 Abs. 1 Satz 1 oder 3 bis 5, Abs. 2 Satz 1 oder 3 bis 5 oder Abs. 2a Satz 1 oder 2 über Bereifung, des § 36 Abs. 5 Satz 1 bis 4 über Gleisketten von Gleiskettenfahrzeugen oder Satz 6 über deren zulässige Höchstgeschwindigkeit, des § 36a Abs. 1 über Radabdeckungen oder Abs. 3 über die Sicherung von außen am Fahrzeug mitgeführten Ersatzrädern oder des § 37 Abs. 1 Satz 1 über Gleitschutzeinrichtungen oder Abs. 2 über Schneeketten;

9. des § 38 über Lenkeinrichtungen;

10. des § 38a über die Sicherung von Kraftfahrzeugn gegen unbefugte Benutzung;

10a. des § 38b über Fahrzeug-Alarmsysteme;

11. des § 39 über Einrichtungen zum Rückwärtsfahren;

11a. des § 39a über Betätigungseinrichtungen, Kontrollleuchten und Anzeiger;

12. des § 40 Abs. 1 über die Beschaffenheit von Scheiben oder des § 40 Abs. 2 über Anordnung und Beschaffenheit von Scheibenwischern oder des § 40 Abs. 3 über Scheiben, Scheibenwischer, Scheibenwascher, Entfrostungs- und Trocknungsanlagen von dreirädrigen Kleinkrafträdern und dreirädrigen und vierrädrigen Kraftfahrzeugen mit Führerhaus;

13. des § 41 Abs. 1 bis 13, 15 Satz 1, 3 oder 4, Abs. 16 oder 17 über Bremsen oder des § 41 Abs. 14 über Ausrüstung mit Unterlegkeilen, ihre Beschaffenheit und Anbringung;

13a. des § 41a Abs. 2 über die Gewährleistung des sicheren Betriebes von Flüssiggaseinrichtungen in Fahrzeugen;

13b. des § 41b Abs. 2 über die Ausrüstung mit automatischen Blockierverhinderern oder des § 41b Abs. 4 über die Verbindung von Anhängern mit einem automatischen Blockierverhinderer mit Kraftfahrzeugen;

14. des § 45 Abs. 1, 2 Satz 1, 3 oder 4 über Kraftstoffbehälter oder des § 46 über Kraftstoffleitungen;

15. des § 47c über die Ableitung von Abgasen;

16. (aufgehoben)

17. des § 49 Abs. 1 über die Geräuschentwicklung;

18. des § 49a Abs. 1 bis 4, 5 Satz 1, Abs. 6, 8, 9 Satz 2, Abs. 9a oder 10 Satz 1 über die allgemeinen Bestimmungen für lichttechnische Einrichtungen;

18a. des § 50 Abs. 1, 2 Satz 1, 6 Halbsatz 2 oder Satz 7, Abs. 3 Satz 1 oder 2, Abs. 5, 6 Satz 1, 3, 4 oder 6, Abs. 6a Satz 2 bis 5 oder Abs. 9 über Scheinwerfer für Fern- oder Abblendlicht oder Abs. 10 über Scheinwerfer mit Gasentladungslampen;

18b. des § 51 Abs. 1 Satz 1, 4 bis 6, Abs. 2 Satz 1, 4 oder Abs. 3 über Begrenzungsleuchten oder vordere Rückstrahler;

18c. des § 51a Abs. 1 Satz 1 bis 7, Abs. 3 Satz 1, Abs. 4 Satz 2, Abs. 6 Satz 1 oder Abs. 7 Satz 1 oder 3 über die seitliche Kenntlichmachung von Fahrzeugen oder des § 51b Abs. 2 Satz 1 oder 3, Abs. 5 oder 6 über Umrißleuchten;

18d. des § 51c Abs. 3 bis 5 Satz 1 oder 3 über Parkleuchten oder Park-Warntafeln;

18e. des § 52 Abs. 1 Satz 2 bis 5 über Nebelscheinwerfer, des § 52 Abs. 2 Satz 2 oder 3 über Suchscheinwerfer, des § 52 Abs. 5 Satz 2 über besondere Beleuchtungseinrichtungen an Krankenkraftwagen, des § 52 Abs. 7 Satz 2 oder 4 über Arbeitsscheinwerfer oder des § 52 Abs. 9 Satz 2 über Vorzeltleuchten an Wohnwagen oder Wohnmobilen;

18f. des § 52a Abs. 2 Satz 1 oder 3, Abs. 4, 5 oder 7 über Rückfahrscheinwerfer;

18g. des § 53 Abs. 1 Satz 1, 3 bis 5 oder 7 über Schlußleuchten, des § 53 Abs. 2 Satz 1, 2 oder 4 bis 6 über Bremsleuchten, des § 53 Abs. 4 Satz 1 bis 4 oder 6 über Rückstrahler, des § 53 Abs. 5 Satz 1 oder 2 über die Anbringung von Schlußleuchten, Bremsleuchten und Rückstrahlern oder Satz 3 über die Kenntlichmachung von nach hinten hinausragenden Geräten, des § 53 Abs. 6 Satz 2 über Schlußleuchten an Anhängern hinter einachsigen Zug- oder Arbeitsmaschinen, des § 53

Abs. 8 über Schlußleuchten, Bremsleuchten, Rückstrahler und Fahrtrichtungsanzeiger an abgeschleppten betriebsunfähigen Fahrzeugen,
des § 53 Abs. 9 Satz 1 über das Verbot der Anbringung von Schlußleuchten, Bremsleuchten oder Rückstrahlern an beweglichen Fahrzeugteilen, des § 53 Abs. 10 Satz 1 über retroreflektierende Tafeln und
Markierungen aus retroreflektierenden Materialien oder Satz 2 über
die Anbringung von Werbung aus andersfarbigen und retroreflektierenden Materialien an den Seitenflächen;

19. des § 53a Abs. 1, 2 Satz 1, Abs. 3 Satz 2, Abs. 4 oder 5 über Warndrei-
     ecke, Warnleuchten und Warnblinkanlagen oder des § 54b über die
     zusätzliche Mitführung einer Handlampe in Kraftomnibussen;

19a. des § 53b Abs. 1 Satz 1 bis 3, 4 Halbsatz 2, Abs. 2 Satz 1 bis 3, 4 Halb-
     satz 2, Abs. 3 Satz 1, Abs. 4 oder 5 über die Ausrüstung oder Kennt-
     lichmachung von Anbaugeräten oder Hubladebühnen;

19b. des § 53c Abs. 2 über Tarnleuchten;

19c. des § 53d Abs. 2 bis 5 über Nebelschlußleuchten;

20. des § 54 Abs. 1 Satz 1 bis 3, Abs. 1a Satz 1, Abs. 2, 3, 4 Nr. 1 Satz 1, 4,
     Nr. 2, 3 Satz 1, Nr. 4 oder Abs. 6 über Fahrtrichtungsanzeiger;

21. des § 54a über die Innenbeleuchtung in Kraftomnibussen;

22. des § 55 Abs. 1 bis 4 über Einrichtungen für Schallzeichen;

23. des § 55a über die Elektromagnetische Verträglichkeit;

24. des § 56 Abs. 1 bis 3 über Rückspiegel oder andere Spiegel;

25. des § 57 Abs. 1 Satz 1 oder Abs. 2 Satz 1 über das Geschwindigkeits-
     meßgerät, des § 57a Abs. 1 Satz 1, Abs. 1a oder 2 Satz 1 über Fahrt-
     schreiber;

25a. des § 57a Abs. 3 Satz 2 über das Kontrollgerät nach der Verordnung
     (EWG) Nr. 3821/85;

25b. des § 57c Abs. 2 oder 5 über die Ausrüstung oder Benutzung der
     Geschwindigkeitsbegrenzer;

26. des § 58 Abs. 2 oder 5 Satz 1, jeweils auch in Verbindung mit § 36
     Abs. 1 Satz 2, oder Abs. 3 oder 5 Satz 2 Halbsatz 2 über Geschwindig-
     keitsschilder an Kraftfahrzeugen oder Anhängern oder des § 59 Abs. 1
     Satz 1, Abs. 1a, 1b, 2 oder 3 Satz 2 über Fabrikschilder oder Fahrzeug-
     Identifizierungsnummern;

26a. des § 59a über den Nachweis der Übereinstimmung mit der Richtlinie
     96/53/EG;

27. des § 61 Abs. 1 über Halteeinrichtungen für Beifahrer oder Abs. 3
     über Ständer von zweirädrigen Kraftfahrzeugen;

27a. des § 61a über Anhänger hinter Fahrrädern mit Hilfsmotor

     oder

28. des § 62 über die Beschaffenheit von elektrischen Einrichtungen der
     elektrisch angetriebenen Kraftfahrzeuge.

(4) Ordnungswidrig im Sinne des § 24 des Straßenverkehrsgesetzes handelt
ferner, wer vorsätzlich oder fahrlässig ein anderes Straßenfahrzeug als ein
Kraftfahrzeug oder einen Kraftfahrzeuganhänger oder wer vorsätzlich oder

fahrlässig eine Kombination solcher Fahrzeuge unter Verstoß gegen eine der folgenden Vorschriften in Betrieb nimmt:

1. des § 30 über allgemeine Beschaffenheit von Fahrzeugen;

2. des § 63 über Abmessungen, Achslast, Gesamtgewicht und Bereifung sowie die Wiegepflicht;

3. des § 64 Abs. 1 über Lenkeinrichtungen, Anordnung und Beschaffenheit der Sitze, Einrichtungen zum Auf- und Absteigen oder des § 64 Abs. 2 über die Bespannung von Fuhrwerken;

4. des § 64a über Schallzeichen an Fahrrädern oder Schlitten;

5. des § 64b über die Kennzeichnung von Gespannfahrzeugen;

6. des § 65 Abs. 1 über Bremsen oder des § 65 Abs. 3 über Bremshilfsmittel;

7. des § 66 über Rückspiegel;

7a. des § 66a über lichttechnische Einrichtungen oder

8. des § 67 Abs. 1 Satz 1 oder 3, Abs. 2 Satz 1, 3 oder 4, Abs. 3, 4 Satz 1 oder 3, Abs. 5 Satz 2, Abs. 6 Halbsatz 1, Abs. 7 Satz 1 oder 3, Abs. 9 Satz 1, Abs. 10 oder 11 Nr. 2 Halbsatz 2 über lichttechnische Einrichtungen an Fahrrädern oder ihren Beiwagen.

(5) Ordnungswidrig im Sinne des § 24 des Straßenverkehrsgesetzes handelt schließlich, wer vorsätzlich oder fahrlässig

1. als Inhaber einer Allgemeinen Betriebserlaubnis für Fahrzeuge gegen eine Vorschrift des § 20 Abs. 3 Satz 3 über die Ausfüllung von Fahrzeugbriefen verstößt,

2. entgegen § 31 Abs. 1 ein Fahrzeug oder einen Zug miteinander verbundener Fahrzeuge führt, ohne zur selbständigen Leitung geeignet zu sein,

3. entgegen § 31 Abs. 2 als Halter eines Fahrzeugs die Inbetriebnahme anordnet oder zuläßt, obwohl ihm bekannt ist oder bekannt sein muß, daß der Führer nicht zur selbständigen Leitung geeignet oder das Fahrzeug, der Zug, das Gespann, die Ladung oder die Besetzung nicht vorschriftsmäßig ist oder daß die Verkehrssicherheit des Fahrzeugs durch die Ladung oder die Besetzung leidet,

4. entgegen § 31a Abs. 2 als Halter oder dessen Beauftragter im Fahrtenbuch nicht vor Beginn der betreffenden Fahrt die erforderlichen Angaben einträgt oder nicht unverzüglich nach Beendigung der betreffenden Fahrt Datum und Uhrzeit der Beendigung mit seiner Unterschrift einträgt,

4a. entgegen § 31a Abs. 3 ein Fahrtenbuch nicht aushändigt oder nicht aufbewahrt,

4b. entgegen § 31b mitzuführende Gegenstände nicht vorzeigt oder zur Prüfung nicht aushändigt,

4c. gegen eine Vorschrift des § 31c Satz 1 oder 4 Halbsatz 2 über Pflichten zur Feststellung der zugelassenen Achslasten oder über das Um- oder Entladen bei Überlastung verstößt,

4d. als Fahrpersonal oder Halter gegen eine Vorschrift des § 35g Abs. 3 über Ausbildung in der Handhabung von Feuerlöschern oder als Halter gegen eine Vorschrift des § 35g Abs. 4 über die Prüfung von Feuerlöschern verstößt,

5. entgegen § 36 Abs. 2b Satz 1 Luftreifen nicht oder nicht wie dort vorgeschrieben kennzeichnet,

5a. entgegen § 47a Abs. 1 Satz 1 in Verbindung mit Nummer 2 der
Anlage XIa das Abgasverhalten seines Kraftfahrzeuges nicht oder nicht
rechtzeitig untersuchen läßt, entgegen § 47a Abs. 2 eine Untersuchung
vornimmt, entgegen § 47a Abs. 3 Satz 1 eine Plakette nach Anlage IXa
zuteilt, entgegen § 47a Abs. 3 Satz 2 nicht dafür sorgt, daß die Prüfbescheinigung die von ihm ermittelten Istwerte enthält, entgegen § 47a
Abs. 4 Satz 2 die Prüfbescheinigung nicht aushändigt, entgegen § 47a
Abs. 6 Satz 2 in Verbindung mit § 29 Abs. 7 Satz 5 Halbsatz 1 oder
Abs. 8 das Betriebsverbot oder die Betriebsbeschränkung für das Kraftfahrzeug nicht beachtet oder als Halter gegen eine Vorschrift des § 47a
Abs. 6 Satz 2 in Verbindung mit § 29 Abs. 8 über das Anbringen von
verwechslungsfähigen Zeichen oder des § 47a Abs. 7 Satz 2 Halbsatz 1,
auch in Verbindung mit Anlage XIa Nr. 2.3, über die Untersuchung des
Abgasverhaltens bei Wiederinbetriebnahme des Kraftfahrzeuges oder
des § 47a Abs. 7 Satz 3 über die Untersuchung des Abgasverhaltens bei
Fahrzeugen mit Saisonkennzeichen verstößt,

5b. entgegen § 47b Abs. 5 Satz 5 eine Maßnahme nicht duldet, eine mit der
Prüfung beauftragte Person nicht unterstützt oder Aufzeichnungen
nicht vorlegt,

5c. entgegen § 49 Abs. 2a Satz 1 die Auspuffanlagen, Austauschauspuff-
lagen oder Einzelteile dieser Austauschauspuffanlagen als unabhängige
technische Einheiten für Krafträder verwendet oder zur Verwendung
feilbietet oder veräußert oder entgegen § 49 Abs. 4 Satz 1 den Schallpegel im Nahfeld nicht feststellen läßt,

5d. entgegen § 49 Abs. 3 Satz 2 ein Fahrzeug kennzeichnet oder entgegen
§ 49 Abs. 3 Satz 3 ein Zeichen anbringt,

5e. entgegen § 52 Abs. 6 Satz 3 die Bescheinigung nicht mitführt oder zur
Prüfung nicht aushändigt,

6. als Halter oder dessen Beauftragter gegen eine Vorschrift des § 57a
Abs. 2 Satz 2 Halbsatz 2 oder 3 oder Satz 3 über die Ausfüllung und
Verwendung von Schaublättern oder als Halter gegen eine Vorschrift
des § 57a Abs. 2 Satz 4 über die Vorlage und Aufbewahrung von Schaublättern verstößt,

6a. als Halter gegen eine Vorschrift des § 57a Abs. 3 Satz 2 in Verbindung
mit Artikel 14 der Verordnung (EWG) Nr. 3821/85 über die Aushändigung, Aufbewahrung oder Vorlage von Schaublättern verstößt,

6b. als Halter gegen eine Vorschrift des § 57b Abs. 1 Satz 1 über die Pflicht,
Fahrtschreiber oder Kontrollgeräte prüfen zu lassen, oder des § 57b
Abs. 3 über die Pflichten bezüglich des Einbauschildes verstößt,

6c. als Kraftfahrzeugführer entgegen § 57a Abs. 2 Satz 2 Halbsatz 1 Schaublätter vor Antritt der Fahrt nicht bezeichnet oder entgegen Halbsatz 3
mit Vermerken versieht, entgegen Satz 3 andere Schaublätter verwendet, entgegen Satz 4 Halbsatz 1 Schaublätter nicht vorlegt oder entgegen Satz 5 ein Ersatzschaublatt nicht mitführt,

6d. als Halter entgegen § 57d Abs. 2 Satz 1 den Geschwindigkeitsbegrenzer
nicht prüfen läßt,

6e. als Fahrzeugführer entgegen § 57d Abs. 2 Satz 3 eine Bescheinigung über die Prüfung des Geschwindigkeitsbegrenzers nicht mitführt oder nicht aushändigt,

7. gegen die Vorschrift des § 70 Abs. 3a über die Mitführung oder Aufbewahrung sowie die Aushändigung von Urkunden über Ausnahmegenehmigungen verstößt,

8. entgegen § 71 vollziehbaren Auflagen nicht nachkommt, unter denen eine Ausnahmegenehmigung erteilt worden ist,

9. (aufgehoben)

10. gegen eine Vorschrift des § 72 Abs. 2
    a) (zu § 35f Abs. 1 und 2) über Notausstiege in Kraftomnibussen,
    b) (zu § 41) über Bremsen oder (zu § 41 Abs. 9) über Bremsen an Anhängern oder
    c) (zu § 42 Abs. 2) über Anhängelast bei Anhängern ohne ausreichende eigene Bremse
    verstößt.

Abs. 2 Nr. 4 und 5 neu gefasst durch VO v. 24. 7. 1989 (BGBl. I S. 1510); Abs. 2 Nr. 9g geändert sowie Abs. 3 Nr. 3b eingefügt, Nr. 4 neu gefasst, Nr. 7d geändert, Nr. 16 aufgehoben, Nrn. 18 und 18c geändert, Nr. 18f neu gefasst und Nrn. 18g und 25 geändert sowie Abs. 5 Nr. 4c geändert durch VO v. 23. 7. 1990 (BGBl. I S. 1489); Abs. 3 Nrn. 1a u. 3c eingefügt, Nrn. 2 u. 19a neu gefasst und Nr. 13 geändert durch VO v. 24. 4. 1992 (BGBl. I S. 965); Abs. 3 Nr. 5a neu gefasst, Nr. 5b eingefügt und bisherige Nrn. 5b und 5c als Nrn. 5c und 5d eingefügt durch VO v. 19. 11. 1992 (BGBl. I S. 1931); Abs. 2 Nr. 4 und Abs. 3 Nr. 8 geändert sowie Abs. 5 Nr. 5c neu gefasst durch VO v. 21. 12. 1992 (BGBl. I S. 2397); Abs. 3 Einleitungssatz, Nr. 7b, Nr. 18, Nr. 18c, Nr. 19 geändert und Nr. 25b eingefügt sowie Abs. 4 Einleitungssatz geändert sowie Abs. 5 Nr. 4, Nr. 4a neu gefasst und Nr. 6d, Nr. 6e eingefügt durch VO v. 23. 6. 1993 (BGBl. I S. 1024); Abs. 2 Nr. 9g und Abs. 3 Nr. 25b neu gefasst durch VO v. 16. 12. 1993 (BGBl. I S. 2106); Abs. 5 Nr. 5d eingefügt und bisherige Nr. 5d als Nr. 5e eingeordnet durch VO v. 20. 6. 1994 (BGBl. I S. 1291); Abs. 2 Nr. 4 u. 15 sowie Abs. 5 Nr. 5a geändert durch VO v. 6. 1. 1995 (BGBl. I S. 8); Abs. 2 Nr. 4 geändert, Nr. 10a neu gefasst und Nr. 14 geändert sowie Abs. 5 Nr. 5a geändert durch VO v. 12. 11. 1996 (BGBl. I S. 1738); Abs. 2 Nr. 12a eingefügt durch VO v. 4. 7. 1997 (BGBl. I S. 1666); Abs. 3 Nr. 10a eingefügt, Nr. 18c geändert und Nr. 23 neu gefasst durch VO v. 12. 8. 1997 (BGBl. I S. 2051); Abs. 2 Nr. 4 u. 13 geändert sowie Nr. 13a u. 13b eingefügt durch VO v. 9. 3. 1998 (BGBl. I S. 441); Abs. 2 Nr. 2 geändert, Nrn. 14 bis 18 neu gefasst und Nr. 19 eingefügt sowie Abs. 5 Nr. 59a geändert durch VO v. 20. 5. 1998 (BGBl. I S. 1051). Abs. 3 Nr. 7 neu gefasst durch VO v. 26. 5. 1998 (BGBl. I S. 1159); Abs. 1 aufgehoben und Abs. 2 Eingangsworte geändert durch VO v. 18. 8. 1998 (BGBl. I S. 2214, 2994); Abs. 2 Nr. 12 geändert, Abs. 3 Nr. 2, Nr. 4, Nr. 7, Nr. 7b geändert; Abs. 3 Nr. 11a eingefügt, Nr. 12, Nr. 14, Nr. 18a, Nr. 18g, Nr. 22, Nr. 26 geändert, Nr. 26a und Nr. 27 eingefügt durch VO v. 23. 3. 2000 (BGBl. I S. 310); Abs. 2 Nr. 4 geändert, Nr. 9a neu gefasst und Nr. 10a geändert durch VO v. 20. 7. 2000 (BGBl. I S. 1090); Abs. 5 Nr. 5a und 5b geändert durch VO v. 11. 12. 2001 (BGBl. I S. 3617).

§ 69b (aufgehoben)

§ 70 Ausnahmen

(1) Ausnahmen können genehmigen

1. die höheren Verwaltungsbehörden in bestimmten Einzelfällen oder allgemein für bestimmte einzelne Antragsteller von den Vorschriften der

§§ 32, 32d, 34 und 36, auch in Verbindung mit § 63, ferner der §§ 52 und 65, bei Elektrokarren und ihren Anhängern auch von den Vorschriften des § 18 Abs. 1, des § 41 Abs. 9 und der §§ 53, 58, 59 und 60 Abs. 5,

2. die zuständigen obersten Landesbehörden oder die von ihnen bestimmten oder nach Landesrecht zuständigen Stellen von allen Vorschriften dieser Verordnung in bestimmten Einzelfällen oder allgemein für bestimmte einzelne Antragsteller, es sei denn, daß die Auswirkungen sich nicht auf das Gebiet des Landes beschränken und eine einheitliche Entscheidung erforderlich ist,

3. das Bundesministerium für Verkehr, Bau- und Wohnungswesen von allen Vorschriften dieser Verordnung, sofern nicht die Landesbehörden nach den Nummern 1 und 2 zuständig sind – allgemeine Ausnahmen ordnet er durch Rechtsverordnung ohne Zustimmung des Bundesrates nach Anhören der zuständigen obersten Landesbehörden an –,

4. das Kraftfahrt-Bundesamt mit Ermächtigung des Bundesministeriums für Verkehr, Bau- und Wohnungswesen bei Erteilung oder in Ergänzung einer Allgemeinen Betriebserlaubnis oder Bauartgenehmigung,

5. das Kraftfahrt-Bundesamt für solche Lagerfahrzeuge, für die durch Inkrafttreten neuer oder geänderter Vorschriften die Allgemeine Betriebserlaubnis nicht mehr gilt. In diesem Fall hat der Inhaber der Allgemeinen Betriebserlaubnis beim Kraftfahrt-Bundesamt einen Antrag unter Beifügung folgender Angaben zu stellen:

    a) Nummer der Allgemeinen Betriebserlaubnis mit Angabe des Typs und der betroffenen Ausführung(en),

    b) genaue Beschreibung der Abweichungen von den neuen oder geänderten Vorschriften,

    c) Gründe, aus denen ersichtlich ist, warum die Lagerfahrzeuge die neuen oder geänderten Vorschriften nicht erfüllen können,

    d) Anzahl der betroffenen Fahrzeuge mit Angabe der Fahrzeug-identifizierungs-Nummern oder -Bereiche, gegebenenfalls mit Nennung der Typ- und/oder Ausführungs-Schlüsselnummern,

    e) Bestätigung, dass die Lagerfahrzeuge die bis zum Inkrafttreten der neuen oder geänderten Vorschriften geltenden Vorschriften vollständig erfüllen,

    f) Bestätigung, dass die unter Buchstabe d aufgeführten Fahrzeuge sich in Deutschland oder in einem dem Kraftfahrt-Bundesamt im Rahmen des Typengenehmigungsverfahrens benannten Lager befinden.

(1a) Genehmigen die zuständigen obersten Landesbehörden oder die von ihnen bestimmten Stellen Ausnahmen von den Vorschriften der §§ 32, 32d Abs. 1 oder § 34 für Fahrzeuge oder Fahrzeugkombinationen, die auf neuen Technologien oder Konzepten beruhen und während eines Versuchszeitraums in bestimmten örtlichen Bereichen eingesetzt werden, so unterrichten diese Stellen das Bundesministerium für Verkehr, Bau- und Wohnungswesen im Hinblick auf Artikel 4 Abs. 5 Satz 2 der Richtlinie 96/53/EG des Rates vom 25. Juli 1996 (ABl. EG Nr. L 235 S. 59) mit einer Abschrift der Ausnahmegenehmigung.

(2) Vor der Genehmigung einer Ausnahme von den §§ 32, 32d, 34 und 36 und einer allgemeinen Ausnahme von § 65 sind die obersten Straßenbaubehörden der Länder und, wo noch nötig, die Träger der Straßenbaulast zu hören.

(3) Der örtliche Geltungsbereich jeder Ausnahme ist festzulegen.

(3a) Durch Verwaltungsakt für ein Fahrzeug genehmigte Ausnahmen von der Zulassungspflicht, der Betriebserlaubnispflicht, der Kennzeichenpflicht oder den Bau- oder Betriebsvorschriften sind vom Fahrzeugführer durch eine Urkunde (z. B. Fahrzeugschein) nachzuweisen, die bei Fahrten mitzuführen und zuständigen Personen auf Verlangen zur Prüfung auszuhändigen ist. Bei Fahrzeugen der in § 18 Abs. 2 Nr. 6 und 6 Buchstaben a und b bezeichneten Arten und bei den auf Grund des § 70 Abs. 1 Nr. 1 von der Zulassungspflicht befreiten Elektrokarren genügt es, daß der Halter eine solche Urkunde aufbewahrt; er hat sie zuständigen Personen auf Verlangen zur Prüfung auszuhändigen.

(4) Die Bundeswehr, die Polizei, der Bundesgrenzschutz, die Feuerwehr und die anderen Einheiten und Einrichtungen des Katastrophenschutzes sowie der Zolldienst sind von den Vorschriften dieser Verordnung befreit, soweit dies zur Erfüllung hoheitlicher Aufgaben unter gebührender Berücksichtigung der öffentlichen Sicherheit und Ordnung dringend geboten ist. Abweichungen von den Vorschriften über die Ausrüstung mit Kennleuchten, über Warneinrichtungen mit einer Folge von Klängen verschiedener Grundfrequenz (Einsatzhorn) und über Sirenen sind nicht zulässig.

(5) Die Landesregierungen werden ermächtigt, durch Rechtsverordnung zu bestimmen, daß abweichend von Absatz 1 Nr. 1 an Stelle der höheren Verwaltungsbehörden und abweichend von Absatz 2 an Stelle der obersten Straßenbaubehörden andere Behörden zuständig sind. Sie können diese Ermächtigung auf oberste Landesbehörden übertragen.

Abs. 1 Nr. 2 geändert durch VO v. 1. 4. 1993 (BGBl. I S. 412); Abs. 1 Nr. 1 und Abs. 2 geändert durch VO v. 23. 6. 1993 (BGBl. I S. 1024); Abs. 1 Nr. 3 und 4 geändert sowie Abs. 1 Nr. 5 und Abs. 1a eingefügt durch VO v. 23. 3. 2000 (BGBl. I S. 310).

§ 71   Auflagen bei Ausnahmegenehmigungen

Die Genehmigung von Ausnahmen von den Vorschriften dieser Verordnung kann mit Auflagen verbunden werden; der Betroffene hat den Auflagen nachzukommen.

§ 72   Inkrafttreten und Übergangsbestimmungen

(1) Diese Verordnung tritt am 1. Januar 1938 in Kraft.

(2) Zu den nachstehend bezeichneten Vorschriften gelten folgende Bestimmungen:

§ 18 Abs. 2 Nr. 4   (bestimmte Kleinkrafträder wie Fahrräder mit Hilfsmotor zu behandeln)
Wie Fahrräder mit Hilfsmotor werden beim Vorliegen der sonstigen Voraussetzungen des § 18 Abs. 2 Nr. 4 behandelt

1. Fahrzeuge mit einem Hubraum von mehr als 50 cm^3, wenn sie vor dem 1. September 1952 erstmals in den Verkehr gekommen sind und die durch die Bauart bestimmte Höchstleistung ihres Motors 0,7 kW (1 PS) nicht überschreitet,
2. Fahrzeuge mit einer durch die Bauart bestimmten Höchstgeschwindigkeit von mehr als 40 km/h, wenn sie vor dem 1. Januar 1957 erstmals in den Verkehr gekommen sind und das Gewicht des betriebsfähigen Fahrzeugs mit dem Hilfsmotor, jedoch ohne Werkzeug und ohne den Inhalt des Kraftstoffbehälters – bei Fahrzeugen, die für die Beförderung von Lasten eingerichtet sind, auch ohne Gepäckträger – 33 kg nicht übersteigt; diese Gewichtsgrenze gilt nicht bei zweisitzigen Fahrzeugen (Tandems) und Fahrzeugen mit 3 Rädern.

§ 18 Abs. 2 Nr. 4 Buchstabe a   (zweirädrige Kleinkrafträder und Fahrräder mit Hilfsmotor mit nicht mehr als 45 km/h)
ist spätestens ab 1. Januar 2002 auf zweirädrige Kleinkrafträder und Fahrräder mit Hilfsmotor anzuwenden, die auf Grund einer Allgemeinen Betriebserlaubnis, die vor dem 17. Juni 1999 erteilt worden ist, erstmals in den Verkehr kommen und ab 1. Januar 2002 auf zweirädrige Kleinkrafträder und Fahrräder mit Hilfsmotor anzuwenden, die ab diesem Datum erstmals in den Verkehr kommen. Zweirädrige Kleinkrafträder und Fahrräder mit Hilfsmotor mit einer durch die Bauart betimmten Höchstgeschwindigkeit von nicht mehr als 50 km/h, die vor dem 1. Januar 2002 erstmals in den Verkehr gekommen sind, gelten weiter als zweirädrige Kleinkrafträder oder Fahrräder mit Hilfsmotor.

§ 18 Abs. 2 Nr. 4a   (Leichtkrafträder)
Als Leichtkrafträder gelten auch Krafträder mit einem Hubraum von nicht mehr als 50 cm^3 und einer durch die Bauart bestimmten Höchstgeschwindigkeit von mehr als 40 km/h (Kleinkrafträder bisherigen Rechts), wenn sie bis zum 31. Dezember 1983 erstmals in den Verkehr gekommen sind.

§ 18 Abs. 2 Nr. 5   (motorisierte Krankenfahrstühle)
Als motorisierte Krankenfahrstühle gelten auch nach der Bauart zum Gebrauch durch körperlich gebrechliche oder behinderte Personen bestimmte Kraftfahrzeuge mit höchstens zwei Sitzen, einem Leergewicht von nicht mehr als 300 kg und einer durch die Bauart bestimmten Höchstgeschwindigkeit von nicht mehr als 30 km/h (maschinell angetriebene Krankenfahrstühle früheren Rechts), wenn sie bis zum 30. Juni 1999 erstmals in den Verkehr gekommen sind.

§ 18 Abs. 3   (Betriebserlaubnis für zulassungsfreie Fahrzeuge)
gilt für Anhänger, die vor dem 1. Juli 1961 erstmals in den Verkehr gekommen sind, erst von einem vom Bundesminister für Verkehr zu bestimmenden Tage an.

§ 18 Abs. 3   (Betriebserlaubnispflicht für land- oder forstwirtschaftliche Arbeitsgeräte über 3 t Gesamtgewicht)
tritt in Kraft am 1. April 1976, jedoch nur für die von diesem Tage an erstmals in den Verkehr kommenden Arbeitsgeräte.

§ 18 Abs. 4 Satz 1 Nr. 2   (eigenes amtliches Kennzeichen für Anhänger nach § 18 Abs. 2 Nr. 6 Buchstabe l und m)
gilt für erstmals in den Verkehr kommende Anhänger ab 1. Juni 1992. Für die vor diesem Zeitpunkt in den Verkehr gekommenen Anhänger

1. mit einem zulässigen Gesamtgewicht von nicht mehr als 2 t ist spätestens bis 31. März 1994 und
2. mit einem zulässigen Gesamtgewicht von mehr als 2 t ist spätestens bis 31. Oktober 1994

ein eigenes amtliches Kennzeichen zu beantragen. Mit dem Antrag ist ein Nachweis über eine Hauptuntersuchung vorzulegen, in welchem die Vorschriftsmäßigkeit des Anhängers im Sinne von § 29 Abs. 2a bescheinigt wird.

§ 18 Abs. 5 Satz 3 (Fahrzeugschein für betriebserlaubnis- und kennzeichenpflichtige Fahrzeuge)
gilt für Fahrzeuge, die ab dem 1. August 2000 erstmals in den Verkehr kommen; für bereits im Verkehr befindliche Fahrzeuge ist ein Fahrzeugschein bei nächster Befassung durch die Zulassungsbehörde auszustellen.

§ 19 Abs. 1 Satz 2 (Betriebserlaubnis auf Grund harmonisierter Vorschriften)
Werden harmonisierte Vorschriften einer Einzelrichtlinie geändert oder aufgehoben, dürfen die neuen Vorschriften zu den frühestmöglichen Zeitpunkten, die nach der betreffenden Einzelrichtlinie zulässig sind, angewendet werden.
Die bisherigen Vorschriften dürfen zu den frühestmöglichen Zeitpunkten, die nach der betreffenden Einzelrichtlinie zulässig und für die Untersagung der Zulassung von erstmals in den Verkehr kommenden Fahrzeugen maßgeblich sind, nicht mehr angewendet werden.

§ 19 Abs. 2 (Betriebserlaubnis und Bauartgenehmigung nach Änderung der bauartbedingten Höchstgeschwindigkeit)
Soweit für eine Zugmaschine oder für einen Anhänger im Sinne des § 18 Abs. 2 Nr. 6 Buchstabe a, d, e oder o, die vor dem 20. Juli 1972 in den Verkehr gekommen sind, eine Betriebserlaubnis oder für eine Einrichtung an den vorgenannten Fahrzeugen eine Bauartgenehmigung für eine Höchstgeschwindigkeit im Bereich von 18 km/h bis weniger als 25 km/h erteilt ist, gilt ab 20. Juli 1972 die Betriebserlaubnis oder die Bauartgenehmigung als für eine Höchstgeschwindigkeit von nicht mehr als 25 km/h erteilt. Fahrzeugbrief und Fahrzeugschein brauchen erst berichtigt zu werden, wenn sich die Zulassungsstelle aus anderem Anlaß mit den Papieren befaßt.

§ 19 Abs. 2a (Betriebserlaubnis für ausgemusterte Fahrzeuge der Bundeswehr, des Bundesgrenzschutzes, der Polizei, der Feuerwehr oder des Katastrophenschutzes)
Die Betriebserlaubnis erlischt nicht für Fahrzeuge, die nach ihrer Bauart speziell für militärische oder polizeiliche Zwecke sowie für Zwecke des Brandschutzes oder des Katastrophenschutzes bestimmt sind, wenn diese bereits am 28. Februar 1999 nicht mehr für das Militär, den Bundesgrenzschutz, die Polizei, den Brand- oder den Katastrophenschutz zugelassen oder eingesetzt, sondern für einen anderen Halter zugelassen waren.

§ 19 Abs. 3 Nr. 4 und Anlage XIX (Teilegutachten)
Gutachten eines amtlich anerkannten Sachverständigen für den Kraftfahrzeugverkehr (Prüfberichte) über die Vorschriftsmäßigkeit eines Fahrzeugs bei bestimmungsgemäßem Ein- oder Anbau dieser Teile sind den Teilegutachten nach Abschnitt 1 der Anlage XIX gleichgestellt. Dies gilt jedoch nur, wenn

1. die Prüfberichte nach dem 1. Januar 1994 erstellt und durch den nach § 12 des Kraftfahrsachverständigengesetzes vom 22. Dezember 1971 (BGBl. I S. 2086), zuletzt geändert durch Artikel 4 Abs. 13 des Gesetzes vom 8. Juni 1989 (BGBl. I S. 1026, 1047), bestellten Leiter der Technischen Prüfstelle gegengezeichnet sind,

2. die Prüfberichte bis zum 31. Dezember 1996 erstellt und nach diesem Datum weder ergänzt noch geändert werden oder worden sind,

3. der Hersteller dieser Teile spätestens ab 1. Oktober 1997 für die von diesem Tage an gefertigten Teile ein zertifiziertes oder verifiziertes Qualitätssicherungssystem nach Abschnitt 2 der Anlage XIX unterhält und dies auf dem Abdruck oder der Ablichtung des Prüfberichtes mit Originalstempel und -unterschrift bestätigt hat und der ordnungsgemäße Ein- oder Anbau dieser Teile bis zum 31. Dezember 2001 auf dem Nachweis nach § 19 Abs. 4 Nr. 2 entsprechend § 22 Satz 5 bestätigt wird und

4. der im Prüfbericht angegebene Verwendungsbereich sowie aufgeführte Einschränkungen oder Einbauanweisungen eingehalten sind.

Prüfberichte, die vor dem 1. Januar 1994 erstellt worden sind, dürfen nur noch verwendet werden, wenn der ordnungsgemäße Ein- oder Anbau der Teile bis zum 31. Dezember 1998 auf dem Nachweis nach § 19 Abs. 4 Nr. 2 entsprechend § 22 Satz 5 bestätigt wird. Abschnitt 2 der Anlage XIX ist spätestens ab 1. Oktober 1997 anzuwenden.

§ 19 Abs. 4 Satz 1   (Mitführen eines Abdrucks der besonderen Betriebserlaubnis oder Bauartgenehmigung)
gilt nicht für Änderungen, die vor dem 1. März 1985 durchgeführt worden sind.

§ 19 Abs. 4 Satz 1 Nr. 2   (Mitführen eines Nachweises über die Erlaubnis, die Genehmigung oder das Teilegutachten mit der Bestätigung des ordnungsgemäßen Ein- oder Anbaus sowie der zu beachtenden Beschränkungen oder Auflagen)
ist spätestens ab 1. Oktober 1997 anzuwenden. In den Fällen des § 19 Abs. 3 Nr. 3 und 4 ausgestellte Abdrucke oder Ablichtungen der Erlaubnis, der Genehmigung oder des Teilegutachtens, auf denen der ordnungsgemäße Ein- oder Anbau bis zum 30. September 1997 bestätigt worden ist, bleiben weiterhin gültig.

§ 22 Abs. 1 Satz 5   (Bestätigung über den ordnungsgemäßen Ein- oder Anbau)
ist spätestens ab 1. Oktober 1997 anzuwenden. In den Fällen des § 22 Abs. 1 Satz 5 vor diesem Datum ausgestellte Bestätigungen über den ordnungsgemäßen Ein- oder Anbau auf dem Abdruck oder der Ablichtung der Betriebserlaubnis oder dem Auszug davon bleiben weiterhin gültig.

§ 22a Abs. 1 Nr. 1   (Heizungen)
tritt in Kraft am 1. Januar 1982 für Heizungen in Kraftfahrzeugen, die von diesem Tage an erstmals in den Verkehr kommen. Für Heizungen in Kraftfahrzeugen, die vor dem 1. Januar 1982 in den Verkehr gekommen sind, gilt die Verordnung in der Fassung der Bekanntmachung vom 15. November 1974 (BGBl. I S. 3195).

§ 22a Abs. 1 Nr. 1a (Luftreifen)
ist spätestens ab 1. Oktober 1998 auf Luftreifen anzuwenden, die von diesem Tage an hergestellt werden.

§ 22a Abs. 1 Nr. 3 (Sicherheitsglas)
gilt nicht für Sicherheitsglas, das vor dem 1. April 1957 in Gebrauch genommen worden ist und an Fahrzeugen verwendet wird, die vor diesem Tage erstmals in den Verkehr gekommen sind.

§ 22a Abs. 1 Nr. 6 (Einrichtungen zur Verbindung von Fahrzeugen)
gilt nicht für Einrichtungen zur Verbindung von
1. Fahrrädern mit Hilfsmotor mit ihren Anhängern, wenn die Einrichtungen vor dem 1. Juli 1961 erstmals in den Gebrauch genommen worden sind und an Fahrzeugen verwendet werden, die vor diesem Tage erstmals in den Verkehr gekommen sind,
2. Personenkraftwagen mit Einradanhänger, wenn der Einradanhänger vor dem 1. Januar 1974 erstmals in den Verkehr gekommen ist.

§ 22a Abs. 1 Nr. 9 (Park-Warntafeln)
tritt in Kraft am 1. Januar 1986. Park-Warntafeln, die nicht in amtlich genehmigter Bauart ausgeführt sind, dürfen nur an Fahrzeugen, die vor dem 1. Januar 1990 erstmals in den Verkehr gekommen sind, weiter verwendet werden.

§ 22a Abs. 1 Nr. 10 (Nebelscheinwerfer)
gilt nicht für Nebelscheinwerfer, die vor dem 1. Januar 1961 in Gebrauch genommen worden sind und an Fahrzeugen verwendet werden, die vor diesem Tage erstmals in den Verkehr gekommen sind.

§ 22a Abs. 1 Nr. 11 (Kennleuchten für blaues Blinklicht)
gilt nicht für Kennleuchten für blaues Blinklicht, die vor dem 1. Januar 1961 in Gebrauch genommen worden sind und an Fahrzeugen verwendet werden, die vor diesem Tage erstmals in den Verkehr gekommen sind.

§ 22a Abs. 1 Nr. 12 (Kennleuchten für gelbes Blinklicht)
gilt nicht für Kennleuchten für gelbes Blinklicht, die vor dem 1. Januar 1961 in Gebrauch genommen worden sind und an Fahrzeugen verwendet werden, die vor diesem Tage erstmals in den Verkehr gekommen sind.

§ 22a Abs. 1 Nr. 12a (Rückfahrscheinwerfer)
tritt in Kraft am 1. Januar 1986. Rückfahrscheinwerfer, die nicht in amtlich genehmigter Bauart ausgeführt sind, dürfen nur an Fahrzeugen, die vor dem 1. Januar 1987 erstmals in den Verkehr gekommen sind, weiter verwendet werden.

§ 22a Abs. 1 Nr. 17 (Fahrtrichtungsanzeiger)
gilt nicht für Blinkleuchten als Fahrtrichtungsanzeiger, die vor dem 1. April 1957 in Gebrauch genommen worden sind und an Fahrzeugen verwendet werden, die vor diesem Tage erstmals in den Verkehr gekommen sind.

§ 22 Abs. 1 Nr. 19 (Einsatzhorn)
gilt nicht für Warneinrichtungen mit einer Folge von Klängen verschiedener Grundfrequenz, die vor dem 1. Januar 1959 in Gebrauch genommen worden sind und an Fahrzeugen verwendet werden, die vor diesem Tage erstmals in den Verkehr gekommen sind.

§ 22a Abs. 1 Nr. 22 (Lichtmaschinen für Fahrräder)
gilt nicht für Lichtmaschinen, die vor dem 1. Juli 1956 erstmals in den Verkehr gekommen sind.

§ 22a Abs. 1 Nr. 22 (gelbe und weiße Rückstrahler, retroreflektierende Streifen an Reifen von Fahrrädern)
gilt nicht für gelbe und weiße Rückstrahler und für retroreflektierende Streifen an Reifen, die vor dem 1. Januar 1981 in Gebrauch genommen worden sind.

§ 22a Abs. 1 Nr. 25 (andere Rückhaltesysteme in Kraftfahrzeugen)
ist spätestens anzuwenden vom 1. Juli 1997 an auf andere Rückhaltesysteme in Fahrzeugen, die von diesem Tag an erstmals in den Verkehr kommen.

§ 22a Abs. 1 Nr. 27 (Rückhalteeinrichtungen für Kinder)
ist spätestens ab 1. Januar 1989 anzuwenden. Rückhalteeinrichtungen, die vor diesem Tage in Gebrauch genommen wurden, dürfen weiter verwendet werden.

§ 22a Abs. 2 (Prüfzeichen)
gilt nicht für Einrichtungen zur Verbindung von Fahrzeugen und lichttechnische Einrichtungen – ausgenommen Warneinrichtungen nach § 53a Abs. 1 –, wenn die Einrichtungen vor dem 1. Januar 1954 erstmals in den Verkehr gekommen sind.

§ 22a Abs. 3 Nr. 2 (Einrichtungen ausländischer Herkunft)
gilt für Glühlampen,
1. soweit sie vor dem 1. Oktober 1974 erstmals in Gebrauch genommen worden sind und an Fahrzeugen verwendet werden, die vor diesem Tage erstmals in den Verkehr gekommen sind, oder
2. soweit sie auf Grund der Gegenseitigkeitsvereinbarungen mit Italien vom 24. April 1962 (Verkehrsbl. 1962 S. 246) oder mit Frankreich vom 3. Mai 1965 (Verkehrsbl. 1965 S. 292) in der Fassung der Änderung vom 12. November 1969 (Verkehrsbl. 1969 S. 681) als der deutschen Regelung entsprechend anerkannt werden.

§ 22a Abs. 3 Nr. 2 (Erkennbarkeit und lichttechnische Einrichtungen für Fahrräder)
tritt in Kraft am 1. Januar 1986 für bauartgenehmigungspflichtige Teile, die von diesem Tage an in Gebrauch genommen werden.

§ 23 Abs. 1 Satz 5 (Anforderungen an Fahrzeugbriefe)
Im Saarland vor dem 1. September 1959 ausgefertigte Fahrzeugbriefe bleiben auch dann gültig, wenn sie kein für die Bundesdruckerei geschütztes Wasserzeichen haben.

§ 23 Abs. 1 Satz 6 (Übereinstimmungsbescheinigung)
Übereinstimmungsbescheinigungen nach Artikel 6 der Richtlinie 92/53/EWG des Rates vom 18. Juni 1992 zur Änderung der Richtlinie 70/156/EWG zur Angleichung der Rechtsvorschriften der Mitgliedstaaten über die Betriebserlaubnis für Kraftfahrzeuge und Kraftfahrzeuganhänger (ABl. EG Nr. L 225 S. 1) dürfen bis zum 31. März 2000 für vervollständigte Fahrzeuge nach dem Mehrstufen-Typgenehmigungsverfahren verwendet werden.

§ 23 Abs. 4 Satz 1 bis 3 (Stempelplakette, Landeswappen)
tritt am 1. Juli 1995 in Kraft; Plaketten, die dieser Vorschrift entsprechen, dürfen jedoch vor diesem Zeitpunkt verwendet werden. Werden solche Plaketten auf Kennzeichen nach Anlage V verwendet, dürfen die vorgeschriebenen Mindestabstände zum schwarzen Rand sowie zu den Buchstaben und Ziffern unterschritten werden. Stempel oder Stempelplaketten, die den vor dem 1. Juli 1995 geltenden Vorschriften entsprechen, bleiben weiterhin gültig; sie dürfen auch nach diesem Termin für die Wiederabstempelung von Kennzeichen nach Anlage V verwendet werden, bei denen die ordnungsgemäße Anbringung von Stempelplaketten mit farbigem Landeswappen nicht möglich ist.

§ 23 Abs. 6a (Verwendung der Bezeichnung „Personenkraftwagen")
Kraftfahrzeuge, die unter der Bezeichnung „Kombinationskraftwagen" zugelassen worden sind, gelten als Personenkraftwagen. Die Berichtigung der Angaben über die Art des Fahrzeugs in den Fahrzeugpapieren kann aufgeschoben werden, bis die Papiere der Zulassungsstelle aus anderem Anlaß vorgelegt werden. Dasselbe gilt für die Streichung der Angabe über die Nutzlast sowie für die Berichtigung des Leergewichts auf den sich durch die geänderte Anwendung des § 42 Abs. 3 ergebenden neuen Wert. Für diese Berichtigungen sind Gebühren nach der Gebührenordnung für Maßnahmen im Straßenverkehr nicht zu erheben.

§ 28 Abs. 1, 3, 4, 5 und 6 sowie Anlage Vd (Kurzzeitkennzeichen)
treten am 1. Mai 1998 in Kraft. Für rote Kennzeichen, die bis zu diesem Termin ausgegeben werden, gilt § 28 Abs. 1, 3 und 4 in der vor dem 14. März 1998 geltenden Fassung.

§ 29 (Untersuchung der Kraftfahrzeuge und Anhänger)
tritt in Kraft am 1. Dezember 1999. Bis zu diesem Datum gilt § 29 in der vor dem 1. Juni 1998 geltenden Fassung. Ab dem 1. Dezember 1998 sind anläßlich der nächsten Hauptuntersuchung an SP-pflichtigen Fahrzeugen bereits Prüfmarken von den die Hauptuntersuchung durchführenden Personen zuzuteilen und auf den von den Haltern oder ihren Beauftragten vorher anzubringenden SP-Schildern nach § 29 in Verbindung mit Anlage VIII anzubringen.

§ 30a Abs. 1 (Änderung der durch die Bauart bestimmten Höchstgeschwindigkeit)
tritt in Kraft
1. für Fahrräder mit Hilfsmotor, für Kleinkrafträder und für Leichtkrafträder am 1. Januar 1986,
2. für andere Kraftfahrzeuge am 1. Januar 1988
für die von den genannten Tagen an erstmals in den Verkehr kommenden Fahrzeuge.

§ 30a Abs. 1a (Änderung der durch die Bauart bestimmten Höchstgeschwindigkeit)
ist spätestens anzuwenden ab dem 1. Oktober 2000 für erstmals in den Verkehr kommende Fahrzeuge mit einer Einzelbetriebserlaubnis.

§ 30a Abs. 2 (durch die Bauart bestimmte Höchstgeschwindigkeit bei Anhängern)
ist spätestens ab 1. Januar 1990 auf die von diesem Tage an erstmals in den Verkehr kommenden Anhänger anzuwenden.

§ 30a Abs. 3 (Bauartbedingte Höchstgeschwindigkeit, maximales Drehmoment und maximale Nutzleistung des Motors bei Kraftfahrzeugen nach Artikel 1 der Richtlinie 92/61/EWG des Rates vom 30. Juni 1992 über die Betriebserlaubnis für zweirädrige oder dreirädrige Kraftfahrzeuge)
ist spätestens anzuwenden auf Kraftfahrzeuge, die ab dem 17. Juni 2003 erstmals in den Verkehr kommen.

§ 30b (Berechnung des Hubraums)
ist anzuwenden auf die ab 1. Oktober 1989 an erstmals in den Verkehr kommenden Kraftfahrzeuge. Dies gilt nicht für
1. Kraftfahrzeuge, für die auf Antrag das bisherige Berechnungsverfahren gemäß Fußnote 8 der Muster 2a und 2b in der vor dem 1. Juli 1988 geltenden Fassung angewandt wird, solange diese Art der Berechnung des Hubraums nach Artikel 2 Abs. 2 und 3 der Richtlinie 88/76/EWG des Rates vom 3. Dezember 1987 zur Änderung der Richtlinie 70/220/EWG über die Angleichung der Rechtsvorschriften der Mitgliedstaaten über Maßnahmen gegen die Verunreinigung der Luft durch Abgase von Kraftfahrzeugmotoren (ABl. EG 1988 Nr. L 36 S. 1) und nach Artikel 2 Abs. 2 der Richtlinie 88/436/EWG des Rates vom 16. Juni 1988 zur Änderung der Richtlinie 70/220/EWG zur Angleichung der Rechtsvorschriften der Mitgliedstaaten über Maßnahmen gegen die Verunreinigung der Luft durch Abgase von Kraftfahrzeugmotoren (Begrenzung der Emissionen luftverunreinigender Partikel aus Dieselmotoren) (ABl. EG Nr. L 214 S. 1) zulässig ist,
2. andere Kraftfahrzeuge, für die vor dem 1. Oktober 1989 eine Allgemeine Betriebserlaubnis erteilt worden ist; für diese muß ein Nachtrag zur Allgemeinen Betriebserlaubnis dann beantragt oder ausgefertigt werden, wenn ein solcher aus anderen Gründen erforderlich ist. Ergibt sich bei der Berechnung des Hubraums bei Leichtmofas gemäß § 1 der Leichtmofa-Ausnahmeverordnung vom 26. Februar 1987 (BGBl. I S. 755, 1069), geändert durch die Verordnung vom 16. Juni 1989 (BGBl. I S. 1112), ein höherer Wert als 30 cm^3, bei Mofas (§ 4 Abs. 1 Nr. 1), Fahrrädern mit Hilfsmotor und Kleinkrafträdern (§ 18 Abs. 2 Nr. 4) ein höherer Wert als 50 cm^3 und bei Leichtkrafträdern (§ 18 Abs. 2 Nr. 4a) ein höherer Wert als 80 cm^3, so gelten diese Fahrzeuge jeweils weiter als Leichtmofas, Mofas, Fahrräder mit Hilfsmotor, Kleinkrafträder und Leichtkrafträder.

§ 30c Abs. 2 (vorstehende Außenkanten an Personenkraftwagen)
ist spätestens ab 1. Januar 1993 auf Personenkraftwagen anzuwenden, die auf Grund einer Betriebserlaubnis nach § 20 von diesem Tage an erstmals in den Verkehr kommen. Andere Personenkraftwagen müssen § 30c Abs. 1 oder 2 entsprechen.

§ 30c Abs. 3 (vorstehende Außenkanten von zweirädrigen oder dreirädrigen Kraftfahrzeugen)
ist auf erstmals in den Verkehr kommende Kraftfahrzeuge nach § 30a Abs. 3 ab dem 17. Juni 2003 anzuwenden. Für vor diesem Datum erstmals in den Verkehr gekommene Fahrzeuge gilt § 30c Abs. 1.

§ 32 Abs. 1 Nr. 2 (Breite von land- oder forstwirtschaftlichen Arbeitsgeräten)
tritt für erstmals in den Verkehr kommende Fahrzeuge am 1. Juli 1961 in Kraft.

§ 32 Abs. 4 Nr. 1 und 2 (Teillängen von Sattelanhängern und Länge von Sattelkraftfahrzeugen sowie von Fahrzeugkombinationen nach Art eines Sattelkraftfahrzeugs)
Sattelanhänger, die vor dem 1. Oktober 1990 erstmals in den Verkehr gekommen sind, und Sattelanhänger, deren Ladefläche nicht länger als 12,60 m ist, brauchen nicht den Teillängen nach § 32 Abs. 4 Nr. 2 zu entsprechen; sie dürfen in Fahrzeugkombinationen nach § 32 Abs. 4 Nr. 1 weiter verwendet werden.

§ 32 Abs. 4 Nr. 4 (Teillängen und Länge von Zügen [Lastkraftwagen mit einem Anhänger])
gilt spätestens ab 1. Dezember 1992. Züge, die die Teillängen nicht erfüllen und deren Lastkraftwagen oder Anhänger vor dem 1. Dezember 1992 erstmals in den Verkehr gekommen sind, dürfen bis zum 31. Dezember 1998 weiter betrieben werden; für sie gilt § 32 Abs. 4 Nr. 3.

§ 32 Abs. 5 Satz 2 (veränderliche Länge von Fahrzeugkombinationen)
ist spätestens ab 1. Januar 1989 auf die von diesem Tag an erstmals in den Verkehr kommenden Anhänger anzuwenden.

§ 32 Abs. 6 Satz 2 (bei der Messung der Länge oder Teillänge nicht zu berücksichtigende Einrichtungen)
ist auf neu in den Verkehr kommende Fahrzeuge spätestens ab dem 1. Januar 2001 anzuwenden. Für Fahrzeuge, die vor diesem Datum erstmals in den Verkehr gekommen sind, gilt § 32 Abs. 6 Satz 1 in der vor dem 1. April 2000 geltenden Fassung.

§ 32 Abs. 7 (Fahrzeugkombinationen zum Transport von Fahrzeugen)
ist auf neu in den Verkehr kommende Fahrzeuge spätestens ab dem 1. Januar 2001 anzuwenden. Für Fahrzeuge, die vor diesem Datum erstmals in den Verkehr gekommen sind, gilt § 32 Abs. 7 in der vor dem 1. April 2000 geltenden Fassung.

§ 32 Abs. 8 (Toleranzen)
ist auf Fahrzeuge nach § 32 Abs. 1 Nr. 2 und 3 und auf Fahrzeugkombinationen nach § 32 Abs. 4 Nr. 1 und 3 spätestens ab 1. Januar 1999 anzuwenden. Für andere Fahrzeuge und Fahrzeugkombinationen, die vor dem 1. September 1997 in den Verkehr gekommen sind, gilt § 32 Abs. 8 einschließlich der Übergangsbestimmung in § 72 Abs. 2 in der vor dem 1. September 1997 geltenden Fassung.

§ 32b Abs. 1 und 2 (Unterfahrschutz)
ist spätestens auf Fahrzeuge anzuwenden, die ab dem 1. Oktober 2000 erstmals in den Verkehr kommen. Für Fahrzeuge, die vor diesem Datum erstmals in den Verkehr gekommen sind, gilt § 32b Abs. 1 und 2 einschließlich der zugehörigen Übergangsbestimmung in § 72 Abs. 2 in der vor dem 1. April 2000 geltenden Fassung.

§ 32c (seitliche Schutzvorrichtungen)
gilt nicht für Fahrzeuge, die vor dem 1. Januar 1975 erstmals in den Verkehr gekommen sind. Kraftfahrzeuge, die hinsichtlich der Baumerkmale ihres Fahrgestells den Lastkraftwagen oder Zugmaschinen gleichzusetzen sind, und ihre Anhänger müssen mit seitlichen Schutzvorrichtungen spätestens ausgerüstet sein
– ab 1. Januar 1995, wenn sie von diesem Tag an erstmals in den Verkehr kommen,

– ab dem Tag der nächsten vorgeschriebenen Hauptuntersuchung (§ 29), die nach dem 1. Januar 1996 durchzuführen ist, wenn sie in der Zeit vom 1. Januar 1975 bis 31. Dezember 1994 erstmals in den Verkehr gekommen sind.

§ 34 Abs. 4 Nr. 4   (Dreifachachslasten)
Bei Sattelanhängern, die vor dem 19. Oktober 1986 erstmals in den Verkehr gekommen sind, darf bei Achsabständen von 1,3 m oder weniger die Dreifachachslast bis zu 23,0 t betragen.

§ 34 Abs. 5a   (Massen von Kraftfahrzeugen nach § 30a Abs. 3)
ist spätestens anzuwenden auf Kraftfahrzeuge, die ab dem 17. Juni 2003 erstmals in den Verkehr kommen. Für dreirädrige Fahrräder mit Hilfsmotor zur Lastenbeförderung, die vor diesem Datum erstmals in den Verkehr gekommen sind, bleibt § 34 Abs. 5 Nr. 5 in der vor dem 1. April 2000 geltenden Fassung anwendbar.

§ 34 Abs. 9   (Mindestabstand der ersten Anhängerachse von der letzten Achse des Zugfahrzeugs)
tritt in Kraft
am 1. Juli 1985 für Züge, bei denen ein Einzelfahrzeug von diesem Tage an erstmals in den Verkehr kommt, und
am 19. Oktober 1986 für Sattelkraftfahrzeuge, bei denen das Kraftfahrzeug und/oder der Sattelanhänger von diesem Tage an erstmals in den Verkehr kommt.

§ 34 Abs. 10   (technische Vorschriften für Fahrzeuge im grenzüberschreitenden Verkehr mit den EG-Mitgliedstaaten und den anderen Vertragsstaaten des Abkommens über den Europäischen Wirtschaftsraum)
ist
1.   im Verkehr mit den EG-Mitgliedstaaten ab 1. August 1990,
2.   im Verkehr mit den anderen Vertragsstaaten des Abkommens über den Europäischen Wirtschaftsraum ab dem Tag, an dem das Abkommen über den Europäischen Wirtschaftsraum für die Bundesrepublik Deutschland in Kraft tritt,
anzuwenden, jedoch nur auf solche Fahrzeuge, die am maßgeblichen Tag oder später erstmals in den Verkehr kommen. Der Tag des Inkrafttretens des Abkommens über den Europäischen Wirtschaftsraum wird im Bundesgesetzblatt bekanntgegeben.

§ 34 Abs. 11   (Hubachsen oder Lastverlagerungsachsen)
ist auf neu in den Verkehr kommende Fahrzeuge spätestens ab dem 1. Januar 2002 anzuwenden.

§ 34a   (Besetzung und Beschaffenheit von Kraftomnibussen)
tritt in Kraft am 1. Mai 1984 für die von diesem Tag an erstmals in den Verkehr kommenden Kraftomnibusse.
Für Kraftomnibusse, die vor dem 1. Mai 1984 erstmals in den Verkehr gekommen sind, gilt § 34a – ausgenommen Absatz 3 (3 Kinder auf zwei nebeneinanderliegenden Sitzplätzen) – in der vor dem 1. Mai 1984 geltenden Fassung.

§ 35   (Motorleistung)
gilt wie folgt:
Erforderlich ist eine Motorleistung von mindestens
1. 2,2 kW je Tonne bei Zugmaschinen, die vom 1. Januar 1971 an erstmals in den Verkehr kommen, sowie bei Zugmaschinenzügen, wenn das ziehende Fahrzeug von diesem Tage an erstmals in den Verkehr kommt; bei anderen Zugmaschinen und Zugmaschinenzügen von einem durch den Bundesminister für Verkehr zu bestimmenden Tage an;
2. 3,7 kW je Tonne bei Sattelkraftfahrzeugen und Zügen mit einem Gesamtgewicht von mehr als 32 t, wenn das ziehende Fahrzeug vor dem 1. Januar 1966 erstmals in den Verkehr gekommen ist;
3. 4,0 kW je Tonne bei Sattelkraftfahrzeugen und Zügen mit einem Gesamtgewicht von mehr als 32 t, wenn das ziehende Fahrzeug vom 1. Januar 1966 bis zum 31. Dezember 1968 erstmals in den Verkehr gekommen ist;
4. 4,4 kW je Tonne bei Kraftfahrzeugen, Sattelkraftfahrzeugen und Zügen, wenn das Kraftfahrzeug oder das ziehende Fahrzeug vom 1. Januar 1969 bis zum 31. Dezember 2000 erstmals in den Verkehr gekommen ist;
5. 5,0 kW je Tonne bei anderen als in den Nummern 1 bis 4 genannten Kraftfahrzeugen, Sattelkraftfahrzeugen und Zügen, die ab dem 1. Januar 2001 erstmals in den Verkehr kommen.

§ 35a Abs. 2, 3, 4, 5 Satz 1 und Abs. 7   (Sitze, Sitzverankerungen, Kopfstützen, Anforderungen an Verankerungen und Sicherheitsgurte und Rückhaltesysteme)
ist spätestens anzuwenden
1. für erstmals in den Verkehr kommende neue Typen von
   a) Kraftfahrzeugen ab dem 1. Juni 1998,
   b) abweichend davon für Kraftomnibusse mit einer zulässigen Gesamtmasse von nicht mehr als 3,5 t ab dem 1. Oktober 1999
   und
2. für alle erstmals in den Verkehr kommende
   a) Kraftfahrzeuge ab dem 1. Oktober 1999,
   b) abweichend davon für Kraftomnibusse mit einer zulässigen Gesamtmasse von nicht mehr als 3,5 t ab dem 1. Oktober 2001.
Für Kraftfahrzeuge, die vor dem 1. Juni 1998 oder 1. Oktober 1999 (Nr. 1a und Nr. 2a) oder Kraftomnibusse mit einer zulässigen Gesamtmasse von nicht mehr als 3,5 t, die vor dem 1. Oktober 1999 oder 1. Oktober 2001 (Nr. 1b und Nr. 2b) erstmals in den Verkehr gekommen sind, bleibt § 35a einschließlich der dazugehörenden Übergangsbestimmungen in § 72 Abs. 2 in der vor dem 1. Juni 1998 geltenden Fassung anwendbar.

§ 35a Abs. 11   (Verankerungen der Sicherheitsgurte und Sicherheitsgurte von Kraftfahrzeugen nach § 30a Abs. 3)
ist spätestens ab dem 17. Juni 2003 für erstmals in den Verkehr kommende Kraftfahrzeuge anzuwenden.

§ 35c   (Heizung und Lüftung)
Die geschlossenen Führerräume der vor dem 1. Januar 1956 erstmals in den Verkehr gekommenen Kraftfahrzeuge – ausgenommen Kraftomnibusse – brauchen nicht heizbar zu sein.

§ 35d Abs. 2   (Höhe der Trittstufen bei Kraftomnibussen)
tritt in Kraft am 1. Juli 1961, jedoch nur für erstmals in den Verkehr kommende Fahrzeuge.

§ 35d Abs. 3   (Blinkleuchten für gelbes Licht an beweglichen Einstieghilfen von Kraftomnibussen)
ist spätestens ab 1. Oktober 1993 auf die von diesem Tage an erstmals in den Verkehr kommenden Fahrzeuge anzuwenden.

§ 35e Abs. 1   (Vermeidung störender Geräusche beim Schließen der Türen)
tritt in Kraft am 1. Juli 1961, jedoch nur für erstmals in den Verkehr kommende Fahrzeuge.

§ 35e Abs. 2   (Vermeidung des unbeabsichtigten Öffnens der Türen)
tritt in Kraft am 1. Juli 1961, jedoch nur für erstmals in den Verkehr kommende Fahrzeuge.

§ 35e Abs. 3   (Türbänder)
gilt für Kraftomnibusse, die der gewerbsmäßigen Personenbeförderung dienen, und tritt in Kraft am 1. Juli 1963 für andere Fahrzeuge, die nach diesem Tage erstmals in den Verkehr kommen.

§ 35e Abs. 4 und Anlage X Nr. 4   (Fahrgasttüren in Kraftomnibussen)
sind spätestens ab 1. Januar 1989 auf die von diesem Tage an erstmals in den Verkehr kommenden Kraftomnibusse anzuwenden. Auf Kraftomnibusse, die vor dem 1. Januar 1989 erstmals in den Verkehr gekommen sind, ist § 35e Abs. 4 in der vor dem 1. Juli 1988 geltenden Fassung anzuwenden.

§ 35e Abs. 5   (Türbetätigung und Einklemmschutz)
tritt in Kraft am 1. Januar 1986 für die von diesem Tage an erstmals in den Verkehr kommenden Kraftomnibusse.
Für die Kraftomnibusse, die vor dem 1. Januar 1986 erstmals in den Verkehr gekommen sind, gilt § 35e Abs. 5 in der vor dem 1. Dezember 1984 geltenden Fassung.

§ 35f und Anlage X Nr. 5   (Notausstiege in Kraftomnibussen)
sind spätestens ab 1. Januar 1989 auf die von diesem Tage an erstmals in den Verkehr kommenden Kraftomnibusse anzuwenden. Die Vorschriften über Notluken sind anzuwenden spätestens ab 1. Januar 1993 auf die von diesem Tage an erstmals in den Verkehr kommenden Kraftomnibusse. Auf Kraftomnibusse, die vor dem 1. Januar 1989 erstmals in den Verkehr gekommen sind, ist § 35f mit den zugehörigen Übergangsvorschriften in der vor dem 1. Juli 1988 geltenden Fassung anzuwenden.

§ 35h Abs. 1 und 3   (DIN 13 164, Ausgabe Januar 1998)
ist spätestens ab dem 1. Juli 2000 auf Verbandkästen anzuwenden, die von diesem Tage an erstmals in Fahrzeugen mitgeführt werden. Verbandkästen, die den Normblättern DIN 13 163, Ausgabe Dezember 1987 oder DIN 13 164, Ausgabe Dezember 1987 entsprechen, dürfen weiter benutzt werden.

§ 35i Abs. 1 und Anlage X Nr. 1 bis Nr. 3   (Gänge und Fahrgastsitz in Kraftomnibussen)
sind spätestens ab 1. Januar 1989 auf die von diesem Tage an erstmals in den Verkehr kommenden Kraftomnibusse anzuwenden. Auf Kraftomnibusse, die vor diesem Tage erstmals in den Verkehr gekommen sind, sind

§ 35a Abs. 5 und Anlage X in der vor dem 1. Juli 1988 geltenden Fassung anzuwenden.

§ 35j   (Brennverhalten der Innenausstattung bestimmter Kraftomnibusse) ist spätestens ab dem 1. Oktober 2000 auf die von diesem Tage an erstmals in den Verkehr kommenden Kraftomnibusse.

§ 36 Abs. 1 Satz 1 und 2   (Maße und Bauart der Reifen) sind spätestens ab 1. Januar 1990 auf die von diesem Tage an erstmals in den Verkehr kommenden Fahrzeuge anzuwenden. Auf Fahrzeuge, die vor diesem Tage erstmals in den Verkehr gekommen sind, ist § 36 Abs. 1 Satz 1 in der vor dem 1. Juli 1988 geltenden Fassung anzuwenden.

§ 36 Abs. 1a   (Luftreifen nach internationalen Vorschriften) ist spätestens ab 1. Oktober 1998 auf Luftreifen anzuwenden, die von diesem Tage an hergestellt werden in Verbindung mit der im Anhang aufgeführten Bestimmung für Kraftfahrzeuge nach § 30a Abs. 3 jedoch spätestens ab 17. Juni 2003.

§ 36 Abs. 2a   (Bauart der Reifen an Fahrzeugen mit einem zulässigen Gesamtgewicht von mehr als 2,8 t und nicht mehr als 3,5 t) ist spätestens anzuwenden:

1. auf Fahrzeuge, die vom 1. September 1997 an erstmals in den Verkehr kommen,

2. auf Fahrzeuge, die vor dem 1. September 1997 erstmals in den Verkehr gekommen sind, ab dem Termin der nach dem 31. Dezember 1997 durchzuführenden nächsten Hauptuntersuchung.

§ 36 Abs. 2b   (Kennzeichnung der Reifen) ist anzuwenden auf Luftreifen, die vom 1. Januar 1990 an hergestellt oder erneuert werden. Auf Luftreifen von Arbeitsmaschinen, Erdbewegungsfahrzeugen, land- und forstwirtschaftlichen Zug- und Arbeitsmaschinen, Fahrrädern mit Hilfsmotor und Kleinkrafträdern ist die Kennzeichnung mit zusätzlichen Angaben, aus denen Tragfähigkeit und Geschwindigkeitskategorie hervorgehen, spätestens ab 1. Januar 1994 anzuwenden, wenn sie von diesem Tage an hergestellt oder erneuert werden.

§ 36a Abs. 3   (zwei Einrichtungen als Sicherung gegen Verlieren) tritt in Kraft am 1. Januar 1981 für Fahrzeuge, die von diesem Tage an erstmals in den Verkehr kommen. Für die anderen Fahrzeuge gilt die Verordnung in der Fassung der Bekanntmachung vom 15. November 1974 (BGBl. I S. 3195).

§ 38 Abs. 2   (Lenkeinrichtung) ist spätestens ab dem 1. Oktober 2001 auf die von diesem Tage an erstmals in den Verkehr kommenden Kraftfahrzeuge anzuwenden. Für Kraftfahrzeuge, die vor diesem Datum erstmals in den Verkehr gekommen sind, gilt § 38 Abs. 1 sowie Abs. 2 in der vor dem 1. April 2000 geltenden Fassung.

§ 38a Abs. 1   (Sicherungseinrichtungen gegen unbefugte Benutzung und Wegfahrsperre) ist spätestens ab 1. Oktober 1998 auf die von diesem Tage an erstmals in den Verkehr kommenden Kraftfahrzeuge anzuwenden. Auf Kraftfahrzeuge, die vor dem 1. Oktober 1998 erstmals in den Verkehr gekommen sind, bleibt § 38a in der vor dem 1. September 1997 geltenden Fassung anwendbar.

§ 38a Abs. 2   (Sicherung von Krafträdern gegen unbefugte Benutzung) ist spätestens ab 1. Oktober 1998 auf die von diesem Tage an erstmals in den Verkehr kommenden Krafträder anzuwenden. Auf Krafträder, die vor dem 1. Oktober 1998 erstmals in den Verkehr gekommen sind, bleibt § 38a in der vor dem 1. September 1997 geltenden Fassung anwendbar.

§ 38a Abs. 3   (Sicherungseinrichtungen gegen unbefugte Benutzung und Wegfahrsperren an Kraftfahrzeugen, für die sie nicht vorgeschrieben sind) ist spätestens ab 1. Oktober 1998 auf die von diesem Tage an erstmals in den Verkehr kommenden Kraftfahrzeuge anzuwenden.

§ 38b   (Fahrzeug-Alarmsysteme) ist spätestens ab 1. Oktober 1998 auf erstmals in den Verkehr kommende Fahrzeug-Alarmsysteme in Kraftfahrzeugen anzuwenden. Auf Fahrzeug-Alarmsysteme, die vor dem 1. Oktober 1998 erstmals in den Verkehr gekommen sind, bleibt § 38b in der vor dem 1. September 1997 geltenden Fassung anwendbar.

§ 39   (Rückwärtsgang) gilt für Kraftfahrzeuge mit einem Leergewicht von mehr als 400 kg und tritt in Kraft am 1. Juli 1961 für andere mehrspurige Kraftfahrzeuge, die nach diesem Tage erstmals in den Verkehr kommen.

§ 39a Abs. 1 und 3   (Betätigungseinrichtungen, Kontrollleuchten und Anzeiger für Personenkraftwagen und Kraftomnibusse sowie Lastkraftwagen, Zugmaschinen, Sattelzugmaschinen und land- oder forstwirtschaftliche Zugmaschinen) ist spätestens ab dem 1. Oktober 2001 auf die von diesem Tage an erstmals in den Verkehr kommenden Kraftfahrzeuge anzuwenden.

§ 39a Abs. 2   (Betätigungseinrichtungen, Kontrollleuchten und Anzeiger für Kraftfahrzeuge nach § 30a Abs. 3) ist spätestens ab dem 17. Juni 2003 auf die von diesem Tage an erstmals in den Verkehr kommenden Kraftfahrzeuge anzuwenden.

§ 40 Abs. 2   (Scheibenwischer) Bei Kraftfahrzeugen mit einer durch die Bauart bestimmten Höchstgeschwindigkeit von nicht mehr als 20 km/h, die vor dem 20. Juli 1973 erstmals in den Verkehr gekommen sind, genügen Scheibenwischer, die von Hand betätigt werden.

§ 40 Abs. 3   (Scheiben, Scheibenwischer, Scheibenwascher, Entfrostungs- und Trocknungsanlagen für Kraftfahrzeuge nach § 30a Abs. 3) ist spätestens ab dem 17. Juni 2003 für erstmals in den Verkehr kommende Kraftfahrzeuge anzuwenden.

§ 41   (Bremsen) Bei den vor dem 1. Januar 1962 erstmals in den Verkehr gekommenen Zugmaschinen, deren zulässiges Gesamtgewicht 2 t und deren durch die Bauart bestimmte Höchstgeschwindigkeit 20 km/h nicht übersteigt, genügt eine Bremsanlage, die so beschaffen sein muß, daß die Räder vom Führersitz aus festgestellt (blockiert) werden können und beim Bruch eines Teils der Bremsanlage noch mindestens ein Rad gebremst werden kann. Der Zustand der betriebswichtigen Teile der Bremsanlage muß leicht nachprüfbar sein. An solchen Zugmaschinen muß der Kraftstoff- oder Drehzahlregulierungshebel feststellbar oder die Bremse auch von Hand bedienbar sein.

§ 41 Abs. 4   (mittlere Vollverzögerung)
ist spätestens ab dem 1. Januar 2001 auf die von diesem Tage an erstmals in den Verkehr kommenden Kraftfahrzeuge anzuwenden. Für andere Kraftfahrzeuge gilt § 41 Abs. 4 in der vor dem 1. April 2000 geltenden Fassung.

§ 41 Abs. 4a   (Bremswirkung nach Ausfall eines Teils der Bremsanlage)
ist spätestens ab dem 1. Januar 2001 auf die von diesem Tage an erstmals in den Verkehr kommenden Fahrzeuge anzuwenden. Für andere Kraftfahrzeuge gilt § 41 Abs. 4a in der vor dem 1. April 2000 geltenden Fassung.

§ 41 Abs. 5   (Wirkung der Feststellbremse)
Für die Feststellbremse genügt eine mittlere Verzögerung von 1 m/s^2 bei den vor dem 1. April 1952 (im Saarland: vor dem 1. Januar 1961) erstmals in den Verkehr gekommenen Kraftfahrzeugen mit einer durch die Bauart bestimmten Höchstgeschwindigkeit von nicht mehr als 20 km/h.

§ 41 Abs. 9 Satz 1 und 2   (Mittlere Vollverzögerung bei Anhängern)
ist spätestens ab dem 1. Januar 2001 auf die von diesem Tage an erstmals in den Verkehr kommenden Anhänger anzuwenden. Für andere Anhänger gilt § 41 Abs. 9 Satz 1 und 2 in der vor dem 1. April 2000 geltenden Fassung.

§ 41 Abs. 9 Satz 5 Halbsatz 1   (Bremswirkung am Anhänger)
ist spätestens ab 1. Januar 1995 auf die von diesem Tage an erstmals in den Verkehr kommenden Anhänger sowie auf Kraftfahrzeuge, hinter denen die Anhänger mitgeführt werden, anzuwenden. Auf Anhänger, die vor dem 1. Januar 1995 erstmals in den Verkehr gekommen sind, bleibt § 41 Abs. 9 Satz 5 in der vor dem 1. Juli 1993 geltenden Fassung anwendbar.

§ 41 Abs. 9 Satz 6   (Allradbremse an Anhängern)
gilt nicht für die vor dem 1. April 1952 (im Saarland: vor dem 1. Januar 1961) erstmals in den Verkehr gekommenen Anhänger.

§ 41 Abs. 9   (Bremsen an Anhängern)
Bis zu einem vom Bundesminister für Verkehr zu bestimmenden Tage genügen an den vor dem 1. Januar 1961 erstmals in den Verkehr gekommenen und für eine Höchstgeschwindigkeit von nicht mehr als 20 km/h gekennzeichneten Anhängern Bremsen, die weder vom Führer des ziehenden Fahrzeugs bedient werden noch selbsttätig wirken können. Diese Bremsen müssen durch einen auf dem Anhänger befindlichen Bremser bedient werden; der Bremsersitz mindestens des ersten Anhängers muß freie Aussicht auf die Fahrbahn in Fahrtrichtung bieten.

§ 41 Abs. 10   (Auflaufbremsen)
ist spätestens ab 1. Juli 1994 auf die von diesem Tage an erstmals in den Verkehr kommenden Fahrzeuge anzuwenden. Auf Anhänger, die vor dem 1. Juli 1994 erstmals in den Verkehr gekommen sind, bleibt § 41 Abs. 10 in der vor dem 1. Juli 1993 geltenden Fassung anwendbar.

§ 41 Abs. 11 Satz 2   (keine eigene Bremse an Anhängern mit einer Achslast von mehr als 0,75 t, aber nicht mehr als 3,0 t)
ist spätestens ab 1. Januar 1994 auf die von diesem Tage an erstmals in den Verkehr kommenden Anhänger anzuwenden. Bei Anhängern, die vor dem 1. Januar 1994 erstmals in den Verkehr gekommen sind, darf die durch die Bauart bestimmte Höchstgeschwindigkeit mehr als 30 km/h betragen.

§ 41 Abs. 14 Satz 2 Nr. 2 Buchstabe c (Ausrüstung von Starrdeichselanhängern mit zwei Unterlegkeilen)
ist spätestens anzuwenden:

1. vom 1. März 1998 an auf Starrdeichselanhänger, die von diesem Tag an erstmals in den Verkehr kommen,

2. bei Starrdeichselanhängern, die vor dem 1. März 1998 erstmals in den Verkehr gekommen sind, ab dem Termin der nach dem 31. Dezember 1997 nächsten durchzuführenden Hauptuntersuchung.

§ 41 Abs. 15 (Dauerbremse bei Anhängern)
Die Einrichtung am Anhänger zur Betätigung der Betriebsbremse als Dauerbremse ist spätestens bis zur nächsten Bremsensonderuntersuchung auszubauen, die nach dem 1. Oktober 1992 durchgeführt wird; dies gilt nicht für Anhänger mit Einleitungsbremsanlage nach Anlage I Kapitel XI Sachgebiet B Abschnitt III Nr. 2 Abs. 43 Nr. 3 des Einigungsvertrages vom 31. August 1990 (BGBl. II S. 885, 1102).

§ 41 Abs. 16 (Zweikreisbremsanlage und Warndruckanzeiger bei Druckluftbremsanlagen)
tritt in Kraft am 1. Juli 1963, die Vorschrift über Zweikreisbremsanlagen jedoch nur für erstmals in den Verkehr kommende Kraftomnibusse.

§ 41 Abs. 18 (EG-Bremsanlage)
ist spätestens ab 1. Januar 1991 auf die von diesem Tage an erstmals in den Verkehr kommenden Fahrzeuge anzuwenden.

§ 41 Abs. 18 in Verbindung mit der hierzu im Anhang Buchstabe f anzuwendenden Bestimmung (Richtlinie 91/422/EWG)
ist spätestens ab 1. Oktober 1994 auf erstmals in den Verkehr kommende Fahrzeuge anzuwenden.

§ 41 Abs. 18 Satz 1 (EG-Bremsanlage für Zugmaschinen)
ist spätestens ab dem 1. Januar 2001 auf die von diesem Tage an erstmals in den Verkehr kommenden Zugmaschinen anzuwenden. Für andere Zugmaschinen gilt § 41 Abs. 1 bis 13 und 18 Satz 1 in der vor dem 1. April 2000 geltenden Fassung.

§ 41 Abs. 18 Satz 2 (EG-Bremsanlage für Fahrzeuge, die hinsichtlich ihrer Baumerkmale den unter die EG-Richtlinie über Bremsanlagen fallenden Fahrzeuge gleichzusetzen sind)
ist spätestens ab dem 1. Januar 2001 auf die von diesem Tage an erstmals in den Verkehr kommenden Fahrzeuge anzuwenden. Für andere Fahrzeuge gilt § 41 Abs. 18 Satz 2 in der vor dem 1. April 2000 geltenden Fassung.

§ 41 Abs. 18 Satz 3 in Verbindung mit der nach Anhang Buchstabe g anzuwendenden Bestimmung (Richtlinie 98/12/EG der Kommission)
ist spätestens ab dem 1. April 2001 auf die von diesem Tage an erstmals in den Verkehr kommenden Fahrzeuge und auf den Verkauf oder die Inbetriebnahme von Austauschbremsbelägen für diese Fahrzeuge anzuwenden.

§ 41 Abs. 19 (EG-Bremsanlage für Kraftfahrzeuge nach § 30a Abs. 3)
ist spätestens vom 1. Oktober 1998 an auf die von diesem Tage an erstmals in den Verkehr kommenden Fahrzeuge anzuwenden. Auf Kraftfahrzeuge nach § 30a Abs. 3, die vor dem 1. Oktober 1998 erstmals in den Verkehr gekommen sind, bleibt § 41 in der vor dem 1. September 1997 geltenden Fassung anwendbar.

§ 41 Abs. 20 Satz 1   (EG-Bremsanlagen für land- oder forstwirtschaftliche Zugmaschinen)
ist spätestens ab dem 1. Januar 2002 auf die von diesem Tage an erstmals in den Verkehr kommenden land- oder forstwirtschaftlichen Zugmaschinen anzuwenden.

§ 41a   (Druckbehälter in Fahrzeugen)
tritt in Kraft am 1. Juli 1985 für die von diesem Tage an erstmals in den Verkehr kommenden Fahrzeuge.

§ 41b Abs. 1 bis 3   (automatischer Blockierverhinderer)
ist spätestens ab 1. Januar 1991 auf die von diesem Tage an erstmals in den Verkehr kommenden Fahrzeuge anzuwenden.

§ 41b Abs. 5   (automatischer Blockierverhinderer für Anhänger)
ist spätestens ab 1. Januar 2001 auf die von diesem Tage an erstmals in den Verkehr kommenden Anhänger anzuwenden.

§ 42 Abs. 1 Satz 3   (Anhängelast für Kraftfahrzeuge nach § 30a Abs. 3)
ist spätestens ab dem 17. Juni 2003 für erstmals in den Verkehr kommende Kraftfahrzeuge anzuwenden. Für Krafträder, die vor diesem Datum erstmals in den Verkehr gekommen sind, gilt § 42 Abs. 1 Nr. 1 in der vor dem 1. April 2000 geltenden Fassung.

§ 42 Abs. 2   (Anhängelast bei Anhängern ohne ausreichende eigene Bremse)
gilt auch für zweiachsige Anhänger, die vor dem 1. Oktober 1960 erstmals in den Verkehr gekommen sind.

§ 43 Abs. 1 Satz 2 und 3   (Zuggabel, Zugöse)
gilt nicht für die hinter Zug- oder Arbeitsmaschinen mit nach hinten offenem Führersitz mitgeführten mehrachsigen land- oder forstwirtschaftlichen Anhänger mit einem zulässigen Gesamtgewicht von nicht mehr als 2 t, die vor dem 1. Juli 1961 erstmals in den Verkehr gekommen sind.

§ 43 Abs. 1 Satz 3   (Höheneinstellung an der Anhängerdeichsel)
gilt nicht für Fahrzeuge, die vor dem 1. April 1952 (im Saarland: vor dem 1. Januar 1961) erstmals in den Verkehr gekommen sind.

§ 43 Abs. 2   (Abschleppeinrichtung vorn)
gilt für Kraftfahrzeuge mit einem zulässigen Gesamtgewicht von mehr als 4 t und für Zugmaschinen und tritt in Kraft am 1. Oktober 1974 für andere Kraftfahrzeuge, soweit sie von diesem Tage an erstmals in den Verkehr kommen.

§ 43 Abs. 2   (Abschleppeinrichtung hinten)
tritt in Kraft am 1. Oktober 1974 für die von diesem Tage an erstmals in den Verkehr kommenden Fahrzeuge.

§ 43 Abs. 4   (nicht selbsttätige Kugelgelenkflächenkupplungen)
sind weiterhin an Fahrzeugen zulässig, die vor dem 1. Dezember 1984 erstmals in den Verkehr gekommen sind.

§ 43 Abs. 5   (Einrichtungen zur Verbindung von Fahrzeugen an Kraftfahrzeugen nach § 30a Abs. 3)
ist spätestens ab dem 17. Juni 2003 auf von diesem Tage an erstmals an Kraftfahrzeugen angebrachte Einrichtungen zur Verbindung von Fahrzeugen anzuwenden.

§ 44 Abs. 1 letzter Satz   (Stütze muß sich selbsttätig anheben)
tritt in Kraft am 1. Oktober 1974 für die von diesem Tage an erstmals in den
Verkehr kommenden Fahrzeuge.

§ 44 Abs. 3   (Stützlast)
ist spätestens ab 1. Oktober 1998 auf die von diesem Tage an erstmals in
den Verkehr kommenden Fahrzeuge anzuwenden. Auf Fahrzeuge, die vor
dem 1. Oktober 1998 erstmals in den Verkehr gekommen sind, bleibt § 44
Abs. 3 in der vor dem 1. September 1997 geltenden Fassung anwendbar.
Schilder, wie sie bis zum 21. Juni 1975 vorgeschrieben waren, sind an
Anhängern, die in der Zeit vom 1. April 1974 bis zum Ablauf des 21. Juni
1975 erstmals in den Verkehr gekommen sind, weiterhin zulässig, auch
wenn die Stützlast einen nach § 44 Abs. 3 zulässigen Wert von weniger als
25 kg erreicht.

§ 45 Abs. 2   (Lage des Kraftstoffbehälters)
gilt nicht für reihenweise gefertigte Fahrzeuge, für die eine Allgemeine
Betriebserlaubnis vor dem 1. April 1952 erteilt worden ist, und nicht für
Fahrzeuge, die im Saarland vor dem 1. Januar 1961 erstmals in den Verkehr
gekommen sind.

§ 45 Abs. 4   (Kraftstoffbehälter und deren Einbau in Kraftfahrzeuge nach
§ 30a Abs. 3)
ist für neu in den Verkehr kommende Kraftfahrzeuge spätestens ab dem
17. Juni 2003 anzuwenden.

§ 47 Abs. 1   (Abgasemissionen von Personenkraftwagen und leichten
Nutzfahrzeugen)
ist spätestens anzuwenden
1. ab dem 1. Januar 1997 hinsichtlich der Richtlinie 70/220/EWG in der
    Fassung der Richtlinie 96/44/EG der Kommission vom 1. Juli 1996 (ABl.
    EG Nr. L 210 S. 25),
2. a) ab dem 1. Januar 1996 auf Kraftfahrzeuge der Klasse M – ausge-
       nommen:
       aa) Kraftfahrzeuge mit mehr als 6 Sitzplätzen einschließlich des
           Fahrersitzes,
       bb) Kraftfahrzeuge mit einer Höchstmasse von mehr als 2500 kg –,
       ab dem 1. Januar 1997 auf Kraftfahrzeuge der Klasse N$_1$, Gruppe I
       sowie die unter den Doppelbuchstaben aa und bb genannten Kraft-
       fahrzeuge der Klasse M mit einer Bezugsmasse von 1250 kg oder
       weniger und
       ab dem 1. Januar 1998 auf Kraftfahrzeuge der Klasse N$_1$, Gruppen
       II und III sowie die unter den Doppelbuchstaben aa und bb genann-
       ten Kraftfahrzeuge der Klasse M mit einer Bezugsmasse von mehr
       als 1250 kg,
       für die
       – eine EWG-Typgenehmigung gemäß Artikel 4 Abs. 1 der Richt-
          linie 70/156/EWG oder

  – eine Allgemeine Betriebserlaubnis – soweit nicht Artikel 8 Abs. 2 der Richtlinie 70/156/EWG geltend gemacht wurde –
  erteilt wird,

b) ab dem 1. Januar 1997 auf Kraftfahrzeuge der Klasse M – ausgenommen:

  aa) Kraftfahrzeuge mit mehr als 6 Sitzplätzen einschließlich des Fahrersitzes,

  bb) Kraftfahrzeuge mit einer Höchstmasse von mehr als 2500 kg –,

  ab dem 1. Oktober 1997 auf Kraftfahrzeuge der Klasse N$_1$, Gruppe I sowie die unter den Doppelbuchstaben aa und bb genannten Kraftfahrzeuge der Klasse M mit einer Bezugsmasse von 1250 kg oder weniger und

  ab dem 1. Oktober 1998 auf Kraftfahrzeuge der Klasse N$_1$, Gruppen II und III sowie die unter den Doppelbuchstaben aa und bb genannten Kraftfahrzeuge der Klasse M mit einer Bezugsmasse von mehr als 1250 kg,

  die von diesem Tag an erstmals in den Verkehr kommen.

3. Abweichend von Nummer 2 gelten bis zum 30. September 1999 für die Erteilung der EG-Typgenehmigung oder der Allgemeinen Betriebserlaubnis und für das erstmalige Inverkehrbringen von Kraftfahrzeugen als Grenzwerte für die Summen der Massen der Kohlenwasserstoffe und Stickoxide und für die Partikelmassen von Fahrzeugen, die mit Selbstzündungsmotor mit Direkteinspritzung ausgerüstet sind, die Werte, die in der Fußnote 1 der Tabelle in Abschnitt 5.3.1.4 des Anhangs I der Richtlinie 70/220/EWG in der Fassung der Richtlinie 96/69/EG genannt sind.

Für Kraftfahrzeuge der

1. Klasse M – ausgenommen:

   a) Kraftfahrzeuge mit mehr als 6 Sitzplätzen einschließlich des Fahrersitzes,

   b) Kraftfahrzeuge mit einer Höchstmasse von mehr als 2500 kg –,
   für die vor dem 1. Januar 1996,

2. Klasse N$_1$, die die Vorschriften der Richtlinie 70/220/EWG in der Fassung der Richtlinie 94/12/EG des Europäischen Parlaments und des Rates vom 23. März 1994 über Maßnahmen gegen die Verunreinigung der Luft durch Emissionen von Kraftfahrzeugen und zur Änderung der Richtlinie 70/220/EWG (ABl. EG Nr. L 100 S. 42) für die Gruppe I erfüllen, sowie die unter Nummer 1 Buchstabe a und b genannten Kraftfahrzeuge der Klasse M mit einer Bezugsmasse von 1250 kg oder weniger, für die vor dem 1. Januar 1997, und

3. Klasse N$_1$, die die Vorschriften der Richtlinie 70/220/EWG in der Fassung der Richtlinie 94/12/EG für die Gruppe II oder III erfüllen, sowie die unter Nummer 1 Buchstabe a und b genannten Kraftfahrzeuge der Klasse M mit einer Bezugsmasse von mehr als 1250 kg, für die vor dem 1. Januar 1998

eine

– EWG-Typgenehmigung nach Artikel 4 Abs. 1 der Richtlinie 70/156/ EWG oder

– Allgemeine Betriebserlaubnis – soweit nicht Artikel 8 Abs. 2 der Richtlinie 70/156/EWG geltend gemacht wurde –

erteilt wurde, bleiben § 47 Abs. 1 einschließlich der dazugehörenden Übergangsbestimmungen in § 72 Abs. 2 in der vor dem 1. September 1997 geltenden Fassung anwendbar; dies gilt auch für Kraftfahrzeuge der

4. Klasse M – ausgenommen die unter Nummer 1 Buchstabe a und b genannten Kraftfahrzeuge –, die vor dem 1. Januar 1997,

5. Klasse N_1, die die Vorschriften der Richtlinie 70/220/EWG in der Fassung der Richtlinie 94/12/EG für die Gruppe I erfüllen, sowie die unter Nummer 1 Buchstabe a und b genannten Kraftfahrzeuge der Klasse M mit einer Bezugsmasse von 1250 kg oder weniger, die vor dem 1. Oktober 1997,

6. Klasse N_1, die die Vorschriften der Richtlinie 70/220/EWG in der Fassung der Richtlinie 94/12/EG für die Gruppe II oder III erfüllen, sowie die unter Nummer 1 Buchstabe a und b genannten Kraftfahrzeuge der Klasse M mit einer Bezugsmasse von mehr als 1250 kg, die vor dem 1. Oktober 1998

erstmals in den Verkehr gekommen sind.

§ 47 Abs. 1

ist hinsichtlich der Richtlinie 98/77/EG

1. für Austauschkatalysatoren zum Einbau in Fahrzeuge, die nicht mit einem On-Board-Diagnosesystem (OBD) ausgerüstet sind,

2. für erstmals in den Verkehr kommende Fahrzeuge mit Einzelbetriebserlaubnis, die mit Flüssiggas (LPG) und Erdgas (NG) betrieben werden, oder die entweder mit Ottokraftstoff oder mit Flüssiggas oder Erdgas betrieben werden können,

ab dem 1. Oktober 1999 anzuwenden.

§ 47 Abs. 1

ist hinsichtlich der Richtlinie 98/69/EG für Fahrzeuge mit Einzelbetriebserlaubnis wie folgt anzuwenden:

1. Die in der Richtlinie 98/69/EG
   a) in Artikel 2 Abs. 3 und 5 bis 7 der Richtlinie für die Zulassung von Neufahrzeugen,
   b) im Anhang in Nr. 24 zur Änderung des Anhangs I Abschnitt 8 der Richtlinie 70/220/EWG in der Fassung der Richtlinie 98/77/EG für alle Typen,

   genannten Termine sind anzuwenden für erstmals in den Verkehr kommende Fahrzeuge.

2. Der in der Richtlinie 98/69/EG im Anhang in Nr. 14 – zur Änderung des Anhang I Abschnitt 5.3.5 der Richtlinie 70/220/EWG in der Fassung der Richtlinie 98/77/EG – in der Fußnote 1 für neue Fahrzeugtypen genannte Termin ist anzuwenden für erstmals in den Verkehr kommende Fahrzeuge.

§ 47 Abs. 2 Satz 1   (Maßnahmen gegen die Emission verunreinigender Stoffe aus Dieselmotoren zum Antrieb von Fahrzeugen)

tritt hinsichtlich des Buchstabens a des Anhangs zu § 47 Abs. 2 am 1. Januar 1993 für die von diesem Tage an erstmals in den Verkehr kommenden Kraftfahrzeuge und hinsichtlich des Buchstabens b des Anhangs zu § 47 Abs. 2 am 1. Oktober 1997 für die Erteilung der EG-Typgenehmigung oder der Betriebserlaubnis in Kraft.

Für Kraftfahrzeuge, die vor diesem Zeitpunkt erstmals in den Verkehr gekommen sind, bleiben § 47 Abs. 2 Satz 1 und Anlage XV einschließlich der Übergangsbestimmungen in § 72 Abs. 2 in der vor dem 1. Januar 1993 geltenden Fassung anwendbar.

§ 47 Abs. 2 Satz 2 und Anlage XVI   (Prüfung der Emission verunreinigender Stoffe bei Dieselmotoren zum Antrieb von land- oder forstwirtschaftlichen Zugmaschinen)
treten in Kraft am 1. Januar 1982 für die von diesem Tage an erstmals in den Verkehr kommenden Kraftfahrzeuge.

§ 47 Abs. 3   (schadstoffarme Fahrzeuge)
Als schadstoffarm gelten auch Fahrzeuge mit Fremdzündungsmotor, die die Auspuffemissionsgrenzwerte der Anlage XXIII einhalten und vor dem 1. Oktober 1985 erstmals in den Verkehr gekommen sind.
Fahrzeuge mit
1. Selbstzündungsmotor, die vor dem 1. Januar 1993 erstmals in den Verkehr kommen, oder
2. Selbstzündungsmotor und Direkteinspritzung, die vor dem 1. Januar 1995 erstmals in den Verkehr kommen,
gelten auch dann als schadstoffarm, wenn die Vorschriften der Anlage XXIII über Grenzwerte für die Emissionen der partikelförmigen Luftverunreinigungen auf sie nicht angewandt werden, die Fahrzeuge der Richtlinie 72/306/EWG, geändert durch die im Anhang zu dieser Vorschrift genannten Bestimmungen, entsprechen und nach dem 18. September 1984 erstmals in den Verkehr gekommen sind; für die vor dem 1. Januar 1985 erstmals in den Verkehr gekommenen Fahrzeuge beginnt die Anerkennung als schadstoffarm frühestens ab dem 1. Januar 1986.
Eine erstmalige Anerkennung als schadstoffarm nach § 47 Abs. 3 Nr. 1 ist für Fahrzeuge, die ab 1. Januar 1995 erstmals in den Verkehr kommen, nicht mehr zulässig.
§ 47 Abs. 3 Nr. 2 gilt nur für Fahrzeuge, die vor dem 1. Januar 1993 in den Verkehr gekommen sind.
Personenkraftwagen und Wohnmobile mit Fremdzündungsmotor, die bis zum 31. Dezember 1990 erstmals in den Verkehr gekommen sind, gelten auch dann als schadstoffarm, wenn sie nachträglich durch Einbau eines Katalysators, der
1. mit einer Betriebserlaubnis für Fahrzeugteile nach § 22 oder
2. im Rahmen einer Betriebserlaubnis für das Fahrzeug nach § 20 oder § 21
genehmigt ist, technisch so verbessert worden sind, daß die Vorschriften
1. der Anlage XXIII, ausgenommen die Absätze 1.7.3 und 1.8.2, oder
2. des Anhangs III A der Richtlinie 70/220/EWG des Rates, zuletzt geändert durch die Richtlinie 89/491/EWG der Kommission, ausgenommen Nummer 8.3.1.2,
erfüllt sind.
Eine erstmalige Anerkennung als schadstoffarm nach § 47 Abs. 3 Nr. 3 ist für Fahrzeuge, die die Übergangsbestimmungen des Anhangs I Nr. 8.2 der Richtlinie 70/220/EWG in der Fassung der Richtlinie 91/441/EWG in Anspruch nehmen, ab 1. Januar 1995 nicht mehr zulässig. Fahrzeuge mit Selbstzündungsmotor mit Direkteinspritzung, die der Richtlinie 70/220/EWG in der Fassung der Richtlinie 94/12/EG entsprechen und die vor dem 1. Oktober 1999 erstmals in den Verkehr kommen, gelten auch dann als schadstoffarm, wenn sie folgende Grenzwerte einhalten:

- HC + NO$_x$ = 0,9 g/km,
- Partikel = 0,10 g/km.

Eine erstmalige Anerkennung als schadstoffarm nach § 47 Abs. 3 Nr. 3 und 4 ist für Fahrzeuge, die die Übergangsbestimmungen des Anhangs I Nr. 8.2 der Richtlinie 70/220/EWG in der Fassung der Richtlinie 91/441/EWG des Rates vom 26. Juni 1991 (ABl. EG Nr. L 242 S. 1) oder 93/59/EWG des Rates vom 28. Juni 1993 (ABl. EG Nr. L 186 S. 21) in Anspruch nehmen, ab 1. Januar 1995 nicht mehr möglich.

§ 47 Abs. 5　(schadstoffarme Fahrzeuge)
gilt nur für Fahrzeuge, die vor dem 1. Januar 1993 erstmals in den Verkehr gekommen sind, und Nummer 1 für Fahrzeuge mit Selbstzündungsmotor außerdem nur, wenn sie vom 19. September 1984 an erstmals in den Verkehr gekommen sind; für die vor dem 1. Januar 1985 erstmals in den Verkehr gekommenen Fahrzeuge beginnt die Anerkennung als schadstoffarm frühestens ab dem 1. Januar 1986.
Personenkraftwagen und Wohnmobile mit Fremdzündungsmotor, die bis zum 31. Dezember 1990 erstmals in den Verkehr gekommen sind, gelten auch dann als schadstoffarm, wenn sie nachträglich durch Einbau eines Katalysators, der
1.　mit einer Betriebserlaubnis für Fahrzeugteile nach § 22 oder
2.　im Rahmen einer Betriebserlaubnis für das Fahrzeug nach § 20 oder § 21
genehmigt ist, technisch so verbessert worden sind, daß die Vorschriften der Anlage XXV mit Ausnahme des Absatzes 4.1.4 erfüllt sind. Für Fahrzeuge mit weniger als 1400 Kubikzentimetern Hubraum gelten die Werte der Hubraumklasse zwischen 1400 und 2000 Kubikzentimetern. Eine erstmalige Anerkennung als schadstoffarm ist ab 1. September 1997 nicht mehr zulässig.

§ 47 Abs. 6　(Abgasemissionen von Nutzfahrzeugen mit Dieselmotor)
ist spätestens anzuwenden
1.　auf Kraftfahrzeuge, für die eine Allgemeine Betriebserlaubnis erteilt wird
　　a)　ab dem 1. Juli 1992 mit der Maßgabe, daß die Emissionen gasförmiger Schadstoffe und luftverunreinigender Partikel aus dem Motor die in Zeile A der Tabelle unter Nummer 6.2.1 des Anhangs I der Richtlinie 88/77/EWG in der Fassung der Richtlinie 91/542/EWG genannten Grenzwerte nicht überschreiten dürfen,
　　b)　ab dem 1. Oktober 1995 mit der Maßgabe, daß die Emissionen gasförmiger Schadstoffe und luftverunreinigender Partikel aus dem Motor die in Zeile B der Tabelle unter Nummer 6.2.1 des Anhangs I der Richtlinie 88/77/EWG in der Fassung der Richtlinie 91/542/EWG genannten Grenzwerte nicht überschreiten dürfen. Bis zum 30. September 1997 gilt der in Zeile B der Tabelle unter Nr. 6.2.1 des Anhangs I der Richtlinie 88/77/EWG in der Fassung der Richtlinie 91/542/EWG des Rates vom 1. Oktober 1991 (ABl. EG Nr. L 295 S. 1) genannte Grenzwert für Partikelemissionen von Motoren mit einem Hubraum pro Zylinder von weniger als 0,7 dm^3 und einer Höchstleistungsdrehzahl von über 3000 min^{-1} nicht. Für diese Motoren gilt bis zu diesem Zeitpunkt der in der Fußnote zur letzten Zeile B der Tabelle unter Nr. 6.2.1 des Anhangs I der Richtlinie

88/77/EWG in der Fassung der Richtlinie 96/1/EG vom 22. Januar 1996 (ABl. EG Nr. L 40 S. 1) genannte Wert.

Bis zum 30. September 1993 gilt Buchstabe a nicht für von einem Dieselmotor angetriebene Fahrzeugtypen, wenn der Dieselmotor in der Anlage zu einem Betriebserlaubnisbogen beschrieben ist, der vor dem 1. Juli 1992 gemäß der Richtlinie 88/77/EWG ausgestellt wurde,

1a. Die Maßnahmen zur Gewährleistung der Übereinstimmung der Produktion in Abschnitt 8 des Anhangs I der Richtlinie 88/77/EWG in der Fassung der Richtlinie 96/1/EG werden mit Inkrafttreten dieser Richtlinie am 8. März 1996 wirksam. Bis zum 30. September 1998 gilt für die Übereinstimmung der Produktion der in Zeile B der Tabelle unter Nr. 6.2.1 des Anhangs I der Richtlinie 88/77/EWG in der Fassung der Richtlinie 91/542/EWG genannte Grenzwert für Partikelemissionen von Motoren mit einem Hubraum pro Zylinder von weniger als 0,7 dm^3 und einer Höchstleistungsdrehzahl von über 3000 min^{-1} nicht. Für diese Motoren gilt bis zu diesem Zeitpunkt der in der Fußnote unter Nr. 8.1.1.1.1 des Anhangs der Richtlinie 96/1/EG zur Änderung des Anhangs I der Richtlinie 88/77/EWG genannte Wert.

2. auf Dieselfahrzeuge und -motoren, mit Ausnahme der zur Ausfuhr bestimmten Dieselfahrzeuge und -motoren, die erstmals in den Verkehr kommen

   a) ab dem 1. Oktober 1993 mit der Maßgabe, daß die Emissionen gasförmiger Schadstoffe und luftverunreinigender Partikel aus dem Motor die in Zeile A der Tabelle unter Nummer 8.3.1.1 des Anhangs I der Richtlinie 88/77/EWG in der Fassung der Richtlinie 91/542/EWG genannten Grenzwerte nicht überschreiten dürfen,

   b) ab dem 1. Oktober 1996 mit der Maßgabe, daß die Emissionen gasförmiger Schadstoffe und luftverunreinigender Partikel aus dem Motor die in Zeile B der Tabelle unter Nummer 8.3.1.1 des Anhangs I der Richtlinie 88/77/EWG in der Fassung der Richtlinie 91/542/EWG genannten Grenzwerte nicht überschreiten dürfen.

Für

– Kraftfahrzeuge, für die vor dem 1. Juli 1992 eine Allgemeine Betriebserlaubnis erteilt wurde,

– Dieselfahrzeuge und -motoren, die vor dem 1. Oktober 1993 erstmals in den Verkehr gekommen sind,

bleiben § 47 Abs. 6 einschließlich der Übergangsbestimmungen in § 72 Abs. 2 in der vor dem 1. Januar 1993 geltenden Fassung anwendbar.

§ 47 Abs. 7 (Abgase von Krafträdern)

ist spätestens anzuwenden ab 1. Juli 1994 auf die von diesem Tage an erstmals in den Verkehr kommenden Fahrzeuge. Für Fahrzeuge, die vor dem 1. Juli 1994 erstmals in den Verkehr gekommen sind, bleibt § 47 Abs. 7 einschließlich der Übergangsbestimmungen in § 72 Abs. 2 in der vor dem 1. Juli 1994 geltenden Fassung anwendbar.

§ 47 Abs. 7 tritt außer Kraft am 17. Juni 1999 für die Erteilung der Allgemeinen Betriebserlaubnis, am 1. Oktober 2000 für die Erteilung der Einzelbetriebserlaubnis.

§ 47 Abs. 8   (Abgase von Kleinkrafträdern und Fahrrädern mit Hilfsmotor)
ist anzuwenden ab 1. Januar 1989 auf die von diesem Tage an erstmals in den Verkehr kommenden Fahrzeuge.

§ 47 Abs. 8   tritt außer Kraft am 17. Juni 1999 für die Erteilung der Allgemeinen Betriebserlaubnis, am 1. Oktober 2000 für die Erteilung der Einzelbetriebserlaubnis.

§ 47 Abs. 8a   (Abgasemissionen von zwei- oder dreirädrigen Kraftfahrzeugen)
ist spätestens anzuwenden für erstmals in den Verkehr kommende Fahrzeuge ab dem 1. Oktober 2000 für Fahrzeuge mit einer Einzelbetriebserlaubnis.

§ 47 Abs. 8b   (Abgasemissionen von Motoren für mobile Maschinen und Geräte)
ist wie folgt anzuwenden:
1. Die Richtlinie 97/68/EG ist bei Motoren nach Artikel 9 Abs. 2 der Richtlinie anzuwenden ab dem (Einsetzen: 1. Tag des auf die Verkündung dieser Änderungsverordnung folgenden Kalendermonats) für die Erteilung der Einzelbetriebserlaubnis und der Allgemeinen Betriebserlaubnis.
2. Die in der Richtlinie 97/68/EG für die Erteilung der EG-Typgenehmigung für mobile Maschinen und Geräte genannten Termine in Artikel 9 Abs. 3 sind anzuwenden für die Erteilung der Allgemeinen Betriebserlaubnis.
3. Die in der Richtlinie 97/68/EG für das Inverkehrbringen neuer Motoren genannten Termine in Artikel 9 Abs. 4 sind anzuwenden für erstmals in den Verkehr kommende Fahrzeuge.
4. Für die Anerkennung gleichwertiger Genehmigungen gilt Artikel 7 Abs. 2 der Richtlinie 97/68/EG.

§ 47a Abs. 1   und Anlage XIa Nr. 3.1.2.2 (Untersuchungsverfahren für Kraftfahrzeuge mit Fremdzündungsmotor, mit Katalysator und geregelter Gemischaufbereitung und mit On-Board-Diagnosesystem) ist spätestens ab dem 1. April 2002 anzuwenden. Bis zu diesem Datum können die Kraftfahrzeuge auch nach den Bestimmungen der Anlage XIa Nr. 3.1.2.1 geprüft werden.

§ 47a Abs. 6   (vorschriftsmäßiger Zustand und Gültigkeit der Plakette sowie Verbot von Einrichtungen aller Art)
tritt in Kraft am 1. Dezember 1999. Bis zu diesem Datum gilt § 47a Abs. 6 in der vor dem 1. Juni 1998 geltenden Fassung.

§ 47b Abs. 2   (Erteilung der Anerkennung zur Durchführung von Abgassonderuntersuchungen)
Eine vor dem 1. Dezember 1992 erteilte Anerkennung zur Durchführung von Abgassonderuntersuchungen bleibt gültig. Sie berechtigt aber nur zu Abgasuntersuchungen an Kraftfahrzeugen, die unter die Nummer 3.1.1 der Anlage XIa fallen.
Eine vor dem 1. April 1994 erteilte Anerkennung zur Durchführung von Abgasuntersuchungen nach Anlage XIa Nr. 3.1 oder 3.2 bleibt gültig, wenn der Antragsteller den in den Nummern 4 und 5 enthaltenen Bestimmungen bis zum 1. Juli 1994 nachkommt. Eine vor dem 19. Dezember 2001 erteilte

Anerkennung zur Durchführung von Abgasuntersuchungen bleibt gültig, wenn der Antragsteller den in § 47b Abs. 2 Nr. 7 enthaltenen Bestimmungen bis spätestens 1. Juli 2002 nachkommt und der anerkennenden Stelle bis spätestens 1. August 2002 anzeigt, dass die Dokumentation erstellt ist. Die Dokumentation ist der anerkennenden Stelle auf Verlangen vorzulegen.

§ 47d   (Kohlendioxidemissionen und Kraftstoffverbrauch)
ist spätestens anzuwenden
a) ab dem 1. Januar 1996 für die Erteilung einer Allgemeinen Betriebserlaubnis,
b) ab dem 1. Januar 1997 auf Kraftfahrzeuge, die von diesem Tage an erstmals in den Verkehr kommen.

§ 48   (Emissionsklassen für Kraftfahrzeuge)
ist anzuwenden auf Kraftfahrzeuge, die vom 1. Januar 1994 an erstmals in den Verkehr kommen. Auf Antrag können auch Kraftfahrzeuge, die vor dem 1. Januar 1994 erstmals in den Verkehr gekommen sind, in Emissionsklassen nach Anlage XIV eingestuft werden.

§ 49 Abs. 2   (Geräuschpegel und Schalldämpferanlage von Kraftfahrzeugen)
(1) ist anzuwenden
1. ab dem 1. Januar 1993 hinsichtlich der Richtlinie 89/491/EWG der Kommission vom 17. Juli 1989 (ABl. EG Nr. L 238 S. 43),
2. a) ab dem 1. April 1993 für die Erteilung der Allgemeinen Betriebserlaubnis,
   b) ab dem 1. April 1994 für die von diesem Tage an erstmals in den Verkehr kommenden Fahrzeuge
   hinsichtlich der Richtlinie 89/235/EWG des Rates vom 13. März 1989 (ABl. EG Nr. L 98 S. 1).
3. ab dem 1. Oktober 1996 (für die Erteilung der Allgemeinen Betriebserlaubnis und für die von diesem Tage an erstmals in den Verkehr kommenden Fahrzeuge) hinsichtlich der Richtlinie 92/97/EWG des Rates vom 10. November 1992 zur Änderung der Richtlinie 70/157/EWG zur Angleichung der Rechtsvorschriften der Mitgliedstaaten über den zulässigen Geräuschpegel und die Auspuffvorrichtung von Kraftfahrzeugen (ABl. EG Nr. L 371 S. 1) oder der Richtlinie 96/20/EG der Kommission vom 27. März 1996 zur Anpassung der Richtlinie 70/157/EWG des Rates (über den zulässigen Geräuschpegel und die Auspuffvorrichtung von Kraftfahrzeugen) an den technischen Fortschritt (ABl. EG Nr. L 92 S. 23),
4. ab dem 1. Januar 1997 für die Erteilung der Allgemeinen Betriebserlaubnis hinsichtlich der Richtlinie 96/20/EG der Kommission vom 27. März 1996 (ABl. EG Nr. L 92 S. 23),
5. ab dem 1. Oktober 2000 für erstmals in den Verkehr kommende Fahrzeuge mit einer Einzelbetriebserlaubnis hinsichtlich der Richtlinie 97/24/EG des Europäischen Parlaments und des Rates vom 17. Juni 1997 (ABl. EG Nr. L 226 S. 1).
Im übrigen bleiben für Fahrzeuge, die nicht unter diese Richtlinien fallen, § 49 Abs. 2 einschließlich der Übergangsbestimmungen in § 72 Abs. 2 in der vor dem 1. November 1993 geltenden Fassung anwendbar.

Für Leichtkrafträder, die vor dem 1. November 1994 erstmals in den Verkehr gekommen sind, bleiben § 49 Abs. 2 und Anlage XX einschließlich der Übergangsbestimmungen in § 72 Abs. 2 in der vor dem 1. November 1994 geltenden Fassung anwendbar.

(2) Die Richtlinie 78/1015/EWG des Rates vom 23. November 1978 (ABl. EG Nr. L 349 S. 21) tritt außer Kraft ab dem 1. Oktober 2000 für erstmals in den Verkehr kommende Fahrzeuge mit einer Einzelbetriebserlaubnis.

§ 49 Abs. 2a   (Verkauf von Auspuffanlagen und Austauschauspuffanlagen)
tritt am 1. April 1994 in Kraft.
Abweichend von § 49 Abs. 2a dürfen Auspuffanlagen und Austauschauspuffanlagen für Krafträder auch nach dem 1. April 1994 ohne EG-Betriebserlaubniszeichen feilgeboten, veräußert oder verwendet werden, sofern sie für Krafträder, die vor dem 1. April 1994 erstmals in den Verkehr gekommen sind, bestimmt sind.
Abweichend von § 49 Abs. 2a Satz 1 dürfen Krafträder mit Auspuffanlagen ohne EG-Betriebserlaubniszeichen auch nach dem 1. April 1994 feilgeboten, veräußert oder verwendet werden, sofern für die Krafträder hinsichtlich der Geräuschentwicklung und Auspuffanlage eine Genehmigung nach der ECE-Regelung Nr. 41 – Einheitliche Vorschriften für die Genehmigung der Krafträder hinsichtlich der Geräuschentwicklung – (BGBl. 1994 II S. 375) vorliegt.

§ 49a Abs. 1 Satz 4   (geometrische Sichtbarkeit)
tritt in Kraft am 1. Oktober 1994 für die von diesem Tage an erstmals in den Verkehr kommenden Fahrzeuge. Fahrzeuge, die vor diesem Termin erstmals in den Verkehr gekommen sind, dürfen § 49a Abs. 1 Satz 4 einschließlich der Übergangsvorschrift in § 72 Abs. 2 in der vor dem 1. Juli 1993 geltenden Fassung entsprechen.

§ 49a Abs. 8   (ausreichende elektrische Versorgung)
tritt in Kraft am 1. Januar 1988 für die von diesem Tage an erstmals in den Verkehr kommenden Kraftfahrzeuge und Züge.

§ 49a Abs. 9a Satz 2   (Schaltung der Nebelschlußleuchten)
ist spätestens ab 1. April 1995 auf erstmals von diesem Tag an in den Verkehr kommende Fahrzeuge oder Ladungsträger und spätestens ab 1. Januar 1996 auf andere Fahrzeuge oder Ladungsträger anzuwenden.

§ 50 Abs. 3 Satz 2   (Anbauhöhe der Scheinwerfer)
tritt in Kraft am 1. Januar 1988 für die von diesem Tage an erstmals in den Verkehr kommenden Kraftfahrzeuge. Für Kraftfahrzeuge, die vor diesem Tage erstmals in den Verkehr gekommen sind, gilt § 50 Abs. 3 in der vor dem 1. Dezember 1984 geltenden Fassung.

§ 50 Abs. 6a   (Scheinwerfer an Fahrrädern mit Hilfsmotor und an Kleinkrafträdern bis 40 km/h)
Bei Fahrzeugen, die vor dem 1. Januar 1961 erstmals in den Verkehr gekommen sind, sowie bei den vor dem 1. Mai 1965 erstmals in den Verkehr gekommenen Fahrrädern mit Hilfsmotor mit einer durch die Bauart bestimmten Höchstgeschwindigkeit von nicht mehr als 20 km/h genügt es, wenn die Anforderungen des § 67 Abs. 1 erfüllt sind.

§ 50 Abs. 8   (größte zulässige Belastungsabhängigkeit)
ist spätestens ab 1. Januar 1990 auf die von diesem Tage an erstmals in den
Verkehr kommenden Kraftfahrzeuge anzuwenden.
Soweit für ungefederte Kraftfahrzeuge vor dem 1. Januar 1990 Allgemeine
Betriebserlaubnisse erteilt worden sind, braucht ein Nachtrag zu der Allgemeinen Betriebserlaubnis wegen der Belastungsabhängigkeit der Scheinwerfer für Abblendlicht erst dann beantragt oder ausgefertigt zu werden,
wenn ein solcher aus anderen Gründen erforderlich ist.

§ 50 Abs. 10   (Scheinwerfer mit Gasentladungslampen)
ist anzuwenden auf Kraftfahrzeuge,
1. die bereits im Verkehr sind und nach dem 1. April 2000 mit Gasentla-
    dungslampen ausgestattet werden oder
2. die ab dem 1. Juli 2000 auf Grund einer Betriebserlaubnis erstmals in
    den Verkehr kommen.

§ 51 Abs. 1   (Begrenzungsleuchten an Elektrokarren)
tritt in Kraft am 1. Januar 1988 für die von diesem Tage an erstmals in den
Verkehr kommenden Fahrzeuge.

§ 51 Abs. 3   (Anbauhöhe der Begrenzungsleuchten und vorderen Rückstrahler)
tritt in Kraft am 1. Januar 1988 für die von diesem Tage an erstmals in den
Verkehr kommenden Fahrzeuge.

§ 51a   (seitliche Kenntlichmachung)
ist vom 1. Februar 1980 an zulässig und tritt in Kraft am 1. Januar 1981, für
land- oder forstwirtschaftliche Zugmaschinen mit einer durch die Bauart
bestimmten Höchstgeschwindigkeit von nicht mehr als 30 km/h am 1. Januar 1989, für die von diesem Tage an erstmals in den Verkehr kommenden
Fahrzeuge. Weiße rückstrahlende Mittel an den Längsseiten von Kraftfahrzeugen und Kraftfahrzeuganhängern, die vor diesem Tage erstmals in den
Verkehr gekommen sind, sind weiterhin zulässig.

§ 51a Abs. 6   (Ausrüstung von Fahrzeugen mit Seitenmarkierungsleuchten)
ist spätestens ab 1. Oktober 1994 auf die von diesem Tage an erstmals in
den Verkehr kommenden Fahrzeuge anzuwenden.

§ 51a Abs. 7   (Kennzeichnung von Fahrzeugkombinationen mit Nachläufern)
ist spätestens ab 1. Oktober 1998 anzuwenden.

§ 51b Abs. 1, 2, 4, 5 und 6   (Umrißleuchten)
tritt in Kraft am 1. Januar 1987 für die von diesem Tage an erstmals in den
Verkehr kommenden Fahrzeuge. An Fahrzeugen, die vor dem 1. Januar
1987 erstmals in den Verkehr kommen, dürfen Umrißleuchten angebracht
sein und darf der Abstand zwischen den leuchtenden Flächen der Umrißleuchte und der Begrenzungsleuchte oder Schlußleuchte auf der gleichen
Fahrzeugseite auch kleiner als 200 mm sein.

§ 51b Abs. 3   (Anbaulage der Umrißleuchten)
ist spätestens ab 1. Januar 1991 auf die von diesem Tage an erstmals in den
Verkehr kommenden Fahrzeuge anzuwenden. Für Fahrzeuge, die vor dem
1. Januar 1991 erstmals in den Verkehr gekommen sind, ist § 51b Abs. 1
bis 3 in der vor dem 1. August 1990 geltenden Fassung anzuwenden.

§ 52 Abs. 3 Nr. 4   (Kennleuchten für blaues Blinklicht für Krankenkraftwagen)
Soweit Kraftfahrzeuge nach § 52 Abs. 3 Nr. 4 nach dem Fahrzeugschein als „Krankenwagen" anerkannt sind, braucht ihre Bezeichnung nicht in „Krankenkraftwagen" geändert zu werden.

§ 52 Abs. 4 Nr. 1   (Kennzeichnung mit rot-weißen Warnmarkierungen nach DIN 30 710)
ist spätestens anzuwenden ab:
1. 1. Oktober 1998 auf die von diesem Tage an erstmals in den Verkehr kommenden Fahrzeuge,
2. dem Tag der nächsten vorgeschriebenen Hauptuntersuchung, die nach dem 31. Dezember 1998 durchzuführen ist, für Fahrzeuge, die vor dem 1. Oktober 1998 erstmals in den Verkehr gekommen sind.

§ 52 Abs. 6   (Dachaufsatz für Arzt-Fahrzeuge)
Ist die Berechtigung zum Führen des Schildes durch die Zulassungsstelle in einem auf den Arzt lautenden Fahrzeugschein vermerkt worden, so gilt dies als Berechtigung im Sinne des § 52 Abs. 6.

§ 52a   (Rückfahrscheinwerfer)
tritt in Kraft am 1. Januar 1987 für die von diesem Tage an erstmals in den Verkehr kommenden Kraftfahrzeuge.
Bei den vor dem 1. Juli 1961 erstmals in den Verkehr gekommenen Fahrzeugen genügt es, wenn die Rückfahrscheinwerfer nur bei eingeschaltetem Rückwärtsgang leuchten können.
Bei Fahrzeugen, die in der Zeit vom 1. Juli 1961 bis zum 31. Dezember 1986 erstmals in den Verkehr gekommen sind, dürfen die Rückfahrscheinwerfer so geschaltet sein, daß sie weder bei Vorwärtsfahrt noch nach Abziehen des Schalterschlüssels leuchten können.

§ 53 Abs. 1   (Anbauhöhe der Schlußleuchten)
tritt in Kraft am 1. Januar 1986 für die von diesem Tage an erstmals in den Verkehr kommenden Fahrzeuge. Für Fahrzeuge, die vor dem 1. Januar 1986 erstmals in den Verkehr gekommen sind, gilt § 53 Abs. 1 in der vor dem 1. Dezember 1984 geltenden Fassung.

§ 53 Abs. 1   (Absicherung der Schlußleuchten)
tritt in Kraft am 1. Januar 1987 für die von diesem Tage an erstmals in den Verkehr kommenden Fahrzeuge. An anderen Fahrzeugen sind andere Schaltungen zulässig.

§ 53 Abs. 2 Satz 1   (Anzahl der Bremsleuchten)
An Fahrzeugen, die vor dem 1. Juli 1961 erstmals in den Verkehr gekommen sind, genügt eine Bremsleuchte.

§ 53 Abs. 2 Satz 1   (Bremsleuchten an Krafträdern mit einer durch die Bauart bestimmten Höchstgeschwindigkeit von mehr als 50 km/h sowie an anderen Kraftfahrzeugen mit einer durch die Bauart bestimmten Höchstgeschwindigkeit von nicht mehr als 25 km/h und ihren Anhängern)
tritt in Kraft am 1. Januar 1988 für die von diesem Tage an erstmals in den Verkehr kommenden Kraftfahrzeuge.

§ 53 Abs. 2   (Farbe des Bremslichts)
An Fahrzeugen, die vor dem 1. Januar 1983 erstmals in den Verkehr gekommen sind, sind

1. Bremsleuchten für gelbes Licht und
2. Bremsleuchten, die mit Blinkleuchten in einem Gerät vereinigt sind, und bei denen bei gleichzeitigem Bremsen und Einschalten einer Blinkleuchte nur eine der beiden Bremsleuchten brennt oder bei gleichzeitigem Bremsen und Einschalten des Warnblinklichts das Warnblinklicht die Funktion des Bremslichts übernimmt,

weiterhin zulässig.

§ 53 Abs. 2 (Mindestanbauhöhe der Bremsleuchten)
tritt in Kraft am 1. Januar 1986 für die von diesem Tage an erstmals in den Verkehr kommenden Fahrzeuge. Für Fahrzeuge, die vor dem 1. Januar 1986 erstmals in den Verkehr gekommen sind, gilt § 53 Abs. 2 in der vor dem 1. Dezember 1984 geltenden Fassung.

§ 53 Abs. 4 (höchster Punkt der leuchtenden Fläche der Rückstrahler)
tritt in Kraft am 1. Januar 1987 für die von diesem Tage an erstmals in den Verkehr kommenden Fahrzeuge. Für Fahrzeuge, die vor dem 1. Januar 1987 erstmals in den Verkehr gekommen sind, gilt § 53 Abs. 4 in der vor dem 1. Dezember 1984 geltenden Fassung.

§ 53 Abs. 9 (Anbringung an beweglichen Fahrzeugteilen)
tritt in Kraft am 1. Januar 1987 für die von diesem Tage an erstmals in den Verkehr kommenden Fahrzeuge.

§ 53a Abs. 3 (Anwendung der Technischen Anforderungen auf zusätzliche Warnleuchten)
tritt in Kraft am 1. Januar 1986 für zusätzliche Warnleuchten, die von diesem Tage an bauartgenehmigt werden sollen. Auf Grund von den bis zu diesem Zeitpunkt erteilten Bauartgenehmigungen dürfen zusätzliche Warnleuchten noch bis zum 1. Januar 1988 feilgeboten oder veräußert werden; ihre Verwendung bleibt zulässig.

§ 53a Abs. 4 (Warnblinkanlage an Krafträdern)
ist spätestens ab dem 17. Juni 2003 auf die von diesem Tage an erstmals in den Verkehr kommenden Fahrzeuge anzuwenden.

§ 53b Abs. 1 und 2 (Anbauhöhe der Begrenzungsleuchten, Schlußleuchten und Rückstrahler)
ist spätestens ab 1. Januar 1990 auf die von diesem Tage an erstmals in den Verkehr kommenden Anbaugeräte anzuwenden. Auf Anbaugeräte, die vor dem 1. Januar 1990 erstmals in den Verkehr gekommen sind, ist § 53b Abs. 1 in der vor dem 1. Juli 1988 geltenden Fassung anzuwenden.

§ 53b Abs. 3 (Kenntlichmachung der Anbaugeräte durch Park-Warntafeln oder Tafeln nach DIN 11 030)
ist spätestens ab 1. Januar 1992 anzuwenden.
Jedoch dürfen vorhandene Tafeln, Folien oder Anstriche von mindestens 300 mm × 600 mm nach der bis zum 1. Juli 1988 geltenden Fassung des § 53b Abs. 2 noch bis zum 1. Januar 1996 weiter verwendet werden.

§ 53b Abs. 5   (Kenntlichmachung von Hubladebühnen)
ist spätestens anzuwenden:
1.   ab 1. Januar 1993 für Hubladebühnen an Fahrzeugen, die von diesem
      Tag an erstmals in den Verkehr kommen,
2.   ab dem Tag der nächsten vorgeschriebenen Hauptuntersuchung (§ 29),
      die nach dem 1. Oktober 1993 durchzuführen ist, für Hubladebühnen
      an im Verkehr befindlichen Fahrzeugen,
3.   ab 1. Oktober 1993 in Fällen gemäß § 53b Abs. 5 Satz 7.
Jedoch dürfen Blinkleuchten und rot-weiße Warnmarkierungen für Hubladebühnen nach der bis zum 1. Juli 1993 geltenden Fassung des § 53b Abs. 5
noch bis zum 31. Dezember 1993 feilgeboten oder veräußert werden; ihre
Verwendung bleibt zulässig.

§ 53d Abs. 2   (Ausrüstung mit Nebelschlußleuchten)
ist spätestens ab 1. Januar 1991 auf die von diesem Tage an erstmals in den
Verkehr kommenden Fahrzeuge anzuwenden.

§ 53d Abs. 4   (Schaltung der Nebelschlußleuchten)
ist spätestens ab 1. März 1985 auf die von diesem Tage an erstmals in den
Verkehr kommenden Fahrzeuge anzuwenden.

§ 53d Abs. 4 Satz 3   (Nebelschlußleuchten mit Fern- oder Abblendlicht)
ist spätestens ab 1. Oktober 1990 auf die von diesem Tage an erstmals in
den Verkehr kommenden Fahrzeuge anzuwenden.

§ 53d Abs. 5   (Nebelschlußleuchten, Farbe der Kontrolleuchte, Schalter-
stellung)
Bei den vor dem 1. Januar 1981 mit Nebelschlußleuchten ausgerüsteten
1.   Kraftfahrzeugen darf die Kontrolleuchte grünes Licht ausstrahlen;
2.   Krafträdern und Zugmaschinen mit offenem Führersitz darf die Ein-
      schaltung durch die Stellung des Schalters angezeigt werden.

§ 54   (Fahrtrichtungsanzeiger)
gilt nicht für Krafträder, die vor dem 1. Januar 1962 erstmals in den Verkehr
gekommen sind.

§ 54 Abs. 1a   (Anbringung der Fahrtrichtungsanzeiger an beweglichen
Fahrzeugteilen)
tritt in Kraft am 1. Januar 1987 für die von diesem Tage an erstmals in den
Verkehr kommenden Fahrzeuge.

§ 54 Abs. 3   (Blinkleuchten für rotes Licht)
Statt der in § 54 Abs. 3 aufgeführten Blinkleuchten für gelbes Licht dürfen
an den vor dem 1. Januar 1970 in den Verkehr gekommenen Fahrzeugen
Blinkleuchten für rotes Licht angebracht sein, wie sie bisher nach § 54
Abs. 3 Nr. 2 Buchstabe b in der Fassung der Bekanntmachung vom
6. Dezember 1960 (BGBl. I S. 897) zulässig waren.

§ 54 Abs. 3   (Winker für gelbes Blinklicht und Pendelwinker)
Statt der in § 54 Abs. 3 vorgeschriebenen Blinkleuchten für gelbes Licht
dürfen an den vor dem 1. April 1974 erstmals in den Verkehr gekommenen
Fahrzeugen Winker für gelbes Blinklicht oder Pendelwinker für gelbes
Dauerlicht angebracht sein, wie sie bisher nach § 54 Abs. 3 Nr. 3 in der
Fassung der Bekanntmachung vom 6. Dezember 1960 (BGBl. I S. 897)
zulässig waren.

§ 54 Abs. 4 Nr. 2 (an Krafträdern angebrachte Blinkleuchten)
ist spätestens ab dem 17. Juni 2003 auf die von diesem Tage an erstmals in den Verkehr kommenden Fahrzeuge anzuwenden. Auf Krafträder, die vor dem genannten Datum erstmals in den Verkehr kommen, bleibt § 54 Abs. 4 Nr. 2 in der vor dem 1. April 2000 geltenden Fassung anwendbar.

§ 54 Abs. 4 Nr. 5 (zusätzliche Blinkleuchten an den Längsseiten von mehrspurigen Fahrzeugen)
ist spätestens
1. ab 1. Januar 1992 auf erstmals in den Verkehr kommende Kraftfahrzeuge,
2. ab 1. Juli 1993 auf erstmals in den Verkehr kommende Sattelanhänger und
3. ab dem Tag der nächsten vorgeschriebenen Hauptuntersuchung (§ 29), die nach dem 1. Juli 1993 durchzuführen ist, auf andere Kraftfahrzeuge und Sattelanhänger
anzuwenden.

§ 55 Abs. 1 und 2 (Einrichtungen für Schallzeichen an Fahrrädern mit Hilfsmotor mit einer durch die Bauart bestimmten Höchstgeschwindigkeit von mehr als 25 km/h und Kleinkrafträdern)
tritt in Kraft am 1. Januar 1989 für die von diesem Tage an erstmals in den Verkehr kommenden Fahrzeuge. Andere Fahrräder mit Hilfsmotor mit einer durch die Bauart bestimmten Höchstgeschwindigkeit von mehr als 25 km/h und Kleinkrafträder müssen mit mindestens einer helltönenden Glocke ausgerüstet sein. Anstelle der Glocke dürfen entweder eine Hupe oder ein Horn angebracht sein, wenn eine ausreichende Stromversorgung aller Verbraucher sichergestellt ist.

§ 55 Abs. 2a (Einrichtungen für Schallzeichen an Kraftfahrzeugen nach § 30a Abs. 3)
ist spätestens anzuwenden ab dem 17. Juni 2003 für von diesem Tage an erstmals in den Verkehr kommende Fahrzeuge.

§ 55a (Funkentstörung von elektrisch angetriebenen Fahrzeugen)
tritt in Kraft am 1. Januar 1989 für die von diesem Tage an erstmals in den Verkehr kommenden Fahrzeuge.

§ 55a Abs. 1 (Elektromagnetische Verträglichkeit)
ist anzuwenden:
1. ab dem 1. Januar 1998 für die Erteilung der Allgemeinen Betriebserlaubnis; ausgenommen sind Fahrzeugtypen, die vor dem 1. September 1997 gemäß der Richtlinie 72/306/EWG oder gegebenenfalls gemäß Erweiterungen dieser Typgenehmigung genehmigt wurden,
2. ab dem 1. Oktober 2002 für die von diesem Tage an erstmals in den Verkehr kommenden Fahrzeuge.
Für andere Kraftfahrzeuge mit Fremdzündungsmotor und für elektrisch angetriebene Fahrzeuge, die zwischen dem 1. Januar 1985 und dem 30. September 2002 erstmals in den Verkehr kommen, bleibt § 55a in der vor dem 1. September 1997 geltenden Fassung anwendbar.

§ 55a Abs. 2 (Elektromagnetische Verträglichkeit bei Kraftfahrzeugen nach § 30a Abs. 3)
ist spätestens ab dem 17. Juni 2003 auf von diesem Tage an erstmals in den Verkehr kommende Fahrzeuge anzuwenden.

§ 56 Abs. 2 Nr. 2 (Außenspiegel auf der rechten Seite)
ist spätestens ab 1. Januar 1990 auf die von diesem Tage an erstmals in den Verkehr kommenden Krafträder anzuwenden. Auf Kraftfahrzeuge, die vor diesem Tage erstmals in den Verkehr gekommen sind, ist § 56 Abs. 1 Nr. 2 in der vor dem 1. Juli 1988 geltenden Fassung anzuwenden.

§ 56 Abs. 2 Nr. 5 (Rückspiegel von Kraftfahrzeugen nach § 30a Abs. 3)
ist spätestens ab dem 17. Juni 2003 auf die von diesem Tage an erstmals in den Verkehr kommenden Fahrzeuge anzuwenden. Auf Kraftfahrzeuge, die vor dem genannten Datum erstmals in den Verkehr kommen, bleibt § 56 Abs. 2 Nr. 5 und 6 in der vor dem 1. April 2000 geltenden Fassung anwendbar.

§ 56 Abs. 2 Nr. 6 (zweiter Rückspiegel)
ist spätestens ab 1. Januar 1990 auf die von diesem Tage an erstmals in den Verkehr kommenden Krafträder anzuwenden. Bei Krafträdern, die vor dem 1. Januar 1990 erstmals in den Verkehr gekommen sind, genügt ein Rückspiegel.

§ 56 Abs. 3 Nr. 1 (großwinkliger Rückspiegel)
ist anzuwenden auf Sattelzugmaschinen mit einem zulässigen Gesamtgewicht von mehr als 12,0 t sowie spätestens ab dem 1. Januar 1991 auf die von diesem Tage an erstmals in den Verkehr kommenden anderen Kraftfahrzeuge.

§ 56 Abs. 3 Nr. 2 (Anfahrspiegel)
ist nicht anzuwenden auf Kraftfahrzeuge mit einem zulässigen Gesamtgewicht von nicht mehr als 12,0 t, die vor dem 1. Januar 1991 erstmals in den Verkehr gekommen sind.

§ 56 Abs. 5 (Anbringungsstelle, Einstellung, Sichtfelder)
ist nicht auf die vor dem 1. Januar 1990 erstmals in den Verkehr gekommenen Kraftfahrzeuge anzuwenden.

§ 57 Abs. 1 Satz 1 (Geschwindigkeitsmeßgerät und Wegstreckenzähler)
ist nicht auf die vor dem 1. Januar 1989 erstmals in den Verkehr gekommenen Mofas anzuwenden.

§ 57 Abs. 2 Satz 2 (Geschwindigkeitsmeßgerät nach der Richtlinie 75/443/EWG)
ist spätestens ab 1. Januar 1991 auf die von diesem Tage an erstmals in den Verkehr kommenden Kraftfahrzeuge anzuwenden. Für Kraftfahrzeuge, die vor dem 1. Januar 1991 erstmals in den Verkehr gekommen sind, ist § 57 in der vor dem 1. August 1990 geltenden Fassung anzuwenden.

§ 57c Abs. 2 (Ausrüstung von Kraftfahrzeugen mit Geschwindigkeitsbegrenzern)
ist spätestens anzuwenden:
1. auf Kraftfahrzeuge, die vom 1. Januar 1994 an erstmals in den Verkehr kommen,
2. auf Kraftfahrzeuge, die zwischen dem 1. Januar 1988 und dem 1. Januar 1994 erstmals in den Verkehr gekommen sind, ab dem 1. Januar 1995.

§ 57c Abs. 2 (Ausrüstung von Zugmaschinen mit Geschwindigkeitsbegrenzern)
ist spätestens anzuwenden:
1. auf Zugmaschinen, die vom 1. Oktober 1998 an erstmals in den Verkehr kommen,

2. auf Zugmaschinen, die zwischen dem 1. Januar 1988 und dem 1. Oktober 1998 erstmals in den Verkehr gekommen sind, ab dem Zeitpunkt der nächsten Hauptuntersuchung, die nach dem 30. September 1998 durchzuführen ist.

§ 57c Abs. 4 (Anforderungen an Geschwindigkeitsbegrenzer)
ist spätestens ab dem 1. Januar 1994 anzuwenden. Kraftfahrzeuge mit Geschwindigkeitsbegrenzern, die im Rahmen der Betriebserlaubnis des Kraftfahrzeugs genehmigt wurden, und Geschwindigkeitsbegrenzer mit einer Betriebserlaubnis nach § 22, die jeweils vor dem 1. Januar 1994 erstmals in den Verkehr gekommen sind, dürfen weiter verwendet werden.

§ 58 Abs. 2 (Ausgestaltung des Geschwindigkeitsschildes)
ist spätestens ab 1. Januar 1990 anzuwenden, jedoch nur auf Geschwindigkeitsschilder, die an Fahrzeugen angebracht werden, die von diesem Tage an erstmals in den Verkehr kommen. An anderen Fahrzeugen dürfen entsprechend der vor dem 1. Juli 1988 geltenden Fassung des § 58 ausgestaltete Geschwindigkeitsschilder angebracht sein.

§ 58 Abs. 3 Nr. 1 und 2 (Geschwindigkeitsschilder)
ist anzuwenden ab 1. Januar 1989 auf die von diesem Tage an erstmals in den Verkehr kommenden Fahrzeuge und ab 1. Januar 1989 auf andere Kraftfahrzeuge.

§ 59 Abs. 1 (Fabrikschilder)
An Fahrzeugen, die vor dem 1. April 1952 erstmals in den Verkehr gekommen sind, genügen Fabrikschilder, die in folgenden Punkten von § 59 abweichen:
1. Die Angabe des Fahrzeugtyps kann fehlen.
2. Bei Anhängern braucht das zulässige Gesamtgewicht nicht angegeben zu sein.
3. Bei Kraftfahrzeugen kann das Fabrikschild an jeder Stelle des Fahrgestells angebracht sein, sofern es leicht zugänglich und gut lesbar ist.
An Fahrzeugen, die im Saarland in der Zeit vom 8. Mai 1945 bis zum 1. Januar 1961 erstmals in den Verkehr gekommen sind, genügen Fabrikschilder, die den Hersteller des Fahrzeugs angeben. § 59 gilt nicht für die vor dem 1. Januar 1957 (im Saarland: vor dem 1. Januar 1961) erstmals in den Verkehr gekommenen Fahrräder mit Hilfsmotor.
An den vor dem 1. Juli 1961 erstmals in den Verkehr gekommenen zulassungsfreien Anhängern in land- oder forstwirtschaftlichen Betrieben sind Angaben auf dem Fabrikschild über das zulässige Gesamtgewicht und die zulässigen Achslasten nicht erforderlich.

§ 59 Abs. 1a (Schilder nach der Richtlinie 76/114/EWG)
ist spätestens vom 1. Januar 1996 auf die von diesem Tage an auf Grund einer Allgemeinen Betriebserlaubnis oder einer EG-Typgenehmigung erstmals in den Verkehr kommenden Fahrzeuge anzuwenden. Für Fahrzeuge, die vor diesem Tag erstmals in den Verkehr gekommen sind, und für Fahrzeuge mit Einzelbetriebserlaubnis gilt § 59 Abs. 1 oder 2.

§ 59 Abs. 1b (Schilder nach Richtlinie 93/34/EWG des Rates)
ist spätestens ab dem 17. Juni 2003 auf Kraftfahrzeuge nach § 30a Abs. 3 anzuwenden, die von diesem Tage an erstmals in den Verkehr kommen.

§ 59 Abs. 2 (Fahrzeug-Identifizierungsnummer)
Satz 1 tritt in Kraft am 1. Oktober 1969, jedoch nur für die von diesem Tage an erstmals in den Verkehr kommenden Fahrzeuge. An Fahrzeugen, die vor dem 1. Oktober 1969 erstmals in den Verkehr gekommen sind, darf die Fahrzeug-Identifizierungsnummer an zugänglicher Stelle am vorderen Teil der rechten Seite des Fahrzeugs auch auf einem angenieteten Schild oder in anderer Weise dauerhaft angebracht sein.

§ 59a (Nachweis der Übereinstimmung)
ist spätestens anzuwenden ab dem Zeitpunkt der nächsten Hauptuntersuchung des Fahrzeugs, die nach dem 1. Oktober 2000 durchzuführen ist.

§ 60 Abs. 1 (Größe der Kennzeichenschilder an Krafträdern)
An Krafträdern, die vor dem 1. Juli 1958 (im Saarland: vor dem 1. Januar 1959) erstmals in den Verkehr gekommen sind, deren Hubraum 50 cm^3 übersteigt und bei denen das vorschriftsmäßige Anbringen und Beleuchten der Kennzeichen nach Muster c oder d der Anlage V außergewöhnlich schwierig ist, dürfen Kennzeichen nach Muster a der Anlage V verwendet werden.

§ 60 Abs. 1 Satz 2 (grüne amtliche Kennzeichen)
Soweit Kraftomnibusse, die überwiegend im Linienverkehr verwendet werden, oder soweit die in § 18 Abs. 4 genannten Fahrzeuge amtliche Kennzeichen führen, deren Beschriftung grün auf weißem Grund ist, kann es dabei verbleiben, bis aus anderem Anlaß die Kennzeichen zu ändern sind.

§ 60 Abs. 1 Satz 5 erster Halbsatz (Form, Größe und Ausgestaltung einschließlich Beschriftung der Euro-Kennzeichen)
ist spätestens ab dem 1. November 2000 auf Kraftfahrzeuge und Anhänger anzuwenden, die von diesem Tag ab erstmals in den Verkehr kommen oder aus anderem Anlass mit einem neuen Kennzeichen ausgerüstet werden. Kennzeichen, die vor dem 1. November 2000 zugeteilt worden sind und in Form, Größe und Ausgestaltung § 60 Abs. 1 Satz 5 erster Halbsatz und Anlage V in der vor diesem Termin geltenden Fassung entsprechen, gelten weiter.

§ 60 Abs. 1a (Einführung reflektierender Kennzeichen)
ist ab 1. Oktober 1989 auf Kraftfahrzeuge und Kraftfahrzeuganhänger anzuwenden, die von diesem Tage ab erstmals in den Verkehr kommen oder aus anderem Anlaß mit einem neuen Kennzeichen ausgerüstet werden.
Vor dem 1. Oktober 1976 abgestempelte Kennzeichen, die § 1 Abs. 1 der Siebzehnten Ausnahmeverordnung zur StVZO vom 4. März 1971 (BGBl. I S. 161) in der vor dem 20. September 1975 geltenden Fassung entsprechen, bleiben gültig; entsprechendes gilt für die an zulassungsfreien Anhängern nach § 60 Abs. 5 zu führenden Wiederholungskennzeichen, wenn sie vor dem 1. Oktober 1976 erstmals in den Verkehr gebracht wurden.
DIN-Prüf- und Überwachungszeichen mit der zugehörigen Registernummer, die nach Abschnitt I 7 und 8 des Normblatts DIN 74069, Ausgabe September 1975, erteilt worden sind, bleiben bis zum Ablauf ihrer Gültigkeit wirksam; auf dieser Grundlage hergestellte Kennzeichen, die bis zum vorgenannten Ablaufdatum abgestempelt werden, bleiben gültig; entsprechendes gilt für die an zulassungsfreien Anhängern nach § 60 Abs. 5 zu führenden Wiederholungskennzeichen, wenn sie vor dem 1. August 1991 erstmals in den Verkehr gebracht werden.

§ 60 Abs. 2 Satz 5 (Mindestabstand der hinteren Kennzeichen von der Fahrbahn)
An Krafträdern, die vor dem 1. Juli 1958 (im Saarland: vor dem 1. Januar 1959) erstmals in den Verkehr gekommen sind, darf der Abstand des unteren Randes des hinteren Kennzeichens von der Fahrbahn wenn nötig bis auf 150 mm verringert werden. Bei Fahrrädern mit Hilfsmotor, die vor dem 1. März 1961 erstmals in den Verkehr gekommen sind, darf der untere Rand des hinteren Kennzeichens nicht weniger als 270 mm über der Fahrbahn liegen.

§ 60 Abs. 2 Satz 7 (größte Anbringungshöhe des hinteren Kennzeichens)
tritt in Kraft am 1. Januar 1983 für die von diesem Tage an erstmals in den Verkehr kommenden Fahrzeuge.

§ 61 (Halteeinrichtungen für Beifahrer und Ständer von zweirädrigen Kraftfahrzeugen nach § 30a Abs. 3)
ist spätestens anzuwenden auf diese Kraftfahrzeuge, die ab 17. Juni 2003 erstmals in den Verkehr kommen. Andere Krafträder müssen mit einem Handgriff für Beifahrer ausgerüstet sein. Auf Kraftfahrzeuge, die vor dem genannten Datum erstmals in den Verkehr kommen, bleibt § 35a Abs. 9 in der vor dem 1. April 2000 geltenden Fassung anwendbar.

§ 66a Abs. 1 Satz 1 (Leuchten an Krankenfahrstühlen)
tritt in Kraft am 1. Januar 1981 für Krankenfahrstühle, die von diesem Tage an erstmals in den Verkehr gebracht werden.

§ 73 Technische Festlegungen

Soweit in dieser Verordnung auf DIN- oder ISO-Normen Bezug genommen wird, sind diese im Beuth Verlag GmbH, Postfach 11 45, 1000 Berlin 30, VDE-Bestimmungen auch im VDE-Verlag, Bismarckstr. 33, 1000 Berlin 12, erschienen. Sie sind beim Deutschen Patentamt archivmäßig gesichert niedergelegt.

Verordnung über die Zulassung von Personen zum Straßenverkehr (Fahrerlaubnis-Verordnung – FeV)

Artikel 1 der Verordnung
vom 18. August 1998 (BGBl. I S. 2214)

Zuletzt geändert durch
Verordnung vom 14. Dezember 2001 (BGBl. I S. 3783)

Inhaltsübersicht

---

[1]   Soweit hier abgedruckt.
[2]   Im Anschluss an diese Vorschrift abgedruckt.

I.
Allgemeine Regelungen für die Teilnahme am Straßenverkehr

§ 1   Grundregel der Zulassung

Zum Verkehr auf öffentlichen Straßen ist jeder zugelassen, soweit nicht für die Zulassung zu einzelnen Verkehrsarten eine Erlaubnis vorgeschrieben ist.

§ 2   Eingeschränkte Zulassung

(1) Wer sich infolge körperlicher oder geistiger Mängel nicht sicher im Verkehr bewegen kann, darf am Verkehr nur teilnehmen, wenn Vorsorge getroffen ist, daß er andere nicht gefährdet. Die Pflicht zur Vorsorge, namentlich durch das Anbringen geeigneter Einrichtungen an Fahrzeugen, durch den Ersatz fehlender Gliedmaßen mittels künstlicher Glieder, durch Begleitung oder durch das Tragen von Abzeichen oder Kennzeichen, obliegt dem Verkehrsteilnehmer selbst oder einem für ihn Verantwortlichen.

(2) Körperlich Behinderte können ihre Behinderung durch gelbe Armbinden an beiden Armen oder andere geeignete, deutlich sichtbare, gelbe Abzeichen mit drei schwarzen Punkten kenntlich machen. Die Abzeichen dürfen nicht an Fahrzeugen angebracht werden. Blinde Fußgänger können ihre Behinderung durch einen weißen Blindenstock, die Begleitung durch einen Blindenhund im weißen Führgeschirr und gelbe Abzeichen nach Satz 1 kenntlich machen.

(3) Andere Verkehrsteilnehmer dürfen die in Absatz 2 genannten Kennzeichen im Straßenverkehr nicht verwenden.

§ 3   Einschränkung und Entziehung der Zulassung

(1) Erweist sich jemand als ungeeignet oder nur noch bedingt geeignet zum Führen von Fahrzeugen oder Tieren, hat die Fahrerlaubnisbehörde ihm das Führen zu untersagen, zu beschränken oder die erforderlichen Auflagen anzuordnen.

(2) Rechtfertigen Tatsachen die Annahme, daß der Führer eines Fahrzeugs oder Tieres zum Führen ungeeignet oder nur noch bedingt geeignet ist, finden die Vorschriften der §§ 11 bis 14 entsprechend Anwendung.

II.
Führen von Kraftfahrzeugen

1. Allgemeine Regelungen

§ 4   Erlaubnispflicht und Ausweispflicht für das Führen von Kraftfahrzeugen

(1) Wer auf öffentlichen Straßen ein Kraftfahrzeug führt, bedarf der Fahrerlaubnis. Ausgenommen sind

1.   einspurige, einsitzige Fahrräder mit Hilfsmotor – auch ohne Tretkurbeln –, wenn ihre Bauart Gewähr dafür bietet, daß die Höchstgeschwindigkeit auf ebener Bahn nicht mehr als 25 km/h beträgt (Mofas); besondere Sitze für die Mitnahme von Kindern unter sieben Jahren dürfen jedoch angebracht sein,

2.   nach der Bauart zum Gebrauch durch körperlich gebrechliche oder behinderte Personen bestimmte Kraftfahrzeuge mit einem Sitz, einem Leergewicht von nicht mehr als 300 kg und einer durch die Bauart bestimmten Höchstgeschwindigkeit von nicht mehr als 25 km/h (motorisierte Krankenfahrstühle),

3.   selbstfahrende Arbeitsmaschinen, Zugmaschinen, die nach ihrer Bauart für die Verwendung für land- und forstwirtschaftliche Zwecke bestimmt sind, und Flurförderzeuge, jeweils mit einer durch die Bauart bestimmten Höchstgeschwindigkeit von nicht mehr als 6 km/h sowie einachsige Zug- und Arbeitsmaschinen, die von Fußgängern an Holmen geführt werden.

(2) Die Fahrerlaubnis ist durch eine amtliche Bescheinigung (Führerschein) nachzuweisen. Der Führerschein ist beim Führen von Kraftfahrzeugen mitzuführen und zuständigen Personen auf Verlangen zur Prüfung auszuhändigen.

Zu Abs. 1 und zu Abs. 1 Nr. 2: Übergangsbestimmungen in § 76 Nr. 1 und 2.

§ 5 Sonderbestimmungen für das Führen von Mofas und motorisierten Krankenfahrstühlen

(1) Wer auf öffentlichen Straßen ein Mofa (§ 4 Abs. 1 Satz 2 Nr. 1) oder einen Krankenfahrstuhl (§ 4 Abs. 1 Satz 2 Nr. 2) führt, der eine durch die Bauart bestimmte Höchstgeschwindigkeit von mehr als 10 km/h hat, muß in einer Prüfung nachgewiesen haben, daß er

1.   ausreichende Kenntnisse der für das Führen eines Kraftfahrzeugs maßgebenden gesetzlichen Vorschriften hat und

2.   mit den Gefahren des Straßenverkehrs und den zu ihrer Abwehr erforderlichen Verhaltensweisen vertraut ist.

Die Prüfung muß nicht ablegen, wer eine Fahrerlaubnis nach § 4 oder eine zum Führen von Kraftfahrzeugen im Inland berechtigende ausländische Erlaubnis besitzt. Die zuständige oberste Landesbehörde oder die von ihr bestimmte oder nach Landesrecht zuständige Stelle bestimmt die prüfende Stelle.

(2) Der Bewerber wird zur Prüfung zugelassen, wenn er von einem zur Ausbildung berechtigten Fahrlehrer entsprechend den Mindestanforderungen der Anlage 1 ausgebildet worden ist und hierüber der prüfenden Stelle eine Bescheinigung nach dem Muster in Anlage 2 vorlegt. Ein Fahrlehrer ist zur Mofa-Ausbildung berechtigt, wenn er die Fahrlehrerlaubnis der Klasse A besitzt. Zur Ausbildung zum Führen von Krankenfahrstühlen berechtigt jede Fahrlehrerlaubnis. § 1 Abs. 4 Satz 1 des Fahrlehrergesetzes gilt jeweils entsprechend. Der Fahrlehrer darf die Ausbildungsbescheinigung nur ausstellen, wenn er eine Ausbildung durchgeführt hat, die den Mindestanforderungen der Anlage 1 entspricht.

(3) Die zuständige oberste Landesbehörde oder die von ihr bestimmte oder nach Landesrecht zuständige Stelle kann als Träger der Mofa-Ausbildung

öffentliche Schulen oder private Ersatzschulen anerkennen. In diesem Fall hat der Bewerber der prüfenden Stelle eine Ausbildungsbescheinigung einer nach Satz 1 anerkannten Schule vorzulegen, aus der hervorgeht, daß er an einem anerkannten Mofa-Ausbildungskurs in der Schule teilgenommen hat.

(4) Die prüfende Stelle hat über die bestandene Prüfung eine Prüfbescheinigung nach Anlage 2 auszufertigen. Die Bescheinigung ist beim Führen eines Mofas oder Krankenfahrstuhls mitzuführen und zuständigen Personen auf Verlangen zur Prüfung auszuhändigen. Für die Inhaber einer Fahrerlaubnis gilt § 4 Abs. 2 Satz 2 entsprechend.

(5) Wer die Prüfung noch nicht abgelegt hat, darf ein Mofa auf öffentlichen Straßen führen, wenn er von einem zur Mofa-Ausbildung berechtigten Fahrlehrer beaufsichtigt wird; der Fahrlehrer gilt als Führer des Mofas.

<hr>

Zu Abs. 1, zu Abs. 2, zu Abs. 4 und Anlage 1: Übergangsbestimmungen in § 76 Nr. 2 bis 5.

§ 6   Einteilung der Fahrerlaubnisklassen

(1) Die Fahrerlaubnis wird in folgenden Klassen erteilt:

Klasse A: Krafträder (Zweiräder, auch mit Beiwagen) mit einem Hubraum von mehr als 50 cm^3 oder mit einer durch die Bauart bestimmten Höchstgeschwindigkeit von mehr als 45 km/h

Klasse A1:   Krafträder der Klasse A mit einem Hubraum von nicht mehr als 125 cm^3 und einer Nennleistung von nicht mehr als 11 kW (Leichtkrafträder)

Klasse B: Kraftfahrzeuge – ausgenommen Krafträder – mit einer zulässigen Gesamtmasse von nicht mehr als 3500 kg und mit nicht mehr als acht Sitzplätzen außer dem Führersitz (auch mit Anhänger mit einer zulässigen Gesamtmasse von nicht mehr als 750 kg oder mit einer zulässigen Gesamtmasse bis zur Höhe der Leermasse des Zugfahrzeugs, sofern die zulässige Gesamtmasse der Kombination 3500 kg nicht übersteigt)

Klasse C: Kraftfahrzeuge – ausgenommen Krafträder – mit einer zulässigen Gesamtmasse von mehr als 3500 kg und mit nicht mehr als acht Sitzplätzen außer dem Führersitz (auch mit Anhänger mit einer zulässigen Gesamtmasse von nicht mehr als 750 kg)

Klasse C1:   Kraftfahrzeuge – ausgenommen Krafträder – mit einer zulässigen Gesamtmasse von mehr als 3500 kg, aber nicht mehr als 7500 kg und mit nicht mehr als acht Sitzplätzen außer dem Führersitz (auch mit Anhänger mit einer zulässigen Gesamtmasse von nicht mehr als 750 kg)

Klasse D: Kraftfahrzeuge – ausgenommen Krafträder – zur Personenbeförderung mit mehr als acht Sitzplätzen außer dem Führersitz (auch mit Anhänger mit einer zulässigen Gesamtmasse von nicht mehr als 750 kg)

Klasse D1:   Kraftfahrzeuge – ausgenommen Krafträder – zur Personenbeförderung mit mehr als acht und nicht mehr als 16 Sitzplätzen außer dem Führersitz (auch mit Anhänger mit einer zulässigen Gesamtmasse von nicht mehr als 750 kg)

Klasse E in Verbindung mit Klasse B, C, C1, D oder D1:

Kraftfahrzeuge der Klassen B, C, C1, D oder D1 mit Anhängern mit einer zulässigen Gesamtmasse von mehr als 750 kg (ausgenommen die in Klasse B fallenden Fahrzeugkombinationen); bei den Klassen C1E und D1E dürfen die zulässige Gesamtmasse der Kombination 12 000 kg und die zulässige Gesamtmasse des Anhängers die Leermasse des Zugfahrzeugs nicht übersteigen; bei der Klasse D1E darf der Anhänger nicht zur Personenbeförderung verwendet werden

Klasse M: Kleinkrafträder (Krafträder mit einer durch die Bauart bestimmten Höchstgeschwindigkeit von nicht mehr als 45 km/h und einer elektrischen Antriebsmaschine oder einem Verbrennungsmotor mit einem Hubraum von nicht mehr als 50 cm³) und Fahrräder mit Hilfsmotor (Krafträder mit einer durch die Bauart bestimmten Höchstgeschwindigkeit von nicht mehr als 45 km/h und einer elektrischen Antriebsmaschine oder einem Verbrennungsmotor mit einem Hubraum von nicht mehr als 50 cm³, die zusätzlich hinsichtlich der Gebrauchsfähigkeit die Merkmale von Fahrrädern aufweisen)

Klasse T: Zugmaschinen mit einer durch die Bauart bestimmten Höchstgeschwindigkeit von nicht mehr als 60 km/h und selbstfahrende Arbeitsmaschinen mit einer durch die Bauart bestimmten Höchstgeschwindigkeit von nicht mehr als 40 km/h, die jeweils nach ihrer Bauart zur Verwendung für land- oder forstwirtschaftliche Zwecke bestimmt sind und für solche Zwecke eingesetzt werden (jeweils auch mit Anhängern)

Klasse L: Zugmaschinen, die nach ihrer Bauart zur Verwendung für land- oder forstwirtschaftliche Zwecke bestimmt sind und für solche Zwecke eingesetzt werden, mit einer durch die Bauart bestimmten Höchstgeschwindigkeit von nicht mehr als 32 km/h und Kombinationen aus diesen Fahrzeugen und Anhängern, wenn sie mit einer Geschwindigkeit von nicht mehr als 25 km/h geführt werden und, sofern die durch die Bauart bestimmte Höchstgeschwindigkeit des ziehenden Fahrzeugs mehr als 25 km/h beträgt, sie für eine Höchstgeschwindigkeit von nicht mehr als 25 km/h in der durch § 58 der Straßenverkehrs-Zulassungs-Ordnung vorgeschriebenen Weise gekennzeichnet sind, sowie selbstfahrende Arbeitsmaschinen und Flurförderzeuge mit einer durch die Bauart bestimmten Höchstgeschwindigkeit von nicht mehr als 25 km/h und Kombinationen aus diesen Fahrzeugen und Anhängern.

Die Erlaubnis kann auf einzelne Fahrzeugarten dieser Klassen beschränkt werden. Beim Abschleppen eines Kraftfahrzeugs genügt die Fahrerlaubnis für die Klasse des abschleppenden Fahrzeugs.

(2) Die Fahrerlaubnis der Klasse A berechtigt bis zum Ablauf von zwei Jahren nach der Erteilung nur zum Führen von Krafträdern mit einer Nennleistung von nicht mehr als 25 kW und einem Verhältnis von Leistung/Leergewicht von nicht mehr als 0,16 kW/kg. Abweichend von Satz 1 können Bewerber, die das 25. Lebensjahr vollendet haben, die Klasse A ohne diese Beschränkung erwerben. Leichtkrafträder mit einer durch die Bauart

bestimmten Höchstgeschwindigkeit von mehr als 80 km/h und Zugmaschinen der Klasse T mit einer durch die Bauart bestimmten Höchstgeschwindigkeit von mehr als 40 km/h dürfen nur von Inhabern einer Fahrerlaubnis der entsprechenden Klasse geführt werden, die das 18. Lebensjahr vollendet haben; dies gilt nicht bei der Rückfahrt von der praktischen Befähigungsprüfung, sofern der Inhaber der Fahrerlaubnis dabei von einem Fahrlehrer begleitet wird, sowie bei Fahrproben nach den §§ 35 und 42 im Rahmen von Aufbauseminaren und auf Grund von Anordnungen nach § 46.

(3) Außerdem berechtigen

1. Fahrerlaubnisse der Klasse A zum Führen von Fahrzeugen der Klassen A1 und M,

2. Fahrerlaubnisse der Klasse A1 zum Führen von Fahrzeugen der Klasse M,

3. Fahrerlaubnisse der Klasse B zum Führen von Fahrzeugen der Klassen M und L,

4. Fahrerlaubnisse der Klasse C zum Führen von Fahrzeugen der Klasse C1,

5. Fahrerlaubnisse der Klasse CE zum Führen von Fahrzeugen der Klassen C1E, BE und T sowie D1E, sofern der Inhaber zum Führen von Fahrzeugen der Klasse D1 berechtigt ist und DE, sofern er zum Führen von Fahrzeugen der Klasse D berechtigt ist,

6. Fahrerlaubnisse der Klasse C1E zum Führen von Fahrzeugen der Klassen BE sowie D1E, sofern der Inhaber zum Führen von Fahrzeugen der Klasse D1 berechtigt ist und DE, sofern er zum Führen von Fahrzeugen der Klasse D berechtigt ist,

7. Fahrerlaubnisse der Klasse D zum Führen von Fahrzeugen der Klassen D1,

8. Fahrerlaubnisse der Klasse D1E zum Führen von Fahrzeugen der Klassen BE sowie C1E, sofern der Inhaber zum Führen von Fahrzeugen der Klasse C1 berechtigt ist,

9. Fahrerlaubnisse der Klasse DE zum Führen von Fahrzeugen der Klassen D1E, BE sowie C1E, sofern der Inhaber zum Führen von Fahrzeugen der Klasse C1 berechtigt ist,

10. Fahrerlaubnisse der Klasse T zum Führen von Fahrzeugen der Klassen M und L.

(4) Fahrerlaubnisse der Klassen C, C1, CE oder C1E berechtigen im Inland auch zum Führen von Kraftomnibussen – gegebenenfalls mit Anhänger – mit einer entsprechenden zulässigen Gesamtmasse und ohne Fahrgäste, wenn die Fahrten lediglich zur Überprüfung des technischen Zustands des Fahrzeugs oder der Überführung an einen anderen Ort dienen.

(5) Unter land- oder forstwirtschaftliche Zwecke im Rahmen der Fahrerlaubnis der Klassen T und L fallen

1. Betriebe von Landwirtschaft, Forstwirtschaft, Weinbau, Gartenbau, Obstbau, Gemüsebau, Baumschulen, Tierzucht, Tierhaltung, Fischzucht, Teichwirtschaft, Fischerei, Imkerei sowie den Zielen des Natur- und Umweltschutzes dienende Landschaftspflege,

2. Park-, Garten-, Böschungs- und Friedhofspflege einschließlich des Winterdienstes,

3. landwirtschaftliche Nebenerwerbstätigkeit und Nachbarschaftshilfe von Landwirten,

4. Betrieb von land- und forstwirtschaftlichen Lohnunternehmen und andere überbetriebliche Maschinenverwendung,

5. Betrieb von Unternehmen, die unmittelbar der Sicherung, Überwachung und Förderung der Landwirtschaft überwiegend dienen und

6. Betrieb von Werkstätten zur Reparatur, Wartung und Prüfung von Fahrzeugen, die im Rahmen der Nummern 1 bis 5 eingesetzt werden.

(6) Fahrerlaubnisse, die bis zum 31. Dezember 1998 erteilt worden sind (Fahrerlaubnisse alten Rechts), bleiben im Umfang der bisherigen Berechtigung vorbehaltlich der Bestimmungen in § 76 bestehen.

(7) Fahrerlaubnisse, die bis zum 31. Dezember 1998 erteilt worden sind, werden auf Antrag des Inhabers auf die neuen Fahrerlaubnisklassen umgestellt. Über sie wird ein neuer Führerschein ausgefertigt. Der neue Umfang der Fahrerlaubnis ergibt sich aus Anlage 3. Nach der Umstellung dürfen Kraftfahrzeuge nur noch in dem neuen Umfang geführt werden, sofern sie der Fahrerlaubnispflicht unterliegen. Die Bestimmungen in § 76 zu den §§ 4 bis 6 bleiben unberührt.

Zu Abs. 1 (Klasse A 1 und Klassen D, DE, D1 und D1E und Klasse M): Übergangsbestimmungen in § 76 Nr. 6 bis 8.

2. Voraussetzungen für die Erteilung einer Fahrerlaubnis

§ 7 Ordentlicher Wohnsitz im Inland

(1) Eine Fahrerlaubnis darf nur erteilt werden, wenn der Bewerber seinen ordentlichen Wohnsitz in der Bundesrepublik Deutschland hat. Dies wird angenommen, wenn der Bewerber wegen persönlicher und beruflicher Bindungen oder – bei fehlenden beruflichen Bindungen – wegen persönlicher Bedingungen, die enge Beziehungen zwischen ihm und dem Wohnort erkennen lassen, gewöhnlich, das heißt während mindestens 185 Tagen im Jahr, im Inland wohnt. Ein Bewerber, dessen persönliche Bindungen im Inland liegen, der sich aber aus beruflichen Gründen in einem oder mehreren anderen Mitgliedstaaten der Europäischen Union oder Vertragsstaaten des Abkommens über den Europäischen Wirtschaftsraum aufhält, hat seinen ordentlichen Wohnsitz im Sinne dieser Vorschrift im Inland, sofern er regelmäßig hierhin zurückkehrt. Die Voraussetzung entfällt, wenn sich der Bewerber zur Ausführung eines Auftrags von bestimmter Dauer in einem solchen Staat aufhält.

(2) Bewerber, die bislang ihren ordentlichen Wohnsitz im Inland hatten und die ausschließlich zum Zwecke des Besuchs einer Hochschule oder Schule in einem anderen Mitgliedstaat der Europäischen Union oder einem anderen Vertragsstaat des Abkommens über den Europäischen Wirtschaftsraum aufhalten, behalten ihren ordentlichen Wohnsitz im Inland.

(3) Bewerber, die bislang ihren ordentlichen Wohnsitz in einem anderen Mitgliedstaat der Europäischen Union oder einem anderen Vertragsstaat des Abkommens über den europäischen Wirtschaftsraum hatten und die

sich ausschließlich wegen des Besuchs einer Hochschule oder Schule im Inland aufhalten, begründen keinen ordentlichen Wohnsitz im Inland. Ihnen wird die Fahrerlaubnis erteilt, wenn die Dauer des Aufenthaltes mindestens sechs Monate beträgt.

§ 8   Ausschluß des Vorbesitzes einer Fahrerlaubnis der beantragten Klasse

Eine Fahrerlaubnis der beantragten Klasse darf nur erteilt werden, wenn der Bewerber keine in einem Mitgliedstaat der Europäischen Union oder einem anderen Vertragsstaat des Abkommens über den Europäischen Wirtschaftsraum erteilte Fahrerlaubnis (EU- oder EWR-Fahrerlaubnis) dieser Klasse besitzt.

§ 9   Vorbesitz einer Fahrerlaubnis anderer Klassen

Eine Fahrerlaubnis der Klassen C, C1, D oder D1 darf nur erteilt werden, wenn der Bewerber bereits die Fahrerlaubnis der Klasse B besitzt oder die Voraussetzungen für deren Erteilung erfüllt hat; in diesem Fall darf die Fahrerlaubnis für die höhere Klasse frühestens mit der Fahrerlaubnis für die Klasse B erteilt werden. Eine Fahrerlaubnis der Klasse E darf nur erteilt werden, wenn der Bewerber bereits die Fahrerlaubnis für das ziehende Fahrzeug besitzt oder die Voraussetzungen für deren Erteilung erfüllt hat; in diesem Fall darf die Fahrerlaubnis der Klasse E frühestens mit der Fahrerlaubnis für das ziehende Fahrzeug erteilt werden.

§ 10   Mindestalter

(1) Das Mindestalter für die Erteilung einer Fahrerlaubnis beträgt

1. 25 Jahre für Klasse A bei direktem Zugang oder bei Erwerb vor Ablauf der zweijährigen Frist nach § 6 Abs. 2 Satz 1,

2. 21 Jahre für die Klassen D, D1, DE und D1E,

3. 18 Jahre für die Klassen A bei stufenweisem Zugang, B, BE, C, C1, CE und C1E,

4. 16 Jahre für die Klassen A1, L, M und T.

Die Vorschriften des Artikels 5 der Verordnung (EWG) Nr. 3820/85 des Rates vom 20. Dezember 1985 über die Harmonisierung bestimmter Sozialvorschriften im Straßenverkehr (ABl. EG Nr. L 370 S. 1) und des Artikels 5 des Europäischen Übereinkommens über die Arbeit des im internatinalen Straßenverkehr beschäftigten Fahrpersonals (AETR) in der Fassung der Bekanntmachung vom 18. August 1997 (BGBl. II S. 1550) über das Mindestalter der im Güter- und Personenverkehr eingesetzten Fahrer bleiben unberührt.

(2) Bei Erteilung der Fahrerlaubnis im Rahmen einer Berufsausbildung in dem staatlich anerkannten Ausbildungsberuf „Berufskraftfahrer/Berufskraftfahrerin" beträgt das Mindestalter für die Klasse B und für den gemäß der Berufsausbildung stufenweisen Zugang zu den Klassen C1 und C1E 17 Jahre sowie für den entsprechenden Zugang zu den Klassen C und CE 18 Jahre. Die erforderliche körperliche und geistige Eignung ist vor Erteilung der ersten Fahrerlaubnis, falls diese vor Vollendung des 18. Lebensjahres

erworben wird, durch Vorlage eines medizinisch-psychologischen Gutachtens nachzuweisen. Vor Erreichen des nach Absatz 1 vorgeschriebenen Mindestalters ist die betreffende Fahrerlaubnis auf Fahrten im Rahmen des Ausbildungsverhältnisses zu beschränken.

(3) Das Mindestalter für das Führen eines Kraftfahrzeugs, für das eine Fahrerlaubnis nicht erforderlich ist, beträgt 15 Jahre.

(4) Wird ein Kind unter sieben Jahren auf einem Mofa (§ 4 Abs. 1 Satz 2 Nr. 1) mitgenommen, muß der Fahrzeugführer mindestens 16 Jahre alt sein.

§ 11 Eignung

(1) Bewerber um eine Fahrerlaubnis müssen die hierfür notwendigen körperlichen und geistigen Anforderungen erfüllen. Die Anforderungen sind insbesondere nicht erfüllt, wenn eine Erkrankung oder ein Mangel nach Anlage 4 oder 5 vorliegt, wodurch die Eignung oder die bedingte Eignung zum Führen von Kraftfahrzeugen ausgeschlossen wird. Außerdem dürfen die Bewerber nicht erheblich oder nicht wiederholt gegen verkehrsrechtliche Vorschriften oder Strafgesetze verstoßen haben, so daß dadurch die Eignung ausgeschlossen wird. Bewerber um die Fahrerlaubnis der Klasse D oder D1 müssen auch die Gewähr dafür bieten, daß sie der besonderen Verantwortung bei der Beförderung von Fahrgästen gerecht werden.

(2) Werden Tatsachen bekannt, die Bedenken gegen die körperliche oder geistige Eignung des Fahrerlaubnisbewerbers begründen, kann die Fahrerlaubnisbehörde zur Vorbereitung von Entscheidungen über die Erteilung oder Verlängerung der Fahrerlaubnis oder über die Anordnung von Beschränkungen oder Auflagen die Beibringung eines ärztlichen Gutachtens durch den Bewerber anordnen. Bedenken gegen die körperliche oder geistige Eignung bestehen insbesondere, wenn Tatsachen bekannt werden, die auf eine Erkrankung oder einen Mangel nach Anlage 4 oder 5 hinweisen. Die Behörde bestimmt in der Anordnung auch, ob das Gutachten von einem

1. für die Fragestellung (Absatz 6 Satz 1) zuständigen Facharzt mit verkehrsmedizinischer Qualifikation,

2. Arzt des Gesundheitsamtes oder einem anderen Arzt der öffentlichen Verwaltung oder

3. Arzt mit der Gebietsbezeichnung „Arbeitsmedizin" oder der Zusatzbezeichnung „Betriebsmedizin"

erstellt werden soll. Die Behörde kann auch mehrere solcher Anordnungen treffen. Der Facharzt nach Satz 3 Nr. 1 soll nicht zugleich der den Betroffenen behandelnde Arzt sein.

(3) Die Beibringung eines Gutachtens einer amtlich anerkannten Begutachtungsstelle für Fahreignung (medizinisch-psychologisches Gutachten) kann zur Klärung von Eignungszweifeln für die Zwecke nach Absatz 2 angeordnet werden,

1. wenn nach Würdigung der Gutachten gemäß Absatz 2 oder Absatz 4 ein medizinisch-psychologisches Gutachten zusätzlich erforderlich ist,

2. zur Vorbereitung einer Entscheidung über die Befreiung von den Vorschriften über das Mindestalter,

3. bei erheblichen Auffälligkeiten, die im Rahmen einer Fahrerlaubnisprüfung nach § 18 Abs. 3 mitgeteilt worden sind,

4. bei Straftaten, die im Zusammenhang mit dem Straßenverkehr oder im Zusammenhang mit der Kraftfahreignung stehen oder bei denen Anhaltspunkte für ein hohes Agressionspotential bestehen

oder

5. bei der Neuerteilung der Fahrerlaubnis, wenn

    a) die Fahrerlaubnis wiederholt entzogen war oder

    b) der Entzug der Fahrerlaubnis auf einem Grund nach Nummer 4 beruhte.

Unberührt bleiben medizinisch-psychologische Begutachtungen nach § 2a Abs. 4 und 5 und § 4 Abs. 10 Satz 3 des Straßenverkehrsgesetzes sowie § 10 Abs. 2 und den §§ 13 und 14 in Verbindung mit den Anlagen 4 und 5 dieser Verordnung.

(4) Die Beibringung eines Gutachtens eines amtlich anerkannten Sachverständigen oder Prüfers für den Kraftfahrzeugverkehr kann zur Klärung von Eignungszweifeln für die Zwecke nach Absatz 2 angeordnet werden,

1. wenn nach Würdigung der Gutachten gemäß Absatz 2 oder Absatz 3 ein Gutachten eines amtlich anerkannten Sachverständigen oder Prüfers zusätzlich erforderlich ist oder

2. bei Behinderungen des Bewegungsapparates, um festzustellen, ob der Behinderte das Fahrzeug mit den erforderlichen besonderen technischen Hilfsmitteln sicher führen kann.

(5) Für die Durchführung der ärztlichen und der medizinisch-psychologischen Untersuchung sowie für die Erstellung der entsprechenden Gutachten gelten die in der Anlage 15 genannten Grundsätze.

(6) Die Fahrerlaubnisbehörde legt unter Berücksichtigung der Besonderheiten des Einzelfalls und unter Beachtung der Anlagen 4 und 5 in der Anordnung zur Beibringung des Gutachtens fest, welche Fragen im Hinblick auf die Eignung des Betroffenen zum Führen von Kraftfahrzeugen zu klären sind. Die Behörde teilt dem Betroffenen unter Darlegung der Gründe für die Zweifel an seiner Eignung und unter Angabe der für die Untersuchung in Betracht kommenden Stelle oder Stellen mit, daß er sich innerhalb einer von ihr festgelegten Frist auf seine Kosten der Untersuchung zu unterziehen und das Gutachten beizubringen hat. Der Betroffene hat die Fahrerlaubnisbehörde darüber zu unterrichten, welche Stelle er mit der Untersuchung beauftragt hat. Die Fahrerlaubnisbehörde teilt der untersuchenden Stelle mit, welche Fragen im Hinblick auf die Eignung des Betroffenen zum Führen von Kraftfahrzeugen zu klären sind und übersendet ihr die vollständigen Unterlagen, soweit sie unter Beachtung der gesetzlichen Verwertungsverbote verwendet werden dürfen. Die Untersuchung erfolgt auf Grund eines Auftrages durch den Betroffenen.

(7) Steht die Nichteignung des Betroffenen zur Überzeugung der Fahrerlaubnisbehörde fest, unterbleibt die Anordnung zur Beibringung des Gutachtens.

(8) Weigert sich der Betroffene, sich untersuchen zu lassen, oder bringt er der Fahrerlaubnisbehörde das von ihr geforderte Gutachten nicht fristgerecht bei, darf sie bei ihrer Entscheidung auf die Nichteignung des Betroffenen schließen. Der Betroffene ist hierauf bei der Anordnung nach Absatz 6 hinzuweisen.

(9) Unbeschadet der Absätze 1 bis 8 haben die Bewerber um die Erteilung oder Verlängerung einer Fahrerlaubnis der Klassen C, C1, CE, C1E, D, D1, DE oder D1E zur Feststellung ihrer Eignung der Fahrerlaubnisbehörde einen Nachweis nach Maßgabe der Anlage 5 vorzulegen.

(10) Hat der Betroffene an einem Kurs teilgenommen, um festgestellte Eignungsmängel zu beheben, genügt in der Regel zum Nachweis der Wiederherstellung der Eignung statt eines erneuten medizinisch-psychologischen Gutachtens eine Teilnahmebescheinigung, wenn

1. der betreffende Kurs nach § 70 anerkannt ist,
2. auf Grund eines medizinisch-psychologischen Gutachtens einer Begutachtungsstelle für Fahreignung die Teilnahme des Betroffenen an dieser Art von Kursen als geeignete Maßnahme angesehen wird, seine Eignungsmängel zu beheben, und
3. die Fahrerlaubnisbehörde der Kursteilnahme nach Nummer 2 zugestimmt hat.

(11) Die Teilnahmebescheinigung muß

1. den Familiennamen und Vornamen, den Tag und Ort der Geburt und die Anschrift des Seminarteilnehmers,
2. die Bezeichnung des Seminarmodells und
3. Angaben über Umfang und Dauer des Seminars

enthalten. Sie ist vom Seminarleiter und vom Seminarteilnehmer unter Angabe des Ausstellungsdatums zu unterschreiben. Die Ausstellung der Teilnahmebescheinigung ist vom Kursleiter zu verweigern, wenn der Teilnehmer nicht an allen Sitzungen des Kurses teilgenommen oder die Anfertigung von Kursaufgaben verweigert hat.

Zu Abs. 9: Übergangsbestimmungen in § 76 Nr. 9.

§ 12 Sehvermögen

(1) Zum Führen von Kraftfahrzeugen sind die in der Anlage 6 genannten Anforderungen an das Sehvermögen zu erfüllen.

(2) Bewerber um eine Fahrerlaubnis der Klassen A, A1, B, BE, M, L oder T haben sich einem Sehtest zu unterziehen. Der Sehtest wird von einer amtlich anerkannten Sehteststelle unter Einhaltung der DIN 58220 Teil 6, Ausgabe Januar 1997, durchgeführt. Die Sehteststelle hat sich vor der Durchführung des Sehtests von der Identität des Antragstellers durch Einsicht in den Personalausweis oder Reisepaß zu überzeugen. Der Sehtest ist bestanden, wenn die zentrale Tagessehschärfe mit oder ohne Sehhilfe mindestens den in Anlage 6 Nr. 1 genannten Wert erreicht. Ergibt der Sehtest eine geringere Sehleistung, darf der Antragsteller den Sehtest mit Sehhilfen oder mit verbesserten Sehhilfen wiederholen.

(3) Die Sehteststelle stellt dem Antragsteller eine Sehtestbescheinigung aus. In ihr ist anzugeben, ob der Sehtest bestanden und ob er mit Sehhilfen durchgeführt worden ist. Sind bei der Durchführung des Sehtests sonst Zweifel an ausreichendem Sehvermögen für das Führen von Kraftfahrzeugen aufgetreten, hat die Sehteststelle sie auf der Sehtestbescheinigung zu vermerken.

(4) Ein Sehtest ist nicht erforderlich, wenn ein Zeugnis oder ein Gutachten eines Augenarztes vorgelegt wird und sich daraus ergibt, daß der Antragsteller die Anforderungen nach Anlage 6 Nr. 1 erfüllt.

(5) Besteht der Bewerber den Sehtest nicht oder bestehen aus anderen Gründen Zweifel an seinem Sehvermögen, darf die Fahrerlaubnis nur erteilt werden, wenn die in der Anlage 6 Nr. 2.1 genannten Anforderungen erfüllt sind. Dies ist durch ein Zeugnis oder Gutachten eines Augenarztes nachzuweisen.

(6) Bewerber um die Erteilung oder Verlängerung einer Fahrerlaubnis der Klassen C, C1, CE, C1E, D, D1, DE oder D1E haben sich einer augenärztlichen Untersuchung nach Anlage 6 Nr. 2.2 zu unterziehen und hierüber der Fahrerlaubnisbehörde ein Zeugnis oder Gutachten des Augenarztes vorzulegen.

(7) Sehtestbescheinigung, Zeugnis oder Gutachten dürfen bei Antragstellung nicht älter als zwei Jahre sein.

(8) Werden Tatsachen bekannt, die Bedenken begründen, daß der Fahrerlaubnisbewerber die Anforderungen an das Sehvermögen nach Anlage 6 Nr. 2 nicht erfüllt, kann die Fahrerlaubnisbehörde zur Vorbereitung von Entscheidungen über die Erteilung oder Verlängerung der Fahrerlaubnis oder über die Anordnung von Beschränkungen oder Auflagen die Beibringung eines augenärztlichen Gutachtens anordnen. § 11 Abs. 5 bis 8 ist anzuwenden.

Zu Abs. 6: Übergangsbestimmungen in § 76 Nr. 9.

§ 13   Klärung von Eignungszweifeln bei Alkoholproblematik

Zur Vorbereitung von Entscheidungen über die Erteilung oder Verlängerung der Fahrerlaubnis oder über die Anordnung von Beschränkungen oder Auflagen ordnet die Fahrerlaubnisbehörde an, daß

1. ein ärztliches Gutachten (§ 11 Abs. 2 Satz 3) beizubringen ist, wenn Tatsachen die Annahme von Alkoholabhängigkeit begründen oder die Fahrerlaubnis wegen Alkoholabhängigkeit entzogen war oder sonst zu klären ist, ob Abhängigkeit nicht mehr besteht, oder

2. ein medizinisch-psychologisches Gutachten beizubringen ist, wenn

   a) nach dem ärztlichen Gutachten zwar keine Alkoholabhängigkeit, jedoch Anzeichen für Alkoholmißbrauch vorliegen oder sonst Tatsachen die Annahme von Alkoholmißbrauch begründen,

   b) wiederholt Zuwiderhandlungen im Straßenverkehr unter Alkoholeinfluß begangen wurden,

   c) ein Fahrzeug im Straßenverkehr bei einer Blutalkoholkonzentration von 1,6 Promille oder mehr oder einer Atemalkoholkonzentration von 0,8 mg/l oder mehr geführt wurde,

   d) die Fahrerlaubnis aus einem der unter Buchstabe a bis c genannten Gründen entzogen war oder

   e) sonst zu klären ist, ob Alkoholmißbrauch nicht mehr besteht.

§ 14 Klärung von Eignungszweifeln im Hinblick auf Betäubungsmittel und Arzneimittel

(1) Zur Vorbereitung von Entscheidungen über die Erteilung oder die Verlängerung der Fahrerlaubnis oder über die Anordnung von Beschränkungen oder Auflagen ordnet die Fahrerlaubnisbehörde an, daß ein ärztliches Gutachten (§ 11 Abs. 2 Satz 3) beizubringen ist, wenn Tatsachen die Annahme begründen, daß

1. Abhängigkeit von Betäubungsmitteln im Sinne des Betäubungsmittelgesetzes in der Fassung der Bekanntmachung vom 1. März 1994 (BGBl. I S. 358), zuletzt geändert durch Artikel 4 des Gesetzes vom 26. Januar 1998 (BGBl. I S. 160), in der jeweils geltenden Fassung, oder von anderen psychoaktiv wirkenden Stoffen,

2. Einnahme von Betäubungsmitteln im Sinne des Betäubungsmittelgesetzes oder

3. mißbräuchliche Einnahme von psychoaktiv wirkenden Arzneimitteln oder anderen psychoaktiv wirkenden Stoffen

vorliegt. Die Beibringung eines ärztlichen Gutachtens kann angeordnet werden, wenn der Betroffene Betäubungsmittel im Sinne des Betäubungsmittelgesetzes widerrechtlich besitzt oder besessen hat. Das ärztliche Gutachten nach Satz 1 Nr. 2 oder 3 kann auch von einem Arzt, der die Anforderungen an den Arzt nach Anlage 14 erfüllt, erstellt werden. Die Beibringung eines medizinisch-psychologischen Gutachtens kann angeordnet werden, wenn gelegentliche Einnahme von Cannabis vorliegt und weitere Tatsachen Zweifel an der Eignung begründen.

(2) Die Beibringung eines medizinisch-psychologischen Gutachtens ist für die Zwecke nach Absatz 1 anzuordnen, wenn

1. die Fahrerlaubnis aus einem der in Absatz 1 genannten Gründe entzogen war oder

2. zu klären ist, ob der Betroffene noch abhängig ist oder – ohne abhängig zu sein – weiterhin die in Absatz 1 genannten Mittel oder Stoffe einnimmt.

§ 15 Fahrerlaubnisprüfung

Der Bewerber um eine Fahrerlaubnis hat seine Befähigung in einer theoretischen und einer praktischen Prüfung nachzuweisen. Beim Erwerb einer Fahrerlaubnis der Klasse L bedarf es nur einer theoretischen, bei der Erweiterung einer leistungsbeschränkten Fahrerlaubnis der Klasse A auf eine unbeschränkte Klasse A vor Ablauf der zweijährigen Frist nach § 6 Abs. 2 Satz 1, der Klasse B auf die Klasse BE, der Klasse C1 auf die Klasse C1E, der Klasse D auf die Klasse DE und der Klasse D1 auf die Klasse D1E jeweils nur einer praktischen Prüfung. Die Prüfungen werden von einem amtlich anerkannten Sachverständigen oder Prüfer für den Kraftfahrzeugverkehr abgenommen.

Übergangsbestimmungen in § 76 Nr. 10.

§ 16 Theoretische Prüfung

(1) In der theoretischen Prüfung hat der Bewerber nachzuweisen, daß er

1. ausreichende Kenntnisse der für das Führen von Kraftfahrzeugen maßgebenden gesetzlichen Vorschriften sowie der umweltbewußten und energiesparenden Fahrweise hat und

2. mit den Gefahren des Straßenverkehrs und den zu ihrer Abwehr erforderlichen Verhaltensweisen vertraut ist.

(2) Die Prüfung erfolgt anhand von Fragen, die in unterschiedlicher Form und mit Hilfe unterschiedlicher Medien gestellt werden können. Der Prüfungsstoff, die Form der Prüfung, der Umfang der Prüfung, die Zusammenstellung der Fragen und die Bewertung der Prüfung ergeben sich aus Anlage 7 Teil 1.

(3) Der Sachverständige oder Prüfer bestimmt die Zeit und den Ort der theoretischen Prüfung. Sie darf frühestens drei Monate vor Erreichen des Mindestalters abgenommen werden. Der Sachverständige oder Prüfer hat sich vor der Prüfung durch Einsicht in den Personalausweis oder Reisepaß von der Identität des Bewerbers zu überzeugen. Fehlt es nach seiner Überzeugung an der Identität, darf die Prüfung nicht durchgeführt werden. Bestehen lediglich Zweifel an der Identität, kann der Sachverständige oder Prüfer die Prüfung durchführen, hat aber der Fahrerlaubnisbehörde eine Mitteilung zu machen. Der Bewerber hat vor der Prüfung dem Sachverständigen oder Prüfer eine Ausbildungsbescheinigung nach dem aus Anlage 7.1 zur Fahrschüler-Ausbildungsordnung vom 18. August 1998 (BGBl. I S. 2307, 2335) ersichtlichen Muster zu übergeben. Das Ausstellungsdatum darf nicht länger als zwei Jahre zurückliegen. Der Sachverständige oder Prüfer hat die Bescheinigung darauf zu überprüfen, ob die in ihr enthaltenen Angaben zum Umfang der Ausbildung mindestens dem nach der Fahrschüler-Ausbildungsordnung vorgeschriebenen Umfang entsprechen. Ergibt sich dies nicht aus der Ausbildungsbescheinigung, darf die Prüfung nicht durchgeführt werden.

Übergangsbestimmungen in § 76 Nr. 10.

§ 17 Praktische Prüfung

(1) In der praktischen Prüfung hat der Bewerber nachzuweisen, daß er über die zur sicheren Führung eines Kraftfahrzeugs, gegebenenfalls mit Anhänger, im Verkehr erforderlichen technischen Kenntnisse und über ausreichende Kenntnisse einer umweltbewußten und energiesparenden Fahrweise verfügt sowie zu ihrer praktischen Anwendung fähig ist. Bewerber um eine Fahrerlaubnis der Klassen D, D1, DE oder D1E müssen darüber hinaus ausreichende Fahrfertigkeiten nachweisen. Der Bewerber hat ein der Anlage 7 entsprechendes Prüfungsfahrzeug für die Klasse bereitzustellen, für die er seine Befähigung nachweisen will. Die praktische Prüfung darf erst nach Bestehen der theoretischen Prüfung und frühestens einen Monat vor Erreichen des Mindestalters abgenommen werden.

(2) Der Prüfungsstoff, die Prüfungsfahrzeuge, die Prüfungsdauer, die Durchführung der Prüfung und ihre Bewertung richten sich nach Anlage 7 Teil 2.

(3) Der Bewerber hat die praktische Prüfung am Ort seiner Hauptwohnung oder am Ort seiner schulischen oder beruflichen Ausbildung, seines Studiums oder seiner Arbeitsstelle abzulegen. Sind diese Orte nicht Prüforte, ist die Prüfung nach Bestimmung durch die Fahrerlaubnisbehörde an einem nahegelegenen Prüfort abzulegen. Die Fahrerlaubnisbehörde kann auch zulassen, daß der Bewerber die Prüfung an einem anderen Prüfort ablegt.

(4) Die Prüfung findet grundsätzlich innerhalb und außerhalb geschlossener Ortschaften statt. Das Nähere regelt Anlage 7. Der innerörtliche Teil der praktischen Prüfung ist in geschlossenen Ortschaften (Zeichen 310 der Straßenverkehrs-Ordnung) durchzuführen, die auf Grund des Straßennetzes, der vorhandenen Verkehrszeichen und -einrichtungen sowie der Verkehrsdichte und -struktur die Prüfung der wesentlichen Verkehrsvorgänge ermöglichen (Prüfort). Die Prüforte werden von der zuständigen obersten Landesbehörde, der von ihr bestimmten oder der nach Landesrecht zuständigen Stelle festgelegt. Der außerörtliche Teil der praktischen Prüfung ist außerhalb geschlossener Ortschaften in der Umgebung des Prüfortes möglichst unter Einschluß von Autobahnen durchzuführen und muß die Prüfung aller wesentlichen Verkehrsvorgänge auch bei höheren Geschwindigkeiten ermöglichen.

(5) Der Sachverständige oder Prüfer bestimmt die Zeit, den Ausgangspunkt und den Verlauf der praktischen Prüfung im Prüfort und seiner Umgebung. Der Sachverständige oder Prüfer hat sich vor der Prüfung durch Einsicht in den Personalausweis oder Reisepaß von der Identität des Bewerbers zu überzeugen. Fehlt es nach seiner Überzeugung an der Identität, darf die Prüfung nicht durchgeführt werden. Bestehen lediglich Zweifel an der Identität, kann der Sachverständige oder Prüfer die Prüfung durchführen, hat aber der Fahrerlaubnisbehörde eine Mitteilung zu machen. Der Bewerber hat vor der Prüfung dem Sachverständigen oder Prüfer eine Ausbildungsbescheinigung nach dem aus Anlage 7.2 oder – bei den Klassen D, D1, DE oder D1E – aus Anlage 7.3 zur Fahrschüler-Ausbildungsordnung ersichtlichen Muster zu übergeben. § 16 Abs. 3 Satz 5 bis 7 findet entsprechende Anwendung.

(6) Wenn das bei der Prüfungsfahrt verwendete Kraftfahrzeug mit automatischer Kraftübertragung ausgestattet war, ist die Fahrerlaubnis auf das Führen von Kraftfahrzeugen mit automatischer Kraftübertragung zu beschränken; dies gilt nicht bei der Fahrerlaubnis der Klasse M. Die Beschränkung ist auf Antrag aufzuheben, wenn der Inhaber der Fahrerlaubnis dem Sachverständigen oder Prüfer in einer praktischen Prüfung nachweist, daß er zur sicheren Führung eines mit einem Schaltgetriebe ausgestatteten Kraftfahrzeugs der betreffenden oder einer entsprechenden höheren Klasse befähigt ist.

Zu § 17, zu § 17 Abs. 2 und Anlage 7: Übergangsbestimmungen in § 76 Nr. 10 und 11.

§ 18 Gemeinsame Vorschriften für die theoretische und die praktische Prüfung

(1) Eine nicht bestandene Prüfung darf nicht vor Ablauf eines angemessenen Zeitraums (in der Regel nicht weniger als zwei Wochen) wiederholt werden. Wird die theoretische oder die praktische Prüfung auch nach

jeweils zweimaliger Wiederholung nicht bestanden, darf der Bewerber die jeweilige Prüfung erst nach Ablauf von drei Monaten wiederholen.

(2) Die praktische Prüfung muß innerhalb von zwölf Monaten nach Bestehen der theoretischen Prüfung abgelegt werden. Andernfalls verliert die theoretische Prüfung ihre Gültigkeit. Der Zeitraum zwischen Abschluß der praktischen Prüfung oder – wenn keine praktische Prüfung erforderlich ist – zwischen Abschluß der theoretischen Prüfung und der Aushändigung des Führerscheins darf zwei Jahre nicht überschreiten. Andernfalls verliert die gesamte Prüfung ihre Gültigkeit.

(3) Stellt der Sachverständige oder Prüfer Tatsachen fest, die bei ihm Zweifel über die körperliche oder geistige Eignung des Bewerbers begründen, hat er der Fahrerlaubnisbehörde Mitteilung zu machen und den Bewerber hierüber zu unterrichten.

Übergangsbestimmungen in § 76 Nr. 10

§ 19   Unterweisung in lebensrettenden Sofortmaßnahmen, Ausbildung in Erster Hilfe

(1) Bewerber um eine Fahrerlaubnis der Klassen A, A1, B, BE, L, M oder T müssen an einer Unterweisung in lebensrettenden Sofortmaßnahmen teilnehmen. Die Unterweisung soll dem Antragsteller durch theoretischen Unterricht und durch praktische Übungen die Grundzüge der Erstversorgung von Unfallverletzten im Straßenverkehr vermitteln, ihn insbesondere mit der Rettung und Lagerung von Unfallverletzten sowie mit anderen lebensrettenden Sofortmaßnahmen vertraut machen.

(2) Bewerber um eine Fahrerlaubnis der Klassen C, C1, CE, C1E, D, D1, DE oder D1E müssen an einer Ausbildung in Erster Hilfe teilnehmen. Die Ausbildung soll dem Antragsteller durch theoretischen Unterricht und durch praktische Übungen gründliches Wissen und praktisches Können in der Ersten Hilfe vermitteln.

(3) Der Nachweis über die Teilnahme an einer Unterweisung in lebensrettenden Sofortmaßnahmen oder einer Ausbildung in Erster Hilfe wird durch die Bescheinigung einer für solche Unterweisungen oder Ausbildungen amtlich anerkannten Stelle oder eines Trägers der öffentlichen Verwaltung, insbesondere der Bundeswehr, der Polizei oder des Bundesgrenzschutzes, geführt.

(4) Eine Ausbildung in Erster Hilfe ersetzt eine Unterweisung in lebensrettenden Sofortmaßnahmen.

(5) Als Nachweis über die Teilnahme an einer Unterweisung in lebensrettenden Sofortmaßnahmen und einer Ausbildung in Erster Hilfe gilt auch die Vorlage
1. eines Zeugnisses über die bestandene ärztliche oder zahnärztliche Staatsprüfung oder der Nachweis über eine im Ausland erworbene abgeschlossene ärztliche oder zahnärztliche Ausbildung,
2. eines Zeugnisses über eine abgeschlossene Ausbildung als Krankenschwester, Krankenpfleger, Kinderkrankenschwester, Kinderkrankenpfleger, Hebamme, Entbindungspfleger, Krankenpflegehelferin, Krankenpflegehelfer, Altenpflegerin, Altenpfleger, Arzthelferin, Arzthelfer,

Rettungsassistentin, Rettungsassistent, Masseurin, Masseur, medizinische Bademeisterin, medizinischer Bademeister, Krankengymnastin oder Krankengymnast oder

3. einer Bescheinigung über die Ausbildung als Schwesternhelferin, Pflegediensthelfer, oder über eine Sanitätsausbildung oder rettungsdienstliche Ausbildung.

§ 20 Neuerteilung einer Fahrerlaubnis

(1) Für die Neuerteilung einer Fahrerlaubnis nach vorangegangener Entziehung oder nach vorangegangenem Verzicht gelten die Vorschriften für die Ersterteilung.

(2) Die Fahrerlaubnisbehörde kann auf eine Fahrerlaubnisprüfung verzichten, wenn keine Tatsachen vorliegen, die die Annahme rechtfertigen, daß der Bewerber die nach § 16 Abs. 1 und § 17 Abs. 1 erforderlichen Kenntnisse und Fähigkeiten nicht mehr besitzt. Ein Verzicht auf die Prüfung ist nicht zulässig, wenn seit der Entziehung, der vorläufigen Entziehung, der Beschlagnahme des Führerscheins oder einer sonstigen Maßnahme nach § 94 der Strafprozeßordnung oder dem Verzicht mehr als zwei Jahre verstrichen sind.

(3) Unberührt bleibt die Anordnung einer medizinisch-psychologischen Untersuchung nach § 11 Abs. 3 Satz 1 Nr. 5.

3. Verfahren bei der Erteilung einer Fahrerlaubnis

§ 21 Antrag auf Erteilung einer Fahrerlaubnis

(1) Der Antrag auf Erteilung einer Fahrerlaubnis ist bei der nach Landesrecht zuständigen Behörde oder Stelle oder der Fahrerlaubnisbehörde schriftlich zu stellen. Der Bewerber hat auf Verlangen dieser Behörden oder Stellen persönlich zu erscheinen. Der Bewerber hat folgende Daten mitzuteilen und auf Verlangen nachzuweisen:

1. die in § 2 Abs. 6 des Straßenverkehrsgesetzes bezeichneten Personendaten sowie die Daten über den ordentlichen Wohnsitz im Inland einschließlich der Anschrift und

2. die ausbildende Fahrschule.

(2) Der Bewerber hat weiter anzugeben, ob er bereits eine Fahrerlaubnis aus einem Mitgliedstaat der Europäischen Union oder einem anderen Vertragsstaat des Abkommens über den Europäischen Wirtschaftsraum besitzt oder ob er sie bei einer anderen Behörde eines solchen Staates beantragt hat. Beantragt der Inhaber einer Fahrerlaubnis aus einem solchen Staat eine Erweiterung der Fahrerlaubnis auf eine andere Klasse, ist dieser Antrag hinsichtlich der vorhandenen Klassen als Antrag auf Erteilung der deutschen Fahrerlaubnis gemäß § 30 zu werten. Der Bewerber hat in jedem Fall eine Erklärung abzugeben, daß er mit der Erteilung der beantragten Fahrerlaubnis auf eine möglicherweise bereits vorhandene Fahrerlaubnis dieser Klasse aus einem solchen Staat verzichtet.

(3) Dem Antrag sind folgende Unterlagen beizufügen:

1. ein amtlicher Nachweis über Ort und Tag der Geburt,
2. ein Lichtbild in der Größe 35 mm x 45 mm, das den Antragsteller ohne Kopfbedeckung im Halbprofil zeigt,
3. bei einem Antrag auf Erteilung einer Fahrerlaubnis der Klassen A, A1, B, BE, M, L oder T eine Sehtestbescheinigung nach § 12 Abs. 3 ode ein Zeugnis oder ein Gutachten nach § 12 Abs. 5,
4. bei einem Antrag auf Erteilung einer Fahrerlaubnis der Klassen C, C1, CE, C1E, D, D1, DE oder D1E ein Zeugnis oder Gutachten über die körperliche und geistige Eignung nach § 11 Abs. 9 und ein Zeugnis oder Gutachten über das Sehvermögen nach § 12 Abs. 6,
5. bei einem Antrag auf Erteilung einer Fahrerlaubnis der Klassen A, A1, B, BE, L, M oder T der Nachweis über die Teilnahme an einer Unterweisung in lebensrettenden Sofortmaßnahmen, bei einem Antrag auf Erteilung einer Fahrerlaubnis der Klassen C, C1, CE, C1E, D, D1, DE und oder D1E den Nachweis über die Ausbildung in Erster Hilfe.

Die Fahrerlaubnisbehörde kann Ausnahmen von der in Satz 1 Nr. 2 vorgeschriebenen Gestaltung des Lichtbildes zulassen.

§ 22 Verfahren bei der Behörde und der Technischen Prüfstelle

(1) Die nach Landesrecht zuständige Behörde oder Stelle und die Fahrerlaubnisbehörde können durch Einholung von Auskünften aus dem Melderegister die Richtigkeit und Vollständigkeit der vom Bewerber mitgeteilten Daten überprüfen.

(2) Die Fahrerlaubnisbehörde hat zu ermitteln, ob Bedenken gegen die Eignung des Bewerbers zum Führen von Kraftfahrzeugen bestehen und er bereits im Besitz einer Fahrerlaubnis ist. Sie hat dazu auf seine Kosten eine Auskunft aus dem Verkehrszentralregister und dem Zentralen Fahrerlaubnisregister einzuholen. Sie kann außerdem auf seine Kosten – in der Regel über das Kraftfahrt-Bundesamt – eine Auskunft aus den entsprechenden ausländischen Registern einholen und verlangen, daß der Bewerber Erteilung eines Führungszeugnisses zur Vorlage bei der Fahrerlaubnisbehörde nach den Vorschriften des Bundeszentralregistergesetzes beantragt. Werden Tatsachen bekannt, die Bedenken gegen die Eignung des Bewerbers begründen, verfährt die Fahrerlaubnisbehörde nach den §§ 11 bis 14.

(3) Liegen alle Voraussetzungen für die Erteilung der Fahrerlaubnis vor, hat die Fahrerlaubnisbehörde den Führerschein ausfertigen zu lassen und auszuhändigen.

(4) Muß der Bewerber noch die nach § 15 erforderliche Prüfung ablegen, hat die Fahrerlaubnisbehörde die zuständige Technische Prüfstelle für den Kraftfahrzeugverkehr mit der Prüfung zu beauftragen und ihr den vorbereiteten Führerschein (§ 25) ohne Angabe des Datums der Erteilung der beantragten Klasse unmittelbar zu übersenden. Der Sachverständige oder Prüfer prüft, ob der Bewerber zum Führen von Kraftfahrzeugen, gegebenenfalls mit Anhänger, der beantragten Klasse befähigt ist. Der Sachverständige oder Prüfer oder sonst die Fahrerlaubnisbehörde händigt, wenn die Prüfung bestanden ist, den Führerschein nach dem Einsetzen des Aushändigungsdatums aus. Er darf nur ausgehändigt werden, wenn die Identi-

tät des Bewerbers zweifelsfrei feststeht. Hat der Sachverständige oder Prüfer den Führerschein ausgehändigt, teilt er dies der Fahrerlaubnisbehörde unter Angabe des Aushändigungsdatums mit. Außerdem hat er der Fahrerlaubnisbehörde die Ausbildungsbescheinigung zu übersenden. Die Fahrerlaubnis wird durch die Aushändigung des Führerscheins oder, wenn der Führerschein nicht vorliegt, ersatzweise durch eine befristete Prüfungsbescheinigung, die im Inland zum Nachweis der Fahrberechtigung dient, erteilt.

(5) Die Technische Prüfstelle gibt den Prüfauftrag an die Fahrerlaubnisbehörde zurück, wenn

1. die theoretische Prüfung nicht innerhalb von zwölf Monaten nach Eingang des Prüfauftrages bestanden ist,

2. die praktische Prüfung nicht innerhalb von zwölf Monaten nach Bestehen der theoretischen Prüfung bestanden ist oder

3. in den Fällen, in denen keine theoretische Prüfung erforderlich ist, die praktische Prüfung nicht innerhalb von zwölf Monaten nach Eingang des Prüfauftrages bestanden ist.

§ 23 Geltungsdauer der Fahrerlaubnis, Beschränkungen und Auflagen

(1) Die Fahrerlaubnis der Klassen A, A1, B, BE, L, M und T wird unbefristet erteilt. Die Fahrerlaubnis der übrigen Klassen wird längstens für folgende Zeiträume erteilt:

1. Klassen C1, C1E: bis zur Vollendung des 50. Lebensjahres, danach für fünf Jahre,

2. Klassen C, CE: für fünf Jahre,

3. Klassen D, D1, DE und D1E: für fünf Jahre, längstens jedoch bis zur Vollendung des 50. Lebensjahres, danach für fünf Jahre.

Grundlage für die Bemessung der Geltungsdauer ist das Datum des Tages, an dem die Fahrerlaubnisbehörde den Auftrag zur Herstellung des Führerscheins erteilt.

(2) Ist der Bewerber nur bedingt zum Führen von Kraftfahrzeugen geeignet, kann die Fahrerlaubnisbehörde die Fahrerlaubnis soweit wie notwendig beschränken oder unter den erforderlichen Auflagen erteilen. Die Beschränkung kann sich insbesondere auf eine bestimmte Fahrzeugart oder ein bestimmtes Fahrzeug mit besonderen Einrichtungen erstrecken.

Übergangsbestimmungen in § 76 Nr. 9.

§ 24 Verlängerung von Fahrerlaubnissen

(1) Die Geltungsdauer der Fahrerlaubnis der Klassen C, C1, CE, C1E, D, D1, DE und D1E wird auf Antrag des Inhabers jeweils um die in § 23 Abs. 1 angegebenen Zeiträume verlängert, wenn

1. der Inhaber seine Eignung nach Maßgabe der Anlage 5 und die Erfüllung der Anforderungen an das Sehvermögen nach Anlage 6 nachweist und

2. keine Tatsachen vorliegen, die die Annahme rechtfertigen, daß eine der sonstigen aus den §§ 7 bis 19 ersichtlichen Voraussetzungen für die Erteilung der Fahrerlaubnis fehlt.

(2) Absatz 1 ist auch bei der Erteilung einer Fahrerlaubnis der entsprechenden Klasse anzuwenden, wenn seit dem Ablauf der Geltungsdauer der vorherigen Fahrerlaubnis bis zum Tag der Antragstellung nicht mehr als zwei Jahre verstrichen sind.

(3) Die Absätze 1 und 2 sind auch anzuwenden, wenn der Inhaber der Fahrerlaubnis seinen ordentlichen Wohnsitz in einen nicht zur Europäischen Union oder zum Abkommen über den Europäischen Wirtschaftsraum gehörenden Staat verlegt hat.

Übergangsbestimmungen in § 76 Nr. 9.

§ 25   Ausfertigung des Führerscheins

(1) Der Führerschein wird nach Muster 1 der Anlage 8 ausgefertigt. Er darf nur ausgestellt werden, wenn der Antragsteller

1. seinen ordentlichen Wohnsitz im Sinne des § 7 Abs. 1 oder 2 in der Bundesrepublik Deutschland hat,

2. zu dem in § 7 Abs. 3 genannten Personenkreis gehört oder

3. seinen ordentlichen Wohnsitz in einem Staat hat, der nicht Mitgliedstaat der Europäischen Union oder Vertragsstaat des Abkommens über den Europäischen Wirtschaftsraum ist und im Besitz einer deutschen Fahrerlaubnis ist.

(2) Bei einer Erweiterung oder Verlängerung der Fahrerlaubnis oder Änderungen der Angaben auf dem Führerschein ist ein neuer Führerschein auszufertigen. Bei einer Erweiterung der Fahrerlaubnis auf eine andere Klasse oder der Erweiterung einer leistungsbeschränkten Fahrerlaubnis der Klasse A auf eine unbeschränkte Klasse A vor Ablauf der zweijährigen Frist nach § 6 Abs. 2 Satz 1 ist auf dem Führerschein der Tag zu vermerken, an dem die EU- oder EWR-Fahrerlaubnis für die bisher vorhandenen Klassen oder die Klasse A vor der Erweiterung erteilt worden war.

(3) Bei Eintragungen auf dem Führerschein, die nicht bereits im Muster vorgesehen sind, insbesondere auf Grund von Beschränkungen und Auflagen, sind die in Anlage 9 festgelegten Schlüsselzahlen zu verwenden.

(4) Wird ein Ersatzführerschein für einen abhanden gekommenen ausgestellt, hat sich die Fahrerlaubnisbehörde auf Kosten des Antragstellers durch die Einholung einer Auskunft aus dem Zentralen Fahrerlaubnisregister und aus dem Verkehrszentralregister zu vergewissern, daß der Antragsteller die entsprechende Fahrerlaubnis besitzt. Sie kann außerdem – in der Regel das Kraftfahrt-Bundesamt – auf seine Kosten eine Auskunft aus den entsprechenden ausländischen Registern einholen.

(5) Bei der Aushändigung eines neuen Führerscheins ist der bisherige Führerschein einzuziehen oder ungültig zu machen. Er verliert mit Aushändigung des neuen Führerscheines seine Gültigkeit. Wird der bisherige Führerschein nach Aushändigung des neuen wieder aufgefunden, ist er unverzüglich der zuständigen Fahrerlaubnisbehörde abzuliefern.

Zu § 25 Abs. 1 und Anlage 8 sowie zu Abs. 4: Übergangsbestimmungen in § 76 Nr. 12 und 13.

4. Sonderbestimmungen für das Führen von Dienstfahrzeugen

§ 26 Dienstfahrerlaubnis

(1) Die von den Dienststellen der Bundeswehr, des Bundesgrenzschutzes und der Polizei (§ 73 Abs. 4) erteilten Fahrerlaubnisse berechtigen nur zum Führen von Dienstfahrzeugen (Dienstfahrerlaubnisse). Über die Dienstfahrerlaubnis der Bundeswehr wird ein Führerschein nach Muster 2 der Anlage 8, über die des Bundesgrenzschutzes und der Polizei ein Führerschein nach Muster 3 der Anlage 8 ausgefertigt (Dienstführerschein). Die Dienstfahrerlaubnis der Bundeswehr wird in den aus Muster 2 der Anlage 8 ersichtlichen Klassen erteilt. Der Umfang der Berechtigung zum Führen von Dienstfahrzeugen ergibt sich aus Anlage 10.

(2) Der Inhaber der Dienstfahrerlaubnis darf von ihr nur während der Dauer des Dienstverhältnisses Gebrauch machen. Bei Beendigung des Dienstverhältnisses ist der Dienstführerschein einzuziehen. Wird das Dienstverhältnis wieder begründet, ist der Führerschein wieder auszuhändigen, sofern die Dienstfahrerlaubnis noch gültig ist. Ist sie nicht mehr gültig, sind aber seit Ablauf der Geltungsdauer nicht mehr als zwei Jahre verstrichen, kann die Dienstfahrerlaubnis unter den Voraussetzungen des § 24 Abs. 1 neu erteilt werden; andernfalls gelten die Vorschriften über die Ersterteilung mit Ausnahme der Vorschriften über die Ausbildung. Eine Verlängerung der Dienstfahrerlaubnis oder eine erneute Erteilung unter den Voraussetzungen von Satz 4 erster Halbsatz ist auch während der Zeit möglich, in der der Inhaber von ihr keinen Gebrauch machen darf.

(3) Bei der erstmaligen Beendigung des Dienstverhältnisses nach der Erteilung oder Neuerteilung der betreffenden Klasse der Dienstfahrerlaubnis ist dem Inhaber auf Antrag zu bescheinigen, für welche Klasse von Kraftfahrzeugen ihm die Erlaubnis erteilt war.

Zu Abs. 1 und Anlage 8 sowie zu Abs. 1: Übergangsbestimmungen in § 76 Nr. 13 und 14.

§ 27 Verhältnis von allgemeiner Fahrerlaubnis und Dienstfahrerlaubnis

(1) Beantragt der Inhaber einer Dienstfahrerlaubnis während der Dauer des Dienstverhältnisses die Erteilung einer allgemeinen Fahrerlaubnis, sind folgende Vorschriften nicht anzuwenden:

1. § 11 Abs. 9 über die ärztliche Untersuchung und § 12 Abs. 6 über die augenärztliche Untersuchung, es sei denn, daß in entsprechender Anwendung der Regelungen in den §§ 23 und 24 eine Untersuchung erforderlich ist,
2. § 12 über den Sehtest,
3. § 15 über die Befähigungsprüfung,
4. § 19 über die Unterweisung in lebensrettenden Sofortmaßnahmen und die Ausbildung in Erster Hilfe,
5. die Vorschriften über die Ausbildung.

Dasselbe gilt bei Vorlage einer Bescheinigung nach § 26 Abs. 3, wenn die Erteilung der allgemeinen Fahrerlaubnis innerhalb von zwei Jahren nach Beendigung des Dienstverhältnisses beantragt wird. Die Klasse der auf Grund der Dienstfahrerlaubnis zu erteilenden allgemeinen Fahrerlaubnis ergibt sich aus Anlage 10.

(2) Wird dem Inhaber einer allgemeinen Fahrerlaubnis eine Dienstfahrerlaubnis derselben oder einer entsprechenden Klasse erteilt, kann die Dienstfahrerlaubnisbehörde Absatz 1 Satz 1 entsprechend anwenden. Dies gilt auch bei der Erteilung einer Dienstfahrerlaubnis der Bundeswehr in einer von § 6 Abs. 1 abweichenden Klasse, soweit die in Absatz 1 Satz 1 genannten Voraussetzungen auch Voraussetzungen für die Erteilung der Dienstfahrerlaubnis sind.

(3) Die Fahrerlaubnisbehörde teilt der Dienststelle, die die Dienstfahrerlaubnis erteilt hat, die unanfechtbare Versagung der allgemeinen Fahrerlaubnis sowie deren unanfechtbare oder vorläufig wirksame Entziehung einschließlich der Gründe der Entscheidung unverzüglich mit. Die Dienststelle teilt der zuständigen Fahrerlaubnisbehörde die unanfechtbare Versagung der Dienstfahrerlaubnis sowie deren unanfechtbare oder vorläufig wirksame Entziehung einschließlich der Gründe der Entscheidung unverzüglich mit, sofern die Versagung oder die Entziehung auf den Vorschriften des Straßenverkehrsgesetzes beruhen. Für die Wahrnehmung der Aufgaben nach diesem Absatz können an Stelle der genannten Dienststellen auch andere Stellen bestimmt werden. Für den Bereich der Bundeswehr nimmt die Zentrale Militärkraftfahrstelle die Aufgaben wahr.

(4) Die Dienstfahrerlaubnis erlischt mit der Entziehung der allgemeinen Fahrerlaubnis.

5. Sonderbestimmungen für Inhaber ausländischer Fahrerlaubnisse

§ 28   Anerkennung von Fahrerlaubnissen aus Mitgliedstaaten der Europäischen Union oder einem anderen Vertragsstaat des Abkommens über den Europäischen Wirtschaftsraum

(1) Inhaber einer gültigen EU- oder EWR-Fahrerlaubnis, die ihren ordentlichen Wohnsitz im Sinne des § 7 Abs. 1 oder 2 in der Bundesrepublik Deutschland haben, dürfen – vorbehaltlich der Einschränkungen nach den Absätzen 2 bis 4 – im Umfang ihrer Berechtigung Kraftfahrzeuge im Inland führen. Auflagen zur ausländischen Fahrerlaubnis sind auch im Inland zu beachten. Auf die Fahrerlaubnisse finden die Vorschriften dieser Verordnung Anwendung, soweit nichts anderes bestimmt ist.

(2) Inhaber der Fahrerlaubnis der Klasse A1, die das 18. Lebensjahr noch nicht vollendet haben, dürfen nur Leichtkrafträder mit einer durch die Bauart bestimmten Höchstgeschwindigkeit von nicht mehr als 80 km/h führen.

(3) Die Vorschriften über die Geltungsdauer von Fahrerlaubnissen der Klassen C, C1, CE, C1E, D, D1, DE und D1E in § 23 Abs. 1 gelten auch für die entsprechenden EU- und EWR-Fahrerlaubnisse. Grundlage für die Berechnung der Geltungsdauer ist das Datum der Erteilung der ausländischen Fahrerlaubnis. Wäre danach eine solche Fahrerlaubnis ab dem Zeitpunkt der Verlegung des ordentlichen Wohnsitzes in die Bundesrepublik Deutschland nicht mehr gültig, weil seit der Erteilung mehr als fünf Jahre verstrichen sind oder – bei den Klassen C1 und C1E – der Inhaber das 50. Lebensjahr bereits vollendet hat, besteht die Berechtigung nach Absatz 1 Satz 1 noch sechs Monate, gerechnet von der Begründung des

ordentlichen Wohnsitzes im Inland an. Für die Erteilung einer deutschen Fahrerlaubnis ist § 30 in Verbindung mit § 24 Abs. 1 entsprechend anzuwenden.

(4) Die Berechtigung nach Absatz 1 gilt nicht für Inhaber einer EU- oder EWR-Fahrerlaubnis,

1. die lediglich im Besitz eines Lernführerscheins oder eines anderen vorläufig ausgestellten Führerscheins sind,

2. die zum Zeitpunkt der Erteilung ihren ordentlichen Wohnsitz im Inland hatten, es sei denn, daß sie als Student oder Schüler im Sinne des § 7 Abs. 2 die Fahrerlaubnis während eines mindestens sechsmonatigen Aufenthalts erworben haben,

3. denen die Fahrerlaubnis im Inland vorläufig oder rechtskräftig von einem Gericht oder sofort vollziehbar oder bestandskräftig von einer Verwaltungsbehörde entzogen worden ist, denen die Fahrerlaubnis bestandskräftig versagt worden ist oder denen die Fahrerlaubnis nur deshalb nicht entzogen worden ist, weil sie zwischenzeitlich auf die Fahrerlaubnis verzichtet haben oder

4. solange sie im Inland, in dem Staat, der die Fahrerlaubnis erteilt hatte, oder in dem Staat, in dem sie ihren ordentlichen Wohnsitz haben, einem Fahrverbot unterliegen oder der Führerschein nach § 94 der Strafprozeßordnung beschlagnahmt, sichergestellt oder in Verwahrung genommen worden ist.

§ 29 Verfahren bei Fahrerlaubnissen aus Mitgliedstaaten der Europäischen Union oder einem anderen Vertragsstaat des Abkommens über den Europäischen Wirtschaftsraum

(1) Inhaber einer EU- oder EWR-Fahrerlaubnis, die ihren ordentlichen Wohnsitz in die Bundesrepublik Deutschland verlegt haben, sind verpflichtet, ihre Fahrerlaubnis innerhalb von 185 Tagen bei der zuständigen Verwaltungsbehörde unter Vorlage des Führerscheins registrieren zu lassen, wenn

1. sie die Fahrerlaubnis noch nicht länger als zwei Jahre besitzen,

2. es sich um eine Fahrerlaubnis der Klassen C, C1, CE, C1E, D, D1, DE oder D1E handelt.

Personen, die unter § 7 Abs. 2 fallen, sind verpflichtet, ihre Fahrerlaubnis unverzüglich nach Einreise in die Bundesrepublik Deutschland registrieren zu lassen, sofern sie zu dem in Satz 1 Nr. 1 oder 2 genannten Personenkreis gehören.

(2) Die Fahrerlaubnisbehörde speichert die Fahrerlaubnisdaten in dem örtlichen Fahrerlaubnisregister nach den Vorschriften in Abschnitt III und teilt sie dem Kraftfahrt-Bundesamt mit. Dieses unterrichtet von Amts wegen die Behörde, die die Fahrerlaubnis erteilt hat.

(3) Ist die Geltungsdauer der ausländischen Fahrerlaubnis länger als in § 23 Abs. 1 vorgesehen, trägt die Fahrerlaubnisbehörde den Ablauf der Geltungsdauer nach den Vorschriften in § 23 Abs. 1 in Verbindung mit § 28 Abs. 3 Satz 2 in den ausländischen Führerschein ein. Der Betroffene ist verpflichtet, der Fahrerlaubnisbehörde den Führerschein zur Eintragung vorzulegen. Ist eine Eintragung wegen der Beschaffenheit des Führerscheins nicht möglich, nach dem Recht des Staates, der den Führerschein

ausgestellt hatte, nicht zulässig oder widerspricht der Inhaber der Fahrerlaubnis, erteilt ihm die Fahrerlaubnisbehörde gemäß § 30 eine entsprechende deutsche Fahrerlaubnis.

§ 30 Erteilung einer Fahrerlaubnis an Inhaber einer Fahrerlaubnis aus einem Mitgliedstaat der Europäischen Union oder einem anderen Vertragsstaat des Abkommens über den Europäischen Wirtschaftsraum

(1) Beantragt der Inhaber einer EU- oder EWR-Fahrerlaubnis, die zum Führen von Kraftfahrzeugen im Inland berechtigt oder berechtigt hat, die Erteilung einer Fahrerlaubnis für die entsprechende Klasse von Kraftfahrzeugen, sind folgende Vorschriften nicht anzuwenden:

1. § 11 Abs. 9 über die ärztliche Untersuchung und § 12 Abs. 6 über die augenärztliche Untersuchung, es sei denn, daß in entsprechender Anwendung der Regelungen in den §§ 23 und 24 eine Untersuchung erforderlich ist,
2. § 12 über den Sehtest,
3. § 15 über die Befähigungsprüfung,
4. § 19 über die Unterweisung in lebensrettenden Sofortmaßnahmen und die Ausbildung in Erster Hilfe,
5. die Vorschriften über die Ausbildung.

Ist die ausländische Fahrerlaubnis auf das Führen von Kraftfahrzeugen mit automatischer Kraftübertragung beschränkt oder enthält der ausländische Führerschein den Vermerk, daß die Prüfung auf einem Fahrzeug mit automatischer Kraftübertragung abgelegt worden ist, ist die Fahrerlaubnis auf das Führen von Kraftfahrzeugen mit automatischer Kraftübertragung zu beschränken. § 17 Abs. 6 Satz 2 ist entsprechend anzuwenden.

(2) Läuft die Geltungsdauer einer EU- oder EWR-Fahrerlaubnis der Klassen A, B oder BE oder einer Unterklasse dieser Klassen, die zum Führen von Kraftfahrzeugen im Inland berechtigt hat, nach Begründung des ordentlichen Wohnsitzes in der Bundesrepublik Deutschland ab und sind bis zum Tag der Antragstellung nicht mehr als zwei Jahre verstrichen, findet Absatz 1 entsprechend Anwendung; handelt es sich um eine Fahrerlaubnis der Klassen C oder D oder einer Unter- oder Anhängerklasse, wird die deutsche Fahrerlaubnis in entsprechender Anwendung von § 24 Abs. 2 erteilt. Satz 1 findet auch Anwendung, wenn die Geltungsdauer bereits vor Begründung des ordentlichen Wohnsitzes abgelaufen ist. In diesem Fall hat die Fahrerlaubnisbehörde jedoch eine Auskunft nach § 22 Abs. 2 Satz 3 einzuholen, die sich auch darauf erstreckt, warum die Fahrerlaubnis nicht vor der Verlegung des ordentlichen Wohnsitzes in die Bundesrepublik Deutschland verlängert worden ist.

(3) Der Führerschein ist nur gegen Abgabe des ausländischen Führerscheins auszuhändigen. Die Fahrerlaubnisbehörde sendet ihn unter Angabe der Gründe über das Kraftfahrt-Bundesamt an die Behörde zurück, die ihn ausgestellt hatte.

(4) Auf dem Führerschein ist in Feld 10 der Tag zu vermerken, an dem die ausländische Fahrerlaubnis für die betreffende Klasse erteilt worden war.

(5) Absatz 3 gilt nicht für entsandte Mitglieder fremder diplomatischer Missionen im Sinne des Artikels 1 Buchstabe b des Wiener Übereinkommens

vom 18. April 1961 über diplomatische Beziehungen (BGBl. 1964 II S. 957) in der jeweils geltenden Fassung und entsandte Mitglieder berufskonsularischer Vertretungen im Sinne des Artikels 1 Abs. 1 Buchstabe g des Wiener Übereinkommens vom 24. April 1963 über konsularische Beziehungen (BGBl. 1969 II S. 1585) in der jeweils geltenden Fassung sowie die zu ihrem Haushalt gehörenden Familienmitglieder.

§ 31 Erteilung einer Fahrerlaubnis an Inhaber einer Fahrerlaubnis aus einem Staat außerhalb des Abkommens über den Europäischen Wirtschaftsraum

(1) Beantragt der Inhaber einer Fahrerlaubnis, die in einem in Anlage 11 aufgeführten Staat und in einer in der Anlage 11 aufgeführten Klasse erteilt worden ist und die zum Führen von Kraftfahrzeugen im Inland berechtigt oder dazu berechtigt hat, die Erteilung einer Fahrerlaubnis für die entsprechende Klasse von Kraftfahrzeugen und sind seit der Begründung eines ordentlichen Wohnsitzes in der Bundesrepublik Deutschland bis zum Tag der Antragstellung nicht mehr als drei Jahre verstrichen, sind folgende Vorschriften nicht anzuwenden:

1. § 11 Abs. 9 über die ärztliche Untersuchung und § 12 Abs. 6 über die augenärztliche Untersuchung, es sei denn, daß in entsprechender Anwendung der Regelungen in den §§ 23 und 24 eine Untersuchung erforderlich ist,

2. § 12 über den Sehtest,

3. § 15 über die Befähigungsprüfung nach Maßgabe der Anlage 11,

4. § 19 über die Unterweisung in lebensrettenden Sofortmaßnahmen und die Ausbildung in Erster Hilfe,

5. die Vorschriften über die Ausbildung.

Ist die ausländische Fahrerlaubnis auf das Führen von Kraftfahrzeugen mit automatischer Kraftübertragung beschränkt oder enthält der ausländische Führerschein den Vermerk, daß die Prüfung auf einem Fahrzeug mit automatischer Kraftübertragung abgelegt worden ist, ist die Fahrerlaubnis auf das Führen von Kraftfahrzeugen mit automatischer Kraftübertragung zu beschränken. § 17 Abs. 6 Satz 2 ist entsprechend anzuwenden. Beantragt der Inhaber einer Fahrerlaubnis, die in einem in Anlage 11 aufgeführten Staat, aber in einer in der Anlage 11 nicht aufgeführten Klasse erteilt worden ist und die zum Führen von Kraftfahrzeugen im Inland berechtigt oder dazu berechtigt hat, die Erteilung einer Fahrerlaubnis für die entsprechende Klasse von Kraftfahrzeugen, ist Absatz 2 entsprechend anzuwenden.

(2) Beantragt der Inhaber einer Fahrerlaubnis aus einem nicht in Anlage 11 aufgeführten Staat unter den Voraussetzungen des Absatzes 1 die Erteilung einer Fahrerlaubnis für die entsprechende Klasse von Kraftfahrzeugen, sind die Vorschriften über die Ausbildung nicht anzuwenden.

(3) Der Antragsteller hat den Besitz der ausländischen Fahrerlaubnis durch den nationalen Führerschein nachzuweisen. Außerdem hat er seinem Antrag auf Erteilung einer inländischen Fahrerlaubnis eine Erklärung des Inhalts beizugeben, daß seine ausländische Fahrerlaubnis noch gültig ist. Die Fahrerlaubnisbehörde ist berechtigt, die Richtigkeit der Erklärung zu überprüfen.

(4) Auf einem auf Grund des Absatzes 1 ausgestellten Führerschein ist zu vermerken, daß der Erteilung der Fahrerlaubnis eine Fahrerlaubnis zugrunde gelegen hat, die nicht in einem Mitgliedstaat der Europäischen Union oder einem anderen Vertragsstaat des Abkommens über den Europäischen Wirtschaftsraum ausgestellt worden war. Der Führerschein ist nur gegen Abgabe des ausländischen Führerscheins auszuhändigen. Die Fahrerlaubnisbehörde sendet ihn über das Kraftfahrt-Bundesamt an die Stelle zurück, die ihn ausgestellt hat, wenn mit dem betreffenden Staat eine entsprechende Vereinbarung besteht. In den anderen Fällen nimmt sie den Führerschein in Verwahrung. Er darf nur gegen Abgabe des auf seiner Grundlage ausgestellten inländischen Führerscheins wieder ausgehändigt werden. In begründeten Fällen kann die Fahrerlaubnisbehörde davon absehen, den ausländischen Führerschein in Verwahrung zu nehmen oder ihn an die ausländische Stelle zurückzuschicken.

(5) Absatz 1 gilt auch für den in § 30 Abs. 5 genannten Personenkreis, sofern Gegenseitigkeit besteht. Der Vermerk nach Absatz 4 Satz 1 ist einzutragen. Absatz 4 Satz 2 bis 6 findet keine Anwendung.

6. Fahrerlaubnis auf Probe

§ 32   Ausnahmen von der Probezeit

Ausgenommen von den Regelungen über die Probezeit nach § 2a des Straßenverkehrsgesetzes sind Fahrerlaubnisse der Klassen L, M und T. Bei erstmaliger Erweiterung einer Fahrerlaubnis der Klassen L, M oder T auf eine der anderen Klassen ist die Fahrerlaubnis der Klasse, auf die erweitert wird, auf Probe zu erteilen.

§ 33   Berechnung der Probezeit bei Inhabern von Dienstfahrerlaubnissen und Fahrerlaubnissen aus Staaten außerhalb des Abkommens über den Europäischen Wirtschaftsraum

(1) Bei erstmaliger Erteilung einer allgemeinen Fahrerlaubnis an den Inhaber einer Dienstfahrerlaubnis ist die Zeit seit deren Erwerb auf die Probezeit anzurechnen. Hatte die Dienststelle vor Ablauf der Probezeit den Dienstführerschein nach § 26 Abs. 2 eingezogen, beginnt mit der Erteilung einer allgemeinen Fahrerlaubnis eine neue Probezeit, jedoch nur im Umfang der Restdauer der vorherigen Probezeit.

(2) Begründet der Inhaber einer Fahrerlaubnis aus einem Staat außerhalb des Europäischen Wirtschaftsraums seinen ordentlichen Wohnsitz im Inland und wird ihm die deutsche Fahrerlaubnis nach § 31 erteilt, wird bei der Berechnung der Probezeit der Zeitraum nicht berücksichtigt, in welchem er im Inland zum Führen von Kraftfahrzeugen nicht berechtigt war.

§ 34   Bewertung der Straftaten und Ordnungswidrigkeiten im Rahmen der Fahrerlaubnis auf Probe und Anordnung des Aufbauseminars

(1) Die Bewertung der Straftaten und Ordnungswidrigkeiten im Rahmen der Fahrerlaubnis auf Probe erfolgt nach Anlage 12.

(2) Die Anordnung der Teilnahme an einem Aufbauseminar nach § 2a Abs. 2 des Straßenverkehrsgesetzes erfolgt schriftlich unter Angabe der

Verkehrszuwiderhandlungen, die zu der Anordnung geführt haben; dabei ist eine angemessene Frist zu setzen. Die schriftliche Anordnung ist bei der Anmeldung zu einem Aufbauseminar dem Kursleiter vorzulegen.

§ 35 Aufbauseminare

(1) Das Aufbauseminar ist in Gruppen mit mindestens sechs und höchstens zwölf Teilnehmern durchzuführen. Es besteht aus einem Kurs mit vier Sitzungen von jeweils 135 Minuten Dauer in einem Zeitraum von zwei bis vier Wochen; jedoch darf an einem Tag nicht mehr als eine Sitzung stattfinden. Zusätzlich ist zwischen der ersten und der zweiten Sitzung eine Fahrprobe durchzuführen, die der Beobachtung des Fahrverhaltens des Seminarteilnehmers dient. Die Fahrprobe soll in Gruppen mit drei Teilnehmern durchgeführt werden, wobei die reine Fahrzeit jedes Teilnehmers 30 Minuten nicht unterschreiten darf. Dabei ist ein Fahrzeug zu verwenden, das – mit Ausnahme der Anzahl der Türen – den Anforderungen des Abschnitts 2.2 der Anlage 7 entspricht. Jeder Teilnehmer an der Fahrprobe soll möglichst ein Fahrzeug der Klasse führen, mit dem vor allem die zur Anordnung der Teilnahme an dem Aufbauseminar führenden Verkehrszuwiderhandlungen begangen worden sind.

(2) In den Kursen sind die Verkehrszuwiderhandlungen, die bei den Teilnehmern zur Anordnung der Teilnahme an dem Aufbauseminar geführt haben, und die Ursachen dafür zu diskutieren und daraus ableitend allgemein die Probleme und Schwierigkeiten von Fahranfängern zu erörtern. Durch Gruppengespräche, Verhaltensbeobachtung in der Fahrprobe, Analyse problematischer Verkehrssituationen und durch weitere Informationsvermittlung soll ein sicheres und rücksichtsvolles Fahrverhalten erreicht werden. Dabei soll insbesondere die Einstellung zum Verhalten im Straßenverkehr geändert, das Risikobewußtsein gefördert und die Gefahrenerkennung verbessert werden.

(3) Für die Durchführung von Einzelseminaren nach § 2b Abs. 1 des Straßenverkehrsgesetzes gelten die Absätze 1 und 2 mit der Maßgabe, daß die Gespräche in vier Sitzungen von jeweils 60 Minuten Dauer durchzuführen sind.

§ 36 Besondere Aufbauseminare nach § 2b Abs. 2 Satz 2 des Straßenverkehrsgesetzes

(1) Inhaber von Fahrerlaubnissen auf Probe, die wegen Zuwiderhandlungen nach § 315c Abs. 1 Nr. 1 Buchstabe a, den §§ 316, 323a des Strafgesetzbuches oder § 24a des Straßenverkehrsgesetzes an einem Aufbauseminar teilzunehmen haben, sind, auch wenn sie noch andere Verkehrszuwiderhandlungen begangen haben, einem besonderen Aufbauseminar zuzuweisen.

(2) Ist die Fahrerlaubnis wegen einer innerhalb der Probezeit begangenen Zuwiderhandlung nach § 315c Abs. 1 Nr. 1 Buchstabe a, den §§ 316, 323a des Strafgesetzbuches oder § 24a des Straßenverkehrsgesetzes entzogen worden, darf eine neue Fahrerlaubnis unbeschadet der übrigen Voraussetzungen nur erteilt werden, wenn der Antragsteller nachweist, daß er an einem besonderen Aufbauseminar teilgenommen hat.

(3) Das besondere Aufbauseminar ist in Gruppen mit mindestens sechs und höchstens zwölf Teilnehmern durchzuführen. Es besteht aus einem Kurs mit

einem Vorgespräch und drei Sitzungen von jeweils 180 Minuten Dauer in einem Zeitraum von zwei bis vier Wochen sowie der Anfertigung von Kursaufgaben zwischen den Sitzungen.

(4) In den Kursen sind die Ursachen, die bei den Teilnehmern zur Anordnung der Teilnahme an einem Aufbauseminar geführt haben, zu diskutieren und Möglichkeiten für ihre Beseitigung zu erörtern. Wissenslücken der Kursteilnehmer über die Wirkung des Alkohols und anderer berauschender Mittel auf die Verkehrsteilnehmer sollen geschlossen und individuell angepaßte Verhaltensweisen entwickelt und erprobt werden, um insbesondere Trinkgewohnheiten zu ändern sowie Trinken und Fahren künftig zuverlässig zu trennen. Durch die Entwicklung geeigneter Verhaltensmuster sollen die Kursteilnehmer in die Lage versetzt werden, einen Rückfall und weitere Verkehrszuwiderhandlungen unter Alkoholeinfluß oder dem Einfluß anderer berauschender Mittel zu vermeiden.

(5) Für die Durchführung von Einzelseminaren nach § 2b Abs. 1 des Straßenverkehrsgesetzes gelten die Absätze 3 und 4 mit der Maßgabe, daß die Gespräche in drei Sitzungen von jeweils 90 Minuten Dauer durchzuführen sind.

(6) Die besonderen Aufbauseminare dürfen nur von Kursleitern durchgeführt werden, die von der zuständigen obersten Landesbehörde oder der von ihr bestimmten oder der nach Landesrecht zuständigen Stelle oder von dem für die in § 26 genannten Dienstbereiche jeweils zuständigen Fachminister oder von ihm bestimmten Stellen anerkannt worden sind. Die amtliche Anerkennung als Kursleiter darf nur erteilt werden, wenn der Bewerber folgende Voraussetzungen erfüllt:

1.	Abschluß eines Hochschulstudiums als Diplom-Psychologe,

2.	Nachweis einer verkehrspsychologischen Ausbildung an einer Universität oder gleichgestellten Hochschule oder bei einer Stelle, die sich mit der Begutachtung oder Wiederherstellung der Kraftfahreignung befaßt,

3.	Kenntnisse und Erfahrungen in der Untersuchung und Begutachtung der Eignung von Kraftfahrern, die Zuwiderhandlungen gegen Vorschriften über das Führen von Kraftfahrzeugen unter Einfluß von Alkohol oder anderen berauschenden Mitteln begangen haben,

4.	Ausbildung und Erfahrung als Kursleiter in Kursen für Kraftfahrer, die Zuwiderhandlungen gegen Vorschriften über das Führen von Kraftfahrzeugen unter Einfluß von Alkohol oder anderen berauschenden Mitteln begangen haben,

5.	Vorlage eines sachgerechten, auf wissenschaftlicher Grundlage entwickelten Seminarkonzeptes und

6.	Nachweis geeigneter Räumlichkeiten sowie einer sachgerechten Ausstattung.

Außerdem dürfen keine Tatsachen vorliegen, die Bedenken gegen die Zuverlässigkeit des Kursleiters begründen. Die Anerkennung kann mit Auflagen, insbesondere hinsichtlich der Aufsicht über die Durchführung der Aufbauseminare sowie der Teilnahme an Fortbildungsmaßnahmen, verbunden werden.

(7) Die Aufsicht obliegt den nach Absatz 6 Satz 1 für die Anerkennung zuständigen Behörden oder Stellen; diese können sich hierbei geeigneter Personen oder Stellen bedienen.

§ 37 Teilnahmebescheinigung

(1) Über die Teilnahme an einem Aufbauseminar nach § 35 oder § 36 ist vom Seminarleiter eine Bescheinigung zur Vorlage bei der Fahrerlaubnisbehörde auszustellen. Die Bescheinigung muß

1. den Familiennamen und Vornamen, den Tag der Geburt und die Anschrift des Seminarteilnehmers,

2. die Bezeichnung des Seminarmodells und

3. Angaben über Umfang und Dauer des Seminars

enthalten. Sie ist vom Seminarleiter und vom Seminarteilnehmer unter Angabe des Ausstellungsdatums zu unterschreiben.

(2) Die Ausstellung einer Teilnahmebescheinigung ist vom Kursleiter zu verweigern, wenn der Seminarteilnehmer nicht an allen Sitzungen des Kurses und an der Fahrprobe teilgenommen oder bei einem besonderen Aufbauseminar nach § 36 die Anfertigung von Kursaufgaben verweigert hat.

(3) Die für die Durchführung von Aufbauseminaren erhobenen personenbezogenen Daten dürfen nur für diesen Zweck verarbeitet und genutzt werden und sind sechs Monate nach Abschluß der jeweiligen Seminare mit Ausnahme der Daten zu löschen, die für Maßnahmen der Qualitätssicherung oder Aufsicht erforderlich sind. Diese Daten sind zu sperren und spätestens bis zum Ablauf des zweiten des auf den Abschluß der jeweiligen Seminare folgenden Jahres zu löschen.

§ 38 Verkehrspsychologische Beratung

In der verkehrspsychologischen Beratung soll der Inhaber der Fahrerlaubnis veranlaßt werden, Mängel in seiner Einstellung zum Straßenverkehr und im verkehrssicheren Verhalten zu erkennen und die Bereitschaft zu entwickeln, diese Mängel abzubauen. Die Beratung findet in Form eines Einzelgesprächs statt; sie kann durch eine Fahrprobe ergänzt werden, wenn der Berater dies für erforderlich hält. Der Berater soll die Ursachen der Mängel aufklären und Wege zu ihrer Beseitigung aufzeigen. Das Ergebnis der Beratung ist nur für den Betroffenen bestimmt und nur diesem mitzuteilen. Der Betroffene erhält jedoch eine Bescheinigung über die Teilnahme zur Vorlage bei der Fahrerlaubnisbehörde; diese Bescheinigung muß eine Bezugnahme auf die Bestätigung nach § 71 Abs. 2 enthalten.

§ 39 Anordnung der Teilnahme an einem Aufbauseminar und weiterer Maßnahmen bei Inhabern einer Dienstfahrerlaubnis

Bei Inhabern von Dienstfahrerlaubnissen, die keine allgemeine Fahrerlaubnis besitzen, sind für die Anordnung von Maßnahmen nach § 2a Abs. 2, 4 und 5 des Straßenverkehrsgesetzes innerhalb der Probezeit die in § 26 Abs. 1 genannten Dienststellen zuständig. Die Zuständigkeit bestimmt der zuständige Fachminister, soweit sie nicht landesrechtlich geregelt wird. Besitzen die Betroffenen daneben eine allgemeine Fahrerlaubnis, ausgenommen die Klassen L, M und T, treffen die Anordnungen ausschließlich die nach Landesrecht zuständigen Verwaltungsbehörden.

7. Punktsystem

§ 40   Punktbewertung nach dem Punktsystem

Die im Verkehrszentralregister erfaßten Entscheidungen sind nach Anlage 13 zu bewerten.

§ 41   Maßnahmen der Fahrerlaubnisbehörde

(1) Die Unterrichtung des Betroffenen über den Punktestand, die Verwarnung und der Hinweis auf die Möglichkeit der Teilnahme an einem Aufbauseminar, die Anordnung zur Teilnahme an einem solchen Seminar und der Hinweis auf die Möglichkeit einer verkehrspsychologischen Beratung erfolgen schriftlich unter Angabe der begangenen Verkehrszuwiderhandlungen.

(2) Bei der Anordnung ist für die Teilnahme an dem Aufbauseminar eine angemessene Frist zu setzen. Die schriftliche Anordnung ist bei der Anmeldung zu einem Aufbauseminar dem Kursleiter vorzulegen.

(3) Für die verkehrspsychologische Beratung gilt § 38 entsprechend.

(4) Die Anordnung eines Verkehrsunterrichts nach § 48 der Straßenverkehrs-Ordnung bleibt unberührt.

§ 42   Aufbauseminare

Hinsichtlich der Zielsetzung, des Inhalts, der Dauer und der Gestaltung der Aufbauseminare ist § 35 entsprechend anzuwenden.

§ 43   Besondere Aufbauseminare nach § 4 Abs. 8 Satz 4 des Straßenverkehrsgesetzes

Inhaber von Fahrerlaubnissen, die wegen Zuwiderhandlungen nach § 315c Abs. 1 Nr. 1 Buchstabe a, den §§ 316, 323a des Strafgesetzbuches oder § 24a des Straßenverkehrsgesetzes an einem Aufbauseminar teilzunehmen haben, sind einem besonderen Aufbauseminar zuzuweisen. Hinsichtlich der Zielsetzung, des Inhalts, der Dauer und der Gestaltung der Aufbauseminare sowie hinsichtlich der Anforderungen an die Seminarleiter und der Aufsicht über die Durchführung der Aufbauseminare ist § 36 Abs. 3 bis 7 entsprechend anzuwenden.

§ 44   Teilnahmebescheinigung

Hinsichtlich der Bescheinigung über die Teilnahme an einem angeordneten Aufbauseminar sowie der Verarbeitung und Nutzung der Teilnehmerdaten ist § 37 entsprechend anzuwenden.

§ 45   Punkterabatt auf Grund freiwilliger Teilnahme an einem Aufbauseminar oder an einer verkehrspsychologischen Beratung

(1) Nimmt der Inhaber der Fahrerlaubnis unter den in § 4 Abs. 4 des Straßenverkehrsgesetzes genannten Voraussetzungen freiwillig an einem Aufbauseminar oder an einer verkehrspsychologischen Beratung teil, unterrichtet die Fahrerlaubnisbehörde hierüber das Kraftfahrt-Bundesamt.

(2) Hat der Inhaber der Fahrerlaubnis Verstöße im Sinne des § 43 Satz 1 begangen, wird ein Punkteabzug nur gewährt, wenn er an einem besonderen Aufbauseminar gemäß § 43 teilgenommen hat.

8. Entziehung oder Beschränkung der Fahrerlaubnis, Anordnung von Auflagen

§ 46 Entziehung, Beschränkung, Auflagen

(1) Erweist sich der Inhaber einer Fahrerlaubnis als ungeeignet zum Führen von Kraftfahrzeugen, hat ihm die Fahrerlaubnisbehörde die Fahrerlaubnis zu entziehen. Dies gilt insbesondere, wenn Erkrankungen oder Mängel nach den Anlagen 4, 5 oder 6 vorliegen oder erheblich oder wiederholt gegen verkehrsrechtliche Vorschriften oder Strafgesetze verstoßen wurde und dadurch die Eignung zum Führen von Kraftfahrzeugen ausgeschlossen ist.

(2) Erweist sich der Inhaber einer Fahrerlaubnis noch als bedingt geeignet zum Führen von Kraftfahrzeugen, schränkt die Fahrerlaubnisbehörde die Fahrerlaubnis soweit wie notwendig ein oder ordnet die erforderlichen Auflagen an; die Anlagen 4, 5 und 6 sind zu berücksichtigen.

(3) Werden Tatsachen bekannt, die Bedenken begründen, daß der Inhaber einer Fahrerlaubnis zum Führen eines Kraftfahrzeugs ungeeignet oder bedingt geeignet ist, finden die §§ 11 bis 14 entsprechend Anwendung.

(4) Die Fahrerlaubnis ist auch zu entziehen, wenn der Inhaber sich als nicht befähigt zum Führen von Kraftfahrzeugen erweist. Rechtfertigen Tatsachen eine solche Annahme, kann die Fahrerlaubnisbehörde zur Vorbereitung der Entscheidung über die Entziehung die Beibringung eines Gutachtens eines amtlich anerkannten Sachverständigen oder Prüfers für den Kraftfahrzeugverkehr anordnen. § 11 Abs. 6 bis 8 ist entsprechend anzuwenden.

(5) Mit der Entziehung erlischt die Fahrerlaubnis. Bei einer ausländischen Fahrerlaubnis erlischt das Recht zum Führen von Kraftfahrzeugen im Inland.

§ 47 Verfahrensregelungen

(1) Nach der Entziehung sind von einer deutschen Behörde ausgestellte nationale und internationale Führerscheine unverzüglich der entscheidenden Behörde abzuliefern oder bei Beschränkungen oder Auflagen zur Eintragung vorzulegen. Die Verpflichtung zur Ablieferung oder Vorlage des Führerscheins besteht auch, wenn die Entscheidung angefochten worden ist, die zuständige Behörde jedoch die sofortige Vollziehung ihrer Verfügung angeordnet hat.

(2) Absatz 1 gilt auch für Führerscheine aus Mitgliedstaaten der Europäischen Union oder einem anderen Vertragsstaat des Abkommens über den Europäischen Wirtschaftsraum. Nach einer bestandskräftigen Entziehung sendet die entscheidende Behörde den Führerschein unter Angabe der Gründe über das Kraftfahrt-Bundesamt an die Behörde zurück, die ihn ausgestellt hat. Sind im Falle von Beschränkungen oder Auflagen Eintra-

gungen in den Führerschein wegen dessen Beschaffenheit nicht möglich, nach dem Recht des Staates, der den Führerschein ausgestellt hatte, nicht zulässig oder widerspricht der Inhaber der Fahrerlaubnis, erteilt ihm die Fahrerlaubnisbehörde gemäß § 30 eine entsprechende deutsche Fahrerlaubnis.

(3) Ist dem Betroffenen nach § 31 eine deutsche Fahrerlaubnis erteilt worden, ist er aber noch im Besitz des ausländischen Führerscheins, ist auf diesem die Entziehung zu vermerken. Der Betroffene ist verpflichtet, der Fahrerlaubnisbehörde den Führerschein zur Eintragung vorzulegen.

Zu Abs. 3 und Anlage 8: Übergangsbestimmungen in § 76 Nr. 13.

9. Sonderbestimmungen für das Führen von Taxen, Mietwagen, Krankenkraftwagen und Personenkraftwagen im Linienverkehr

§ 48   Fahrerlaubnis zur Fahrgastbeförderung

(1) Wer ein Taxi, einen Mietwagen, einen Krankenkraftwagen oder einen Personenkraftwagen im Linienverkehr (§§ 42, 43 des Personenbeförderungsgesetzes) oder bei gewerbsmäßigen Ausflugfahrten oder Ferienziel-Reisen (§ 48 des Personenbeförderungsgesetzes) führt, bedarf einer zusätzlichen Erlaubnis der Fahrerlaubnisbehörde, wenn in diesen Fahrzeugen Fahrgäste befördert werden (Fahrerlaubnis zur Fahrgastbeförderung).

(2) Der Fahrerlaubnis zur Fahrgastbeförderung bedarf es nicht für

1. Krankenkraftwagen der Bundeswehr, des Bundesgrenzschutzes, der Polizei sowie der Truppe und des zivilen Gefolges der anderen Vertragsstaaten des Nordatlantikpaktes,
2. Krankenkraftwagen des Katastrophenschutzes, wenn sie für dessen Zweck verwendet werden,
3. Krankenkraftwagen der Feuerwehren und der nach Landesrecht anerkannten Rettungsdienste.

(3) Die Erlaubnis ist durch einen Führerschein nach Muster 4 der Anlage 8 nachzuweisen (Führerschein zur Fahrgastbeförderung). Er ist bei der Fahrgastbeförderung neben dem nach § 25 ausgestellten Führerschein mitzuführen und zuständigen Personen auf Verlangen zur Prüfung auszuhändigen.

(4) Die Fahrerlaubnis zur Fahrgastbeförderung ist zu erteilen, wenn der Bewerber

1. die nach § 6 für das Führen des Fahrzeugs erforderliche EU- oder EWR-Fahrerlaubnis besitzt,
2. das 21. Lebensjahr – bei Beschränkung der Fahrerlaubnis auf Krankenkraftwagen das 19. Lebensjahr – vollendet hat und die Gewähr dafür bietet, daß er der besonderen Verantwortung bei der Beförderung von Fahrgästen gerecht wird,
3. seine geistige und körperliche Eignung gemäß § 11 Abs. 9 in Verbindung mit Anlage 5 nachweist,
4. nachweist, daß er die Anforderungen an das Sehvermögen gemäß § 12 Abs. 6 in Verbindung mit Anlage 6 Nr. 2.2 erfüllt,

5. nachweist, daß er eine EU- oder EWR-Fahrerlaubnis der Klasse B oder eine entsprechende Fahrerlaubnis aus einem in Anlage 11 aufgeführten Staat seit mindestens zwei Jahren – bei Beschränkung der Fahrerlaubnis auf Krankenkraftwagen seit mindestens einem Jahr – besitzt oder innerhalb der letzten fünf Jahre besessen hat,

6. – falls die Erlaubnis für Krankenkraftwagen gelten soll – einen Nachweis über die Teilnahme an einer Ausbildung in Erster Hilfe nach § 19 beibringt und

7. – falls die Erlaubnis für Taxen gelten soll – in einer Prüfung nachweist, daß er die erforderlichen Ortskenntnisse in dem Gebiet besitzt, in dem Beförderungspflicht besteht, oder – falls die Erlaubnis für Mietwagen oder Krankenkraftwagen gelten soll – die erforderlichen Ortskenntnisse am Ort des Betriebssitzes besitzt; dies gilt nicht, wenn der Ort des Betriebssitzes weniger als 50 000 Einwohner hat. Der Nachweis kann durch eine Bescheinigung einer geeigneten Stelle geführt werden, die die zuständige oberste Landesbehörde, die von ihr bestimmte Stelle oder die nach Landesrecht zuständige Stelle bestimmt. Die Fahrerlaubnisbehörde kann die Ortskundeprüfung auch selbst durchführen.

(5) Die Fahrerlaubnis zur Fahrtgastbeförderung wird für eine Dauer von nicht mehr als fünf Jahren, längstens jedoch bis zur Vollendung des 60. Lebensjahres, danach für nicht mehr als fünf Jahre, erteilt. Sie wird auf Antrag des Inhabers jeweils bis zu fünf Jahren verlängert, wenn

1. er seine geistige und körperliche Eignung gemäß § 11 Abs. 9 in Verbindung mit Anlage 5 nachweist,

2. er nachweist, daß er die Anforderungen an das Sehvermögen gemäß § 12 Abs. 6 in Verbindung mit Anlage 6 Nr. 2.2 erfüllt und

3. keine Tatsachen die Annahme rechtfertigen, daß er nicht die Gewähr dafür bietet, daß er der besonderen Verantwortung bei der Beförderung von Fahrgästen gerecht wird.

(6) Wird ein Taxiführer in einem anderen Gebiet tätig als in demjenigen, für das er die erforderlichen Ortskenntnisse nachgewiesen hat, muß er diese Kenntnisse für das andere Gebiet nachweisen. Wird ein Führer eines Mietwagens oder eines Krankenkraftwagens in einem anderen Ort mit 50 000 Einwohnern oder mehr tätig als in demjenigen, für den er die erforderlichen Ortskenntnisse nachgewiesen hat, muß er diese Kenntnisse für den anderen Ort nachweisen.

(7) Die §§ 21, 22 und 24 sind entsprechend anzuwenden.

(8) Der Halter eines Fahrzeugs darf die Fahrgastbeförderung nicht anordnen oder zulassen, wenn der Führer des Fahrzeugs die erforderliche Erlaubnis zur Fahrgastbeförderung nicht besitzt oder die erforderlichen Ortskenntnisse nicht nachgewiesen hat.

(9) Begründen Tatsachen Zweifel an der körperlichen und geistigen Eignung des Fahrerlaubnisinhabers, finden die §§ 11 bis 14 entsprechende Anwendung. Auf Verlangen der Fahrerlaubnisbehörde hat der Inhaber der Erlaubnis seine Ortskenntnisse erneut nachzuweisen, wenn Tatsachen Zweifel begründen, ob er diese Kenntnisse noch besitzt.

(10) Die Erlaubnis ist von der Fahrerlaubnisbehörde zu entziehen, wenn eine der aus Absatz 4 ersichtlichen Voraussetzungen fehlt. Die Erlaubnis erlischt mit der Entziehung sowie mit der Entziehung der in Absatz 4 Nr. 1 genannten Fahrerlaubnis. § 47 Abs. 1 ist entsprechend anzuwenden.

Übergangsbestimmungen in § 76 Nr. 9.

III.
Register

1. Zentrales Fahrerlaubnisregister und örtliche Fahrerlaubnisregister

§ 49   Speicherung der Daten im Zentralen Fahrerlaubnisregister

(1) Im Zentralen Fahrerlaubnisregister sind nach § 50 Abs. 1 des Straßenverkehrsgesetzes folgende Daten zu speichern:

1. Familiennamen, Geburtsnamen, sonstige frühere Namen, soweit dazu eine Eintragung vorliegt, Vornamen, Ordens- oder Künstlernamen, Doktorgrad, Geschlecht, Tag und Ort der Geburt sowie Hinweise auf Zweifel an der Identität gemäß § 59 Abs. 1 Satz 5 des Straßenverkehrsgesetzes,

2. die Klassen der erteilten Fahrerlaubnis,

3. der Tag der Erteilung der jeweiligen Fahrerlaubnisklasse sowie die erteilende Behörde,

4. der Tag des Beginns und des Ablaufs der Probezeit gemäß § 2a des Straßenverkehrsgesetzes,

5. der Tag des Ablaufs der Gültigkeit befristet erteilter Fahrerlaubnisse, der Tag der Verlängerung sowie die Behörde, die die Fahrerlaubnis verlängert hat,

6. Auflagen, Beschränkungen und Zusatzangaben zur Fahrerlaubnis oder einzelnen Klassen gemäß Anlage 9,

7. die Nummer der Fahrerlaubnis, bestehend aus dem vom Kraftfahrt-Bundesamt zugeteilten Behördenschlüssel der Fahrerlaubnisbehörde sowie einer fortlaufenden Nummer für die Erteilung einer Fahrerlaubnis durch diese Behörde und einer Prüfziffer (Fahrerlaubnisnummer),

8. die Nummer des ausgestellten Führerscheins, bestehend aus der Fahrerlaubnisnummer und einer fortlaufenden Nummer des über die Fahrerlaubnis ausgestellten Führerscheins (Führerscheinnummer),

9. der Tag der Ausstellung des Führerscheins oder eines Ersatzführerscheins sowie die Behörde, die den Führerschein oder den Ersatzführerschein ausgestellt hat,

10. die Führerscheinnummer, der Tag der Ausstellung und der Verbleib bisheriger Führerscheine, sofern die Führerscheine nicht amtlich eingezogen oder vernichtet wurden, sowie ein Hinweis, ob der Führerschein zur Einziehung, Beschlagnahme oder Sicherstellung ausgeschrieben ist,

11. die Registrierung einer ausländischen Fahrerlaubnis unter Angabe des Tages, der Daten, die den in den Nummern 1 bis 6, 8 und 9 genannten Angaben entsprechen, des Ausstellungsstaates, der registrierenden Behörde und gegebenenfalls des Tages des Ablaufs der Gültigkeit des Führerscheins,

12. die Bezeichnung des Staates, in dem der Inhaber einer deutschen Fahrerlaubnis seinen Wohnsitz genommen hat und in dem diese Fahrerlaubnis registriert oder umgetauscht wurde unter Angabe des Tages der Registrierung oder des Umtausches,

13. die Nummer und der Tag der Ausstellung eines internationalen Führerscheins, die Geltungsdauer sowie die Behörde, die diesen Führerschein ausgestellt hat,

14. der Tag der Erteilung einer Fahrerlaubnis zur Fahrgastbeförderung, die Art der Berechtigung, der räumliche Geltungsbereich, der Tag des Ablaufs der Geltungsdauer, die Nummer des Führerscheins zur Fahrgastbeförderung, die Behörde, die diese Fahrerlaubnis erteilt hat sowie der Tag der Verlängerung,

15. der Hinweis auf eine Eintragung im Verkehrszentralregister über eine bestehende Einschränkung des Rechts, von der Fahrerlaubnis Gebrauch zu machen.

(2) Bei Dienstfahrerlaubnissen der Bundeswehr werden nur die in Absatz 1 Nr. 1 genannten Daten, die Klasse der erteilten Fahrerlaubnis, der Tag des Beginns und Ablaufs der Probezeit und die Fahrerlaubnisnummer gespeichert.

§ 50 Übermittlung der Daten vom Kraftfahrt-Bundesamt an die Fahrerlaubnisbehörden nach § 2c des Straßenverkehrsgesetzes

Das Kraftfahrt-Bundesamt unterrichtet die zuständige Fahrerlaubnisbehörde von Amts wegen, wenn über den Inhaber einer Fahrerlaubnis auf Probe Entscheidungen in das Verkehrszentralregister eingetragen werden, die zu Anordnungen nach § 2a Abs. 2, 4 und 5 des Straßenverkehrsgesetzes führen können. Hierzu übermittelt es folgende Daten:

1. aus dem Zentralen Fahrerlaubnisregister
   a) die in § 49 Abs. 1 Nr. 1 bezeichneten Personendaten,
   b) den Tag des Beginns und des Ablaufs der Probezeit,
   c) die erteilende Fahrerlaubnisbehörde,
   d) die Fahrerlaubnisnummer,
   e) den Hinweis, daß es sich bei der Probezeit um die Restdauer einer vorherigen Probezeit handelt unter Angabe der Gründe,

2. aus dem Verkehrszentralregister den Inhalt der Eintragungen über die innerhalb der Probezeit begangenen Straftaten und Ordnungswidrigkeiten.

§ 51 Übermittlung von Daten aus dem Zentralen Fahrerlaubnisregister nach den §§ 52 und 55 des Straßenverkehrsgesetzes

(1) Übermittelt werden dürfen

1. im Rahmen des § 52 Abs. 1 Nr. 1 bis 3 des Straßenverkehrsgesetzes für Maßnahmen wegen Straftaten oder Ordnungswidrigkeiten oder für Verwaltungsmaßnahmen nur die nach § 49 gespeicherten Daten,

2. im Rahmen des § 52 Abs. 2 des Straßenverkehrsgesetzes für Verkehrs- und Grenzkontrollen nur die nach § 49 Abs. 1 Nr. 1 bis 3, 5 bis 11, 13 bis 15 gespeicherten Daten,

3. im Rahmen des § 55 Abs. 1 Nr. 1 bis 3 des Straßenverkehrsgesetzes für Maßnahmen ausländischer Behörden nur die nach § 49 Abs. 1 gespeicherten Daten.

(2) Die Daten dürfen gemäß Absatz 1 Nr. 3 in das Ausland für Verwaltungsmaßnahmen auf dem Gebiet des Straßenverkehrs den Straßenverkehrsbehörden, für die Verfolgung von Zuwiderhandlungen gegen Rechtsvorschriften auf dem Gebiet des Straßenverkehrs oder für die Verfolgung von Straftaten den Polizei- und Justizbehörden unmittelbar übermittelt werden, wenn nicht der Empfängerstaat mitgeteilt hat, daß andere Behörden zuständig sind.

§ 52   Abruf im automatisierten Verfahren aus dem Zentralen Fahrerlaubnisregister durch Stellen im Inland nach § 53 des Straßenverkehrsgesetzes

(1) Zur Übermittlung aus dem Zentralen Fahrerlaubnisregister dürfen durch Abruf im automatisierten Verfahren

1. im Rahmen des § 52 Abs. 1 Nr. 1 und 2 des Straßenverkehrsgesetzes für Maßnahmen wegen Straftaten oder Ordnungswidrigkeiten nur die nach § 49 Abs. 1 Nr. 1 bis 3, 5 bis 11, 13 bis 15 gespeicherten Daten,

2. im Rahmen des § 52 Abs. 1 Nr. 3 des Straßenverkehrsgesetzes für Verwaltungsmaßnahmen nur die nach § 49 gespeicherten Daten,

3. im Rahmen des § 52 Abs. 2 des Straßenverkehrsgesetzes für Verkehrs- und Grenzkontrollen nur die nach § 49 Abs. 1 Nr. 1 bis 3, 5 bis 11, 13 bis 15 gespeicherten Daten

bereitgehalten werden.

(2) Der Abruf darf nur unter Verwendung der Angaben zur Person, der Fahrerlaubnisnummer oder der Führerscheinnummer erfolgen.

(3) Die Daten nach Absatz 1 Nr. 1 werden zum Abruf bereitgehalten für

1. die Bußgeldbehörden, die für die Verfolgung von Verkehrsordnungswidrigkeiten zuständig sind,

2. das Bundeskriminalamt und den Bundesgrenzschutz,

3. die mit den Aufgaben nach § 2 des Bundesgrenzschutzgesetzes betrauten Stellen der Zollverwaltung und die Zollfahndungsdienststellen,

4. die Polizeibehörden der Länder.

(4) Die Daten nach Absatz 1 Nr. 2 werden zum Abruf für die Fahrerlaubnisbehörden bereitgehalten.

(5) Die Daten nach Absatz 1 Nr. 3 werden zum Abruf bereitgehalten für

1. den Bundesgrenzschutz,

2. die mit den Aufgaben nach § 2 des Bundesgrenzschutzgesetzes betrauten Stellen der Zollverwaltung und die Zollfahndungsdienststellen,

3. die Polizeibehörden der Länder.

§ 53 Automatisiertes Anfrage- und Auskunftsverfahren beim Zentralen Fahrerlaubnisregister nach § 54 des Straßenverkehrsgesetzes

(1) Die übermittelnde Stelle darf die Übermittlung nur zulassen, wenn deren Durchführung unter Verwendung einer Kennung der zum Empfang der übermittelten Daten berechtigten Behörde erfolgt. Der Empfänger hat sicherzustellen, daß die übermittelten Daten nur bei den zum Empfang bestimmten Endgeräten empfangen werden.

(2) Die übermittelnde Stelle hat durch ein selbsttätiges Verfahren zu gewährleisten, daß eine Übermittlung nicht erfolgt, wenn die Kennung nicht oder unrichtig angegeben wurde. Sie hat versuchte Anfragen ohne Angabe der richtigen Kennung sowie die Angabe einer fehlerhaften Kennung zu protokollieren. Sie hat ferner im Zusammenwirken mit der anfragenden Stelle jedem Fehlversuch nachzugehen und die Maßnahmen zu ergreifen, die zur Sicherung des ordnungsgemäßen Verfahrens notwendig sind.

(3) Die übermittelnde Stelle hat sicherzustellen, daß die Aufzeichnungen nach § 54 Satz 2 des Straßenverkehrsgesetzes selbsttätig vorgenommen werden und die Übermittlung bei nicht ordnungsgemäßer Aufzeichnung unterbrochen wird.

§ 54 Sicherung gegen Mißbrauch

(1) Die übermittelnde Stelle darf den Abruf im automatisierten Verfahren aus dem Zentralen Fahrerlaubnisregister nach § 53 des Straßenverkehrsgesetzes nur zulassen, wenn dessen Durchführung unter Verwendung von jeweils selbständigen und voneinander unabhängigen Kennungen

1. der zum Abruf berechtigten Dienststelle und

2. des zum Abruf zugelassenen Endgeräts

erfolgt. Abweichend von Satz 1 wird auf Antrag eines Landes bei Abruf über ein Sondernetz der Polizei die Kennung nach Nummer 1 als einheitliche Landeskennung erteilt, sofern sich aus der Kennung des Endgerätes auch die Dienststelle ergibt. Die Kennung der abrufberechtigten Dienststelle ist von der übermittelnden Stelle jeweils spätestens nach Ablauf von zwölf Monaten zu ändern.

(2) Die übermittelnde Stelle hat durch ein selbsttätiges Verfahren zu gewährleisten, daß keine Abrufe erfolgen können, sobald die Kennung des Endgeräts unrichtig oder die Kennung der zum Abruf berechtigten Dienststelle mehr als zweimal hintereinander unrichtig eingegeben wurde. Die abrufende Stelle hat Maßnahmen zum Schutz gegen unberechtigte Nutzungen des Abrufsystems zu treffen.

(3) Die übermittelnde Stelle hat sicherzustellen, daß die Aufzeichnungen nach § 53 Abs. 3 des Straßenverkehrsgesetzes über die Abrufe selbsttätig vorgenommen werden und daß der Abruf bei nicht ordnungsgemäßer Aufzeichnung unterbrochen wird. Der Aufzeichnung unterliegen auch versuchte Abrufe, die unter Verwendung von fehlerhaften Kennungen mehr als einmal vorgenommen wurden. Satz 1 gilt entsprechend für die weiteren Aufzeichnunen nach § 53 Abs. 4 des Straßenverkehrsgesetzes, die von der nach § 55 Abs. 1 zuständigen Stelle gefertigt werden.

§ 55   Aufzeichnung der Abrufe

(1) Die nach § 53 Abs. 4 des Straßenverkehrsgesetzes vorgeschriebenen weiteren Aufzeichnungen werden vom Kraftfahrt-Bundesamt gefertigt. In den Ländern, in denen von § 53 Abs. 2 Satz 2 des Straßenverkehrsgesetzes und § 54 Abs. 1 Satz 2 dieser Verordnung Gebrauch gemacht wird, dürfen diese Aufzeichnungen jeweils von der abrufenden Stelle vorgenommen werden.

(2) Der Anlaß des Abrufs ist von der nach Absatz 1 zuständigen Stelle unter Verwendung folgender Schlüsselzeichen zu übermitteln:

A. Überwachung des Straßenverkehrs

B. Grenzkontrollen

C. Verwaltungsmaßnahmen auf dem Gebiet des Straßenverkehrs, soweit sie die Berechtigung zum Führen von Kraftfahrzeugen betreffen

D. Ermittlungsverfahren wegen Straftaten

E. Ermittlungsverfahren wegen Verkehrsordnungswidrigkeiten

F. Sonstige Anlässe

Bei Verwendung der Schlüsselzeichen D, E und F ist ein auf den bestimmten Anlaß bezogenes Aktenzeichen oder eine Tagebuchnummer zusätzlich zu übermitteln, falls dies beim Abruf angegeben werden kann. Ansonsten ist jeweils in Kurzform bei der Verwendung des Schlüsselzeichens D oder E die Art der Straftat oder der Verkehrsordnungswidrigkeit oder bei Verwendung des Schlüsselzeichens F die Art der Maßnahme oder des Ereignisses zu bezeichnen.

(3) Zur Feststellung der für den Abruf verantwortlichen Person sind der nach Absatz 1 zuständigen Stelle die Dienstnummer, die Nummer des Dienstausweises, ein Namenskurzzeichen unter Angabe der Organisationseinheit oder andere Hinweise mitzuteilen, die unter Hinzuziehung von Unterlagen bei der abrufenden Stelle diese Feststellung ermöglichen. Als Hinweise im Sinne von Satz 1 gelten insbesondere:

1. das nach Absatz 2 übermittelte Aktenzeichen oder die Tagebuchnummer, sofern die Tatsache des Abrufs unter Bezeichnung der hierfür verantwortlichen Person aktenkundig gemacht wird,

2. der Funkrufname, sofern dieser zur nachträglichen Feststellung der für den Abruf verantwortlichen Person geeignet ist.

(4) Bei jedem zehnten Abruf aus dem Zentralen Fahrerlaubnisregister übermittelt das Kraftfahrt-Bundesamt unmittelbar nach Erhalt der Anfragedaten statt der Auskunft zunächst den Hinweis darauf, daß vor Erteilung der Auskunft die Angaben nach Absatz 2 und 3 einzugeben sind.

(5) Für die nach § 53 Abs. 4 des Straßenverkehrsgesetzes vorgeschriebenen weiteren Aufzeichnungen ist § 53 Abs. 3 Satz 2 und 3 des Straßenverkehrsgesetzes entsprechend anzuwenden.

§ 56   Abruf im automatisierten Verfahren aus dem Zentralen Fahrerlaubnisregister durch Stellen im Ausland nach § 56 des Straßenverkehrsgesetzes

(1) Zur Übermittlung aus dem Zentralen Fahrerlaubnisregister dürfen durch Abruf im automatisierten Verfahren

1. im Rahmen des § 55 Abs. 1 Nr. 1 des Straßenverkehrsgesetzes für Verwaltungsmaßnahmen nur die nach § 49 Abs. 1 Nr. 1 bis 3 und 5 bis 15 gespeicherten Daten,

2. im Rahmen des § 55 Abs. 1 Nr. 2 und 3 des Straßenverkehrsgesetzes für Maßnahmen wegen Straftaten oder Zuwiderhandlungen nur die nach § 49 Abs. 1 Nr. 1 bis 3, 5 bis 11, 13 bis 15 gespeicherten Daten

bereitgehalten werden.

(2) § 51 Abs. 2 (Empfänger der Daten), § 52 Abs. 2 (für den Abruf zu verwendende Daten), § 54 (Sicherung gegen Mißbrauch) und § 55 (Aufzeichnung der Abrufe) sind entsprechend anzuwenden.

§ 57 Speicherung der Daten in den örtlichen Fahrerlaubnisregistern

Über Fahrerlaubnisinhaber sowie über Personen, denen ein Verbot erteilt wurde, ein Fahrzeug zu führen, sind im örtlichen Fahrerlaubnisregister nach § 50 des Straßenverkehrsgesetzes folgende Daten zu speichern:

1. Familiennamen, Geburtsnamen, sonstige frühere Namen, Vornamen, Ordens- oder Künstlernamen, Doktorgrad, Geschlecht, Tag und Ort der Geburt sowie die Anschrift,

2. die Klassen der erteilten Fahrerlaubnis,

3. der Tag der Erteilung der jeweiligen Fahrerlaubnisklasse sowie die erteilende Behörde,

4. der Tag des Beginns und des Ablaufs der Probezeit gemäß § 2a des Straßenverkehrsgesetzes,

5. der Tag des Ablaufs der Gültigkeit befristet erteilter Fahrerlaubnisse sowie der Tag der Verlängerung,

6. Auflagen, Beschränkungen und Zusatzangaben zur Fahrerlaubnis oder einzelnen Klassen gemäß Anlage 9,

7. die Fahrerlaubnisnummer oder bei nach bisherigem Recht erteilten Fahrerlaubnissen die Listennummer,

8. die Führerscheinnummer,

9. der Tag der Ausstellung des Führerscheins oder eines Ersatzführerscheins sowie die Behörde, die den Führerschein oder den Ersatzführerschein ausgestellt hat,

10. die Führerscheinnummer, der Tag der Ausstellung und der Verbleib bisheriger Führerscheine, sofern die Führerscheine nicht amtlich eingezogen oder vernichtet wurden sowie ein Hinweis, ob der Führerschein zur Einziehung, Beschlagnahme oder Sicherstellung ausgeschrieben ist,

11. die Registrierung einer ausländischen Fahrerlaubnis unter Angabe des Tages, der Daten, die den in den Nummern 1 bis 6, 8 und 9 genannten Angaben entsprechen, des Ausstellungsstaates und der Nummer der Registrierung (zugeteilte Registriernummer entsprechend Nummer 7), die registrierende Behörde, gegebenenfalls der Tag des Ablaufs der Gültigkeit des Führerscheins,

12. die Bezeichnung des Staates, in dem der Inhaber einer deutschen Fahrerlaubnis seinen Wohnsitz genommen hat und in dem diese Fahrerlaubnis registriert oder umgetauscht wurde unter Angabe des Tages der Registrierung oder des Umtausches,

13. die Nummer und der Tag der Ausstellung eines internationalen Führerscheins, die Geltungsdauer sowie die Behörde, die diesen Führerschein ausgestellt hat,

14. der Tag der Erteilung einer Fahrerlaubnis zur Fahrgastbeförderung, die Art der Berechtigung, der Tag des Ablaufs der Geltungsdauer, die Nummer des Führerscheins zur Fahrgastbeförderung sowie der Tag der Verlängerung,

15. Hinweise zum Verbleib ausländischer Führerscheine, auf Grund derer die deutsche Fahrerlaubnis erteilt wurde,

16. der Tag der unanfechtbaren Versagung der Fahrerlaubnis, der Tag der Bestandskraft der Entscheidung, die entscheidende Stelle, der Grund der Entscheidung und das Aktenzeichen,

17. der Tag der vorläufigen, sofort vollziehbaren sowie der rechts- oder bestandskräftigen Entziehung der Fahrerlaubnis, der Tag der Rechts- oder Bestandskraft der Entscheidung, die entscheidende Stelle, der Grund der Entscheidung und der Tag des Ablaufs einer etwaigen Sperre,

18. der Tag der vorläufigen, sofort vollziehbaren sowie der rechts- und bestandskräftigen Aberkennung des Rechts, von einer ausländischen Fahrerlaubnis Gebrauch zu machen, der Tag der Rechts- oder Bestandskraft, die entscheidende Stelle, der Grund der Entscheidung und der Tag des Ablaufs einer etwaigen Sperre,

19. der Tag des Zugangs der Erklärung über den Verzicht auf die Fahrerlaubnis bei der Fahrerlaubnisbehörde und dem Erklärungsempfänger,

20. der Tag der Neuerteilung einer Fahrerlaubnis oder der Erteilung des Rechts, von einer ausländischen Fahrerlaubnis wieder Gebrauch zu machen, nach vorangegangener Entziehung oder Aberkennung oder vorangegangenem Verzicht, sowie die erteilende Behörde,

21. der Tag der Rechtskraft der Anordnung einer Sperre nach § 69a Abs. 1 Satz 3 des Strafgesetzbuches, die anordnende Stelle und der Tag des Ablaufs,

22. der Tag des Verbots, ein Fahrzeug zu führen, die entscheidende Stelle, der Tag der Rechts- oder Bestandskraft der Entscheidung sowie der Tag der Wiederzulassung,

23. der Tag des Widerrufs oder der Rücknahme der Fahrerlaubnis, die entscheidende Stelle sowie der Tag der Rechts- oder Bestandskraft der Entscheidung,

24. der Tag der Beschlagnahme, Sicherstellung und Verwahrung des Führerscheins nach § 94 der Strafprozeßordnung, die anordnende Stelle sowie der Tag der Aufhebung dieser Maßnahmen und der Rückgabe des Führerscheins,

25. der Tag und die Art von Maßnahmen nach dem Punktsystem, die gesetzte Frist, die Teilnahme an einem Aufbauseminar, die Art des Seminars, der Tag seiner Beendigung, der Tag der Ausstellung der Teilnahmebescheinigung sowie die Teilnahme an einer verkehrspsychologischen Beratung und der Tag der Ausstellung der Teilnahmebescheinigung,

26. der Tag und die Art von Maßnahmen bei Inhabern einer Fahrerlaubnis auf Probe, die gesetzte Frist, die Teilnahme an einem Aufbauseminar,

die Art des Seminars, der Tag seiner Beendigung, der Tag der Ausstellung der Teilnahmebescheinigung sowie die Teilnahme an einer verkehrspsychologischen Beratung und der Tag der Ausstellung der Teilnahmebescheinigung.

§ 58 Übermittlung von Daten aus den örtlichen Fahrerlaubnisregistern nach § 52 des Straßenverkehrsgesetzes

(1) Für die Verfolgung von Straftaten, zur Vollstreckung und zum Vollzug von Strafen dürfen im Rahmen des § 52 Abs. 1 Nr. 1 des Straßenverkehrsgesetzes nur die nach § 57 Nr. 1 bis 15 gespeicherten Daten übermittelt werden.

(2) Für die Verfolgung von Ordnungswidrigkeiten und die Vollstreckung von Bußgeldbescheiden und ihren Nebenfolgen dürfen im Rahmen des § 52 Abs. 1 Nr. 2 des Straßenverkehrsgesetzes nur die nach § 57 Nr. 1 bis 15 gespeicherten Daten übermittelt werden.

(3) Für

1. die Erteilung, Verlängerung, Entziehung oder Beschränkung einer Fahrerlaubnis,
2. die Aberkennung oder Einschränkung des Rechts, von einer ausländischen Fahrerlaubnis Gebrauch zu machen,
3. das Verbot, ein Fahrzeug zu führen,
4. die Anordnung von Auflagen zu einer Fahrerlaubnis

dürfen die Fahrerlaubnisbehörden einander im Rahmen des § 52 Abs. 1 Nr. 3 des Straßenverkehrsgesetzes nur die nach § 58 Nr. 1 bis 15 gespeicherten Daten übermitteln.

(4) Für Verkehrs- und Grenzkontrollen dürfen im Rahmen des § 52 Abs. 2 des Straßenverkehrsgesetzes nur die nach § 57 Nr. 1, 2, 5, 6 bis 10 und 12 gespeicherten Daten übermittelt werden.

2. Verkehrszentralregister

§ 59 Speicherung der Daten im Verkehrszentralregister

(1) Im Verkehrszentralregister sind im Rahmen von § 28 Abs. 3 des Straßenverkehrsgesetzes folgende Daten zu speichern:

1. Familiennamen, Geburtsnamen, sonstige frühere Namen, soweit hierzu Eintragungen vorliegen, Vornamen, Ordens- oder Künstlernamen, Doktorgrad, Geschlecht, Tag und Ort der Geburt, Anschrift des Betroffenen, Staatsangehörigkeit sowie Hinweise auf Zweifel an der Identität gemäß § 28 Abs. 5 des Straßenverkehrsgesetzes,
2. die entscheidende Stelle, der Tag der Entscheidung, die Geschäftsnummer oder das Aktenzeichen, die mitteilende Stelle und der Tag der Mitteilung,
3. Ort, Tag und Zeit der Tat, die Angabe, ob die Tat in Zusammenhang mit einem Verkehrsunfall steht, die Art der Verkehrsteilnahme sowie die Fahrzeugart,

4. der Tag des ersten Urteils oder bei einem Strafbefehl der Tag der Unterzeichnung durch den Richter sowie der Tag der Rechtskraft oder Unanfechtbarkeit, der Tag der Maßnahme nach den §§ 94 und 111a der Strafprozeßordnung,

5. bei Entscheidungen wegen einer Straftat oder einer Ordnungswidrigkeit die rechtliche Bezeichnung der Tat unter Angabe der angewendeten Vorschriften, bei sonstigen Entscheidungen die Art, bei Rechtsgrundlagen sowie bei verwaltungsbehördlichen Entscheidungen nach § 28 Abs. 3 Nr. 4, 5, 6, 8 und 10 des Straßenverkehrsgesetzes der Grund der Entscheidung,

6. die Haupt- und Nebenstrafen, die nach § 59 des Strafgesetzbuches vorbehaltene Strafe, das Absehen von Strafe, die Maßregeln der Besserung und Sicherung, die Erziehungsmaßregeln, die Zuchtmittel oder die Jugendstrafe, die Geldbuße und das Fahrverbot, auch bei Gesamtstrafenbildung für die einbezogene Entscheidung,

7. bei einer Entscheidung wegen einer Straftat oder einer Ordnungswidrigkeit die nach § 4 des Straßenverkehrsgesetzes in Verbindung mit § 40 dieser Verordnung vorgeschriebene Punktzahl und die entsprechende Kennziffer,

8. die Fahrerlaubnisdaten unter Angabe der Fahrerlaubnisnummer, der Art der Fahrerlaubnis, der Fahrerlaubnisklassen, der erteilenden Behörde und des Tages der Erteilung, soweit sie im Rahmen von Entscheidungen wegen Straftaten oder Ordnungswidrigkeiten dem Verkehrszentralregister mitgeteilt sind,

9. bei einer Versagung oder Entziehung der Fahrerlaubnis durch eine Fahrerlaubnisbehörde der Grund der Entscheidung und die entsprechende Kennziffer,

10. bei einem Verzicht auf die Fahrerlaubnis der Tag des Zugangs der Verzichtserklärung bei der zuständigen Behörde,

11. bei einem Fahrverbot der Hinweis auf § 25 Abs. 2a Satz 1 des Straßenverkehrsgesetzes und der Tag des Fristablaufs sowie bei einem Verbot oder einer Beschränkung, ein fahrerlaubnisfreies Fahrzeug zu führen, der Tag des Ablaufs oder der Aufhebung der Maßnahme,

12. bei der Teilnahme an einem Aufbauseminar oder einer verkehrspsychologischen Beratung die rechtliche Grundlage, der Tag der Beendigung des Aufbauseminars, der Tag der Ausstellung der Teilnahmebescheinigung und der Tag, an dem die Bescheinigung der Behörde vorgelegt wurde,

13. der Punktabzug auf Grund der Teilnahme an einem Aufbauseminar oder einer verkehrspsychologischen Beratung,

14. bei Maßnahmen nach § 2a Abs. 2 Satz 1 Nr. 1 und 2 und § 4 Abs. 3 Satz 1 Nr. 1 und 2 des Straßenverkehrsgesetzes die Behörde, der Tag und die Art der Maßnahme sowie die gesetzte Frist, die Geschäftsnummer oder das Aktenzeichen.

(2) Über Entscheidungen und Erklärungen im Rahmen des § 39 Abs. 2 des Fahrlehrergesetzes werden gespeichert:

1. die Angaben zur Person nach Absatz 1 Nr. 1 mit Ausnahme des Hinweises auf Zweifel an der Identität,

2. die Angaben zur Entscheidung nach Absatz 1 Nr. 2,

3. Ort und Tag der Tat,
4. der Tag der Unanfechtbarkeit, sofortigen Vollziehbarkeit oder Rechtskraft der Entscheidung, des Ruhens oder des Erlöschens der Fahrlehrererlaubnis oder der Tag der Abgabe der Erklärung,
5. die Angaben zur Entscheidung nach Absatz 1 Nr. 5,
6. die Höhe der Geldbuße,
7. die Angaben zur Fahrlehrererlaubnis in entsprechender Anwendung des Absatzes 1 Nr. 8,
8. bei einer Versagung der Fahrlehrererlaubnis der Grund der Entscheidung,
9. der Hinweis aus dem Zentralen Fahrerlaubnisregister bei Erteilung einer Fahrlehrererlaubnis nach vorangegangener Versagung, Rücknahme und vorangegangenem Widerruf.

(3) Enthält eine strafgerichtliche Entscheidung sowohl registerpflichtige als auch nicht registerpflichtige Teile, werden in Fällen der Tateinheit (§ 52 des Strafgesetzbuches) nur die registerpflichtigen Taten sowie die Folgen mit dem Hinweis aufgenommen, daß diese sich auch auf nicht registerpflichtige Taten beziehen. In Fällen der Tatmehrheit (§ 53 des Strafgesetzbuches und § 460 der Strafprozeßordnung) sind die registerpflichtigen Taten mit ihren Einzelstrafen und einem Hinweis einzutragen, daß diese in einer Gesamtstrafe aufgegangen sind; ist auf eine einheitliche Jugendstrafe (§ 31 des Jugendgerichtsgesetzes) erkannt worden, wird nur die Verurteilung wegen der registerpflichtigen Straftaten, nicht aber die Höhe der Jugendstrafe eingetragen. Die Eintragung sonstiger Folgen bleibt unberührt.

(4) Enthält eine Entscheidung wegen einer Ordnungswidrigkeit sowohl registerpflichtige als auch nicht registerpflichtige Teile, werden in Fällen der Tateinheit (§ 19 des Gesetzes über Ordnungswidrigkeiten) nur die registerpflichtigen Taten sowie die Folge mit dem Hinweis eingetragen, daß sich die Geldbuße auch auf nicht registerpflichtige Taten bezieht; als registerpflichtige Teile sind auch die Ordnungswidrigkeiten nach den §§ 24 oder 24a des Straßenverkehrsgesetzes anzusehen, für die bei eigenständiger Begehung in der Regel nur ein Verwarnungsgeld zu erheben gewesen oder eine Geldbuße festgesetzt worden wäre, die die Registerpflicht nicht begründet hätte. In Fällen der Tatmehrheit (§ 20 des Gesetzes über Ordnungswidrigkeiten) sind nur die registerpflichtigen Teile einzutragen.

§ 60 Übermittlung von Daten nach § 30 des Straßenverkehrsgesetzes

(1) Für Maßnahmen wegen Straftaten oder Ordnungswidrigkeiten werden gemäß § 30 Abs. 1 Nr. 1 und 2 des Straßenverkehrsgesetzes die auf Grund des § 28 Abs. 3 Nr. 1 bis 3 des Straßenverkehrsgesetzes nach § 59 Abs. 1 dieser Verordnung gespeicherten Daten und – soweit Kenntnis über den Besitz von Fahrerlaubnissen und Führerscheinen sowie über die Berechtigung zum Führen von Kraftfahrzeugen erforderlich ist – die auf Grund des § 28 Abs. 3 Nr. 1 bis 10 des Straßenverkehrsgesetzes nach § 59 Abs. 1 dieser Verordnung gespeicherten Daten übermittelt.

(2) Für Verwaltungsmaßnahmen nach dem Straßenverkehrsgesetz oder dieser Verordnung oder der Verordnung über den internationalen Kraftfahrzeugverkehr werden gemäß § 30 Abs. 1 Nr. 3 des Straßenverkehrsgesetzes die auf Grund des § 28 Abs. 3 des Straßenverkehrsgesetzes nach § 59 Abs. 1

dieser Verordnung gespeicherten Daten übermittelt. Für Verwaltungsmaßnahmen nach der Straßenverkehrs-Zulassungs-Ordnung wegen der Zustimmung der zuständigen Behörden zur Betrauung mit der Durchführung der
Untersuchungen nach § 29 der Straßenverkehrs-Zulassungs-Ordnung
(Abschnitt 7.3.7 der Anlage VIII der Straßenverkehrs-Zulassungs-Ordnung) werden gemäß § 30 Abs. 1 Nr. 3 des Straßenverkehrsgesetzes die auf
Grund des § 28 Abs. 3 Nr. 1 bis 10 des Straßenverkehrsgesetzes nach § 59
Abs. 1 dieser Verordnung gespeicherten Daten übermittelt. Für Verwaltungsmaßnahmen nach der Straßenverkehrs-Zulassungs-Ordnung wegen

1. der Anerkennung von Bremsendiensten nach Abschnitt 6 der Anlage
   VIII der Straßenverkehrs-Zulassungs-Ordnung,

2. der Anerkennung von Überwachungsorganisationen nach Abschnitt 7
   der Anlage VIII der Straßenverkehrs-Zulassungs-Ordnung,

3. der Anerkennung von Kraftfahrzeugwerkstätten zur Durchführung von
   Abgasuntersuchungen nach § 47b der Straßenverkehrs-Zulassungs-
   Ordnung,

4. der Erteilung von roten Kennzeichen nach § 28 der Straßenverkehrs-
   Zulassungs-Ordnung

werden gemäß § 30 Abs. 1 Nr. 3 des Straßenverkehrsgesetzes die auf Grund
des § 28 Abs. 3 Nr. 1 bis 3 des Straßenverkehrsgesetzes nach § 59 Abs. 1
dieser Verordnung gespeicherten Daten übermittelt.

(3) Für Verwaltungsmaßnahmen

1. nach dem Fahrlehrergesetz oder den auf Grund dieses Gesetzes erlassenen Rechtsvorschriften,

2. nach dem Kraftfahrsachverständigengesetz oder den auf Grund dieses
   Gesetzes erlassenen Rechtsvorschriften,

3. nach dem Gesetz über das Fahrpersonal im Straßenverkehr oder den
   auf Grund dieses Gesetzes erlassenen Rechtsvorschriften

werden gemäß § 30 Abs. 2 des Straßenverkehrsgesetzes die auf Grund des
§ 28 Abs. 3 Nr. 1 bis 10 des Straßenverkehrsgesetzes nach § 59 Abs. 1 – für
Verwaltungsmaßnahmen nach Nummer 1 zusätzlich nach § 59 Abs. 2 –
dieser Verordnung gespeicherten Daten übermittelt. Für Verwaltungsmaßnahmen

1. auf Grund der gesetzlichen Bestimmungen über die Notfallrettung und
   den Krankentransport,

2. nach dem Personenbeförderungsgesetz oder den auf Grund dieses
   Gesetzes erlassenen Rechtsvorschriften,

3. nach dem Güterkraftverkehrsgesetz oder den auf Grund dieses Gesetzes erlassenen Rechtsvorschriften,

4. nach dem Gesetz über die Beförderung gefährlicher Güter oder den auf
   Grund dieses Gesetzes erlassenen Rechtsvorschriften

werden gemäß § 30 Abs. 2 des Straßenverkehrsgesetzes die auf Grund des
§ 28 Abs. 3 Nr. 1 bis 3 des Straßenverkehrsgesetzes nach § 59 Abs. 1 dieser
Verordnung gespeicherten Daten übermittelt.

(4) Für Verkehrs- und Grenzkontrollen gemäß § 30 Abs. 3 des Straßenverkehrsgesetzes werden die auf Grund des § 28 Abs. 3 Nr. 2, 3 (1. Alternative)
und 4 bis 9 des Straßenverkehrsgesetzes nach § 59 Abs. 1 dieser Verordnung gespeicherten Daten übermittelt.

(5) Für luftverkehrsrechtliche Maßnahmen gemäß § 30 Abs. 4 des Straßenverkehrsgesetzes werden die auf Grund des § 28 Abs. 3 Nr. 1 bis 10 des Straßenverkehrsgesetzes nach § 59 Abs. 1 dieser Verordnung gespeicherten Daten übermittelt.

(6) Im Rahmen des § 30 Abs. 7 des Straßenverkehrsgesetzes werden die auf Grund des § 28 Abs. 3 Nr. 1 bis 10 des Straßenverkehrsgesetzes nach § 59 Abs. 1 dieser Verordnung gespeicherten Daten

1. für Verwaltungsmaßnahmen auf dem Gebiet des Straßenverkehrs den Straßenverkehrsbehörden und

2. für die Verfolgung von Zuwiderhandlungen gegen Rechtsvorschriften auf dem Gebiet des Straßenverkehrs oder für die Verfolgung von Straftaten den Polizei- und Justizbehörden

unmittelbar übermittelt, wenn nicht der Empfängerstaat mitgeteilt hat, daß andere Behörden zuständig sind.

§ 61 Abruf im automatisierten Verfahren nach § 30a des Straßenverkehrsgesetzes

(1) Zur Übermittlung nach § 30a Abs. 1 und 3 des Straßenverkehrsgesetzes durch Abruf im automatisierten Verfahren dürfen folgende Daten bereitgehalten werden:

1. Familiennamen, Geburtsnamen, sonstige frühere Namen, soweit hierzu Eintragungen vorliegen, Vornamen, Ordens- oder Künstlernamen, Doktorgrad, Geschlecht, Tag und Ort der Geburt, Anschrift des Betroffenen, Staatsangehörigkeit sowie Hinweise auf Zweifel an der Identität gemäß § 28 Abs. 5 des Straßenverkehrsgesetzes,

2. die Tatsache, ob über die betreffende Person Eintragungen vorhanden sind,

3. die Eintragungen über Ordnungswidrigkeiten mit den Angaben über
   a) die entscheidende Stelle, den Tag der Entscheidung und die Geschäftsnummer oder das Aktenzeichen, die mitteilende Stelle und den Tag der Mitteilung, den Tag der Rechtskraft,
   b) Ort, Tag und Zeit der Tat, die Angabe, ob die Tat im Zusammenhang mit einem Verkehrsunfall steht, die Art der Verkehrsteilnahme sowie die Fahrzeugart,
   c) die rechtliche Bezeichnung der Tat unter Angabe der anzuwendenden Vorschriften, die Höhe der Geldbuße und das Fahrverbot,
   d) bei einem Fahrverbot den Hinweis auf § 25 Abs. 2a Satz 1 des Straßenverkehrsgesetzes und den Tag des Fristablaufs,
   e) die Fahrerlaubnis nach § 59 Abs. 1 Nr. 8,
   f) die nach § 4 des Straßenverkehrsgesetzes in Verbindung mit § 40 dieser Verordnung vorgeschriebene Punktzahl und die entsprechende Kennziffer,

4. die Angaben über die Fahrerlaubnis (Klasse, Art und etwaige Beschränkungen) sowie
   a) die unanfechtbare Versagung einer Fahrerlaubnis, einschließlich der Ablehnung der Verlängerung einer befristeten Fahrerlaubnis,
   b) die rechtskräftige Anordnung einer Fahrerlaubnissperre und der Tag des Ablaufs der Sperrfrist,

c) die rechtskräftige und vorläufige Entziehung einer Fahrerlaubnis und der Tag des Ablaufs der Sperrfrist,

d) die unanfechtbare oder sofort vollziehbare Entziehung oder Rücknahme sowie der unanfechtbare oder sofort vollziehbare Widerruf einer Fahrerlaubnis,

e) das Bestehen eines rechtskräftigen Fahrverbots unter Angabe des Tages des Ablaufs des Verbots,

f) die rechtskräftige Aberkennung des Rechts, von einer ausländischen Fahrerlaubnis Gebrauch zu machen und der Tag des Ablaufs der Sperrfrist,

g) die Beschlagnahme, Sicherstellung oder Verwahrung des Führerscheins nach § 94 der Strafprozeßordnung und

h) der Verzicht auf eine Fahrerlaubnis.

(2) Der Abruf darf nur unter Verwendung der Angaben zur Person erfolgen.

(3) Die Daten nach Absatz 1 Nr. 1 bis 3 werden bereitgehalten für

1. die Bußgeldbehörden,

2. die Polizeibehörden, soweit sie Aufgaben der Bußgeldbehörden wahrnehmen,

3. die Fahrerlaubnisbehörden.

(4) Die Daten nach Absatz 1 Nr. 1 und 4 werden bereitgehalten für

1. das Bundeskriminalamt und den Bundesgrenzschutz,

2. die mit Aufgaben nach § 2 des Bundesgrenzschutzgesetzes betrauten Stellen der Zollverwaltung und die Zollfahndungsdienststellen,

3. die Polizeibehörden der Länder,

4. die Fahrerlaubnisbehörden und die Zentrale Militärkraftfahrtstelle.

(4a) Für alle sonstigen Stellen im Sinne des § 30 Abs. 1 und 3 des Straßenverkehrsgesetzes werden die Daten nach Absatz 1 Nr. 1 bis 4 bereitgehalten.

(5) Wegen der Sicherung gegen Mißbrauch ist § 54 und wegen der Aufzeichnungen der Abrufe § 55 anzuwenden.

(6) Im Rahmen von § 30 Abs. 7 des Straßenverkehrsgesetzes dürfen die in § 30a Abs. 5 des Straßenverkehrsgesetzes genannten Daten aus dem Verkehrszentralregister durch Abruf im automatisierten Verfahren den in § 60 Abs. 6 genannten Stellen in einem Mitgliedstaat der Europäischen Union oder in einem anderen Vertragsstaat des Abkommens über den Europäischen Wirtschaftsraum übermittelt werden.

§ 62   Automatisiertes Anfrage- und Auskunftsverfahren nach § 30b des Straßenverkehrsgesetzes

(1) Die Übermittlung der Daten nach § 60 Abs. 1, 2 und 6 ist auch in einem automatisierten Anfrage- und Auskunftsverfahren zulässig.

(2) § 53 ist anzuwenden.

§ 63   Vorzeitige Tilgung

(1) Wurde die Fahrerlaubnis durch eine Fahrerlaubnisbehörde ausschließlich wegen körperlicher oder geistiger Mängel oder wegen fehlender Befä-

higung entzogen oder aus den gleichen Gründen versagt, ist die Eintragung mit dem Tag der Erteilung der neuen Fahrerlaubnis zu tilgen.

(2) Eintragungen von gerichtlichen Entscheidungen über die vorläufige Entziehung der Fahrerlaubnis, von anfechtbaren Entscheidungen der Fahrerlaubnisbehörden sowie von Maßnahmen nach § 94 der Strafprozeßordnung sind zu tilgen, wenn die betreffenden Entscheidungen aufgehoben wurden.

§ 64 Identitätsnachweis

(1) Als Identitätsnachweis bei Auskünften nach § 30 Abs. 8 oder § 58 des Straßenverkehrsgesetzes werden anerkannt

1. die amtliche Beglaubigung der Unterschrift,

2. der Personalausweis, der Paß oder der behördliche Dienstausweis oder deren amtlich beglaubigte Ablichtung oder

3. die Geburtsurkunde.

(2) Für die Auskunft an einen beauftragten Rechtsanwalt ist die Vorlage einer entsprechenden Vollmachtserklärung oder einer beglaubigten Ausfertigung hiervon erforderlich.

IV.
Anerkennung und Akkreditierung für bestimmte Aufgaben

§ 65 Ärztliche Gutachter

Der Facharzt hat seine verkehrsmedizinische Qualifikation (§ 11 Abs. 2 Satz 3 Nr. 1), die sich aus den maßgeblichen landesrechtlichen Vorschriften ergibt, auf Verlangen der Fahrerlaubnisbehörde nachzuweisen. Der Nachweis erfolgt durch die Vorlage eines Zeugnisses der zuständigen Ärztekammer. Abweichend von Satz 1 und 2 reicht auch eine mindestens einjährige Zugehörigkeit zu einer Begutachtungsstelle für Fahreignung (Anlage 14) aus.

§ 66 Begutachtungsstelle für Fahreignung

(1) Begutachtungsstellen für Fahreignung bedürfen der amtlichen Anerkennung durch die zuständige oberste Landesbehörde oder durch die von ihr bestimmte oder nach Landesrecht zuständige Stelle.

(2) Die Anerkennung kann erteilt werden, wenn insbesondere die Voraussetzungen nach Anlage 14 vorliegen. Die Anerkennung kann versagt werden, wenn anerkannte Stellen in ausreichender Zahl vorhanden sind, die ein flächendeckendes Angebot gewährleisten.

Zu § 66 und Anlage 14: Übergangsbestimmungen in § 76 Nr. 15.

§ 67 Sehteststelle

(1) Sehteststellen bedürfen – unbeschadet der Absätze 4 und 5 – der amtlichen Anerkennung durch die zuständige oberste Landesbehörde oder durch die von ihr bestimmte oder nach Landesrecht zuständige Stelle.

(2) Die Anerkennung kann erteilt werden, wenn

1. der Antragsteller, bei juristischen Personen die nach Gesetz oder Satzung zur Vertretung berufenen Personen, zuverlässig sind und

2. der Antragsteller nachweist, daß er über die erforderlichen Fachkräfte und über die notwendigen der DIN 58220 Teil 6, Ausgabe Januar 1997, entsprechenden Sehtestgeräte verfügt und daß eine regelmäßige ärztliche Aufsicht über die Durchführung des Sehtests gewährleistet ist.

(3) Die Anerkennung kann mit Nebenbestimmungen, insbesondere mit Auflagen verbunden werden, um sicherzustellen, daß die Sehtests ordnungsgemäß durchgeführt werden. Sie ist zurückzunehmen, wenn bei ihrer Erteilung eine der Voraussetzungen nach Absatz 2 nicht vorgelegen hat; davon kann abgesehen werden, wenn der Mangel nicht mehr besteht. Die Anerkennung ist zu widerrufen, wenn nachträglich eine der Voraussetzungen nach Absatz 2 weggefallen ist, wenn der Sehtest wiederholt nicht ordnungsgemäß durchgeführt oder wenn sonst gegen die Pflichten aus der Anerkennung oder gegen Auflagen grob verstoßen worden ist. Die oberste Landesbehörde oder die von ihr bestimmte oder nach Landesrecht zuständige Stelle übt die Aufsicht über die Inhaber der Anerkennung aus. Die die Aufsicht führende Stelle kann selbst prüfen oder durch einen von ihr bestimmten Sachverständigen prüfen lassen, ob die Voraussetzungen für die Anerkennung noch gegeben sind, ob die Sehtests ordnungsgemäß durchgeführt und ob die sich sonst aus der Anerkennung oder den Auflagen ergebenden Pflichten erfüllt werden. Die Sehteststelle hat der die Aufsicht führenden Stelle auf Verlangen Angaben über Zahl und Ergebnis der durchgeführten Sehtests zu übermitteln.

(4) Betriebe von Augenoptikern gelten als amtlich anerkannt; sie müssen gewährleisten, daß die Voraussetzungen des Absatzes 2, ausgenommen die ärztliche Aufsicht, gegeben sind. Die Anerkennung kann durch die oberste Landesbehörde oder die von ihr bestimmte oder nach Landesrecht zuständige Stelle nachträglich mit Auflagen verbunden werden, um sicherzustellen, daß die Sehtests ordnungsgemäß durchgeführt werden. Die Anerkennung ist im Einzelfall nach Maßgabe des Absatzes 3 Satz 3 zu widerrufen. Hinsichtlich der Aufsicht ist Absatz 3 Satz 4 und 5 entsprechend anzuwenden. Die oberste Landesbehörde kann die Befugnisse auf die örtlich zuständige Augenoptikerinnung oder deren Landesverbände nach Landesrecht übertragen.

(5) Außerdem gelten

1. Begutachtungsstellen für Fahreignung (§ 66),

2. der Arzt des Gesundheitsamtes oder ein anderer Arzt der öffentlichen Verwaltung und

3. die Ärzte mit der Gebietsbezeichnung „Arbeitsmedizin" und die Ärzte mit der Zusatzbezeichnung „Betriebsmedizin"

als amtlich anerkannte Sehteststelle. Absatz 4 ist anzuwenden.

§ 68   Stellen für die Unterweisung in lebensrettenden Sofortmaßnahmen und die Ausbildung in Erster Hilfe

(1) Stellen, die Unterweisungen in lebensrettenden Sofortmaßnahmen oder Ausbildungen in Erster Hilfe für den Erwerb einer Fahrerlaubnis durchfüh-

ren, bedürfen der amtlichen Anerkennung durch die für das Fahrerlaubniswesen oder das Gesundheitswesen zuständige oberste Landesbehörde oder durch die von ihr bestimmte oder nach Landesrecht zuständige Stelle.

(2) Die Anerkennung ist zu erteilen, wenn befähigtes Ausbildungspersonal, ausreichende Ausbildungsräume und die notwendigen Lehrmittel für den theoretischen Unterricht und die praktischen Übungen zur Verfügung stehen. Die nach Absatz 1 zuständige oberste Landesbehörde oder die von ihr bestimmte oder nach Landesrecht zuständige Stelle kann zur Vorbereitung ihrer Entscheidung die Beibringung eines Gutachtens einer fachlich geeigneten Stelle oder Person darüber anordnen, ob die Voraussetzungen für die Anerkennung gegeben sind. Die Anerkennung kann befristet und mit Auflagen (insbesondere hinsichtlich der Fortbildung der mit der Unterweisung und der Ausbildung befaßten Personen) verbunden werden, um die ordnungsgemäßen Unterweisungen und Ausbildungen sicherzustellen. Die Anerkennung ist zurückzunehmen, wenn bei ihrer Erteilung eine der Voraussetzungen nach Satz 1 nicht vorgelegen hat; davon kann abgesehen werden, wenn der Mangel nicht mehr besteht. Die Anerkennung ist zu widerrufen, wenn nachträglich eine der Voraussetzungen nach Satz 1 weggefallen ist, wenn die Unterweisungen oder Ausbildungen wiederholt nicht ordnungsgemäß durchgeführt worden sind oder wenn sonst gegen die Pflichten aus der Anerkennung oder gegen Auflagen gröblich verstoßen worden ist. Die für das Fahrerlaubniswesen oder das Gesundheitswesen zuständige oberste Landesbehörde oder die von ihr bestimmte oder nach Landesrecht zuständige Stelle übt die Aufsicht über die Inhaber der Anerkennung aus. Die die Aufsicht führende Stelle kann selbst prüfen oder durch von ihr bestimmte Sachverständige prüfen lassen, ob die Voraussetzungen für die Anerkennung noch gegeben sind, ob die Unterweisungen und Ausbildungen ordnungsgemäß durchgeführt und ob die sich sonst aus der Anerkennung oder den Auflagen ergebenden Pflichten erfüllt werden.

Übergangsbestimmungen in § 76 Nr. 16.

§ 69 Stellen zur Durchführung der Fahrerlaubnisprüfung

(1) Die Durchführung der Fahrerlaubnisprüfung obliegt den amtlich anerkannten Sachverständigen oder Prüfern für den Kraftfahrzeugverkehr bei den Technischen Prüfstellen für den Kraftfahrzeugverkehr nach dem Kraftfahrsachverständigengesetz im Sinne der §§ 10 und 14 des Kraftfahrsachverständigengesetzes sowie den amtlich anerkannten Prüfern und Sachverständigen im Sinne des § 16 des Kraftfahrsachverständigengesetzes.

(2) Die Fahrerlaubnisprüfung ist nach Anlage 7 durchzuführen.

(3) Die für die Durchführung der Fahrerlaubnisprüfung erhobenen personenbezogenen Daten sind nach Ablauf des fünften Kalenderjahres nach Erledigung des Prüfauftrages zu löschen.

§ 70 Kurse zur Wiederherstellung der Kraftfahreignung

(1) Kurse zur Wiederherstellung der Kraftfahreignung können von der zuständigen obersten Landesbehörde oder der von ihr bestimmten oder nach Landesrecht zuständigen Stelle für Zwecke nach § 11 Abs. 10 anerkannt werden, wenn

1. den Kursen ein auf wissenschaftlicher Grundlage entwickeltes Konzept zugrunde liegt,

2. die Geeignetheit der Kurse durch ein unabhängiges wissenschaftliches Gutachten bestätigt worden ist,

3. die Kursleiter

   a) den Abschluß eines Hochschulstudiums als Diplom-Psychologe,

   b) eine verkehrspsychologische Ausbildung an einer Universität oder gleichgestellten Hochschule oder bei einer Stelle, die sich mit der Begutachtung oder Wiederherstellung der Kraftfahreignung befaßt,

   c) Kenntnisse und Erfahrungen in der Untersuchung und Begutachtung der Eignung von Kraftfahrern und

   d) eine Ausbildung als Kursleiter in Kursen für Kraftfahrer, die Zuwiderhandlungen gegen verkehrsrechtliche Vorschriften begangen haben,

   nachweisen,

4. die Wirksamkeit der Kurse in einem nach dem Stand der Wissenschaft durchgeführten Bewertungsverfahren (Evaluation) nachgewiesen worden sind und

5. ein Qualitätssicherungssystem gemäß dem nach § 72 vorgesehenen Verfahren vorgelegt wird.

(2) Die Kurse sind nach ihrer ersten Evaluation jeweils bis zum Ablauf von 15 Jahren nachzuevaluieren.

(3) § 37 Abs. 3 ist entsprechend anzuwenden.

Übergangsbestimmungen in § 76 Nr. 17.

§ 71   Verkehrspsychologische Beratung

(1) Für die Durchführung der verkehrspsychologischen Beratung nach § 4 Abs. 9 des Straßenverkehrsgesetzes gelten die Personen im Sinne dieser Vorschrift als amtlich anerkannt, die eine Bestätigung nach Absatz 2 der Sektion Verkehrspsychologie im Berufsverband Deutscher Psychologinnen und Psychologen e. V. besitzen.

(2) Die Sektion Verkehrspsychologie im Berufsverband Deutscher Psychologinnen und Psychologen e. V. hat die Bestätigung auszustellen, wenn der Berater folgende Voraussetzungen nachweist:

1. Abschluß eines Hochschulstudiums als Diplom-Psychologe,

2. eine verkehrspsychologische Ausbildung an einer Universität oder gleichgestellten Hochschule oder einer Stelle, die sich mit der Begutachtung oder Wiederherstellung der Kraftfahreignung befaßt, oder an einem Ausbildungsseminar, das vom Berufsverband Deutscher Psychologinnen und Psychologen e. V. veranstaltet wird,

3. Erfahrungen in der Verkehrspsychologie

   a) durch mindestens dreijährige Begutachtung von Kraftfahrern an einer Begutachtungsstelle für Fahreignung oder mindestens dreijährige Durchführung von Aufbauseminaren oder von Kursen zur Wiederherstellung der Kraftfahreignung oder

b) im Rahmen einer mindestens fünfjährigen freiberuflichen verkehrspsychologischen Tätigkeit, welche durch Bestätigungen von Behörden oder Begutachtungsstellen für Fahreignung oder durch die Dokumentation von zehn Therapiemaßnahmen für verkehrsauffällige Kraftfahrer, die mit einer positiven Begutachtung abgeschlossen wurden, erbracht werden kann, oder

c) im Rahmen einer dreijährigen freiberuflichen verkehrspsychologischen Tätigkeit mit Zertifizierung als klinischer Psychologe/Psychotherapeut entsprechend den Richtlinien des Berufsverbandes Deutscher Psychologinnen und Psychologen e. V. oder durch eine vergleichbare psychotherapeutische Tätigkeit und

4. Teilnahme an einem vom Berufsverband Deutscher Psychologinnen und Psychologen e. V. anerkannten Qualitätssicherungssystem, soweit der Berater nicht bereits in ein anderes, vergleichbares Qualitätssicherungssystem einbezogen ist. Erforderlich sind mindestens:

a) Nachweis einer Teilnahme an einem Einführungsseminar über Verkehrsrecht von mindestens 16 Stunden,

b) regelmäßiges Führen einer standardisierten Beratungsdokumentation über jede Beratungssitzung,

c) regelmäßige Kontrollen und Auswertung der Beratungsdokumente und

d) Nachweis der Teilnahme an einer Fortbildungsveranstaltung oder Praxisberatung von mindestens 16 Stunden innerhalb jeweils von zwei Jahren.

(3) Der Berater hat der Sektion Verkehrspsychologie des Berufsverbandes Deutscher Psychologinnen und Psychologen e. V. alle zwei Jahre eine Bescheinigung über die erfolgreiche Teilnahme an der Qualitätssicherung vorzulegen. Die Sektion hat der nach Absatz 5 zuständigen Behörde oder Stelle unverzüglich mitzuteilen, wenn die Bescheinigung innerhalb der vorgeschriebenen Frist nicht vorgelegt wird oder sonst die Voraussetzungen nach Absatz 2 nicht mehr vorliegen oder der Berater die Beratung nicht ordnungsgemäß durchgeführt oder sonst gegen die Pflichten aus der Anerkennung oder gegen Auflagen gröblich verstoßen hat.

(4) Die Anerkennung ist zurückzunehmen, wenn eine der Voraussetzungen im Zeitpunkt ihrer Bestätigung nach Absatz 2 nicht vorgelegen hat; davon kann abgesehen werden, wenn der Mangel nicht mehr besteht. Die Anerkennung ist zu widerrufen, wenn nachträglich eine der Voraussetzungen nach Absatz 2 weggefallen ist, die verkehrspsychologische Beratung nicht ordnungsgemäß durchgeführt wird oder wenn sonst gegen die Pflichten aus der Anerkennung oder gegen Auflagen gröblich verstoßen wird.

(5) Zuständig für die Rücknahme und den Widerruf der Anerkennung der verkehrspsychologischen Berater ist die zuständige oberste Landesbehörde oder die von ihr bestimmte oder die nach Landesrecht zuständige Stelle. Diese führt auch die Aufsicht über die verkehrspsychologischen Berater; sie kann sich hierbei geeigneter Personen oder Stellen bedienen.

§ 72   Akkreditierung

(1) Träger von

1. Begutachtungsstellen für Fahreignung (§ 66),
2. Technischen Prüfstellen (§ 69 in Verbindung mit den §§ 10 und 14 des Kraftfahrsachverständigengesetzes),
3. Stellen, die Kurse zur Wiederherstellung der Kraftfahreignung durchführen (§ 70),

müssen entsprechend der Norm DIN EN 45013, Ausgabe Mai 1990, für die Voraussetzungen und Durchführung dieser Aufgaben jeweils akkreditiert sein.

(2) Die Aufgaben der Akkreditierung nimmt die Bundesanstalt für Straßenwesen nach der Norm DIN EN 45010, Ausgabe März 1998, wahr.

Übergangsbestimmungen in § 76 Nr. 18.

Durchführungs-, Bußgeld-, Übergangs- und Schlußvorschriften

§ 73   Zuständigkeiten

(1) Diese Verordnung wird, soweit nicht die obersten Landesbehörden oder die höheren Verwaltungsbehörden zuständig sind oder diese Verordnung etwas anderes bestimmt, von den nach Landesrecht zuständigen unteren Verwaltungsbehörden oder den Behörden, denen durch Landesrecht die Aufgaben der unteren Verwaltungsbehörde zugewiesen werden (Fahrerlaubnisbehörden), ausgeführt. Die zuständigen obersten Landesbehörden und die höheren Verwaltungsbehörden können diesen Behörden Weisungen auch für den Einzelfall erteilen.

(2) Örtlich zuständig ist, soweit nichts anderes vorgeschrieben ist, die Behörde des Ortes, in dem der Antragsteller oder Betroffene seine Wohnung, bei mehreren Wohnungen seine Hauptwohnung, hat (§ 12 Abs. 2 des Melderechtsrahmengesetzes in der Fassung der Bekanntmachung vom 24. Juni 1994 (BGBl. I S. 1430), geändert durch Artikel 3 Abs. 1 des Gesetzes vom 12. Juli 1994 (BGBl. I S. 1497), in der jeweils geltenden Fassung), mangels eines solchen die Behörde des Aufenthaltsortes, bei juristischen Personen, Handelsunternehmen oder Behörden die Behörde des Sitzes oder des Ortes der beteiligten Niederlassung oder Dienststelle. Anträge können mit Zustimmung der örtlich zuständigen Behörde von einer gleichgeordneten auswärtigen Behörde behandelt und erledigt werden. Die Verfügungen der Behörde nach Satz 1 und 2 sind im gesamten Inland wirksam, es sei denn, der Geltungsbereich wird durch gesetzliche Regelung oder durch behördliche Verfügung eingeschränkt. Verlangt die Verkehrssicherheit ein sofortiges Eingreifen, kann anstelle der örtlich zuständigen Behörde jede ihr gleichgeordnete Behörde mit derselben Wirkung Maßnahmen auf Grund dieser Verordnung vorläufig treffen.

(3) Hat der Betroffene keinen Wohn- oder Aufenthaltsort im Inland, ist für Maßnahmen, die das Recht zum Führen von Kraftfahrzeugen betreffen, jede untere Verwaltungsbehörde (Absatz 1) zuständig.

(4) Die Zuständigkeiten der Verwaltungsbehörden und höherer Verwaltungsbehörden auf Grund dieser Verordnung, im Fall des § 5 auch die Zuständigkeit der obersten Landesbehörde, werden für die Dienstbereiche der Bundeswehr, des Bundesgrenzschutzes und der Polizei durch deren Dienststellen nach Bestimmung der Fachministerien wahrgenommen.

§ 74   Ausnahmen

(1) Ausnahmen können genehmigen

1. die zuständigen obersten Landesbehörden oder die von ihnen bestimmten oder nach Landesrecht zuständigen Stellen von allen Vorschriften dieser Verordnung in bestimmten Einzelfällen oder allgemein für bestimmte einzelne Antragsteller, es sei denn, daß die Auswirkungen sich nicht auf das Gebiet des Landes beschränken und eine einheitliche Entscheidung erforderlich ist,

2. das Bundesministerium für Verkehr, Bau- und Wohnungswesen von allen Vorschriften dieser Verordnung, sofern nicht die Landesbehörden nach Nummer 1 zuständig sind; allgemeine Ausnahmen ordnet es durch Rechtsverordnung ohne Zustimmung des Bundesrates nach Anhörung der zuständigen obersten Landesbehörden an.

(2) Ausnahmen vom Mindestalter setzen die Zustimmung des gesetzlichen Vertreters voraus.

(3) Die Genehmigung von Ausnahmen von den Vorschriften dieser Verordnung kann mit Auflagen verbunden werden.

(4) Über erteilte Ausnahmegenehmigungen oder angeordnete Auflagen stellt die entscheidende Verwaltungsbehörde eine Bescheinigung aus, sofern die Ausnahme oder Auflage nicht im Führerschein vermerkt wird. Die Bescheinigung ist beim Führen von Kraftfahrzeugen mitzuführen und zuständigen Personen auf Verlangen zur Prüfung auszuhändigen.

(5) Die Bundeswehr, die Polizei, der Bundesgrenzschutz, die Feuerwehr und die anderen Einheiten und Einrichtungen des Katastrophenschutzes sowie der Zolldienst sind von den Vorschriften dieser Verordnung befreit, soweit dies zur Erfüllung hoheitlicher Aufgaben unter gebührender Berücksichtigung der öffentlichen Sicherheit und Ordnung dringend geboten ist.

Abs. 1 Nr. 2 geändert durch VO v. 29. 10. 2001 (BGBl. I S. 2785).

§ 75   Ordnungswidrigkeiten

Ordnungswidrig im Sinne des § 24 des Straßenverkehrsgesetzes handelt, wer vorsätzlich oder fahrlässig

1. entgegen § 2 Abs. 1 am Verkehr teilnimmt oder jemanden als für diesen Verantwortlicher am Verkehr teilnehmen läßt, ohne in geeigneter Weise Vorsorge getroffen zu haben, daß andere nicht gefährdet werden,

2. entgegen § 2 Abs. 3 ein Kennzeichen der in § 2 Abs. 2 genannten Art verwendet,

3. entgegen § 3 Abs. 1 ein Fahrzeug oder Tier führt oder einer vollziehbaren Anordnung oder Auflage zuwiderhandelt,

4. einer Vorschrift des § 4 Abs. 2 Satz 2, § 5 Abs. 4 Satz 2 oder 3, § 48 Abs. 3 Satz 2 oder § 74 Abs. 4 Satz 2 über die Mitführung oder Aushändigung von Führerscheinen und Bescheinigungen zuwiderhandelt,

5. entgegen § 5 Abs. 1 Satz 1 ein Mofa oder einen motorisierten Krankenfahrstuhl führt, ohne die dazu erforderliche Prüfung abgelegt zu haben,

6. entgegen § 5 Abs. 2 Satz 2 oder 3 eine Mofa-Ausbildung oder eine Ausbildung zum Führen von motorisierten Krankenfahrstühlen durchführt, ohne die dort genannte Fahrlehrerlaubnis zu besitzen oder entgegen § 5 Abs. 2 Satz 5 eine Ausbildungsbescheinigung ausstellt,

7. entgegen § 10 Abs. 3 ein Kraftfahrzeug, für dessen Führung eine Fahrerlaubnis nicht erforderlich ist, vor Vollendung des 15. Lebensjahres führt,

8. entgegen § 10 Abs. 4 ein Kind unter sieben Jahren auf einem Mofa (§ 4 Abs. 1 Satz 2 Nr. 1) mitnimmt, obwohl er noch nicht 16 Jahre alt ist,

9. einer vollziehbaren Auflage nach § 23 Abs. 2 Satz 1, § 28 Abs. 1 Satz 2, § 46 Abs. 2 oder § 74 Abs. 3 zuwiderhandelt,

10. einer Vorschrift des § 25 Abs. 5 Satz 3, des § 29 Abs. 3 Satz 2, des § 47 Abs. 1, auch in Verbindung mit Absatz 2 Satz 1 sowie Absatz 3 Satz 2, oder des § 48 Abs. 10 Satz 3 in Verbindung mit § 47 Abs. 1 über die Ablieferung oder die Vorlage eines Führerscheins zuwiderhandelt,

11. entgegen § 29 Abs. 1 eine dort genannte Fahrerlaubnis nicht oder nicht rechtzeitig registrieren läßt oder

12. entgegen § 48 Abs. 1 ein dort genanntes Kraftfahrzeug ohne Erlaubnis führt oder entgegen § 48 Abs. 8 die Fahrgastbeförderung anordnet oder zuläßt.

§ 76   Übergangsrecht

Zu den nachstehend bezeichneten Vorschriften gelten folgende Bestimmungen:

1. § 4 Abs. 1 (fahrerlaubnisfreie Kraftfahrzeuge)
   Andere Kraftfahrzeuge mit einer durch die Bauart bestimmten Höchstgeschwindigkeit von nicht mehr als 6 km/h als die in § 4 Abs. 1 genannten bleiben bis zum 31. Dezember 2000 fahrerlaubnisfrei.

2. § 4 Abs. 1 Nr. 2 und § 5 Abs. 1 (Krankenfahrstühle)
   Als motorisierte Krankenfahrstühle gelten auch:
   a) nach Bauart zum Gebrauch durch körperlich gebrechliche oder behinderte Personen bestimmte Kraftfahrzeuge mit höchstens zwei Sitzen, einem Leergewicht von nicht mehr als 300 kg und einer durch die Bauart bestimmten Höchstgeschwindigkeit von nicht mehr als 30 km/h (maschinell angetriebene Krankenfahrstühle früheren Rechts), wenn sie bis zum 30. Juni 1999 erstmals in den Verkehr gekommen sind und durch körperlich gebrechliche oder behinderte Personen benutzt werden und
   b) motorisierte Krankenfahrstühle im Sinne der Vorschriften der Deutschen Demokratischen Republik, wenn sie bis zum 28. Februar 1991 erstmals in den Verkehr gekommen sind.

3. § 5 Abs. 1 (Prüfbescheinigung für Mofas/Krankenfahrstühle)
   gilt nicht für Führer der in § 4 Abs. 1 Satz 2 Nr. 1 bezeichneten Fahrzeuge, die vor dem 1. April 1980 das 15. Lebensjahr vollendet haben.

4. § 5 Abs. 2 (Berechtigung eines Fahrlehrers zur Mofa-Ausbildung)

Zur Mofa-Ausbildung ist auch ein Fahrlehrer berechtigt, der eine Fahrlehrerlaubnis der bisherigen Klasse 3 oder eine ihr entsprechende Fahrlehrerlaubnis besitzt, diese vor dem 1. Oktober 1985 erworben und vor dem 1. Oktober 1987 an einem mindestens zweitägigen, vom Deutschen Verkehrssicherheitsrat durchgeführten Einführungslehrgang teilgenommen hat.

5. § 5 Abs. 4 und Anlage 1 (Mofa-Prüfbescheinigung)

Mofa-Prüfbescheinigungen, die nach den bis zum 31. Dezember 1998 vorgeschriebenen Mustern ausgefertigt worden sind, bleiben gültig.

6. § 6 Abs. 1 zur Klasse A 1 (Leichtkrafträder)

Als Leichtkrafträder gelten auch Krafträder mit einem Hubraum von nicht mehr als 50 cm^3 und einer durch die Bauart bestimmten Höchstgeschwindigkeit von mehr als 40 km/h (Kleinkrafträder bisherigen Rechts), wenn sie bis zum 31. Dezember 1983 erstmals in den Verkehr gekommen sind.

7. § 6 Abs. 1 zu den Klassen D, DE, D1 und D1E (Kraftomnibusse)

Inhaber einer Fahrerlaubnis alten Rechts der Klassen 2 oder 3 sind bis zum 31. Dezember 2000 berechtigt, entsprechende Dienstkraftomnibusse des Bundesgrenzschutzes, der Polizei, des Zolldienstes sowie des Katastrophenschutzes zu führen, sofern sie bis zum 31. Dezember 1998 solche Kraftfahrzeuge auf Grund von § 15d Abs. 1a Nr. 1 und 2 der Straßenverkehrs-Zulassungs-Ordnung ohne Fahrerlaubnis zur Fahrgastbeförderung geführt haben. Ihnen kann auf Antrag bis zum 31. Dezember 2002 eine Fahrerlaubnis der Klasse D, gegebenenfalls mit einer der Klasse 3 entsprechenden Beschränkung, unter den Bedingungen erteilt werden, die für die Verlängerung einer solchen Fahrerlaubnis gelten.

8. § 6 Abs. 1 zu Klasse M

Als Kleinkrafträder und Fahrräder mit Hilfsmotor gelten auch

a) Krafträder mit einem Hubraum von nicht mehr als 50 cm^3 und einer durch die Bauart bestimmten Höchstgeschwindigkeit von mehr als 45 km/h und nicht mehr als 50 km/h, wenn sie bis zum 31. Dezember 2001 erstmals in den Verkehr gekommen sind,

b) dreirädrige einsitzige Kraftfahrzeuge, die zur Beförderung von Gütern geeignet und bestimmt sind, mit einer durch die Bauart bestimmten Höchstgeschwindigkeit von nicht mehr als 45 km/h, einem Hubraum von nicht mehr als 50 cm^3 und einem Leergewicht von nicht mehr als 150 kg (Lastendreirad), wenn sie bis zum 31. Dezember 2001 erstmals in den Verkehr gekommen sind,

c) Kleinkrafträder und Fahrräder mit Hilfsmotor im Sinne der Vorschriften der Deutschen Demokratischen Republik, wenn sie bis zum 28. Februar 1992 erstmals in den Verkehr gekommen sind.

Wie Fahrräder mit Hilfsmotor werden beim Vorliegen der sonstigen Voraussetzungen des § 6 Abs. 1 behandelt

a) Fahrzeuge mit einem Hubraum von mehr als 50 cm^3, wenn sie vor dem 1. September 1952 erstmals in den Verkehr gekommen sind und die durch die Bauart bestimmte Höchstleistung ihres Motors 0,7 kW (1 PS) nicht überschreitet,

b) Fahrzeuge mit einer durch die Bauart bestimmten Höchstgeschwindigkeit von mehr als 40 km/h, wenn sie vor dem 1. Januar 1957 erstmals in den Verkehr gekommen sind und das Gewicht des betriebsfähigen Fahrzeugs mit dem Hilfsmotor, jedoch ohne Werkzeug und ohne den Inhalt des Kraftstoffbehälters – bei Fahrzeugen, die für die Beförderung von Lasten eingerichtet sind, auch ohne Gepäckträger – 33 kg nicht übersteigt; diese Gewichtsgrenze gilt nicht bei zweisitzigen Fahrzeugen (Tandems) und Fahrzeugen mit drei Rädern.

9. § 11 Abs. 9, § 12 Abs. 6, §§ 23, 24, 48 (ärztliche Wiederholungsuntersuchungen und Sehvermögen bei Inhabern von Fahrerlaubnissen alten Rechts)

Inhaber einer Fahrerlaubnis der Klasse 3 oder einer ihr entsprechenden Fahrerlaubnis, die bis zum 31. Dezember 1998 erteilt worden ist, brauchen sich, soweit sie keine in Klasse CE fallenden Fahrzeugkombinationen führen, keinen ärztlichen Untersuchungen zu unterziehen. Bei einer Umstellung ihrer Fahrerlaubnis werden die Klassen C1 und C1E nicht befristet. Auf Antrag wird bei einer Umstellung auch die Klasse CE mit Beschränkung auf bisher in Klasse 3 fallende Züge zugeteilt. Die Fahrerlaubnis dieser Klasse wird bis zu dem Tag befristet, an dem der Inhaber das 50. Lebensjahr vollendet. Für die Verlängerung der Fahrerlaubnis und die Erteilung nach Ablauf der Geltungsdauer ist § 24 entsprechend anzuwenden. Fahrerlaubnisinhaber, die bis zum 31. Dezember 1998 das 50. Lebensjahr vollenden, müssen bei der Umstellung der Fahrerlaubnis für den Erhalt der beschränkten Klasse CE ihre Eignung nach Maßgabe von § 11 Abs. 9 und § 12 Abs. 6 in Verbindung mit den Anlagen 5 und 6 nachweisen. Wird die bis zum 31. Dezember 1998 erteilte Fahrerlaubnis nicht umgestellt, darf der Inhaber ab Vollendung des 50. Lebensjahres keine in Klasse CE fallende Fahrzeugkombinationen mehr führen. Für die Erteilung einer Fahrerlaubnis dieser Klasse ist anschließend § 24 Abs. 2 entsprechend anzuwenden. Für Fahrerlaubnisinhaber, die bis zum 31. Dezember 1999 das 50. Lebensjahr vollendet haben, tritt Satz 7 am 1. Januar 2001 in Kraft.

Bei der Umstellung einer bis zum 31. Dezember 1998 erteilten Fahrerlaubnis der Klasse 2 oder einer entsprechenden Fahrerlaubnis wird die Fahrerlaubnis der Klassen C und CE bis zu dem Tag befristet, an dem der Inhaber das 50. Lebensjahr vollendet. Für die Verlängerung der Fahrerlaubnis und die Erteilung nach Ablauf der Geltungsdauer ist § 24 entsprechend anzuwenden. Fahrerlaubnisinhaber, die bis zum 31. Dezember 1998 das 50. Lebensjahr vollenden, müssen bei der Umstellung der Fahrerlaubnis ihre Eignung nach Maßgabe von § 11 Abs. 9 und § 12 Abs. 6 in Verbindung mit den Anlagen 5 und 6 nachweisen. Wird die bis zum 31. Dezember 1998 erteilte Fahrerlaubnis nicht umgestellt, darf der Inhaber ab Vollendung des 50. Lebensjahres keine Fahrzeuge oder Fahrzeugkombinationen der Klassen C oder CE mehr führen. Für die Erteilung einer Fahrerlaubnis dieser Klassen ist anschließend § 24 Abs. 2 entsprechend anzuwenden. Für Fahrerlaubnisinhaber, die bis zum 31. Dezember 1999 das 50. Lebensjahr vollendet haben, tritt Satz 13 am 1. Januar 2001 in Kraft.

Hinsichtlich des Sehvermögens gelten für Inhaber einer bis zum 31. Dezember 1998 erteilten Fahrerlaubnis die Anforderungen der

Anlage XVII zur Straßenverkehrs-Zulassungs-Ordnung in der bis zu diesem Tag geltenden Fassung.

10. §§ 15 bis 18 (Fahrerlaubnisprüfung)

Bewerbern, die den Antrag auf Erteilung der Fahrerlaubnis bis zum 31. Dezember 1998 stellen und die bis zu diesem Tag das bis dahin geltende Mindestalter erreicht haben, wird die Fahrerlaubnis bis zum 30. Juni 1999 unter den bis zum 31. Dezember 1998 geltenden Voraussetzungen erteilt. Die Fahrerlaubnis wird in den Klassen erteilt, die nach Anlage 3 bei einer Umstellung einer bis zum 31. Dezember 1998 erteilten Fahrerlaubnis zugeteilt würden, bei einem Antrag auf Erteilung einer Fahrerlaubnis der Klasse 3 jedoch nur die Klassen B, BE, C1, C1E, M und L. Die Fahrerlaubnis ist wie in § 23 Abs. 1 vorgesehen zu befristen. Wird die beantragte Fahrerlaubnis bis zum 30. Juni 1999 nicht erteilt, wird der Antrag wie folgt umgedeutet:

Antrag auf Klasse	in Antrag auf Klasse
1a	A beschränkt
1b	A1
3	B
2 ohne Vorbesitz der Klasse 3	B, C und CE
2 mit Vorbesitz der Klasse 3	C und CE
4	M
5	L
Fahrerlaubnis zur Fahrgastbeförderung in Kraftomnibussen ohne Beschränkung	D
Fahrerlaubnis zur Fahrgastbeförderung in Kraftomnibussen beschränkt auf höchstens 24 Plätze und/oder 7,5 t zulässiges Gesamtgewicht	D1

Bewerbern, die den Antrag auf Erteilung der Fahrerlaubnis bis zum 31. Dezember 1998 stellen, das bis dahin geltende Mindestalter jedoch erst nach diesem Zeitpunkt erreichen, wird die Fahrerlaubnis in den neuen Klassen erteilt, die den beantragten nach der Gegenüberstellung in Satz 4 entsprechen. Ausbildung und Prüfung können bis zum 30. Juni 1999 nach altem Recht erfolgen. Ein Antrag auf Erteilung der Klassen C, CE und A (unbeschränkt) kann drei Monate vor Erreichen des für diese Klassen ab dem 1. Januar 1999 geltenden Mindestalters, jedoch frühestens ab 1. Dezember 1998 gestellt werden; Ausbildung und Prüfung richten sich in diesem Fall nach neuem Recht und dürfen ab 1. Dezember 1998 erfolgen.

Eine theoretische Prüfung, die der Bewerber bis zum 30. Juni 1999 für eine der Klassen alten Rechts abgelegt hat, bleibt ein Jahr auch für die in Satz 4 genannte entsprechende neue Klasse gültig.

11. § 17 Abs. 2 und Anlage 7 Abschnitt 2.2 (Anforderungen an die Prüfungsfahrzeuge)

Als Prüfungsfahrzeuge für die Klasse A dürfen bis zum 30. Juni 2001

a) bei direktem Zugang (§ 6 Abs. 2 Satz 2) auch Krafträder mit einer Leistung von mindestens 37 kW und mit einem Leergewicht von mindestens 200 kg,

b) bei stufenweisem Zugang (§ 6 Abs. 2 Satz 1) auch Krafträder mit einer Motorleistung von 20 kW und einem Leergewicht von mindestens 140 kg

verwendet werden.

12. § 22 Abs. 2, § 25 Abs. 4 (Einholung von Auskünften)

Sind die Daten des Betreffenden noch nicht im Zentralen Fahrerlaubnisregister gespeichert, können die Auskünfte nach § 22 Abs. 2 Satz 2 und § 25 Abs. 4 Satz 1 aus den örtlichen Fahrerlaubnisregistern eingeholt werden.

13. § 25 Abs. 1 und Anlage 8, § 26 Abs. 1 und Anlage 8, § 47 Abs. 3 und Anlage 8 (Führerscheine, Fahrerlaubnis zur Fahrgastbeförderung)

Führerscheine, die nach den bis zum 31. Dezember 1998 vorgeschriebenen Mustern oder nach den Vorschriften der Deutschen Demokratischen Republik, auch solche der Nationalen Volksarmee, ausgefertigt worden sind, bleiben gültig.

Bis zum 31. Dezember 1998 erteilte Fahrerlaubnisse zur Fahrgastbeförderung in Kraftomnibussen, Taxen, Mietwagen, Krankenkraftwagen oder Personenkraftwagen, mit denen Ausflugsfahrten oder Ferienziel-Reisen (§ 48 Personenbeförderungsgesetz) durchgeführt werden und entsprechende Führerscheine bleiben bis zum Ablauf ihrer bisherigen Befristung gültig. Die Regelung in Nummer 9 bleibt unberührt.

14. § 26 Abs. 1 (Dienstfahrerlaubnisse)

Bis zum 31. Dezember 1998 erteilte Fahrerlaubnisse der Bundeswehr, des Bundesgrenzschutzes und der Polizei berechtigen – soweit sich aus § 10 nichts anderes ergibt – bis zum 31. Dezember 2000 zum Führen von Privatfahrzeugen der entsprechenden Klasse.

15. § 66 und Anlage 14 (Begutachtungsstellen für Fahreignung)

Träger von Begutachtungsstellen für Fahreignung, die am 27. August 1998 zugleich Träger von Maßnahmen der Fahrausbildung oder von Kursen zur Wiederherstellung der Kraftfahreignung waren, müssen diese gemeinsame Trägerschaft spätestens bis zum 31. Dezember 1999 auflösen.

16. § 68 (Stellen für die Unterweisung in lebensrettenden Sofortmaßnahmen und die Ausbildung in Erster Hilfe)

Der Arbeiter-Samariter-Bund Deutschland, das Deutsche Rote Kreuz, die Johanniter-Unfallhilfe und der Malteser-Hilfsdienst gelten bis zum 31. Dezember 2013 als amtlich anerkannt. Die Anerkennung kann durch die oberste Landesbehörde oder die von ihr bestimmte oder nach Landesrecht zuständige Stelle mit Auflagen verbunden werden, um sicherzustellen, daß die Unterweisungen und Ausbildungen ordnungsgemäß durchgeführt werden. Die Anerkennung ist im Einzelfall durch die oberste Landesbehörde oder die von ihr bestimmte oder nach Landesrecht zuständige Stelle für ihren jeweiligen Zuständigkeitsbereich nach Maßgabe von § 68 Abs. 2 Satz 5 zu widerrufen, wenn die in diesen Vorschriften bezeichneten Umstände jeweils vorliegen. Für die Aufsicht ist § 68 Abs. 2 Satz 6 und 7 entsprechend anzuwenden.

17. § 70 (Kurse zur Wiederherstellung der Kraftfahreignung)

Kurse, die vor dem 1. Januar 1999 von den zuständigen obersten Landesbehörden anerkannt und die von ihrem Träger durchgeführt wurden, müssen bis zum 31. Dezember 2009 erneut evaluiert sein.

18. § 72 (Akkreditierung)

Träger im Sinne des § 72 Abs. 1 Nr. 1 und 2, die am 31. Dezember 1998 amtlich anerkannt oder beauftragt waren, und Träger im Sinne des § 72 Abs. 1 Nr. 3, die am 31. Dezember 1998 bereits tätig waren, müssen bis zum 31. Dezember 2001 der zuständigen obersten Landesbehörde, der von ihr bestimmten oder nach Landesrecht zuständigen Stelle die Akkreditierung nachweisen.

§ 77   Verweis auf technische Regelwerke

Soweit in dieser Verordnung auf DIN- oder EN-Normen Bezug genommen wird, sind diese im Beuth Verlag GmbH, 10772 Berlin, erschienen. Sie sind beim Deutschen Patentamt archivmäßig gesichert niedergelegt.

§ 78   Inkrafttreten

Diese Verordnung tritt am 1. Januar 1999 in Kraft.

Anlage 13
(zu § 40)

Geändert durch VO v. 25. 2. 2000 (BGBl. I S. 141), VO v. 11. 12. 2000 (BGBl. I S. 1690), VO v. 19. 3. 2001 (BGBl. I S. 386) und VO v. 14. 12. 2001 (BGBl. I S. 3783).

Punktbewertung nach dem Punktsystem

Die im Verkehrszentralregister erfaßten Entscheidungen sind zu bewerten:

1   mit sieben Punkten folgende Straftaten:

1.1   Gefährdung des Straßenverkehrs (§ 315c des Strafgesetzbuches),

1.2   Trunkenheit im Verkehr (§ 316 des Strafgesetzbuches),

1.3   Vollrausch (§ 323a des Strafgesetzbuches),

1.4   unerlaubtes Entfernen vom Unfallort (§ 142 des Strafgesetzbuches) mit Ausnahme des Absehens von Strafe und der Milderung von Strafe in den Fällen des § 142 Abs. 4 StGB;

2   mit sechs Punkten folgende weitere Straftaten:

2.1   Führen oder Anordnen oder Zulassen des Führens eines Kraftfahrzeugs ohne Fahrerlaubnis, trotz Fahrverbots oder trotz Verwahrung, Sicherstellung oder Beschlagnahme des Führerscheins (§ 21 des Straßenverkehrsgesetzes),

2.2   Kennzeichenmißbrauch (§ 22 des Straßenverkehrsgesetzes),

2.3   Gebrauch oder Gestatten des Gebrauchs unversicherter Kraftfahrzeuge oder Anhänger (§ 6 des Pflichtversicherungsgesetzes, § 9 des Gesetzes über die Haftpflichtversicherung für ausländische Kraftfahrzeuge und Kraftfahrzeuganhänger);

3   mit fünf Punkten folgende andere Straftaten:

3.1   unerlaubtes Entfernen vom Unfallort, sofern das Gericht die Strafe in den Fällen des § 142 Abs. 4 StGB gemildert oder von Strafe abgesehen hat,

3.2   alle anderen Straftaten;

4   mit vier Punkten folgende Ordnungswidrigkeiten:

4.1   Kraftfahrzeug geführt mit einer Atemalkoholkonzentration von 0,25 mg/l oder mehr oder einer Blutalkoholkonzentration von 0,5 Promille oder mehr oder einer Alkoholmenge im Körper, die zu einer solchen Atem- oder Blutalkoholkonzentration geführt hat,

4.2   Kraftfahrzeug geführt unter der Wirkung eines in der Anlage zu § 24a des Straßenverkehrsgesetzes genannten berauschenden Mittels,

4.3   zulässige Höchstgeschwindigkeit überschritten um mehr als 40 km/h innerhalb geschlossener Ortschaften oder um mehr als 50 km/h außerhalb geschlossener Ortschaften, beim Führen von kennzeichnungspflichtigen Kraftfahrzeugen mit gefährlichen Gütern oder von Kraftomnibussen mit Fahrgästen zulässige Höchstgeschwindigkeit überschritten um mehr als 40 km/h,

4.4   erforderlichen Abstand von einem vorausfahrenden Fahrzeug nicht eingehalten bei einer Geschwindigkeit von mehr als 80 km/h, gefahren

mit einem Abstand von weniger als zwei Zehntel des halben Tachowertes, oder bei einer Geschwindigkeit von mehr als 130 km/h, gefahren mit einem Abstand von weniger als drei Zehntel des halben
Tachowertes,

4.5 überholt, obwohl nicht übersehen werden konnte, daß während des
ganzen Überholvorganges jede Behinderung des Gegenverkehrs ausgeschlossen war, oder bei unklarer Verkehrslage und dabei Verkehrszeichen (Zeichen 276, 277 der Straßenverkehrs-Ordnung) nicht beachtet oder Fahrstreifenbegrenzung (Zeichen 295, 296 der Straßenverkehrs-Ordnung) überquert oder überfahren oder der durch Pfeile vorgeschriebenen Fahrtrichtung (Zeichen 297 der Straßenverkehrs-Ordnung) nicht gefolgt oder mit einem Kraftfahrzeug mit einem zulässigen Gesamtgewicht über 7,5 t überholt, obwohl die Sichtweite durch
Nebel, Schneefall oder Regen weniger als 50 m betrug,

4.6 gewendet, rückwärts oder entgegen der Fahrtrichtung gefahren in
einer Ein- oder Ausfahrt, auf der Nebenfahrbahn oder dem Seitenstreifen oder auf der durchgehenden Fahrbahn von Autobahnen oder
Kraftfahrstraßen,

4.7 an einem Fußgängerüberweg, den ein Bevorrechtigter erkennbar
benutzen wollte, das Überqueren der Fahrbahn nicht ermöglicht oder
nicht mit mäßiger Geschwindigkeit herangefahren oder an einem Fußgängerüberweg überholt,

4.8 in anderen als den Fällen des Rechtsabbiegens mit Grünpfeil als
Kraftfahrzeugführer rotes Wechsellichtzeichen oder rotes Dauerlicht-
zeichen nicht befolgt und dadurch einen anderen gefährdet oder rotes
Wechsellichtzeichen bei schon länger als einer Sekunde andauernder
Rotphase nicht befolgt,

4.9 als Kraftfahrzeug-Führer entgegen § 29 Abs. 1 der Straßenverkehrs-
Ordnung an einem Rennen mit Kraftfahrzeugen teilgenommen oder
derartige Rennen veranstaltet,

4.10 als Kfz-Führer ein technisches Gerät betrieben oder betriebsbereit
mitgeführt, das dafür bestimmt ist, Verkehrsüberwachungsmaßnahmen anzuzeigen oder zu stören;

5 mit drei Punkten folgende Ordnungswidrigkeiten:

5.1 als Führer eines kennzeichnungspflichtigen Kraftfahrzeugs mit gefährlichen Gütern bei Sichtweite unter 50 m durch Nebel, Schneefall oder
Regen oder bei Schneeglätte oder Glatteis sich nicht so verhalten, daß
die Gefährdung eines anderen ausgeschlossen war, insbesondere,
obwohl nötig, nicht den nächsten geeigneten Platz zum Parken aufge-
sucht,

5.2 mit zu hoher, nichtangepaßter Geschwindigkeit gefahren trotz ange-
kündigter Gefahrenstelle, bei Unübersichtlichkeit, an Straßenkreu-
zungen, Straßeneinmündungen, Bahnübergängen oder schlechten
Sicht- oder Wetterverhältnissen (z. B. Nebel, Glatteis) oder festge-
setzte Höchstgeschwindigkeit bei Sichtweite unter 50 m bei Nebel,
Schneefall oder Regen überschritten,

5.3 als Fahrzeugführer ein Kind, einen Hilfsbedürftigen oder älteren Men-
schen gefährdet, insbesondere durch nicht ausreichend verminderte
Geschwindigkeit, mangelnde Bremsbereitschaft oder unzureichenden
Seitenabstand beim Vorbeifahren oder Überholen,

5.4　zulässige Höchstgeschwindigkeit überschritten um mehr als 25 km/h außer in den in Nummer 4.3 genannten Fällen,

5.5　erforderlichen Abstand von einem vorausfahrenden Fahrzeug nicht eingehalten bei einer Geschwindigkeit von mehr als 80 km/h, gefahren mit einem Abstand von weniger als drei Zehntel des halben Tachowertes, oder bei einer Geschwindigkeit von mehr als 130 km/h, gefahren mit einem Abstand von weniger als vier Zehntel des halben Tachowertes,

5.6　mit Lastkraftwagen (zulässiges Gesamtgewicht über 3,5 t) oder Kraftomnibus bei einer Geschwindigkeit von mehr als 50 km/h auf einer Autobahn Mindestabstand von 50 m von einem vorausfahrenden Fahrzeug nicht eingehalten,

5.7　außerhalb geschlossener Ortschaft rechts überholt,

5.8　überholt, obwohl nicht übersehen werden konnte, daß während des ganzen Überholvorgangs jede Behinderung des Gegenverkehrs ausgeschlossen war, oder bei unklarer Verkehrslage in anderen als den in Nummer 4.5 genannten Fällen,

5.9　Vorfahrt nicht beachtet und dadurch einen Vorfahrtberechtigten gefährdet,

5.10　bei erheblicher Sichtbehinderung durch Nebel, Schneefall oder Regen außerhalb geschlossener Ortschaften am Tage nicht mit Abblendlicht gefahren,

5.11　auf Autobahnen oder Kraftfahrstraßen an dafür nicht vorgesehener Stelle eingefahren und dadurch einen anderen gefährdet,

5.12　beim Einfahren auf Autobahnen oder Kraftfahrstraßen Vorfahrt auf der durchgehenden Fahrbahn nicht beachtet,

5.13　mit einem Fahrzeug den Vorrang eines Schienenfahrzeugs nicht beachtet oder Bahnübergang unter Verstoß gegen die Wartepflicht in § 19 Abs. 2 der Straßenverkehrs-Ordnung überquert,

5.14　Ladung oder Ladeeinrichtung nicht verkehrssicher verstaut oder gegen Herabfallen nicht besonders gesichert und dadurch einen anderen gefährdet,

5.15　als Fahrzeugführer nicht dafür gesorgt, daß das Fahrzeug, der Zug, die Ladung oder die Besetzung vorschriftsmäßig war, wenn dadurch die Verkehrssicherheit wesentlich beeinträchtigt war oder die Verkehrssicherheit des Fahrzeugs durch die Ladung oder die Besetzung wesentlich litt,

5.16　Zeichen oder Haltgebot eines Polizeibeamten nicht befolgt,

5.17　als Kraftfahrzeugführer rotes Wechsellichtzeichen oder rotes Dauerlichtzeichen in anderen als den Fällen des Rechtsabbiegens mit Grünpfeil und den in Nummer 4.8 genannten Fällen nicht befolgt,

5.18　unbedingtes Haltgebot (Zeichen 206 der Straßenverkehrs-Ordnung) nicht befolgt oder trotz Rotlicht nicht an der Haltlinie (Zeichen 294 der Straßenverkehrs-Ordnung) gehalten und dadurch einen anderen gefährdet,

5.19 eine für kennzeichnungspflichtige Kraftfahrzeuge mit gefährlichen Gütern (Zeichen 261 der Straßenverkehrs-Ordnung) oder für Kraftfahrzeuge mit wassergefährdender Ladung (Zeichen 269 der Straßenverkehrs-Ordnung) gesperrte Straße befahren,

5.20 ohne erforderliche Fahrerlaubnis zur Fahrgastbeförderung einen oder mehrere Fahrgäste in einem in § 48 Abs. 1 genannten Fahrzeug befördert,

5.21 als Halter die Fahrgastbeförderung in einem in § 48 Abs. 1 genannten Fahrzeug angeordnet oder zugelassen, obwohl der Fahrzeugführer die erforderliche Fahrerlaubnis zur Fahrgastbeförderung nicht besaß,

5.22 Kraftfahrzeug oder Kraftfahrzeuganhänger ohne die erforderliche Zulassung oder Betriebserlaubnis oder außerhalb des auf dem Saisonkennzeichen angegebenen Betriebszeitraums oder nach dem auf dem Kurzzeitkennzeichen angegebenen Ablaufdatum auf öffentlichen Straßen in Betrieb gesetzt oder Kurzzeitkennzeichen an mehr als einem Fahrzeug verwendet,

5.23 Kraftfahrzeug, Anhänger oder Fahrzeugkombination in Betrieb genommen, obwohl die zulässige Achslast, das zulässige Gesamtgewicht oder die zulässige Anhängelast hinter einem Kraftfahrzeug um mehr als 20 Prozent überschritten war,

5.24 als Halter die Inbetriebnahme eines Kraftfahrzeugs, eines Anhängers oder einer Fahrzeugkombination angeordnet oder zugelassen, obwohl die zulässige Achslast, das zulässige Gesamtgewicht oder die zulässige Anhängelast hinter einem Kraftfahrzeug um mehr als 10 Prozent überschritten war; bei Kraftfahrzeugen mit einem zulässigen Gesamtgewicht bis 7,5 t oder Kraftfahrzeugen mit Anhängern, deren zulässiges Gesamtgewicht 2 t nicht übersteigt, unter Überschreitung um mehr als 20 Prozent,

5.25 Fahrzeug in Betrieb genommen, das sich in einem Zustand befand, der die Verkehrssicherheit wesentlich beeinträchtigte, insbesondere unter Verstoß gegen die Vorschriften über Lenkeinrichtungen, Bremsen oder Einrichtungen zur Verbindung von Fahrzeugen,

5.26 als Halter die Inbetriebnahme eines Kraftfahrzeugs oder Zuges angeordnet oder zugelassen, obwohl der Führer zur selbständigen Leitung nicht geeignet war, oder das Fahrzeug, der Zug oder die Ladung oder die Besetzung nicht vorschriftsmäßig war und dadurch die Verkehrssicherheit wesentlich beeinträchtigt war – insbesondere unter Verstoß gegen eine Vorschrift über Lenkeinrichtungen, Bremsen oder Einrichtungen zur Verbindung von Fahrzeugen –, oder die Verkehrssicherheit des Fahrzeugs durch die Ladung oder die Besetzung wesentlich litt,

5.27 Kraftfahrzeug (außer Mofa) oder Anhänger in Betrieb genommen, dessen Reifen keine ausreichenden Profilrillen oder Einschnitte oder keine ausreichende Profil- oder Einschnittiefe besaßen,

5.28 als Halter die Inbetriebnahme eines Kraftfahrzeugs (außer Mofa) oder Anhängers angeordnet oder zugelassen, dessen Reifen keine ausreichenden Profilrillen oder Einschnitte oder keine ausreichende Profil- oder Einschnittiefe besaßen,

5.29 als Fahrzeugführer vor dem Rechtsabbiegen bei roter Lichtzeichenanlage mit grünem Pfeilschild nicht angehalten,

5.30 beim Rechtsabbiegen mit grünem Pfeilschild den freigegebenen Fahrzeugverkehr, Fußgängerverkehr oder den Fahrradverkehr auf Radwegfurten behindert oder gefährdet,

5.31 Kraftfahrzeug in Betrieb genommen, das nicht mit dem vorgeschriebenen Geschwindigkeitsbegrenzer ausgerüstet war oder den Geschwindigkeitsbegrenzer auf unzulässige Geschwindigkeit eingestellt oder nicht benutzt, auch wenn es sich um ein ausländisches Kraftfahrzeug handelt,

5.32 als Halter die Inbetriebnahme eines Kraftfahrzeuges angeordnet oder zugelassen, das nicht mit dem vorgeschriebenen Geschwindigkeitsbegrenzer ausgerüstet war oder dessen Geschwindigkeitsbegrenzer auf unzulässige Geschwindigkeit eingestellt war oder nicht benutzt wurde;

6   mit zwei Punkten folgende Ordnungswidrigkeiten:

6.1 (gestrichen)

6.2 gegen das Rechtsfahrgebot verstoßen bei Gegenverkehr, beim Überholtwerden, an Kuppen, in Kurven oder bei Unübersichtlichkeit und dadurch einen anderen gefährdet,

6.3 beim Führen von kennzeichnungspflichtigen Kraftfahrzeugen mit gefährlichen Gütern oder von Kraftomnibussen mit Fahrgästen zulässige Höchstgeschwindigkeit überschritten um mehr als 20 km/h, außer in den in Nummer 4.3 und 5.4 genannten Fällen,

6.4 erforderlichen Abstand von einem vorausfahrenden Fahrzeug nicht eingehalten bei einer Geschwindigkeit von mehr als 80 km/h, gefahren mit einem Abstand von weniger als vier Zehntel des halben Tachowertes, oder bei einer Geschwindigkeit von mehr als 130 km/h, gefahren mit einem Abstand von weniger als fünf Zehntel des halben Tachowertes,

6.5 zum Überholen ausgeschert und dadurch nachfolgenden Verkehr gefährdet,

6.6 abgebogen, ohne Fahrzeug durchfahren zu lassen und dadurch einen anderen gefährdet,

6.7 beim Abbiegen auf einen Fußgänger keine besondere Rücksicht genommen und ihn dadurch gefährdet, oder beim Abbiegen in ein Grundstück, beim Wenden oder Rückwärtsfahren einen anderen gefährdet,

6.8 liegengebliebenes mehrspuriges Fahrzeug nicht oder nicht wie vorgeschrieben abgesichert, beleuchtet oder kenntlich gemacht und dadurch einen anderen gefährdet,

6.9 auf Autobahnen oder Kraftfahrstraßen Fahrzeug geparkt,

6.10 Seitenstreifen von Autobahnen oder Kraftfahrstraßen zum Zweck des schnelleren Vorwärtskommens benutzt,

6.11 bei an einer Haltestelle (Zeichen 224 der Straßenverkehrs-Ordnung) haltendem Omnibus des Linienverkehrs, haltender Straßenbahn oder haltendem gekennzeichnetem Schulbus mit ein- oder aussteigenden Fahrgästen bei Vorbeifahrt rechts Schrittgeschwindigkeit oder ausreichenden Abstand nicht eingehalten, oder obwohl nötig, nicht angehalten und dadurch einen Fahrgast gefährdet oder behindert (soweit nicht Nummer 4.3 oder 5.4),

6.12 bei an einer Haltestelle (Zeichen 224 der Straßenverkehrs-Ordnung) haltendem Omnibus des Linienverkehrs oder gekennzeichnetem Schulbus mit eingeschaltetem Warnblinklicht bei Vorbeifahrt Schrittgeschwindigkeit oder ausreichenden Abstand nicht eingehalten oder, obwohl nötig, nicht angehalten und dadurch einen Fahrgast gefährdet oder behindert (soweit nicht Nummer 4.3 oder 5.4),

6.13 als Halter Fahrzeug zur Haupt- oder Zwischenuntersuchung oder Bremsensonderuntersuchung nicht angemeldet oder vorgeführt bei einer Fristüberschreitung des Anmelde- oder Vorführtermins um mehr als acht Monate oder als Halter den Geschwindigkeitsbegrenzer in den vorgeschriebenen Fällen nicht prüfen lassen, wenn seit fällig gewordener Prüfung mehr als ein Monat vergangen ist;

7 mit einem Punkt alle übrigen Ordnungswidrigkeiten.

Verordnung über die Erteilung einer Verwarnung, Regelsätze für Geldbußen und die Anordnung eines Fahrverbots wegen Ordnungswidrigkeiten im Straßenverkehr (Bußgeldkatalog-Verordnung – BKatV)

Vom 13. November 2001 (BGBl. I S. 3033)

Geändert durch
Verordnung vom 14. Dezember 2001 (BGBl. I S. 3783)

Auf Grund des § 26a des Straßenverkehrsgesetzes in der im Bundesgesetzblatt Teil III, Gliederungsnummer 9231-1, veröffentlichten bereinigten Fassung, der durch Artikel 1 Nr. 7 des Gesetzes vom 19. März 2001 (BGBl. I S. 386) neu gefasst worden ist, verordnet das Bundesministerium für Verkehr, Bau- und Wohnungswesen:

§ 1   Bußgeldkatalog

(1) Bei Ordnungswidrigkeiten nach den §§ 24 und 24a des Straßenverkehrsgesetzes, die in der Anlage zu dieser Verordnung (Bußgeldkatalog – BKat) aufgeführt sind, ist eine Geldbuße nach den dort bestimmten Beträgen festzusetzen. Bei Ordnungswidrigkeiten nach § 24 des Straßenverkehrsgesetzes, bei denen im Bußgeldkatalog ein Regelsatz bis zu 35 Euro bestimmt ist, ist ein entsprechendes Verwarnungsgeld zu erheben.

(2) Die im Bußgeldkatalog bestimmten Beträge sind Regelsätze, die von fahrlässiger Begehung und gewöhnlichen Tatumständen ausgehen.

§ 2   Verwarnung

(1) Die Verwarnung muss mit einem Hinweis auf die Verkehrszuwiderhandlung verbunden sein.

(2) Bei unbedeutenden Ordnungswidrigkeiten nach § 24 des Straßenverkehrsgesetzes kommt eine Verwarnung ohne Verwarnungsgeld in Betracht.

(3) Das Verwarnungsgeld wird in Höhe von 5, 10, 15, 20, 25, 30 und 35 Euro erhoben.

(4) Bei Fußgängern soll das Verwarnungsgeld in der Regel 5 Euro, bei Radfahrern 10 Euro betragen, sofern der Bußgeldkatalog nichts anderes bestimmt.

(5) Ist im Bußgeldkatalog ein Regelsatz für das Verwarnungsgeld von mehr als 20 Euro vorgesehen, so kann er bei offenkundig außergewöhnlich schlechten wirtschaftlichen Verhältnissen des Betroffenen bis auf 20 Euro ermäßigt werden.

(6) Werden durch dieselbe Handlung mehrere geringfügige Ordnungswidrigkeiten begangen, für die eine Verwarnung mit Verwarnungsgeld in Betracht kommt, so wird nur ein Verwarnungsgeld, und zwar das höchste der in Betracht kommenden, erhoben.

(7) Hat der Betroffene durch mehrere Handlungen geringfügige Ordnungswidrigkeiten begangen oder gegen dieselbe Vorschrift mehrfach verstoßen, so sind die einzelnen Verstöße getrennt zu verwarnen.

(8) In den Fällen der Absätze 6 und 7 ist jedoch zu prüfen, ob die Handlung oder die Handlungen insgesamt noch geringfügig sind.

§ 3 Bußgeldregelsätze

(1) Etwaige Eintragungen des Betroffenen im Verkehrszentralregister sind im Bußgeldkatalog nicht berücksichtigt, soweit nicht in den Nummern 241.1, 241.2, 242.1 und 242.2 des Bußgeldkatalogs etwas anderes bestimmt ist.

(2) Wird ein Tatbestand der Nummer 198.1 in Verbindung mit der Tabelle 3 des Anhangs oder der Nummern 212, 214 oder 214.1 bis 214.3 des Bußgeldkatalogs, für den ein Regelsatz von mehr als 35 Euro vorgesehen ist, vom Halter eines Kraftfahrzeugs verwirklicht, so ist derjenige Regelsatz anzuwenden, der in diesen Fällen für das Anordnen oder Zulassen der Inbetriebnahme eines Kraftfahrzeugs durch den Halter vorgesehen ist.

(3) Die Regelsätze, die einen Betrag von mehr als 35 Euro vorsehen, erhöhen sich bei Vorliegen einer Gefährdung oder Sachbeschädigung nach der Tabelle 4 des Anhangs, soweit diese Merkmale oder eines dieser Merkmale nicht bereits im Tatbestand des Bußgeldkatalogs enthalten sind.

(4) Wird von dem Führer eines kennzeichnungspflichtigen Kraftfahrzeugs mit gefährlichen Gütern oder eines Kraftomnibusses mit Fahrgästen ein Tatbestand
1.   der Nummern 8, 15, 19, 19.1, 19.1.1, 21, 21.1, 212, 214, 214.1 bis 214.3 oder
2.   der Nummern 12.5 oder 12.6, jeweils in Verbindung mit der Tabelle 2 des Anhangs, oder
3.   der Nummern 198.1 oder 198.2, jeweils in Verbindung mit der Tabelle 3 des Anhangs,
des Bußgeldkatalogs verwirklicht, so erhöht sich der dort genannte Regelsatz, sofern dieser einen Betrag von mehr als 35 Euro vorsieht, auch in den Fällen des Absatzes 3, jeweils um die Hälfte, höchstens jedoch auf 475 Euro. Der nach Satz 1 erhöhte Regelsatz ist auch anzuwenden, wenn der Halter die Inbetriebnahme eines kennzeichnungspflichtigen Kraftfahrzeugs mit gefährlichen Gütern oder eines Kraftomnibusses mit Fahrgästen in den Fällen
1.   der Nummern 189.1, 189.2, 189.2.1 bis 189.2.3, 189.3, 213 oder
2.   der Nummern 199.1 oder 199.2, jeweils in Verbindung mit der Tabelle 3 des Anhangs,
des Bußgeldkatalogs anordnet oder zulässt.

(5) Werden durch eine Handlung mehrere Tatbestände des Bußgeldkatalogs verwirklicht, die jeweils einen Bußgeldregelsatz von mehr als 35 Euro

vorsehen, so ist nur ein Regelsatz, bei unterschiedlichen Regelsätzen der höchste, anzuwenden. Dieser kann angemessen erhöht werden, höchstens jedoch auf 475 Euro.

(6) Bei Ordnungswidrigkeiten nach § 24 des Straßenverkehrsgesetzes, die von nicht motorisierten Verkehrsteilnehmern begangen werden, ist, sofern der Bußgeldregelsatz mehr als 35 Euro beträgt und der Bußgeldkatalog nicht besondere Tatbestände für diese Verkehrsteilnehmer enthält, der Regelsatz um die Hälfte zu ermäßigen. Beträgt der nach Satz 1 ermäßigte Regelsatz weniger als 40 Euro, so soll eine Geldbuße nur festgesetzt werden, wenn eine Verwarnung mit Verwarnungsgeld nicht erteilt werden kann.

§ 4 Regelfahrverbot

(1) Bei Ordnungswidrigkeiten nach § 24 des Straßenverkehrsgesetzes kommt die Anordnung eines Fahrverbots (§ 25 Abs. 1 Satz 1 des Straßenverkehrsgesetzes) wegen grober Verletzung der Pflichten eines Kraftfahrzeugführers in der Regel in Betracht, wenn ein Tatbestand

1. der Nummern 9.1 bis 9.3, der Nummern 11.1 bis 11.3, jeweils in Verbindung mit der Tabelle 1 des Anhangs,
2. der Nummern 12.5.4 oder 12.5.5 der Tabelle 2 des Anhangs, soweit die Geschwindigkeit mehr als 100 km/h beträgt, oder der Nummern 12.6.4 oder 12.6.5 der Tabelle 2 des Anhangs,
3. der Nummern 19.1.1, 21.1 oder 83.3 oder
4. der Nummern 132.1, 132.2 oder 132.2.1

des Bußgeldkatalogs verwirklicht wird. Wird in diesen Fällen ein Fahrverbot angeordnet, so ist in der Regel die dort bestimmte Dauer festzusetzen.

(2) Wird ein Fahrverbot wegen beharrlicher Verletzung der Pflichten eines Kraftfahrzeugführers zum ersten Mal angeordnet, so ist seine Dauer in der Regel auf einen Monat festzusetzen. Ein Fahrverbot kommt in der Regel in Betracht, wenn gegen den Führer eines Kraftfahrzeugs wegen einer Geschwindigkeitsüberschreitung von mindestens 26 km/h bereits eine Geldbuße rechtskräftig festgesetzt worden ist und er innerhalb eines Jahres seit Rechtskraft der Entscheidung eine weitere Geschwindigkeitsüberschreitung von mindestens 26 km/h begeht.

(3) Bei Ordnungswidrigkeiten nach § 24a des Straßenverkehrsgesetzes ist ein Fahrverbot (§ 25 Abs. 1 Satz 2 des Straßenverkehrsgesetzes) in der Regel mit der in den Nummern 241, 241.1, 241.2, 242, 242.1 und 242.2 des Bußgeldkatalogs vorgesehenen Dauer anzuordnen.

(4) Wird von der Anordnung eines Fahrverbots ausnahmsweise abgesehen, so soll das für den betreffenden Tatbestand als Regelsatz vorgesehene Bußgeld angemessen erhöht werden.

§ 5 Inkrafttreten, Außerkrafttreten

Diese Verordnung tritt am 1. Januar 2002 in Kraft. Gleichzeitig tritt die Bußgeldkatalog-Verordnung vom 4. Juli 1989 (BGBl. I S. 1305, 1447), zuletzt geändert durch Artikel 6 des Gesetzes vom 19. März 2001 (BGBl. I S. 386), außer Kraft.

Anlage (zu § 1 Abs. 1)

Geändert durch VO v. 14. 12. 2001 (BGBl. I S. 3783).

Bußgeldkatalog (BKat)

Lfd. Nr.	Tatbestand	StVO	Regelsatz in Euro (€), Fahrverbot in Monaten
	A. Zuwiderhandlungen gegen § 24 StVG		
	a) Straßenverkehrs-Ordnung		
	Grundregeln		
1	Durch Außer-Acht-Lassen der im Verkehr erforderlichen Sorgfalt	§ 1 Abs. 2 § 49 Abs. 1 Nr. 1	
1.1	einen anderen mehr als nach den Umständen unvermeidbar belästigt		10
1.2	einen anderen mehr als nach den Umständen unvermeidbar behindert		20
1.3	einen anderen gefährdet		30
1.4	einen anderen geschädigt, soweit im Folgenden nichts anderes bestimmt ist		35
	Straßenbenutzung durch Fahrzeuge		
2	Vorschriftswidrig Gehweg, Seitenstreifen (außer auf Autobahnen oder Kraftfahrstraßen), Verkehrsinsel oder Grünanlage benutzt	§ 2 Abs. 1 § 49 Abs. 1 Nr. 2	5
2.1	– mit Behinderung	§ 2 Abs. 1 § 1 Abs. 2 § 49 Abs. 1 Nr. 1, 2	10
2.2	– mit Gefährdung		20
3	Gegen das Rechtsfahrgebot verstoßen durch Nichtbenutzen		
3.1	der rechten Fahrbahnseite	§ 2 Abs. 2 § 49 Abs. 1 Nr. 2	10
3.1.1	– mit Behinderung	§ 2 Abs. 2 § 1 Abs. 2 § 49 Abs. 1 Nr. 1, 2	20
3.2	des rechten Fahrstreifens (außer auf Autobahnen oder Kraftfahrstraßen) und dadurch einen anderen behindert	§ 2 Abs. 2 § 1 Abs. 2 § 49 Abs. 1 Nr. 1, 2	20
3.3	der rechten Fahrbahn bei zwei getrennten Fahrbahnen	§ 2 Abs. 2 § 49 Abs. 1 Nr. 2	25
3.3.1	– mit Gefährdung	§ 2 Abs. 2 § 1 Abs. 2 § 49 Abs. 1 Nr. 1, 2	35
3.4	eines markierten Schutzstreifens als Radfahrer	§ 2 Abs. 2 § 49 Abs. 1 Nr. 2	10

Lfd. Nr.	Tatbestand	StVO	Regelsatz in Euro (€), Fahrverbot in Monaten
3.4.1	– mit Behinderung	§ 2 Abs. 2 § 1 Abs. 2 § 49 Abs. 1 Nr. 1, 2	15
3.4.2	– mit Gefährdung		20
3.4.3	– mit Sachbeschädigung		25
4	Gegen das Rechtsfahrgebot verstoßen	§ 2 Abs. 2 § 1 Abs. 2 § 49 Abs. 1 Nr. 1, 2	
4.1	bei Gegenverkehr, beim Überholtwerden, an Kuppen, in Kurven oder bei Unübersichtlichkeit und dadurch einen anderen gefährdet		40
4.2	auf Autobahnen oder Kraftfahrstraßen und dadurch einen anderen behindert		40
5	Schienenbahn nicht durchfahren lassen	§ 2 Abs. 3 § 49 Abs. 1 Nr. 2	5
6	Als Führer eines kennzeichnungspflichtigen Kraftfahrzeugs mit gefährlichen Gütern bei Sichtweite unter 50 m durch Nebel, Schneefall oder Regen oder bei Schneeglätte oder Glatteis sich nicht so verhalten, dass die Gefährdung eines anderen ausgeschlossen war, insbesondere, obwohl nötig, nicht den nächsten geeigneten Platz zum Parken aufgesucht	§ 2 Abs. 3a § 49 Abs. 1 Nr. 2	75
7	Als Radfahrer oder Mofafahrer		
7.1	Radweg (Zeichen 237, 240, 241) nicht benutzt oder in nicht zugelassener Richtung befahren	§ 2 Abs. 4 Satz 2 § 41 Abs. 2 Nr. 5 Satz 6 Buchstabe b § 49 Abs. 1 Nr. 2, Abs. 3 Nr. 4	15
7.1.1	– mit Behinderung	§ 2 Abs. 4 Satz 2 § 1 Abs. 2 § 41 Abs. 2 Nr. 5 Satz 6 Buchstabe b § 49 Abs. 1 Nr. 1, 2, Abs. 3 Nr. 4	20
7.1.2	– mit Gefährdung		25
7.1.3	– mit Sachbeschädigung		30
7.2	Fahrbahn, Radweg oder Seitenstreifen nicht vorschriftsmäßig benutzt	§ 2 Abs. 4 Satz 1, 4, 5 § 49 Abs. 1 Nr. 2	10
7.2.1	– mit Behinderung	§ 2 Abs. 4 Satz 1, 4, 5 § 1 Abs. 2 § 49 Abs. 1 Nr. 1, 2	15
7.2.2	– mit Gefährdung		20
7.2.3	– mit Sachbeschädigung		25

Lfd. Nr.	Tatbestand	StVO	Regelsatz in Euro (€), Fahrverbot in Monaten

Geschwindigkeit

Lfd. Nr.	Tatbestand	StVO	Regelsatz in Euro (€), Fahrverbot in Monaten
8	Mit zu hoher, nicht angepasster Geschwindigkeit gefahren trotz angekündigter Gefahrenstelle, bei Unübersichtlichkeit, an Straßenkreuzungen, Straßeneinmündungen, Bahnübergängen oder bei schlechten Sicht- oder Wetterverhältnissen (z. B. Nebel, Glatteis)	§ 3 Abs. 1 Satz 1, 2, 4, 5 § 19 Abs. 1 Satz 2 § 49 Abs. 1 Nr. 3, 19 Buchstabe a	50
9	Festgesetzte Höchstgeschwindigkeit bei Sichtweite unter 50 m durch Nebel, Schneefall oder Regen überschritten	§ 3 Abs. 1 Satz 3 § 49 Abs. 1 Nr. 3	50
9.1	um mehr als 20 km/h mit einem Kraftfahrzeug der in § 3 Abs. 3 Nr. 2 Buchstabe a oder b StVO genannten Art		Tabelle 1 Buchstabe a
9.2	um mehr als 15 km/h mit kennzeichnungspflichtigen Kraftfahrzeugen der in Nr. 9.1 genannten Art mit gefährlichen Gütern oder Kraftomnibussen mit Fahrgästen		Tabelle 1 Buchstabe b
9.3	um mehr als 25 km/h innerorts oder 30 km/h außerorts mit anderen als den in Nr. 9.1 oder 9.2 genannten Kraftfahrzeugen		Tabelle 1 Buchstabe c
10	Als Fahrzeugführer ein Kind, einen Hilfsbedürftigen oder älteren Menschen gefährdet, insbesondere durch nicht ausreichend verminderte Geschwindigkeit, mangelnde Bremsbereitschaft oder unzureichenden Seitenabstand beim Vorbeifahren oder Überholen	§ 3 Abs. 2a § 49 Abs. 1 Nr. 3	60
11	Zulässige Höchstgeschwindigkeit überschritten mit	§ 3 Abs. 3 Satz 1, Abs. 4 § 49 Abs. 1 Nr. 3 § 18 Abs. 5 Satz 2 § 49 Abs. 1 Nr. 18 § 20 Abs. 2 Satz 1, Abs. 4 Satz 1, 2 § 49 Abs. 1 Nr. 19 Buchstabe b § 41 Abs. 2 Nr. 5 Satz 6 Buchstabe e, Satz 7 Nr. 2 Satz 1 (Zeichen 239 oder 242 mit Zusatzschild, das den Fahrzeug- verkehr zulässt)	

Lfd. Nr.	Tatbestand	StVO	Regelsatz in Euro (€), Fahrverbot in Monaten
		§ 49 Abs. 3 Nr. 4 § 41 Abs. 2 Nr. 7 (Zeichen 274 oder 274.1, 274.2) § 49 Abs. 3 Nr. 4 § 42 Abs. 4a Nr. 2 (Zeichen 325) § 49 Abs. 3 Nr. 5	
11.1	Kraftfahrzeugen der in § 3 Abs. 3 Nr. 2 Buchstabe a oder b StVO genannten Art		Tabelle 1 Buchstabe a
11.2	kennzeichnungspflichtigen Kraftfahrzeugen der in Nr. 11.1 genannten Art mit gefährlichen Gütern oder Kraftomnibussen mit Fahrgästen		Tabelle 1 Buchstabe b
11.3	anderen als den in Nr. 11.1 oder 11.2 genannten Kraftfahrzeugen		Tabelle 1 Buchstabe c
	Abstand		
12	Erforderlichen Abstand von einem vorausfahrenden Fahrzeug nicht eingehalten	§ 4 Abs. 1 Satz 1 § 49 Abs. 1 Nr. 4	
12.1	bei einer Geschwindigkeit bis 80 km/h		25
12.2	– mit Gefährdung	§ 4 Abs. 1 Satz 1 § 1 Abs. 2 § 49 Abs. 1 Nr. 1, 4	30
12.3	– mit Sachbeschädigung		35
12.4	bei einer Geschwindigkeit von mehr als 80 km/h, sofern der Abstand in Metern nicht weniger als ein Viertel des Tachowertes betrug	§ 4 Abs. 1 Satz 1 § 49 Abs. 1 Nr. 4	35
12.5	bei einer Geschwindigkeit von mehr als 80 km/h, sofern der Abstand in Metern weniger als ein Viertel des Tachowertes betrug		Tabelle 2 Buchstabe a
12.6	bei einer Geschwindigkeit von mehr als 130 km/h, sofern der Abstand in Metern weniger als ein Viertel des Tachowertes betrug		Tabelle 2 Buchstabe b
13	Als Vorausfahrender ohne zwingenden Grund stark gebremst		
13.1	– mit Gefährdung	§ 4 Abs. 1 Satz 2 § 1 Abs. 2 § 49 Abs. 1 Nr. 1, 4	20
13.2	– mit Sachbeschädigung		30
14	Den zum Einscheren erforderlichen Abstand von dem vorausfahrenden Fahrzeug außerhalb geschlossener Ortschaften nicht eingehalten	§ 4 Abs. 2 Satz 1 § 49 Abs. 1 Nr. 4	25

Lfd. Nr.	Tatbestand	StVO	Regelsatz in Euro (€), Fahrverbot in Monaten
15	Mit Lastkraftwagen (zulässiges Gesamtgewicht über 3,5 t) oder Kraftomnibus bei einer Geschwindigkeit von mehr als 50 km/h auf einer Autobahn Mindestabstand von 50 m von einem vorausfahrenden Fahrzeug nicht eingehalten	§ 4 Abs. 3 § 49 Abs. 1 Nr. 4	50
	Überholen		
16	Innerhalb geschlossener Ortschaften rechts überholt	§ 5 Abs. 1 § 49 Abs. 1 Nr. 5	30
16.1	– mit Sachbeschädigung	§ 5 Abs. 1 § 1 Abs. 2 § 49 Abs. 1 Nr. 1, 5	35
17	Außerhalb geschlossener Ortschaften rechts überholt	§ 5 Abs. 1 § 49 Abs. 1 Nr. 5	50
18	Mit nicht wesentlich höherer Geschwindigkeit als der zu Überholende überholt	§ 5 Abs. 2 Satz 2 § 49 Abs. 1 Nr. 5	30
18.1	– mit Sachbeschädigung	§ 5 Abs. 2 Satz 2 § 1 Abs. 2 § 49 Abs. 1 Nr. 1, 5	35
19	Überholt, obwohl nicht übersehen werden konnte, dass während des ganzen Überholvorgangs jede Behinderung des Gegenverkehrs ausgeschlossen war, oder bei unklarer Verkehrslage	§ 5 Abs. 2 Satz 1, Abs. 3 Nr. 1 § 49 Abs. 1 Nr. 5	50
19.1	und dabei Verkehrszeichen (Zeichen 276, 277) nicht beachtet oder Fahrstreifenbegrenzung (Zeichen 295, 296) überquert oder überfahren oder der durch Pfeile vorgeschriebenen Fahrtrichtung (Zeichen 297) nicht gefolgt	§ 5 Abs. 2 Satz 1, Abs. 3 Nr. 2 § 49 Abs. 1 Nr. 5	75
19.1.1	mit Gefährdung oder Sachbeschädigung	§ 5 Abs. 2 Satz 1, Abs. 3 Nr. 2 § 1 Abs. 2 § 49 Abs. 1 Nr. 1, 5	125 *Fahrverbot 1 Monat*
20	Überholt unter Nichtbeachten von Verkehrszeichen (Zeichen 276, 277)	§ 5 Abs. 3 Nr. 2 § 49 Abs. 1 Nr. 5	40
21	Mit einem Kraftfahrzeug mit einem zulässigen Gesamtgewicht über 7,5 t überholt, obwohl die Sichtweite durch Nebel, Schneefall oder Regen weniger als 50 m betrug	§ 5 Abs. 3a § 49 Abs. 1 Nr. 5	75
21.1	mit Gefährdung oder Sachbeschädigung	§ 5 Abs. 3a § 1 Abs. 2 § 49 Abs. 1 Nr. 1, 5	125 *Fahrverbot 1 Monat*
22	Zum Überholen ausgeschert und dadurch nachfolgenden Verkehr gefährdet	§ 5 Abs. 4 Satz 1 § 49 Abs. 1 Nr. 5	40

Lfd. Nr.	Tatbestand	StVO	Regelsatz in Euro (€), Fahrverbot in Monaten
23	Beim Überholen ausreichenden Seitenabstand zu einem anderen Verkehrsteilnehmer nicht eingehalten	§ 5 Abs. 4 Satz 2 § 49 Abs. 1 Nr. 5	30
23.1	– mit Sachbeschädigung	§ 5 Abs. 4 Satz 2 § 1 Abs. 2 § 49 Abs. 1 Nr. 1, 5	35
24	Nach dem Überholen nicht sobald wie möglich wieder nach rechts eingeordnet	§ 5 Abs. 4 Satz 3, § 49 Abs. 1 Nr. 5	10
25	Nach dem Überholen beim Einordnen einen Überholten behindert	§ 5 Abs. 4 Satz 4 § 49 Abs. 1 Nr. 5	20
26	Beim Überholtwerden Geschwindigkeit erhöht	§ 5 Abs. 6 Satz 1 § 49 Abs. 1 Nr. 5	30
27	Als Führer eines langsameren Fahrzeugs Geschwindigkeit nicht ermäßigt oder nicht gewartet, um mehreren unmittelbar folgenden Fahrzeugen das Überholen zu ermöglichen	§ 5 Abs. 6 Satz 2 § 49 Abs. 1 Nr. 5	10
28	Vorschriftswidrig links überholt, obwohl der Fahrer des vorausfahrenden Fahrzeugs die Absicht, nach links abzubiegen, angekündigt und sich eingeordnet hatte	§ 5 Abs. 7 Satz 1 § 49 Abs. 1 Nr. 5	25
28.1	– mit Sachbeschädigung	§ 5 Abs. 7 Satz 1 § 1 Abs. 2 § 49 Abs. 1 Nr. 1, 5	30
	Fahrtrichtungsanzeiger		
29	Fahrtrichtungsanzeiger nicht wie vorgeschrieben benutzt	§ 5 Abs. 4a § 49 Abs. 1 Nr. 5 § 6 Satz 2 § 49 Abs. 1 Nr. 6 § 7 Abs. 5 Satz 2 § 49 Abs. 1 Nr. 7 § 9 Abs. 1 Satz 1 § 49 Abs. 1 Nr. 9 § 10 Satz 2 § 49 Abs. 1 Nr. 10 § 42 Abs. 2 (Zusatzschild zum Zeichen306) § 49 Abs. 3 Nr. 5	10
	Vorbeifahren		
30	An einem haltenden Fahrzeug, einer Absperrung oder einem sonstigen Hindernis auf der Fahrbahn links vorbeigefahren, ohne ein entgegenkommendes Fahrzeug durchfahren zu lassen	§ 6 Satz 1 § 49 Abs. 1 Nr. 6	20

Lfd. Nr.	Tatbestand	StVO	Regelsatz in Euro (€), Fahrverbot in Monaten
30.1	– mit Gefährdung	§ 6 Abs. 1 § 1 Abs. 2 § 49 Abs. 1 Nr. 1, 6	30
30.2	– mit Sachbeschädigung		35
	Benutzung von Fahrstreifen durch Kraftfahrzeuge		
31	Fahrstreifen gewechselt und dadurch einen anderen gefährdet	§ 7 Abs. 5 Satz 1 § 49 Abs. 1 Nr. 7	30
31.1	– mit Sachbeschädigung	§ 7 Abs. 5 Satz 1 § 1 Abs. 2 § 49 Abs. 1 Nr. 1, 7	35
	Vorfahrt		
32	Als Wartepflichtiger an eine bevorrechtigte Straße nicht mit mäßiger Geschwindigkeit herangefahren	§ 8 Abs. 2 Satz 1 § 49 Abs. 1 Nr. 8	10
33	Vorfahrt nicht beachtet und dadurch einen Vorfahrtberechtigten wesentlich behindert	§ 8 Abs. 2 Satz 2 § 49 Abs. 1 Nr. 8	25
34	Vorfahrt nicht beachtet und dadurch einen Vorfahrtberechtigten gefährdet	§ 8 Abs. 2 Satz 2 § 49 Abs. 1 Nr. 8	50
	Abbiegen, Wenden, Rückwärtsfahren		
35	Abgebogen, ohne sich ordnungsgemäß oder rechtzeitig eingeordnet oder ohne vor dem Einordnen oder Abbiegen auf den nachfolgenden Verkehr geachtet zu haben	§ 9 Abs. 1 Satz 2, 4 § 49 Abs. 1 Nr. 9	10
35.1	– mit Gefährdung	§ 9 Abs. 1 Satz 2, 4 § 1 Abs. 2 § 49 Abs. 1 Nr. 1, 9	30
35.2	– mit Sachbeschädigung		35
36	Als Linksabbieger auf längs verlegten Schienen eingeordnet und dadurch ein Schienenfahrzeug behindert	§ 9 Abs. 1 Satz 3 § 49 Abs. 1 Nr. 9	5
37	Als auf der Fahrbahn abbiegender Radfahrer bei ausreichendem Raum nicht an der rechten Seite des in gleicher Richtung abbiegenden Fahrzeugs geblieben	§ 9 Abs. 2 Satz 1 § 49 Abs. 1 Nr. 9	10
37.1	– mit Behinderung	§ 9 Abs. 2 Satz 1 § 1 Abs. 2 § 49 Abs. 1 Nr. 1, 9	15
37.2	– mit Gefährdung		20
37.3	– mit Sachbeschädigung		25
38	Als nach links abbiegender Radfahrer nicht abgestiegen, obwohl es die Verkehrslage erforderte, oder Radverkehrsführungen nicht gefolgt	§ 9 Abs. 2 Satz 4, 5 § 49 Abs. 1 Nr. 9	10

Lfd. Nr.	Tatbestand	StVO	Regelsatz in Euro (€), Fahrverbot in Monaten
38.1	– mit Behinderung	§ 9 Abs. 2 Satz 4, 5 § 1 Abs. 2 § 49 Abs. 1 Nr. 1, 9	15
38.2	– mit Gefährdung		20
38.3	– mit Sachbeschädigung		25
39	Abgebogen, ohne Fahrzeug durchfahren zu lassen	§ 9 Abs. 3 Satz 1, 2, Abs. 4 Satz 1 § 49 Abs. 1 Nr. 9	10
40	Abgebogen, ohne Fahrzeug durchfahren zu lassen, und dadurch einen anderen gefährdet	§ 9 Abs. 3 Satz 1, 2 Abs. 4 Satz 1 § 1 Abs. 2 § 49 Abs. 1 Nr. 1, 9	40
41	Beim Abbiegen auf einen Fußgänger keine besondere Rücksicht genommen und ihn dadurch gefährdet	§ 9 Abs. 3 Satz 3 § 1 Abs. 2 § 49 Abs. 1 Nr. 1, 9	40
42	Beim Linksabbiegen nicht voreinander abgebogen	§ 9 Abs. 4 Satz 2 § 49 Abs. 1 Nr. 9	10
43	Beim Linksabbiegen nicht voreinander abgebogen und dadurch einen anderen gefährdet	§ 9 Abs. 4 Satz 2 § 1 Abs. 2 § 49 Abs. 1 Nr. 1, 9	40
44	Beim Abbiegen in ein Grundstück, beim Wenden oder Rückwärtsfahren einen anderen Verkehrsteilnehmer gefährdet	§ 9 Abs. 5 § 49 Abs. 1 Nr. 9	50
	Kreisverkehr		
45	Innerhalb des Kreisverkehrs auf der Fahrbahn		
45.1	gehalten	§ 9a Abs. 1 Satz 3 § 49 Abs. 1 Nr. 9a	10
45.1.1	– mit Behinderung	§ 9a Abs. 1 Satz 3 § 1 Abs. 2 § 49 Abs. 1 Nr. 1, 9a	15
45.2	geparkt	§ 9a Abs. 1 Satz 3 § 49 Abs. 1 Nr. 9a	15
45.2.1	– mit Behinderung	§ 9a Abs. 1 Satz 3 § 1 Abs. 2 § 49 Abs. 1 Nr. 1, 9a	25
46	Als Berechtigter beim Überfahren der Mittelinsel im Kreisverkehr einen anderen gefährdet	§ 9a Abs. 2 Satz 2 Halbsatz 2 § 49 Abs. 1 Nr. 9a	35

Lfd. Nr.	Tatbestand	StVO	Regelsatz in Euro (€), Fahrverbot in Monaten

Einfahren und Anfahren

47	Aus einem Grundstück, einem Fußgängerbereich (Zeichen 242, 243), einem verkehrsberuhigten Bereich (Zeichen 325, 326) auf die Straße oder von einem anderen Straßenteil oder über einen abgesenkten Bordstein hinweg auf die Fahrbahn eingefahren oder vom Fahrbahnrand angefahren und dadurch einen anderen gefährdet	§ 10 Satz 1 § 49 Abs. 1 Nr. 10	30
47.1	– mit Sachbeschädigung	§ 10 Satz 1 § 1 Abs. 2 § 49 Abs. 1 Nr. 1, 10	35
48	Beim Fahren in eine oder aus einer Parklücke stehendes Fahrzeug beschädigt	§ 10 Satz 1 § 1 Abs. 2 § 49 Abs. 1 Nr. 1, 10	20

Besondere Verkehrslagen

49	Trotz stockenden Verkehrs in eine Kreuzung oder Einmündung eingefahren und dadurch einen anderen behindert	§ 11 Abs. 1 Satz 1 § 1 Abs. 2 § 49 Abs. 1 Nr. 1, 11	20
50	Bei stockendem Verkehr auf einer Autobahn oder Außerortsstraße für die Durchfahrt von Polizei- oder Hilfsfahrzeugen eine vorschriftsmäßige Gasse nicht gebildet	§ 11 Abs. 2 § 49 Abs. 1 Nr. 11	20

Halten und Parken

51	Unzulässig gehalten		
51.1	in den in § 12 Abs. 1 genannten Fällen	§ 12 Abs. 1 § 49 Abs. 1 Nr. 12	10
51.1.1	– mit Behinderung	§ 12 Abs. 1 § 1 Abs. 2 § 49 Abs. 1 Nr. 1, 12	15
51.2	in „zweiter Reihe"	§ 12 Abs. 4 Satz 1, 2 Halbsatz 2 § 49 Abs. 1 Nr. 12	15
51.2.1	– mit Behinderung	§ 12 Abs. 4 Satz 1, 2 Halbsatz 2 § 1 Abs. 2 § 49 Abs. 1 Nr. 1, 12	20

Lfd. Nr.	Tatbestand	StVO	Regelsatz in Euro (€), Fahrverbot in Monaten
52	Unzulässig geparkt (§ 12 Abs. 2 StVO) in den Fällen, in denen § 12 Abs. 1 Nr. 1 bis 7, Nr. 9 StVO das Halten verbietet, oder auf Geh- und Radwegen	§ 12 Abs. 1 Nr. 1 bis 7, 9 Abs. 3 Nr. 8 Buchstabe c, Abs. 4a § 49 Abs. 1 Nr. 12 § 41 Abs. 2 Nr. 5 Satz 6 Buchstabe a Satz 2 (Zeichen 237) § 49 Abs. 3 Nr. 4 § 42 Abs. 4 (Zeichen 315) § 49 Abs. 3 Nr. 5	15
52.1	– mit Behinderung	§ 12 Abs. 1 Nr. 1 bis 7, 9, Abs. 3 Nr. 8 Buchstabe c, Abs. 4a § 1 Abs. 2 § 49 Abs. 1 Nr. 1, 12 § 41 Abs. 2 Nr. 5 Satz 6 Buchstabe a Satz 2 (Zeichen 237) § 1 Abs. 2 § 49 Abs. 1 Nr. 1, Abs. 3 Nr. 4 § 42 Abs. 4 (Zeichen 315) § 1 Abs. 2 § 49 Abs. 1 Nr. 1, Abs. 3 Nr. 5	25
52.2	länger als 1 Stunde	§ 12 Abs. 1 Nr. 1 bis 7, 9, Abs. 3 Nr. 8 Buchstabe c, Abs. 4a § 49 Abs. 1 Nr. 12 § 41 Abs. 2 Nr. 5 Satz 6 Buchstabe a Satz 2 (Zeichen 237) § 49 Abs. 3 Nr. 4 § 42 Abs. 4 (Zeichen 315) § 49 Abs. 3 Nr. 5	25

Lfd. Nr.	Tatbestand	StVO	Regelsatz in Euro (€), Fahrverbot in Monaten
52.2.1	– mit Behinderung	§ 12 Abs. 1 Nr. 1 bis 7, 9, Abs. 3 Nr. 8 Buchstabe c, Abs. 4a § 1 Abs. 2 § 49 Abs. 1 Nr. 1, 12 § 41 Abs. 2 Nr. 5 Satz 6 Buchstabe a Satz 2 (Zeichen 237) § 1 Abs. 2 § 49 Abs. 1 Nr. 1, Abs. 3 Nr. 4, § 42 Abs. 4 (Zeichen 315) § 1 Abs. 2 § 49 Abs. 1 Nr. 1, Abs. 3 Nr. 5	35
53	Vor oder in amtlich gekennzeichneten Feuerwehrzufahrten geparkt (§ 12 Abs. 2 StVO)	§ 12 Abs. 1 Nr. 8 § 49 Abs. 1 Nr. 12	35
54	Unzulässig geparkt (§ 12 Abs. 2 StVO) in den in § 12 Abs. 3 Nr. 1 bis 7, 8 Buchstabe a, b oder d oder Nr. 9 genannten Fällen	§ 12 Abs. 3 Nr. 1 bis 7, 8 Buchstabe a, b, d, Nr. 9 § 49 Abs. 1 Nr. 12	10
54.1	– mit Behinderung	§ 12 Abs. 3 Nr. 1 bis 7, 8 Buchstabe a, b, d, Nr. 9 § 1 Abs. 2 § 49 Abs. 1 Nr. 1, 12	15
54.2	länger als 3 Stunden	§ 12 Abs. 3 Nr. 1 bis 7, 8 Buchstabe a, b, d, Nr. 9 § 49 Abs. 1 Nr. 12	20
54.2.1	– mit Behinderung	§ 12 Abs. 3 Nr. 1 bis 7, 8 Buchstabe a, b, d, Nr. 9 § 1 Abs. 2 § 49 Abs. 1 Nr. 1, 12	30
55	Unberechtigt auf Schwerbehinderten-Parkplatz geparkt (§ 12 Abs. 2 StVO)	§ 12 Abs. 3 Nr. 8 Buchstabe c (Zeichen 315 mit Zusatzschild), Buchstabe e (Zeichen 314 mit Zusatzschild) § 49 Abs. 1 Nr. 12	35

Lfd. Nr.	Tatbestand	StVO	Regelsatz in Euro (€), Fahrverbot in Monaten
56	In einem nach § 12 Abs. 3a Satz 1 StVO geschützten Bereich während nicht zugelassener Zeiten mit einem Kraftfahrzeug über 7,5 t zulässiges Gesamtgewicht oder einem Kraftfahrzeuganhänger über 2 t zulässiges Gesamtgewicht regelmäßig geparkt (§ 12 Abs. 2 StVO)	§ 12 Abs. 3a Satz 1 § 49 Abs. 1 Nr. 12	30
57	Mit Kraftfahrzeuganhänger ohne Zugfahrzeug länger als 2 Wochen geparkt (§ 12 Abs. 2 StVO)	§ 12 Abs. 3b Satz 1 § 49 Abs. 1 Nr. 12	20
58	In „zweiter Reihe" geparkt (§ 12 Abs. 2 StVO)	§ 12 Abs. 4 Satz 1, 2 Halbsatz 2 § 49 Abs. 1 Nr. 12	20
58.1	– mit Behinderung	§ 12 Abs. 4 Satz 1, 2 Halbsatz 2 § 1 Abs. 2 § 49 Abs. 1 Nr. 1, 12	25
58.2	länger als 15 Minuten	§ 12 Abs. 4 Satz 1, 2 Halbsatz 2 § 49 Abs. 1 Nr. 12	30
58.2.1	– mit Behinderung	§ 12 Abs. 4 Satz 1, 2 Halbsatz 2 § 1 Abs. 2 § 49 Abs. 1 Nr. 1, 12	35
59	Im Fahrraum von Schienenfahrzeugen gehalten	§ 12 Abs. 4 Satz 5 § 49 Abs. 1 Nr. 12	20
59.1	– mit Behinderung	§ 12 Abs. 4 Satz 5 § 1 Abs. 2 § 49 Abs. 1 Nr. 1, 12	30
60	Im Fahrraum von Schienenfahrzeugen geparkt (§ 12 Abs. 2 StVO)	§ 12 Abs. 4 Satz 5 § 49 Abs. 1 Nr. 12	25
60.1	– mit Behinderung	§ 12 Abs. 4 Satz 5 § 1 Abs. 2 § 49 Abs. 1 Nr. 1, 12	35
61	Vorrang des Berechtigten beim Einparken in eine Parklücke nicht beachtet	§ 12 Abs. 5 § 49 Abs. 1 Nr. 12	10
62	Nicht Platz sparend gehalten oder geparkt (§ 12 Abs. 2 StVO)	§ 12 Abs. 6 § 49 Abs. 1 Nr. 12	10
	Einrichtungen zur Überwachung der Parkzeit		
63	An einer abgelaufenen Parkuhr, ohne vorgeschriebene Parkscheibe, ohne Parkschein oder unter Überschreiten der erlaubten Höchstparkdauer geparkt (§ 12 Abs. 2 StVO)	§ 13 Abs. 1, 2 § 49 Abs. 1 Nr. 13	5
63.1	bis zu 30 Minuten		5

Lfd. Nr.	Tatbestand	StVO	Regelsatz in Euro (€), Fahrverbot in Monaten
63.2	bis zu 1 Stunde		10
63.3	bis zu 2 Stunden		15
63.4	bis zu 3 Stunden		20
63.5	länger als 3 Stunden		25

Sorgfaltspflichten beim Ein- und Aussteigen

Lfd. Nr.	Tatbestand	StVO	Regelsatz in Euro (€), Fahrverbot in Monaten
64	Beim Ein- und Aussteigen einen anderen Verkehrsteilnehmer gefährdet	§ 14 Abs. 1 § 49 Abs. 1 Nr. 14	10
64.1	– mit Sachbeschädigung	§ 14 Abs. 1 § 1 Abs. 2 § 49 Abs. 1 Nr. 1, 14	25
65	Fahrzeug verlassen, ohne die nötigen Maßnahmen getroffen zu haben, um Unfälle oder Verkehrsstörungen zu vermeiden	§ 14 Abs. 2 Satz 1 § 49 Abs. 1 Nr. 14	15
65.1	– mit Sachbeschädigung	§ 14 Abs. 2 Satz 2 § 1 Abs. 2 § 49 Abs. 1 Nr. 1, 14	25

Liegenbleiben von Fahrzeugen

Lfd. Nr.	Tatbestand	StVO	Regelsatz in Euro (€), Fahrverbot in Monaten
66	Liegen gebliebenes mehrspuriges Fahrzeug nicht oder nicht wie vorgeschrieben abgesichert, beleuchtet oder kenntlich gemacht und dadurch einen anderen gefährdet	§ 15, auch i. V. m. § 17 Abs. 4 Satz 1, 3 § 1 Abs. 2 § 49 Abs. 1 Nr. 1, 15	40

Abschleppen von Fahrzeugen

Lfd. Nr.	Tatbestand	StVO	Regelsatz in Euro (€), Fahrverbot in Monaten
67	Beim Abschleppen eines auf der Autobahn liegen gebliebenen Fahrzeugs die Autobahn nicht bei der nächsten Ausfahrt verlassen oder mit einem außerhalb der Autobahn liegen gebliebenen Fahrzeug in die Autobahn eingefahren	§ 15a Abs. 1, 2 § 49 Abs. 1 Nr. 15a	20
68	Während des Abschleppens Warnblinklicht nicht eingeschaltet	§ 15a Abs. 3 § 49 Abs. 1 Nr. 15a	5
69	Kraftrad abgeschleppt	§ 15a Abs. 4 § 49 Abs. 1 Nr. 15a	10

Warnzeichen

Lfd. Nr.	Tatbestand	StVO	Regelsatz in Euro (€), Fahrverbot in Monaten
70	Missbräuchliche Schall- oder Leuchtzeichen gegeben und dadurch einen anderen belästigt oder Schallzeichen gegeben, die aus einer Folge verschieden hohe Töne bestehen	§ 16 Abs. 1, 3 § 1 Abs. 2 § 49 Abs. 1 Nr. 1, 16	10

Lfd. Nr.	Tatbestand	StVO	Regelsatz in Euro (€), Fahrverbot in Monaten
71	Als Führer eines Omnibusses des Linienverkehrs oder eines gekennzeichneten Schulbusses Warnblinklicht bei Annäherung an eine Haltestelle oder für die Dauer des Ein- und Aussteigens der Fahrgäste entgegen der straßenverkehrsbehördlichen Anordnung nicht eingeschaltet	§ 16 Abs. 2 Satz 1 § 49 Abs. 1 Nr. 16	10
72	Warnblinklicht missbräuchlich eingeschaltet	§ 16 Abs. 2 Satz 2 § 49 Abs. 1 Nr. 16	5
	Beleuchtung		
73	Vorgeschriebene Beleuchtungseinrichtungen nicht oder nicht vorschriftsmäßig benutzt, obwohl die Sichtverhältnisse es erforderten, oder nicht rechtzeitig abgeblendet oder Beleuchtungseinrichtungen in verdecktem oder beschmutztem Zustand benutzt	§ 17 Abs. 1, 2 Satz 3, Abs. 3 Satz 2, 5, Abs. 6 § 49 Abs. 1 Nr. 17	10
73.1	– mit Gefährdung	§ 17 Abs. 1, 2 Satz 3, Abs. 3 Satz 2, 5 Abs. 6 § 1 Abs. 2 § 49 Abs. 1 Nr. 1, 17	15
73.2	– mit Sachbeschädigung		35
74	Nur mit Standlicht oder auf einer Straße mit durchgehender, ausreichender Beleuchtung mit Fernlicht gefahren oder mit einem Kraftrad am Tage nicht mit Abblendlicht gefahren	§ 17 Abs. 2 Satz 1, 2, Abs. 2a § 49 Abs. 1 Nr. 17	10
74.1	– mit Gefährdung	§ 17 Abs. 2 Satz 1, 2, Abs. 2a § 1 Abs. 2 § 49 Abs. 1 Nr. 1, 17	15
74.2	– mit Sachbeschädigung		35
75	Bei erheblicher Sichtbehinderung durch Nebel, Schneefall oder Regen innerhalb geschlossener Ortschaften am Tage nicht mit Abblendlicht gefahren	§ 17 Abs. 3 Satz 1 § 49 Abs. 1 Nr. 17	25
75.1	– mit Sachbeschädigung	§ 17 Abs. 3 Satz 1 § 1 Abs. 2 § 49 Abs. 1 Nr. 1, 17	35
76	Bei erheblicher Sichtbehinderung durch Nebel, Schneefall oder Regen außerhalb geschlossener Ortschaften am Tage nicht mit Abblendlicht gefahren	§ 17 Abs. 3 Satz 1 § 49 Abs. 1 Nr. 17	40
77	Haltendes mehrspuriges Fahrzeug nicht oder nicht wie vorgeschrieben beleuchtet oder kenntlich gemacht	§ 17 Abs. 4 Satz 1, 3 § 49 Abs. 1 Nr. 17	20

Lfd. Nr.	Tatbestand	StVO	Regelsatz in Euro (€), Fahrverbot in Monaten
77.1	– mit Sachbeschädigung	§ 17 Abs. 4 Satz 1, 3 § 1 Abs. 2 § 49 Abs. 1 Nr. 1, 17	35
	Autobahnen und Kraftfahrstraßen		
78	Autobahn oder Kraftfahrstraße mit einem Fahrzeug benutzt, dessen durch die Bauart bestimmte Höchstgeschwindigkeit weniger als 60 km/h betrug oder dessen zulässige Höchstabmessungen zusammen mit der Ladung überschritten waren, soweit die Gesamthöhe nicht mehr als 4,20 m betrug	§ 18 Abs. 1 § 49 Abs. 1 Nr. 18	20
79	Autobahn oder Kraftfahrstraße mit einem Fahrzeug benutzt, dessen Höhe zusammen mit der Ladung mehr als 4,20 m betrug	§ 18 Abs. 1 Satz 2 § 49 Abs. 1 Nr. 18	40
80	An dafür nicht vorgesehener Stelle eingefahren	§ 18 Abs. 2 § 49 Abs. 1 Nr. 18	25
81	An dafür nicht vorgesehener Stelle eingefahren und dadurch einen anderen gefährdet	§ 18 Abs. 2 § 1 Abs. 2 § 49 Abs. 1 Nr. 1, 18	50
82	Beim Einfahren Vorfahrt auf der durchgehenden Fahrbahn nicht beachtet	§ 18 Abs. 3 § 49 Abs. 1 Nr. 18	50
83	Gewendet, rückwärts oder entgegen der Fahrtrichtung gefahren	§ 18 Abs. 7 § 2 Abs. 1 § 49 Abs. 1 Nr. 2, 18	
83.1	in einer Ein- oder Ausfahrt		50
83.2	auf der Nebenfahrbahn oder dem Seitenstreifen		100
83.3	auf der durchgehenden Fahrbahn		150 ***Fahrverbot 1 Monat***
84	Auf einer Autobahn oder Kraftfahrstraße gehalten	§ 18 Abs. 8 § 49 Abs. 1 Nr. 18	30
85	Auf einer Autobahn oder Kraftfahrstraße geparkt (§ 12 Abs. 2 StVO)	§ 18 Abs. 8 § 49 Abs. 1 Nr. 18	40
86	Als Fußgänger Autobahn betreten oder Kraftfahrstraße an dafür nicht vorgesehener Stelle betreten	§ 18 Abs. 9 § 49 Abs. 1 Nr. 18	10
87	An dafür nicht vorgesehener Stelle ausgefahren	§ 18 Abs. 10 § 49 Abs. 1 Nr. 18	25
88	Seitenstreifen zum Zweck des schnelleren Vorwärtskommens benutzt	§ 2 Abs. 1 § 49 Abs. 1 Nr. 2	50
	Bahnübergänge		
89	Mit einem Fahrzeug den Vorrang eines Schienenfahrzeugs nicht beachtet oder Bahnübergang unter Verstoß gegen die Wartepflicht in § 19 Abs. 2 StVO überquert	§ 19 Abs. 1 Satz 1, Abs. 2 Satz 1, 2 § 49 Abs. 1 Nr. 19 Buchstabe a	50

Lfd. Nr.	Tatbestand	StVO	Regelsatz in Euro (€), Fahrverbot in Monaten
90	Vor einem Bahnübergang Wartepflichten verletzt	§ 19 Abs. 2 bis 6 § 49 Abs. 1 Nr. 19 Buchstabe a	10
	Öffentliche Verkehrsmittel und Schulbusse		
91	Nicht mit Schrittgeschwindigkeit gefahren (soweit nicht von Nummer 11 erfasst) an an einer Haltestelle haltendem Omnibus des Linienverkehrs, haltender Straßenbahn oder haltendem gekennzeichneten Schulbus mit ein- oder aussteigenden Fahrgästen bei Vorbeifahrt rechts	§ 20 Abs. 2 Satz 1 § 49 Abs. 1 Nr. 19 Buchstabe b	15
92	An an einer Haltestelle (Zeichen 224) haltendem Omnibus des Linienverkehrs, haltender Straßenbahn oder haltendem gekennzeichneten Schulbus mit ein- oder aussteigenden Fahrgästen bei Vorbeifahrt rechts Schrittgeschwindigkeit oder ausreichenden Abstand nicht eingehalten oder, obwohl nötig, nicht angehalten und dadurch einen Fahrgast		
92.1	behindert	§ 20 Abs. 2 Satz 2, 3 § 49 Abs. 1 Nr. 19 Buchstabe b	40, soweit sich nicht aus Nr. 11 ein höherer Regelsatz ergibt
92.2	gefährdet	§ 20 Abs. 2 Satz 1, 3 § 49 Abs. 1 Nr. 19 Buchstabe b	50, soweit sich nicht aus Nr. 11, auch i. V. m. Tabelle 4, ein höherer Regelsatz ergibt
93	Omnibus des Linienverkehrs oder gekennzeichneten Schulbus mit eingeschaltetem Warnblinklicht bei Annäherung an eine Haltestelle überholt	§ 20 Abs. 3 § 49 Abs. 1 Nr. 19 Buchstabe b	40
94	Nicht mit Schrittgeschwindigkeit gefahren (soweit nicht von Nummer 11 erfasst) an an einer Haltestelle haltendem Omnibus des Linienverkehrs oder gekennzeichnetem Schulbus mit eingeschaltetem Warnblinklicht	§ 20 Abs. 4 Satz 1, 2 § 49 Abs. 1 Nr. 19 Buchstabe b	15
95	An an einer Haltestelle (Zeichen 224) haltendem Omnibus des Linienverkehrs oder gekennzeichnetem Schulbus mit eingeschaltetem Warnblinklicht bei Vorbeifahrt Schrittgeschwindigkeit oder ausreichenden Abstand nicht eingehalten oder, obwohl nötig, nicht angehalten und dadurch einen Fahrgast		

Lfd. Nr.	Tatbestand	StVO	Regelsatz in Euro (€), Fahrverbot in Monaten
95.1	behindert	§ 20 Abs. 4 Satz 3, 4 § 49 Abs. 1 Nr. 19 Buchstabe b	40, soweit sich nicht aus Nr. 11 ein höherer Regelsatz ergibt
95.2	gefährdet	§ 20 Abs. 4 Satz 1, 4 § 20 Abs. 4 Satz 2 § 1 Abs. 2 § 49 Abs. 1 Nr. 1, 19 Buchstabe b	50, soweit sich nicht aus Nr. 11, auch i. V. m. Tabelle 4, ein höherer Regelsatz ergibt
96	Einem Omnibus des Linienverkehrs oder einem Schulbus das Abfahren von einer gekennzeichneten Haltestelle nicht ermöglicht	§ 20 Abs. 5 § 49 Abs. 1 Nr. 19 Buchstabe b	5
96.1	– mit Gefährdung	§ 20 Abs. 5 § 1 Abs. 2 § 49 Abs. 1 Nr. 1, 19 Buchstabe b	20
96.2	– mit Sachbeschädigung		30
	Personenbeförderung, Sicherungspflichten		
97	Gegen eine Vorschrift über die Mitnahme von Personen auf oder in Fahrzeugen verstoßen	§ 21 Abs. 1, 2, 3 § 49 Abs. 1 Nr. 20	5
98	Als Kfz-Führer oder als anderer Verantwortlicher bei der Beförderung eines Kindes nicht für die vorschriftsmäßige Sicherung gesorgt (außer in KOM über 3,5 t zulässige Gesamtmasse)	§ 21 Abs. 1a Satz 1 § 21a Abs. 1 Satz 1 § 49 Abs. 1 Nr. 20, 20a	
98.1	bei einem Kind		30
98.2	bei mehreren Kindern		35
99	Als Kfz-Führer Kind ohne jede Sicherung befördert oder als anderer Verantwortlicher nicht für eine Sicherung eines Kindes in einem Kfz gesorgt (außer in KOM über 3,5 t zulässige Gesamtmasse) oder als Führer eines Kraftrades Kind befördert, obwohl es keinen Schutzhelm trug	§ 21 Abs. 1a Satz 1 § 21a Abs. 1 Satz 1, Abs. 2 § 49 Abs. 1 Nr. 20, 20a	
99.1	bei einem Kind		40
99.2	bei mehreren Kindern		50
100	Vorgeschriebenen Sicherheitsgurt während der Fahrt nicht angelegt	§ 21a Abs 1 Satz 1 § 49 Abs. 1 Nr. 20a	30
101	Amtlich genehmigten Schutzhelm während der Fahrt nicht getragen	§ 21a Abs. 2 § 49 Abs. 1 Nr. 20a	15

Lfd. Nr.	Tatbestand	StVO	Regelsatz in Euro (€), Fahrverbot in Monaten
	Ladung		
102	Ladung oder Ladeeinrichtung	§ 22 Abs. 1 § 49 Abs. 1 Nr. 21	
102.1	nicht verkehrssicher verstaut oder gegen Herabfallen nicht besonders gesichert		35
102.2	gegen vermeidbaren Lärm nicht besonders gesichert		10
103	Ladung oder Ladeeinrichtung nicht verkehrssicher verstaut oder gegen Herabfallen nicht besonders gesichert und dadurch einen anderen gefährdet	§ 22 Abs. 1 § 1 Abs. 2 § 49 Abs. 1 Nr. 1, 21	50
104	Fahrzeug geführt, dessen Höhe zusammen mit der Ladung mehr als 4,20 m betrug	§ 22 Abs. 2 Satz 1 § 49 Abs. 1 Nr. 21	40
105	Fahrzeug geführt, das zusammen mit der Ladung eine der höchstzulässigen Abmessungen überschritt, soweit die Gesamthöhe nicht mehr als 4,20 m betrug, oder dessen Ladung unzulässig über das Fahrzeug hinausragte	§ 22 Abs. 2, 3, 4 Satz 1, 2, Abs. 5 Satz 2, § 49 Abs. 1 Nr. 21	20
106	Vorgeschriebene Sicherungsmittel nicht oder nicht ordnungsgemäß angebracht	§ 22 Abs. 4 Satz 3 bis 5, Abs. 5 Satz 1 § 49 Abs. 1 Nr. 21	25
	Sonstige Pflichten des Fahrzeugführers		
107	Als Fahrzeugführer nicht dafür gesorgt, dass		
107.1	seine Sicht oder sein Gehör durch die Besetzung, Tiere, die Ladung, ein Gerät oder den Zustand des Fahrzeugs nicht beeinträchtigt war	§ 23 Abs. 1 Satz 1 § 49 Abs. 1 Nr. 22	10
107.2	das Fahrzeug, der Zug, die Ladung oder die Besetzung vorschriftsmäßig war oder die Verkehrssicherheit des Fahrzeugs durch die Ladung oder die Besetzung nicht litt	§ 23 Abs. 1 Satz 2 § 49 Abs. 1 Nr. 22	25
107.3	das vorgeschriebene Kennzeichen stets gut lesbar war	§ 23 Abs. 1 Satz 3 § 49 Abs. 1 Nr. 22	5
107.4	an einem Kraftfahrzeug, an dessen Anhänger oder an einem Fahrrad die vorgeschriebene Beleuchtungseinrichtung auch am Tage vorhanden oder betriebsbereit war	§ 23 Abs. 1 Satz 4 § 49 Abs. 1 Nr. 22	10
107.4.1	– mit Gefährdung	§ 23 Abs. 1 Satz 4 § 1 Abs. 2 § 49 Abs. 1 Nr. 1, 22	20
107.4.2	– mit Sachbeschädigung		25

Lfd. Nr.	Tatbestand	StVO	Regelsatz in Euro (€), Fahrverbot in Monaten
108	Als Fahrzeugführer nicht dafür gesorgt, dass das Fahrzeug, der Zug, die Ladung oder die Besetzung vorschriftsmäßig war, wenn dadurch die Verkehrssicherheit wesentlich beeinträchtigt war oder die Verkehrssicherheit des Fahrzeugs durch die Ladung oder die Besetzung wesentlich litt	§ 23 Abs. 1 Satz 2 § 49 Abs. 1 Nr. 22	50
109	Mobil- oder Autotelefon verbotswidrig benutzt	§ 23 Abs. 1a § 49 Abs. 1 Nr. 22	
109.1	als Kfz-Führer		30
109.2	als Radfahrer		15
109a	Als Kfz-Führer ein technisches Gerät betrieben oder betriebsbereit mitgeführt, das dafür bestimmt ist, Verkehrsüberwachungsmaßnahmen anzuzeigen oder zu stören	§ 23 Abs. 1b § 49 Abs. 1 Nr. 22	75
110	Fahrzeug oder Zug nicht auf dem kürzesten Weg aus dem Verkehr gezogen, obwohl unterwegs die Verkehrssicherheit wesentlich beeinträchtigende Mängel aufgetreten waren, die nicht alsbald beseitigt werden konnten	§ 23 Abs. 2 Halbsatz 1 § 49 Abs. 1 Nr. 22	10
	Fußgänger		
111	Trotz vorhandenen Gehwegs oder Seitenstreifens auf der Fahrbahn oder außerhalb geschlossener Ortschaften nicht am linken Fahrbahnrand gegangen	§ 25 Abs. 1 Satz 2, 3 Halbsatz 2 § 49 Abs. 1 Nr. 24 Buchstabe a	5
112	Fahrbahn ohne Beachtung des Fahrzeugverkehrs oder nicht zügig auf dem kürzesten Weg quer zur Fahrtrichtung oder an nicht vorgesehener Stelle überschritten	§ 25 Abs. 3 Satz 1 § 49 Abs. 1 Nr. 24 Buchstabe a	
112.1	– mit Gefährdung	§ 25 Abs. 3 Satz 1 § 1 Abs. 2 § 49 Abs. 1 Nr. 1, 24 Buchstabe a	5
112.2	– mit Sachbeschädigung		10
	Fußgängerüberweg		
113	An einem Fußgängerüberweg, den ein Bevorrechtigter erkennbar benutzen wollte, das Überqueren der Fahrbahn nicht ermöglicht oder nicht mit mäßiger Geschwindigkeit herangefahren oder an einem Fußgängerüberweg überholt	§ 26 Abs. 1, 3 § 49 Abs. 1 Nr. 24 Buchstabe b	50
114	Bei stockendem Verkehr auf einen Fußgängerüberweg gefahren	§ 26 Abs. 2 § 49 Abs. 1 Nr. 24 Buchstabe b	5

Lfd. Nr.	Tatbestand	StVO	Regelsatz in Euro (€), Fahrverbot in Monaten
	Übermäßige Straßenbenutzung		
115	Als Veranstalter erlaubnispflichtige Veranstaltung ohne Erlaubnis durchgeführt	§ 29 Abs. 2 Satz 1 § 49 Abs. 2 Nr. 6	40
116	Ohne Erlaubnis Fahrzeug oder Zug geführt, dessen Maße oder Gewichte die gesetzlich allgemein zugelassenen Grenzen tatsächlich überschritten oder dessen Bauart dem Führer kein ausreichendes Sichtfeld ließ	§ 29 Abs. 3 § 49 Abs. 2 Nr. 7	40
	Umweltschutz		
117	Bei Benutzung eines Fahrzeugs unnötigen Lärm oder vermeidbare Abgasbelästigungen verursacht	§ 30 Abs. 1 Satz 1, 2 § 49 Abs. 1 Nr. 25	10
118	Innerhalb einer geschlossenen Ortschaft unnütz hin- und hergefahren und dadurch einen anderen belästigt	§ 30 Abs. 1 Satz 3 § 49 Abs. 1 Nr. 25	20
	Sonntagsfahrverbot		
119	Verbotswidrig an einem Sonntag oder Feiertag gefahren	§ 30 Abs. 3 Satz 1 § 49 Abs. 1 Nr. 25	40
120	Als Halter das verbotswidrige Fahren an einem Sonntag oder Feiertag angeordnet oder zugelassen	§ 30 Abs. 3 Satz 1 § 49 Abs. 1 Nr. 25	200
	Verkehrshindernisse		
121	Straße beschmutzt oder benetzt, obwohl dadurch der Verkehr gefährdet oder erschwert werden konnte	§ 32 Abs. 1 Satz 1 § 49 Abs. 1 Nr. 27	10
122	Verkehrswidrigen Zustand nicht oder nicht rechtzeitig beseitigt oder nicht ausreichend kenntlich gemacht	§ 32 Abs. 1 Satz 2 § 49 Abs. 1 Nr. 27	10
123	Gegenstand auf eine Straße gebracht oder dort liegen gelassen, obwohl dadurch der Verkehr gefährdet oder erschwert werden konnte	§ 32 Abs. 1 Satz 1 § 49 Abs. 1 Nr. 27	40
124	Gefährliches Gerät nicht wirksam verkleidet	§ 32 Abs. 2 § 49 Abs. 1 Nr. 27	5
	Unfall		
125	Als Unfallbeteiligter den Verkehr nicht gesichert oder bei geringfügigem Schaden nicht unverzüglich beiseite gefahren	§ 34 Abs. 1 Nr. 2 § 49 Abs. 1 Nr. 29	30
125.1	– mit Sachbeschädigung	§ 34 Abs. 1 Nr. 2 § 1 Abs. 2 § 49 Abs. 1 Nr. 1, 29	35

Lfd. Nr.	Tatbestand	StVO	Regelsatz in Euro (€), Fahrverbot in Monaten
126	Unfallspuren beseitigt, bevor die notwendigen Feststellungen getroffen worden waren	§ 34 Abs. 3 § 49 Abs. 1 Nr. 29	30

Warnkleidung

127	Bei Arbeiten außerhalb von Gehwegen oder Absperrungen auffällige Warnkleidung nicht getragen	§ 35 Abs. 6 Satz 4 § 49 Abs. 4 Nr. 1a	5

Zeichen und Weisungen der Polizeibeamten

128	Weisung eines Polizeibeamten nicht befolgt	§ 36 Abs. 1 Satz 1, Abs. 3, Abs. 5 Satz 4 § 49 Abs. 3 Nr. 1	20
129	Zeichen oder Haltgebot eines Polizeibeamten nicht befolgt	§ 36 Abs. 1 Satz 1, Abs. 2, Abs. 4, Abs. 5 Satz 4 § 49 Abs. 3 Nr. 1	50

Wechsellichtzeichen, Dauerlichtzeichen und Grünpfeil

130	Als Fußgänger rotes Wechsellichtzeichen nicht befolgt oder den Weg beim Überschreiten der Fahrbahn beim Wechsel von Grün auf Rot nicht zügig fortgesetzt	§ 37 Abs. 2 Nr. 1 Satz 7, Nr. 2, 5 Satz 3 § 49 Abs. 3 Nr. 2	5
130.1	– mit Gefährdung	§ 37 Abs. 2 Nr. 1 Satz 7, Nr. 2, 5 Satz 3 § 1 Abs. 2 § 49 Abs. 1 Nr. 1 Abs. 3 Nr. 2	5
130.2	– mit Sachbeschädigung		10
131	Beim Rechtsabbiegen mit Grünpfeil		
131.1	aus einem anderen als dem rechten Fahrstreifen abgebogen	§ 37 Abs. 2 Nr. 1 Satz 9 § 49 Abs. 3 Nr. 2	15
131.2	den Fahrzeugverkehr der freigegebenen Verkehrsrichtungen, ausgenommen den Fahrradverkehr auf Radwegfurten, behindert	§ 37 Abs. 2 Nr. 1 Satz 10 § 49 Abs. 3 Nr. 2	35
132	Als Fahrzeugführer in anderen als den Fällen des Rechtsabbiegens mit Grünpfeil rotes Wechsellichtzeichen oder rotes Dauerlichtzeichen nicht befolgt	§ 37 Abs. 2 Nr. 1 Satz 7, 11, Nr. 2, Abs. 3 Satz 1, 2 § 49 Abs. 3 Nr. 2	50

Lfd. Nr.	Tatbestand	StVO	Regelsatz in Euro (€), Fahrverbot in Monaten
132.1	mit Gefährdung oder Sachbeschädigung	§ 37 Abs. 2 Nr. 1 Satz 7, 11, Nr. 2, Abs. 3 Satz 1, 2 § 1 Abs. 2 § 49 Abs. 1 Nr. 1, Abs. 3 Nr. 2	125 *Fahrverbot 1 Monat*
132.2	bei schon länger als 1 Sekunde andauernder Rotphase eines Wechsellichtzeichens	§ 37 Abs. 2 Nr. 1 Satz 7, 11, Nr. 2 § 49 Abs. 3 Nr. 2	125 *Fahrverbot 1 Monat*
132.2.1	mit Gefährdung oder Sachbeschädigung	§ 37 Abs. 2 Nr. 1 Satz 7, 11, Nr. 2 § 1 Abs. 2 § 49 Abs. 1 Nr. 1, Abs. 3 Nr. 2	200 , *Fahrverbot 1 Monat*
133	Beim Rechtsabbiegen mit Grünpfeil		
133.1	vor dem Rechtsabbiegen mit Grünpfeil nicht angehalten	§ 37 Abs. 2 Nr. 1 Satz 7 § 49 Abs. 3 Nr. 2	50
133.2	den Fahrzeugverkehr der freigegebenen Verkehrsrichtungen, ausgenommen den Fahrradverkehr auf Radwegfurten, gefährdet	§ 37 Abs. 2 Nr. 1 Satz 10 § 49 Abs. 3 Nr. 2	60
133.3	den Fußgängerverkehr oder den Fahrradverkehr auf Radwegfurten der freigegebenen Verkehrsrichtungen	§ 37 Abs. 2 Nr. 1 Satz 10 § 49 Abs. 3 Nr. 2	
133.3.1	behindert		60
133.3.2	gefährdet		75
	Blaues und gelbes Blinklicht		
134	Blaues Blinklicht zusammen mit dem Einsatzhorn oder allein oder gelbes Blinklicht missbräuchlich verwendet	§ 38 Abs. 1 Satz 1, Abs. 2, Abs. 3 Satz 3 § 49 Abs. 3 Nr. 3	20
135	Einem Einsatzfahrzeug, das blaues Blinklicht zusammen mit dem Einsatzhorn verwendet hatte, nicht sofort freie Bahn geschaffen	§ 38 Abs. 1 Satz 2 § 49 Abs. 3 Nr. 3	20
	Vorschriftszeichen		
136	Unbedingtes Haltgebot (Zeichen 206) nicht befolgt	§ 41 Abs. 2 Nr. 1 Buchstabe b § 49 Abs. 3 Nr. 4	10
137	Bei verengter Fahrbahn (Zeichen 208) dem Gegenverkehr Vorrang nicht gewährt	§ 41 Abs. 2 Nr. 1 Buchstabe c § 49 Abs. 3 Nr. 4	5

Lfd. Nr.	Tatbestand	StVO	Regelsatz in Euro (€), Fahrverbot in Monaten
137.1	– mit Gefährdung	§ 41 Abs. 2 Nr. 1 Buchstabe c § 1 Abs. 2 § 49 Abs. 1 Nr. 1, Abs. 3 Nr.4	10
137.2	– mit Sachbeschädigung		20
138	Die durch Vorschriftszeichen (Zeichen 209, 211, 214, 222) vorgeschriebene Fahrtrichtung oder Vorbeifahrt nicht befolgt	§ 41 Abs. 2 Nr. 2, 3 § 49 Abs. 3 Nr. 4	10
138.1	– mit Gefährdung	§ 41 Abs. 2 Nr. 2, 3 § 1 Abs. 2 § 49 Abs. 1 Nr. 1, Abs. 3 Nr. 4	15
138.2	– mit Sachbeschädigung		25
139	Die durch Zeichen 220 (Einbahn-straße) vorgeschriebene Fahrtrichtung nicht befolgt	§ 41 Abs. 2 Nr. 2 § 49 Abs. 3 Nr. 4	
139.1	als Kfz-Führer		20
139.2	als Radfahrer		15
139.2.1	– mit Behinderung	§ 41 Abs. 2 Nr. 2 § 1 Abs. 2 § 49 Abs. 1 Nr. 1, Abs. 3 Nr. 4	20
139.2.2	– mit Gefährdung		25
139.2.3	– mit Sachbeschädigung		30
140	Als anderer Verkehrsteilnehmer vorschriftswidrig Radweg (Zeichen 237) oder einen sonstigen Sonderweg (Zeichen 238, 239, 240, 241) benutzt oder als anderer Fahrzeugführer Fahrradstraße (Zeichen 244) vorschriftswidrig benutzt	§ 41 Abs. 2 Nr. 5 Satz 6 Buchstabe a Satz 2, Nr. 5 Satz 8 Nr. 1 § 49 Abs. 3 Nr. 4	10
141	Fußgängerbereich (Zeichen 239, 242, 243) benutzt oder ein Verkehrsverbot (Zeichen 250, 251, 253 bis 255, 260) nicht beachtet	§ 41 Abs. 2 Nr. 5 Satz 6 Buchstabe a Satz 2, Nr. 5 Satz 7 Nr. 1 Satz 2, Nr. 6 § 49 Abs. 3 Nr. 4	
141.1	mit Kraftfahrzeugen der in § 3 Abs. 3 Nr. 2 Buchstabe a oder b StVO genannten Art		20
141.2	mit anderen Kraftfahrzeugen		15

Lfd. Nr.	Tatbestand	StVO	Regelsatz in Euro (€), Fahrverbot in Monaten
141.3	als Radfahrer		10
141.3.1	– mit Behinderung	§ 41 Abs. 2 Nr. 5 Satz 6 Buchstabe a Satz 2 Nr. 5 Satz 7 Nr. 1 Satz 2, Nr. 6 § 1 Abs. 2 § 49 Abs. 1 Nr. 1, Abs. 3 Nr. 4	15
141.3.2	– mit Gefährdung		20
141.3.3	– mit Sachbeschädigung		25
142	Als Kfz-Führer Verkehrsverbot (Zeichen 262 bis 266) oder Verbot der Einfahrt (Zeichen 267) nicht beachtet	§ 41 Abs. 2 Nr. 6 § 49 Abs. 3 Nr. 4	20
143	Als Radfahrer Verbot der Einfahrt (Zeichen 267) nicht beachtet	§ 41 Abs. 2 Nr. 6 § 49 Abs. 3 Nr. 4	15
143.1	– mit Behinderung	§ 41 Abs. 2 Nr. 6 § 1 Abs. 2 § 49 Abs. 1 Nr. 1, Abs. 3 Nr. 4	20
143.2	– mit Gefährdung		25
143.3	– mit Sachbeschädigung		30
144	In einem Fußgängerbereich, der durch Zeichen 239, 242, 243 oder 250 gesperrt war, geparkt (§ 12 Abs. 2 StVO)	§ 41 Abs. 2 Nr. 5 Satz 6 Buchstabe a Satz 2, Nr. 5 Satz 7 Nr. 1 Satz 2, Nr. 6 § 49 Abs. 3 Nr. 4	30
144.1	– mit Behinderung	§ 41 Abs. 2 Nr. 5 Satz 6 Buchstabe a Satz 2, Nr. 5 Satz 7 Nr. 1 Satz 2, Nr. 6 § 1 Abs. 2 § 49 Abs. 1 Nr. 1, Abs. 3 Nr. 4	35
144.2	länger als 3 Stunden		35
145	Als Radfahrer oder Führer eines motorisierten Zweiradfahrzeugs auf einem gemeinsamen Rad- und Gehweg auf einen Fußgänger nicht Rücksicht genommen	§ 41 Abs. 2 Nr. 5 Satz 6 Buchstabe c § 49 Abs. 3 Nr. 4	10

Lfd. Nr.	Tatbestand	StVO	Regelsatz in Euro (€), Fahrverbot in Monaten
145.1	– mit Behinderung	§ 41 Abs. 2 Nr. 5 Satz 6 Buchstabe c § 1 Abs. 2 § 49 Abs. 1 Nr. 1, Abs. 3 Nr. 4	15
145.2	– mit Gefährdung		20
145.3	– mit Sachbeschädigung		25
146	Bei zugelassenem Fahrzeugverkehr in einem Fußgängerbereich (Zeichen 239, 242, 243) nicht mit Schrittgeschwindigkeit gefahren (soweit nicht von Nummer 11) erfasst	§ 41 Abs. 2 Nr. 5 Satz 6 Buchstabe e, Nr. 5 Satz 7 Nr. 2 Satz 1 § 49 Abs. 3 Nr. 4	15
147	Als Nichtberechtigter Sonderfahrstreifen für Omnibusse des Linienverkehrs (Zeichen 245) oder für Taxen (Zeichen 245 mit Zusatzschild) benutzt	§ 41 Abs. 2 Nr. 5 Satz 11 § 49 Abs. 3 Nr. 4	15
147.1	– mit Behinderung	§ 41 Abs. 2 Nr. 5 Satz 11 § 1 Abs. 2 § 49 Abs. 1 Nr. 1, Abs. 3 Nr. 4	35
148	Wendeverbot (Zeichen 272) nicht beachtet	§ 41 Abs. 2 Nr. 6 § 49 Abs. 3 Nr. 4	20
149	Vorgeschriebenen Mindestabstand (Zeichen 273) zu einem vorausfahrenden Fahrzeug unterschritten	§ 41 Abs. 2 Nr. 6 § 49 Abs. 3 Nr. 4	10
150	Unbedingtes Haltgebot (Zeichen 206) nicht befolgt oder trotz Rotlicht nicht an der Haltelinie (Zeichen 294) gehalten und dadurch einen anderen gefährdet	§ 41 Abs. 2 Nr. 1 Buchstabe b, Abs. 3 Nr. 2 § 1 Abs. 2 § 49 Abs. 1 Nr. 1, Abs. 3 Nr. 4	50
151	Als Fahrzeugführer in einem Fußgängerbereich (Zeichen 239, 242, 243) einen Fußgänger gefährdet		
151.1	bei zugelassenem Fahrzeugverkehr (Zeichen 239, 242 mit Zusatzschild)	§ 41 Abs. 2 Nr. 5 Satz 7 Nr. 2 Satz 2 § 49 Abs. 3 Nr. 4	40
151.2	bei nicht zugelassenem Fahrzeugverkehr	§ 41 Abs. 2 Nr. 5 Satz 6 Buchstabe a Satz 2, Satz 7 Nr. 1 Satz 2 § 1 Abs. 2 § 49 Abs. 1 Nr. 1, Abs. 3 Nr. 4	50

Lfd. Nr.	Tatbestand	StVO	Regelsatz in Euro (€), Fahrverbot in Monaten
152	Eine für kennzeichnungspflichtige Kraftfahrzeuge mit gefährlichen Gütern (Zeichen 261) oder für Kraftfahrzeuge mit wassergefährdender Ladung (Zeichen 269) gesperrte Straße befahren	§ 41 Abs. 2 Nr. 6 § 49 Abs. 3 Nr. 4	100
153	Kraftfahrzeug trotz Verkehrsverbots bei Smog oder zur Verminderung schädlicher Luftverunreinigungen (Zeichen 270) geführt	§ 41 Abs. 2 Nr. 6 § 49 Abs. 3 Nr. 4	40
154	An der Haltlinie (Zeichen 294) nicht gehalten	§ 41 Abs. 3 Nr. 2 § 49 Abs. 3 Nr. 4	10
155	Fahrstreifenbegrenzung (Zeichen 295, 296) überquert oder überfahren oder durch Pfeile vorgeschriebener Fahrtrichtung (Zeichen 297) nicht gefolgt oder Sperrfläche (Zeichen 298) benutzt (außer Parken)	§ 41 Abs. 3 Nr. 3 Buchstabe a Satz 3, Nr. 4 Satz 2 Buchstabe a, Nr. 5 Satz 3, Nr. 6 § 49 Abs. 3 Nr. 4	10
155.1	– mit Sachbeschädigung	§ 41 Abs. 3 Nr. 3 Buchstabe a Satz 3, Nr. 4 Satz 2 Buchstabe a, Nr. 5 Satz 3, Nr. 6 § 1 Abs. 2 § 49 Abs. 1 Nr. 1, Abs. 3 Nr. 4	35
155.2	und dabei überholt	§ 41 Abs. 3 Nr. 3 Buchstabe a Satz 3, Nr. 4 Satz 2 Buchstabe a, Nr. 5 Satz 3, Nr. 6 § 49 Abs. 3 Nr. 4	
155.3	und dabei nach links abgebogen oder gewendet	§ 41 Abs. 3 Nr. 3 Buchstabe a Satz 3, Nr. 4 Satz 2 Buchstabe a, Nr. 5 Satz 3, Nr. 6 § 49 Abs. 3 Nr. 4	30
155.3.1	– mit Gefährdung	§ 41 Abs. 3 Nr. 3 Buchstabe a Satz 3, Nr. 4 Satz 2 Buchstabe a, Nr. 5 Satz 3, Nr. 6 § 1 Abs. 2 § 49 Abs. 1 Nr. 1 Abs. 3 Nr. 4	35
156	Sperrfläche (Zeichen 298) zum Parken benutzt	§ 41 Abs. 3 Nr. 6 § 49 Abs. 3 Nr. 4	25

BKatV

Lfd. Nr.	Tatbestand	StVO	Regelsatz in Euro (€), Fahrverbot in Monaten
	Richtzeichen		
157	Als Fahrzeugführer in einem verkehrsberuhigten Bereich (Zeichen 325, 326)		
157.1	Schrittgeschwindigkeit nicht eingehalten (soweit nicht von Nummer 11 erfasst)	§ 42 Abs. 4a Nr. 2 § 49 Abs. 3 Nr. 5	15
157.2	Fußgänger behindert	§ 42 Abs. 4a Nr. 3 § 49 Abs. 3 Nr. 5	15
158	Als Fahrzeugführer in einem verkehrsberuhigten Bereich (Zeichen 325, 326) einen Fußgänger gefährdet	§ 42 Abs. 4a Nr. 3 § 49 Abs. 3 Nr. 5	40
159	In einem verkehrsberuhigten Bereich (Zeichen 325, 326) außerhalb der zum Parken gekennzeichneten Flächen geparkt (§ 12 Abs. 2 StVO)	§ 42 Abs. 4a Nr. 5 § 49 Abs. 3 Nr. 5	10
159.1	– mit Behinderung	§ 42 Abs. 4a Nr. 5 § 1 Abs. 2 § 49 Abs. 1 Nr. 1, Abs. 3 Nr. 5	15
159.2	länger als 3 Stunden		20
159.2.1	– mit Behinderung	§ 42 Abs. 4a Nr. 5 § 1 Abs. 2 § 49 Abs. 1 Nr. 1, Abs. 3 Nr. 5	30
160	Auf dem linken von mehreren nach Zeichen 340 markierten Fahrstreifen auf einer Fahrbahn für beide Richtungen überholt	§ 42 Abs. 6 Satz 1 Nr. 1 Satz 3 Buchstabe b Satz 1, § 49 Abs. 3 Nr. 5	30
161	Als Führer eines Lkw mit einem zulässigen Gesamtgewicht von mehr als 3,5 t oder eines Zuges von mehr als 7 m Länge den linken von mindestens 3 in einer Richtung verlaufenden Fahrstreifen außerhalb einer geschlossenen Ortschaft vorschriftswidrig benutzt	§ 42 Abs. 6 Satz 1 Nr. 1 Satz 3 Buchstabe d Satz 3 § 49 Abs. 3 Nr. 5	15
161.1	– mit Behinderung	§ 42 Abs. 6 Satz 1 Nr. 1 Satz 3 Buchstabe d Satz 3 § 1 Abs. 2 § 49 Abs. 1 Nr. 1, Abs. 3 Nr. 5	20
162	Auf dem linken von mehreren nach Zeichen 340 markierten Fahrstreifen auf einer Fahrbahn für beide Richtungen überholt und dadurch einen anderen gefährdet	§ 42 Abs. 6 Satz 1 Nr. 1 Satz 3 Buchstabe b Satz 1, Buchstabe c § 1 Abs. 2 § 49 Abs. 1 Nr. 1, Abs. 3 Nr. 5	40

Lfd. Nr.	Tatbestand	StVO	Regelsatz in Euro (€), Fahrverbot in Monaten
	Verkehrseinrichtungen		
163	Durch Absperrgerät abgesperrte Straßenfläche befahren	§ 43 Abs. 3 Nr. 2 § 49 Abs. 3 Nr. 6	5
	Andere verkehrsrechtliche Anordnungen		
164	Einer den Verkehr verbietenden oder beschränkenden Anordnung, die öffentlich bekannt gemacht wurde, zuwidergehandelt	§ 45 Abs. 4 Halbsatz 2 § 49 Abs. 3 Nr. 7	40
165	Mit Arbeiten begonnen, ohne zuvor Anordnungen eingeholt zu haben, diese Anordnungen nicht befolgt oder Lichtzeichenanlagen nicht bedient	§ 45 Abs. 6 § 49 Abs. 4 Nr. 3	75
	Ausnahmegenehmigung und Erlaubnis		
166	Vollziehbare Auflage einer Ausnahmegenehmigung oder Erlaubnis nicht befolgt	§ 46 Abs. 3 Satz 1 § 49 Abs. 4 Nr. 4	40
167	Genehmigungs- oder Erlaubnisbescheid nicht mitgeführt oder auf Verlangen nicht ausgehändigt	§ 46 Abs. 3 Satz 3 § 49 Abs. 4 Nr. 5	10

Lfd. Nr.	Tatbestand	FeV	Regelsatz in Euro (€), Fahrverbot in Monaten
	b) Fahrerlaubnis-Verordnung		
	Mitführen und Aushändigen von Führerscheinen und Bescheinigungen		
168	Führerschein oder Bescheinigung nicht mitgeführt oder auf Verlangen nicht ausgehändigt	§ 75 Nr. 4 i. V. m. den dort genannten Vorschriften	10
	Einschränkung der Fahrerlaubnis		
169	Einer vollziehbaren Auflage nicht nachgekommen	§ 23 Abs. 2 Satz 1 § 28 Abs. 1 Satz 2 § 46 Abs. 2 § 74 Abs. 3 § 75 Nr. 9	25
	Ablieferung und Vorlage des Führerscheins		
170	Einer Pflicht zur Ablieferung oder zur Vorlage eines Führerscheins nicht oder nicht rechtzeitig nachgekommen	§ 75 Nr. 10 i. V. m. den dort genannten Vorschriften	25

Lfd. Nr.	Tatbestand	FeV	Regelsatz in Euro (€), Fahrverbot in Monaten
	Fahrerlaubnis zur Fahrgastbeförderung		
171	Ohne erforderliche Fahrerlaubnis zur Fahrgastbeförderung einen oder mehrere Fahrgäste in einem in § 48 Abs. 1 FeV genannten Fahrzeug befördert	§ 48 Abs. 1 § 75 Nr. 12	75
172	Als Halter die Fahrgastbeförderung in einem in § 48 Abs. 1 FeV genannten Fahrzeug angeordnet oder zugelassen, obwohl der Fahrzeugführer die erforderliche Fahrerlaubnis zur Fahrgastbeförderung nicht besaß	§ 48 Abs. 8 § 75 Nr. 12	75
	Ortskenntnisse bei Fahrgastbeförderung		
173	Als Halter die Fahrgastbeförderung in einem in § 48 Abs. 1 i. V. m. § 48 Abs. 4 Nr. 7 FeV genannten Fahrzeug angeordnet oder zugelassen, obwohl der Fahrzeugführer die erforderlichen Ortskenntnisse nicht nachgewiesen hat	§ 48 Abs. 8 § 75 Nr. 12	35

Lfd. Nr.	Tatbestand	StVZO	Regelsatz in Euro (€), Fahrverbot in Monaten
	c) Straßenverkehrs-Zulassungs-Ordnung		
	Mitführen und Aushändigen von Fahrzeugpapieren		
174	Fahrzeugschein, vorgeschriebene Urkunde oder sonstige Bescheinigung nicht mitgeführt oder auf Verlangen nicht ausgehändigt	§ 69a Abs. 2 Nr. 9, Abs. 5 Nr. 5e, jeweils i. V. m. den dort genannten Vorschriften	10
	Betriebsverbot und -beschränkungen		
175	Als Halter oder Eigentümer einem Verbot, ein Fahrzeug in Betrieb zu setzen, zuwidergehandelt oder Beschränkung nicht beachtet	§ 17 Abs. 1 Halbsatz 2 § 69a Abs. 2 Nr. 1	50
176	Betriebsverbot wegen Verstoßes gegen die Pflichten beim Erwerb des Fahrzeugs nicht beachtet	§ 27 Abs. 3 Satz 4 Halbsatz 1 § 69a Abs. 2 Nr. 12	40
177	Betriebsverbot oder -beschränkung wegen Fehlens einer gültigen Prüfplakette oder Prüfmarke in Verbindung mit einem SP-Schild nicht beachtet	§ 29 Abs. 7 Satz 5 Halbsatz 1 § 69a Abs. 2 Nr. 15	40

Lfd. Nr.	Tatbestand	StVZO	Regelsatz in Euro (€), Fahrverbot in Monaten
	Zulassungspflicht		
178	Kraftfahrzeug oder Kraftfahrzeuganhänger ohne die erforderliche Zulassung oder Betriebserlaubnis oder außerhalb des auf dem Saisonkennzeichen angegebenen Betriebszeitraums oder nach dem auf dem Kurzzeitkennzeichen angegebenen Ablaufdatum auf einer öffentlichen Straße in Betrieb gesetzt	§ 18 Abs. 1, 3 Satz 1 § 23 Abs. 1b Satz 2 § 28 Abs. 1 Satz 3 i. V. m. Abs. 4 Satz 3 § 69a Abs. 2 Nr. 3, 4, 10a	50
179	Fahrzeug außerhalb des auf dem Kennzeichen angegebenen Betriebszeitraums auf einer öffentlichen Straße abgestellt	§ 23 Abs. 1b Satz 2 § 69a Abs. 2 Nr. 10a	40
	Versicherungskennzeichen		
180	Einer Vorschrift über Versicherungskennzeichen an Fahrzeugen zuwiderhandelt	§ 18 Abs. 4 Satz 2 § 60a Abs. 1 Satz 4, 5, Abs. 1a, 2 Satz 1 Halbsatz 1, Satz 3, 4, Abs. 3 Satz 1, Abs. 5 § 69a Abs. 2 Nr. 5	5
	Amtliche oder rote Kennzeichen an Fahrzeugen, Kurzzeitkennzeichen		
181	Einer Vorschrift über amtliche oder rote Kennzeichen oder über Kurzzeitkennzeichen an Fahrzeugen zuwidergehandelt mit Ausnahme des Fehlens der vorgeschriebenen Kennzeichen	§ 23 Abs. 4 Satz 1 Halbsatz 1 § 28 Abs. 5 Satz 1 Halbsatz 2 § 60 Abs. 1 Satz 4, Halbsatz 1, Satz 5, jeweils auch i. V. m. § 28 Abs. 2 Satz 1, Abs. 5 § 60 Abs. 1a Satz 1, Abs. 1c, Abs. 2 Satz 1 Halbsatz 1, Satz 5 bis 7, 9, Abs. 4 Satz 1, 3, jeweils auch i. V. m. Abs. 5 Satz 2 oder § 28 Abs. 2 Satz 1, Abs. 5 § 60 Abs. 3 Satz 3, Abs. 7 Satz 1 Halbsatz 1 § 69a Abs. 2 Nr. 4, 13b	10

Lfd. Nr.	Tatbestand	StVZO	Regelsatz in Euro (€), Fahrverbot in Monaten
	Meldepflichten, Zurückziehen aus dem Verkehr		
182	Gegen die Meldepflicht bei Änderung der tatsächlichen Verhältnisse, gegen die Antrags- oder Anzeigepflicht bei Standortänderung, Veräußerung oder Erwerb des Fahrzeugs oder gegen die Anzeige- oder Vorlagepflicht bei Dauerstilllegung des Fahrzeugss oder gegen die Pflicht, das Kennzeichen entstempeln zu lassen, verstoßen oder Verwertungsnachweis oder Verbleibserklärung nicht oder nicht vorschriftsmäßig vorgelegt oder abgegeben	§ 27 Abs. 1, 1a, 2, 3 Satz 1 Halbsatz 1, Satz 2, Abs. 5 Satz 1, dieser auch i. V. m. Abs. 4 Satz 3 § 27a § 69a Abs. 2 Nr. 12, 12a	15
	Prüfungs-, Probe-, Überführungsfahrten		
183	Gegen die Pflicht zur Verwendung von Fahrzeugscheinheften oder gegen Vorschriften über die Vornahme von Eintragungen in diese Hefte oder in die bei der Zuteilung von Kurzzeitkennzeichen ausgegebenen Scheine oder gegen Vorschriften über die Ablieferung von roten Kennzeichen oder Fahrzeugscheinheften verstoßen	§ 28 Abs. 3 Satz 2, 5, Abs. 4 Satz 2 § 69a Abs. 2 Nr. 13, 13a	10
184	Gegen die Pflicht zum Führen, Aufbewahren oder Aushändigen von Aufzeichnungen über Prüfungs, Probe- oder Überführungsfahrten verstoßen	§ 28 Abs. 3 Satz 3, 4 § 69a Abs. 2 Nr. 13	25
185	Kurzzeitkennzeichen an mehr als einem Fahrzeug verwendet	§ 28 Abs. 4 Satz 2 i. V. m. Satz 1 § 69a Abs. 2 Nr. 13a	50
	Untersuchung der Kraftfahrzeuge und Anhänger		
186	Als Halter das Fahrzeug zur Hauptuntersuchung oder zur Sicherheitsprüfung nicht vorgeführt bei einer Fristüberschreitung des Vorführtermins um mehr als	§ 29 Abs. 1 Satz 1 i. V. m. Nr. 2.1, 2.2, 2.7, 2.8 Satz 2, 3, Nr. 3.1.1, 3.1.2, 3.2.2 der Anlage VIII § 69a Abs. 2 Nr. 14	
186.1	2 bis zu 4 Monaten		15
186.2	4 bis zu 8 Monaten		25
186.3	8 Monate		40
187	Fahrzeug zur Nachprüfung der Mängelbeseitigung nicht rechtzeitig vorgeführt	§ 29 Abs. 1 Satz 1 i. V. m. Nr. 3.1.4.3 Satz 2 Halbsatz 2 der Anlage VIII § 69 Abs. 2 Nr. 18	15

Lfd. Nr.	Tatbestand	StVZO	Regelsatz in Euro (€), Fahrverbot in Monaten
	Vorstehende Außenkanten		
188	Kraftfahrzeug oder Fahrzeugkombination in Betrieb genommen, obwohl Teile, die den Verkehr mehr als unvermeidbar gefährdeten, an dessen Umriss hervorragten	§ 30c Abs. 1 § 69a Abs. 3 Nr. 1a	20
	Verantwortung für den Betrieb der Fahrzeuge		
189	Als Halter die Inbetriebnahme eines Kraftfahrzeugs oder Zuges angeordnet oder zugelassen, obwohl	§ 31 Abs. 2 § 69a Abs. 5 Nr. 3	
189.1	der Führer zur selbständigen Leitung nicht geeignet war		50
189.2	das Fahrzeug, der Zug, die Ladung oder die Besetzung nicht vorschriftsmäßig war und dadurch die Verkehrssicherheit wesentlich beeinträchtigt war, insbesondere unter Verstoß gegen eine Vorschrift über		75
189.2.1	Lenkeinrichtungen	§ 31 Abs. 2 i. V. m. § 38 § 69a Abs. 5 Nr. 3	75
189.2.2	Bremsen	§ 31 Abs. 2 i. V. m. § 41 Abs. 1 bis 12, 15 bis 17 § 69a Abs. 5 Nr. 3	75
189.2.3	Einrichtungen zur Verbindung von Fahrzeugen	§ 31 Abs. 2 i. V. m. § 43 Abs. 1 Satz 1 bis 3, Abs. 4 Satz 1, 3 § 69a Abs. 5 Nr. 3	75
189.3	die Verkehrssicherheit des Fahrzeugs durch die Ladung oder die Besetzung wesentlich litt	§ 31 Abs. 2 § 69a Abs. 5 Nr. 3	75
	Führung eines Fahrtenbuches		
190	Fahrtenbuch nicht ordnungsgemäß geführt, auf Verlangen nicht ausgehändigt oder nicht für die vorgeschriebene Dauer aufbewahrt	§ 31a Abs. 2, 3 § 69a Abs. 5 Nr. 4, 4a	50
	Überprüfung mitzuführender Gegenstände		
191	Mitzuführende Gegenstände auf Verlangen nicht vorgezeigt oder zur Prüfung nicht ausgehändigt	§ 31b § 69a Abs. 5 Nr. 4b	5

Lfd. Nr.	Tatbestand	StVZO	Regelsatz in Euro (€), Fahrverbot in Monaten
	Abmessungen von Fahrzeugen und Fahrzeugkombinationen		
192	Kraftfahrzeug, Anhänger oder Fahrzeugkombination in Betrieb genommen, obwohl die höchstzulässige Breite, Höhe oder Länge überschritten war	§ 32 Abs. 1 bis 4, 9 § 69a Abs. 3 Nr. 2	50
193	Als Halter die Inbetriebnahme eines Kraftfahrzeugs, Anhängers oder einer Fahrzeugkombination angeordnet oder zugelassen, obwohl die höchstzulässige Breite, Höhe oder Länge überschritten war	§ 31 Abs. 2 i. V. m. § 32 Abs. 1 bis 4, 9 § 69a Abs. 5 Nr. 3	75
	Unterfahrschutz		
194	Kraftfahrzeug, Anhänger oder Fahrzeug mit austauschbarem Ladungsträger ohne vorgeschriebenen Unterfahrschutz in Betrieb genommen	§ 32b Abs. 1, 2 § 69a Abs. 3 Nr.3a	25
	Kurvenlaufeigenschaften		
195	Kraftfahrzeug oder Fahrzeugkombination in Betrieb genommen, obwohl die vorgeschriebenen Kurvenlaufeigenschaften nicht eingehalten waren	§ 32d Abs. 1, 2 Satz 1 § 69a Abs. 3 Nr. 3c	50
196	Als Halter die Inbetriebnahme eines Kraftfahrzeugs oder einer Fahrzeugkombination angeordnet oder zugelassen, obwohl die vorgeschriebenen Kurvenlaufeigenschaften nicht eingehalten waren	§ 31 Abs. 2 i. V. m. § 32d Abs. 1, 2 Satz 1 § 69a Abs. 5 Nr. 3	75
	Schleppen von Fahrzeugen		
197	Fahrzeug unter Verstoß gegen eine Vorschrift über das Schleppen von Fahrzeugen in Betrieb genommen	§ 33 Abs. 1 Satz 1, Abs. 2 Nr. 1, 6 § 69 Abs. 3 Nr. 3	25
	Achslast, Gesamtgewicht, Anhängelast hinter Kraftfahrzeugen		
198	Kraftfahrzeug, Anhänger oder Fahrzeugkombination in Betrieb genommen, obwohl die zulässige Achslast, das zulässige Gesamtgewicht oder die zulässige Anhängelast hinter einem Kraftfahrzeug überschritten war	§ 34 Abs. 3 Satz 3, Abs. 8 § 42 Abs. 1, 2 Satz 2 § 69a Abs. 3 Nr. 4	
198.1	bei Kraftfahrzeugen mit einem zulässigen Gesamtgewicht über 7,5 t oder Kraftfahrzeugen mit Anhängern, deren zulässiges Gesamtgewicht 2 t übersteigt		Tabelle 3 Buchstabe a
198.2	bei anderen Kraftfahrzeugen bis 7,5 t zulässiges Gesamtgewicht		Tabelle 3 Buchstabe b

Lfd. Nr.	Tatbestand	StVZO	Regelsatz in Euro (€), Fahrverbot in Monaten
199	Als Halter die Inbetriebnahme eines Kraftfahrzeugs, eines Anhängers oder einer Fahrzeugkombination angeordnet oder zugelassen, obwohl die zulässige Achslast, das zulässige Gesamtgewicht oder die zulässige Anhängelast hinter einem Kraftfahrzeug überschritten war	§ 31 Abs. 2 i. V. m. § 34 Abs. 3 Satz 3, Abs. 8 § 42 Abs. 1, 2 Satz 2 § 69a Abs. 5 Nr. 3	
199.1	bei Kraftfahrzeugen mit einem zulässigen Gesamtgewicht über 7,5 t oder Kraftfahrzeugen mit Anhängern, deren zulässiges Gesamtgewicht 2 t übersteigt		Tabelle 3 Buchstabe a
199.2	bei anderen Kraftfahrzeugen bis 7,5 t zulässiges Gesamtgewicht		Tabelle 3 Buchstabe b
200	Gegen die Pflicht zur Feststellung der zugelassenen Achslasten oder Gesamtgewichte oder gegen Vorschriften über das Um- oder Entladen bei Überlastung verstoßen	§ 31c Satz 1, 4 Halbsatz 2 § 69a Abs. 5 Nr. 4c	50
	Besetzung von Kraftomnibussen		
201	Kraftomnibus in Betrieb genommen und dabei mehr Personen befördert, als im Fahrzeugschein Plätze ausgewiesen waren	§ 34a Abs. 1 § 69a Abs. 3 Nr. 5	50
202	Als Halter die Inbetriebnahme eines Kraftomnibusses angeordnet oder zugelassen, obwohl mehr Personen befördert wurden, als im Fahrzeugschein Plätze ausgewiesen waren	§ 31 Abs. 2 i. V. m. § 34a Abs. 1 § 69a Abs. 5 Nr. 3	75
	Kindersitze		
203	Kraftfahrzeug in Betrieb genommen unter Verstoß gegen		
203.1	das Verbot der Anbringung von nach hinten gerichteten Kinderrückhalteeinrichtungen auf Beifahrerplätzen mit Airbag	§ 35a Abs. 8 Satz 1 § 69a Abs. 3 Nr. 7	25
203.2	die Pflicht zur Anbringung des Warnhinweises zur Verwendung von Kinderrückhalteeinrichtungen auf Beifahrerplätzen mit Airbag	§ 35a Abs. 8 Satz 2, 4 § 69a Abs. 3 Nr. 7	5
	Feuerlöscher in Kraftomnibussen		
204	Kraftomnibus unter Verstoß gegen eine Vorschrift über mitzuführende Feuerlöscher in Betrieb genommen	§ 35g Abs. 1, 2 § 69a Abs. 3 Nr. 7c	15
205	Als Halter die Inbetriebnahme eines Kraftomnibusses unter Verstoß gegen eine Vorschrift über mitzuführende Feuerlöscher angeordnet oder zugelassen	§ 31 Abs. 2 i. V. m. § 35g Abs. 1, 2 § 69a Abs. 5 Nr. 3	20

Lfd. Nr.	Tatbestand	StVZO	Regelsatz in Euro (€), Fahrverbot in Monaten
Erste-Hilfe-Material in Kraftfahrzeugen			
206	Unter Verstoß gegen eine Vorschrift über mitzuführendes Erste-Hilfe-Material		
206.1	einen Kraftomnibus	§ 35h Abs. 1, 2 § 69a Abs. 3 Nr. 7c	15
206.2	ein anderes Kraftfahrzeug in Betrieb genommen	§ 35h Abs. 3 § 69a Abs. 3 Nr. 7c	5
207	Als Halter die Inbetriebnahme unter Verstoß gegen eine Vorschrift über mitzuführendes Erste-Hilfe-Material		
207.1	eines Kraftomnibusses	§ 31 Abs. 2 i. V. m. § 35h Abs. 1, 2 § 69a Abs. 5 Nr. 3	25
207.2	eines anderen Kraftfahrzeugs angeordnet oder zugelassen	§ 31 Abs. 2 i. V. m. § 35h Abs. 3 § 69a Abs. 5 Nr. 3	10
Bereifung und Laufflächen			
208	Kraftfahrzeug oder Anhänger, die unzulässig mit Diagonal- und mit Radialreifen ausgerüstet waren, in Betrieb genommen	§ 36 Abs. 2a Satz 1, 2 § 69a Abs. 3 Nr. 8	15
209	Als Halter die Inbetriebnahme eines Kraftfahrzeugs oder Anhängers, die unzulässig mit Diagonal- und mit Radialreifen ausgerüstet waren, angeordnet oder zugelassen	§ 31 Abs. 2 i. V. m. § 36 Abs. 2a Satz 1, 2 § 69a Abs. 5 Nr. 3	30
210	Mofa in Betrieb genommen, dessen Reifen keine ausreichenden Profilrillen oder Einschnitte oder keine ausreichende Profil- oder Einschnitttiefe besaß	§ 36 Abs. 2 Satz 5 § 69a Abs. 3 Nr. 8	25
211	Als Halter die Inbetriebnahme eines Mofas angeordnet oder zugelassen, dessen Reifen keine ausreichenden Profilrillen oder Einschnitte oder keine ausreichende Profil- oder Einschnitttiefe besaß	§ 31 Abs. 2 i. V. m. § 36 Abs. 2 Satz 5 § 69a Abs. 5 Nr. 3	35
212	Kraftfahrzeug (außer Mofa) oder Anhänger in Betrieb genommen, dessen Reifen keine ausreichenden Profilrillen oder Einschnitte oder keine ausreichende Profil- oder Einschnitttiefe besaß	§ 36 Abs. 2 Satz 3 bis 5 § 69a Abs. 3 Nr. 8	50
213	Als Halter die Inbetriebnahme eines Kraftfahrzeugs (außer Mofa) oder Anhängers angeordnet oder zugelassen, dessen Reifen keine ausreichenden Profilrillen oder Einschnitte oder keine ausreichende Profil- oder Einschnitttiefe besaß	§ 31 Abs. 2 i. V. m. § 36 Abs. 2 Satz 3 bis 5 § 69a Abs. 5 Nr. 3	75

Lfd. Nr.	Tatbestand	StVZO	Regelsatz in Euro (€), Fahrverbot in Monaten
	Sonstige Pflichten für den verkehrssicheren Zustand des Fahrzeugs		
214	Fahrzeug in Betrieb genommen, das sich in einem Zustand befand, der die Verkehrssicherheit wesentlich beeinträchtigte, insbesondere unter Verstoß gegen eine Vorschrift über		50
214.1	Lenkeinrichtungen	§ 38 § 69a Abs. 3 Nr. 9	50
214.2	Bremsen	§ 41 Abs. 1 bis 12, 15 Satz 1, 3, 4, Abs. 16, 17 § 69a Abs. 3 Nr. 13	50
214.3	Einrichtungen zur Verbindung von Fahrzeugen	§ 43 Abs. 1 Satz 1 bis 3, Abs. 4 Satz 1, 3 § 69a Abs. 3 Nr. 3	50
	Mitführen von Anhängern hinter Kraftrad oder Personenkraftwagen		
215	Kraftrad oder Personenkraftwagen unter Verstoß gegen eine Vorschrift über das Mitführen von Anhängern in Betrieb genommen	§ 42 Abs. 2 Satz 1 § 69a Abs. 3 Nr. 3	25
	Einrichtungen zur Verbindung von Fahrzeugen		
216	Abschleppstange oder Abschleppseil nicht ausreichend erkennbar gemacht	§ 43 Abs. 3 Satz 2 § 69a Abs. 3 Nr. 3	5
	Stützlast		
217	Kraftfahrzeug mit einem einachsigen Anhänger in Betrieb genommen, dessen zulässige Stützlast um mehr als 50 % über- oder unterschritten wurde	§ 44 Abs. 3 Satz 1 § 69a Abs. 3 Nr. 3	40
	Abgasuntersuchung		
218	Als Halter die Frist für die Abgasuntersuchung überschritten um mehr als	§ 47a Abs. 1 Satz 1 i. V. m. Nr. 2 der Anlage XIa § 47a Abs. 7 Satz 4 § 69a Abs. 5 Nr. 5a	
218.1	2 bis zu 8 Monaten		15
218.2	8 Monate		40
	Geräuschentwicklungs- und Schalldämpferanlage		
219	Kraftfahrzeug, dessen Schalldämpferanlage defekt war, in Betrieb genommen	§ 49 Abs. 1 § 69a Abs. 3 Nr. 17	20

Lfd. Nr.	Tatbestand	StVZO	Regelsatz in Euro (€), Fahrverbot in Monaten
220	Weisung, den Schallpegel im Nahfeld feststellen zu lassen, nicht befolgt	§ 49 Abs. 4 Satz 1 § 69a Abs. 5 Nr. 5c	10
	Lichttechnische Einrichtungen		
221	Kraftfahrzeug oder Anhänger unter Verstoß gegen eine allgemeine Vorschrift über lichttechnische Einrichtungen in Betrieb genommen	§ 49a Abs. 1 bis 4, 5 Satz 1, Abs. 6, 8, 9 Satz 2, Abs. 9a, 10 Satz 1 § 69a Abs. 3 Nr. 18	5
222	Kraftfahrzeug oder Anhänger in Betrieb genommen unter Verstoß gegen eine Vorschrift über		
222.1	Scheinwerfer für Fern- oder Abblendlicht	§ 50 Abs. 1, 2 Satz 1, 6 Halbsatz 2, Satz 7, Abs. 3 Satz 1, 2, Abs. 5, 6 Satz 1, 3, 4, 6, Abs. 6a, Satz 2 bis 5, Abs. 9 § 69a Abs. 3 Nr. 18a	15
222.2	Begrenzungsleuchten oder vordere Richtstrahler	§ 51 Abs. 1 Satz 1, 4 bis 6, Abs. 2 Satz 1, 4, Abs. 3 § 69a Abs. 3 Nr. 18b	15
222.3	seitliche Kenntlichmachung oder Umrissleuchten	§ 51a Abs. 1 Satz 1 bis 7, Abs. 3 Satz 1, Abs. 4 Satz 2, Abs. 6 Satz 1, Abs. 7 Satz 1, 3 § 51b Abs. 2 Satz 1, 3, Abs. 5, 6 § 69a Abs. 3 Nr. 18c	15
222.4	zusätzliche Scheinwerfer oder Leuchten	§ 52 Abs. 1 Satz 2 bis 5, Abs. 2 Satz 2, 3 Abs. 5 Satz 2, Abs. 7 Satz 2, 4, Abs. 9 Satz 2 § 69a Abs. 3 Nr. 18e	15

Lfd. Nr.	Tatbestand	StVZO	Regelsatz in Euro (€), Fahrverbot in Monaten
222.5	Schluss-, Nebelschluss-, Bremsleuchten oder Rückstrahler	§ 53 Abs. 1 Satz 1, 3 bis 5, 7, Abs. 2 Satz 1, 2, 4 bis 6, Abs. 4 Satz 1 bis 4, 6, Abs. 5 Satz 1 bis 3, Abs. 6 Satz 2, Abs. 8, 9 Satz 1 § 53d Abs. 2, 3 § 69a Abs. 3 Nr. 18g, 19c	15
222.6	Warndreieck, Warnleuchte oder Warnblinkanlage	§ 53a Abs. 1, 2 Satz 1, Abs. 3 Satz 2, Abs. 4, 5 § 69a Abs. 3 Nr. 19	15
222.7	Ausrüstung oder Kenntlichmachung von Anbaugeräten oder Hubladebühnen	§ 53b Abs. 1 Satz 1 bis 3, 4 Halbsatz 2, Abs. 2 Satz 1 bis 3, 4 Halbsatz 2, Abs. 3 Satz 1, Abs. 4, 5 § 69a Abs. 3 Nr. 19a	15
	Geschwindigkeitsbegrenzer		
223	Kraftfahrzeug in Betrieb genommen, das nicht mit dem vorgeschriebenen Geschwindigkeitsbegrenzer ausgerüstet war oder den Geschwindigkeitsbegrenzer auf unzulässige Geschwindigkeit eingestellt oder nicht benutzt, auch wenn es sich um ein ausländischen Kfz handelt	§ 57c Abs. 2, 5 § 69a Abs. 3 Nr. 25b § 23 Abs. 1 Satz 2 StVO i. V. m. § 3 Abs. 3 IntKfzV § 49 Abs. 1 Nr. 22 StVO	50
224	Als Halter die Inbetriebnahme eines Kraftfahrzeuges angeordnet oder zugelassen, das nicht mit dem vorgeschriebenen Geschwindigkeitsbegrenzer ausgerüstet war oder dessen Geschwindigkeitsbegrenzer auf eine unzulässige Geschwindigkeit eingestellt war oder nicht benutzt wurde	§ 31 Abs. 2 i. V. m. § 57c Abs. 2, 5 § 69a Abs. 5 Nr. 3	75
225	Als Halter den Geschwindigkeitsbegrenzer in den vorgeschriebenen Fällen nicht prüfen lassen, wenn seit fällig gewordener Prüfung		
225.1	nicht mehr als ein Monat	§ 57d Abs. 2 Satz 1 § 69a Abs. 5 Nr. 6d	25
225.2	mehr als ein Monat vergangen ist	§ 57d Abs. 2 Satz 1 § 69a Abs. 5 Nr. 6d	40

Lfd. Nr.	Tatbestand	StVZO	Regelsatz in Euro (€), Fahrverbot in Monaten
226	Bescheinigung über die Prüfung des Geschwindigkeitsbegrenzers nicht mitgeführt oder auf Verlangen nicht ausgehändigt	§ 57d Abs. 2 Satz 3 § 69a Abs. 5 Nr. 6e	10
	Amtliches Kennzeichen		
227	Fahrzeug in Betrieb genommen, obwohl das vorgeschriebene amtliche oder rote Kennzeichen oder das Kurzzeitkennzeichen fehlte	§ 18 Abs. 4 Satz 1, 2 § 28 Abs. 1 Satz 3 § 60 Abs. 2 Satz 1 Halbsatz 1, auch i. V. m. § 28 Abs. 2 Satz 1 § 60 Abs. 5 Satz 1 Halbsatz 1 § 69a Abs. 2 Nr. 4	40
228	Kennzeichen mit Glas, Folien oder ähnlichen Abdeckungen versehen	§ 60 Abs. 1 Satz 4 Halbsatz 2 § 69a Abs. 2 Nr. 4	50
	Einrichtungen an Fahrrädern		
229	Fahrrad unter Verstoß gegen eine Vorschrift über die Einrichtungen für Schallzeichen in Betrieb genommen	§ 64a § 69a Abs. 4 Nr. 4	10
230	Fahrrad oder Fahrrad mit Beiwagen unter Verstoß gegen eine Vorschrift über Schlussleuchten oder Rückstrahler in Betrieb genommen	§ 67 Abs. 4 Satz 1, 3 § 69a Abs. 4 Nr. 8	10
	Ausnahmen		
231	Urkunde über eine Ausnahmegenehmigung nicht mitgeführt oder auf Verlangen nicht ausgehändigt	§ 70 Abs. 3a Satz 1 § 69a Abs. 5 Nr. 7	10
	Auflagen bei Ausnahmegenehmigungen		
232	Als Fahrzeugführer, ohne Halter zu sein, einer vollziehbaren Auflage einer Ausnahmegenehmigung nicht nachgekommen	§ 71 § 69a Abs. 5 Nr. 8	15
233	Als Halter einer vollziehbaren Auflage einer Ausnahmegenehmigung nicht nachgekommen	§ 71 § 69a Abs. 5 Nr. 8	50

Lfd. Nr.	Tatbestand	IntKfzV	Regelsatz in Euro (€), Fahrverbot in Monaten
	d) Verordnung über Internationalen Kraftfahrzeugverkehr		
234	An einem ausländischen Kraftfahrzeug oder ausländischen Kraftfahrzeuganhänger das heimische Kennzeichen oder das Nationalitätszeichen unter Verstoß gegen eine Vorschrift über deren Anbringung geführt	§ 2 Abs. 1 Satz 1, 3 § 14 Nr. 1	10
235	An einem ausländischen Kraftfahrzeug oder ausländischen Kraftfahrzeuganhänger das vorgeschriebene heimische Kennzeichen nicht geführt	§ 2 Abs. 1 Satz 1, 3 § 14 Nr. 1	40
236	An einem ausländischen Kraftfahrzeug oder ausländischen Kraftfahrzeuganhänger das Nationalitätszeichen nicht geführt	§ 2 Abs. 2 § 14 Nr. 1	15
237	Zulassungsschein, Führerschein oder die Übersetzung des ausländischen Zulassungsscheins oder Führerscheins nicht mitgeführt oder auf Verlangen nicht ausgehändigt	§ 10 § 14 Nr. 4	10
238	Einer vollziehbaren Auflage nicht nachgekommen	§ 4 Abs. 1 Satz 5 § 11 Abs. 2 Satz 2 § 14 Nr. 3, 5	25

Lfd. Nr.	Tatbestand	Ferienreise-VO	Regelsatz in Euro (€), Fahrverbot in Monaten
	e) Ferienreise-Verordnung		
239	Kraftfahrzeug trotz eines Verkehrsverbots innerhalb der Verbotszeiten länger als 15 Minuten geführt	§ 1 § 5 Nr. 1	40
240	Als Halter das Führen eines Kraftfahrzeugs trotz eines Verkehrsverbots innerhalb der Verbotszeiten länger als 15 Minuten zugelassen	§ 1 § 5 Nr. 1	100

Lfd. Nr.	Tatbestand	StVG	Regelsatz in Euro (€), Fahrverbot in Monaten
	B. Zuwiderhandlungen gegen § 24a StVG		
	0,5-Promille-Grenze		
241	Kraftfahrzeug geführt mit einer Atemalkoholkonzentration von 0,25 mg/l oder mehr oder mit einer Blutalkoholkonzentration von 0,5 Promille oder mehr oder mit einer Alkoholmenge im Körper, die zu einer solchen Atem- oder Blutalkoholkonzentration führt	§ 24a Abs. 1	250 *Fahrverbot 1 Monat*
241.1	bei Eintragung von bereits einer Entscheidung nach § 24a StVG, § 316 oder § 315c Abs. 1 Nr. 1 Buchstabe a StGB im Verkehrszentralregister		500 *Fahrverbot 3 Monate*
241.2	bei Eintragung von bereits mehreren Entscheidungen nach § 24a StVG, § 316 oder § 315c Abs. 1 Nr. 1 Buchstabe a StGB im Verkehrszentralregister		750 *Fahrverbot 3 Monate*
	Berauschende Mittel		
242	Kraftfahrzeug unter Wirkung eines in der Anlage zu § 24a Abs. 2 StVG genannten berauschenden Mittels geführt	§ 24a Abs. 2 Satz 1 i. V. m. Abs. 3	250 *Fahrverbot 1 Monat*
242.1	bei Eintragung von bereits einer Entscheidung nach § 24a StVG, § 316 oder § 315c Abs. 1 Nr. 1 Buchstabe a StGB im Verkehrszentralregister		500 *Fahrverbot 3 Monate*
242.2	bei Eintragung von bereits mehreren Entscheidungen nach § 24a, § 316 oder § 315c Abs. 1 Nr. 1 Buchstabe a StGB im Verkehrszentralregister		750 *Fahrverbot 3 Monate*

Anhang
(zu Nr. 11 der Anlage)

Tabelle 1

Geschwindigkeitsüberschreitungen

a) Kraftfahrzeuge der in § 3 Abs. 3 Nr. 2 Buchstabe a oder b StVO genannten Art

Lfd. Nr.	Über- schreitung in km/h	Regelsatz in Euro bei Begehung	
		innerhalb	außerhalb
		geschlossener Ortschaften (außer bei Überschreitung für mehr als 5 Minuten Dauer oder in mehr als zwei Fällen nach Fahrtantritt)	
11.1.1	bis 10	20	15
11.1.2	11–15	30	25

Die nachfolgenden Regelsätze und Fahrverbote gelten auch für die Über-schreitung der festgesetzten Höchstgeschwindigkeit bei Sichtweite unter 50 m durch Nebel, Schneefall oder Regen nach Nummer 9.1 der Anlage.

Lfd. Nr.	Über- schreitung in km/h	Regelsatz in Euro bei Begehung		Fahrverbot in Monaten bei Begehung	
		innerhalb	außerhalb	innerhalb	außerhalb
		geschlossener Ortschaften		geschlossener Ortschaften	
11.1.3	bis 15 für mehr als 5 Minuten Dauer oder in mehr als zwei Fällen nach Fahrtantritt	50	40	–	–
11.1.4	16–20	50	40	–	–
11.1.5	21–25	60	50	–	–
11.1.6	26–30	90	60	–	–
11.1.7	31–40	125	100	1 Monat	–
11.1.8	41–50	175	150	2 Monate	1 Monat
11.1.9	51–60	300	275	3 Monate	2 Monate
11.1.10	über 60	425	375	3 Monate	3 Monate

b) kennzeichnungspflichtige Kraftfahrzeuge der in Buchstabe a genannten Art mit gefährlichen Gütern oder Kraftomnibusse mit Fahrgästen

Lfd. Nr.	Über-schreitung in km/h	Regelsatz in Euro bei Begehung	
		innerhalb	außerhalb
		geschlossener Ortschaften (außer bei Überschreitung für mehr als 5 Minuten Dauer oder in mehr als zwei Fällen nach Fahrtantritt)	
11.2.1	bis 10	30	20
11.2.2	11–15	35	30

Die nachfolgenden Regelsätze und Fahrverbote gelten auch für die Überschreitung der festgesetzten Höchstgeschwindigkeit bei Sichtweite unter 50 m durch Nebel, Schneefall oder Regen nach Nummer 9.2 der Anlage.

Lfd. Nr.	Über-schreitung in km/h	Regelsatz in Euro bei Begehung		Fahrverbot in Monaten bei Begehung	
		innerhalb	außerhalb	innerhalb	außerhalb
		geschlossener Ortschaften		geschlossener Ortschaften	
11.2.3	bis 15 für mehr als 5 Minuten Dauer oder in mehr als zwei Fällen nach Fahrtantritt	75	60	–	–
11.2.4	16–20	75	60	–	–
11.2.5	21–25	100	75	–	–
11.2.6	26–30	125	100	1 Monat	–
11.2.7	31–40	175	150	1 Monat	1 Monat
11.2.8	41–50	250	225	2 Monate	2 Monate
11.2.9	51–60	350	325	3 Monate	3 Monate
11.2.10	über 60	475	425	3 Monate	3 Monate

c) andere als die in Buchstabe a oder b genannten Kraftfahrzeuge

Lfd. Nr.	Über- schreitung in km/h	Regelsatz in Euro bei Begehung	
		innerhalb	außerhalb
		geschlossener Ortschaften	
11.3.1	bis 10	15	10
11.3.2	11–15	25	20
11.3.3	16–20	35	30

Die nachfolgenden Regelsätze und Fahrverbote gelten auch für die Über-schreitung der festgesetzten Höchstgeschwindigkeit bei Sichtweite unter 50 m durch Nebel, Schneefall oder Regen nach Nummer 9.3 der Anlage.

Lfd. Nr.	Über- schreitung in km/h	Regelsatz in Euro bei Begehung		Fahrverbot in Monaten bei Begehung	
		innerhalb	außerhalb	innerhalb	außerhalb
		geschlossener Ortschaften		geschlossener Ortschaften	
11.3.4	21–25	50	40	–	–
11.3.5	26–30	60	50	–	–
11.3.6	31–40	100	75	1 Monat	–
11.3.7	41–50	125	100	1 Monat	1 Monat
11.3.8	51–60	175	150	2 Monate	1 Monat
11.3.9	61–70	300	275	3 Monate	2 Monate
11.3.10	über 70	425	375	3 Monate	3 Monate

Anhang
(zu Nr. 12 der Anlage)

Tabelle 2

Nichteinhalten des Abstandes von einem vorausfahrenden Fahrzeug

Lfd. Nr.		Regelsatz in Euro	Fahrverbot
	Der Abstand von einem vorausfahrenden Fahrzeug betrug in Metern		
12.5	a) bei einer Geschwindigkeit von mehr als 80 km/h		
12.5.1	weniger als 5/10 des halben Tachowertes	40	
12.5.2	weniger als 4/10 des halben Tachowertes	50	
12.5.3	weniger als 3/10 des halben Tachowertes	75	
12.5.4	weniger als 2/10 des halben Tachowertes	100	*Fahrverbot 1 Monat* soweit die Geschwindigkeit mehr als 100 km/h beträgt
12.5.5	weniger als 1/10 des halben Tachowertes	125	*Fahrverbot 1 Monat* soweit die Geschwindigkeit mehr als 100 km/h beträgt
12.6	b) bei einer Geschwindigkeit von mehr als 130 km/h		
12.6.1	weniger als 5/10 des halben Tachowertes	50	
12.6.2	weniger als 4/10 des halben Tachowertes	75	
12.6.3	weniger als 3/10 des halben Tachowertes	100	
12.6.4	weniger als 2/10 des halben Tachowertes	125	*Fahrverbot 1 Monat*
12.6.5	weniger als 1/10 des halben Tachowertes	150	*Fahrverbot 1 Monat*

Anhang
(zu Nrn. 198 und 199 der Anlage)

Tabelle 3
**Überschreiten der zulässigen Achslast oder des zulässigen Gesamt-
gewichts von Kraftfahrzeugen, Anhängern, Fahrzeugkombinationen
sowie der Anhängelast hinter Kraftfahrzeugen**

a) **bei Kraftfahrzeugen mit einem zulässigen Gesamtgewicht über 7,5 t
sowie Kraftfahrzeugen mit Anhängern, deren zulässiges Gesamtgewicht
2 t übersteigt**

Lfd. Nr.	Überschreitung in v. H.	Regelsatz in Euro
198.1	**für Inbetriebnahme**	
198.1.1	2 bis 5	30
198.1.2	mehr als 5	50
198.1.3	mehr als 10	60
198.1.4	mehr als 15	75
198.1.5	mehr als 20	100
198.1.6	mehr als 25	150
198.1.7	mehr als 30	200
199.1	**für Abordnen oder Zulassen der Inbetriebnahme**	
199.1.1	2 bis 5	35
199.1.2	mehr als 5	75
199.1.3	mehr als 10	125
199.1.4	mehr als 15	150
199.1.5	mehr als 20	200
199.1.6	mehr als 25	225

b) **bei anderen Kraftfahrzeugen bis 7,5 t für Inbetriebnahme, Anordnen
oder Zulassen der Inbetriebnahme**

Lfd. Nr.	Überschreitung in v. H.	Regelsatz in Euro
198.2.1 oder 199.2.1	mehr als 5 bis 10	10
198.2.2 oder 199.2.2	mehr als 10 bis 15	30
198.2.3 oder 199.2.3	mehr als 15 bis 20	35
198.2.4 oder 199.2.4	mehr als 20	50
198.2.5 oder 199.2.5	mehr als 25	75
198.2.6 oder 199.2.6	mehr als 30	125

Anhang
(zu § 3 Abs. 3)

Tabelle 4
Erhöhung der Regelsätze
bei Hinzutreten einer Gefährdung oder Sachbeschädigung

Die im Bußgeldkatalog bestimmten Regelsätze, die einen Betrag von mehr als 35 Euro vorsehen, erhöhen sich beim Hinzutreten einer Gefährdung oder Sachbeschädigung, soweit diese Merkmale nicht bereits im Grundtatbestand enthalten sind, wie folgt:

Bei einem Regelsatz für den Grundtatbestand von Euro	mit Gefährdung auf Euro	mit Sachbeschädigung auf Euro
40	50	60
50	60	75
60	75	90
75	100	125
90	110	135
100	125	150
125	150	175
150	175	225
175	200	275
200	225	325
225	250	375
250	275	425
275	300	475
300	325	475
325	350	475
350	400	475
375 bis 450	475	475

Enthält der Grundtatbestand bereits eine Gefährdung, führt Sachbeschädigung zu folgender Erhöhung:

Bei einem Regelsatz für den Grundtatbestand von Euro	mit Sachbeschädigung auf Euro
40	50
50	60
60	75
75	100

Fahrzeugregisterverordnung (FRV)

Vom 20. Oktober 1987 (BGBl. I S. 2305)

Zuletzt geändert durch
Verordnung vom 29. Oktober 2001 (BGBl. I S. 2785)

Inhaltsübersicht

Auf Grund

– des § 6 Abs. 1 Nr. 1 und des § 47 Abs. 1 des Straßenverkehrsgesetzes in der im Bundesgesetzblatt Teil III, Gliederungsnummer 9231-1, veröffentlichten bereinigten Fassung, § 6 Abs. 1 Nr. 1 geändert durch Artikel 1 Nr. 3 des Gesetzes vom 13. Mai 1986 (BGBl. I S. 700) und § 47 eingefügt durch Artikel 1 Nr. 2 des Gesetzes vom 28. Januar 1987 (BGBl. I S. 486),

– des § 6a Abs. 1 Nr. 1 Buchstabe a und Abs. 2 des Straßenverkehrsgesetzes in der im Bundesgesetzblatt Teil III, Gliederungsnummer 9231-1, veröffentlichten bereinigten Fassung, der zuletzt durch das Gesetz vom 6. April 1980 (BGBl. I S. 413) geändert worden ist,

wird vom Bundesminister für Verkehr mit Zustimmung des Bundesrates verordnet:

Erster Abschnitt
Erhebung und Speicherung von Fahrzeugdaten und Halterdaten

§ 1   Erhebung der Fahrzeugdaten für die Fahrzeugregister

(1) Bei der Zuteilung eines amtlichen Kennzeichens (§ 23 der Straßenverkehrs-Zulassungs-Ordnung) sind der Zulassungsstelle vom Antragsteller folgende Fahrzeugdaten (§ 33 Abs. 1 Satz 1 Nr. 1 des Straßenverkehrsgesetzes) mitzuteilen und auf Verlangen nachzuweisen:

1. Fahrzeug- und Aufbauart,
2. Hersteller, Typ und Ausführung des Fahrzeugs,
3. Fahrzeug-Identifizierungsnummer,
4. bei Personenkraftwagen: die vom Hersteller auf dem Fahrzeug angebrachte Farbe,
5. Tag der ersten Zulassung oder ersten Inbetriebnahme des Fahrzeugs,
6. bei Zuteilung eines neuen Kennzeichens nach Entstempelung oder Abhandenkommen des bisherigen: das bisherige Kennzeichen,
7. folgende Daten über Beschaffenheit und Ausrüstung des Fahrzeugs:
   a) Antriebsart,
   b) Höchstgeschwindigkeit (km/h),
   c) Hubraum (cm^3),
   d) zulässiges Gesamtgewicht (kg), Leergewicht (kg), Nutz- oder Aufliegelast (kg), zulässige Anhängelast (kg) beim Mitführen von Anhängern mit und ohne Bremse, zulässige Achslasten (kg) vorn, mitten und hinten, zulässige Sattellast (kg) bei Sattelanhängern, Kranlast (t) und Ausladung (m) bei Kranwagen,
   e) Zahl der Achsen mit und ohne Antrieb, Angabe über das Vorhandensein von Gleisketten,
   f) Zahl der Sitzplätze einschließlich Führersitz und Notsitze, Steh- und Liegeplätze,
   g) bei Tankwagen: Rauminhalt des Tanks (m^3),
   h) bei Kraftfahrzeugen mit Druckluftbremsanlage: Überdruck am Bremsanschluß (bar) bei Einleitungs- und Zweileitungsbremse,

i) Leistung (kW bei min⁻¹),

Leistung (kW bei min^{-1}),

k) Anhängekupplung mit Form und Größe oder Prüfzeichen,

l) Länge, Breite und Höhe (Maß über alles; mm), Größe der Ladefläche (m^2) bei Personenkraftwagen nach § 23 Abs. 1 Satz 6 der Straßenverkehrs-Zulassungs-Ordnung (Pkw-Kombi),

m) Größenbezeichnung der Reifen vorn, mitten und hinten,

n) Standgeräusch und Fahrgeräusch [dB(A)],

o) weitere Angaben, soweit deren Eintragung in den Fahrzeugpapieren vorgeschrieben oder zugelassen ist,

8. regelmäßiger Standort des Fahrzeugs,

9. die Verwendung des Fahrzeugs als Taxi, Mietwagen, zur Vermietung an Selbstfahrer, im freigestellten Schülerverkehr, als Kraftomnibus im Linienverkehr oder eine sonstige Verwendung, soweit sie nach der Straßenverkehrs-Zulassungs-Ordnung oder einer sonstigen auf § 6 des Straßenverkehrsgesetzes beruhenden Rechtsvorschrift der Zulassungsstelle anzuzeigen oder in den Fahrzeugpapieren einzutragen ist,

10. bei Fahrzeugen, für die ein Fahrzeugbrief ausgefertigt wurde: Verfügungsberechtigter über den Fahrzeugbrief,

11. folgende Daten über die Kraftfahrzeug-Haftpflichtversicherung:

a) Name und Anschrift oder Schlüsselnummer des Versicherers,

b) Nummer des Versicherungsscheins oder der Versicherungsbestätigung,

c) Beginn des Versicherungsschutzes,

d) Versicherungssumme für Personenschäden,

e) Befreiung von der gesetzlichen Versicherungspflicht.

(2) Bei der Zuteilung eines roten Kennzeichens oder eines Kurzzeitkennzeichens (§ 28 der Straßenverkehrs-Zulassungs-Ordnung) sind der Zulassungsstelle vom Antragsteller die in Absatz 1 Nr. 11 bezeichneten Daten über die Kraftfahrzeug-Haftpflichtversicherung sowie bei Kurzzeitkennzeichen zusätzlich das Ende des Versicherungsschutzes mitzuteilen und auf Verlangen nachzuweisen.

(3) Bei der Zuteilung eines besonderen Kennzeichens nach § 7 Abs. 2 der Verordnung über internationalen Kraftfahrzeugverkehr in der im Bundesgesetzblatt Teil III, Gliederungsnummer 9232-4, veröffentlichten bereinigten Fassung, die zuletzt durch Artikel 5 der Verordnung vom 13. Dezember 1985 (BGBl. I S. 2276) geändert worden ist, sind der Zulassungsstelle vom Antragsteller folgende Fahrzeugdaten mitzuteilen und auf Verlangen nachzuweisen:

1. Fahrzeug- und Aufbauart,

2. Hersteller, Typ und Ausführung des Fahrzeugs,

3. Fahrzeug-Identifizierungsnummer,

4. die bisherige Zulassung oder das bisherige Kennzeichen,

5. folgende Daten über Beschaffenheit und Ausrüstung des Fahrzeugs:

a) Antriebsart,

b) Höchstgeschwindigkeit (km/h),

c) Hubraum (cm^3),

   d) Leistung (kW bei min^{-1}),

   e) zulässiges Gesamtgewicht (kg) und Leergewicht (kg),

   f) Zahl der Sitzplätze einschließlich Führersitz,

6. Farbe des Fahrzeugs,

7. die in Absatz 1 Nr. 11 bezeichneten Daten über die Haftpflichtversicherung und das Ende des Versicherungsverhältnisses.

(4) Bei der Ausgabe eines Versicherungskennzeichens (§ 29e der Straßenverkehrs-Zulassungs-Ordnung) sind dem Versicherer vom Antragsteller
Art und Hersteller des Fahrzeugs sowie die Fahrzeug-Identifizierungsnummer mitzuteilen und auf Verlangen nachzuweisen.

Abs. 2 geändert durch VO v. 26. 10. 1990 (BGBl. I S. 2327); Abs. 2 u. Abs. 3
geändert durch VO v. 9. 3. 1998 (BGBl. I S. 441).

§ 2 Erhebung der Halterdaten für die Fahrzeugregister

(1) Die in § 33 Abs. 1 Satz 1 Nr. 2 des Straßenverkehrsgesetzes bezeichneten Halterdaten sind vom Antragsteller

1. der Zulassungsstelle
bei der Zuteilung eines amtlichen Kennzeichens, eines roten Kennzeichens, eines Kurzzeitkennzeichens oder eines besonderen Kennzeichens
nach § 7 Abs. 2 der Verordnung über internationalen Kraftfahrzeugverkehr,

2. dem Versicherer
bei der Ausgabe eines Versicherungskennzeichens

mitzuteilen und auf Verlangen nachzuweisen.

(2) Bei der Zuteilung von roten Kennzeichen, Kurzzeitkennzeichen und
von besonderen Kennzeichen nach § 7 Abs. 2 der Verordnung über internationalen Kraftfahrzeugverkehr entfällt die Angabe zum Geschlecht des
Halters.

Abs. 1 Nr. 1 u. Abs. 2 i. d. F. d. VO v. 9. 3. 1998 (BGBl. I S. 441).

§ 3 Speicherung der Fahrzeugdaten im örtlichen Fahrzeugregister

(1) Bei Fahrzeugen mit amtlichen Kennzeichen sind im örtlichen Fahrzeugregister folgende Fahrzeugdaten (§ 33 Abs. 1 Satz 1 Nr. 1 des Straßenverkehrsgesetzes) zu speichern:

  1. die nach § 1 Abs. 1 Nr. 1 bis 6, 7 Buchstaben a bis n und Nr. 8 erhobenen Daten,

  2. das zugeteilte amtliche Kennzeichen (Unterscheidungszeichen und
Erkennungsnummer) und der Tag der Zuteilung bei Zuteilung eines
amtlichen Kennzeichens als Saisonkennzeichen zusätzlich der Betriebszeitraum,

  3. die Zuteilung eines Kennzeichens mit grüner Beschriftung auf weißem
Grund und der Tag der Zuteilung,

  4. der Tag der Entstempelung des Kennzeichens, der vorübergehenden
Stillegung und der endgültigen Außerbetriebsetzung des Fahrzeugs, die
Verlängerung der Stillegung sowie der Tag der Wiederinbetriebnahme,

  5. Art der Betriebserlaubnis oder EG-Typgenehmigung,

6. Anerkennung nach § 23 Abs. 7 und 8 der Straßenverkehrs-Zulassungs-Ordnung als schadstoffarmes oder bedingt schadstoffarmes Fahrzeug Stufe A, B oder C und der Tag der Anerkennung sowie die Erfüllung der Anlagen XXIII, XXIV und XXV der Straßenverkehrs-Zulassungs-Ordnung über das Abgasverhalten,

6a. Einstufung des Fahrzeugs in bestimmte Emissionsklassen und die Grundlage dieser Einstufung,

7. Kennziffer des Zulassungsbezirks sowie der Standortgemeinde und des Gemeindeteils,

8. Nummer des Fahrzeugbriefs bei Fahrzeugen, für die ein Fahrzeugbrief ausgefertigt wurde,

9. Nummer und Verbleib des bisherigen Fahrzeugbriefs bei Ausfertigung eines neuen Briefs oder bei endgültiger Außerbetriebsetzung des Fahrzeugs,

10. Diebstahl oder sonstiges Abhandenkommen des Fahrzeugs, des gestempelten Kennzeichens und des ausgefertigten Fahrzeugbriefs sowie Hinweis auf den Tag der Beendigung der Sperrfrist für die neue Zuteilung des Kennzeichens,

11. Vormerkung zur Inanspruchnahme nach dem Bundesleistungsgesetz und dem Verkehrssicherstellungsgesetz,

12. folgende Daten über die Kraftfahrzeug-Haftpflichtversicherung:
    a) die nach § 1 Abs. 1 Nr. 11 Buchstaben a bis c erhobenen Daten oder die Befreiung von der gesetzlichen Versicherungspflicht,
    b) Nichtbestehen oder Beendigung des Versicherungsverhältnisses, die Anzeige hierüber und der Tag des Eingangs der Anzeige bei der Zulassungsstelle,
    c) Maßnahmen der Zulassungsstelle auf Grund des Nichtbestehens oder der Beendigung des Versicherungsverhältnisses.

(2) Bei Fahrzeugen mit amtlichen Kennzeichen dürfen im örtlichen Fahrzeugregister außerdem folgende Fahrzeugdaten gespeichert werden:

1. die nach § 1 Abs. 1 Nr. 7 Buchstabe o, Nr. 9 und 10 erhobenen Daten,

2. fahrzeugebezogene und halterbezogene Ausnahmegenehmigungen sowie Auflagen oder Hinweise auf solche Genehmigungen und Auflagen,

3. durch Ausnahmegenehmigung zugeteilte weitere amtliche Kennzeichen (Unterscheidungszeichen und Erkennungsnummer) und der Tag der Zuteilung,

4. Anlaß für die Zuteilung eines Kennzeichens mit grüner Beschriftung auf weißem Grund,

5. Tag der Aushändigung und Rückgabe oder Einziehung des Fahrzeugscheins oder der amtlichen Bescheinigung über die Zuteilung des Kennzeichens,

6. Ausstellung eines Fahrzeugersatz- und Fahrzeugzweitscheins sowie eines Anhängerverzeichnisses nebst Datum der Ausstellung,

7. Ausstellung eines internationalen Zulassungsscheins nebst Datum der Ausstellung,

8. Vermerk über die Aufbietung des Fahrzeugbriefs,

9. der auf die Zuteilung des Kennzeichens folgende nächste Termin (Monat und Jahr) für die Anmeldung zur Hauptuntersuchung nach § 29 der Straßenverkehrs-Zulassungs-Ordnung,

10. Vermerk über Fahrzeugmängel und Maßnahmen zur Mängelbeseitigung,

11. Vermerk über erhebliche Schäden am Fahrzeug aus einem Verkehrsunfall,

12. der auf die Zuteilung des Kennzeichens folgende nächste Termin (Monat und Jahr) zur Durchführung der Abgassonderuntersuchung nach § 47a der Straßenverkehrs-Zulassungs-Ordnung,

13. Vermerk über die Berechtigung zum Betrieb des Fahrzeugs trotz eines Verkehrsverbots bei Smog,

14. Untersagung oder Beschränkung des Betriebs des Fahrzeugs,

15. Ort, an dem das sichergestellte Fahrzeug abgestellt ist,

16. Tag des Eingangs der Versicherungsbestätigung für die Kraftfahrzeug-Haftpflichtversicherung,

17. die Versicherungssumme in der Kraftfahrzeug-Haftpflichtversicherung für Personenschäden,

18. Tag des Eingangs der Anzeige bei der Zulassungsstelle über die Veräußerung des Fahrzeugs und der Tag der Veräußerung,

19. bei Verlegung des regelmäßigen Standorts des Fahrzeugs in einen anderen Zulassungsbezirk und Zuteilung eines neuen Kennzeichens: das neue Kennzeichen dieses Zulassungsbezirks und der Tag der Zuteilung,

20. Vermerk über die Eintragung der vorübergehenden Stillegung im Fahrzeugbrief,

21. Vermerk, daß den Vorschriften über die Kraftfahrzeugsteuer nicht genügt ist,

22. folgende frühere Daten:
    a) die früheren Kennzeichen und die früheren Fahrzeug-Identifizierungsnummern,
    b) die früheren Halter,
    c) Name und Anschrift oder Schlüsselnummer der früheren Versicherer und die jeweils zugehörigen Daten über die Kraftfahrzeug-Haftpflichtversicherung nach § 1 Abs. 1 Nr. 11 Buchstaben b bis d oder die Befreiung von der gesetzlichen Versicherungspflicht,

23. die Vorlage und Nichtvorlage von Verwertungsnachweisen oder die Abgabe und Nichtabgabe von Erklärungen über den Verbleib nach § 27a der Straßenverkehrs-Zulassungs-Ordnung.

(3) Bei der Zuteilung von roten Kennzeichen oder Kurzzeitkennzeichen dürfen im örtlichen Fahrzeugregister folgende Fahrzeugdaten gespeichert werden:

1. Unterscheidungszeichen und Erkennungsnummer des roten Kennzeichens oder des Kurzzeitkennzeichens,

2. Zuteilung des Kurzzeitkennzeichens oder des roten Kennzeichens einschließlich Tag der Zuteilung und Dauer der Gültigkeit des Kennzeichens,

3. Tag der Rückgabe oder Entziehung des Kennzeichens,

4. Diebstahl oder sonstiges Abhandenkommen des Fahrzeugs und des Kennzeichens sowie Hinweis auf den Tag der Beendigung der Sperrfrist für die neue Ausgabe des Kennzeichens,

5. folgende Daten über die Kraftfahrzeug-Haftpflichtversicherung:

   a) die nach § 1 Abs. 2 erhobenen Daten,

   b) die nach Absatz 1 Nr. 12 Buchstaben b und c zu speichernden Daten,

   c) Name und Anschrift oder Schlüsselnummer der früheren Versicherer und die jeweils zugehörigen Daten über die Kraftfahrzeug-Haftpflichtversicherung nach § 1 Abs. 2 oder die Befreiung von der gesetzlichen Versicherungspflicht.

(4) Bei Fahrzeugen mit besonderen Kennzeichen nach § 7 Abs. 2 der Verordnung über internationalen Kraftfahrzeugverkehr dürfen im örtlichen Fahrzeugregister folgende Fahrzeugdaten gespeichert werden:

1. die nach § 1 Abs. 3 Nr. 1 bis 6 erhobenen Daten,

2. Ordnungs- und Erkennungsnummer des besonderen Kennzeichens sowie Tag der Zuteilung des Kennzeichens,

3. Tag des Ablaufs der Gültigkeit der Zulassung im Geltungsbereich der Straßenverkehrs-Zulassungs-Ordnung,

4. Nummer und Verbleib des Fahrzeugbriefs, falls ein solcher vorhanden war,

5. Tag der endgültigen Außerbetriebsetzung des Fahrzeugs im Geltungsbereich der Straßenverkehrs-Zulassungs-Ordnung,

6. Diebstahl oder sonstiges Abhandenkommen des Fahrzeugs und des besonderen Kennzeichens sowie Hinweis auf den Tag der Beendigung der Sperrfrist für die neue Zuteilung des Kennzeichens,

7. die nach § 1 Abs. 3 Nr. 7 erhobenen Daten über die Kraftfahrzeug-Haftpflichtversicherung.

(5) Im örtlichen Fahrzeugregister dürfen durch Ausnahmegenehmigung ohne Zuordnung zu einem bestimmten Fahrzeug zugeteilte Kennzeichen, der Tag der Zuteilung sowie die Stelle, die über die Verwendung der Kennzeichen bestimmt, gespeichert werden.

(6) Soweit vom Kraftfahrt-Bundesamt für bestimmte Daten eine Schlüsselnummer festgelegt wird, ist auch diese im örtlichen Fahrzeugregister zu speichern.

(7) Im örtlichen Fahrzeugregister darf ferner der Tag der Änderung der in den Absätzen 1 bis 6 bezeichneten Fahrzeugdaten gespeichert werden.

Abs. 1 Nr. 6a eingefügt durch G. v. 21. 12. 1993 (BGBl. I S. 2310); Abs. 1 Nr. 5 neu gefasst durch VO v. 9. 12. 1994 (BGBl. I S. 3755); Abs. 1 Nr. 2 geändert durch VO v. 12. 11. 1996 (BGBl. I S. 1738); Abs. 2 Nr. 23 angefügt durch VO v. 4. 7. 1997 (BGBl. I S. 1666); Abs. 3 Eingangsworte und Nr. 1 geändert sowie Nr. 2 neu gefasst sowie Abs. 4 Nr. 2 u. 6 und Abs. 5 geändert durch VO v. 9. 3. 1998 (BGBl. I S. 441); Abs. 1 Nr. 2 und Abs. 5 geändert durch VO v. 20. 7. 2000 (BGBl. I S. 1090).

§ 4 Speicherung der Fahrzeugdaten im Zentralen Fahrzeugregister

(1) Bei Fahrzeugen mit amtlichen Kennzeichen sind im Zentralen Fahrzeugregister folgende Fahrzeugdaten (§ 33 Abs. 1 Satz 1 Nr. 1 des Straßenverkehrsgesetzes) zu speichern:

1. die nach § 1 Abs. 1 Nr. 1 bis 6 und 7 Buchstaben a bis h erhobenen Daten, die Leistung (kW) und das Vorhandensein einer Anhängekupplung,

2. die nach § 3 Abs. 1 Nr. 2 bis 11 im örtlichen Fahrzeugregister zu speichernden Daten,

3. folgende frühere Daten:
    a) die früheren Kennzeichen (Unterscheidungszeichen und Erkennungsnummer),
    b) die früheren Fahrzeug-Identifizierungsnummern,
    c) die Nummern früherer Fahrzeugbriefe und der Verbleib dieser Briefe,
    d) die früheren Angaben zum Hersteller und Typ des Fahrzeugs,
    e) Zahl der dem Kraftfahrt-Bundesamt gemeldeten Änderungen in der Beschaffenheit und Ausrüstung des Fahrzeugs sowie der jeweilige Tag der Änderungen,
    f) Zahl und Grund der sonstigen Änderungen,
    g) Zahl der früheren Halter,
    h) Zahl der Haltereinträge im gültigen Fahrzeugbrief.

(2) Bei der Zuteilung von roten Kennzeichen sind die nach § 3 Abs. 3 Nr. 1 bis 4 im örtlichen Fahrzeugregister zu speichernden Fahrzeugdaten, soweit sie sich auf rote Kennzeichen erstrecken, auch im Zentralen Fahrzeugregister zu speichern.

(3) Bei Fahrzeugen mit besonderen Kennzeichen nach § 7 Abs. 2 der Verordnung über internationalen Kraftfahrzeugverkehr sind die nach § 3 Abs. 4 Nr. 1 bis 6 im örtlichen Fahrzeugregister zu speichernden Fahrzeugdaten auch im Zentralen Fahrzeugregister zu speichern.

(4) Bei Fahrzeugen mit Versicherungskennzeichen sind im Zentralen Fahrzeugregister folgende Fahrzeugdaten zu speichern:

1. die nach § 1 Abs. 4 erhobenen Daten,

2. Erkennungsnummer des ausgehändigten Versicherungskennzeichens,

3. Beginn des Versicherungsschutzes,

4. Zeitpunkt der Beendigung des Versicherungsverhältnisses gemäß § 3 Nr. 5 des Pflichtversicherungsgesetzes,

5. Diebstahl oder sonstiges Abhandenkommen des Fahrzeugs und des gültigen Versicherungskennzeichens.

Bei der Ausgabe von roten Versicherungskennzeichen (§ 29g der Straßenverkehrs-Zulassungs-Ordnung) sind nur die Daten nach Satz 1 Nr. 2 bis 5 zu speichern. Der für das ausgegebene Versicherungskennzeichen zuständige Versicherer hat die nach den Sätzen 1 und 2 im Zentralen Fahrzeugregister zu speichernden Daten dem Kraftfahrt-Bundesamt mitzuteilen.

(5) Im Zentralen Fahrzeugregister sind die in § 3 Abs. 2 Nr. 3 und Abs. 5 bezeichneten Kennzeichen sowie der Tag der Zuteilung der Kennzeichen zu speichern.

(6) Soweit vom Kraftfahrt-Bundesamt für bestimmte Daten eine Schlüsselnummer festgelegt wird, ist auch diese im Zentralen Fahrzeugregister zu speichern.

(7) Im Zentralen Fahrzeugregister darf ferner der Tag der Änderung der in den Absätzen 1 bis 6 bezeichneten Fahrzeugdaten gespeichert werden.

<hr>

Abs. 2 neu gefasst durch VO v. 9. 3. 1998 (BGBl. I S. 441); Abs. 5 geändert durch VO v. 20. 7. 2000 (BGBl. I S. 1090).

§ 5 Speicherung der Halterdaten in den Fahrzeugregistern

Die Speicherung der nach § 2 erhobenen Halterdaten erfolgt

1. im örtlichen Fahrzeugregister
   bei Fahrzeugen mit amtlichen Kennzeichen, bei Fahrzeugen mit besonderen Kennzeichen nach § 7 Abs. 2 der Verordnung über internationalen Kraftfahrzeugverkehr sowie bei der Zuteilung von roten Kennzeichen und Kurzzeitkennzeichen,
2. im Zentralen Fahrzeugregister
   bei Fahrzeugen mit amtlichen Kennzeichen, bei Fahrzeugen mit besonderen Kennzeichen nach § 7 Abs. 2 der Verordnung über internationalen Kraftfahrzeugverkehr, bei der Zuteilung von roten Kennzeichen und bei Fahrzeugen mit Versicherungskennzeichen.

In den Fahrzeugregistern darf ferner der Tag der Änderung der Halterdaten gespeichert werden.

<hr>

Nr. 1 u. Nr. 2 geändert durch VO v. 9. 3. 1998 (BGBl. I S. 441).

Zweiter Abschnitt
Regelmäßige Übermittlungen von Fahrzeugdaten und Halterdaten aus den Fahrzeugregistern

§ 6 Übermittlungen der Zulassungsstelle an das Kraftfahrt-Bundesamt

(1) Die Zulassungsstelle hat dem Kraftfahrt-Bundesamt nach der Zuteilung des Kennzeichens die im Zentralen Fahrzeugregister zu speichernden Fahrzeugdaten (§ 4 Abs. 1 bis 3, 5 und 6) und Halterdaten (§ 5 Satz 1 Nr. 2) zu übermitteln. Außerdem hat die Zulassungsstelle dem Kraftfahrt-Bundesamt jede Änderung der Daten und den Tag der Änderung sowie die Löschung der Daten und den Tag der Löschung im örtlichen Fahrzeugregister zu übermitteln. Durch Ausnahmegenehmigungen zugelassene Erhöhungen der Gewichte und Achslasten von Fahrzeugen brauchen nicht mitgeteilt zu werden.

(2) Nimmt eine andere als die für das Kennzeichen zuständige Zulassungsstelle die vorübergehende Stilllegung oder die endgültige Außerbetriebsetzung des Fahrzeugs vor, so hat sie dem Kraftfahrt-Bundesamt die Stilllegung oder Außerbetriebsetzung mitzuteilen und außerdem anzugeben

1. den Tag der Stilllegung oder Außerbetriebsetzung,
2. das Kennzeichen und dessen Entstempelung,
3. die Fahrzeug-Identifizierungsnummer,
4. Art und Hersteller des Fahrzeugs,
5. Nummer und Verbleib des Fahrzeugbriefs.

<hr>

Abs. 1 Satz 1 geändert durch VO v. 9. 3. 1998 (BGBl. I S. 441).

§ 7   Übermittlungen der Zulassungsstelle an andere Zulassungsstellen

(1) Wird nach der Verlegung des Standorts eines Fahrzeugs in den Bezirk einer anderen Zulassungsstelle von dieser ein neues amtliches Kennzeichen zugeteilt, hat sie der für das bisherige Kennzeichen zuständigen Zulassungsstelle die Fahrzeug-Identifizierungsnummer, die Nummer des Fahrzeugbriefs, das bisherige Kennzeichen sowie das neue Kennzeichen und den Tag der Zuteilung mitzuteilen.

(2) Nimmt die andere Zulassungsstelle im Sinne von § 6 Abs. 2 die vorübergehende Stilllegung oder endgültige Außerbetriebsetzung vor, hat sie der für das bisherige Kennzeichen zuständigen Zulassungsstelle die in § 6 Abs. 2 bezeichneten Daten zu übermitteln.

§ 8   Übermittlungen der Zulassungsstelle an Versicherer

(1) Die Zulassungsstelle darf dem Versicherer zur Gewährleistung des Versicherungsschutzes (§ 32 Abs. 1 Nr. 2 des Straßenverkehrsgesetzes) übermitteln

1. bei Fahrzeugen mit amtlichen Kennzeichen
   a) Kennzeichen und Tag der Zuteilung bei Zuteilung eines amtlichen Kennzeichens als Saisonkennzeichen zusätzlich den Zulassungszeitraum,
   b) Art des Fahrzeugs sowie Schlüsselnummer für Hersteller, Typ und Ausführung des Fahrzeugs,
   c) Fahrzeug-Identifizierungsnummer, Leistung und – zusätzlich bei Krafträdern – der Hubraum,
   d) Familienname, Vornamen und Anschrift des Halters, falls dieser nicht mit dem Versicherungsnehmer identisch ist,
   e) Vorliegen eines Versicherer- und Halterwechsels,
   f) Tag des Eingangs einer Anzeige über das Nichtbestehen oder die Beendigung des Versicherungsverhältnisses,
   g) Einleitung von Maßnahmen oder sonstige Angaben zum Verbleib des Fahrzeugs oder Kennzeichens nach Eingang einer Anzeige gemäß Buchstabe f,
   h) Name und Anschrift oder Schlüsselnummer des Versicherers, Nummer des Versicherungsscheins oder der Versicherungsbestätigung, Zugang der Bestätigung über eine neue Versicherung, Beginn des Versicherungsschutzes sowie Versicherungssumme für Personenschäden,
   i) Tag der vorübergehenden Stilllegung oder endgültigen Abmeldung des Fahrzeugs,
2. bei Fahrzeugen mit roten Kennzeichen oder Kurzzeitkennzeichen
   a) Kennzeichen und Tag der Zuteilung,
   b) Gültigkeitsdauer des Kennzeichens,
   c) Familienname, Vornamen und Anschrift des Halters, falls dieser nicht mit dem Versicherungsnehmer identisch ist,
   d) die in Nummer 1 Buchstaben e, f, g und h bezeichneten Daten,
   e) Ende des Versicherungsschutzes,

3. bei Fahrzeugen mit besonderen Kennzeichen nach § 7 Abs. 2 der Verordnung über internationalen Kraftfahrzeugverkehr

a) Kennzeichen und Tag der Zuteilung,

b) die in Nummer 1 Buchstaben b, c, d und h bezeichneten Daten und das Ende des Versicherungsverhältnisses.

(2) Die Übermittlung der Daten erfolgt aus Anlaß der Zuteilung des Kennzeichens, des Vorliegens einer neuen Versicherungsbestätigung, des Versicherer- oder Halterwechsels, der vorübergehenden Stillegung oder endgültigen Abmeldung des Fahrzeugs oder des Eingangs einer Anzeige wegen Nichtbestehens oder Beendigung des Versicherungsverhältnisses oder der hierauf beruhenden Maßnahmen.

(3) Die Übermittlung der Daten nach den Absätzen 1 und 2 darf zu den dort genannten Zwecken auch über das Kraftfahrt-Bundesamt durch einen Verband der Versicherer erfolgen. Das Kraftfahrt-Bundesamt ist berechtigt, die Daten hierfür zu speichern und trägt die Verantwortung für die Richtigkeit und Vollständigkeit der Übermittlung an den Verband. Eine gesetzliche Verpflichtung des Kraftfahrt-Bundesamtes zur Übermittlung der Daten wird dadurch nicht begründet.

Abs. 1 Eingangsworte geändert, Nr. 1 Buchst. c und e neu gefaßt, Nr. 1 Buchst. h geändert sowie Nr. 1 Buchst. i und Nr. 2 Buchst. e angefügt sowie Abs. 2 geändert durch VO v. 26. 10. 1990 (BGBl. I S. 2327); Abs. 3 angefügt durch VO v. 16. 12. 1993 (BGBl. I S. 2106); Abs. 1 Nr. 1 Buchst. a geändert durch VO v. 12. 11. 1996 (BGBl. I S. 1738); Abs. 1 Nr. 2 und Nr. 3 Buchst. a sowie Abs. 2 geändert durch VO v. 9. 3. 1998 (BGBl. I S. 441).

§ 9 Übermittlungen der Zulassungsstelle an Finanzämter

(1) Die Zulassungsbehörde hat dem zuständigen Finanzamt bei zulassungspflichtigen Fahrzeugen mit amtlichen Kennzeichen zur Durchführung des Kraftfahrzeugsteuerrechts (§ 32 Abs. 1 Nr. 3 des Straßenverkehrsgesetzes) die in § 5 Abs. 2 Nr. 3 der Kraftfahrzeugsteuer-Durchführungsverordnung vom 3. Juli 1979 (BGBl. I S. 901), geändert durch die Verordnung vom 10. Dezember 1985 (BGBl. I S. 2185), bezeichneten Daten aus den dort genannten Anlässen zu übermitteln. Bei Fahrzeugen mit Saisonkennzeichen hat die Zulassungsbehörde dies und zusätzlich den Betriebszeitraum zu übermitteln.

(2) Die Zulassungsbehörde hat dem zuständigen Finanzamt bei der Zuteilung von roten Kennzeichen zwecks Durchführung des Kraftfahrzeugsteuerrechts die nach § 3 Abs. 3 Nr. 1 bis 3 und nach § 5 Satz 1 Nr. 1 zu speichernden Daten sowie die Änderung dieser Daten und den Tag der Änderung mitzuteilen.

Abs. 1 Satz 2 angefügt durch VO v. 12. 11. 1996 (BGBl. I S. 1738); Abs. 2 geändert durch VO v. 9. 3. 1998 (BGBl. I S. 441); Abs. 1 Satz 1 und 2 sowie Abs. 2 geändert durch VO v. 20. 7. 2000 (BGBl. I S. 1090).

§ 10 Übermittlungen der Zulassungsstelle und des Kraftfahrt-Bundesamtes an die für die Durchführung des Bundesleistungsgesetzes und des Verkehrssicherstellungsgesetzes zuständigen Stellen

(1) Die Zulassungsstelle darf bei Fahrzeugen mit amtlichen Kennzeichen für die Zwecke des Bundesleistungsgesetzes den nach § 5 dieses Gesetzes bestimmten Anforderungsbehörden und für die Zwecke des Verkehrssicherstellungsgesetzes den nach § 19 dieses Gesetzes bestimmten Behörden auf entsprechende Anforderungen die nach § 3 Abs. 1 Nr. 1, 2, 4, 7 und 11, Abs. 2 Nr. 2 und 19 gespeicherten Fahrzeugdaten, die nach § 5 Satz 1 Nr. 1 gespeicherten Halterdaten sowie den Tag der Änderung der vorgenannten Daten übermitteln.

(2) Das Kraftfahrt-Bundesamt darf bei Fahrzeugen mit amtlichen Kennzeichen für die Zwecke des Bundesleistungsgesetzes den nach § 5 dieses Gesetzes bestimmten Anforderungsbehörden und den diesen vorgesetzten Behörden sowie für die Zwecke des Verkehrssicherstellungsgesetzes den nach § 19 dieses Gesetzes bestimmten Behörden auf entsprechende Anforderungen die nach § 4 Abs. 1 Nr. 1, nach § 4 Abs. 1 Nr. 2 in Verbindung mit § 3 Abs. 1 Nr. 2, 4, 7 und 11, nach § 4 Abs. 1 Nr. 3 Buchstabe a gespeicherten Fahrzeugdaten, die nach § 5 Satz 1 Nr. 2 gespeicherten Halterdaten sowie den Tag der Änderung der vorgenannten Daten übermitteln.

§ 11 Übermittlungen des Kraftfahrt-Bundesamtes an die Zulassungsstellen

(1) Erfolgt wegen Verlegung des regelmäßigen Standorts eines Fahrzeugs in einen anderen Zulassungsbezirk die Zuteilung eines neuen Kennzeichens, so teilt das Kraftfahrt-Bundesamt der bisherigen Zulassungsstelle – unter Angabe von bisherigem Kennzeichen, Fahrzeug-Identifizierungsnummer, Art und Hersteller des Fahrzeugs sowie Nummer des Fahrzeugbriefs – das neue Kennzeichen mit.

(2) Ist ein Fahrzeug endgültig außer Betrieb gesetzt oder gilt es nach vorübergehender Stillegung als endgültig außer Betrieb gesetzt, so macht das Kraftfahrt-Bundesamt, wenn dieser Umstand im Zentralen Fahrzeugregister vermerkt ist, der zuständigen Zulassungsstelle hierüber Mitteilung.

(3) Das Kraftfahrt-Bundesamt übermittelt ferner an die jeweils zuständige Zulassungsstelle die im Zentralen Fahrzeugregister enthaltenen Angaben über Diebstahl oder sonstiges Abhandenkommen von Fahrzeugen, Kennzeichen und ausgefertigten Fahrzeugbriefen sowie über das Wiederauffinden solcher Fahrzeuge, Kennzeichen und Briefe, es sei denn, dem Kraftfahrt-Bundesamt ist bekannt, daß die Zulassungsstelle hierüber unterrichtet ist.

(4) Wird dem Zentralen Fahrzeugregister ein Fahrzeug als zum Verkehr zugelassen gemeldet, dessen Fahrzeug-Identifizierungsnummer oder dessen Kennzeichen im Zentralen Fahrzeugregister bereits zu einem anderen im Verkehr befindlichen Fahrzeug gespeichert ist, so teilt das Kraftfahrt-Bundesamt diesen Umstand der Zulassungsstelle mit, die das neue Fahrzeug gemeldet hat.

§ 11a Übermittlung von Daten aus dem Zentralen Fahrzeugregister nach § 37 Abs. 1 des Straßenverkehrsgesetzes

(1) Für Maßnahmen der zuständigen ausländischen Behörden nach § 37 Abs. 1 Buchstabe a bis d des Straßenverkehrsgesetzes dürfen die nach § 33 Abs. 1 Satz 1 Nr. 2 des Straßenverkehrsgesetzes gespeicherten Halterdaten und die nach § 4 Abs. 1 Nr. 1, 2, Abs. 3, 4, 6 und 7, mit Ausnahme der Vormerkung zur Inanspruchnahme nach dem Bundesleistungsgesetz und dem Verkehrssicherstellungsgesetz, gespeicherten Fahrzeugdaten übermittelt werden.

(2) Die Daten dürfen in das Ausland für Verwaltungsmaßnahmen auf dem Gebiet des Straßenverkehrs den Zulassungsbehörden zur Überwachung des Versicherungsschutzes sowie für die Verfolgung von Zuwiderhandlungen oder Straftaten im Sinne des § 37 Abs. 1 Buchstabe b, c und d des Straßenverkehrsgesetzes den Polizei- und Justizbehörden unmittelbar übermittelt werden, wenn nicht der Empfängerstaat mitgeteilt hat, daß andere Behörden zuständig sind.

Eingefügt durch VO v. 18. 8. 1998 (BGBl. I S. 2214, 2296).

§ 11b Automatisiertes Anfrage- und Auskunftsverfahren beim Kraftfahrt-Bundesamt nach § 36a des Staßenverkehrsgesetzes

(1) Die Übermittlung von Daten nach § 35 des Straßenverkehrsgesetzes und § 11a Abs. 1 ist auch in einem automatisierten Anfrage- und Auskunftsverfahren zulässig.

(2) Die übermittelnde Stelle darf die Übermittlung nur zulassen, wenn deren Durchführung unter Verwendung einer Kennung der zum Empfang der übermittelten Daten berechtigten Behörde erfolgt. Der Empfänger hat sicherzustellen, daß die übermittelten Daten nur bei den zum Empfang bestimmten Endgeräten empfangen werden.

(3) Die übermittelnde Stelle hat durch ein selbsttätiges Verfahren zu gewährleisten, daß eine Übermittlung nicht vorgenommen wird, wenn die Kennung nicht oder unrichtig angegeben wurde. Sie hat versuchte Anfragen ohne Angabe der richtigen Kennung sowie die Angabe einer fehlerhaften Kennung zu protokollieren. Sie hat ferner im Zusammenwirken mit der anfragenden Stelle jedem Fehlversuch nachzugehen und die Maßnahmen zu ergreifen, die zur Sicherung des ordnungsgemäßen Verfahrens notwendig sind.

(4) Die übermittelnde Stelle hat sicherzustellen, daß die Aufzeichnungen nach § 36a Satz 2 des Straßenverkehrsgesetzes selbsttätig erfolgen und die Übermittlung bei nicht ordnungsgemäßer Aufzeichnung unterbrochen wird.

Eingefügt durch VO v. 18. 8. 1998 (BGBl.I S. 2214, 2296).

Dritter Abschnitt
Übermittlungen durch Abruf im automatisierten Verfahren

§ 12   Art der zu übermittelnden Daten

(1) Zur Übermittlung durch Abruf im automatisierten Verfahren aus dem Zentralen Fahrzeugregister nach § 36 Abs. 1, 2 Satz 1 und Abs. 3 des Straßenverkehrsgesetzes dürfen folgende Daten bereitgehalten werden:

1. für Anfragen unter Verwendung des Kennzeichens oder der Fahrzeug-Identifizierungsnummer:

    a) das Kennzeichen und der Tag der Zuteilung sowie die Fahrzeug-Identifizierungsnummer, beim Saisonkennzeichen zusätzlich der Betriebszeitraum,

    b) Familienname, Vornamen, Ordens- und Künstlername, Geburtsname, Tag und Ort der Geburt – oder bei juristischen Personen, Behörden oder Vereinigungen Name oder Bezeichnung – sowie Anschrift des Halters,

    c) Tag der vorübergehenden Stillegung oder endgültigen Außerbetriebsetzung des Fahrzeugs,

    und, falls eine erweiterte Auskunft erforderlich ist, zusätzlich

    d) Art, Hersteller, Typ und Farbe (§ 1 Abs. 1 Nr. 4) des Fahrzeugs, der Tag der ersten Zulassung, die Fahrzeugbriefnummer, das Datum und die Bezeichnung des Arbeitsganges der letzten Veränderung und Hinweise auf den Diebstahl oder das sonstige Abhandenkommen eines Fahrzeugs oder des amtlichen Kennzeichens, bei Fahrzeugen mit Versicherungskennzeichen außerdem Beginn und Ende des Versicherungsverhältnisses,

2. für Anfragen unter Verwendung eines Teils des Kennzeichens:

    a) die mit dem angefragten Teil des Kennzeichens übereinstimmenden Kennzeichen,

    b) Art, Hersteller, Typ und Farbe des Fahrzeugs sowie Jahr der ersten Zulassung; bei Fahrzeugen mit Versicherungskennzeichen außerdem Beginn und Ende des Versicherungsverhältnisses,

3. für Anfragen unter Verwendung von Personalien (Familienname, Vornamen, Ordens- oder Künstlername, Geburtsname, Tag und Ort der Geburt oder Name oder Bezeichnung einer juristischen Person, Behörde oder Vereinigung, Anschrift des Halters):

    a) Familienname, Vornamen, Ordens- und Künstlername, Geburtsname, Tag und Ort der Geburt – oder bei juristischen Personen, Behörden oder Vereinigungen Name oder Bezeichnung – sowie Anschrift des Halters,

    b) Kennzeichen, Tag der Zuteilung oder Ausgabe des Kennzeichens, beim Saisonkennzeichen zusätzlich der Betriebszeitraum, Fahrzeug-Identifizierungsnummer, Art, Hersteller, Typ und Farbe des Fahrzeugs, Fahrzeugbriefnummer, Tag der ersten Zulassung, Tag der vorübergehenden Stillegung, Datum und Bezeichnung des Arbeitsganges der letzten Veränderung und Hinweise auf den Diebstahl oder das sonstige Abhandenkommen eines Fahrzeugs oder Kennzeichens; bei Fahrzeugen mit Versicherungskennzeichen außerdem Beginn und Ende des Versicherungsverhältnisses.

Die Daten nach Satz 1 Nr. 1 Buchstabe a bis c werden zum Abruf bereitgehalten für

1. die Bußgeldbehörden, die für die Verfolgung von Verkehrsordnungswidrigkeiten zuständig sind,
2. die Zulassungsbehörden,
3. das Bundeskriminalamt und den Bundesgrenzschutz,
4. die mit Aufgaben nach § 2 des Bundesgrenzschutzgesetzes betrauten Stellen der Zollverwaltung und die Zollfahndungsdienststellen,
5. die Polizeibehörden der Länder.

Die Daten nach Satz 1 Nr. 1 Buchstabe d und Nr. 2 werden für die Stellen nach Satz 2 Nr. 2 bis 5 zum Abruf bereitgehalten. Die Daten nach Satz 1 Nr. 3 werden für die Stellen nach Satz 2 Nr. 3 bis 5 zum Abruf bereitgehalten.

(2) Zur Übermittlung durch Abruf im automatisierten Verfahren aus dem örtlichen Fahrzeugregister nach § 36 Abs. 2 Satz 2 des Straßenverkehrsgesetzes dürfen folgende Daten bereitgehalten werden:

1. für Anfragen unter Verwendung des Kennzeichens oder der Fahrzeug-Identifizierungsnummer:
   a) Kennzeichen, Fahrzeug-Identifizierungsnummer,
   b) Fahrzeug- und Aufbauart,
   c) Hersteller, Typ und Ausführung des Fahrzeugs,
   d) Familienname, Vornamen, Ordens- und Künstlername, Geburtsname, Geburtstag, Geburtsort – oder bei juristischen Personen, Behörden oder Vereinigungen: Name oder Bezeichnung – sowie Anschrift des Halters,
   und, falls eine erweiterte Auskunft erforderlich ist, zusätzlich
   e) die in § 1 Abs. 1 Nr. 7 bezeichneten Daten über Beschaffenheit und Ausrüstung des Fahrzeugs,
   f) fahrzeugbezogene und halterbezogene Ausnahmegenehmigungen sowie Auflagen,
   g) Farbe des Fahrzeugs,
   h) die in § 1 Abs. 1 Nr. 9 enthaltenen Angaben über die Verwendung des Fahrzeugs,
   i) Tag der ersten Zulassung oder ersten Inbetriebnahme des Fahrzeugs,
   k) Vermerk über Fahrzeugmängel,
   l) Vermerk über erhebliche Schäden am Fahrzeug aus einem Verkehrsunfall,
   m) Anzeige über das Nichtbestehen oder die Beendigung des Versicherungsverhältnisses und Tag des Eingangs der Anzeige bei der Zulassungsstelle,
   n) Diebstahl oder sonstiges Abhandenkommen des Fahrzeugs oder des Kennzeichens,
   o) Tag der Betriebsuntersagung, vorübergehenden Stillegung oder endgültigen Außerbetriebsetzung des Fahrzeugs,
   p) Art der Betriebserlaubnis oder EG-Typgenehmigung,
   q) die Daten über die Schadstoffminderung des Fahrzeugs,

r) die Daten des Erwerbers des Fahrzeugs nach einer Veräußerung im Sinne von § 33 Abs. 1 Satz 2 des Straßenverkehrsgesetzes, der Tag des Eingangs der Veräußerungsanzeige bei der Zulassungsstelle und der Tag der Veräußerung,

s) Tag der Zuteilung des Kennzeichens für den neuen Halter nach Halterwechsel,

t) Nummer des Fahrzeugbriefs sowie Nummer und Verbleib des bisherigen Fahrzeugbriefs,

u) die früheren Kennzeichen und die früheren Halter,

2. für Anfragen unter Verwendung eines Teils des Kennzeichens: die in Absatz 1 Satz 1 Nr. 2 Buchstaben a und b bezeichneten Daten,

3. für Anfragen unter Verwendung von Personalien (Familienname, Vornamen, Ordens- oder Künstlername, Geburtsname, Geburtstag, Geburtsort oder Name oder Bezeichnung einer juristischen Person, Behörde oder Vereinigung): die in Nummer 1 bezeichneten Daten.

Die Daten nach Satz 1 werden für die Dienststellen des Polizeivollzugsdienstes zum Abruf bereitgehalten, die für den jeweiligen Bezirk der Zulassungsstelle (§ 23 Abs. 2 der Straßenverkehrs-Zulassungs-Ordnung) örtlich zuständig sind.

Abs. 2 Buchst. p neu gefasst durch VO v. 9. 12. 1994 (BGBl. I S. 3755); Abs. 1 neu gefasst durch VO v. 18. 8. 1998 (BGBl. I S. 2214, 2296); Abs. 1 Nr. 1 Buchst. a und Nr. 3 Buchst. b geändert durch VO v. 20. 7. 2000 (BGBl. I S. 1090).

§ 13   Sicherung gegen Mißbrauch

(1) Die übermittelnde Stelle darf den Abruf nach § 36 des Straßenverkehrsgesetzes nur zulassen, wenn dessen Durchführung unter Verwendung von jeweils selbständigen und voneinander unabhängigen Kennungen

1. der zum Abruf berechtigten Dienststelle und

2. des zum Abruf zugelassenen Endgeräts

erfolgt. Abweichend von Satz 1 wird auf Antrag eines Landes bei Abruf über ein Sondernetz der Polizei die Kennung nach Nummer 1 als einheitliche Landeskennung erteilt, sofern sich aus der Kennung des Endgeräts auch die Dienststelle ergibt. Die Kennung der abrufberechtigten Dienststelle ist von der übermittelnden Stelle jeweils spätestens nach Ablauf von 12 Monaten zu ändern.

(2) Die übermittelnde Stelle hat durch ein selbsttätiges Verfahren zu gewährleisten, daß keine Abrufe erfolgen können, sobald die Kennung des Endgeräts unrichtig oder die Kennung der zum Abruf berechtigten Dienststelle mehr als zweimal hintereinander unrichtig eingegeben wurde. Die abrufende Stelle hat Maßnahmen zum Schutz gegen unberechtigte Nutzungen des Abrufsystems zu treffen.

(3) Die übermittelnde Stelle hat sicherzustellen, daß die Aufzeichnungen nach § 36 Abs. 6 des Straßenverkehrsgesetzes über die Abrufe selbsttätig erfolgen und daß der Abruf bei nicht ordnungsgemäßer Aufzeichnung unterbrochen wird. Der Aufzeichnung unterliegen auch versuchte Abrufe, die unter Verwendung von fehlerhaften Kennungen mehr als einmal vorge-

nommen werden. Satz 1 gilt entsprechend für die weiteren Aufzeichnungen nach § 36 Abs. 7 des Straßenverkehrsgesetzes, die von der nach § 14 Abs. 1 zuständigen Stelle gefertigt werden.

Abs. 1 Satz 1 u. 3 geändert, Abs. 2 Satz 2 angefügt sowie Abs. 3 Satz 1 und 3 geändert durch VO v. 18. 8. 1998 (BGBl. I S. 2214, 2296).

§ 14 Aufzeichnung der Abrufe

(1) Die nach § 36 Abs. 7 des Straßenverkehrsgesetzes vorgeschriebenen weiteren Aufzeichnungen werden vom Kraftfahrt-Bundesamt gefertigt. In den Ländern, in denen die Regelung des § 36 Abs. 5a des Straßenverkehrsgesetzes und des § 13 Abs. 1 Satz 2 angewendet wird, dürfen diese Aufzeichnungen jeweils von der abrufenden Stelle vorgenommen werden.

(2) Der Anlaß des Abrufs ist von der abrufenden Stelle der nach Absatz 1 Satz 2 zuständigen Stelle unter Verwendung folgender Schlüsselzahlen zu übermitteln:

1. Zulassung von Fahrzeugen
2. Bei Überwachung des Straßenverkehrs: keine oder nicht vorschriftsmäßige Papiere oder Verdacht auf Fälschung der Papiere oder des Kennzeichens oder sonstige verkehrsrechtliche Beanstandungen oder verkehrsbezogene Anlässe
3. Nichtbeachten der polizeilichen Anhalteaufforderung oder Verkehrsunfallflucht
4. Feststellungen bei aufgefundenen oder verkehrsbehindernd abgestellten Fahrzeugen
5. Verdacht des Diebstahls oder der mißbräuchlichen Benutzung eines Fahrzeugs
6. Grenzkontrolle
7. Gefahrenabwehr
8. Verfolgung von Straftaten oder Verkehrsordnungswidrigkeiten
9. Fahndung, Grenzfahndung, Kontrollstelle
0. sonstige Anlässe.

Bei Verwendung der Schlüsselzahlen 8 bis 0 ist ein auf den bestimmten Anlaß bezogenes Aktenzeichen oder eine Tagebuchnummer zusätzlich zu übermitteln, falls dies beim Abruf angegeben werden kann. Sonst ist jeweils in Kurzform bei der Verwendung der Schlüsselzahl 8 die Art der Straftat oder die Art der Verkehrsordnungswidrigkeit und bei Verwendung der Schlüsselzahlen 9 und 0 die Art der Maßnahme oder des Ereignisses zu bezeichnen.

(3) Zur Feststellung der für den Abruf verantwortlichen Person sind der nach Absatz 1 zuständigen Stelle die Dienstnummer, Nummer des Dienstausweises, ein Namenskurzzeichen unter Angabe der Organisationseinheit oder andere Hinweise mitzuteilen, die unter Hinzuziehung von Unterlagen bei der abrufenden Stelle diese Feststellung ermöglichen. Als Hinweis im Sinne von Satz 1 gilt insbesondere

1. das nach Absatz 2 übermittelte Aktenzeichen oder die Tagebuchnummer, sofern die Tatsache des Abrufs unter Bezeichnung der hierfür verantwortlichen Person aktenkundig gemacht wird, oder

2. der Funkrufname, sofern dieser zur nachträglichen Feststellung der für den Abruf verantwortlichen Person geeignet ist.

(4) Bei jedem zehnten Abruf aus dem Zentralen Fahrzeugregister übermittelt das Kraftfahrt-Bundesamt unmittelbar nach Erhalt der Anfragedaten statt der Auskunft zunächst den Hinweis, daß vor Erteilung der Auskunft die Angaben nach Absatz 2 und 3 einzugeben sind.

(5) Für die nach § 36 Abs. 7 des Straßenverkehrsgesetzes vorgeschriebenen weiteren Aufzeichnungen gilt § 36 Abs. 6 Satz 2 des Straßenverkehrsgesetzes entsprechend.

Abs. 1 u. 2 neu gefasst, Abs. 3 geändert, Abs. 4 neu gefasst, Abs. 5 geändert und Abs. 6 aufgehoben durch VO v. 18. 8. 1998 (BGBl. I S. 2214, 2296).

§ 14a   Abruf im automatisierten Verfahren durch Stellen im Ausland

(1) Zur Übermittlung durch Abruf im automatisierten Verfahren nach § 37a des Straßenverkehrsgesetzes unter Verwendung des Kennzeichens oder der Fahrzeugidentifizierungsnummer dürfen

1. für Verwaltungsmaßnahmen nach § 37 Abs. 1 Buchstabe a des Straßenverkehrsgesetzes die in § 12 Abs. 1 Satz 1 Nr. 1 Buchstabe a, c und d und

2. für Maßnahmen wegen Zuwiderhandlungen und Straftaten sowie zur Überwachung des Versicherungsschutzes nach § 37 Abs. 1 Buchstabe b bis d des Straßenverkehrsgesetzes die in § 12 Abs. 1 Satz 1 Nr. 1 Buchstabe a bis c und, falls eine erweiterte Auskunft erforderlich ist, zusätzlich die in § 12 Abs. 1 Satz 1 Nr. 1 Buchstabe d

genannten Daten bereitgehalten werden.

(2) § 11a über die Empfänger der Daten, § 13 wegen der Sicherung gegen Mißbrauch und § 14 wegen des Anlasses der Abrufe sind entsprechend anzuwenden.

Eingefügt durch VO v. 18. 8. 1998 (BGBl. I S. 2214, 2296).

Vierter Abschnitt
Übermittlungssperren und Löschung der Daten

§ 15   Übermittlungssperren

(1) Übermittlungssperren gegenüber Dritten (§ 41 des Straßenverkehrsgesetzes) dürfen nur durch die für die Zulassungsstelle zuständige oberste Landesbehörde oder den von ihr bestimmten oder nach Landesrecht zuständigen Stellen angeordnet werden; die Zulassungsstelle vermerkt die Sperre im örtlichen Fahrzeugregister. Das gleiche gilt für eine Änderung der Sperre. Wird die Sperre aufgehoben, ist der Sperrvermerk von der Zulassungsstelle unverzüglich zu löschen.

(2) Übermittlungssperren gegenüber Dritten sind von der sperrenden Behörde oder der Zulassungsstelle dem Kraftfahrt-Bundesamt mitzuteilen.

Das Kraftfahrt-Bundesamt vermerkt die Sperre im Zentralen Fahrzeugregister. Die Änderung oder Aufhebung der Sperre ist von der sperrenden Behörde oder der Zulassungsstelle dem Kraftfahrt-Bundesamt mitzuteilen. Für die Änderung der Sperre gilt Satz 2 entsprechend. Wird die Aufhebung der Sperre dem Kraftfahrt-Bundesamt gemeldet, so ist der Sperrvermerk unverzüglich zu löschen.

(3) Übermittlungsersuchen, die sich auf gesperrte Daten beziehen, sind von der Zulassungsstelle oder vom Kraftfahrt-Bundesamt an die Behörde weiterzuleiten, die die Sperre angeordnet hat. Die Zulassungsstelle erteilt die Auskunft, wenn die für die Anordnung der Sperre zuständige Behörde ihr mitteilt, daß die Sperre für das Übermittlungsersuchen aufgehoben wird.

Abs. 1 Satz 1 geändert durch VO v. 25. 10. 1994 (BGBl. I S. 3127).

§ 16 Löschung der Daten im örtlichen Fahrzeugregister

(1) Bei Fahrzeugen mit amtlichen Kennzeichen sind im örtlichen Fahrzeugregister die Daten – ausgenommen die im Absatz 4 bezeichneten – spätestens 1 Jahr nach Eingang der vom Kraftfahrt-Bundesamt gemäß § 11 Abs. 1 oder 2 übersandten Mitteilung zu löschen. Die in § 33 Abs. 1 Satz 2 des Straßenverkehrsgesetzes bezeichneten Daten sind nach Zuteilung des Kennzeichens für den neuen Halter, sonst spätestens 1 Jahr nach Eingang der vom Kraftfahrt-Bundesamt gemäß § 11 Abs. 1 oder 2 übersandten Mitteilung zu löschen.

(2) Die bei der Zuteilung von roten Kennzeichen oder von Kurzzeitkennzeichen gespeicherten Daten – ausgenommen die in Absatz 4 bezeichneten – sind spätestens 1 Jahr nach der Rückgabe, der Entziehung oder dem Ablaufdatum des Kennzeichens zu löschen.

(3) Bei Fahrzeugen mit besonderen Kennzeichen nach § 7 Abs. 2 der Verordnung über internationalen Kraftfahrzeugverkehr sind die Daten – ausgenommen die in Absatz 4 bezeichneten – spätestens 1 Jahr nach Ablauf der Gültigkeit der Zulassung im Geltungsbereich der Straßenverkehrs-Zulassungs-Ordnung zu löschen.

(4) Es sind zu löschen
1. die Angaben über Diebstahl oder sonstiges Abhandenkommen des Fahrzeugs und des Fahrzeugbriefs bei deren Wiederauffinden, sonst spätestens 5 Jahre nach Fahndungsausschreibung,
2. die Angaben über Diebstahl oder sonstiges Abhandenkommen des Kennzeichens bei dessen Wiederauffinden, sonst spätestens 5 Jahre nach Beendigung der Sperrfrist für die neue Zuteilung des Kennzeichens,
3. die Fahrzeug-Identifizierungsnummer, das letzte Kennzeichen sowie die in § 3 Abs. 1 Nr. 12 Buchstabe a, Abs. 2 Nr. 17 und Nr. 22 Buchstaben a und c, Abs. 3 Nr. 5 Buchstaben a und c bezeichneten Daten 3 Jahre, nachdem die Versicherungsbestätigung (§ 29a der Straßenverkehrs-Zulasungs-Ordnung), in der diese Daten jeweils enthalten sind, ihre Geltung verloren hat,
4. die Angaben über den früheren Halter (§ 3 Abs. 2 Nr. 22 Buchstabe b) 1 Jahr nach Zuteilung des Kennzeichens für den neuen Halter oder –

bei Diebstahl oder sonstigem Abhandenkommen von Fahrzeug oder Kennzeichen – zum gleichen Zeitpunkt wie die Angaben über das Fahrzeug nach Nummer 1 oder die Angaben über das Kennzeichen nach Nummer 2.

(5) Die Daten über Kennzeichen nach § 3 Abs. 5 sind spätestens 1 Jahr nach Entstempelung, Rückgabe oder Entziehung des Kennzeichens zu löschen. Bei Diebstahl oder sonstigem Abhandenkommen des Kennzeichens gilt Absatz 4 Nr. 2.

Abs. 2 i. d. F. d. VO v. 9. 3. 1998 (BGBl. I S. 441); Abs. 4 Nr. 3 geändert durch VO v. 20. 7. 2000 (BGBl. I S. 1090).

§ 17   Löschung der Daten im Zentralen Fahrzeugregister

(1) Bei Fahrzeugen mit amtlichen Kennzeichen sind im Zentralen Fahrzeugregister die Daten – ausgenommen über Diebstahl oder sonstiges Abhandenkommen von Fahrzeugen, Kennzeichen und Fahrzeugbriefen – spätestens 5 Jahre, nachdem das Fahrzeug endgültig außer Betrieb gesetzt wurde oder als außer Betrieb gesetzt gilt, zu löschen.

(2) Die bei der Ausgabe von roten Kennzeichen gespeicherten Daten – ausgenommen über Diebstahl oder sonstiges Abhandenkommen von Kennzeichen – sind spätestens 1 Jahr nach Rückgabe oder Entziehung des Kennzeichens zu löschen.

(3) Bei Fahrzeugen mit besonderen Kennzeichen nach § 7 Abs. 2 der Verordnung über internationalen Kraftfahrzeugverkehr sind die Daten – ausgenommen über Diebstahl oder sonstiges Abhandenkommen von Fahrzeugen und Kennzeichen – spätestens 5 Jahre nach Ablauf der Gültigkeit der Zulassung im Geltungsbereich der Straßenverkehrs-Zulassungs-Ordnung zu löschen.

(4) Bei Fahrzeugen mit Versicherungskennzeichen sind die Daten – ausgenommen über Diebstahl oder sonstiges Abhandenkommen von Fahrzeugen und Kennzeichen – spätestens 5 Jahre nach dem Ende des Verkehrsjahres zu löschen.

(5) Für die Löschung der Angaben über Diebstahl oder sonstiges Abhandenkommen von Fahrzeugen, Kennzeichen und Fahrzeugbriefen gilt § 16 Abs. 4 Nr. 1 und 2.

(6) Die Daten über Kennzeichen nach § 4 Abs. 5 sind spätestens 1 Jahr nach Entstempelung, Rückgabe oder Entziehung des Kennzeichens zu löschen. Bei Diebstahl oder sonstigem Abhandenkommen des Kennzeichens gilt § 16 Abs. 4 Nr. 2.

Fünfter Abschnitt
Übergangsvorschriften, Änderung der Gebührenordnung für Maßnahmen im Straßenverkehr, Schlußvorschriften

§ 18   Übergangsrecht

(1) Abweichend von § 13 Abs. 1 dürfen Dienststellen, die bereits vor dem Tag des Inkrafttretens Daten abrufen konnten, aber noch nicht über eine

eigene der übermittelnden Stelle mitgeteilten Kennung verfügten, auch ohne eine solche Kennung bis zum 31. Dezember 1987 Daten abrufen.

(2) Sofern die regelmäßige Datenübermittlung der Fahrzeug- und Halterdaten im automatisierten Verfahren oder im Datenträgeraustausch durchgeführt wird, haben die Zulassungsstellen den Umfang der von ihnen übermittelten Daten den Erfordernissen der §§ 6 bis 11 bis zum 31. Dezember 1987 anzupassen.

(3) Die Vorschriften über die Speicherung im Zentralen Fahrzeugregister von Daten bei der Zuteilung von roten Kennzeichen (§ 4 Abs. 2) und bei Fahrzeugen mit besonderen Kennzeichen nach § 7 Abs. 2 der Verordnung über internationalen Kraftfahrzeugverkehr (§ 4 Abs. 3) sind nicht vor dem 1. Juli 1988 anzuwenden; Nacherfassungen der bis zu diesem Zeitpunkt nach der Verordnung über internationalen Kraftfahrzeugverkehr zugelassenen Fahrzeuge erfolgen nicht.

(4) Die Vorschriften über die Speicherung der vorübergehenden Stillegungen von Fahrzeugen mit amtlichen Kennzeichen im Zentralen Fahrzeugregister (§ 4 Abs. 1 Nr. 2 in Verbindung mit § 3 Abs. 1 Nr. 4) sind nicht vor dem 1. September 1988 anzuwenden; Nacherfassungen der bis zu diesem Zeitpunkt vorgenommenen Stillegungen erfolgen nicht.

(5) Bis zum 31. Dezember 1988 sind abweichend von § 13 Abs. 3 Satz 1 Aufzeichnungen nach § 36 Abs. 6 des Straßenverkehrsgesetzes über Abrufe aus den örtlichen Fahrzeugregistern auch zulässig, wenn die Aufzeichnungen nicht selbsttätig erfolgen.

(6) § 4 Abs. 5 ist nicht vor dem 1. April 1989 anzuwenden.

(7) Abweichend von § 14 Abs. 1 Satz 2 fertigt das Kraftfahrt-Bundesamt die nach § 30a Abs. 4 und § 36 Abs. 7 des Straßenverkehrsgesetzes vorgeschriebenen weiteren Aufzeichnungen, bis die dort bezeichneten Länder dem Bundesministerium für Verkehr, Bau- und Wohnungswesen die erfolgte Übernahme der Aufzeichnungen der Abrufe angezeigt haben. Die Übernahme hat spätestens am 31. Dezember 1989 zu erfolgen.

Abs. 3 geändert durch VO v. 9. 3. 1998 (BGBl. I S. 441); Abs. 7 Satz 1 geändert durch VO v. 29. 10. 2001 (BGBl. I S. 2785).

§ 19 (Änderung der Gebührenordnung für Maßnahmen im Straßenverkehr)

§ 20 (gegenstandslos)

§ 21 Inkrafttreten, Außerkrafttreten

(1) Diese Verordnung tritt am Tage nach der Verkündung in Kraft, soweit im folgenden nichts anderes bestimmt ist.

(2) § 19 Nr. 1 und 2 tritt am 1. Juli 1988, § 19 Nr. 3 tritt am 1. September 1988 in Kraft.

(3) § 23 Abs. 1 Satz 4, die §§ 26 und 29f sowie § 29g Satz 3 der Straßenverkehrs-Zulassungs-Ordnung treten am Tage nach der Verkündung außer Kraft.

Gesetz über die Pflichtversicherung für Kraftfahrzeughalter (Pflichtversicherungsgesetz)

**Artikel 1 des Gesetzes
vom 5. April 1965 (BGBl. I S. 213)**

Zuletzt geändert durch
Gesetz vom 26. November 2001 (BGBl. I S. 3138)

Erster Abschnitt
Pflichtversicherung

§ 1 (Versicherungspflicht)

Der Halter eines Kraftfahrzeugs oder Anhängers mit regelmäßigem Standort im Inland ist verpflichtet, für sich, den Eigentümer und den Fahrer eine Haftpflichtversicherung zur Deckung der durch den Gebrauch des Fahrzeugs verursachten Personenschäden, Sachschäden und sonstigen Vermögensschäden nach den folgenden Vorschriften abzuschließen und aufrechtzuerhalten, wenn das Fahrzeug auf öffentlichen Wegen oder Plätzen (§ 1 des Straßenverkehrsgesetzes) verwendet wird.

§ 2 (Befreiungen)

(1) § 1 gilt nicht für

1. die Bundesrepublik Deutschland,
2. die Länder,
3. die Gemeinden mit mehr als einhunderttausend Einwohnern,
4. die Gemeindeverbände sowie Zweckverbände, denen ausschließlich Körperschaften des öffentlichen Rechts angehören,
5. juristische Personen, die von einem nach § 1 Abs. 3 Nr. 3 des Versicherungsaufsichtsgesetzes von der Versicherungsaufsicht freigestellten Haftpflichtschadenausgleich Deckung erhalten,
6. Halter von
    a) Kraftfahrzeugen, deren durch die Bauart bestimmte Höchstgeschwindigkeit sechs Kilometer je Stunde nicht übersteigt,
    b) selbstfahrenden Arbeitsmaschinen (§ 18 Abs. 2 Nr. 1 der Straßenverkehrs-Zulassungs-Ordnung), deren Höchstgeschwindigkeit zwanzig Kilometer je Stunde nicht übersteigt, wenn sie den Vorschriften über das Zulassungsverfahren nicht unterliegen,
    c) Anhängern, die den Vorschriften über das Zulassungsverfahren nicht unterliegen.

(2) Die nach Absatz 1 Nrn. 1 bis 5 von der Versicherungspflicht befreiten Fahrzeughalter haben, sofern nicht auf Grund einer von ihnen abge-

schlossenen und den Vorschriften dieses Gesetzes entsprechenden Versicherung Haftpflichtversicherungsschutz gewährt wird, bei Schäden der in § 1 bezeichneten Art für den Fahrer und die übrigen Personen, die durch eine auf Grund dieses Gesetzes abgeschlossene Haftpflichtversicherung Deckung erhalten würden, in gleicher Weise und in gleichem Umfange einzutreten wie ein Versicherer bei Bestehen einer solchen Haftpflichtversicherung. Die Verpflichtung beschränkt sich auf den Betrag der festgesetzten Mindestversicherungssummen. Die Vorschriften des Sechsten Titels des Zweiten Abschnitts des Gesetzes über den Versicherungsvertrag und des § 3 sowie die von der Aufsichtsbehörde genehmigten Allgemeinen Bedingungen für die Kraftverkehrsversicherung sind sinngemäß anzuwenden. Erfüllt der Fahrzeughalter Verpflichtungen nach Satz 1, so kann er in sinngemäßer Anwendung des § 3 Nrn. 9 bis 11 Ersatz der aufgewendeten Beträge verlangen, wenn bei Bestehen einer Versicherung der Versicherer gegenüber dem Fahrer oder der sonstigen mitversicherten Person leistungsfrei gewesen wäre; im übrigen ist der Rückgriff des Halters gegenüber diesen Personen ausgeschlossen.

Abs. 1 Nr. 5 neu gefasst durch G. v. 18. 12. 1975 (BGBl. I S. 3139) und geändert durch G. v. 29. 3. 1983 (BGBl. I S. 377).

§ 3   (Ansprüche des Dritten)

Für die Haftpflichtversicherung nach § 1 gelten an Stelle der §§ 158c bis 158f des Gesetzes über den Versicherungsvertrag die folgenden besonderen Vorschriften:

1. Der Dritte kann im Rahmen der Leistungspflicht des Versicherers aus dem Versicherungsverhältnis und, soweit eine Leistungspflicht nicht besteht, im Rahmen der Nummern 4 bis 6 seinen Anspruch auf Ersatz des Schadens auch gegen den Versicherer geltend machen. Der Versicherer hat den Schadensersatz in Geld zu leisten.

2. Soweit der Dritte nach Nummer 1 seinen Anspruch auf Ersatz des Schadens auch gegen den Versicherer geltend machen kann, haften der Versicherer und der ersatzpflichtige Versicherungsnehmer als Gesamtschuldner.

3. Der Anspruch des Dritten nach Nummer 1 unterliegt der gleichen Verjährung wie der Schadensersatzanspruch gegen den ersatzpflichtigen Versicherungsnehmer. Die Verjährung beginnt mit dem Zeitpunkt, mit dem die Verjährung des Schadensersatzanspruchs gegen den ersatzpflichtigen Versicherungsnehmer beginnt; sie endet jedoch spätestens in zehn Jahren von dem Schadensereignis an. Ist der Anspruch des Dritten bei dem Versicherer angemeldet worden, so ist die Verjährung bis zum Eingang der schriftlichen Entscheidung des Versicherers gehemmt. Die Hemmung, die Ablaufhemmung und der Neubeginn der Verjährung des Anspruchs gegen den Versicherer wirken auch gegenüber dem ersatzpflichtigen Versicherungsnehmer und umgekehrt.

4. Dem Anspruch des Dritten nach Nummer 1 kann nicht entgegengehalten werden, daß der Versicherer dem ersatzpflichtigen Versicherungsnehmer gegenüber von der Verpflichtung zur Leistung ganz oder teilweise frei ist.

5. Ein Umstand, der das Nichtbestehen oder die Beendigung des Versicherungsverhältnisses zur Folge hat, kann vorbehaltlich des Satzes 4

dem Anspruch des Dritten nach Nummer 1 nur entgegengehalten werden, wenn das Schadensereignis später als einen Monat nach dem Zeitpunkt eingetreten ist, in dem der Versicherer diesen Umstand der hierfür zuständigen Stelle angezeigt hat. Das gleiche gilt, wenn das Versicherungsverhältnis durch Zeitablauf endigt. Der Lauf der Frist beginnt nicht vor der Beendigung des Versicherungsverhältnisses. Ein in den Sätzen 1 und 2 bezeichneter Umstand kann dem Anspruch des Dritten auch dann entgegengehalten werden, wenn vor dem Zeitpunkt des Schadensereignisses der hierfür zuständigen Stelle die Bestätigung einer entsprechend § 1 für das Fahrzeug abgeschlossenen neuen Versicherung zugegangen ist.

6. In den Fällen der Nummern 4 und 5 gilt § 158c Abs. 3 bis 5 des Gesetzes über den Versicherungsvertrag sinngemäß; soweit jedoch die Leistungsfreiheit des Versicherers in dem Fall der Nummer 4 darauf beruht, daß das Fahrzeug den Bau- und Betriebsvorschriften der Straßenverkehrs-Zulassungs-Ordnung nicht entsprach oder von einem unberechtigten Fahrer oder von einem Fahrer ohne die vorgeschriebene Fahrerlaubnis geführt wurde, kann der Versicherer den Dritten nicht auf die Möglichkeit verweisen, Ersatz seines Schadens von einem anderen Schadensversicherer oder von einem Sozialversicherungsträger zu erlangen. Die Leistungspflicht des Versicherers entfällt auch, wenn und soweit der Dritte in der Lage ist, von einem nach § 2 Abs. 1 Nrn. 1 bis 5 von der Versicherungspflicht befreiten Fahrzeughalter Ersatz seines Schadens zu erlangen.

7. Der Dritte hat ein Schadensereignis, aus dem er einen Anspruch gegen den Versicherer nach Nummer 1 herleiten will, dem Versicherer innerhalb von zwei Wochen nach dem Schadensereignis in Textform anzuzeigen; durch die Absendung der Anzeige wird die Frist gewahrt. Der Dritte hat die Verpflichtungen nach § 158d Abs. 3 des Gesetzes über den Versicherungsvertrag zu erfüllen; verletzt er schuldhaft diese Verpflichtungen, so gilt § 158e Abs. 1 des Gesetzes über den Versicherungsvertrag sinngemäß. § 158e Abs. 2 des Gesetzes über den Versicherungsvertrag findet auf den Anspruch gegen den Versicherer nach Nummer 1 entsprechende Anwendung.

8. Soweit durch rechtskräftiges Urteil festgestellt wird, daß dem Dritten ein Anspruch auf Ersatz des Schadens nicht zusteht, wirkt das Urteil, wenn es zwischen dem Dritten und dem Versicherer ergeht, auch zugunsten des Versicherungsnehmers, wenn es zwischen dem Dritten und dem Versicherungsnehmer ergeht, auch zugunsten des Versicherers.

9. Im Verhältnis der Gesamtschuldner (Nummer 2) zueinander ist der Versicherer allein verpflichtet, soweit er dem Versicherungsnehmer gegenüber aus dem Versicherungsverhältnis zur Leistung verpflichtet ist. Soweit eine solche Verpflichtung des Versicherers nicht besteht, ist in ihrem Verhältnis zueinander der Versicherungsnehmer allein verpflichtet.

10. Ist der Anspruch des Dritten gegenüber dem Versicherer durch rechtskräftiges Urteil, durch Anerkenntnis oder Vergleich festgestellt worden, so muß der Versicherungsnehmer, gegen den von dem Versicherer Ansprüche auf Grund von Nummer 9 Satz 2 erhoben werden, diese Feststellung gegen sich gelten lassen, sofern der Versicherungsnehmer

nicht nachweist, daß der Versicherer die Pflicht zur Abwehr unbegründeter Entschädigungsansprüche sowie zur Minderung oder zur sachgemäßen Feststellung des Schadens schuldhaft verletzt hat. Der Versicherer kann Ersatz der Aufwendungen verlangen, die er den Umständen nach für erforderlich halten durfte.

11. Die sich aus Nummer 9 und Nummer 10 Satz 2 ergebenden Ansprüche verjähren in zwei Jahren. Die Verjährung beginnt mit dem Schluß des Jahres, in dem der Anspruch des Dritten erfüllt wird.

Nr. 5 Satz 1 geändert und Satz 4 angefügt sowie Nr. 6 Satz 1 zweiter Halbsatz angefügt durch G. v. 22. 3. 1988 (BGBl. I S. 358); Nr. 7 geändert durch G. v. 13. 7. 2001 (BGBl. I S. 1542); Nr. 3 Satz 4 neu gefasst durch G. v. 26. 11. 2001 (BGBl. I S. 3138).

§ 4 (Umfang des Schutzes)

(1) Um einen dem Zweck dieses Gesetzes gerecht werdenden Schutz sicherzustellen, bestimmt das Bundesministerium der Justiz unter Beachtung gemeinschaftsrechtlicher Verpflichtungen sowie des Europäischen Übereinkommens vom 20. April 1959 über die obligatorische Haftpflichtversicherung für Kraftfahrzeuge (BGBl. 1965 II S. 281) im Einvernehmen mit dem Bundesministerium der Finanzen und dem Bundesministerium für Verkehr durch Rechtsverordnung ohne Zustimmung des Bundesrates den Umfang des notwendigen Versicherungsschutzes, den der Versicherungsvertrag zu gewähren hat. Das gilt auch für den Fall, daß durch Gesetz oder gemeinschaftsrechtliche Verpflichtung eine Versicherungspflicht zur Deckung der beim Transport gefährlicher Güter durch Kraftfahrzeuge verursachten Schäden begründet wird.

(2) Die Mindesthöhe der Versicherungssumme ergibt sich aus der Anlage. Das Bundesministerium der Justiz wird ermächtigt, im Einvernehmen mit dem Bundesministerium für Verkehr, Bau- und Wohnungswesen und dem Bundesministerium für Wirtschaft und Technologie durch Rechtsverordnung ohne Zustimmung des Bundesrates die in der Anlage getroffene Regelung zu ändern, wenn dies erforderlich ist, um bei einer Änderung der wirtschaftlichen Verhältnisse oder der verkehrstechnischen Umstände einen hinreichenden Schutz der Geschädigten sicherzustellen. Ergeben sich auf Grund der Platzzahl des Personenfahrzeugs, auf das sich die Versicherung bezieht, erhöhte Mindestversicherungssummen, so haftet der Versicherer in den Fällen des § 3 Nrn. 4 und 5 für den einer einzelnen Person zugefügten Schaden nur im Rahmen der nicht erhöhten Mindestversicherungssummen.

Abs. 1 neu gefasst durch G. v. 21. 7. 1994 (BGBl. I S. 1630); Abs. 2 Satz 2 geändert durch VO v. 29. 10. 2001 (BGBl. I S. 2785).

§ 5 (Haftpflichtversicherungsvertrag)

(1) Die Versicherung kann nur bei einem im Inland zum Betrieb der Kraftfahrzeug-Haftpflichtversicherung befugten Versicherungsunternehmen genommen werden.

(2) Die im Inland zum Betrieb der Kraftfahrzeug-Haftpflichtversicherung befugten Versicherungsunternehmen sind verpflichtet, den in § 1 genannten

Personen nach den gesetzlichen Vorschriften Versicherung gegen Haftpflicht zu gewähren.

(3) Der Antrag auf Abschluß eines Haftpflichtversicherungsvertrages für Zweiräder, Personen- und Kombinationskraftwagen bis zu 1 t Nutzlast gilt zu den für den Geschäftsbetrieb des Versicherungsunternehmens maßgebenden Grundsätzen und zum allgemeinen Unternehmenstarif als angenommen, wenn der Versicherer ihn nicht innerhalb einer Frist von zwei Wochen vom Eingang des Antrags an schriftlich abgelehnt oder wegen einer nachweisbaren höheren Gefahr ein vom allgemeinen Unternehmenstarif abweichendes schriftliches Angebot unterbreitet. Durch die Absendung der Ablehnungserklärung oder des Angebots wird die Frist gewährt. Satz 1 gilt nicht für die Versicherung von Taxen, Personenmietwagen und Selbstfahrervermietfahrzeugen.

(4) Der Antrag darf nur abgelehnt werden, wenn sachliche oder örtliche Beschränkungen im Geschäftsplan des Versicherungsunternehmens dem Abschluß des Vertrags entgegenstehen oder wenn der Antragsteller bereits bei dem Versicherungsunternehmen versichert war und das Versicherungsunternehmen

1. den Versicherungsvertrag wegen Drohung oder arglistiger Täuschung angefochten hat,

2. vom Versicherungsvertrag wegen Verletzung der vorvertraglichen Anzeigepflicht oder wegen Nichtzahlung der ersten Prämie zurückgetreten ist oder

3. den Versicherungsvertrag wegen Prämienverzugs oder nach Eintritt eines Versicherungsfalls gekündigt hat.

(5) Das Versicherungsverhältnis endet spätestens,

1. wenn es am ersten Tag eines Monats begonnen hat, ein Jahr nach diesem Zeitpunkt,

2. wenn es zu einem anderen Zeitpunkt begonnen hat, an dem nach Ablauf eines Jahres folgenden Monatsersten.

Es verlängert sich um jeweils ein Jahr, wenn es nicht spätestens einen Monat vor Ablauf schriftlich gekündigt wird. Gleiches gilt, wenn die Vertragslaufzeit nur deshalb weniger als ein Jahr beträgt, weil als Beginn der nächsten Versicherungsperiode ein vor Ablauf eines Jahres nach Versicherungsbeginn liegender Zeitpunkt vereinbart worden ist. Ist in anderen Fällen eine kürzere Vertragslaufzeit als ein Jahr vereinbart, so bedarf es zur Beendigung des Versicherungsverhältnisses keiner Kündigung.

(6) Das Versicherungsunternehmen hat dem Versicherungsnehmer bei dem Beginn des Versicherungsschutzes eine Versicherungsbestätigung auszuhändigen. Die Aushändigung kann von der Zahlung der ersten Prämie abhängig gemacht werden.

(7) Das Versicherungsunternehmen hat dem Versicherungsnehmer bei Beendigung des Versicherungsverhältnisses eine Bescheinigung über dessen Dauer, die Anzahl und Daten während der Vertragslaufzeit gemeldeter Schäden, die zu einer Schadenzahlung oder noch wirksamen Schadenrückstellung geführt haben, auszustellen; ist die Rückstellung innerhalb einer Frist von drei Jahren nach ihrer Bildung aufgelöst worden, ohne daß daraus Leistungen erbracht wurden, so hat der Versicherer auch hierüber eine Bescheinigung zu erteilen.

(8) Ist die Versicherung mit einem Versicherungsunternehmen ohne Sitz im Inland im Dienstleistungsverkehr abgeschlossen, so haben der Versicherungsschein und die Versicherungsbestätigung auch Angaben über den Namen und die Anschrift des gemäß § 8 Abs. 2 Satz 1 bestellten Vertreters zu enthalten.

I. d. F. d. G. v. 21. 7. 1994 (BGBl. I S. 1630).

§ 6 (Strafandrohung)

(1) Wer ein Fahrzeug auf öffentlichen Wegen oder Plätzen gebraucht oder den Gebrauch gestattet, obwohl für das Fahrzeug der nach § 1 erforderliche Haftpflichtversicherungsvertrag nicht oder nicht mehr besteht, wird mit Freiheitsstrafe bis zu einem Jahr oder mit Geldstrafe bestraft.

(2) Handelt der Täter fahrlässig, so ist die Strafe Freiheitsstrafe bis zu sechs Monaten oder Geldstrafe bis zu einhundertachtzig Tagessätzen.

(3) Ist die Tat vorsätzlich begangen worden, so kann das Fahrzeug eingezogen werden, wenn es dem Täter oder Teilnehmer zur Zeit der Entscheidung gehört.

Nunmehriger Abs. 3 Satz 2 gestrichen durch G. v. 24. 5. 1968 (BGBl. I S. 503); Abs. 1 geändert, Abs. 2 eingefügt und bisheriger Abs. 2 als Abs. 3 eingeordnet durch G. v. 2. 3. 1974 (BGBl. I S. 469, 624).

§ 7 (Ermächtigung)

Das Bundesministerium für Verkehr, Bau- und Wohnungswesen wird ermächtigt, zur Durchführung des Ersten Abschnitts dieses Gesetzes im Einvernehmen mit dem Bundesministerium der Justiz und dem Bundesministerium für Wirtschaft und Technologie durch Rechtsverordnung mit Zustimmung des Bundesrates Vorschriften zu erlassen über

1. die Form des Versicherungsnachweises;
2. die Prüfung der Versicherungsnachweise durch die Zulassungsstellen;
3. die Erstattung der Anzeige nach § 29c der Straßenverkehrs-Zulassungs-Ordnung;
4. Maßnahmen der Verkehrsbehörden, durch welche der Gebrauch nicht oder nicht ausreichend versicherter Fahrzeuge im Straßenverkehr verhindert werden soll.

Geändert durch VO v. 29. 10. 2001 (BGBl. I S. 2785).

Zweiter Abschnitt
Pflichten der Kraftfahrzeug-Haftpflichtversicherer und Statistik

Überschrift i. d. F. d. G. v. 21. 7. 1994 (BGBl. I S. 1630).

§ 8 (Auskunftspflichten)

(1) Versicherungsunternehmen, die zum Betrieb der Kraftfahrzeug-Haftpflichtversicherung für Kraftfahrzeuge und Anhänger mit regelmäßigem

Standort im Inland befugt sind, sind verpflichtet, die satzungsmäßigen Leistungen und Beiträge an das mit der Durchführung des Abkommens über die internationale Versicherungskarte beauftragte deutsche Versicherungsbüro sowie an den nach § 13 dieses Gesetzes errichteten Entschädigungsfonds oder an eine andere mit der Erfüllung dieser Aufgaben betraute juristische Person zu erbringen. Sie teilen hierzu dem deutschen Versicherungsbüro und dem Entschädigungsfonds bezüglich der von ihnen in Deutschland nach diesem Gesetz getätigten Kraftfahrzeug-Haftpflichtversicherungen die gebuchten Prämienbeträge oder die Anzahl der versicherten Risiken mit.

(2) Versicherungsunternehmen, die im Dienstleistungsverkehr die Kraftfahrzeug-Haftpflichtversicherung für Kraftfahrzeuge und Anhänger mit regelmäßigem Standort im Inland betreiben, sind verpflichtet, einen im Inland ansässigen oder niedergelassenen Vertreter zu bestellen, der den Anforderungen nach § 13c des Versicherungsaufsichtsgesetzes zu genügen hat. Ansprüche aus Kraftfahrzeug-Haftpflichtfällen gegen das Versicherungsunternehmen können auch gegen den nach Satz 1 bestellten Vertreter gerichtlich und außergerichtlich mit Wirkung für und gegen das Versicherungsunternehmen geltend gemacht werden. Der nach Satz 1 bestellte Vertreter ist auch verpflichtet, Auskunft über das Bestehen oder die Gültigkeit von diesem Gesetz unterliegenden Haftpflichtversicherungsverträgen bei dem Versicherungsunternehmen zu erteilen.

I. d. F. d. G. v. 21. 7. 1994 (BGBl. I S. 1630).

§ 9   (Gemeinschaftsstatistik)

(1) Es wird eine jährliche Gemeinschaftsstatistik über den Schadenverlauf in der Kraftfahrzeug-Haftpflichtversicherung geführt. Sie muß Angaben enthalten über die Art und Anzahl der versicherten Risiken, die Anzahl der gemeldeten Schäden, die Erstattungsleistungen und Rückstellungen (Schadenaufwand), die Schadenhäufigkeit, den Schadendurchschnitt und den Schadenbedarf.

(2) Sofern die Träger der Kraftfahrzeug-Haftpflichtversicherung und ihre Verbände keine den Anforderungen des Absatzes 1 genügende Gemeinschaftsstatistik zur Verfügung stellen, wird die Statistik vom Bundesaufsichtsamt für das Versicherungswesen geführt.

(3) Die Ergebnisse der Statistik sind vom Bundesaufsichtsamt für das Versicherungswesen jährlich zu veröffentlichen.

I. d. F. d. G. v. 21. 7. 1994 (BGBl. I S. 1630).

§ 10

(1) Versicherungsunternehmen mit Sitz im Inland, die die Kraftfahrzeug-Haftpflichtversicherung nach diesem Gesetz betreiben, übermitteln der Aufsichtsbehörde die für die Führung der Statistik nach § 9 erforderlichen Daten.

(2) Soweit Versicherungsunternehmen mit Sitz im Inland außerhalb des Geltungsbereichs dieses Gesetzes in einem Mitgliedstaat der Europäischen

Gemeinschaft oder in einem anderen Vertragsstaat des Abkommens über den Europäischen Wirtschaftsraum die Kraftfahrzeug-Haftpflichtversicherung betreiben, sind der Aufsichtsbehörde die in § 9 Abs. 1 Satz 2 genannten Angaben für jeden Mitgliedstaat gesondert mitzuteilen.

I. d. F. d. G. v. 21. 7. 1994 (BGBl. I S. 1630).

§ 11

Das Bundesministerium der Finanzen wird ermächtigt, im Einvernehmen mit dem Bundesministerium der Justiz und dem Bundesministerium für Wirtschaft und Technologie durch Rechtsverordnung Vorschriften zu erlassen über den Inhalt, die Form und die Gliederung der nach § 9 zu führenden Kraftfahrzeug-Haftpflichtversicherungsstatistik sowie über die Fristen, den Inhalt, die Form und die Stückzahl der von den Versicherungsunternehmen einzureichenden Mitteilungen.

I. d. F. d. G. v. 21. 7. 1994 (BGBl. I S. 1630); geändert durch VO v. 29. 10. 2001 (BGBl. I S. 2785).

Dritter Abschnitt
Entschädigungsfonds für Schäden aus Kraftfahrzeugunfällen

§ 12

(1) Wird durch den Gebrauch eines Kraftfahrzeugs oder eines Anhängers im Geltungsbereich dieses Gesetzes ein Personen- oder Sachschaden verursacht, so kann derjenige, dem wegen dieser Schäden Ersatzansprüche gegen den Halter, den Eigentümer oder den Fahrer des Fahrzeugs zustehen, diese Ersatzansprüche auch gegen den „Entschädigungsfonds für Schäden aus Kraftfahrzeugunfällen" (Entschädigungsfonds) geltend machen,

1. wenn das Fahrzeug, durch dessen Gebrauch der Schaden verursacht worden ist, nicht ermittelt werden kann,

2. wenn die auf Grund eines Gesetzes erforderliche Haftpflichtversicherung zugunsten des Halters, des Eigentümers und des Fahrers des Fahrzeugs nicht besteht,

3. wenn für den Schaden, der durch den Gebrauch des ermittelten oder nicht ermittelten Fahrzeugs verursacht worden ist, eine Haftpflichtversicherung deswegen keine Deckung gewährt oder gewähren würde, weil der Ersatzpflichtige den Eintritt der Tatsache, für die er dem Ersatzberechtigten verantwortlich ist, vorsätzlich und widerrechtlich herbeigeführt hat oder

4. wenn über das Vermögen des leistungspflichtigen Versicherers ein Insolvenzverfahren eröffnet worden ist.

Das gilt nur, soweit der Ersatzberechtigte in den Fällen der Nummern 1 bis 3 weder von dem Halter, dem Eigentümer oder dem Fahrer des Fahrzeugs noch in allen Fällen nach Satz 1 von einem Schadensversicherer oder einem Verband von im Inland zum Geschäftsbetrieb befugten Haftpflichtversicherern Ersatz seines Schadens zu erlangen vermag. Die Leistungspflicht des Entschädigungsfonds entfällt, soweit der Ersatzberechtigte in der Lage ist, Ersatz seines Schadens nach den Vorschriften über die Amtspflichtverletzung zu erlangen, oder soweit der Schaden durch Leistungen eines Sozialversicherungsträgers, durch Fortzahlung von Dienst- oder Amtsbezügen, Vergütung oder Lohn oder durch Gewährung von Versorgungsbezügen ausgeglichen wird. Im Falle einer fahrlässigen Amtspflichtverletzung geht abweichend von § 839 Abs. 1 Satz 2 des Bürgerlichen Gesetzbuches die Ersatzpflicht auf Grund der Vorschriften über die Amtspflichtverletzung der Leistungspflicht des Entschädigungsfonds vor. Die Leistungspflicht des Entschädigungsfonds entfällt ferner bei Ansprüchen des Bundes, der Länder, der Gemeinden und der Gemeindeverbände als Straßenbaulastträger.

(2) In den Fällen des Absatzes 1 Nr. 1 können gegen den Entschädigungsfonds Ansprüche nach § 847 des Bürgerlichen Gesetzbuches nur geltend gemacht werden, wenn und soweit die Leistung einer Entschädigung wegen der besonderen Schwere der Verletzung zur Vermeidung einer groben Unbilligkeit erforderlich ist. Für Sachschäden am Fahrzeug des Ersatzberechtigten besteht in den Fällen des Absatzes 1 Nr. 1 keine Leistungspflicht des Entschädigungsfonds. Für sonstige Sachschäden beschränkt sich in diesen Fällen die Leistungspflicht des Entschädigungsfonds auf den Betrag, der eintausend Deutsche Mark übersteigt.

(3) Der Anspruch des Ersatzberechtigten gegen den Entschädigungsfonds verjährt in drei Jahren. Die Verjährung beginnt mit dem Zeitpunkt, in dem der Ersatzberechtigte von dem Schaden und den Umständen Kenntnis erlangt, aus denen sich ergibt, daß er seinen Ersatzanspruch gegen den Entschädigungsfonds geltend machen kann. Ist der Anspruch des Ersatzberechtigten bei dem Entschädigungsfonds angemeldet worden, so ist die Verjährung bis zum Eingang der schriftlichen Entscheidung des Entschädigungsfonds und, wenn die Schiedsstelle (§ 14 Nr. 3) angerufen worden ist, des Einigungsvorschlags der Schiedsstelle gehemmt.

(4) Im übrigen bestimmen sich Voraussetzungen und Umfang der Leistungspflicht des Entschädigungsfonds sowie die Pflichten des Ersatzberechtigten gegenüber dem Entschädigungsfonds nach den Vorschriften, die bei Bestehen einer auf Grund dieses Gesetzes abgeschlossenen Haftpflichtversicherung für das Verhältnis zwischen dem Versicherer und dem Dritten in dem Falle gelten, daß der Versicherer dem Versicherungsnehmer gegenüber von der Verpflichtung zur Leistung frei ist. In den Fällen des Absatzes 1 Nr. 2 und 3 haben der Halter, der Eigentümer und der Fahrer des Fahrzeugs gegenüber dem Entschädigungsfonds die einen Versicherungsnehmer nach Eintritt des Versicherungsfalles gegenüber dem Versicherer treffenden Verpflichtungen zu erfüllen.

(5) Der Entschädigungsfonds kann von den Personen, für deren Schadensersatzverpflichtungen er nach Absatz 1 einzutreten hat, wie ein Beauftragter Ersatz seiner Aufwendungen verlangen.

(6) Der Ersatzanspruch des Ersatzberechtigten gegen den Halter, den Eigentümer und den Fahrer des Fahrzeugs sowie ein Ersatzanspruch, der dem Ersatzberechtigten oder dem Halter, dem Eigentümer oder dem Fahrer des Fahrzeugs gegen einen sonstigen Ersatzpflichtigen zusteht, gehen auf den Entschädigungsfonds über, soweit dieser dem Ersatzberechtigten den Schaden ersetzt. Der Übergang kann nicht zum Nachteil des Ersatzberechtigten geltend gemacht werden. Gibt der Ersatzberechtigte seinen

Ersatzanspruch oder ein zur Sicherung des Anspruchs dienendes Recht auf, so entfällt die Leistungspflicht des Entschädigungsfonds insoweit, als er aus dem Anspruch oder dem Recht hätte Ersatz erlangen können. Soweit der Entschädigungsfonds Ersatzansprüche nach Absatz 1 Nr. 4 befriedigt, sind dessen Ersatzansprüche gegenüber dem Versicherungsnehmer und mitversicherten Personen auf je 5000 DM beschränkt.

<hr>

Abs. 1 Satz 1 Nr. 1, Nr. 2 geändert und Nr. 3 sowie Satz 5 angefügt und Abs. 4 Satz 2 geändert durch G. v. 11. 5. 1976 (BGBl. I S. 1181); Abs. 1 Satz 5 geändert durch G. v. 27. 12. 1993 (BGBl. I S. 2378, 2420); Abs. 1 Satz 1 Nr. 2 und 3 geändert und Nr. 4 angefügt sowie Satz 2 neu gefasst sowie Abs. 6 Satz 4 angefügt durch G. v. 21. 7. 1994 (BGBl. I S. 1630).

§ 13

(1) Zur Wahrnehmung der Aufgaben des Entschädigungsfonds wird eine rechtsfähige Anstalt des öffentlichen Rechts errichtet, die mit dem Inkrafttreten dieses Gesetzes als entstanden gilt. Organe der Anstalt sind der Vorstand und der Verwaltungsrat. Die Anstalt untersteht der Aufsicht des Bundesministeriums der Justiz. Das Nähere über die Anstalt bestimmt die Satzung, die von der Bundesregierung durch Rechtsverordnung ohne Zustimmung des Bundesrates aufgestellt wird. Die im Geltungsbereich dieses Gesetzes zum Betrieb der Kraftfahrzeug-Haftpflichtversicherung befugten Versicherungsunternehmen und die Haftpflichtschadenausgleiche im Sinne von § 1 Abs. 3 Nr. 3 des Versicherungsaufsichtsgesetzes sowie die nach § 2 Nrn. 1 bis 4 von der Versicherungspflicht befreiten Halter nichtversicherter Fahrzeuge sind verpflichtet, unter Berücksichtigung ihres Anteils am Gesamtbestand der Fahrzeuge und der Art dieser Fahrzeuge an die Anstalt Beiträge zur Deckung der Entschädigungsleistungen und der Verwaltungskosten zu leisten. Das Nähere über die Beitragspflicht bestimmt das Bundesministerium der Justiz im Einvernehmen mit dem Bundesministerium für Verkehr, Bau- und Wohnungswesen, dem Bundesministerium für Wirtschaft und Technologie und dem Bundesministerium der Finanzen durch Rechtsverordnung mit Zustimmung des Bundesrates.

(2) Das Bundesministerium der Justiz wird ermächtigt, im Einvernehmen mit dem Bundesministerium für Verkehr, Bau- und Wohnungswesen, dem Bundesministerium für Wirtschaft und Technologie und dem Bundesministerium der Finanzen durch Rechtsverordnung ohne Zustimmung des Bundesrates die Stellung des Entschädigungsfonds einer anderen bestehenden juristischen Person zuzuweisen, wenn diese bereit ist, die Aufgaben des Entschädigungsfonds zu übernehmen, und wenn sie hinreichende Gewähr für die Erfüllung der Ansprüche der Ersatzberechtigten bietet. Durch die Rechtsverordnung kann sich das Bundesministerium der Justiz die Genehmigung der Satzung dieser juristischen Person vorbehalten und die Aufsicht über die juristische Person regeln.

(3) Das Bundesministerium der Justiz wird ferner ermächtigt, im Einvernehmen mit den in Absatz 2 genannten Bundesministerien durch Rechtsverordnung ohne Zustimmung des Bundesrates zu bestimmen, von welchem Zeitpunkt ab die Anstalt (Absatz 1) oder die durch Rechtsverordnung (Absatz 2) bezeichnete juristische Person von Ersatzberechtigten in Anspruch genommen werden kann, und zu bestimmen, daß eine Leistungspflicht nur besteht, wenn das schädigende Ereignis nach einem in der Ver-

ordnung festzusetzenden Zeitpunkt eingetreten ist. Die Anstalt kann jedoch spätestens zwei Jahre nach dem Inkrafttreten dieses Gesetzes wegen der Schäden, die sich nach diesem Zeitpunkt ereignen, in Anspruch genommen werden, sofern nicht bis zu diesem Zeitpunkt den Ersatzberechtigten durch Rechtsverordnung die Möglichkeit gegeben worden ist, eine andere juristische Person in Anspruch zu nehmen.

(4) Der Entschädigungsfonds ist von der Körperschaftsteuer, der Gewerbesteuer und der Vermögensteuer befreit.

(5) Die vom Entschädigungsfonds zur Befriedigung von Ansprüchen nach § 12 Abs. 1 Nr. 4 in einem Kalenderjahr zu erbringenden Aufwendungen sind auf 0,5 vom Hundert des Gesamtprämienaufkommens der Kraftfahrzeug-Haftpflichtversicherung des vorangegangenen Kalenderjahres begrenzt.

Abs. 2 Satz 1 geändert durch G. v. 18. 3. 1975 (BGBl. I S. 705). Abs. 1 Satz 5 geändert durch G. v. 18. 12. 1975 (BGBl. I S. 3139) und durch G. v. 29. 3. 1983 (BGBl. I S. 377); Abs. 5 angefügt durch G. v. 21. 7. 1994 (BGBl. I S. 1630); Abs. 1 Satz 3 und 6, Abs. 2 und Abs. 3 Satz 1 geändert durch VO v. 29. 10. 2001 (BGBl. I S. 2785).

§ 14

Das Bundesministerium der Justiz wird ermächtigt, im Einvernehmen mit dem Bundesministerium für Verkehr, Bau- und Wohnungswesen, dem Bundesministerium für Wirtschaft und Technologie und dem Bundesministerium der Finanzen durch Rechtsverordnung ohne Zustimmung des Bundesrates

1. zu bestimmen, daß der Entschädigungsfonds in den Fällen des § 12 Abs. 1 Nr. 1 auch für Schäden einzutreten hat, die einem Deutschen außerhalb des Geltungsbereichs dieses Gesetzes entstehen und nicht von einer Stelle in dem Staat ersetzt werden, in dem sich der Unfall zugetragen hat, wenn dies erforderlich ist, um eine Schlechterstellung des Deutschen gegenüber den Angehörigen dieses Staates auszugleichen;

2. zu bestimmen, daß der Entschädigungsfonds Leistungen an ausländische Staatsangehörige ohne festen Wohnsitz im Inland nur bei Vorliegen der Gegenseitigkeit erbringt, soweit nicht völkerrechtliche Verträge der Bundesrepublik Deutschland dem entgegenstehen;

3. zu betimmen,

   a) daß beim Entschädigungsfonds eine Schiedsstelle gebildet wird, die in Streitfällen zwischen dem Ersatzberechtigten und dem Entschädigungsfonds auf eine gütliche Einigung hinzuwirken und den Beteiligten erforderlichenfalls einen begründeten Einigungsvorschlag zu machen hat,

   b) wie die Mitglieder der Schiedsstelle, die aus einem die Befähigung zum Richteramt besitzenden, sachkundigen und unabhängigen Vorsitzenden sowie einem von der Versicherungswirtschaft benannten und einem dem Bereich der Ersatzberechtigten zuzurechnenden Beisitzer besteht, zu bestellen sind und wie das Verfahren der Schiedsstelle einschließlich der Kosten zu regeln ist,

c) daß Ansprüche gegen den Entschädigungsfonds im Wege der Klage erst geltend gemacht werden können, nachdem ein Verfahren vor der Schiedsstelle vorausgegangen ist, sofern nicht seit der Anrufung der Schiedsstelle mehr als drei Monate verstrichen sind.

Eingangsworte geändert durch G. v. 18. 3. 1975 (BGBl. I S. 705); Nr. 2 neu gefasst durch G. v. 21. 7. 1994 (BGBl. I S. 1630).

Vierter Abschnitt
Übergangs- und Schlußvorschriften

§ 15

Wird zur Vermeidung einer Insolvenz ein Bestand an Kraftfahrzeug-Haftpflichtversicherungsverträgen mit Genehmigung der Aufsichtsbehörden auf einen anderen Versicherer übertragen, so kann der übernehmende Versicherer die Anwendung des für sein Unternehmen geltenden Tarifs (Prämie und Tarifbestimmungen) und seiner Versicherungsbedingungen vom Beginn der nächsten Versicherungsperiode an erklären, wenn er dem Versicherungsnehmer die Tarifänderung unter Kenntlichmachung der Unterschiede des alten und neuen Tarifs spätestens einen Monat vor Inkrafttreten der Änderung mitteilt und ihn schriftlich über sein Kündigungsrecht belehrt.

I. d. F. d. G. v. 21. 7. 1994 (BGBl. I S. 1630).

§ 16 (aufgehoben durch G. v. 21. 7. 1994 – BGBl. I S. 1630)

Anlage
zu § 4 Abs. 2

Mindestversicherungssummen

1. Die Mindesthöhe der Versicherungssumme beträgt bei Kraftfahrzeugen einschließlich der Anhänger

   a) für Personenschäden je zweieinhalb Millionen Euro, bei Tötung oder Verletzung von drei und mehr Personen insgesamt siebeneinhalb Millionen Euro,

   b) für Sachschäden 500 000 Euro,

   c) für die weder mittelbar noch unmittelbar mit einem Personen- oder Sachschaden zusammenhängenden Vermögensschäden (reine Vermögensschäden) 50 000 Euro.

2. Bei Kraftfahrzeugen, die der Beförderung von Personen dienen und mehr als neun Plätze (ohne den Fahrersitz) aufweisen, erhöhen sich diese Beträge für das Kraftfahrzeug unter Ausschluss der Anhänger

   a) für den 10. und jeden weiteren Platz um

       aa) 50 000 Euro für Personenschäden,

       bb) 2 500 Euro für Sachschäden und

       cc)   500 Euro für reine Vermögensschäden,

   b) vom 81. Platz ab für jeden weiteren Platz um

       aa) 25 000 Euro für Personenschäden,

       bb)   1 250 Euro für Sachschäden und

       cc)   250 Euro für reine Vermögensschäden.

   Dies gilt nicht für Kraftomnibusse, die ausschließlich zu Lehr- und Prüfungszwecken verwendet werden.

3. Bei Anhängern entspricht die Mindesthöhe der Versicherungssumme für Schäden, die nicht mit dem Betrieb des Kraftfahrzeugs im Sinne des § 7 des Straßenverkehrsgesetzes im Zusammenhang stehen, und für die den Insassen des Anhängers zugefügten Schäden den in Nummer 1, bei Personenanhängern mit mehr als neun Plätzen den in Nummern 1 und 2 genannten Beträgen.

4. Zu welcher dieser Gruppen das Fahrzeug gehört, richtet sich nach der Eintragung im Kraftfahrzeug- oder Anhängerbrief.

Nr. 1 und 2 neu gefasst durch VO v. 26. 5. 1997 (BGBl. I S. 1240) und durch VO v. 22. 10. 2000 (BGBl. I S. 1484).

Kraftfahrzeugsteuergesetz 1994 (KraftStG 1994)

Vom 24. Mai 1994 (BGBl. I S. 1102)

Zuletzt geändert durch
Gesetz vom 19. Juni 2001 (BGBl. I S. 1046)

Inhaltsübersicht

§ 1 Steuergegenstand

(1) Der Kraftfahrzeugsteuer unterliegt

1. das Halten von inländischen Fahrzeugen zum Verkehr auf öffentlichen Straßen;

2. das Halten von ausländischen Fahrzeugen zum Verkehr auf öffentlichen Straßen, solange die Fahrzeuge sich im Inland befinden. Ausgenommen sind hiervon ausschließlich für den Güterkraftverkehr bestimmte Kraftfahrzeuge und Fahrzeugkombinationen mit einem verkehrsrechtlich zulässigen Gesamtgewicht von mindestens 12 000 kg, die nach Artikel 5 der Richtlinie 93/89/EWG des Rates vom 25. Oktober 1993 (ABl. EG Nr. L 279 S. 32) in einem anderen Mitgliedstaat der Europäischen Gemeinschaft zugelassen sind; dies gilt nicht für Fälle der Nummer 3;

3. die widerrechtliche Benutzung von Fahrzeugen;

4. die Zuteilung von Oldtimer-Kennzeichen, sobald dafür die entsprechenden Voraussetzungen in der Straßenverkehrs-Zulassungs-Ordnung geregelt sind, sowie die Zuteilung von roten Kennzeichen, die von einer Zulassungsbehörde im Inland zur wiederkehrenden Verwendung ausgegeben werden. Dies gilt nicht für die Zuteilung von roten Kennzeichen für Prüfungsfahrten.

(2) Auf die Kraftfahrzeugsteuer sind diejenigen Vorschriften der Abgabenordnung anzuwenden, die für andere Steuern als Zölle und Verbrauchsteuern gelten.

Abs. 1 Nr. 2 neu gefasst durch G. v. 9. 8. 1994 (BGBl. I S. 2058); Abs. 1 Nr. 4 neu gefasst durch G. v. 18. 4. 1997 (BGBl. I S. 805).

§ 2 Begriffsbestimmungen, Mitwirkung der Verkehrsbehörden

(1) Unter den Begriff Fahrzeuge im Sinne dieses Gesetzes fallen Kraftfahrzeuge und Kraftfahrzeuganhänger.

(2) Die in diesem Gesetz verwendeten Begriffe des Verkehrsrechts richten sich, wenn nichts anderes bestimmt ist, nach den jeweils geltenden verkehrsrechtlichen Vorschriften. Bei Personenkraftwagen sind für die Beurteilung der Schadstoffemissionen und der Kohlendioxidemissionen, für die Beurteilung als schadstoffarm und für die Beurteilung anderer Besteuerungsgrundlagen technischer Art die Feststellungen der Zulassungsbehörden verbindlich, soweit dieses Gesetz nichts anderes bestimmt. Die Zulassungsbehörden entscheiden auch über die Einstufung eines Fahrzeugs in Emissionsklassen.

(3) Ein Fahrzeug ist vorbehaltlich des Absatzes 4 ein inländisches Fahrzeug, wenn es unter die im Inland maßgebenden Vorschriften über das Zulassungsverfahren fällt.

(4) Ein Fahrzeug ist ein ausländisches Fahrzeug, wenn es im Zulassungsverfahren eines anderen Staates zugelassen ist.

(5) Eine widerrechtliche Benutzung im Sinne dieses Gesetzes liegt vor, wenn ein Fahrzeug auf öffentlichen Straßen im Inland ohne die verkehrsrechtlich vorgeschriebene Zulassung benutzt wird. Eine Besteuerung wegen

widerrechtlicher Benutzung entfällt, wenn das Halten des Fahrzeugs von der Steuer befreit sein würde oder die Besteuerung bereits nach § 1 Abs. 1 Nr. 1 oder 2 vorgenommen worden ist.

Abs. 2 Satz 2 neu gefasst durch G. v. 18. 4. 1997 (BGBl. I S. 805); Abs. 2 Satz 4 gestrichen durch G. v. 6. 8. 1998 (BGBl. I S. 1998).

§ 3   Ausnahmen von der Besteuerung

Von der Steuer befreit ist das Halten von

1. Fahrzeugen, die von den Vorschriften über das Zulassungsverfahren ausgenommen sind;

2. Fahrzeugen, solange sie ausschließlich im Dienst der Bundeswehr, des Bundesgrenzschutzes, der Polizei oder des Zollgrenzdienstes verwendet werden;

3. Fahrzeugen, solange sie für den Bund, ein Land, eine Gemeinde, einen Gemeindeverband oder einen Zweckverband zugelassen sind und ausschließlich zum Wegebau verwendet werden. Voraussetzung ist, daß die Fahrzeuge äußerlich als für diese Zwecke bestimmt erkennbar sind;

4. Fahrzeugen, solange sie ausschließlich zur Reinigung von Straßen verwendet werden. Voraussetzung ist, daß die Fahrzeuge äußerlich als für diesen Zweck bestimmt erkennbar sind;

5. Fahrzeugen, solange sie ausschließlich im Feuerwehrdienst, im Katastrophenschutz, für Zwecke des zivilen Luftschutzes, bei Unglücksfällen, im Rettungsdienst oder zur Krankenbeförderung verwendet werden. Voraussetzung ist, daß die Fahrzeuge äußerlich als für diese Zwecke bestimmt erkennbar sind. Bei Fahrzeugen, die nicht für den Bund, ein Land, eine Gemeinde, einen Gemeindeverband oder einen Zweckverband zugelassen sind, ist außerdem Voraussetzung, daß sie nach ihrer Bauart und Einrichtung den bezeichneten Verwendungszwecken angepaßt sind;

5a. Fahrzeugen von gemeinnützigen oder mildtätigen Organisationen für die Zeit, in der sie ausschließlich für humanitäre Hilfsgütertransporte in das Ausland oder für zeitlich damit zusammenhängende Vorbereitungsfahrten verwendet werden;

6. Kraftomnibussen und Personenkraftwagen mit acht oder neun Sitzplätzen einschließlich Führersitz sowie von Kraftfahrzeuganhängern, die hinter diesen Fahrzeugen mitgeführt werden, wenn das Fahrzeug während des Zeitraums, für den die Steuer zu entrichten wäre, zu mehr als 50 vom Hundert der insgesamt gefahrenen Strecke im Linienverkehr verwendet wird. Die Verwendung des Fahrzeugs ist, ausgenommen bei Oberleitungsomnibussen, buchmäßig nachzuweisen;

7. Zugmaschinen (ausgenommen Sattelzugmaschinen), Sonderfahrzeugen, Kraftfahrzeuganhängern hinter Zugmaschinen oder Sonderfahrzeugen und einachsigen Kraftfahrzeuganhängern (ausgenommen Sattelanhänger, aber einschließlich der zweiachsigen Anhänger mit einem Achsabstand von weniger als einem Meter), solange diese Fahrzeuge ausschließlich

a) in land- oder forstwirtschaftlichen Betrieben,

b) zur Durchführung von Lohnarbeiten für land- oder forstwirtschaftliche Betriebe,

c) zu Beförderungen für land- oder forstwirtschaftliche Betriebe, wenn diese Beförderungen in einem land- oder forstwirtschaftlichen Betrieb beginnen oder enden,

d) zur Beförderung von Milch, Magermilch, Molke oder Rahm, oder

e) von Land- oder Forstwirten zur Pflege von öffentlichen Grünflächen oder zur Straßenreinigung im Auftrag von Gemeinden oder Gemeindeverbänden

verwendet werden. Als Sonderfahrzeuge gelten Fahrzeuge, die nach ihrer Bauart und ihren besonderen, mit ihnen fest verbundenen Einrichtungen nur für die bezeichneten Verwendungszwecke geeignet und bestimmt sind. Die Steuerbefreiung nach Buchstabe a wird nicht dadurch ausgeschlossen, daß ein Land- oder Forstwirt land- oder forstwirtschaftliche Erzeugnisse von einer örtlichen Sammelstelle zu einem Verwertungs- oder Verarbeitungsbetrieb, land- oder forstwirtschaftliche Bedarfsgüter vom Bahnhof zur örtlichen Lagereinrichtung oder Holz vom forstwirtschaftlichen Betrieb aus befördert. Die Steuerbefreiung nach Buchstabe d wird nicht dadurch ausgeschlossen, daß auf dem Rückweg von einer Molkerei Milcherzeugnisse befördert werden;

8. a) Zugmaschinen, solange sie ausschließlich für den Betrieb eines Schaustellergewerbes verwendet werden,

b) Wohnwagen mit einem zulässigen Gesamtgewicht von mehr als 3500 kg und Packwagen mit einem zulässigen Gesamtgewicht von mehr als 2500 kg im Gewerbe nach Schaustellerart, solange sie ausschließlich dem Schaustellergewerbe dienen;

9. Fahrzeugen, solange sie ausschließlich für die Zustellung und Abholung von Behältern mit einem Rauminhalt von fünf Kubikmetern oder mehr, von auswechselbaren Aufbauten oder von Kraftfahrzeuganhängern verwendet werden, die im Vor- oder Nachlauf im Kombinierten Verkehr

a) Schiene/Straße zwischen Be- oder Entladestelle und nächstgelegenem geeigneten Bahnhof oder

b) Binnenwasserstraße/Straße zwischen Be- oder Entladestelle und einem innerhalb eines Umkreises von höchstens 150 Kilometern Luftlinie gelegenen Binnenhafen oder

c) See/Straße mit einer Seestrecke von mehr als 100 Kilometern Luftlinie zwischen Be- oder Entladestelle und einem innerhalb eines Umkreises von höchstens 150 Kilometern Luftlinie gelegenen Seehafen

befördert worden sind oder befördert werden. Voraussetzung ist, daß die Fahrzeuge äußerlich als für diese Zwecke bestimmt erkennbar sind;

10. Fahrzeugen, die zugelassen sind

a) für eine bei der Bundesrepublik Deutschland beglaubigte diplomatische Vertretung eines anderen Staates,

   b) für Mitglieder der unter Buchstabe a bezeichneten diplomatischen Vertretungen oder für Personen, die zum Geschäftspersonal dieser Vertretungen gehören und der inländischen Gerichtsbarkeit nicht unterliegen,

   c) für eine in der Bundesrepublik Deutschland zugelassene konsularische Vertretung eines anderen Staates, wenn der Leiter der Vertretung Angehöriger des Entsendestaates ist und außerhalb seines Amtes in der Bundesrepublik Deutschland keine Erwerbstätigkeit ausübt,

   d) für einen in der Bundesrepublik Deutschland zugelassenen Konsularvertreter (Generalkonsul, Konsul, Vizekonsul, Konsularagenten) oder für Personen, die zum Geschäftspersonal dieser Konsularvertreter gehören, wenn sie Angehörige des Entsendestaates sind und außerhalb ihres Amtes in der Bundesrepublik Deutschland keine Erwerbstätigkeit ausüben.

     Die Steuerbefreiung tritt nur ein, wenn Gegenseitigkeit gewährt wird;

11. (weggefallen)

12. Fahrzeugen, die aus dem Inland ausgeführt oder verbracht werden sollen und hierzu ein besonderes Kennzeichen erhalten. Dies gilt nicht, sofern ein Ausfuhrkennzeichen für mehr als drei Monate gültig ist oder ein über diesen Zeitraum hinaus gültiges weiteres Ausfuhrkennzeichen erteilt wird;

13. ausländischen Personenkraftfahrzeugen und ihren Anhängern, die zum vorübergehenden Aufenthalt in das Inland gelangen, für die Dauer bis zu einem Jahr. Die Steuerbefreiung entfällt, wenn die Fahrzeuge der entgeltlichen Beförderung von Personen oder Gütern dienen oder von Personen benutzt werden, die ihren Wohnsitz oder gewöhnlichen Aufenthalt im Inland haben;

14. ausländischen Fahrzeugen, die zur Ausbesserung in das Inland gelangen und für die nach den Zollvorschriften ein Ausbesserungsverkehr bewilligt wird;

15. ausländischen Fahrzeugen, solange sie öffentliche Straßen benutzen, die die einzige oder die gegebene Verbindung zwischen verschiedenen Orten eines anderen Staates bilden und das Inland auf kurzen Strecken durchschneiden;

16. Dienstfahrzeugen von Behörden anderer Staaten, die auf Dienstfahrten zum vorübergehenden Aufenthalt in das Grenzgebiet gelangen. Voraussetzung ist, daß Gegenseitigkeit gewährt wird.

Nr. 5a eingefügt durch Art. 32 Nr. 2 des G. v. 11. 10. 1995 (BGBl. I S. 1250, 1407); Nr. 1 neu gefasst durch G. v. 6. 8. 1998 (BGBl. I S. 1998).

§ 3a Vergünstigungen für Schwerbehinderte

(1) Von der Steuer befreit ist das Halten von Kraftfahrzeugen, solange die Fahrzeuge für schwerbehinderte Personen zugelassen sind, die durch einen Ausweis im Sinne des Neunten Buches Sozialgesetzbuch oder des Artikels 3 des Gesetzes über die unentgeltliche Beförderung Schwerbehinderter im öffentlichen Personenverkehr vom 9. Juli 1979 (BGBl. I S. 989) mit dem Merkzeichen „H", „Bl" oder „aG" nachweisen, dass sie hilflos, blind oder außergewöhnlich gehbehindert sind.

(2) Die Steuer ermäßigt sich um 50 vom Hundert für Kraftfahrzeuge, solange die Fahrzeuge für schwerbehinderte Personen zugelassen sind, die durch einen Ausweis im Sinne des Neunten Buches Sozialgesetzbuch oder des Artikels 3 des Gesetzes über die unentgeltliche Beförderung Schwerbehinderter im öffentlichen Personenverkehr mit orangefarbenem Flächenaufdruck nachweisen, dass sie die Voraussetzungen des § 145 Abs. 1 Satz 1 des Neunten Buches Sozialgesetzbuch erfüllen. Die Steuerermäßigung wird nicht gewährt, solange die schwerbehinderte Person das Recht zur unentgeltlichen Beförderung nach § 145 des Neunten Buches Sozialgesetzbuch in Anspruch nimmt. Die Inanspruchnahme der Steuerermäßigung ist vom Finanzamt auf dem Schwerbehindertenausweis zu vermerken. Der Vermerk ist vom Finanzamt zu löschen, wenn die Steuerermäßigung entfällt.

(3) Die Steuervergünstigung der Absätze 1 und 2 steht der behinderten Person nur für ein Fahrzeug und nur auf Antrag zu. Sie entfällt, wenn das Fahrzeug zur Beförderung von Gütern – ausgenommen Handgepäck –, zur entgeltlichen Beförderung von Personen – ausgenommen die gelegentliche Mitbeförderung – oder durch andere Personen zu Fahrten benutzt wird, die nicht im Zusammenhang mit der Fortbewegung oder der Haushaltsführung der behinderten Person stehen.

Geändert durch G. v. 19. 6. 2001 (BGBl. I S. 1046).

§ 3b Steuerbefreiung für besonders schadstoffreduzierte Personenkraftwagen

(1) Das Halten von Personenkraftwagen ist ab dem Tag der erstmaligen Zulassung vorbehaltlich der Sätze 2 bis 7 bis zum 31. Dezember 2005 von der Steuer befreit, wenn sie nach Feststellung der Zulassungsbehörde ab dem Tag der erstmaligen Zulassung im Voraus die verbindlichen Grenzwerte für Fahrzeuge mit einer zulässigen Gesamtmasse von nicht mehr als 2500 kg

1. nach Zeile A Fahrzeugklasse M oder

2. nach Zeile B Fahrzeugklasse M

der Tabelle im Abschnitt 5.3.1.4 des Anhangs I der Richtlinie 70/220/EWG des Rates vom 20. März 1970 zur Angleichung der Rechtsvorschriften der Mitgliedstaaten über Maßnahmen gegen die Verunreinigung der Luft durch Abgase von Kraftfahrzeugmotoren mit Fremdzündung (ABl. EG Nr. L 76 S. 1), die zuletzt durch die Richtlinie 98/69/EG des Europäischen Parlaments und des Rates vom 13. Oktober 1998 über Maßnahmen gegen die Verunreinigung der Luft durch Emissionen von Kraftfahrzeugen und zur Änderung der Richtlinie 70/220/EWG des Rates (ABl. EG Nr. L 350 S. 1) geändert worden ist, einhalten. Liegt in den Fällen der Nummer 1 der Tag der erstmaligen Zulassung vor dem 1. Juli 1997, beginnt die Steuerbefreiung am 1. Juli 1997. Die Steuerbefreiung wird nur gewährt, wenn in den Fällen der Nummer 1 Personenkraftwagen vor dem 1. Januar 2000 und in den Fällen der Nummer 2 vor dem 1. Januar 2005 erstmals zum Verkehr zugelassen wird. In den Fällen der Nummer 2 wird die befristete Steuerbefreiung nach Satz 3 im Wert von 306,78 Euro bei Antrieb durch Fremdzündungsmotor und 613,55 Euro bei Antrieb durch Selbstzündungsmotor ab dem 1. Januar 2000 gewährt. Voraussetzung ist, dass im Fahrzeugbrief und im Fahrzeugschein in der Schlüsselnummer zu 1 (Fahrzeug- und Aufbauart) an der 5. und 6. Stelle ab dem Tag der erstmaligen Zulassung eine emissionsbezogene Schlüsselnummer ausgewiesen ist, die das Erfüllen der Voraussetzungen für die Steuerbefreiung nach Satz 4 bestätigt. Das Halten vor dem 1. Januar 2000 erstmals zugelassener Fahrzeuge im Sinne der Nummer 2 ist zunächst von der Steuer befreit, bis die Steuerersparnis bei Antrieb durch Fremdzündungsmotor den Betrag von 127,82 Euro und bei Antrieb durch Selbstzündungsmotor den Betrag von 255,65 Euro erreicht hat; ab dem 1. Januar 2000 wird beim Halten dieser Fahrzeuge die noch nicht ausgenutzte Steuerbefreiung nach Satz 4 gewährt. Sie endet abweichend von Satz 1, sobald die Steuerersparnis vor dem 1. Januar 2006 auf der Grundlage der Steuersätze nach § 9 Abs. 1 Nr. 2 Buchstabe a in den Fällen der Nummer 1 bei Antrieb durch Fremdzündungsmotor den Betrag von 127,82 Euro und bei Antrieb durch Selbstzündungsmotor den Betrag von 255,65 Euro und in den Fällen der Nummer 2 bei Antrieb durch Fremdzündungsmotor den Betrag von 306,78 Euro und bei Antrieb durch Selbstzündungsmotor den Betrag von 613,55 Euro erreicht hat; die Dauer einer vorübergehenden Stilllegung wird bei der Berechnung dieser Beträge berücksichtigt.

(2) Das Halten von Personenkraftwagen, deren Kohlendioxidemissionen, ermittelt nach der Richtlinie 93/116/EG zur Anpassung der Richtlinie 80/1268/EWG des Rates über den Kraftstoffverbrauch von Kraftfahrzeugen an den technischen Fortschritt (ABl. EG Nr. L 329 S. 39), nach Feststellung der Zulassungsbehörde

a) unabhängig vom Tag der erstmaligen Zulassung
    zum Verkehr   90 g/km,

b) bei erstmaliger Zulassung zum Verkehr
    vor dem 1. Januar 2000   120 g/km

nicht übersteigen, ist ab dem Tag der erstmaligen Zulassung vorbehaltlich des Satzes 2 bis zum 31. Dezember 2005 von der Steuer befreit. Die Steuerbefreiung endet abweichend von Satz 1, sobald die Steuerersparnis vor dem 1. Januar 2006 auf der Grundlage der Steuersätze nach § 9 Abs. 1 Nr. 2 Buchstabe a in den Fällen des Buchstabens a den Betrag von 511,29 Euro und in den Fällen des Buchstabens b den Betrag von 255,65 Euro erreicht hat; die Dauer einer vorübergehenden Stilllegung wird bei der Berechnung dieser Beträge berücksichtigt.

(3) Sind die Voraussetzungen für eine Steuerbefreiung nach Absatz 1 und nach Absatz 2 erfüllt, wird dem Fahrzeughalter die Summe der Steuerbefreiungen gewährt.

––––––––––
Eingefügt durch G. v. 18. 4. 1997 (BGBl. I S. 805); Abs. 1 Satz 2 eingefügt durch G. v. 6. 8. 1998 (BGBl. I S. 998); Abs. 1 Satz 1 neu gefasst, Satz 3 geändert sowie Sätze 4 bis 6 eingefügt durch G. v. 1. 12. 1999 (BGBl. I S. 2382); Abs. 1 Satz 4, 6 und 7 sowie Abs. 2 Satz 2 geändert durch G. v. 19. 12. 2000 (BGBl. I S. 1790).

§ 3c (weggefallen)

§ 3d Steuerbefreiung für Elektrofahrzeuge

Das Halten von Personenkraftwagen, die Elektrofahrzeuge (§ 9 Abs. 2) sind und nach dem 31. Juli 1991 erstmals zugelassen werden, ist für einen Zeitraum von fünf Jahren steuerbefreit. Die Steuerbefreiung beginnt am Tag der erstmaligen Zulassung des Fahrzeugs zum Verkehr. Eine vorübergehende Stillegung oder ein Halterwechsel haben keine Auswirkung auf die Steuerbefreiung.

§§ 3e und 3f (gestrichen durch G. v. 18. 4. 1997 – BGBl. I S. 805).

§ 3g (weggefallen)

§ 3h (gestrichen durch G. v. 18. 4. 1997 – BGBl. I S. 805).

§ 4 Erstattung der Steuer bei Beförderungen von Fahrzeugen mit der Eisenbahn

(1) Die Steuer ist auf Antrag für einen Zeitraum von zwölf Monaten, gerechnet vom Beginn eines Entrichtungszeitraums, zu erstatten, wenn das Fahrzeug während dieses Zeitraums bei mehr als 124 Fahrten beladen oder leer auf einem Teil der jeweils zurückgelegten Strecke mit der Eisenbahn befördert worden ist. Wird die in Satz 1 bestimmte Zahl von Fahrten nicht erreicht, so werden erstattet

1. bei mehr als 93 Fahrten 75 vom Hundert der Jahressteuer,
2. bei weniger als 94 aber mehr als 62 Fahrten 50 vom Hundert der Jahressteuer,
3. bei weniger als 63 aber mehr als 31 Fahrten 25 vom Hundert der Jahressteuer.

Ist die mit der Eisenbahn zurückgelegte Strecke länger als 400 Kilometer, so wird eine Fahrt zweifach gerechnet, ist die mit der Eisenbahn zurückgelegte Strecke länger als 800 Kilometer, so wird eine Fahrt dreifach gerechnet.

(2) Der Nachweis, daß die Voraussetzungen für die Erstattung der Steuer erfüllt sind, ist für jedes Fahrzeug durch fortlaufende Aufzeichnungen über Beförderungen mit der Eisenbahn zu erbringen, deren Richtigkeit für jede Fahrt von der Eisenbahn zu bescheinigen ist.

Überschrift neu gefasst sowie Abs. 1 Satz 1 und Abs. 2 geändert durch G. v. 22. 6. 1998 (BGBl. I S. 1485).

§ 5 Dauer der Steuerpflicht

(1) Die Steuerpflicht dauert

1. bei einem inländischen Fahrzeug, vorbehaltlich der Absätze 2 bis 5, solange das Fahrzeug zum Verkehr zugelassen ist, mindestens jedoch einen Monat;

2. bei einem ausländischen Fahrzeug, vorbehaltlich des Absatzes 2, solange sich das Fahrzeug im Inland befindet;

3. bei einem widerrechtlich benutzten Fahrzeug, solange die widerrechtliche Benutzung dauert, mindestens jedoch einen Monat;

4. bei einem Kennzeichen im Sinne des § 1 Abs. 1 Nr. 4, solange das Kennzeichen benutzt werden darf, mindestens jedoch einen Monat.

(2) Fallen bei einem Fahrzeug die Voraussetzungen für eine Steuerbefreiung weg, so beginnt die Steuerpflicht mit dem Wegfall dieser Voraussetzungen. Absatz 1 Nr. 1 letzter Halbsatz ist nicht anzuwenden, wenn das Fahrzeug nur zeitlich befristet von der Steuer befreit war. Die Steuerpflicht endet vorbehaltlich des Satzes 4 mit dem Eintritt der Voraussetzungen für eine Steuerbefreiung. Wird ein Fahrzeug, dessen Halten von der Steuer befreit ist, vorübergehend zu anderen als den begünstigten Zwecken benutzt (zweckfremde Benutzung), so dauert die Steuerpflicht, solange die zweckfremde Benutzung währt, mindestens jedoch einen Monat; entsprechendes gilt, wenn eine Steuerermäßigung nach § 3a Abs. 2 wegen vorübergehender zweckfremder Benutzung des Fahrzeugs entfällt. Ein Fahrzeug, dessen Halten nach § 3 Nr. 5 von der Steuer befreit ist, wird nicht deshalb zweckfremd benutzt, weil es für humanitäre Hilfsgütertransporte in das Ausland oder für zeitlich damit zusammenhängende Vorbereitungsfahrten verwendet wird.

(3) Wird ein inländisches Fahrzeug während der Dauer der Steuerpflicht verändert und ändert sich infolgedessen die Höhe der Steuer, so beginnt die Steuerpflicht bei dem veränderten Fahrzeug mit der Änderung, spätestens mit der Aushändigung des neuen oder geänderten Fahrzeugscheins; gleichzeitig endet die frühere Steuerpflicht. Entsprechendes gilt, wenn sich die Höhe der Steuer auf Grund eines Antrags nach § 3a Abs. 2 oder nach § 10 Abs. 2 (Anhängerzuschlag) ändert.

(4) Wird ein inländisches Fahrzeug vorübergehend stillgelegt oder endgültig aus dem Verkehr gezogen und wird dabei die Rückgabe oder Einziehung des Fahrzeugscheins und die Entstempelung des Kennzeichens an verschiedenen Tagen vorgenommen, so ist der letzte Tag maßgebend. Das Finanzamt kann für die Beendigung der Steuerpflicht einen früheren Zeitpunkt zugrunde legen, wenn der Steuerschuldner glaubhaft macht, daß das Fahrzeug seit dem früheren Zeitpunkt nicht benutzt worden ist und daß er die Abmeldung des Fahrzeugs nicht schuldhaft verzögert hat.

(5) Wird ein inländisches Fahrzeug veräußert, so endet die Steuerpflicht für den Veräußerer in dem Zeitpunkt, in dem die verkehrsrechtlich vorgeschriebene Veräußerungsanzeige bei der Zulassungsbehörde eingeht, spätestens mit der Aushändigung des neuen Fahrzeugscheins an den Erwerber; gleichzeitig beginnt die Steuerpflicht für den Erwerber.

Abs. 2 Satz 5 angefügt durch Art. 32 Nr. 3 des G. v. 11. 10. 1995 (BGBl. I S. 1250, 1407); Abs. 1 Nr. 4 geändert durch G. v. 6. 8. 1998 (BGBl. I S. 1998).

§ 6 Entstehung der Steuer

Die Steuer entsteht mit Beginn der Steuerpflicht, bei fortlaufenden Entrichtungszeiträumen mit Beginn des jeweiligen Entrichtungszeitraums.

§ 7 Steuerschuldner

Steuerschuldner ist

1. bei einem inländischen Fahrzeug die Person, für die das Fahrzeug zum Verkehr zugelassen ist,

2. bei einem ausländischen Fahrzeug die Person, die das Fahrzeug im Geltungsbereich dieses Gesetzes benutzt,

3. bei einem widerrechtlich benutzten Fahrzeug die Person, die das Fahrzeug widerrechtlich benutzt,

4. bei einem Kennzeichen im Sinne des § 1 Abs. 1 Nr. 4 die Person, der das Kennzeichen zugeteilt ist.

> Nr. 4 geändert durch G. v. 6. 8. 1998 (BGBl. I S. 1998).

§ 8 Bemessungsgrundlage

Die Steuer bemißt sich

1. bei Krafträdern und Personenkraftwagen nach dem Hubraum, soweit diese Fahrzeuge durch Hubkolbenmotoren angetrieben werden, bei Personenkraftwagen mit Hubkolbenmotoren zusätzlich nach Schadstoffemissionen und Kohlendioxidemissionen;

2. bei anderen Fahrzeugen nach dem verkehrsrechtlich zulässigen Gesamtgewicht, bei Kraftfahrzeugen mit einem verkehrsrechtlich zulässigen Gesamtgewicht über 3500 kg zusätzlich nach Schadstoff- und Geräuschemissionen. Das verkehrsrechtlich zulässige Gesamtgewicht ist bei Sattelanhängern um die Aufliegelast und bei Starrdeichselanhängern einschließlich Zentralachsanhängern um die Stützlast zu vermindern.

> Nr. 1 ergänzt und Nr. 2 Satz 2 neu gefasst durch G. v. 18. 4. 1997 (BGBl. I S. 805).

§ 9 Steuersatz

(1) Die Jahressteuer beträgt für

1. Krafträder, die durch Hubkolbenmotoren angetrieben werden, für je 25 Kubikzentimeter Hubraum oder einen Teil davon 1,84 EUR;

2. Personenkraftwagen mit Hubkolbenmotoren für je 100 Kubikzentimeter oder einen Teil davon, wenn sie

	durch Fremd-zündungs-motoren angetrieben werden und	durch Selbst-zündungs-motoren angetrieben werden und

a) mindestens die verbindlichen Grenzwerte für Fahrzeuge mit einer zulässigen Gesamtmasse von nicht mehr als 2500 kg nach Zeile A Fahrzeugklasse M der Tabelle im Abschnitt 5.3.1.4 des Anhangs I der Richtlinie 70/220/EWG des Rates vom 20. März 1970 zur Angleichung der Rechtsvorschriften der Mitgliedstaaten über Maßnahmen gegen die Verunreinigung der Luft durch Abgase von Kraftfahrzeugmotoren mit Fremdzündung (ABl. EG Nr. L 76 S. 1), die zuletzt durch die Richtlinie 98/69/EG des Europäischen Parlaments und des Rates vom 13. Oktober 1998 über Maßnahmen gegen die Verunreinigung der Luft durch Emissionen von Kraftfahrzeugen und zur Änderung der Richtlinie 70/220/ EWG des Rates (ABl. EG Nr. L 350 S. 1) geändert worden ist, einhalten oder wenn die Kohlendioxidemissionen, ermittelt nach der Richtlinie 93/116/EG der Kommission vom 17. Dezember 1993 zur Anpassung der Richtlinie 80/1268/ EWG des Rates über den Kraftstoffverbrauch von Kraftfahrzeugen an den technischen Fortschritt (ABl. EG Nr. L 329 S. 39), 90 g/km nicht übersteigen

aa) bis zum 31. Dezember 2003	5,11 EUR	13,80 EUR
bb) ab dem 1. Januar 2004	6,75 EUR	15,44 EUR

b) als schadstoffarm anerkannt sind, der Richtlinie 70/220/EWG zur Angleichung der Rechtsvorschriften der Mitgliedstaaten über Maßnahmen gegen die Verunreinigung der Luft durch Emissionen von Kraftfahrzeugen (ABl. EG Nr. L 76 S. 1) in der Fassung der Richtline 94/12/EG (ABl. EG Nr. L 100 S. 42) entsprechen und die in der Richtlinie 94/12/EG unter Nummer 5.3.1.4 für die Fahrzeugklasse M genannten Schadstoffgrenzwerte einhalten

	durch Fremd-zündungs-motoren angetrieben werden und	durch Selbst-zündungs-motoren angetrieben werden und
aa) bis zum 31. Dezember 2003	6,14 EUR	14,83 EUR
bb) ab dem 1. Januar 2004	7,36 EUR	16,05 EUR

c) als schadstoffarm oder bedingt schad-stoffarm Stufe C anerkannt sind und für sie ein Verkehrsverbot bei erhöhten Ozonkonzentrationen nach § 40c des Bundes-Immissionsschutzgesetzes in der Fassung der Bekanntmachung vom 14. Mai 1990 (BGBl. I S. 880), zuletzt geändert durch Artikel 2 des Gesetzes vom 18. April 1997 (BGBl. I S. 805), nicht gilt

aa) bis zum 31. Dezember 2000	6,75 EUR	18,97 EUR
bb) ab dem 1. Januar 2001	10,84 EUR	23,06 EUR
cc) ab dem 1. Januar 2005	15,13 EUR	27,35 EUR

d) nicht als schadstoffarm oder bedingt schadstoffarm anerkannt sind und für sie ein Verkehrsverbot bei erhöhten Ozon-konzentrationen nach § 40c des Bundes-Immissionsschutzgesetzes nicht gilt

aa) bis zum 31. Dezember 2000	11,04 EUR	23,26 EUR
bb) ab dem 1. Januar 2001	15,13 EUR	27,35 EUR
cc) ab dem 1. Januar 2005	21,07 EUR	33,29 EUR

e) als schadstoffarm oder bedingt schad-stoffarm Stufe C anerkannt oder als bedingt schadstoffarm Stufe A aner-kannt sind, soweit sie vor dem 1. Okto-ber 1986 erstmalig zum Verkehr zugelas-sen und vor dem 1. Januar 1988 als bedingt schadstoffarm Stufe A aner-kannt wurden, und für sie ein Verkehrs-verbot bei erhöhten Ozonkonzentratio-nen nach § 40a in Verbindung mit § 40c des Bundes-Immissionsschutzgesetzes gilt

	durch Fremd-zündungs-motoren angetrieben werden und	durch Selbst-zündungs-motoren angetrieben werden und
aa) bis zum 31. Dezember 2000	16,97 EUR	29,19 EUR
bb) ab dem 1. Januar 2001	21,07 EUR	33,29 EUR
cc) ab dem 1. Januar 2005	25,36 EUR	37,58 EUR
f) nicht die Voraussetzungen für die Anwendung der Steuersätze nach den Buchstaben a bis e erfüllen,		
aa) bis zum 31. Dezember 2000	21,27 EUR	33,49 EUR
bb) ab dem 1. Januar 2001	25,36 EUR	37,58 EUR

3. andere Kraftfahrzeuge mit einem verkehrsrechtlich zulässigen Gesamtgewicht bis 3500 kg für je 200 kg Gesamtgewicht oder einen Teil davon

   von dem Gesamtgewicht

bis zu 2 000 kg	11,25 EUR,
über 2 000 kg bis zu 3 000 kg	12,02 EUR,
über 3 000 kg bis zu 3 500 kg	12,78 EUR;

4. alle übrigen Kraftfahrzeuge mit einem verkehrsrechtlich zulässigen Gesamtgewicht von mehr als 3500 kg für je 200 kg Gesamtgewicht oder einen Teil davon, wenn sie nach Feststellung der Zulassungsbehörde

   a) zur Schadstoffklasse S 2 im Sinne der Anlage XIV zu § 48 der Straßenverkehrs-Zulassungs-Ordnung gehören,

      von dem Gesamtgewicht

bis zu 2 000 kg	6,42 EUR,
über 2 000 kg bis zu 3 000 kg	6,88 EUR,
über 3 000 kg bis zu 4 000 kg	7,31 EUR,
über 4 000 kg bis zu 5 000 kg	7,75 EUR,
über 5 000 kg bis zu 6 000 kg	8,18 EUR,
über 6 000 kg bis zu 7 000 kg	8,62 EUR,
über 7 000 kg bis zu 8 000 kg	9,36 EUR,
über 8 000 kg bis zu 9 000 kg	10,07 EUR,
über 9 000 kg bis zu 10 000 kg	10,97 EUR,
über 10 000 kg bis zu 11 000 kg	11,84 EUR,
über 11 000 kg bis zu 12 000 kg	13,01 EUR,
über 12 000 kg bis zu 13 000 kg	14,32 EUR,
über 13 000 kg	15,77 EUR,
insgesamt jedoch nicht mehr als	644,68 EUR,

b) zur Schadstoffklasse S 1 im Sinne der Anlage XIV zu § 48 der Straßenverkehrs-Zulassungs-Ordnung gehören,

von dem Gesamtgewicht

bis zu	2 000 kg	6,42 EUR,
über	2 000 kg bis zu 3 000 kg	6,88 EUR,
über	3 000 kg bis zu 4 000 kg	7,31 EUR,
über	4 000 kg bis zu 5 000 kg	7,75 EUR,
über	5 000 kg bis zu 6 000 kg	8,18 EUR,
über	6 000 kg bis zu 7 000 kg	8,62 EUR,
über	7 000 kg bis zu 8 000 kg	9,36 EUR,
über	8 000 kg bis zu 9 000 kg	10,07 EUR,
über	9 000 kg bis zu 10 000 kg	10,97 EUR,
über	10 000 kg bis zu 11 000 kg	11,84 EUR,
über	11 000 kg bis zu 12 000 kg	13,01 EUR,
über	12 000 kg bis zu 13 000 kg	14,32 EUR,
über	13 000 kg bis zu 14 000 kg	15,77 EUR,
über	14 000 kg bis zu 15 000 kg	26,00 EUR,
über	15 000 kg	36,23 EUR,
insgesamt jedoch nicht mehr als		1022,58 EUR,

c) zur Geräuschklasse G 1 im Sinne der Anlage XIV zu § 48 der Straßenverkehrs-Zulassungs-Ordnung gehören,

von dem Gesamtgewicht

bis zu	2 000 kg	9,46 EUR,
über	2 000 kg bis zu 3 000 kg	10,30 EUR,
über	3 000 kg bis zu 4 000 kg	10,97 EUR,
über	4 000 kg bis zu 5 000 kg	11,61 EUR,
über	5 000 kg bis zu 6 000 kg	12,27 EUR,
über	6 000 kg bis zu 7 000 kg	12,94 EUR,
über	7 000 kg bis zu 8 000 kg	14,03 EUR,
über	8 000 kg bis zu 9 000 kg	15,11 EUR,
über	9 000 kg bis zu 10 000 kg	16,44 EUR,
über	10 000 kg bis zu 11 000 kg	17,74 EUR,
über	11 000 kg bis zu 12 000 kg	19,51 EUR,
über	12 000 kg bis zu 13 000 kg	21,47 EUR,
über	13 000 kg bis zu 14 000 kg	23,67 EUR,
über	14 000 kg bis zu 15 000 kg	39,01 EUR,
über	15 000 kg	54,35 EUR,
insgesamt jedoch nicht mehr als		1533,88 EUR.

d) die Voraussetzungen nach Buchstabe a, b oder c nicht erfüllen,

von dem Gesamtgewicht

bis zu 2 000 kg	11,25 EUR,
über 2 000 kg bis zu 3 000 kg	12,02 EUR,
über 3 000 kg bis zu 4 000 kg	12,78 EUR,
über 4 000 kg bis zu 5 000 kg	13,55 EUR,
über 5 000 kg bis zu 6 000 kg	14,32 EUR,
über 6 000 kg bis zu 7 000 kg	15,08 EUR,
über 7 000 kg bis zu 8 000 kg	16,36 EUR,
über 8 000 kg bis zu 9 000 kg	17,64 EUR,
über 9 000 kg bis zu 10 000 kg	19,17 EUR,
über 10 000 kg bis zu 11 000 kg	20,71 EUR,
über 11 000 kg bis zu 12 000 kg	22,75 EUR,
über 12 000 kg bis zu 13 000 kg	25,05 EUR,
über 13 000 kg bis zu 14 000 kg	27,61 EUR,
über 14 000 kg bis zu 15 000 kg	45,50 EUR,
über 15 000 kg	63,40 EUR,
insgesamt jedoch nicht mehr als	1789,52 EUR.

5. Kraftfahrzeuganhänger für je 200 kg Gesamtgewicht oder einen Teil davon 7,46 EUR, jedoch nicht mehr als 894,76 EUR.

(2) Die Steuer ermäßigt sich um 50 vom Hundert des Betrags, der sich nach Absatz 1 Nr. 3 oder Nr. 4 Buchstabe a ergibt, für Fahrzeuge mit Antrieb ausschließlich durch Elektromotoren, die ganz oder überwiegend aus mechanischen oder elektrochemischen Energiespeichern gespeist werden (Elektrofahrzeuge).

(3) Für ausländische Fahrzeuge beträgt die Steuer, wenn sie tageweise entrichtet wird, für jeden ganz oder teilweise im Inland zugebrachten Kalendertag

1. bei Zwei- und Dreiradkraftfahrzeugen (ausgenommen Zugmaschinen) sowie bei Personenkraftwagen 0,51 EUR,

2. bei allen anderen Kraftfahrzeugen mit einem zulässigen Gesamtgewicht von

   a) nicht mehr als 7500 kg 1,53 EUR,

   b) mehr als 7500 kg und nicht mehr als 15 000 kg 4,60 EUR,

   c) mehr als 15 000 kg 6,14 EUR,

3. bei Kraftfahrzeuganhängern mit einem zulässigen Gesamtgewicht von

   a) nicht mehr als 7 500 kg 1,02 EUR,

   b) mehr als 7 500 kg und nicht mehr als 15 000 kg 2,05 EUR,

   c) mehr als 15 000 kg 3,07 EUR.

Für diese Fahrzeuge ist der Nachweis des zulässigen Gesamtgewichts, sofern sich dieses nicht aus dem Zulassungsschein ergibt, durch eine amtliche Bescheinigung zu erbringen. Die Bescheinigung muß die Identität und das zulässige Gesamtgewicht eindeutig nachweisen; sie ist in deutscher Sprache abzufassen.

(4) Für Kennzeichen im Sinne des § 1 Abs. 1 Nr. 4 Satz 1 beträgt die Jahressteuer

1. wenn sie nur für Krafträder gelten	46,02 EUR,
2. im übrigen	191,73 EUR.

(5) Bei Berechnung der Steuer zählen angefangene Kalendertage als volle Tage. Der Tag, an dem die Steuerpflicht endet, wird nicht mitgerechnet, ausgenommen in den Fällen der tageweisen Entrichtung nach § 11 Abs. 3 und der Entrichtung für einen nach Tagen berechneten Zeitraum nach § 11 Abs. 4 Nr. 1 sowie nach § 11 Abs. 4 Nr. 2, soweit die Mindestbesteuerung vorgeschrieben ist.

(6) (weggefallen)

(7) (gestrichen)

Abs. 1 Nr. 4 Buchst. c und d ergänzt und insoweit außer Kraft zum 31. 12. 1998 durch Art. 32 Nr. 4 des G. v. 11. 10. 1995 (BGBl. I S. 1250, 1407); Abs. 1 Nr. 2 und Abs. 4 neu gefasst sowie Abs. 7 gestrichen durch G. v. 18. 4. 1997 (BGBl. I S. 805); Abs. 1 Nr. 2 Buchst. a neu gefasst durch G. v. 1. 12. 1999 (BGBl. I S. 2382); Abs. 1, Abs. 3 Satz 1 und Abs. 4 geändert durch G. v. 19. 12. 2000 (BGBl. I S. 1790).

§ 9a (weggefallen)

§ 10 Sonderregelung für Kraftfahrzeuganhänger

(1) Auf Antrag wird die Steuer für das Halten von Kraftfahrzeuganhängern mit Ausnahme von Wohnwagenanhängern nicht erhoben, solange die Anhänger ausschließlich hinter Kraftfahrzeugen, ausgenommen Krafträder und Personenkraftwagen, mitgeführt werden, für die eine um einen Anhängerzuschlag erhöhte Steuer erhoben wird oder die ausschließlich zur Zustellung oder Abholung nach § 3 Nr. 9 verwendet werden. Voraussetzung für die Steuervergünstigung ist außerdem, daß den Anhängern ein amtliches Kennzeichen in grüner Schrift auf weißem Grund zugeteilt worden ist.

(2) Die um einen Anhängerzuschlag erhöhte Steuer wird auf Antrag des Eigentümers des Kraftfahrzeugs oder, im Falle einer Zulassung für einen anderen, des Halters erhoben, wenn hinter dem Kraftfahrzeug Anhänger mitgeführt werden sollen, für die nach Absatz 1 Steuer nicht erhoben wird. Dies gilt auch, wenn das Halten des Kraftfahrzeugs von der Steuer befreit ist, es sei denn, daß es ausschließlich zur Zustellung oder Abholung nach § 3 Nr. 9 verwendet wird.

(3) Der Anhängerzuschlag für die Dauer eines Jahres beträgt, wenn das verkehrsrechtlich zulässige Gesamtgewicht des schwersten Kraftfahrzeuganhängers

1. nicht mehr als 10 000 kg beträgt,	373,24 EUR,
2. mehr als 10 000 kg, aber nicht mehr als 12 000 kg beträgt,	447,89 EUR,
3. mehr als 12 000 kg, aber nicht mehr als 14 000 kg beträgt,	522,54 EUR,
4. mehr als 14 000 kg, aber nicht mehr als 16 000 kg beträgt,	597,19 EUR,
5. mehr als 16 000 kg, aber nicht mehr als 18 000 kg beträgt,	671,84 EUR,
6. mehr als 18 000 kg beträgt,	894,76 EUR.

Das verkehrsrechtlich zulässige Gesamtgewicht ist bei Sattelanhängern um die Aufliegelast und bei Starrdeichselanhängern einschließlich Zentralachsanhängern um die Stützlast zu vermindern.

(4) Wird ein inländischer Kraftfahrzeuganhänger, bei dem nach Absatz 1 die Steuer nicht erhoben wird, hinter anderen als den nach Absatz 1 zulässigen Kraftfahrzeugen verwendet, so ist die Steuer zu entrichten, solange die bezeichnete Verwendung dauert, mindestens jedoch für einen Monat.

Abs. 3 Satz 2 neu gefasst durch G. v. 18. 4. 1997 (BGBl. I S. 805); Abs. 3 Satz 1 neu gefasst durch G. v. 19. 12. 2000 (BGBl. I S. 1790).

§ 11   Entrichtungszeiträume

(1) Die Steuer ist jeweils für die Dauer eines Jahres im voraus zu entrichten.

(2) Die Steuer darf, wenn die Jahressteuer mehr als 500 Euro beträgt, auch für die Dauer eines Halbjahres und, wenn die Jahressteuer mehr als 1000 Euro beträgt, auch für die Dauer eines Vierteljahres entrichtet werden. In diesen Fällen beträgt die Steuer

1. wenn sie halbjährlich entrichtet wird, die Hälfte der Jahressteuer zuzüglich eines Aufgeldes in Höhe von drei vom Hundert,

2. wenn sie vierteljährlich entrichtet wird, ein Viertel der Jahressteuer zuzüglich eines Aufgeldes in Höhe von sechs vom Hundert.

Ein Wechsel des Entrichtungszeitraums ist nur zulässig, wenn die Änderung vor oder spätestens mit der Fälligkeit der neu zu entrichtenden Steuer angezeigt wird.

(3) Die Steuer darf bei ausländischen Fahrzeugen, die zum vorübergehenden Aufenthalt in das Inland gelangen, für einen Aufenthalt bis zu dreißig Tagen auch tageweise entrichtet werden, wenn die Gegenseitigkeit gewährleistet ist; diese Voraussetzung entfällt für Fahrzeuge, die in den Staaten der Europäischen Wirtschaftsgemeinschaft zugelassen sind. Die Tage des Aufenthalts im Inland brauchen nicht unmittelbar aufeinander zu folgen. Eine Erstattung der tageweise entrichteten Steuer ist ausgeschlossen.

(4) Die Steuer ist abweichend von den Absätzen 1 und 2 für einen nach Tagen berechneten Zeitraum im voraus zu entrichten,

1. a) mit Einwilligung oder auf Antrag eines Steuerschuldners, wenn dieser die Steuer für mehr als ein Fahrzeug schuldet und wenn durch die tageweise Entrichtung für mindestens zwei Fahrzeuge ein einheitlicher Fälligkeitstag erreicht wird,

    b) auf Anordnung des Finanzamts für längstens einen Monat, wenn hierdurch für bestimmte Gruppen von Fahrzeugen ein einheitlicher Fälligkeitstermin erreicht wird und diese Maßnahme der Vereinfachung der Verwaltung dient;

2. wenn die Steuerpflicht für eine bestimmte Zeit besteht;

3. wenn ein Saisonkennzeichen nach § 23 Abs. 1b der Straßenverkehrs-Zulassungs-Ordnung zugeteilt wird; für Fahrzeuge mit Saisonkennzeichen ist die Festlegung eines einheitlichen Fälligkeitstages nicht zulässig.

Die Steuer beträgt in diesen Fällen für jeden Tag des Berechnungszeitraums den auf ihn entfallenden Bruchteil der Jahressteuer. Fällt ein Tag des Berechnungszeitraums in ein Schaltjahr, so beträgt die Steuer für jeden Tag ein Dreihundertsechsundsechzigstel der Jahressteuer. In den Fällen des Satzes 1 Nr. 3 beträgt die Steuer für jeden Tag des Berechnungszeitraumes ein Dreihundertfünfundsechzigstel der Jahressteuer; der 29. Februar wird in Schaltjahren nicht mitgerechnet.

(5) Die zu entrichtende Steuer ist in den Fällen der Absätze 1 bis 4 auf volle Euro nach unten abzurunden.

Abs. 4 Satz 1 und Nr. 1 geändert sowie Nr. 3 und Satz 4 angefügt durch G. v. 18. 4. 1997 (BGBl. I S. 805); Abs. 2 Satz 1 und Abs. 5 geändert durch G. v. 19. 12. 2000 (BGBl. I S. 1790).

§ 12 Steuerfestsetzung

(1) Die Steuer wird, wenn der Zeitpunkt der Beendigung der Steuerpflicht nicht feststeht, unbefristet, in allen anderen Fällen für einen bestimmten Zeitraum oder tageweise festgesetzt. Wird ein Saisonkennzeichen nach § 23 Abs. 1b der Straßenverkehrs-Zulassungs-Ordnung zugeteilt, so wird die Steuer ab dem Zeitpunkt der erstmaligen Gültigkeit des Kennzeichens für die Dauer der Gültigkeit unbefristet festgesetzt. Kann der Steuerschuldner den Entrichtungszeitraum wählen (§ 11 Abs. 2), so wird die Steuer für den von ihm gewählten Entrichtungszeitraum festgesetzt; sie kann auch für alle in Betracht kommenden Entrichtungszeiträume festgesetzt werden.

(2) Die Steuer ist neu festzusetzen

1. wenn sich infolge einer Änderung der Bemessungsgrundlagen oder des Steuersatzes eine andere Steuer ergibt,

2. wenn die Voraussetzungen für eine Steuerbefreiung, eine Steuerermäßigung oder die Nichterhebung der Steuer für Kraftfahrzeuganhänger (§ 10 Abs. 1) eintreten oder wegfallen oder wenn nachträglich festgestellt wird, daß die Voraussetzungen nicht vorgelegen haben oder nicht vorliegen,

3. wenn die Steuerpflicht endet, ausgenommen in den Fällen des § 11 Abs. 3. Die Steuerfestsetzung erstreckt sich auf die Zeit vom Beginn des Entrichtungszeitraums, in den das Ende der Steuerpflicht fällt, bis zum Ende der Steuerpflicht,

4. wenn eine Steuerfestsetzung fehlerhaft ist, zur Beseitigung des Fehlers. § 176 der Abgabenordnung ist hierbei entsprechend anzuwenden; dies gilt jedoch nur für Entrichtungszeiträume, die vor der Verkündung der maßgeblichen Entscheidung eines obersten Gerichtshofs des Bundes liegen. Die Steuer wird vom Beginn des Entrichtungszeitraums an neu festgesetzt, in dem der Fehler dem Finanzamt bekannt wird, bei einer Erhöhung der Steuer jedoch frühestens vom Beginn des Entrichtungszeitraums an, in dem der Steuerbescheid erteilt wird,

5. wenn die Dauer der Gültigkeit eines Saisonkennzeichens nach § 23 Abs. 1b der Straßenverkehrs-Zulassungs-Ordnung geändert wird.

(3) Ist die Steuer nur für eine vorübergehende Zeit neu festzusetzen, so kann die nach Absatz 1 ergangene Steuerfestsetzung durch eine Steuerfestsetzung für einen bestimmten Zeitraum ergänzt werden. Die Ergänzungsfestsetzung ist auf den Unterschiedsbetrag zu beschränken.

(4) Die nach Absatz 1 ergangene Steuerfestsetzung bleibt unberührt, wenn der Steuerschuldner den regelmäßigen Standort eines Fahrzeugs in den Bezirk einer anderen Zulassungsbehörde verlegt. Dies gilt auch, wenn durch die Standortverlegung ein anderes Finanzamt zuständig wird.

(5) Die Landesregierungen werden ermächtigt, durch Rechtsverordnung zu bestimmen, daß in den Fällen des § 11 Abs. 1, 2 und 4 Nr. 1 Buchstabe a und Nr. 2 die Steuer durch die Zulassungsbehörde festzusetzen ist, wenn und soweit dadurch die Erhebung der Steuer erheblich erleichtert oder verbessert wird. Insoweit wird die Zulassungsbehörde als Landesfinanzbehörde tätig. Alle weiteren Aufgaben obliegen dem Finanzamt; es darf fehlerhafte Steuerfestsetzungen der Zulassungsbehörde aufheben oder ändern und unterbliebene Steuerfestsetzungen selbst vornehmen.

Abs. 1 Satz 2 und Abs. 2 Nr. 5 eingefügt durch G. v. 18. 4. 1997 (BGBl. I S. 805); Abs. 2 Nr. 4 neu gefasst und Abs. 4 Satz 3 gestrichen durch G. v. 6. 8. 1998 (BGBl. I S. 1998).

§§ 12a und 12b   (gestrichen durch G. v. 18. 4. 1997 – BGBl. I S. 805)

§ 13 Nachweis der Besteuerung

(1) Die Zulassungsbehörde darf den Fahrzeugschein erst aushändigen, wenn nachgewiesen ist, daß den Vorschriften über die Kraftfahrzeugsteuer genügt ist. Die Landesregierungen werden ermächtigt, durch Rechtsverordnung zu bestimmen, daß die Aushändigung des Fahrzeugscheins auch davon abhängig gemacht wird, daß

1. im Falle der Steuerpflicht die Kraftfahrzeugsteuer oder ein ihrer voraussichtlichen Höhe entsprechender Betrag für den ersten Entrichtungszeitraum entrichtet ist oder eine Ermächtigung zum Einzug vom Konto des Fahrzeughalters bei einem Geldinstitut erteilt worden ist oder

2. im Falle einer Steuerbefreiung die Voraussetzungen für die Steuerbefreiung nachgewiesen oder glaubhaft gemacht sind.

Die Landesregierung kann die Ermächtigung durch Rechtsverordnung auf die zuständigen obersten Landesbehörden übertragen.

(2) Die Landesregierungen werden ermächtigt, durch Rechtsverordnung zu bestimmen, daß in den Fällen des Absatzes 1 Nr. 1 und des § 12 Abs. 5 die Steuer oder ein entsprechender Betrag bei der Zulassungsbehörde oder einer für die Zulassungsbehörde zuständigen öffentlichen Kasse einzuzahlen ist. Insoweit wird die Zulassungsbehörde oder die für sie zuständige öffentliche Kasse als Landesfinanzbehörde tätig. Die Landesregierung kann die Ermächtigung durch Rechtsverordnung auf die zuständigen obersten Landesbehörden übertragen.

(3) Sofern in den Fällen des § 3 Nr. 12 Steuerpflicht besteht, darf die Zulassungsbehörde den Fahrzeugschein erst aushändigen, wenn die Entrichtung der Steuer nachgewiesen wird.

§ 14 Abmeldung von Amts wegen

(1) Ist die Steuer nicht entrichtet worden, so hat die Zulassungsbehörde auf Antrag des Finanzamts den Fahrzeugschein einzuziehen, etwa ausgestellte Anhängerverzeichnisse zu berichtigen und das amtliche Kennzeichen zu entstempeln (Abmeldung von Amts wegen). Sie trifft die hierzu erforderlichen Anordnungen durch schriftlichen Verwaltungsakt (Abmeldungsbescheid).

(2) Das Finanzamt kann die Abmeldung von Amts wegen auch selbst vornehmen, wenn die Zulassungsbehörde das Verfahren noch nicht eingeleitet hat. Absatz 1 Satz 2 gilt entsprechend. Das Finanzamt teilt die durchgeführte Abmeldung unverzüglich der Zulassungsbehörde mit und händigt dem Fahrzeughalter die vorgeschriebene Bescheinigung über die Abmeldung aus.

(3) Die Durchführung der Abmeldung von Amts wegen richtet sich nach dem Verwaltungsverfahrensgesetz. Für Streitigkeiten über Abmeldungen von Amts wegen ist der Verwaltungsrechtsweg gegeben.

§ 15 Ermächtigungen

(1) Die Bundesregierung wird ermächtigt, mit Zustimmung des Bundesrates Rechtsverordnungen zu erlassen über

1. die nähere Bestimmung der in diesem Gesetz verwendeten Begriffe,

2. die Abgrenzung der Steuerpflicht sowie den Umfang der Ausnahmen von der Besteuerung und der Steuerermäßigungen, soweit dies zur Wahrung der Gleichmäßigkeit der Besteuerung und zur Beseitigung von Unbilligkeiten in Härtefällen erforderlich ist,

3. die Zuständigkeit der Finanzämter und den Umfang der Besteuerungsgrundlagen,

4. das Besteuerungsverfahren, insbesondere die Berechnung der Steuer und die Änderung von Steuerfestsetzungen sowie die von den Steuerpflichtigen zu erfüllenden Pflichten und die Beistandspflicht Dritter,

5. Art und Zeit der Steuerentrichtung. Dabei darf abweichend von § 11 Abs. 1 und 2 bestimmt werden, daß die Steuer auch tageweise entrichtet werden darf, soweit hierdurch ein Fahrzeughalter mit mehreren Fahrzeugen für seine sämtlichen Fahrzeuge einen einheitlichen Fälligkeitstag erreichen will,

6. die Erstattung der Steuer,

7. die völlige oder teilweise Befreiung von der Steuer für das Halten von ausländischen Fahrzeugen, die vorübergehend im Inland benutzt werden. Voraussetzung ist, daß Gegenseitigkeit gewahrt ist und die Befreiung dazu dient, eine Doppelbesteuerung zu vermeiden, den grenzüberschreitenden Verkehr zu erleichtern oder die Wettbewerbsbedingungen für unländische Fahrzeuge zu verbessern,

8. eine befristete oder unbefristete Erhöhung der nach § 9 Abs. 3 anzuwendenden Steuersätze für bestimmte ausländische Fahrzeuge, um diese Fahrzeuge einer Steuerbelastung zu unterwerfen, die der Belastung inländischer Fahrzeuge bei vorübergehendem Aufenthalt im Heimatstaat der ausländischen Fahrzeuge mit Abgaben entspricht, die für die Benutzung von Fahrzeugen, die Benutzung von öffentlichen Straßen oder das Halten zum Verkehr auf öffentlichen Straßen erhoben werden,

9. eine besondere Kennzeichnung der Kraftfahrzeuge, für die nach § 10 Abs. 2 eine um einen Anhängerzuschlag erhöhte Steuer erhoben wird.

(2) Die Landesregierungen werden ermächtigt, durch Rechtsverordnung zu bestimmen, daß abweichend von der allgemeinen Zuständigkeitsregelung ein anderes Finanzamt ganz oder teilweise örtlich zuständig ist, wenn dies aus organisatorischen Gründen zweckmäßig erscheint. Die Landesregierung kann die Ermächtigung durch Rechtsverordnung auf die zuständigen obersten Landesbehörden übertragen.

(3) Das Bundesministerium der Finanzen wird ermächtigt, den Wortlaut dieses Gesetzes und der zu diesem Gesetz erlassenen Durchführungsverordnung in der jeweils geltenden Fassung mit neuem Datum, unter neuer Überschrift und in neuer Paragraphenfolge bekanntzumachen. Dabei dürfen Unstimmigkeiten des Wortlauts beseitigt und die in der Durchführungsverordnung vorgesehenen Vordruckmuster geändert werden.

§ 16 Aussetzung der Steuer

Das Bundesministerium der Finanzen kann im Einvernehmen mit den obersten Finanzbehörden der Länder die Erhebung der Steuer bei ausländischen Fahrzeugen bis zu einem Jahr aussetzen, sobald mit dem Staat, in dem die Fahrzeuge zugelassen sind, Verhandlungen über ein Abkommen zum gegenseitigen Verzicht auf die Kraftfahrzeugsteuer aufgenommen worden sind. Die Anordnung ist im Bundesanzeiger bekanntzumachen.

§ 17 Sonderregelung für bestimmte Behinderte

Behinderte, denen die Kraftfahrzeugsteuer im Zeitpunkt des Inkrafttretens des Gesetzes zur Änderung des Kraftfahrzeugsteuergesetzes vom 22. Dezember 1978 (BGBl. I S. 2063) nach § 3 Abs. 1 Nr. 1 des Kraftfahrzeugsteuergesetzes in der Fassung der Bekanntmachung vom 1. Dezember 1972 (BGBl. I S. 2209) erlassen war, gelten im Sinne des § 3a Abs. 1 dieses Gesetzes ohne weiteren Nachweis als außergewöhnlich gehbehindert, solange nicht nur vorübergehend ein Grad der Behinderung von wenigstens 50 vom Hundert vorliegt.

§ 18 Übergangsregelung

(1) Ändert sich der Steuersatz innerhalb eines Entrichtungszeitraums, so ist bei der Neufestsetzung für die Teile des Entrichtungszeitraums vor und nach der Änderung jeweils der nach § 11 Abs. 4 berechnete Anteil an der bisherigen und an der neuen Jahressteuer zu berechnen und festzusetzen. Ein auf Grund dieser Festsetzungen nachzufordernder Steuerbetrag und ein zu erstattender Steuerbetrag bis zu 10 Euro werden mit der neu festgesetzten Steuer für den nächsten Entrichtungszeitraum fällig, der nach der Änderung des Steuersatzes beginnt.

(2) Endet die Steuerpflicht vor Beginn des nächsten Entrichtungszeitraums nach der Änderung des Steuersatzes, so ist die Änderung des Steuersatzes bei der Neufestsetzung nach § 12 Abs. 2 Nr. 3 zu berücksichtigen. Eine auf Grund der Neufestsetzung zu entrichtende Steuer wird einen Monat nach Bekanntgabe des Bescheides fällig.

(3) Wird der Steuersatz geändert und ist bei der Steuerfestsetzung noch der vor der Änderung geltende Steuersatz angewendet worden, so kann der geänderte Steuersatz innerhalb eines Jahres durch Neufestsetzung nachträglich berücksichtigt werden.

(4) Für Personenkraftwagen,

1. für die vor dem 11. Dezember 1999 eine Typgenehmigung, eine Betriebserlaubnis für Einzelfahrzeuge oder ein Feststellungsbescheid nach den verkehrsrechtlichen Bestimmungen erteilt wurde oder

2. für die der Feststellungsbescheid nach den verkehrsrechtlichen Bestimmungen bis zum 31. Januar 1999 auf der Grundlage der in § 3b Abs. 1 Nr. 2 festgelegten Grenzwerte in der vor dem 11. Dezember 1999 geltenden Fassung beantragt worden ist,

bleiben § 3b Abs. 1 Satz 1 und § 9 in der vor dem 11. Dezember 1999 geltenden Fassung anwendbar.

Abs. 1 Satz 2 geändert durch G. v. 18. 4. 1997 (BGBl. I S. 805); Abs. 4 angefügt durch G. v. 1. 12. 1999 (BGBl. I S. 2382); Abs. 1 Satz 2 geändert durch G. v. 19. 12. 2000 (BGBl. I S. 1790).

Stichwortverzeichnis

Die Zahlen hinter den Begriffen verweisen auf den Paragraphen, die römischen Zahlen auf den Absatz und die eingeklammerten Zahlen auf eine Nr. (evtl. mit Buchstaben); die Verweisung auf die Nummer eines Verkehrszeichens ist durch ein vorangestelltes „Z." gekennzeichnet. Die vorangestellten Abkürzungen haben folgende Bedeutung:

StVG	=	Straßenverkehrsgesetz
StVO	=	Straßenverkehrs-Ordnung
StVZO	=	Straßenverkehrs-Zulassungs-Ordnung
FeV	=	Fahrerlaubnis-Verordnung
BKatV	=	Bußgeldkatalog-Verordnung
FRV	=	Fahrzeugregisterverordnung
PflVG	=	Pflichtversicherungsgesetz
KraftStG	=	Kraftfahrzeugsteuergesetz

Stichwortverzeichnis

Stichwortverzeichnis

Stichwortverzeichnis

Z

www.walhalla.de